BURKHARD HOFMEISTER / CHRISTIAN HEEB

USA

BURKHARD HOFMEISTER

USA

FOTOGRAFIERT VON CHRISTIAN HEEB

★

LÄNDER DER WELT

HARENBERG

Die Abbildungen auf den Vorsatzseiten zeigen
den Yellowstone National Park in Wyoming (vorn)
und Luxuslimousinen im Spielerparadies Atlantic City, New Jersey (hinten)

Überarbeitete Sonderausgabe 2001

© 1995, 2001 Harenberg Kommunikation Verlags- und Medien GmbH & Co. KG, Dortmund

Die Fotografien auf den Seiten 148, 166, 253, 256 u., 306/307, 379 o., 381, 393 u., 403, 461 o.
stammen von Burkhard Hofmeister
Bilderläuterungen Dipl.-Geographin Ruth Hofmeister
Karten Ingenieurbüro für Kartographie Harald K. H. Harms, Erlenbach bei Kandel/Pfalz
Redaktion Uwe Lippik · Herstellung Annette Retinski
Satz Systemsatz, Dortmund · Reproduktion CLG Cooperativa Lavoratori Grafici, Verona
Gedruckt auf FURIOSO 135 g/m² · Geliefert über igepa
Printed in Slovenia

ISBN 3-611-00976-8

INHALTSVERZEICHNIS

Gesamtbild der USA

Die Bundesstaaten

Skyline von New Yorks Manhattan am Hudson River: Die Zwillingstürme des
1973 errichteten World Trade Center, das rund 50 000 Arbeitsplätze bietet,
erheben sich dicht neben den Hafenanlagen.

Mit einer überdimensionalen Indianerstatue wirbt dieses Motel in Vernon
(Utah). Die Ureinwohner wurden von den Weißen weitgehend ausgerottet
und immer weiter nach Westen in die Reservationen abgedrängt.

GESAMTBILD DER USA

Die USA – Land der Gegensätze

In der herkömmlichen Großgliederung der Erdoberfläche in Festländer und Meere nehmen die Vereinigten Staaten von Amerika den Kernraum des Kontinents Nordamerika ein, dessen Grenze zu Zentral- und Südamerika der Isthmus von Tehuantepec im südlichen Mexiko ist. Aus anthropogeographischer Sicht bilden die USA und Kanada den Kulturerdteil Angloamerika, an den südlich des Rio Grande del Norte der Kulturerdteil Lateinamerika anschließt.

Nach Rußland, Kanada und der Volksrepublik China belegen die USA mit 9,36 Mio. km² Fläche den vierten Platz unter den Staaten der Erde (ehemals größter Staat war bis Ende 1991 die Sowjetunion). Damit sind sie fast 27mal so groß wie die heutige Bundesrepublik Deutschland.

JUNGES LAND OHNE TRADITION. Von den indianischen Ureinwohnern abgesehen sind die USA ein jung besiedeltes Land mit einer kaum 400jährigen Geschichte. Legt man gar das Datum des erfolgreichen Unabhängigkeitskriegs 1783 zugrunde, sind es kaum mehr als 200 Jahre. Zur mangelnden historischen Tiefe kommt die bewußte Abkehr von den gesellschaftlichen Verhältnissen in der Alten Welt. Dieser Traditionslosigkeit gegenüber steht aber die besonders in jüngerer Zeit verstärkte Hinwendung zu den vorwiegend britischen, spanischen und französischen kulturellen Wurzeln und damit zum eigenen, wenn auch nur kurzen historischen Erbe auf dem Boden der Neuen Welt.

UNIFORMITÄT UND UNTERSCHIEDE. Die weltweite Vorreiterstellung der USA auf technischem Gebiet mit früher Hinwendung zu Standardisierung, Fließbandarbeit und Automation führte zu einer Uniformität der zivilisatorischen Errungenschaften, die über den großen Wirtschaftsraum hinweg bis in dessen entlegenste Winkel reicht. Bei aller Mobilität und Durchmischung der US-amerikanischen Bevölkerung bestehen aber deutliche regionale Unterschiede zwischen dem älter kolonisierten Osten, dem »Colonial East«, und dem jünger besiedelten Westen, dem »Frontier West«, dem ehemals sklavenfreien Norden, dem »Yankee North«, und dem sklavenhaltenden Süden, dem »Confederate South«, sowohl in der Mentalität der Menschen, als auch in der Ausprägung der Kulturlandschaft.

SCHMELZTIEGEL DER VÖLKER. Die USA sind das Einwanderungsland par excellence. Rund 55 Mio. Menschen fanden seit 1820 ihren Weg in die Vereinigten Staaten, weit mehr als in derselben Zeitspanne nach Kanada, Argentinien, Brasilien, Australien und Neuseeland zusammen eingewandert sind. Als in den 1840er Jahren Hungersnöte die halbe Bevölkerung Irlands vornehmlich in Richtung USA in Bewegung setzten, machten die

Iren bei der Regierung in Washington D. C. eine Eingabe um Zuweisung eines eigenen Siedlungsgebiets. Dies wurde abgelehnt mit der Begründung, die räumliche Absonderung einzelner Volksgruppen liefe dem Interesse der sich bildenden amerikanischen Nation entgegen.

Die Vision von den Vereinigten Staaten als Schmelztiegel (melting pot) der Völker sollte sich jedoch mehr und mehr als unerfüllbarer Traum erweisen. Wachsende Rassenkonflikte wurden zum dauerhaften Problem; die Minoritätengettos vor allem in den Innenstadtvierteln gehörten bald zum gewohnten Bild in vielen Großstädten.

VERSTÄDTERUNG UND FAMILIENFARM. Mit einem Urbanisierungsgrad von weit über 70% und einem ebenso hohen Beschäftigtenanteil im Dienstleistungssektor gehören die USA zu den am stärksten verstädterten Staaten der Welt. Diese Entwicklung verlief nicht im Sinne der Staatsgründer, die, allen voran der spätere Präsident Thomas Jefferson, die Familienfarm als Grundlage der amerikanischen Gesellschaft ansahen. Etwas von dieser Staatsphilosophie ist bis heute erhalten geblieben: Die bevölkerungsarmen und noch relativ stark agrarwirtschaftlich orientierten Gebiete, so z. B. die Staaten der Great Plains, sind wie die anderen Einzelstaaten mit zwei Senatoren im US-Senat vertreten und haben von daher relativ viel Gewicht. Vom einstigen Stellenwert der Familienfarm als Ideal der amerikanischen Gesellschaft zeugt auch der Drang des Amerikaners zum Eigenheim im Grünen.

Ein Teil der Bevölkerung, in den Weststaaten mehr als drei Viertel aller Einwohner, hat sich diesen Traum vom Leben in ländlicher Umgebung und zugleich nahe der Stadt in den weit ausufernden Vorortgemeinden erfüllt.

LAND DER UNBEGRENZTEN MÖGLICHKEITEN. Obwohl die USA ein Bruttosozialprodukt von 22072 US-$ (1990) pro Kopf aufweisen, sehen sie sich mit erheblicher Arbeits- und Obdachlosigkeit konfrontiert. Etwa 15% aller Familien leben unterhalb der amtlich festgesetzten Armutsgrenze. Zwar liegt diese über dem Einkommensniveau vieler armer Länder, muß aber vor dem Hintergrund der hohen Lebenshaltungskosten und der Kaufkraft des Dollars gesehen werden.

Lange Zeit galten die USA für Fremde und Einwohner als »Land der unbegrenzten Möglichkeiten«. Privateigentum, Privatinitiative und privatwirtschaftliches Unternehmertum hatten höchsten Stellenwert. John Lockes (* 1632, † 1704) Philosophie der Bildung privaten Eigentums wurde zur Grundlage der amerikanischen Landvergabepolitik, die im Heimstättengesetz von 1862 gipfelte. Die uneingeschränkte Nutzung der Naturschätze durch den Menschen war eine Selbstverständlichkeit.

Doch auch in einem derart großräumigen Land begannen irgendwann Zwänge wirksam zu werden. Als um 1850 die territoriale Expansion die Küste des Pazifischen Ozeans erreicht hatte, mußte man sich endgültig mit der bis dahin immer weiter nach Westen abgedrängten restlichen Indianerbevölkerung arrangieren: Es entstanden Reservationen, in denen sie auf Dauer angesiedelt wurden. Die Eisenbahngesellschaften, die zu den ersten großen Privatunternehmen in den USA heranwuchsen, wurden bereits 1887 unter Aufsicht der unionsstaatlichen Interstate Commerce Commission gestellt. Die Wirtschaftsdepression der 1930er Jahre bewirkte schließlich auf Betreiben des Präsidenten Franklin D. Roosevelt (1933–45) die Politik des

sog. New Deal. Mit Regierungsmaßnahmen von bis dato in diesem Land unbekanntem Ausmaß, gelang es den USA, die Krise zu überwinden.

Dennoch gingen Landzerstörung und Rohstoffausbeutung ungehemmt weiter. Erst die 70er Jahre brachten den USA umfassendere Gesetze zum Schutz der Umwelt. Privatsphäre und Gemeinwohl stehen aber bis heute miteinander im Widerstreit.

So gehören die Vereinigten Staaten zu den am stärksten von Menschenhand veränderten Gebieten auf der Erde, und diese Umgestaltung vollzog sich während einer Zeitspanne, die im globalen Vergleich betrachtet wohl nur noch von Australien unterboten wird.

Der Staatsname
Irrtum des Entdeckungszeitalters

In ihren Staatsnamen United States of America haben die USA jene Bezeichnung aufgenommen, die sich durch das Wirken des deutschen Humanisten Matthias Ringmann (* 1482, † 1511) und seines Zeitgenossen, des Kosmographen Martin Waldseemüller (* 1470, † 1521) zu Beginn des 16. Jahrhunderts eingebürgert hat. Zunächst wurde dieser Begriff nur für den südlichen, bald aber auch für den nördlichen Teil der Neuen Welt gebraucht.

ENTDECKUNGSREISE DES KOLUMBUS. Als die Spanier 1492 die 700jährige Fremdherrschaft der Mauren abgeschüttelt hatten, erwirkte der Genueser Christoforo Colombo (* 1451, † 1506) von den katholischen Majestäten Isabella und Ferdinand die Erlaubnis und finanzielle Unterstützung für eine Erkundungsfahrt, die anstelle des von den Osmanen versperrten Landweges nach Asien eine Seeroute nach Westen erschließen sollte. Nach langer, entbehrungsreicher Fahrt gelangte Kolumbus in den Bereich der Bahama-Inseln. Laut den Geschichtsbüchern landete er zunächst auf einer Insel, die Guanahani, später Watlings-Insel genannt wurde und heute San Salvador heißt. Doch dies ist äußerst umstritten; die offenbar etwas unpräzisen Eintragungen in seinem Logbuch und dessen ungenaue Übersetzung haben immer wieder Spekulationen über den tatsächlichen ersten Ankerplatz heraufbeschworen.

ASIEN ODER NEUE WELT? Weitaus interessanter für die Namensgebung ist aber folgender Umstand: Kolumbus erkannte nicht, und wollte vielleicht auch nicht erkennen, daß er mit seiner Landung auf einer der Bahama-Inseln ein anderes Land betreten hatte, als es seinem Auftrag entsprach. Schließlich hatte er die Order, den Seeweg nach Indien auf der Westroute zu finden, und das Eingeständnis, nicht in Asien gelandet zu sein, hätte bedeutet, daß er sein Ziel nicht erreicht hatte. So hat er nach Sauer (1962) mit Überzeugungskraft von seiner Landung in Asien berichtet und versucht, gegenteilige Äußerungen geflissentlich zu unterdrücken.

Kolumbus nannte die Inselbewohner Indianer; für die Einheimischen Zentral- und Südamerikas bürgerte sich die Bezeichnung Indios ein. Der Inselarchipel der Karibik wurde West-

indien genannt, die Kolonialverwaltung der Spanier für ihre neuweltlichen Besitzungen hieß Oberster Indienrat.

Es ist erstaunlich, wie lange dieser Kontinent für einen Teil Asiens gehalten wurde. Noch zu Beginn des 17. Jahrhunderts, als die Franzosen 1608 am St.-Lorenz-Strom Quebec und etwas weiter flußaufwärts Montreal gründeten, nannten sie die im St. Lorenz vorgefundenen Stromschnellen Lachine-Fälle (La Chine = China). Ein Vorort von Montreal trägt noch heute diesen Namen.

AMERIGO VESPUCCI ALS NAMENSGEBER. Kolumbus hat sich wohl weitgehend selbst um den Ruhm gebracht, Namensgeber für den von ihm wiederentdeckten Kontinent zu werden, dessen Küsten um das Jahr 1000 schon die Wikinger berührt hatten. Es bedurfte aber noch weiterer Mißverständnisse, damit der Name »Amerika« aufkommen und sich auf Dauer durchsetzen konnte.

Amerigo Vespucci (* 1454, † 1512), ein florentinischer Seefahrer in portugiesischen Diensten, gelangte auf einer Reise 1501/02 an die Küste des späteren Brasilien. Er verfaßte einen ausführlichen Bericht über diese Fahrt und äußerte darin die Vermutung, daß dieses erreichte Land nicht ein Teil Asiens, sondern »mondo novo« sei, eine Neue Welt, die den Europäern bisher noch unbekannt war.

Matthias Ringmann schlug seinem Freund Martin Waldseemüller vor, den Namen des Italieners als Bezeichnung für den erst in vagen Umrissen angedeuteten Erdteil auf der seiner »Cosmographiae Introductio« 1507 beigegebenen Weltkarte zu verwenden. Ringmanns Vorschlag ging dahin, den Vornamen Amerigo entsprechend den Namen der bekannten Kontinente Europa, Afrika und Asia zu feminisieren und in der Version America zu benutzen. Auf der Waldseemüller-Karte erschien dieser Name erstmals für Südamerika.

1513 brachte Waldseemüller eine Neuausgabe der »Geographica« des Ptolemäus heraus und vermerkte auf der beigegebenen Weltkarte, daß er doch Kolumbus als Wiederentdecker der Neuen Welt anerkenne; an der Namensgebung änderte dies nichts mehr. 1538 schuf der Kosmograph Gerhard Mercator (* 1512, † 1594) eine Weltkarte, auf der nun auch der nördliche

Teil der Westhemispäre als America bezeichnet wurde. Damit war die Taufe der beiden Kontinente endgültig vollzogen.

An Kolumbus erinnern die Namen des südamerikanischen Staates Kolumbien und der kanadischen Provinz British Columbia. In den Vereinigten Staaten führt der große Strom des Pazifischen Nordwestens, der Columbia River (wenn auch indirekt über Kapitän Robert Grays Schiff »Columbia«) seinen Namen, ebenso mehrere Städte, u. a. die Hauptstadt von South Carolina. Nicht zuletzt wurde bei Gründung der neuen Hauptstadt an den Wiederentdecker der Neuen Welt gedacht, als man den Bundesdistrikt (District of Columbia, D. C.) nach ihm benannte.

Geographische Lageverhältnisse

Nördlichster Punkt des Gebietes der zusammenhängenden 48 Staaten (ohne Hawaii und Alaska) ist eine in Minnesota am Lake of the Woods gelegene Halbinsel in 49° 23′ nördlicher Breite, südlichster Punkt das Kap Sable in Florida in 25° 7′ nördlicher Breite. Das ist eine Entfernung von rund 2600 km. Der östlichste Punkt, West Quoddy Head in Maine, liegt bei 66° 57′ westlicher Länge, der westlichste Punkt, das Kap Alava in Washington, bei 124° 44′. Das bedeutet eine Ost-West-Erstreckung von rund 4800 km.

UNTERSCHIEDLICHE ZEITZONEN. Diese Ausdehnung über 58 Längengrade bringt eine Verschiebung in den Tageszeiten mit sich. 1879 entwickelte der kanadische Ingenieur Fleming das sog. Standard Time System, das von der International Prime Meridian Conference für die ganze Welt angenommen wurde und einen Zeitunterschied von jeweils einer Stunde auf 15 Längengrade ausmacht. Demzufolge sind die Vereinigten Staaten in vier Zeitzonen aufgeteilt, während das noch weiter westlich gelegene Alaska wie auch die Außenbesitzungen wiederum anderen Zeitzonen angehören.

Auf dem Gebiet der 48 Staaten gibt es von Osten nach Westen die Eastern, Central, Mountain und Pacific Standard Time. Die an der Ostküste geltende Eastern Standard Time ist gegenüber der Mitteleuropäischen Zeit (MEZ) um sechs Stunden verschoben, d. h. in New York ist es um 12 Uhr mittags MEZ erst 6 Uhr in der Frühe, in San Francisco (Pacific Standard Time) sogar erst 3 Uhr nachts.

Innerhalb eines hoch entwickelten Wirtschaftsraumes wie in USA spielen solche Zeitunterschiede vor allem im Verkehrs- und Kommunikationswesen eine bedeutende Rolle. Die öffentlichen Verkehrsmittel pflegen nach Standard Time zu operieren, so daß beim Überschreiten einer Zeitzonengrenze in Richtung Westen eine Stunde abgezogen bzw. in Richtung Osten eine Stunde hinzugezählt wird.

Das hört sich einfach an, wird aber durch zwei Gegebenheiten verkompliziert. Nicht überall verlaufen die Zeitzonengrenzen entlang der Grenzen von Einzelstaaten. Vielmehr wird auf regionale Eigenheiten der Bevölkerungsstruktur Rücksicht genommen. So gehören z. B. die dichter besiedelten östlichen Teile der Plainsstaaten North Dakota, South Dakota, Nebraska und Kansas noch der Central Standard Time an, während in den westlichsten Gebieten Mountain Standard Time üblich ist.

Etliche Staaten stellen zwischen dem letzten Sonntag im April und dem letzten Sonntag im September auf Daylight Saving Time (DST, Sommerzeit) um. Da dieses jedoch Sache der Gebietskörperschaften ist, muß die Umstellung nicht immer den gesamten Staat betreffen. So richten sich z. B. die Staaten Utah und Arizona nach der Mountain Standard Time. Da in Utah während der Sommermonate DST gilt, in Arizona aber nicht, besteht zwischen beiden Staaten während dieser Monate eine Zeitdifferenz. Die größtenteils in Arizona gelegene Navajo-Reservation dagegen macht die Umstellung mit Utah mit.

KLIMATISCHE VERHÄLTNISSE. Klimatisch gehört das Gebiet der zusammenhängenden 48 Staaten zu den mittleren Breiten, einem Klimabereich ohne die Extreme der polnahen hohen und der äquatornahen niederen Breiten, der vielfältige Möglichkeiten für Siedlung und Wirtschaft des Menschen aufweist. Ein großer Teil liegt, West- und Zentraleuropa vergleichbar, im Bereich der vorherrschenden Westwinde mit häufigem Durchzug von Tiefdruckgebieten entlang bestimmter Zugstraßen.

Bei mittleren Beleuchtungsverhältnissen gibt es Schwankungen der Tageslängen zwischen etwa 8 und 16 Stunden. In weiten Teilen des Landes gibt es eine kältebedingte Unterbrechung der vier bis sieben Monate dauernden Vegetationsphase, eine mehrere Tage bis mehrere Monate anhaltende Schneedecke und einigermaßen über das Jahr verteilte Niederschläge. Die nördlichen Küstengebiete an Atlantik und Pazifik sind kühlgemäßigt zu bezeichnen, das Innere weist kontinentales Klima mit sehr hohen Temperaturgegensätzen im Sommer und Winter auf. Mit Florida reichen die Vereinigten Staaten in die Randtropen hinein.

Damit bietet das Staatsgebiet der USA für den siedelnden und wirtschaftenden Menschen erheblich günstigere Voraussetzungen als der nördliche Nachbar Kanada, dessen weiter menschenleerer Norden für dauerhafte Besiedlung ungeeignet ist. Bei etwa gleicher Flächengröße besitzt Kanada nur ein Zehntel der Bevölkerung der USA; der dichtbesiedelte Bereich beschränkt sich auf einen schmalen Streifen entlang der US-amerikanisch-kanadischen Grenze.

Wegen der Variationsbreite der Klimate können die USA fast alle (außer rein tropischen) Kulturpflanzen erzeugen. Sie gehören zu den wenigen Ländern, in denen nebeneinander Zuckerrohr und Zuckerrüben angebaut und in verschiedenen Regionen über einen großen Teil des Jahres hinweg landwirtschaftliche Produkte geerntet werden können.

BEZIEHUNGEN ZU KANADA. Das Verhältnis zum nördlichen Nachbarn Kanada ist zwar seit dem kurzen Krieg 1812–14 friedlich, aber doch immer ambivalent gewesen. Mit der allmählichen Loslösung vom britischen Mutterland wurden Kanadas Wirtschaftsverflechtungen mit dem südlichen Nach-

Bei Arco (Idaho) kontrastieren weite mit Sagebrush bestandene Lavaflächen
mit Bergketten von über 3000 m Höhe. Der Big und der Little Lost River
verschwinden im lockeren Lavagestein.

barn intensiver, so gehen heute drei Viertel aller kanadischen Exporte in die Vereinigten Staaten. Umgekehrt aber sind es nur etwa 20% des USA-Exports, die den Weg nach Kanada nehmen. Dieser Umstand sowie die hohen Direktinvestitionen der US-Wirtschaft in Kanada kennzeichnen deutlich die Situation, in der sich Kanada als David und »kolonialer« Rohstofflieferant gegenüber dem großen Bruder befindet.

So ist es auch nicht verwunderlich, daß erst 1988 ein Freihandelsabkommen zwischen Kanada und den USA zustandekam; aber selbst dieses bedeutet noch keinen wirklich gemeinsamen Markt von der Qualität der Europäischen Gemeinschaft und ist überdies in der kanadischen Bevölkerung bei etwa 40% Gegenstimmen in einem Plebiszit reichlich umstritten.

VERHÄLTNIS ZU LATEINAMERIKA. Zu den südlichen Nachbarn waren die Beziehungen der USA wechselvoll. Nachdem sich die lateinamerikanischen Länder von Spanien losgesagt hatten und die Intervention europäischer Mächte drohte, erließ der damalige US-Präsident James Monroe 1823 die nach ihm benannte Doktrin, die eine Einmischung der Europäer in Amerika untersagte, zugleich aber die Nichteinmischung der USA in die europäischen Verhältnisse zusicherte.

Die Versuche der United Fruit Company seit den 1870er Jahren oder später der Ford-Werke, sich mit Bananenplantagen in Zentralamerika bzw. Gummiplantagen in Brasilien ein tropisches Ergänzungsgebiet zu schaffen, wurden als Dollarimperialismus gebrandmarkt, die Regierungspolitik des Präsidenten Theodore Roosevelt und seiner Nachfolger, mittels Investitionen und Subventionen politischen Einfluß in Lateinamerika und Ostasien zu gewinnen, als Dollardiplomatie verurteilt.

Umstritten war auch die Rolle der USA 1903 bei der Loslösung Panamas von Kolumbien und bei der Sicherung der Kanalzone mit dem folgenden Bau des Panama-Kanals, ferner die Interventionen in Kuba in den 60er und in Nicaragua in den 80er Jahren. Das spezielle Verhältnis zu Mexiko ist belastet durch die hohe illegale Einwanderung, die Ausnutzung der mexikanischen Bevölkerung vor allem in den Grenzprovinzen als billige Arbeitskräfte durch US-Unternehmen sowie durch die Einfuhrbeschränkungen mexikanischen Erdöls in die USA. 1994 trat das Nordamerikanische Freihandelsabkommen (NAFTA) mit Mexiko in Kraft, durch das eine Verdoppelung der zwischenstaatlichen Exporte in diesem Wirtschaftsraum (der neben Mexiko und den USA auch noch Kanada einschließt) erwartet wurde.

BINDUNGEN ZUM MUTTERLAND GROSSBRITANNIEN. Als Anrainer des Atlantischen Ozeans empfingen die USA den Haupteinwandererstrom bis zur Mitte dieses Jahrhunderts aus Europa. Bis 1776 waren sie Bestandteil des ersten britischen Empire. Obwohl nach dem Abfall der Kolonien und der kriege-

risch errungenen Eigenstaatlichkeit Großbritannien sich mit der Schaffung eines zweiten Empire auf den Indischen Ozean umorientierte, blieben die Bindungen über den Atlantik hinweg erhalten. Das zeigen auf militärischem Gebiet die Eingriffe der USA an der Seite Großbritanniens in den beiden Weltkriegen und der Aufbau des Nordatlantischen Verteidigungsbündnisses NATO sowie auf wirtschaftlichem Gebiet die großen Warenströme über den Atlantik und die Nordatlantikroute als weltweit meistfrequentierte Flugroute.

AUSDEHNUNG AUF DEN PAZIFIKRAUM. Die USA haben jedoch im Laufe der Zeit eine Art strategischer Doppelstellung mit einem zweiten Standbein zum Pazifischen Ozean hin erlangt. Die Verbindungen dorthin reichen zwar weit weniger lange zurück als die nach Europa, begannen aber doch schon in der ersten Hälfte des 19. Jahrhunderts mit Walfangstationen im südpazifischen Raum. Sie setzten sich fort mit gegenseitigen Beziehungen nach den Goldfunden in Kalifornien und den australischen Südostkolonien Victoria und New South Wales ab der Jahrhundertmitte. Die ersten Auswanderer aus Ostasien kamen in die USA, in den Küstenstädten bildeten sich Chinatowns.

Das wirtschaftliche und strategische Interesse an den Hawaii-Inseln wuchs während der zweiten Jahrhunderthälfte und führte schließlich zur Annexion. Pearl Harbor und im Südpazifik Guam wurden wichtige Marinestützpunkte.

Der Pazifik entwickelte sich neben dem europäischen zum anderen großen Kriegsschauplatz des Zweiten Weltkriegs. Australien, rund 17 000 km vom einstigen britischen Mutterland entfernt, verließ sich in seinem militärischen Schutzbedürfnis immer mehr auf die Vereinigten Staaten.

Nach dem Zweiten Weltkrieg wurden die Wirtschaftsbeziehungen über den Pazifik hinweg intensiviert. Zwar orientierte sich Australien ein weiteres Mal um, nämlich wirtschaftlich nach Ostasien, und das australisch-neuseeländisch-amerikanische Verteidigungssystem erlitt einen Riß durch die Weigerung Neuseelands, mit atomaren Waffen bestückten US-Marineeinheiten einen Ankerplatz zu gewähren. Dennoch setzte sich der Einwandererstrom in die USA außer aus lateinamerikanischen vorwiegend aus asiatischen Volksgruppen zusammen; die Beziehungen im Außenhandel und Tourismus mit Japan wurden verstärkt. So errang die pazifische Orientierung der USA allmählich einen ähnlichen Stellenwert wie die atlantische.

Die Medien sprechen heute davon, daß sich die USA zu einer »Nation internationaler Prägung« mit weltweiten Verflechtungen herausbilden. Die gegenwärtige Bevölkerung von rund 275 Mio. besteht zu mehr als 25% aus Nichtweißen. Unter ihnen stehen die Schwarzen mit 12% an erster Stelle, gefolgt von den Hispanos mit 10% und den Asiaten mit über 3%. Mehr als die Hälfte der Hispanos kommt aus Mexiko.

DER NATURRAUM

Die naturgeographischen Großräume

Von seiner natürlichen Ausstattung her wird das Gebiet der 48 Staaten von einer leicht überschaubaren Zahl von Großformen des Reliefs bestimmt. Im äußersten Nordosten haben die USA noch Anteil an dem aus Kanada hineinreichenden Kanadischen Schild oder Laurentischen Plateau. Im großen übrigen Staatsgebiet sind die naturgeographischen Großräume meridional angeordnet. Von Osten nach Westen sind es die Atlantische Küstenebene, das Appalachengebirge, die Inneren Ebenen der Prärien und Great Plains, das Felsengebirge (Rocky Mountains), die Intermontanen Becken, von denen das Große Becken (Great Basin) den größten Raum einnimmt, die Gebirgsregion der Kaskaden und Sierra Nevada, der Talzug der Willamette-Puget-Sund-Senke und des Großen Kalifornischen Längstales und schließlich die Küstenkette (Coast Ranges) am Pazifischen Ozean.

STARKE KÜSTENGLIEDERUNG. Etwa ein Viertel der Fläche des stark zerklüfteten Kontinents Nordamerika besteht aus Inseln und Halbinseln; Meeresbuchten greifen tief in das Festland ein. Das Verhältnis der tatsächlichen Küstenlänge zum Umfang eines flächengleichen Kreises (Küstenentwicklung) beträgt 4,9:1 gegenüber einem Verhältnis von nur 3,5:1 für das uns stark gegliedert erscheinende Europa. Damit ist Nordamerika der Kontinent mit der größten Küstenentwicklung.

Am extremsten zerklüftet ist die Küste im Neuenglandstaat Maine. Während die Luftlinie zwischen der Grenze zu New Hampshire im Süden und der Grenze zur kanadischen Provinz New Brunswick im Norden 365 km beträgt, kommt die tatsächliche Küstenlänge auf nicht weniger als 5565 km. Das entspricht einem Verhältnis von 1:15! Die zahlreichen Buchten und Flußmündungen der Ostküste (u. a. Cape Cod, Long Island Sound, Delaware- und Chesapeake-Bucht) waren wichtige Einfallstore für die Siedler aus der Alten Welt.

MT. MCKINLEY UND TAL DES TODES. Die vertikale Gliederung des Kontinents ist nur in seinem Westteil erheblich. Während sich die Appalachen im Osten kaum über 2000 m erheben, erreicht der Kontinent im Mt. McKinley in Alaska mit 6193 m seine höchste Stelle. Im Bereich der 48 Staaten ist der Mt. Whitney immerhin 4418 m hoch. Nicht allzu weit entfernt und ebenfalls in Kalifornien gibt es kleinere Gebiete, die unterhalb des Meeresspiegels liegen, so das Tal des Todes (86 m u. N. N.), eine der heißesten Gegenden der Erde (in Furnace Creek wurden im Juli 1913 56,6° C gemessen), und den Salzsee Salton Sea (72 m u. N. N.). 1929 wurde festgelegt, daß sich alle Höhenangaben für den Raum nördlich des Rio Grande del Norte auf den Pegel von Galveston (Texas) beziehen, der damit Basis ist für alle Höhenmessungen in Nordamerika.

ANTEIL AM KANADISCHEN SCHILD. Im Nordosten reicht der Kanadische Schild auf das Staatsgebiet der USA herüber. Zu ihm gehören die Mesabi Range und einige weitere kleine Bergketten in dem Winkel zwischen dem Oberen See und Michigansee sowie weiter östlich im Staat New York die Adirondack Mountains. Diese Region ist von außerordentlicher Bedeutung für die Wirtschaft der Vereinigten Staaten. Denn der Kanadische Schild ist ein geologisch altes und abgetragenes Gebiet, das zu etwa einem Drittel aus metamorphen Gesteinen besteht, die reich an mineralischen Lagerstätten sind. Sie liegen nahe an der Oberfläche und können vielfach im Tagebau abgebaut werden. Die Mesabi-Kette gehört zu den reichhaltigsten Eisenerzlagerstätten auf der Erde; nachdem die sehr hochwertigen Hämatite erschöpft sind, gibt es noch enorme Vorräte von weniger reichhaltigen Takoniten.

Das ziemlich rauhe Gebiet des Nordostens, das als Folgeerscheinung der Eiszeit mit zahlreichen Seen und Sümpfen überzogen ist, bietet für die landwirtschaftliche Nutzung nur geringe Möglichkeiten. Seine relativ periphere Lage zum übrigen Staatsgebiet und die damit verbundene Ruhe und Abgeschiedenheit sowie die zahlreichen Seen, Flüsse und Wälder sind dagegen günstige Voraussetzungen für den Tourismus.

DIE KÜSTENEBENE BIS FLORIDA. Durch das binnenwärtige Zurückweichen des Appalachengebirges wird nach Süden hin die Atlantik- und anschließende Golfküstenebene immer breiter. Während in Neuengland Gebirgsausläufer an vielen Stellen bis ans Meer reichen und eine Fjärd-Schärenküste entstehen ließen, ist die breite Küstenebene in den Südstaaten von zahlreichen Flüssen und Buchten durchsetzt und weitflächig von Sümpfen überzogen. Sie waren in der Kolonialzeit als Brutstätten der Anophelesmücke Malariaherde und machten den Siedlern schwer zu schaffen. Heute sind sie als Tierrefugien Anziehungspunkte für den Fremdenverkehr.

DIE HALBINSEL FLORIDA. Große Teile der Halbinsel Florida liegen nur wenige Meter über dem Meeresspiegel und bilden von ihrem Wasserhaushalt her gesehen ein zusammenhängendes Gebiet von Seen und Sümpfen. Dieses Ökosystem reagiert empfindlich auf menschliche Eingriffe. Seit den 70er Jahren wurde z. B. dem Okeechobee-See derart viel Wasser entzogen, daß Flora und Fauna in dem großen südlich anschließenden Sumpfgebiet beeinträchtig wurden. Die hier von Sumpfzypressen gebildeten Wälder sind stark durchsetzt mit Farnen, Lianen, Bromeliaceen und anderen Epiphyten und behangen mit Spanish Moss (Tillandsia), das in geringem Maße für Matratzenfüllungen genutzt wird. Zwischen den Wäldern liegen Schilfdickichte, die hauptsächlich aus Sawgrass (Cladium effu-

Zwischen Erie- und Ontariosee stürzen die Wassermassen des Niagara-Flusses
über eine mehr als 50 m hohe Silurkalkstufe und bilden die berühmten Niagara-
Fälle, ein beliebtes Ziel zahlreicher amerikanischer Hochzeiter.

sum) bestehen. Sie sollen die frühen Siedler zu dem bewundernden Ausruf »everywhere glades« (»überall Lichtungen«) veranlaßt haben; hieraus entstand die Bezeichnung Everglades für das große Sumpfgebiet im Süden der Halbinsel Florida. Ein etwa 5400 km² großes Teilstück wurde 1947 zum Nationalpark erklärt. Die Everglades gehören zum relativ kleinen Lebensraum des Alligators (Alligator mississippiensis), der zwischen Cape Hatteras im Norden an der Atlantikküste und der Rio-Grande-Mündung im Südwesten liegt; der Alligator ist an salziges oder brackiges Wasser gebunden.

DER INTRACOASTAL WATERWAY. Im Gegensatz zur nördlichen, seit 4000 Jahren stabilen Atlantikküste mit ihren untergetauchten Flußmündungen, ist die Küste der Südstaaten durch leichte Hebung und Verlandungen auf langen Strecken dem Haff-Nehrungstyp zuzurechnen. Sie kennzeichnen lange Nehrungen und Inselketten wie die Sea Islands vor den Küsten South Carolinas und Georgias sowie große Lagunen. Flußmündungen und Lagunen wurden für den Bau des Intracoastal Waterway, des Küstenwasserwegs der USA, genutzt, der angesichts der U-Boot-Gefahr nach dem Ersten Weltkrieg zur Bewegung von Schiffseinheiten im Schutz der Küste angelegt wurde. Er reicht von Neuengland bis nach Florida, durchquert die Halbinsel unter Nutzung des Okeechobee-Sees und führt entlang der Golfküste weiter bis zur mexikanischen Grenze. Nur auf kleineren Abschnitten wird er für den Binnenschiffsverkehr genutzt. Ansonsten bietet er gute Möglichkeiten für den Sportbootverkehr und die Anlage von Wassergrundstücken.

Die floridanische Golfküste wird bis zur Breite von Naples nordwärts von einem breiten Mangrove-Streifen begleitet. Im Süden geht die Halbinsel in die Key Islands über, ein sich nach Südwesten erstreckender Bogen von Koralleninseln, die dank des warmen Wassers des Floridastroms entstehen konnten. Ein Teil des Korallenriffs wurde zum Key Largo Marine Park erklärt. Verbunden ist die Inselkette durch den Overseas Highway, ihren Abschluß bildet Key West, seit 1822 US-amerikanischer Marinestützpunkt.

APPALACHEN UND PIEDMONT. Durch den weitaus größten Teil des Ostens der USA ziehen sich in nordöstlich-südwestlicher Streichrichtung die Appalachen. Sie sind ein geologisch altes und bereits stark abgetragenes Gebirge, aufgebaut aus kristallinem Urgestein und Kalken aus dem Paläozoikum (Erdaltertum) und der zum Mesozoikum (Erdmittelalter) gehörenden Trias. Diese Gesteinsschichten verlaufen im Südwesten unter der Mississippi-Ebene und treten westlich des Stroms in den Ozark Mountains und den Ouachita Mountains noch einmal an die Oberfläche. Diese beiden Bergzüge sind geologisch gesehen noch Bestandteile der Appalachen.

Ein Teil der atlantischen Abdachung der Appalachen, der Piedmont, ist aus denselben harten Gesteinen aufgebaut; er gehört also geologisch noch zum Gebirgskörper, morphologisch aber zur Küstenebene. Da diese aus leicht erodierbaren Sedimenten aufgebaut ist, der Piedmont aber aus hartem Gestein, bildeten die Abdachungsflüsse an der Grenzlinie gefällsreiche Strecken mit Stromschnellen aus. An dieser Fall-Linie endete die Schiffahrt, die Güter mußten umgeladen werden. Zu den Siedlungen, die an diesen Stellen entstanden, gehören Richmond, Raleigh und Columbia, die späteren Hauptstädte der Staaten Virginia, North Carolina und South Carolina.

DIE VIER TEILLANDSCHAFTEN DER APPALACHEN. Die Appalachen lassen sich in vier von Osten nach Westen aufeinander folgende Teillandschaften gliedern. Dem von der Küste kommenden Reisenden tritt zunächst die recht schroffe Blue Ridge entgegen, die im Mt. Mitchell, der größten Erhebung der östlichen USA, 2037 m Höhe erreicht. Ihre Überwindung bereitete den Siedlern erhebliche Schwierigkeiten und hielt die Westwärtsbewegung um etwa eine Generation auf. Flüsse wie der Potomac und Susquehanna haben sich bereits vor der letzten großen Hebung des Gebirgskörpers Durchbruchstäler geschaffen. Diesen sog. Gaps, deren bedeutendste die Cumberland Gap und die Columbia Gap sind, folgten die Siedler, ebenso den nicht mehr von Flüssen benutzten und als Wind Gaps bezeichneten natürlichen Durchlässen des Gebirges.

Das anschließende zentrale Appalachengebirge ist mit 43 Berggipfeln über 1800 m im Bereich der Carolinas und Tennessees der beeindruckendste Teil dieser Gebirgsregion. Ein Teilgebiet im Grenzbereich von North Carolina und Tennessee wurde als Great Smoky Mountains National Park ausgewiesen.

Westlich schließt sich die sog. Valley-and-Ridge-Provinz an. Sie besteht aus einem Gewirr von langgestreckten parallelen Bergketten und Talzügen; die ihnen folgenden Flüsse, die oft in weiten Bögen ihren Weg in den nächsten Talzug suchen, bilden sehr viele Stromschnellen. Während der 30er Jahre wurde im Rahmen des von US-Präsident Franklin D. Roosevelt (* 1882, † 1945) initiierten New Deals in einer Art Arbeitsbeschaffungsprogramm ein groß angelegtes Projekt zur strombautechnischen Ausgestaltung des Tennessee und seiner Nebenflüsse in Gang gesetzt. Dafür wurde eine unmittelbar dem Präsidenten unterstellte Behörde ins Leben gerufen, die Tennessee Valley Authority (TVA). Unter ihrer Leitung entstanden von 1938 bis 1943 zwölf Staudämme mit Kraftwerken, in deren Nähe sich Aluminiumverhüttung und Flugzeugbau ansiedeln konnten.

Den westlichen Abschluß der Appalachen bilden Plateaus mit der Allegheny Front zu den Inneren Ebenen hin; sie sind großenteils aus horizontal lagernden Schichten des unteren und oberen Karbons aufgebaut (Mississippian und Pennsylvanian). Das Pennsylvanian umfaßt eine große Anzahl von Kohleflözen, die neben Erzvorkommen die Grundlage waren für die im Raum von Pittsburgh aufgebaute Stahlindustrie.

VEGETATION DER APPALACHEN. In den höheren Teilen der Appalachen erreicht die Sommertemperatur nur etwa 18° C, die Vegetationsperiode schrumpft auf weniger als 150 Tage im Jahr zusammen. Je nach Höhenlage hält die Schneedecke 10 bis 30 Tage an, der Steigungseffekt sorgt für Niederschläge von mehr als 2000 mm im Jahr. Über die Appalachen gelangten Elemente der nördlichen Flora weit nach Süden in einen anders gearteten Klimabereich. Die oberen Hangpartien sind mit Nadelwald bedeckt, in dem hauptsächlich Tannen bestandsbildend sind, während sich in den unteren Hanglagen mehr und mehr Laubhölzer wie Ahorn, Birke und Buche unter die Nadelbäume mischen. Auch Eichen sind hier bestandsbildend. Hinzu kommen die Amerikanische Kastanie, Sassafras, Tulpenbaum und Hartriegel, insbesondere die als virginische Hundsbeere (dogwood) bezeichnete Art. In den Mischwäldern Neuenglands und der mittelatlantischen Region gedeiht der Zuckerahorn (Acer saccarum), aus dessen Rinde bereits die Indianer süßen Saft gewannen. Pro Saison liefert ein Baum zwischen zwei und sechs Pfund Saft, der zu Sirup oder Zucker verarbeitet wird.

Im verkarsteten Hügelland des zentralen Kentucky gibt es umfangreiche Höhlensysteme. Eine der größten dem Tourismus erschlossenen Höhlen sind die Mammoth Caves, die als Nationalpark unter der Verwaltung des National Park Service stehen.

DIE INNEREN EBENEN. Den weiten Raum zwischen Appalachen und Rocky Mountains nehmen die Inneren Ebenen ein. Sie sind aus horizontal lagernden, nur wenig eingebogenen Gesteinen der kreidezeitlichen Transgression und aus tertiären Landsedimenten aufgebaut. Am Fuß des Felsengebirges treten sie als sog. Schichtrippen auf, die von den Amerikanern »hogbacks« (Schweinerücken) genannt werden.

Die sich je nach der geographischen Breite zwischen 700 km und 1200 km vom Mississippi-Tal zum Felsengebirgsrand erstreckenden Inneren Ebenen steigen fast unmerklich von Osten nach Westen an. Das Tal des oberen Mississippi liegt bei St. Paul/Minneapolis wenig über 200 m, der Gebirgsfuß bei Denver ist 1600 m hoch, weshalb Denver auch als die »mile high city« bezeichnet wird. Dieser außerordentlich sanfte Anstieg der Inneren Ebenen trägt zum Eindruck der unendlichen Weite bei, der nur in bestimmten enger begrenzten Teilgebieten durch markante Geländeformen unterbrochen wird.

SPUREN DER EISZEITEN. Der nördliche Teil der Inneren Ebenen ist glazial überformt. Wie im nördlichen Europa sind vier Eiszeiten nachgewiesen, die in den USA nach den Staaten benannt werden, in denen sie die meisten Spuren hinterlassen haben: Kansan, Nebraskan, Illinoian und Wisconsin. Zwischen Hudson Bay und Ohio finden sich zahlreiche Moränen, Drumlins, Sanderflächen, Oser und ungezählte Zungenbecken. Minnesota wird, Finnland vergleichbar, als das Land der zehntausend Seen bezeichnet.

Allerdings gibt es im Zusammenhang mit den Eiszeiten Unterschiede gegenüber Europa. Der Umfang der Inlandvereisung war in Nordamerika sehr viel größer und umfaßte außer dem gesamten Kanada auch Teile Alaskas und der nördlichen US-Staaten. Zugleich reichte sie viel weiter nach Süden, nämlich bis an die Ohio-Missouri-Linie (37° nördlicher Breite), was in der Alten Welt der Linie Malaga–Tunis–Syrakus entspräche. Das Schmelzwasser konnte zudem ungehindert nach Süden ablaufen und mußte nicht wie in Deutschland, wo die Mittelgebirge diesen Weg versperrten, einen Abfluß nach Westen suchen, den bei uns heute die Urstromtäler nachzeichnen.

Ein weiterer gravierender Unterschied besteht darin, daß keine Gebirgsbarriere im Süden (wie in Europa die Alpen) der Rückwanderung der vom Eis verdrängten Pflanzen im Wege gestanden hat. In Mitteleuropa starben während der Eiszeiten etliche Arten aus, u. a. Sequoia, Taxodium, Tsuga und Carya, eine von den Amerikanern als Hickory bezeichnete Walnußbaumart; in Nordamerika konnten diese Arten leicht wieder nach Norden vorrücken. Deshalb zeichnen sich die Wälder der USA gegenüber den europäischen durch einen großen Artenreichtum aus.

DIE GROSSEN SEEN. Die Inneren Ebenen lassen sich untergliedern in das Einzugsgebiet der Großen Seen, das nach Süden sich stark verbreiternde Mississippi-Tal und die Great Plains.

Die Großen Seen sind in ihrer heutigen Ausprägung von Eiszungen der Wisconsin-Eiszeit ausgestaltete Becken. Ihre Gesamtfläche beläuft sich auf 245 205 km² (vergleichbar mit der ehemaligen BRD). Größter dieser Seen ist der Obere See (82 382

km²), gefolgt vom Huron (59 573 km²), Michigan (57 994 km²), Erie (25 735 km²) und Ontario (19 521 km²). Ihre Tiefe schwankt zwischen 393 m (Oberer See) und 64 m (Erie-See).

Mit Ausnahme des Erie-Sees reichen die Seen an ihren tiefsten Stellen unter das Meeresspiegelniveau und sind damit Kryptodepressionen. Der kurze St. Mary's River stellt die Verbindung zwischen Oberem See und Huron-See her. Die Höhendifferenz von 6 m wird mit Hilfe der Schleusen am Sault-Sainte-Marie-Schiffskanal überwunden. Diese »Soo locks« mußten immer wieder vergrößert werden, um den wegen Eisbildung auf acht Monate zusammengedrängten enormen Verkehr der Erz-, Kohle- und Weizenfrachtschiffe bewältigen zu können. Zwischen dem durch die Straße von Mackinac miteinander verbundenen Huron- und Michigan-See besteht kein Niveauunterschied. Die 2 m Differenz zwischen Huron- und Erie-See überbrücken Detroit River und St.-Clair-See.

Die am schwersten zu meisternde Strecke der gesamten Schiffahrtsstraße sind die 100 m Niveauunterschied auf 50 km Länge des Niagaraflusses zwischen Erie- und Ontario-See. Hier hat der Fluß in den silurischen Niagarakalken seine berühmten Fälle, den Amerikanischen Fall und den auf der kanadischen Seite liegenden Hufeisenfall, ausgebildet. Der sie westlich umgehende Wellandkanal ist mit relativ geringen Abmessungen und mehreren Schleusen auch nach Ausbau des St.-Lorenz-Seewegs weiterhin dessen schwächstes Glied.

Durch rückschreitende Erosion im wenig widerständigen Silurkalk verlegte der Niagarafluß die Fälle immer weiter zurück, so daß große Felsmassen abbrachen, in einem Jahr fast 200 000 t. 1966 wurde der Amerikanische Fall eine Zeitlang stillgelegt und zementiert, um weitere Erosion einzudämmen und den Wasserfall als Touristenattraktion zu erhalten.

DER MISSISSIPPI. Während der Einzugsbereich der Großen Seen äußerst klein ist und sehr bald schon die Wasserscheiden zur Hudson Bay und zum Mississippi erreicht sind, besitzt das Mississippi-Missouri-System ein Einzugsgebiet von rund 3,3 Mio. km². Mit 4074 km Länge ist der von den Indianern Missi Sepe (»Vater der Wasser« oder auch »Großer Fluß«) genannte Strom nach Nil und Amazonas der drittlängste Fluß der Erde. Der Missouri ist bis zu seiner Einmündung in den Mississippi fast genauso lang.

Der Mississippi hat ein äußerst geringes Gefälle. 3200 km oberhalb seiner Mündung in den Golf von Mexiko bei St. Paul fließt er in der geringen Höhe von nur 208 m. Er zeigt daher in extremer Weise die Eigenschaften eines stark mäandrierenden und sedimentierenden Dammflusses: Durch Ablagerung erhöht er ständig sein eigenes Bett und fließt in seinem Unterlauf höher als seine Umgebung, die er permanent zu überschwemmen droht; außerdem bildet er ein gewaltiges Binnendelta, das mit anderen Flußläufen in Verbindung steht. Begleitet wird der »Vater der Wasser« auf mehreren hundert Kilometern vor allem im Bereich des Staates Mississippi von Flüssen, die eben dieser Situation wegen nicht in ihn einmünden können, sog. verschleppte Flüsse. Typisch für diese ist der Yazoo, dessen Name von amerikanischen Wissenschaftlern als Synonym für diesen Flußtyp gebraucht wird.

Die Verzweigungen im Deltabereich, die großenteils mit dem Hauptstrom in Verbindung stehen und mehr oder weniger Mississippiwasser befördern, haben die französischen Siedler Louisianas »Bayou« genannt. Der Ausdruck soll der Choctawsprache

Bei seinem Lauf durch Iowa begleiten den Mississippi hohe Bluffs auf dem Westufer. Mit 4074 km Länge ist der »Vater der Wasser« nach Nil und Amazonas der drittlängste Strom der Erde.

entlehnt worden sein, in der »Bayouc« soviel wie langsam flie-ßendes oder stagnierendes Wasser bedeutet. Das Delta baut sich ständig weiter auf. Der Strom besitzt mehrere Mündungsarme, sog. Passes; der gegenwärtig am stärksten wasserführende ist der Southwest Pass. In diesem Bereich schiebt sich das Delta um etwa 88 m pro Jahr in den Golf hinein.

1879 wurde eine Mississippi River Commission zur Begradi-gung und Regulierung des Stromes eingesetzt. Im Laufe eines Jahrhunderts wurde der Strom einschließlich des Missouri und der Nebenflüsse mit dem Bau zahlreicher Staudämme und Re-servoirs einigermaßen unter Kontrolle gebracht. Die letzte große Überschwemmung in Breiten zwischen 50 und 100 km bis zur Ohio-Einmündung aufwärts ereignete sich 1927. Zu derarti-gen Katastrophen ist es seitdem nicht mehr gekommen, ob-gleich die Gefahr nicht vollständig gebannt ist. Vor allem durch die Einwirkung von Hurricanes im Unterlauf können nach wie vor Hochwasserwellen über die Dämme brechen.

Völlig anders gestaltet sich dagegen der Oberlauf, dessen re-lativ schmales Tal von Hochufern begleitet wird, den sog. Bluffs. Es gibt Orte, in deren Namen Bluff ein Bestandteil ist. Diese Flußhafenstädte besitzen eine Unterstadt im Tal, wo ne-ben dem Fluß für Hafen- und Industrieanlagen oder einen Ge-schäftskern nur wenig Platz ist, während sich die meisten Wohnviertel auf der Hochfläche ausdehnen. Der Steilhang selbst ist in der Regel unbebaut geblieben, als Grünstreifen bil-det er eine Art Zäsur zwischen Unter- und Oberstadt.

DIE GREAT PLAINS. Der Übergang vom humiden Waldland im Osten zur semiariden Kurzgrassteppe der Great Plains im Westen vollzieht sich in Etappen. Schon östlich des Mississippi, z. B. im Süden Wisconsins, treten in den von Eichen, Hickory und Kiefern bestimmten Wäldern größere Lichtungen auf, von den Siedlern als »oak openings« bezeichnet. Richtung Westen wird der Baumwuchs immer geringer und beschränkt sich auf Galeriewald entlang den Flußläufen, während die großflächige Vegetation aus Gräsern und Kräutern, vor allem aus Bluestem-gräsern (Andropogon) und nach Westen hin zunehmend auch aus Stipagräsern besteht.

Diese Langgrassteppe ist vor allem nördlich des 40. Breiten-grads über Illinois und Iowa hinweg bis in die Dakotas und nach Nebraska hinein ausgebildet. Sie hat mit dem ausgeglichenen Niederschlag im Übergangsbereich zwischen dem humiden und dem ariden Klima fruchtbare Schwarzerdeböden als Grundlage für intensive landwirtschaftliche Nutzung hervorgebracht. Da-durch ist es weit ab von den Küsten im Inneren des Kontinents zu einer relativ dichten Besiedlung gekommen.

Bei etwa 100° westlicher Länge geht die Langgras- in die Kurzgrassteppe über, in der vor allem Wheatgras (Agropyron) und nach Westen zunehmend Gramagras (Bouteloua) den Boden mehr oder weniger lückenhaft bedecken. Das Büffelgras (Buch-loe) der High Plains von Texas ist vielfach durchsetzt vom Mes-quitebusch (Prosopis juliflora). Hier ist bestenfalls noch exten-sive Weidewirtschaft möglich. Für die landwirtschaftliche Er-schließung der Great Plains durch Farmen und Viehhalter waren zwei Erfindungen notwendige Voraussetzung: Der Sta-cheldraht und das Windrad zur Hebung von Grundwasser. Erst sie machten das westwärtige Voranschreiten der Frontier mög-lich. Die unbedachte ackerbauliche Nutzung von Teilen der dürregefährdeten Plains hat in den trockenen 30er Jahren zu Staubstürmen geführt, die vor allem im zentralen Oklahoma

viele Farmer ruiniert haben. Der hier von den Winden aufge-nommene Sand aus der sog. Dust Bowl (Staubschüssel) hat sich in gewaltigen dunklen Wolken nach Osten bewegt und zeit-weise sogar den Himmel an der Atlantikküste verdunkelt.

SICHERHEITSVENTIL FÜR DEN OSTEN. Erst seit den 1870er Jahren hat sich die Bezeichnung Great Plains für diesen Raum durchgesetzt. Bis dahin waren verschiedene Benennungen üb-lich. So war von der Great American Desert die Rede; der nega-tive Beigeschmack dieses Namens mißfiel vor allem den gen Westen vordringenden Eisenbahngesellschaften, die sehr daran interessiert waren, Siedler aus dem Osten für dieses Gebiet zu gewinnen, um einen lukrativen Warentransport in Gang zu bringen. Die Politiker sahen im Westen ein Gebiet, das die über-schüssige Bevölkerung des Ostens aufnehmen und somit eine Art Sicherheitsventil (Safety Valve) sein sollte. Andere Namen waren Great Prairie Wilderness oder Great Western Prairies.

LEBENSRAUM DER BISONS. Mehr als angemessen war der da-mals ebenfalls übliche Name »Buffalo Plains«, denn die Plains waren der hauptsächliche Lebensraum des einst weit verbreite-ten Bisons. Der Prärie-Bison bevölkerte in riesigen Herden das Innere des Kontinents, während der Wald-Bison nur im nörd-lichen Teil der kanadischen Provinz Alberta auftrat. Schätzun-gen für das Jahr 1800 gehen von einem Bestand zwischen 50 und 70 Mio. Tieren aus, der von den in die Plains vordringenden Weißen rigoros dezimiert wurde. Um 1860 soll es noch etwa 2 Mio. Exemplare gegeben haben, um 1900 stand der Bison mit rund 1000 Stück vor dem Aussterben. Daraufhin wurden die Tiere in Reservaten wie den Black Hills in South Dakota ausge-setzt, wo sie sich wieder vermehren konnten; um 1970 waren es etwa 30 000 Stück, eine beschränkte Anzahl konnte sogar jähr-lich zum Jagen freigegeben werden.

Der Bison war die Lebensgrundlage der Plainsindianer. Sie bauten aus Bisonhäuten ihre Zelte (Teepees), kleideten sich mit Bisonfellen, nutzten das Fleisch zur Nahrung und die Knochen zur Herstellung von Waffen und Schmuck. Die Dezimierung der Bestände durch die Weißen hat sie dieser Lebensgrundlage be-raubt und sie zu anderer Lebensweise auf den ihnen zugewiese-nen Reservationen verurteilt.

GELÄNDEFORMEN DER GREAT PLAINS. In Teilen der Plains lassen sich besondere Geländeformen unterscheiden. Wo einzelne Gesteinspakete ausstreichen, haben sich sog. Schicht-stufen ausgebildet. Das sind Geländestufen, die infolge der un-terschiedlichen Widerstandsfähigkeit von Gesteinsschichten durch Abtragung entstehen, wobei die härtere Schicht als »Stufe« herausgebildet wird. Das Missouri-Plateau beginnt im Osten mit einer solchen Stufe, dem Manitoba Escarpment; die südlicher und etwas höher gelegenen High Plains von Texas schließen gegen das texanische Tiefland mit einer ebensolchen Stufe ab, dem Balcones Escarpment. Ihr folgt die Städtereihe Dallas—Waco—Austin—San Antonio. Die High Plains lassen sich in die Staked Plains (Llano Estacado), die Pecos Plains und das Edwards Plateau unterteilen.

Zu den außergewöhnlichen landschaftlichen Attraktionen ge-hören die Sand Hills (Dünenzüge) in Nebraska sowie, im äußer-sten Nordosten von Wyoming, der Devil's Tower, ein aus Säu-lenbasalten bestehender Lakkolith. Bei den Indianern heißt es, ein riesiger Bär habe mit seinen Krallen die von der Säulenstruktur herrührenden Risse verursacht. Die Badlands in South Dakota erhielten ihren Namen von den französischen Trappern und Pelzhändlern (coureurs de bois), die dieses schluchtenreiche und unwegsame Gebiet als »Terre mauvaise à traverser« bezeichneten. Die Amerikaner beließen es bei Terre mauvaise und übersetzten es als »bad lands«.

Im erosionsanfälligen Sedimentgestein der Badlands haben Trockenheit und gelegentlich auftretende starke Regenfälle ihre Spuren hinterlassen. Das Regenwasser dringt kaum in den Boden ein, sondern fließt mit hoher Geschwindigkeit oberirdisch ab, wobei es sich tief einschneidet. Ein besonders eindrucksvolles Gebiet im südwestlichen Dakota wurde 1939 zum Nationalpark erklärt.

Eine Sonderstellung haben die Black Hills an der Grenze von South Dakota nach Wyoming. Bei ihnen handelt es sich um einen aus Granitstein bestehenden Auslieger der Rocky Mountains. Aufgrund ihrer Höhe (Harney Peak, 2207 m) sind sie niederschlagsreich, daher von Wäldern und Seen bedeckt und wirken wie ein Fremdkörper in der trockenen Plains-Umgebung. Hier lebt in freier Wildbahn eine weit über 1000 Stück zählende Bisonherde. Zur touristischen Attraktion wurde das Mount Rushmore National Monument: Der Rodin-Schüler Gutzon Borglum meißelte von 1927 bis 1941 die Gesichter der US-Präsidenten Washington, Jefferson, Lincoln und Th. Roosevelt aus dem Granit. Die Skulpturen sind knapp 20 m hoch.

Südlich der Black Hills liegt in den Plains der Wind Cave National Park. Hier lebt der dem Eichhörnchen verwandte, früher millionenfach verbreitete Präriehund. Von den Ranchern wurde er fast ausgerottet, denn er hat die Angewohnheit, die Notausgänge seiner Bauten bis dicht unter die Erdoberfläche zu legen, damit sie bei Gefahr leicht zu öffnen sind. Den Pferden und dem Vieh wurden die versteckten Löcher oft zum Verhängnis.

Die Rocky Mountains.

Abrupt erhebt sich aus den Plains die Front Range des Felsengebirges, die 150 km südwestlich von Denver im Mt. Elbert die Höhe von 4399 m erreicht. Ein 106 000 ha großes Gebiet wurde mit fast 80 Berggipfeln über 3600 m zum Rocky Mountain National Park erklärt.

Die Rocky Mountains gehören zum gewaltigen Hochgebirgsgürtel, der sich von den Rändern des asiatischen Kontinents über Alaska durch ganz Nord-, Zentral- und Südamerika bis in die Antarktis hineinzieht. Die einzelnen Gebirgsketten entstanden weniger durch Faltungsvorgänge als durch Hebungen. Viele der Ketten haben einen uralten, aus präkambrischen Gesteinen bestehenden Kern und weisen geologisch jüngere Deckschichten auf. Diese sind in den höchsten Partien oft abgetragen, so daß hier (in einem sog. geologischen Fenster) das präkambrische Gestein sichtbar wird.

Vulkanische und postvulkanische Vorgänge.

Die Bildung der Gebirge war von vulkanischer Tätigkeit begleitet. Im Laufe der Erdgeschichte hat es mehrere Zyklen mit erhöhter vulkanischer Aktivität gegeben. Nach heutigen Vorstellungen von den Veränderungen der Erdkruste wandert die nordamerikanische Festlandplatte unendlich langsam, etwa 1 bis 2 cm pro Jahr, über einen bis an die Oberfläche reichenden Magmaherd, einen sog. Hot Spot. Damit ist der Ausstoß schwefelhaltigen Rhyolitgesteins verbunden gewesen, das wegen seiner gelben, manchmal bis in Rosa und Rot übergehenden Färbung schon die dort lebenden Indianer und ersten französischen Waldläufer

dazu veranlaßte, von einem Gelbsteingebiet zu sprechen. Yellowstone hat sich als Bezeichnung für den Fluß, der dieses Gebiet der Absaroka-Kette durchfließt, für einen See und für den schon 1872 gegründeten Yellowstone National Park im Nordwesten von Wyoming erhalten.

Nur 4 m unterhalb des Bodens des Yellowstone-Sees wurden 104° C gemessen. Solche Wärmeanomalien sowie häufige leichte Beben sind Anzeichen dafür, daß es sich hier um eine Schwächezone handelt. Heute gibt es allerdings keine echte vulkanische Tätigkeit mehr, sondern postvulkanische Erscheinungen wie das Herausströmen heißer Dämpfe in Fumarolen, brodelnde Schlammvulkane und vor allem Geysire. Manche von ihnen haben einen derart geregelten Wärmehaushalt, daß durch die regelmäßig anwachsende Dampfspannung die darüberliegende Wassersäule in genauen zeitlichen Abständen herausgestoßen wird. Berühmt ist der Old Faithful, der alle 65 Minuten eruptiert. Einige Heißwasserquellen zeigen bunte Färbungen über das gesamte Spektrum, zum Teil hervorgerufen durch Algen, die noch in fast kochendem Wasser leben können. An abgestorbenen Bäumen und neu auftretenden Rissen im Boden kann man erkennen, daß sich diese postvulkanischen Aktivitäten ständig auch innerhalb eines größeren Gebietes verlagern.

Entstehung der Canyons.

Die letzte große Heraushebung des Gebirgskörpers wie auch des südwestlich angrenzenden Colorado-Plateaus trat an der Wende vom Pliozän zum Pleistozän ein. Während dieses Hebungsvorgangs schnitten sich die Flüsse tiefer in das Gestein ein, was ihnen der zeitweise im Vergleich zur Gegenwart größere Wasserdurchfluß ermöglichte. Die amerikanischen Wissenschaftler haben es das Canyon Cutting Stage genannt, die Zeit, in der Canyons entstanden wie der Black Canyon des Gunnison oder der Grand Canyon des Colorado im Colorado-Plateau.

Lücke im Felsengebirge.

In Wyoming weist das Felsengebirge zwischen der Front Range im Süden und den Big Horn Mountains bzw. der Wind River Range im Norden eine Lücke auf, durch die man, ohne durchs Hochgebirge zu müssen, nach Westen gelangt. Die Siedler nutzten diese Lücke für ihren Weg nach Utah und Oregon, als sie den Mormon Trail und den Oregon Trail auskundschafteten. Dieser Durchgang bildet zugleich die Grenze zwischen den nördlichen, während der Eiszeiten vom Inlandeis bedeckten und den südlichen, nur regional von einzelnen Gletschern bearbeiteten Rocky Mountains. Die Spuren der Vereisungen wie Kare, Karseen und Moränen sind folglich in den nördlichen Ketten sehr viel zahlreicher.

Flora und Fauna der Rocky Mountains.

Die Felsengebirgsketten sind im semiariden bis ariden Westen ein Bereich humiden Klimas mit ausgedehnten Wäldern. Es besteht eine Höhenstufung in fünf Vegetationszonen, die von der geographischen Breitenlage abhängig sind. Für die Wasatch-Kette auf der Westseite des Gebirgskörpers in etwa 40° nördlicher Breite sind die im folgenden aufgeführten Höhenangaben charakteristisch, wobei die niedrigeren Werte für die Nord- und die höheren Werte für die Südhänge gelten.

Am Gebirgsfuß ist bis 1500 m bzw. 1750 m die wüstenhafte Gras- und Krautformation des Upper Sonoran ausgebildet, benannt nach der mexikanischen und in den Südwesten der USA hineinreichenden Wüste. Weit verbreitet ist hier das von den

Der Bison oder Büffel (buffalo) wiegt über eine 1 Tonne und ist das größte
Wildtier Nordamerikas. Einst bevölkerten rund 60 Mio. Tiere die Plains; um
1900 war der Bison nahezu ausgestorben; heute gibt es wieder über 30 000.

Eine der schönsten Partien der Rocky Mountains ist die Teton Range im
Westen von Wyoming mit mehreren Gipfeln von über 4000 m Höhe. Der
Snake River durchfließt hier das Hochtal von Jackson Hole.

Amerikanern »sagebrush« genannte Beifußgewächs Artemisia tridentata. Es gedeihen auch Grasarten wie Stipagräser und, je nach Salzgehalt des Bodens, salzverträgliche Kräuter.

Bis zu 1900 m bzw. 2200 m Höhe folgt eine Übergangszone. Diese unteren Hangpartien sind weitflächig mit einer buschartig wachsenden Eichenart, Quercus gambelli, bestanden, die zum Oktober die Hänge in rote Farben taucht. Durch Überweidung von hindurchziehenden Schafherden wurde die einst geschlossene Vegetationsdecke bereits erheblich zerstört.

Über dieser sog. Transition Zone liegt in Höhen bis zu 2300 m bzw. 2700 m die Mischwaldzone des Canadian. Bestandsbildend sind hier vor allem die Stechfichte (Picea pungens), die Grautanne (Abies concolor) und die Douglaskiefer (Pseudotsuga); durchsetzt sind sie von den Pappelarten Zitterpappel (Populus tremoloides), in den USA als »aspen« bezeichnet, und Cottonwood (Populus deltoides).

Das darübergelegene, bis 2850 m bzw. 3100 m reichende Hudsonian ist eine Nadelwaldzone, in der vor allem die Alpentanne (Abies lasiocarpa) und die Lodgepole Pine (Pinus murrayana) dominieren. Es schließt sich die tundrenartige Arctic Alpine Zone an mit bestenfalls zwergartigem Baumwuchs und alpinen Kräutern.

Die Rocky Mountains sind das Reich des Silbergrauen Bärs (Ursus horribilis), einer wegen der silbergrauen Haarspitzen so genannten Braunbärenart; besser bekannt ist er unter dem Namen Grizzly. Außerdem leben hier Bighorn-Schafe (Ovis canadensis), Wapiti-Hirsche, Elche und kleinere Tiere wie Chipmunk, Erdhörnchen und Biber.

BODENSCHÄTZE DER FELSENGEBIRGSREGION. Die umfangreichen Bodenschätze des Felsengebirgsraums sind eher Reserven für die Zukunft. Marktferne, hohe Förderkosten sowie ihre vergleichsweise geringe Qualität ließen einen Abbau bislang ökonomisch wenig sinnvoll erscheinen. So lagern im Raum von Wyoming und Montana die größten Kohlevorräte der USA, sie sind allerdings qualitativ schlechter als die Appalachenkohle. In den Staaten Utah und Colorado gibt es große Vorkommen an Ölschiefer und Ölsanden.

Andere Lagerstätten wurden schon vor weit über 100 Jahren ausgebeutet. Das betrifft zum einen Edelmetalle, die sich allerdings in noch größerem Umfang in der Sierra Nevada fanden. Zum anderen wurde im Tagebau Kupfer gefördert, hauptsächlich bei Butte (Montana), Bingham Canyon (Utah) und Globe (Arizona). In der Nachkriegszeit wurden bei Moab (Utah) Uranerze und Vanadium abgebaut.

DIE BECKEN- UND PLATEAULANDSCHAFTEN. Zwischen den Felsengebirgsketten und dem Gebirgszug der Kaskaden und Sierra Nevada liegen große Becken- und Plateaulandschaften; von Norden nach Süden sind es Columbia-Becken, Harney-Becken, Großes Becken und Colorado-Plateau.

Im Columbia-Becken hat sich dünnflüssige Lava in einer Stärke bis zu 1800 m über ein unruhiges tertiäres Relief ergossen und in einem Gebiet von über einer halben Million Quadratkilometern ein die ursprünglichen großen Höhenunterschiede ausgleichendes flachwelliges bis hügeliges Gelände geschaffen. Jüngere Verwerfungen haben diese Lavadecken in einzelne größere Schollen zerbrochen. Vor allem in Gebirgsnähe haben eiszeitliche Schmelzwasser gerundete Oberflächenformen geschaffen, die sog. Channeled Scablands.

Das Harney-Becken bildet den Übergang zum Großen Becken. Es weist zwar eine dem Columbia-Becken ähnliche Entstehung auf, zeigt jedoch als abflußloses Gebiet von den Oberflächenformen und hydrographischen Verhältnissen her enge Verwandtschaft mit dem Großen Becken.

Das Große Becken nimmt weite Teile von Nevada und Utah ein. Eine andere Bezeichnung, nämlich Basin and Range Province, ist eigentlich aussagekräftiger. Denn dieses Wüstenhochland in einer durchschnittlichen Höhenlage von 1400 m ü. N. N. wird von zahlreichen kleinen Bergketten durchzogen; es sind Pultschollen mit steilem Hang nach Osten und sanftem Abfall nach Westen. Trotz ihrer geringen Höhen von nur wenigen hundert Metern fungieren sie im Westwindbereich als Regenfänger, so daß sie mit einem lichten Wald überzogen sind und sich nicht nur morphologisch, sondern auch durch ihre Vegetation gegen die sie trennenden Senken abheben.

DER GROSSE SALZSEE. Diese Senken zeichnen den meist kurzen und nur selten wasserführenden Flüssen die Laufrichtung vor. Die Flüsse enden in Salzpfannen, denn das Große Becken ist seit Ende des Pleistozäns ein abflußloses Gebiet. Der Große Salzsee ist der bescheidene Rest des volumenmäßig etwa 50mal größeren glazialen Süßwassersees Lake Bonneville, der nach Norden zum Snake River hin entwässerte und zwischen 16000 und 8000 v. Chr. um 270 m auf sein heutiges Niveau herabsank. Die Seen am Westrand des Großen Beckens, wie der Pyramid Lake, sind Reste des glazialen Lake Lahontan.

Der Große Salzsee schwankt je nach Wasserzufuhr aus seinen Zuflüssen Ogden, Bear, Weber und Jordan außerordentlich in Größe und Salzgehalt. Zum Frühjahr mit den Schmelzwassern aus dem Wasatchgebirge pflegt der Seespiegel bis zu 45 m zu steigen. Seit seinem 1873 beobachteten Höchststand sind Volumen und Seespiegel unregelmäßig, aber kontinuierlich zurückgegangen. Mit wechselndem Wasserstand hat der Salzgehalt zwischen 5,5 % und 27,3 % geschwankt. Gewaltige Schnee- und Regenfälle Mitte der 80er Jahre ließen den Seespiegel von seinem langjährigen Mittel von 4200 Fuß ü. N. N. (1981) auf 4212,5 Fuß (1987) steigen, die Fläche wuchs von 4660 km^2 auf 6480 km^2. Dies richtete große Schäden an Badeeinrichtungen, Salzgewinnungsanlagen und Verkehrswegen an, weshalb eine Zeitlang Wasser aus dem See in die Great Salt Lake Desert gepumpt wurde, wo das sog. Newfoundland Evaporation Basin entstand. Dadurch senkte sich der Spiegel bis 1990 wieder auf 4202 Fuß (Utah – Das Mormonenland, S. 369).

Auch der Pyramid Lake und der Mono Lake haben so salzhaltiges Wasser, daß es den Menschen trägt, ohne daß er Schwimmbewegungen machen muß. Die skurrilen Gesteinsformen am Ufer des Mono Lake werden Tufas genannt; sie entstanden aus der Verbindung kalziumhaltigen Wassers aus Süßwasserquellen mit karbonathaltigem Seewasser zu Kalziumkarbonat, das infolge jüngeren Absenkens des Seespiegels an die Oberfläche gelangt ist.

DAS COLORADO-PLATEAU UND SEINE CANYONS. Das Colorado-Plateau besteht aus einem großen Paket paläozoischer und mesozoischer Schichten von mehreren Kilometern Stärke, die wegen lange währender tektonischer Stabilität weitgehend ungestört geblieben und nur etwas aufgewölbt und verbogen sind. In diese Schichten haben die aus dem Felsengebirge kommenden Flüsse malerische Canyons eingeschnitten. Der ungeheure Reiz dieser Landschaft rührt daher, daß dieses Schichtpaket von Norden nach Süden einfällt und bei etwa gleicher Höhenlage im Süden die mesozoischen Schichten fehlen. Je weiter man nach Norden kommt, um so jüngere, von den Flüssen angeschnittene Schichten liegen oben auf.

So ist der dem Erdaltertum zugehörige permische Kaibab-Kalk das jüngste Gestein, das am oberen (nördlichen) Rand des Grand Canyon zu finden ist. Bei einer Wanderung von 1600 m den Canyon hinab bis zum Colorado-Fluß kommt man durch die Schichtgesimse des gesamten Paläozoikums bis zu archaischen, den ältesten auf der Erdoberfläche überhaupt angeschnittenen Gesteinen. Im Zion Canyon gibt es den gewaltige Steilhänge bildenden jurassischen Navajo-Sandstein, im Canyonlands National Park sowohl paläozoische als auch jurassische Gesteine, die von der weißen Schicht des permischen White Rim Sandstone abgesetzt sind. Im Bryce Canyon haben Wind und Schmelzwasser den eozänen Wasatch-Kalk zu Tausenden von Säulen modelliert.

Während das Kaibab-Plateau am oberen Rand des Grand Canyon noch gut bewaldet ist, hat der um 400 m niedrigere Südrand bereits steppenhaften Charakter. Unter Einfluß des Menschen hat sich die Vegetation verändert zugunsten von Mesquitebusch (Prosopis), Wacholder (Juniperus), Tamariske (Tamarix) und Feigenkaktus (Opuntia). Zu den Eigenheiten der Vegetation Arizonas gehören der vor allem im Organ Pipe Cactus National Monument vorkommende Orgelpfeifenkaktus (Lemaireocereus thurberi), der in den beiden Teilen des Saguaro National Monument zu findende Saguaro (Carnegiea gigantea) und der im Joshua Tree National Monument und an der Überlandstraße zwischen Phoenix und Las Vegas häufig anzutreffende Joshuabaum (Yucca brevifolia); er ist mit 4,5 m bis 9 m Höhe die größte Yucca-Art.

DAS KASKADENGEBIRGE. Die intermontanen Becken werden nach Westen von der Gebirgskette der Kaskaden und der Sierra Nevada begrenzt. Das Kaskadengebirge erhielt seinen Namen von den Stromschnellen, die der Columbia-Fluß in seinem Durchbruchstal bildet. Das auf der Westseite von Sitkafichte und Douglaskiefer, auf der Ostseite von Gelbkiefer und verschiedenen Fichten- und Tannenarten bestandene Gebirge ist aus marinen mesozoischen Ablagerungen und Intrusionen der postjurassischen Hauptfaltung aufgebaut. Den Vulkanismus belegen eine Reihe prachtvoller Vulkankegel, u. a. der von 16 Gletschern bedeckte Mt. Rainier (4392 m), Mt. Adams, Mt. Hood, Mt. Jefferson, Diamond Peak, Mt. Scott und Mt. St. Helens, der durch seinen Ausbruch im Mai 1980 von sich reden machte. Große Obsidian-Vorkommen und der zum Nationalpark erklärte Crater Lake, der mit Wasser gefüllte Krater eines großen Vulkans, sind weitere Zeugen vulkanischer Tätigkeit. Noch weiter südlich liegen schon auf kalifornischem Gebiet der Lassen Peak und der Lassen Volcanic National Park mit einigen postvulkanischen Erscheinungen, die sich allerdings im Vergleich zum Yellowstone Park bescheiden ausnehmen.

DIE SIERRA NEVADA. Die südlich an die Kaskaden anschließende Sierra Nevada ist eine große, nach Westen gekippte Pultscholle mit einem sehr steilen Osthang und einer sanften Abdachung nach Westen zum Großen Kalifornischen Längstal. Sie besteht großenteils aus Graniten, in denen die Vergletscherungen der Eiszeiten deutliche Spuren hinterlassen haben. Ein-

drucksvoll ist das Yosemite-Tal mit dem gewaltigen Monolithen »El Capitan« auf der einen und den »Drei Brüdern« auf der anderen Talseite. Eine Besonderheit der Vegetation ist die Sequoia, neben der Bristlecone Pine im Great Basin National Park einer der ältesten und höchsten Bäume auf der Erde. Die in der Sierra Nevada im Sequoia National Park wie auch im Mariposa Grove innerhalb des Yosemite National Park vorkommende Sierra-Sequoia, auch Mammutbaum (Sequoiadendron giganteum) genannt, ist größer als die Küsten-Sequoia oder Redwood (Sequoia sempervirens) der kalifornischen Küstenketten. Diese Bestände waren durch langjährigen Einschlag der großen Holzfirmen bedroht, bis 1968 ein 40 000 ha großes Gelände als Redwood National Park unter Schutz gestellt wurde.

Berühmtheit erlangte die Sierra Nevada durch ihre an Quarzgänge gebundenen Goldvorkommen in der sich über 180 km an der Westabdachung der Sierra entlangziehenden sog. Mother Lode. 1848 wurde am Sacramento auf dem Besitz des Schweizer Einwanderers Johann Sutter Gold gefunden. Die Hauptblütezeit des Abbaus dauerte zwar nur fünf Jahre, aber bis heute suchen die Menschen dort nach Gold. In geringem Umfang werden auch Blei-, Zink- und Kupfererze gefördert. Am Fuße des Osthangs der Sierra stieß man 1850 am Ausgang des Gold Canyon auf Gold; der zunächst unbeachtete bläuliche Abraum entpuppte sich als Silbererz. So lieferte die Comstock Lode im Laufe der Zeit neben 214 000 kg Gold die unglaubliche Menge von 4,8 Mio. kg Silber.

DAS KALIFORNISCHE LÄNGSTAL. Zwischen Kaskadengebirge bzw. Sierra Nevada und den Küstenketten am Pazifik liegen die Puget-Sund-Willamette-Senke in Washington und Oregon und das von ihr durch die Klamath Mountains getrennte Große Kalifornische Längstal, das in seinem nördlichen Abschnitt vom Sacramento, in seinem südlichen vom San-Joaquin-Fluß benutzt wird. Da letzterer in seinem semiariden Klimagebiet wenig Wasser führt, wurde 1937 bis 1951 mit dem Central Valley Project der Wasserhaushalt des Längstals stark verändert. Das vom Shasta-Damm aufgestaute Wasser des Sacramento wird mittels des Delta-Cross-Kanals über das Sacramento-San-Joaquin-Delta im Hinterland von San Francisco nach Süden und durch den Delta-Mendota-Kanal in den Mendota Pool, ein großes Reservoir, geleitet. Von dort wird das Wasser dem San Joaquin zugeführt und zur Feldbewässerung genutzt.

ERDBEBENGEFÄHRDETER PAZIFIKRAUM. Kalifornien ist ein tektonisches Unruhegebiet. In einer Scherbewegung oder Blattverschiebung bewegen sich die nordamerikanische Festlandplatte in südöstlicher und die Pazifische Platte in nordwestlicher Richtung. Die an ihrer Grenze auftretende San-Andreas-Verwerfung ist nur eine von vielen Störungslinien, die das südwestliche Kalifornien in einzelne Erdschollen zerlegen. Im Bereich dieser Verwerfung liegt San Francisco, wo 1906 und 1989 sehr schwere Erdbeben auftraten.

Weiter nördlich begegnen wir einem anderen tektonischen Prozeß. Dort schiebt sich die Juan-de-Fuca-Platte unter die Festlandplatte, und der mit dieser Subduktion verbundene Vulkanismus zeigte sich u. a. im Ausbruch des Mt. St. Helens im Kaskadengebirge. Für die Art des ausgestoßenen Materials spielt die von Neuseeland über Guam und den Südrand der Aleuten-Inseln herkommende Andesitlinie eine Rolle. Sie bildet die Trennungslinie zwischen dem sauren Magmatismus auf dem

Die malerische Steilküste zwischen Carmel und San Luis Obispo in Kalifornien
wurde erst spät durch den Cabrillo Highway erschlossen. Weit verstreut über
die Küstenketten ließen sich Künstler und Außenseiter nieder.

Festland, der vergleichsweise reich an Kalium, Kalzium, Natrium und Silizium ist, und dem basischen Magmatismus, der auf den Hawaii-Inseln vorkommt.

DIE HAWAII-INSELN. Die einem untermeerischen Gebirgszug Hawaiian Ridge aufsitzenden Hawaii-Inseln erreichen im Mauna Kea auf Hawaii die Höhe von 4205 m. Der sie begleitende Tiefseegraben, das Hawaiian Deep, reicht bis 5569 m unter den Meeresspiegel, so daß auf kurze Entfernung eine Reliefenergie von bis zu 9800 m besteht.

Die Pazifische Platte bewegt sich hier in etwa nordwestlicher Richtung über einen Hot Spot, der sich gegenwärtig unter der Hauptinsel Hawaii befindet. Die vulkanische Aktivität nimmt daher von Nordwesten nach Südosten zu. Während es auf Kauai, der bevölkerungsreichsten Insel Oahu und Molokai keinen aktiven Vulkanismus mehr gibt, hatte der auf Maui gelegene Haleakala 1790 einen schweren Ausbruch, von dessen Lava der größte Teil der heutigen Insel herstammt. Ein Lavastrom von 27 Mio. m³ ergoß sich damals über eine Fläche von fast 6 km². Die größten Lavaströme des Mauna Loa (jeweils 450 Mio m³) auf Hawaii (Big Island) ergossen sich 1859 und 1950 über eine Fläche von je 90 km². Der Puu Oo war von 1983 bis 1986 tätig, der Kupaianaha ist es seit 1986. Die Vulkane auf Big Island wurden bereits 1916 zu Nationalparks erklärt.

ALASKA. Das 1,53 Mio. km² große Alaska läßt sich in fünf Landschaftsräume untergliedern. Der North Slope, das arktische Alaska zwischen Arktischem Meer und der Brooks Range, ist weitgehend baumlose Tundra mit Permafrostboden. Die Seen in Küstennähe sind nur für etwa 90 Tage, die in der Breitenlage der Brooks Range für 120 bis 150 Tage eisfrei.

Südlich schließen sich die Tiefländer und Plateaus des Yukon-Flußsystems an, die starke jahreszeitliche Temperaturgegensätze aufweisen. Die sommerlichen Höchstwerte können über 40° C, die winterlichen Tiefstwerte unter −60° C liegen.

Die Alaska Range mit dem Mt. McKinley (6193 m), der höchsten Erhebung des Kontinents, begrenzt im Norden das sog. Küsten-Alaska, das unter Einfluß des warmen Kuroschiostroms steht und eisfreie Häfen besitzt; in gewissem Umfang ist Landwirtschaft möglich. Nach Südosten schließt sich der in zahlreiche Inseln übergehende sog. Panhandle an.

Den fünften Landschaftsraum bildet die 1600 km lange Kette der Aleuten-Inseln, die im Shishaldin auf Unimak bis zu 2861 m hoch werden und deren Klima von Nebeln und rauhen Winden bestimmt wird. Die sie begleitende Aleuten-Rinne erreicht eine maximale Tiefe von 7500 m, so daß hier eine Reliefenergie von rund 10 000 m zustande kommt. Über 50 Gipfel auf den Inseln dürften vulkanischen Ursprungs sein, der Shishaldin gehört zu den noch aktiven Vulkanen Nordamerikas.

Die Klimaverhältnisse

Das Klima in den Vereinigten Staaten wird entscheidend von zwei Faktoren bestimmt, und zwar von der Lage eines großen Teils der 48 Staaten in der gemäßigten Zone mit ihren vorherrschenden Westwinden und von der meridionalen Anordnung der Großformen des Reliefs.

Die Lage eines überwiegenden Teils der USA im Westwindgürtel läßt auf Übereinstimmung mit dem Klima in Mitteleuropa schließen. Wie in Europa das Island-Tief, bringt in Nordamerika das Aleuten-Tief ständig barometrische Minima hervor, die mit der westlichen Windströmung über den Kontinent hinweg nach Osten transportiert werden. Damit hängt die für die gemäßigten Breiten charakteristische Unbeständigkeit des Wetters zusammen, die von häufigem Wechsel von Warmfront und Kaltfront sowie, dementsprechend, von Luftdruck und Niederschlagstätigkeit gekennzeichnet ist. Eine weitere Ähnlichkeit mit europäischen Verhältnissen besteht darin, daß diese Tiefdruckgebiete bestimmten Zugstraßen folgen und sich nach Osten hin abschwächen. Dort ist bereits oft die Phase der Okklusion erreicht, d. h. die Kaltluft reicht innerhalb des Tiefs nicht mehr bis auf den Erdboden, es gibt folglich keinen so abrupten Wetterwechsel mehr.

MEERESSTRÖMUNGEN BEEINFLUSSEN KLIMA. Typisch für die gemäßigten Breiten ist weiterhin der enorme Unterschied des Klimas auf der West- und der Ostseite des Kontinents. Da das Gebiet der Vereinigten Staaten vom Pazifik bis zum Atlantik reicht, ist es von diesem Ost-West-Effekt besonders betroffen, wobei die Meeresströmungen einen Großteil dazu beitragen. Auf der Westseite transportiert, als Pendant zum Golfstrom in Europa, der von Asien herkommende Kuroschiostrom warmes Meerwasser bis in hohe Breiten und verschafft z. B. der Südküste Alaskas auch im Winter eisfreie Häfen. Auf der Ostseite bringt der Labradorstrom kaltes, relativ salzarmes Wasser aus der Baffin-See bis weit nach Süden. Häufig treiben mit seinen Ausläufern dem Grönlandeis entstammende Eisberge bis vor die Küste der mittelatlantischen Staaten. Hinzu kommt die Wirkung der viele Monate gefrorenen Hudson Bay, die mit Recht als »America's icebox« bezeichnet wird. Auf den Großen Seen, die in der Regel eisfrei bleiben, ruht wegen Vereisung der Verbindungskanäle und Schleusen der Schiffsverkehr für rund vier Monate.

Die Vermischung des kälteren Wassers des Labradorstroms mit dem wärmeren aus dem Süden bewirkt starke Nebelbildung, auch Plankton- und Fischreichtum im Bereich der Bank of Newfoundland. New York City auf der geographischen Breite von Rom hat ein verhältnismäßig rauhes Klima, vor allem erhebliche winterliche Kälte, verbunden mit ausgiebigen Schneefällen, die für Tage den gesamten Flugverkehr zum Erliegen bringen können.

Im Winter bildet sich über dem Kontinent ein recht stabiles Kältehoch, das außer Kanada auch den Norden der USA erfaßt. Das Kontinentalklima dieses Landesteils zeichnet sich durch erhebliche Temperaturunterschiede zwischen den Jahreszeiten aus. In Chicago beträgt die mittlere Januartemperatur −2,9° C, die mittlere Julitemperatur 23,8° C. Das mittlere Minimum kommt auf −21,1° C, das mittlere Maximum auf 34,4° C.

MITTELMEERKLIMA IN KALIFORNIEN. Im südlich gelegenen Übergangsbereich zwischen der Westwindzone und dem tropischen Passatwindgürtel ist auf der Westseite in einer dem europäischen Mittelmeer entsprechenden Breitenlage um etwa 35° bis 40° nördlicher Breite, d. h. im mittleren Kalifornien, der Typ des Mittelmeerklimas ausgebildet. Mit der jahreszeitlichen Verlagerung der Windgürtel steht dieses Gebiet im Sommer unter dem Regime der relativ trockenen Passate und gerät im Winter unter den Einfluß der regenbringenden Westwinde. Hier gibt es Winterregen und sommerliche Trockenheit; das Temperaturmaximum und das Niederschlagsmaximum fallen auseinander. Die diesen Gegebenheiten angepaßte Vegetation muß eine sommerliche Trockenperiode überstehen. Es finden sich Hartlaubgewächse wie in den Mittelmeerländern; die immergrüne Buschformation des Chaparral, benannt von den Spaniern nach einer Eichenart, ist die Entsprechung der im Mittelmeerraum weit verbreiteten Macchia.

WINTERLICHES NIEDERSCHLAGSMAXIMUM. Die Tendenz zu einem winterlichen Regenmaximum ist weit über Zentral-Kalifornien hinaus nach Norden und auch ins Landesinnere hinein verbreitet. So sind die Westhälften der Staaten Oregon und Washington westlich des Kaskadengebirges durch hohe, auf die Wintermonate konzentrierte Niederschläge gekennzeichnet. Die hohen winterlichen Niederschläge und kühlen Sommer lassen hier wie z. B. auf der Olympic-Halbinsel dichten temperierten Regenwald (vor allem Koniferen) aufkommen. Ein Teil der Halbinsel wurde zum Nationalpark erklärt. Das Kaskadengebirge hat die Wirkung einer absoluten Klimascheide. In den Osthälften der beiden Staaten ist es ausgesprochen trocken, die Niederschläge liegen meist nur zwischen 300 mm und 500 mm. Auf der Westseite sind sie nirgends geringer als 2000 mm, stellenweise werden über 4000 mm erreicht.

Die Tendenz zum winterlichen Niederschlagsmaximum setzt sich auch ins Landesinnere von Kalifornien bis in die Rocky Mountains fort. Hier sorgen die Höhenlage und entsprechend niedrige winterliche Temperaturen für außerordentlich ergiebige Schneefälle. Orte wie Alta auf der Westseite des Wasatchgebirges in Utah gehören zu den am frühesten entwickelten und bekanntesten Wintersportorten in den USA.

SUBTROPISCHER BEREICH MIT HURRICANES. In Florida reicht das Staatsgebiet der USA in den randtropischen Klimabereich hinein. Hitze und hohe Luftfeuchtigkeit machen in einem größeren Bereich um den Golf von Mexiko herum dem Menschen das Leben schwer. An 70 bis 80 Tagen im Jahr treten Gewitter auf. Hinzu kommen vor allem in den Übergangsjahreszeiten die Hurricanes. Diese Wirbelstürme haben ihren Ursprung in einer dem nordamerikanischen Kontinent südöstlich vorgelagerten Tiefdruckrinne und beziehen ihre Energie aus dem warmen Meerwasser. Sie erreichen über die Karibikinseln und den Golf die Südoststaaten der USA, ziehen ein Stück nach Norden, wo sie dann meist von der Westwindströmung erfaßt und zumindest in der Breite von Cape Hatteras wieder auf den Atlantik hinausgetrieben werden. New York oder die Neuenglandstaaten streifen sie äußerst selten.

In einer Saison treten durchschnittlich neun Hurricanes auf, die aber nicht alle die USA erreichen. Die Begleiterscheinungen sind wesentlich verheerender als der Hurricane an sich. Das tote Auge eines solchen Tiefdruckwirbels übt eine starke Sogwirkung auf Wasserkörper aus und erzeugt mehrere Meter hohe Flutwellen mit entsprechenden Überschwemmungen. Seit 1953 erhalten die im Laufe eines Jahres auftretenden Hurricanes weibliche Namen in der Reihenfolge des Alphabets. Der Warndienst des US-Wetterbüros konnte meist für rechtzeitige Evakuierung besonders gefährdeter Gebiete sorgen. Zur Bekämpfung von Hurricanes wurden verschiedene Möglichkeiten probiert. So hat man u. a. versucht, die Energiezufuhr aus der erwärmten Meeresoberfläche und die Freisetzung der latenten Wärme mit Trockeneis-»Impfungen« herabzumindern.

DER LUV-LEE-EFFEKT. Ein folgenreicher Gegensatz zu Europa ist die meridionale Anordnung der Großformen des Reliefs, womit zum einen westöstliche Luv-Lee-Effekte mit weit verbreiteter Trockenheit auf der Ostseite der Gebirge verbunden sind. Zum anderen wird dadurch der ungehinderte nord-südliche Austausch von Luftmassen möglich.

Den vom Pazifik her wehenden Westwinden stellen sich gleich drei Gebirgsketten entgegen: Die Küstengebirge, der Gebirgszug der Kaskaden und Sierra Nevada sowie die Rocky Mountains. Sie alle wirken als Regenfänger, die jeweiligen Ostseiten liegen im Regenschatten. Kaum treffen die Feuchtigkeit mit sich führenden Westwinde auf das Festland, werden sie von den Gebirgen zum Aufsteigen oder zu Umwegen mit Verwirbelungen gezwungen. So sind in den USA und im anschließenden Mexiko schon wenige Kilometer landeinwärts ausgedehnte Wüsten und Halbwüsten wie die Mojave-, die Gila- und die Sonorawüste ausgebildet. Der kalte Kaliforniastrom vor der kalifornischen Küste trägt ebenfalls zu dieser Trockenheit bei, indem er die Wolken schon über dem Meer zum Abregnen bringt. Im Gegensatz zum eurasischen Festland, wo die Winde vom Atlantik die Feuchtigkeit bis weit ins Innere des Kontinents tragen können, folgt in den USA dem gemäßigten Klima an der Küste zunächst Trockenheit, ehe es, vor allem im nördlichen Teil, kontinental winterkalt wird.

Besonders stark ist der Lee-Effekt auf der Ostseite der hohen Felsengebirgsketten. Hier tritt häufig, wie am Nordrand der Alpen, Föhnwirkung auf. Der warme, föhnartige Wind wird nach einem Indianerstamm »Chinook« genannt. Im Volksmund heißt er auch »snow eater«, weil er binnen weniger Stunden die Temperatur ansteigen läßt, so daß vorhandener Schnee auftaut.

PENDELNDE TROCKENGRENZE. Trotz ausgedehnter Trockenheit in den Intermontanen Becken und den Great Plains wäre es zu pauschal, von einer humiden Osthälfte und einer ariden Westhälfte in den USA zu sprechen. Im Westen wirken selbst geringe Erhebungen wie die vielen kleinen Bergketten in der Basin and Range Province als Regenfänger. So muß man in diesem großen Bereich der Gebirge, Becken und Plateaus von einer engen Verzahnung arider und humider Gebiete sprechen. Oft gibt es auf kürzeste Entfernung deutliche klimatische Unterschiede.

Auch der Osten ist nicht einheitlich dem humiden Klima zuzurechnen. In der älteren Literatur wurde der 100. Grad westlicher Länge mit der Trockengrenze gleichgesetzt, die den Osten, in dem im Jahr der Niederschlag die Verdunstung übersteigt, vom Westen trennt, wo die Verdunstung größer ist als der Niederschlag. Zum einen gibt es aber trockenere und feuchtere Jahre, so daß die Trockengrenze jedes Jahr anders liegt und innerhalb eines Streifens von etwa 700 km hin und her pendelt.

Death Valley (86 m u. N. N.) ist der tiefste Punkt Nordamerikas. Ebenfalls in
Kalifornien liegt der Mount Whitney (4418 m), die höchste Erhebung im
Gebiet der 48 zusammenhängenden Staaten.

Daher war auch der Eindruck der frühen Reisenden von den Great Plains so verschiedenartig, je nachdem, ob sie ein trockeneres oder ein feuchteres Jahr getroffen hatten. So erklären sich auch manche Fehleinschätzungen von der Tragfähigkeit und der Möglichkeit der Besiedlung des Landesinnern.

Zum anderen wurde in neueren Arbeiten (Henning 1978) nachgewiesen, daß die sich aus der Differenz von Niederschlag und potentieller Verdunstung ergebende klimatologische Trockengrenze starke Ausbuchtungen aufweist. Sie führt vom kanadischen Winnipeg in 95° westlicher Länge herkommend durch das Präriegebiet des US-amerikanischen Mittelwestens weit nach Osten bis nach Louisville am Ohio in etwa 86° westlicher Länge und trifft ungefähr bei Port Arthur an der Grenze zwischen Texas und Louisiana in 94° westlicher Länge auf den Golf von Mexiko. Das bedeutet, daß man nicht von einer humiden Osthälfte der USA, sondern nur von einem humiden Drittel sprechen kann. Hinzu kommt, daß sich zwischen der Stadt New York und der Südwestecke Floridas noch ein Streifen Landes hinzieht, in dem zwei humide Jahreszeiten von zwei jährlichen Trockenperioden getrennt sind, die diesen Bereich den ariden Gebieten zuweisen. Die Landwirtschaft ist daher auch in einigen östlichen Landesteilen während der Hauptwachstumsperiode auf künstliche Bewässerung angewiesen.

Nordsüdlicher Austausch von Luftmassen. Die zweite wichtige Folge der meridionalen Anordnung der Großformen des Reliefs ist der durch keine breitenparallele Gebirgsbarriere behinderte Austausch von kalter polarer und warmer tropischer Luft über den gesamten Kontinent hinweg. Feuchtwarme Luft vom Golf vermag bis in den Bereich der Großen Seen nordwärts vorzudringen und trägt zu sommerlicher Schwüle und Gewitterneigung im nördlichen Mittelwesten bei. Die im Winter weit vordringende Golfluft trifft auf die kalte Luft am Boden und verursacht dichte Nebelbildung mit der Folge starker Verkehrsbehinderungen.

Zum anderen erreichen den Süden des öfteren Kaltlufteinbrüche aus dem Norden. Diese kalten Winde werden Northers oder Blizzards genannt. Sie können trotz Kälteschutzvorkehrungen die Zitrusplantagen in Florida wie in Kalifornien gefährden. Im harten Winter 1948/49 waren zahlreiche Farmen in den nördlichen Great Plains von der Umwelt abgeschnitten und mußten aus der Luft versorgt werden. Kurz vor dem Jahresende 1990 drangen Kaltluftmassen bis an das Grenzgebiet zu Mexiko vor. Das nördliche Drittel der USA war unter einer Schneedecke begraben. In New York City wechselten von einem Tag zum anderen die Temperaturen von +17° C auf −5° C. In Kalifornien konnte trotz Beheizungsanlagen, Windmaschinen und Sprinkler die Zitrusernte nicht gerettet werden. Nach Schätzungen gingen 80% der Navelorangen durch Frosteinwirkung verloren. In Albuquerque (New Mexico) und Amarillo (Texas) sank das Thermometer auf −15° C.

Tornados. Mit dem umfangreichen meridionalen Luftaustausch hängt noch eine weitere Eigentümlichkeit des Klimas zusammen, nämlich das häufige Auftreten von Tornados. Der in der Atmosphäre ab etwa 10 km Höhe ausgebildete Strahlstrom bewirkt Störungen an der Polarfront zwischen den Luftmassen, so daß im Antiuhrzeigersinn kalte Luft auf der Westseite südwärts und warme auf der Ostseite nordwärts vordringt und sich verwirbelt. Gewitterneigung und Wirbelbildung sind am häufigsten bei besonders starker Unausgeglichenheit der unterschiedlichen Luftmassen in den Übergangsjahreszeiten März bis Mai und Oktober bis November. Zu diesen Zeiten treten die meisten Tornados auf. Sie ziehen über einen breiten Gürtel zwischen Texas im Süden und Illinois im Norden hinweg, den man daher als Tornado Belt bezeichnet.

Tornados sind schmale, schlauchartige Wirbel von wenigen Kilometern Durchmesser, die je nach Geschwindigkeit als schwach (bis 180 km/h) oder stark (bis 330 km/h) bezeichnet werden. Die mit kräftigem Aufwind in ihrem Zentrum verbundene Sogwirkung kann Bäume entwurzeln, Häuser abdecken und Fahrzeuge durch die Luft schleudern. Nicht immer reicht der Wirbel bis auf den Erdboden; manchmal zieht er ohne Bodenberührung in gewisser Höhe weiter, um später auf den Boden aufzutreffen. Dies wirkt sich entlang seiner Zugbahn durchaus unterschiedlich aus, und wegen seines geringen Durchmessers bleibt die Bahn der Schäden schmal.

Seit langem gibt es in den USA ein ausgeklügeltes Tornadowarnsystem. Bei erfolgter Warnung sollen die Menschen in einen Kellerraum gehen, der in der Herkunftsrichtung des Tornados liegt, in der Regel in der Südwestecke des Hauses. Dennoch fordern Tornados immer wieder Todesopfer. Von dem kleinen texanischen Ort Saragosa berichtete die Presse (Der Tagesspiegel, 24. 5. 1987) folgendes: »Eine kleine, vorwiegend von spanischsprechenden Landarbeitern bewohnte Ortschaft im Westen des US-Bundesstaates Texas ist in der Nacht zu gestern von einem Wirbelsturm vollständig verwüstet worden. Nach amtlichen Angaben wurden 29 Personen getötet, als der Wirbelsturm über das 185 Einwohner zählende Dorf Saragosa hereinbrach und sämtliche Gebäude zerstörte. 112 Menschen wurden verletzt, viele von ihnen schwer. Der Sturm ließ auch das Gemeindehaus zusammenstürzen, in dem etwa 100 Personen zur Jahresabschlußfeier der Vorschule versammelt waren.«

Klimarisiken. Neben den enger begrenzten Erdbebengebieten, die vor allem im äußersten Westen der USA liegen, sind es verschiedenste Klimarisiken, die zu den Instabilitätsfaktoren in diesem Land gerechnet werden müssen. Es werden immer wieder bestimmte Regionen zu Notstandsgebieten erklärt. So führten z. B. anderthalb Monate lange, von Dezember 1976 bis Februar 1977 andauernde Schneefälle in den Oststaaten in Buffalo zum Zusammenbruch von Verkehr und Versorgung, verbunden mit Lebensmittelverknappung, enormem Preisanstieg und sogar Plünderungen. Zur Beseitigung der Schneemassen wurde Militär eingesetzt. In zehn Staaten der Atlantikküste einschließlich Florida wurde der Notstand ausgerufen. Gleichzeitig herrschten in Teilen des Westens extreme Trockenheit und Wassermangel, so daß auch Colorado zum Notstandsgebiet erklärt wurde. Buschbrände in Kalifornien und Überflutungen im Südosten lösten ebenfalls gelegentlich Katastrophenalarm aus.

GESCHICHTE

Die Indianer von der vorkolumbischen Zeit bis heute

Die Vorgeschichte des Menschen in der Neuen Welt liegt noch immer im dunkeln. Die Fragen wann und woher die Ureinwohner kamen und wie groß ihre Zahl zur Zeit der ersten Begegnung mit den Europäern war, sind nach wie vor ungeklärt, die bisherigen Antworten nichts mehr als Vermutungen.

DIE BERINGIA-THEORIE. Das Fehlen von höheren Anthropoiden (Menschenaffen) auf dem nordamerikanischen Kontinent und die mongoloiden Merkmale der Ureinwohner haben zur Annahme geführt, daß Einwanderungen aus dem sibirischen Raum erfolgt sind, mit primitiven Wasserfahrzeugen oder über eine während des Pleistozäns infolge tieferen Meeresspiegelniveaus vorhandene Landbrücke. Eine solche Landbrücke bestand von 26 000 bis 21 000 v. Chr. und von 11 000 bis 8000 v. Chr. Diese sog. Beringia-Theorie ist umstritten, aber ihre Gegner konnten ihr bisher nichts Überzeugendes entgegensetzen.

FOLSOM-, CLOVIS- UND SANDIA-KULTUR. Wann der Mensch einwanderte und wie lange er demnach auf dem Boden der heutigen USA existiert, ist ebenso ungewiß. 1927, 1932 und 1936 wurden an drei Stellen in New Mexico, bei Folsom, Clovis und Sandia, Knochen- und Artefaktenfunde gemacht, deren genaue Datierung jedoch Schwierigkeiten bereitete. Erste Angaben für den Fund bei Clovis, die von einem Alter von bis zu 28 000 Jahren ausgingen, mußten aufgrund jüngerer Nachprüfungen revidiert werden. Ob die Sandia- und die Clovis-Kultur wirklich älter als der Folsom-Mensch sind, ist bisher nicht nachzuweisen gewesen. Für den Folsom-Menschen gilt die Zeit von rund 17 500 v. Chr. als gesichert. Die 1991 von R. Mac-Neish auf 42 000 Jahre angegebenen Knochen-, Holzkohle- und Artefaktenfunde in New Mexico sind noch nicht wissenschaftlich abgesichert. In dieser Frage sind künftig weitere Erkenntnisse der Archäologie zu erwarten.

ZAHL DER UREINWOHNER UMSTRITTEN. Die Frage, wie viele Menschen das Land vor Kolumbus bevölkert haben, ist genauso unbefriedigend zu beantworten. In seiner klassischen Arbeit ging der amerikanische Anthropologe Kroeber (1939) von 900 000 Menschen aus, die auf dem Kontinent nördlich des Rio Grande gelebt haben sollen. Jüngere Schätzungen nennen erheblich höhere Zahlen: So kam Denevan (1976) auf 4,4 Mio., während gelegentlich sogar von 10 Mio. die Rede ist. Doch dürften diese Werte bei weitem zu hoch gegriffen sein. Es ist sehr schwer abzuschätzen, wie vielen Menschen die Cliff Dwellings in den Canyons des Südwestens als Behausung gedient haben.

Auch kam es bis in die Kolonialzeit hinein zu Ortsverlegungen indianischer Siedlungen, sowohl über kürzere Distanzen hinweg, was auf eine Landwechselwirtschaft hindeutet, als auch über längere jahreszeitliche zwischen Wohnplätzen im Binnenland und der Küste. Angesichts solcher Migrationen besteht die Gefahr der Überschätzung. Wahrscheinlich kommt eine Größenordnung von 1 bis 2 Mio. für die Zeit um 1500 v. Chr. der Wirklichkeit am nächsten, wobei der überwiegende Teil der heutigen USA und nur ein ganz geringer Anteil für den kanadischen Norden zu veranschlagen wäre.

SCHWIERIGKEITEN DER ZENSUSERHEBUNG. Aber auch über die gegenwärtige Zahl der Indianer gibt es nur Annäherungswerte. Zwar nennt der Zehnjahreszensus der USA eine amtliche Zahl für die »Native Americans«, die für 1990 bei knapp 2 Mio. oder 0,8% der Gesamtbevölkerung liegt, aber allein ein Blick auf die Zensuszahlen seit der Jahrhundertmitte läßt an ihrer Richtigkeit zweifeln: 343 410 (1950), 523 600 (1960), 1,42 Mio. (1980) und 2,0 Mio. (1990).

Die Indianer und Eskimos Alaskas sind erst seit 1960 in der Zensuszahl enthalten. Ferner muß berücksichtigt werden, daß bis 1950 die Angabe über die ethnische Zugehörigkeit der Einschätzung des Befragers anheimgegeben war, seit 1960 aber von der Erklärung des Befragten abhängt. Während früher mancher Indianer seine indianische Abstammung eher verleugnete, sind die Indianer zunehmend selbstbewußter geworden und stolz auf ihre Stammeszugehörigkeit. Es besteht auch ein breiter Ermessensspielraum, inwiefern die Nachkommen aus Mischehen einzustufen sind.

Die Entscheidung über die Stammesmitgliedschaft trifft der Stamm. Auch Weiße haben es manchmal wegen gewisser Vorteile fertiggebracht, in Reservationen zu leben und als Stammesangehörige akzeptiert zu werden. Andererseits gibt es rund 230 Indianergruppen (200 000 Mitglieder), die als solche von der US-Regierung nicht anerkannt sind. Seit 1978 haben sie aber die Möglichkeit, um eine Anerkennung nachzusuchen. Besonders schwierig sind die Erhebungen bei teilweise noch nomadisierenden Stämmen, die über ein größeres Gebiet verteilt sind und isoliert leben. Die Navajo z. B. wohnen in kleinen Familienverbänden in ihren Holzbalkenhütten (Hogans). Da sie zudem Kranke und Gebrechliche vor der Öffentlichkeit verstecken, entgeht mit Sicherheit mancher Reservationsbewohner der Zensuserhebung.

»MOUNDBUILDERS« UND »BASKET MAKERS«. Die Ureinwohner sind wahrscheinlich in zwei Wellen nach Amerika gekommen. Die offenbar früher eingewanderten sog. Langschädeligen wurden von den etwas später nachkommenden Rundschädeligen in den Osten und Westen abgedrängt, während letztere den zentralen Teil des Kontinents bewohnen.

An vielen ländlichen Jahrmärkten (country fairs) und Rodeos nehmen auch
Indianer der benachbarten Reservationen teil. Wie hier die Crow in Montana
führen sie in traditioneller Kleidung ihre Bräuche und Geräte vor.

Die Waldlandindianer der Ostkultur waren Jäger und Sammler, die auch Ackerbau (Mais, Bohnen, Kürbisse, Melonen) betrieben. Sie lebten in Gruppen von etwa 50 bis 200 Menschen. Ihre aus Erde geformten Kultstätten, die als Mounds bezeichnet werden, sind trotz späteren Pflanzenbewuchses oft noch gut im Gelände zu erkennen und gaben diesen Stämmen den Sammelnamen »moundbuilders«.

Die Moundbuilders der Zeit von 800 v. Chr. bis 1500 n. Chr. gehörten mehreren Kulturen an. Zu den größten Funden zählen die Mounds der Mississippi-Kultur von Cahokia (östlich von St. Louis) und die 23 Gräber der Mound City bei Chillicothe in Ohio. Diese von der Hopewell-Kultur angelegten Begräbnisstätten und Kultplätze wurden zum Mound City Group National Monument erklärt. In Wisconsin gibt es Mounds in Form von Vögeln, Schlangen und anderen Tieren. Sie werden von den Ethnologen als Pedant zu den bei vielen Indianerstämmen anzutreffenden Totempfähle gedeutet.

Nahrungsgrundlagen für die Indianer der Nordwestkultur waren die Eichel, der Lachs und der Ackerbau. Sie wurden als »basket makers« oder »stone boilers« bezeichnet, da sie zum Kochen verzierte, mit Lehm oder Harz abgedichtete Korbschalen benutzten sowie Steine, die sie erhitzten und ins Wasser legten, um es zum Sieden zu bringen.

Unter den Indianern des Südwestens werden sechs Sprachgruppen unterschieden: Die Uto-Aztecan mit den Hopi, Paiute und Schoschonen, die Tanoan mit den Pueblogruppen der Tiwa, Tewa und Towa, die Keresan, die Zuñi-Indianer, die Yuman mit den Yuma, Cocopa, Mojave und Maricopa und die Athapascan mit den Navajo und Apachenstämmen.

PUEBLOINDIANER, RANCHERÍA-VÖLKER UND GATHERERS. Die vielfältigen Kulturen werden von den Kulturanthropologen in drei Gruppen eingeteilt. Am höchsten entwickelt waren die Pueblo agriculturists. Sie lebten in mehrgeschossigen würfelförmigen Häusern mit terrassenartigen Absätzen, die nur von oben mittels Leitern, die man einziehen konnte, erreichbar waren. Sie waren stark von Mexiko her beeinflußt, woher sie die Baumwollweberei kannten, den Truthahn als einziges Haustier und den Anbau von Mais, Maniok, Kakao, Kürbis, Tomate, Batate und Tabak. Berühmt ist ihre kunstvolle Töpferei. In ihren Zeremonien ist viel Symbolisches enthalten; größte Bedeutung haben die Kachinas, Götter, die von den Indianern in Maskentänzen dargestellt werden.

Die zweite Gruppe bildeten die Ranchería-Völker, die sich zum Teil vom Sammeln und Jagen, zum Teil aber vom Ackerbau ernährten. Einige Stämme wie die Yuma im Südwesten leiteten mit einfachen Erdwällen Flußwasser auf die Talböden, auf denen sie einige Kulturpflanzen zogen. Da sie sich nicht allein von diesem bescheidenen Ackerbau ernähren konnten, waren sie auch auf Sammeln und Jagen angewiesen. Dieser Stufe dürften auch etliche Stämme der östlichen Waldlandindianer zuzurechnen sein wie die des Fünfvölkerbundes der Delaware (Delaware, Mohikaner, Ojibwa, Illinois und Ottawa) oder die des um 1570 von Hiawatha und Deganawide vereinigten Irokesenbundes (Seneca, Cajuga, Onondago, Oneida und Mohawk). Im Südosten lebten die Cherokee, die Choctaw und die Seminolen.

Die dritte Gruppe ist die der Gatherers, also der Sammler und Jäger, zu denen vor allem die von der Bisonjagd lebenden Prärie- und Plainsindianer gehörten. Unter ihnen sind besonders die Dakota-Indianer bekannt, die wegen ihrer Annäherung an

die Briten von den Franzosen Sioux genannt wurden, nach dem Ojibwa-Wort »nadowessioux« (»Feind, Schlange«). Zu diesen nomadisierenden Völkern zählten auch die Winnebago, Iowa, Omaha, Osage, Kansas, Arapaho, mehrere Apachenstämme und die Navajo, denen erst Ende der 1860er Jahre auf dem Colorado-Plateau eine Reservation zugesprochen wurde. Die ca. 175000 Navajo sind der volkreichste Indianerstamm. Verwaltungssitz ihrer Reservation ist Window Rock.

UNTERSCHIEDLICHE AKKULTURATION. Neben dieser Klassifizierung nach Kulturstufen gibt es auch eine Einstufung der Stämme nach dem Grad ihrer Akkulturation. Spicer (1962) hat in diesem Zusammenhang von Compartmentalization, Fusion und Reorientation gesprochen. In die erstgenannte Kategorie gehören z. B. die Puebloindianer, für die das spanische Militär eine eigene Verwaltung einsetzte. Die Spanier versuchten, mit allen Mitteln die Indianer zu bekehren, viele ihrer heiligen Stätten und Kultgegenstände wurden zerstört. Außer, daß sie sich damit verhaßt machten, hatten sie jedoch nur wenig Erfolg, denn die Indianer übernahmen nur einige Kulturelemente von sekundärer Bedeutung, die ihre eigenen Institutionen lediglich bereicherten, nicht aber verdrängten.

Bei einigen Ranchería-Völkern verlief die Entwicklung anders. Die nicht von spanischem Militär begleiteten Jesuiten erlernten die Sprachen der Indianer, übersetzten die Bibel und sammelten die verstreut wohnenden Menschen um die von ihnen erbauten Kirchen. Die Indianer lebten in engerem Kontakt mit den Spaniern und übernahmen von ihnen viele Kulturelemente. Diesen Prozeß nennt Spicer Fusion.

Ein Beispiel für Reorientation ist die Akkulturation bei den Navajo und Apachen. Sie waren wegen ihrer unsteten Lebensweise kaum von direkter spanischer Herrschaft betroffen, übernahmen aber spanische Kulturelemente, die zu einem grundlegenden Wandel ihrer eigenen materiellen Kultur führten. Nach dem Vorbild der Spanier wurden die Navajo Schafhalter; Pferde, Schafe und gewebte Wollteppiche bildeten bald wichtige Bestandteile ihres Alltags.

SPANNUNGEN ZWISCHEN INDIANERN UND WEISSEN. Mit Anlage der ersten weißen Siedlungen begannen die Auseinandersetzungen zwischen Ureinwohnern und Weißen. Diese pflegten den Indianern Landstücke abzukaufen, um Häuser darauf zu bauen. Die Indianer begriffen allerdings nicht, daß sie nach dem Verkauf von diesem Land ausgesperrt waren, denn sie selbst kannten nur Nutzungsrechte, aber kein Privateigentum am Boden. Diese völlig unterschiedliche Auffassung hat auch später immer wieder zu Problemen geführt und zu unpassenden Maßnahmen seitens der US-Regierung. Im übrigen waren sich die Weißen bei der Inbesitznahme indianischen Landes keiner moralischen Schuld bewußt. Für sie begründete das Prinzip der Entdeckung den Gebietsanspruch, und das Prinzip der besseren Landnutzung rechtfertigte ihn auf Dauer.

PROCLAMATION ACT. Schon die Verwaltungen der einzelnen Kolonien mußten sich mit der Indianerfrage auseinandersetzen. In einigen Kolonien wurden Areale abgesteckt, die für die Indianer vorgesehen waren. Nach dem Siebenjährigen Krieg erließen die Briten am 2. Oktober 1763 den Proclamation Act, der die Verwaltungsmodalitäten für die von Frankreich gewonnenen nordamerikanischen Gebiete festlegte. Dazu gehörte auch die Ziehung der Proclamation Line, einer Grenzlinie am Westhang der Appalachen, jenseits der die Indianer leben sollten und Weißen das Siedeln verboten war. Damit war das erste, das Alte Indianerterritorium geschaffen. Das Gesetz wurde von den Kolonisten mit Verbitterung aufgenommen und trug seinen Teil zum Unabhängigkeitskrieg bei.

SEGREGATION UND INTEGRATION. Die Indianerpolitik der US-Regierung hat während der folgenden beiden Jahrhunderte immer zwischen Segregation und Integration geschwankt. Schon Präsident Thomas Jefferson (1801–09) hatte die Idee, den Indianern den menschenleeren westlichen Teil des Landes als Lebensraum zuzuweisen. Ein kleiner Teil dieses weiten Gebietes wurde mit dem Indian Removal Act 1830 zum Neuen Indianerterritorium erklärt, in das ab 1834 die östlich des Mississippi lebenden Stämme (u. a. Cherokee und Seminolen) umgesiedelt wurden; später folgten weitere Stämme vom Norden und sogar vom fernen Westen. Einige Cherokee und Seminolen konnten sich allerdings den US-Truppen entziehen, so daß diese Stämme heute in zwei Gruppen zerfallen: Ein Teil verblieb in den traditionellen Jagdgründen, der andere Teil, der die Aufforderung nach Umsiedlung ins Neue Indianerterritorium befolgte, lebt auf dem Gebiet des heutigen Staates Oklahoma.

Nach dem Sezessionskrieg (1861–65) wurde der Westteil des Indianerterritoriums den USA einverleibt und 1890 als eigenständiges US-Territorium organisiert. Der Ostteil blieb auf dem Papier Indianerland, aber weiße Siedler drängten auf Neuland und okkupierten Grundstücke, noch ehe die Regierung sie dazu autorisiert hätte, was Oklahoma den Spitznamen »Sooner State« (»Früher Staat«) eintrug. 1889 öffnete die Regierung den östlichen Teil des Indianerterritoriums offiziell der weißen Besiedlung. Beide Teile wurden 1907 vereinigt und als Staat Oklahoma in die Union aufgenommen. Der Name Oklahoma bedeutet in der Choctaw-Sprache »rote Menschen«.

INDIAN APPROPRIATION ACT. Die territoriale Expansion der USA bis zum Pazifischen Ozean machte die endgültige Entscheidung über die Indianerfrage unausweichlich. Da die Weißen die Indianer nicht mehr wie bisher immer weiter nach Westen abdrängen konnten, mußte man sich nun mit ihnen auf Dauer arrangieren. Das führte 1851 zum Erlaß des Indian Appropriation Act, auf dessen Grundlage in der Folgezeit fast 250 Indianerreservationen geschaffen wurden. Rund 190 von ihnen liegen in den Staaten westlich des Mississippi, etwa 80 zählen weniger als je 100 Stammesmitglieder.

Die Reservationen blieben aber keineswegs unangetastet. Sie konnten durch Vertragsabschluß, durch Landankauf, Landschenkung oder Landtausch verändert werden. Die ursprünglich eingerichteten Reservationen waren vom Kongreß der USA gesetzlich festgelegte und den Indianern verbürgte »treaty reservations«. Bei öffentlichem Interesse wie dem Bau eines Staudammes konnte die Regierung Reservationsland einfordern und einen Landtausch vornehmen. Von vornherein ungünstiger war die Situation der »executive-order reservations«, die durch Erlaß des US-Präsidenten ohne Kongreßbeschluß den Indianern übergeben, aber auch leicht wieder eingezogen werden konnten.

Die Einrichtung der Reservationen verhalf auch der »guardian-and-ward«-Theorie zum Durchbruch, derzufolge die »unmündigen« Indianer unter die Treuhandschaft der Regierung gehörten. Andererseits erhielten die Reservationsindianer be-

stimmte Privilegien, da ihnen zumindest auf dem Papier das Reservationsland gehörte. Sie durften dessen Ressourcen nutzen, brauchten keine Steuern zu zahlen und unterlagen nicht der Wehrpflicht. Die Regierung hatte für Schulbildung und Gesundheitswesen zu sorgen.

GENERAL ALLOTMENT ACT. Die mit Einrichtung der Reservationen verfolgte Segregationspolitik schlug in den 80er Jahren ins Gegenteil um. Mit dem Heimstättengesetz von 1862 war die Familienfarm sozusagen als Grundpfeiler der US-amerikanischen Gesellschaft geschaffen worden, an der nach Meinung vieler Amerikaner die Indianer teilhaben sollten. So wurde 1887 der General Allotment Act erlassen, der einzelnen Indianerfamilien individuelles Bodeneigentum verschaffte. Der Indianer sollte Farmer auf seinem eigenen Grund und Boden werden.

Das Gesetz erwies sich in jeder Weise als Katastrophe. Die Indianer kannten bisher nur Nutzungsrechte, aber kein Bodeneigentum. Viele waren mit der Landwirtschaft nicht vertraut und wußten mit ihrem Stück Land wenig anzufangen. Sie mußten aber nun ihr Farmland gewinnbringend bewirtschaften, da sie zu Steuern herangezogen wurden. Viele Indianer kapitulierten bald und besaßen fortan keine Erwerbsgrundlage. Ein schlimmer Nebeneffekt für den Stamm in seiner Gesamtheit war, daß aus dieser individuellen Landaufteilung übrig gebliebenes Land von der Regierung eingezogen wurde.

INDIAN REORGANIZATION ACT. Zum Glück für manche Stämme kam die Ausführung des Gesetzes wegen zahlreicher Schwierigkeiten nur sehr schleppend voran und hatte manche Reservationen noch gar nicht erreicht, als 1934 mit dem Indian Reorganization Act die Politik wieder in die umgekehrte Richtung ging. Mit diesem Gesetz wurde erneut das Land in die Hand des Stammes gegeben. Die Stämme erhielten nach US-amerikanischem Vorbild eine Art Selbstverwaltung in Form eines demokratisch gewählten Stammesrats, dem ein Präsident vorstand. Gleichzeitig konnte fortan der Stammesrat als Board of Directors für stammeseigene Wirtschaftsunternehmen fungieren. So gibt es heute in vielen Reservationen unter der Aufsicht des Stammesrats arbeitende Einrichtungen (u. a. Sägewerke, Farmen mit Bewässerungswirtschaft und Viehzuchtbetriebe). Die Bergwirtschaft wird allerdings fast ausnahmslos über Konzessionen von US-Firmen abgewickelt. Einzige Ausnahme ist ein Bergbauunternehmen, das Erdöl auf der Jicarilla-Apachen-Reservation fördert.

RELOCATION UND TERMINATION. Nicht alle Stämme waren mit dieser Entwicklung zufrieden. Manche wollten die Treuhandschaft der Regierung abschütteln, u. a. um bei ständig steigenden Bodenpreisen Teile ihres Landes verkaufen zu können. Am Zweiten Weltkrieg hatten rund 25 000 Indianer als Freiwillige teilgenommen, 40 000 hatten in Rüstungsbetrieben gearbeitet. Unter diesen Vorzeichen ging die Regierung 1953 abermals auf Integrationskurs, und zwar jetzt, wie es schien, endgültig. Das Public Law 280 leitete die Relocation- und Termination-Politik ein. Zum einen unterstützte die Regierung Reservationsindianer bei der Umsiedlung (Relocation) in die Stadt. Nach Frantz (1991) folgten rund 78 000 Indianer dieser Aufforderung der Regierung. Allerdings fanden weniger als zwei Drittel einen Arbeitsplatz, etliche kehrten wieder in die Reservation zurück.

Die Puebloindianer gehörten zu den kulturell am höchsten stehenden Indianervölkern im US-amerikanischen Südwesten. Armut, hohe Arbeitslosigkeit und
Alkoholismus sind heute Hauptprobleme vieler Reservationen.

Der andere Teil dieser Politik, Termination, regelte zwischen Regierung und einzelnen Stämmen die Auflösung von Reservationen. So wurde mit den Menominee in Wisconsin vereinbart, daß ihre nach 1954 geborenen Kinder nicht mehr als Indianer gelten sollten. 1958 wurde die Reservation offiziell aufgelöst und zur Menominee County umgewandelt. Damit wurden die Menominee-Indianer eigenständig. Sie mußten Steuern zahlen und für ihre Infrastruktur selbst aufkommen, an den Stammesunternehmen hatten sie keine Anteile mehr. Verträge mit anderen Reservationen, z. B. mit den Klamath-Indianern im Bundesstaat Oregon, folgten.

Die Folgen für die Indianer waren ähnlich verheerend wie die vom General Allotment Act sieben Jahrzehnte zuvor. Die Menominee kämpften erbittert um die Wiedererlangung ihres Reservationsstatus. 1973 erreichten sie ihr Ziel, nachdem ihnen Präsident Richard Nixon 1970 Selbstverwaltung zugesichert hatte. Diese Politik fand ihre Fortsetzung im 1975 erlassenen Indian Self-determination and Education Assistance Act. Hierin werden der Bestand der Reservationen auf Dauer und weitgehende Autonomie für die Reservationsindianer unter Beibehaltung unionsstaatlicher Subventionen zugesichert.

Parallel zu dieser im Laufe der Zeit sich wandelnden Indianerpolitik wurde 1946 die sog. Indian Claims Commission eingerichtet, vor der die Indianer Gebietsansprüche geltend machen konnten. Nach Frantz (1991) hatte die Kommission bis Mitte der 80er Jahre rund 670 Urteile gefällt, von denen 60% zugunsten der Indianer entschieden wurden; es wurden Entschädigungen von insgesamt 1,26 Mrd. US-$ gezahlt.

SCHWIERIGKEITEN DER RESERVATIONEN. Trotz veränderter politischer Rahmenbedingungen bleiben die wirtschaftlichen und sozialen Probleme für die Indianer weiter bestehen. In vielerlei Hinsicht lassen sich die Reservationen mit Entwicklungsländern vergleichen. Ihre Bevölkerung steht auf einem niedrigen Bildungsniveau, in vielen Reservationen erreichen Arbeitslosigkeit und Unterbeschäftigung hohe Prozentsätze. Die insgesamt geringen Einnahmen stammen zum größten Teil aus Regierungssubventionen sowie aus Konzessionen, die zur Ausbeutung der Rohstoffe an fremde Firmen vergeben werden. Der Dienstleistungssektor, insbesondere der Verwaltungsapparat, ist überproportional entwickelt. Viele Reservationen suchen eine Lösung des wirtschaftlichen Problems im Ausbau des Tourismus.

Allerdings besteht auch ein grundlegender Unterschied gegenüber den Dritte-Welt-Ländern. Die Reservationen liegen als Enklaven mit Sonderstatus umgeben von den USA auf dem Boden der USA; sie sind mit diesen wirtschaftlich verflochten und werden von ihnen beeinflußt.

Die wirtschaftliche Ausgangsposition ist für die einzelnen Reservationen sehr unterschiedlich, je nach ihrer Ausstattung mit ackerfähigem Boden, forstwirtschaftlich nutzbaren Wäldern, Wasser und abbaufähigen Ressourcen. So haben sich z. B. über 20 Reservationen, auf deren Boden Erdöl gefunden wurde, zu einer Art OPEC zusammengeschlossen, um gemeinsam günstige vertragliche Bedingungen mit auswärtigen Firmen auszuhandeln. Die Lizenzgebühren auf Konzessionen für den Abbau von Kohle (z. B. in der Navajo-Reservation in der Black Mesa) oder Uran stehen in einzelnen Reservationen hinter den staatlichen Subventionen an zweiter Stelle des Einkommens. Manche Reservationen, u. a. die Warm Springs Indian Reservation in Oregon mit ihren Heißwasserquellen, besitzen günstige Voraussetzungen für den Tourismus.

Wie auch anderswo müssen die Reservationsindianer wirtschaftspolitische Präferenzen setzen. Angesichts hoher Arbeitslosenquoten steht der Stammesrat häufig vor dem Problem, ob in den stammeseigenen Gewerbebetrieben mit hoher Effektivität oder mit geringem Mechanisierungsgrad und damit höherer Beschäftigungsquote gewirtschaftet werden soll.

Der Aufbau eigener Gewerbe- und Dienstleistungsbetriebe scheitert meist am Mangel von Kapital und Führungskräften. Höhere Bildung bedeutet für die Indianerkinder in der Regel jahrelange Aufenthalte außerhalb der Reservation in fremder Umgebung, was oft zu einem frühzeitigen Abbruch des Studiums geführt hat. Nur die Navajo-Reservation besitzt ein eigenes College. Auch wegen tagelanger religiöser Zeremonien und damit verbundenem Fernbleiben von der Arbeit sind Betriebe wie z. B. das Thermalbad in der Warm Springs Reservation nur mit Hilfe weißer Arbeitskräfte in Gang zu halten.

US-amerikanische Banken versagen Indianern Kredite, da sie nur Nutzungsrechte am Reservationsland besitzen und kein Grundeigentum als Sicherheit bieten können. Eine in Washington D. C. ansässige Indianerbank kann nur einen Bruchteil der Kreditwünsche erfüllen. Traditionsgemäß spielten die Trading Posts in den Beziehungen zwischen Weißen und Indianern als Pfandleihe mit der Beleihung von Schmuck und anderen Wertgegenständen eine wichtige Rolle. Mit zunehmender lohnabhängiger Beschäftigung der Indianer verlieren sie jedoch an Bedeutung. Ihre Übernahme durch Indianer erweist sich als genauso schwierig wie jegliche Betriebsgründung.

WEGE AUS DER KRISE. Zwei Lösungsmöglichkeiten erschienen zunächst erfolgversprechend. Es wurden einzelne Betriebe mit auswärtigem Kapital gegründet, während das Management in die Hand der Indianer gegeben wurde. Sie mußten sich lediglich zur Lieferung bestimmter Warenmengen zu einem vereinbarten Termin verpflichten und konnten ansonsten den Betrieb nach ihren Vorstellungen führen. Diese Experimente haben sich aber anscheinend nicht bewährt.

Die andere Chance bestand in der Nutzung des touristischen Potentials. Nicht zuletzt aus Gründen der Umweltschädigung waren auch hier bald die Grenzen des Möglichen erreicht. In den 80er Jahren ist es zu einer neuen Variante gekommen: Zahlreiche Reservationen haben mit Hilfe von Fremdkapital Spielcasinos errichtet, von deren Einnahmen sie um die 15% kassieren. Sie dürfen z. B. bei dem allgemein in den USA beliebten Bingo die Einsätze und Gewinne erheblich höher ansetzen, als das in den jeweiligen Staaten außerhalb der Reservation erlaubt ist. Verständlicherweise stößt diese Praxis auf wenig Gegenliebe der US-amerikanischen Behörden.

Ein ebensolches Ärgernis bildet die Bereitschaft einzelner Stämme, unter Umgehung der in den USA geltenden strengen Umweltschutzgesetze Deponien und Verbrennungsöfen für Giftmüll gegen hohe Gebühren zu genehmigen. Verträglicher ist da schon die Verpachtung von Land an den »man with long eyes«, wie die Indianer das Kitt Peak National Observatorium nennen, eine mit der University of Arizona zusammenhängende Sternwarte. Die Sternwarte wurde 1958 aus Tucson in die Papago-Reservation hinausverlagert, wo lange Sonnenscheindauer und reine Luft herrschen und keine Vibrationen ihre Tätigkeit beeinträchtigen.

Entdeckungen und frühe Siedlungsansätze

Nur fünf Jahre nach Landung des Kolumbus überquerte der Italiener Giovanni Caboto (* um 1450, † um 1499) 1497 den Atlantik auf der Suche nach der Nordwestpassage. Da er im Auftrag Heinrichs VII. (1485–1509) von England unterwegs war, wurde er John Cabot genannt. Er gelangte relativ weit nach Norden auf die zur kanadischen Provinz Neuschottland gehörende Cape-Breton-Insel. Mit großer Wahrscheinlichkeit ist er 1498 entlang der atlantischen Küste südwärts bis 38° nördlicher Breite vorgestoßen, weshalb er als Wiederentdecker des nordamerikanischen Festlands gilt.

SPANIER, FRANZOSEN UND ENGLÄNDER. Bald stießen aber die Spanier aus ihrer zentralamerikanischen Besitzung Neuspanien nach Norden vor. Der Statthalter von Puerto Rico, Juan Ponce de León (* um 1460, † 1521), Gründer von Puerto Ricos Hauptstadt San Juan, betrat die Halbinsel Florida am Ostersonntag 1513; zu einer dauerhaften Ansiedlung kam es jedoch damals nicht. 1539 gelangten die Spanier bis in das Pueblogebiet der Zuñi in New Mexico. 1540 stieß Francisco Vasques Coronado (* um 1490, † 1552) nordwärts bis ins heutige Kansas vor. Hernando de Soto (* um 1496, † 1542) gelangte auf einer Expedition 1542 bis in die geographische Breite von Memphis. Die älteste nichtindianische Stadtanlage auf dem Boden der USA entstand erst 1565, als die Spanier zum Schutz der floridanischen Küste und ihrer Silberflotte die befestigte Stadt St. Augustine gründeten.

In der zweiten Hälfte des 16. Jahrhunderts scheiterten mehrere französische und englische Siedlungsversuche an den Küsten der späteren Kolonien Virginia und Carolina. Auf alten französischen Karten wird dieses Gebiet als »Florida français« bezeichnet.

Das erste Jahrzehnt des 17. Jahrhunderts leitete eine neue Phase ein. 1607 gründete Kapitän John Smith im Auftrag der London Company nahe der Chesapeake-Bucht Fort James. Obwohl von 700 Kolonisten bis 1610 nur 60 überlebten – der Rest war Malaria, Hunger und Indianern zum Opfer gefallen –, konnte sich Jamestown halten und wurde die erste dauerhafte britische Siedlung. 1608 legte Samuel de Champlain (* um 1567, † 1635) am St.-Lorenz-Strom Quebec an, und der von Chihuahua her dem Rio Grande nordwärts folgende Juan de Oñate gründete 1609 Santa Fé, die heutige Hauptstadt von New Mexico. Im selben Jahr erreichte Henry Hudson (* um 1550, † 1611) die Mündung des nach ihm benannten Flusses. Somit setzen sich binnen dreier Jahre, also praktisch gleichzeitig, die drei wichtigsten kolonisierenden Mächte an den äußersten Rändern des späteren Staatsgebiets der USA fest.

DIE LANDUNG DER »MAYFLOWER«. Obwohl die Anlage von Jamestown der Landung der »Mayflower« an der Cape-Cod-Bucht 1620 um 13 Jahre vorausging, wird die Gründung der Plymouth Plantation durch die Pilgerväter als die eigentliche Geburtsstunde der Vereinigten Staaten angesehen. Die »Mayflower« hatte ursprünglich die südlichere zur London Company gehörende Hudson-Mündung als Ziel, war aber dann in nördlichere Breiten an die Küste eines Gebiets geraten, das später als »New England« bekannt wurde.

Während die Pilgerväter Separatisten waren, sich von der Church of England gelöst und im späten 16. Jahrhundert in den Niederlanden den Kongregationalismus begründet hatten, dessen Leitidee die demokratische Selbstverwaltung von Kirche, Schule und Gemeinde ohne Priester war, erstrebten die in England gebliebenen Puritaner zwar eine Reform der Church of England, verblieben aber formal in ihr. Es waren Puritaner, die 1629 im Auftrag des Council for New England, der vormaligen Plymouth Company, die Stadt Boston und im Auftrag der Massachusetts Company die Stadt Salem gründeten.

Da das Mutterland Großbritannien sehr unruhige Zeiten erlebte, konnte es kaum eine wirksame Aufsicht über seine überseeischen Kolonien ausüben. Dies ließ den einzelnen Siedlergruppen einerseits weitgehend freie Hand zur Gestaltung ihrer Kolonien, andererseits blieben aber häufig genug Eigentums- und Verwaltungszuständigkeiten sowie Grenzfragen unklar.

AUFGLIEDERUNG DER SIEDLERGRUPPEN. Die intolerante Haltung der Puritaner duldete keine Abweichung von der Norm, so daß bei Meinungsverschiedenheiten den Andersdenkenden nur der Fortzug blieb. Schon 1633 spaltete sich eine Gruppe von der Massachusetts-Kolonie ab und gründete Windsor als erste Siedlung im Connecticut-Tal, dem Ausgangspunkt für eine neue Kolonie dieses Namens. Von diesen Dissidenten trennten sich weitere und zogen südwärts ins heutige New Jersey, wo sie den Ort Newark gründeten. Eine andere Gruppe ging 1636 unter ihrem Anführer Roger Williams südwärts und begründete eine wiederum eigenständige Kolonie, nämlich Rhode Island. Von 1623 bis 1638 entstanden nördlich von Boston die Orte Portsmouth, Dover, Exeter und Hampton. Zwar gehörte Portsmouth noch einige Zeit zum Massachusetts-Gebiet, doch intervenierten seine Kaufleute erfolgreich in London und erreichten 1741 die Loslösung von Massachusetts sowie die Etablierung einer eigenen Kolonie New Hampshire. Noch weiter nördlich entstanden nach 1623 weitere Siedlungen wie Saco, Wells, York und Falmouth (das spätere Portland). Diese Orte lagen im Küstenstreifen eines Gebiets, das Massachusetts gekauft hatte und ab 1691 aufgrund einer königlichen Charter auch offiziell besaß. 1819 löste es sich jedoch von Massachusetts und wurde im Jahr darauf als eigenständiger Staat Maine in die Union aufgenommen.

Die Aufgliederung der Siedlergruppen auf dem Hintergrund ihrer religiösen Zwistigkeiten ist die Erklärung für die gebietsmäßige Zersplitterung Neuenglands. Die Neuenglandstaaten, die insgesamt nur rund 170 000 km² Fläche einnehmen und damit knapp halb so groß sind wie das heutige Deutschland, gehören zu den kleinsten Staaten innerhalb der USA.

VERDRÄNGUNG DER EUROPÄISCHEN KONKURRENZ. Insgesamt entwickelten sich die Puritanerkolonien gut, da sie ständigen Zuzug erhielten: Von 1628 bis 1640 dürften es rund 25 000 Menschen gewesen sein. Daher war es den Engländern auch möglich, andere Konkurrenten im Wettlauf um nordamerikanischen Boden auszuschalten, so die Holländer und Schweden. 1664 vereinnahmten die Engländer die kleine holländische Kolonie, die sich, ausgehend von Neu Amsterdam (dem späteren

New York) nordwärts ins Hudsontal hinauf zog, sowie die kleine schwedische Kolonie unterhalb des Zusammenflusses von Delaware und Schuylkill, wo u. a. das Fort Christina von 1638 den Vorläufer der Stadt Wilmington bildete. Aus der holländischen Gründung Hartford (S. 139) in Connecticut waren die Holländer schon 1654 vertrieben worden.

Binnen kurzer Zeit entstanden im britischen Siedlungsraum 13 Kolonien, die sich nach zahlreichen vorausgegangenen Querelen und teils militanten Auseinandersetzungen 1776 vom britischen Mutterland lossagten. Sie waren auf dreierlei Weise politisch organisiert: Als Kronkolonien, Freibrief- oder Charterkolonien oder als Eigentümerkolonien. Dabei hat der Status im Einzelfall auch während der Kolonialzeit gewechselt.

KRONKOLONIEN. Britische Kronkolonien waren die überwiegende Zeit New Hampshire, New York, New Jersey und Virginia. Massachusetts besaß zeitweise eine Charter, die aber von der Krone widerrufen wurde, so daß es dann auch Kronkolonie wurde. Vorübergehend hatten auch die beiden Carolinas und Georgia den Status von Kronkolonien.

FREIBRIEFKOLONIEN. Die zweite Organisationsform bildete die Freibriefkolonie (z. B. Rhode Island und Connecticut). Als sich 1643 Plymouth, Massachusetts Bay, New Haven und Connecticut unter bewußtem Ausschluß von Rhode Island zu einer New England Confederation zusammenschlossen, fühlten sich die Siedler von Rhode Island bedroht. Ihr Anführer Roger Williams ersuchte die britische Krone um eine Charter, die 1644 erteilt wurde und Grundbesitz sowie weitgehende Selbstregierung garantierte. Der zeitweilige Gouverneur der Kolonie Connecticut, John Winthrop jr., erhielt 1662 von König Karl (Charles) II. eine Charter, die zwar 1687 vom britischen Generalgouverneur von Neuengland angefochten, aber erfolgreich verteidigt wurde. Delaware war ebenfalls eine Zeitlang Freibriefkolonie, wurde aber dann von Pennsylvania mitverwaltet.

EIGENTÜMERKOLONIEN. Die dritte Organisationsform bildete die Eigentümerkolonie. So wurde Pennsylvania dem Quäker William Penn (* 1644, † 1718) übereignet, der seine Kolonie unter dem Gesichtspunkt religiöser Toleranz verschiedensten Glaubensrichtungen öffnete. Mit seiner Society of Friends gründete er die Stadt Philadelphia (»Bruderliebe«). Aber es kamen auch andere Glaubensgemeinschaften in diese Kolonie, unter ihnen die sog. Pennsylvania Dutch. Diese Mennoniten oder Amish stammten ursprünglich aus den Niederlanden, waren aber auch in Deutschland zu Hause.

Ein benachbartes Siedlungsgebiet erhielt George Calvert, Lord Baltimore (* 1580, † 1632), im Jahr seines Todes von König Karl I. (1625–49) übereignet und nannte es nach dessen Gemahlin Maryland. Es ging sofort auf seinen Sohn Cecilius über, war später aber vorübergehend Kronkolonie. Lord Baltimore, dessen Namen die größte Stadt in Maryland trägt, hatte dieses Land als Siedlungsraum für Katholiken aus England erbeten.

Um 1660 drangen die Engländer von Virginia aus südwärts ins Gebiet der heutigen Carolinas vor, das von König Karl II. acht sog. Lord Proprietors übereignet wurde. 1680 legten sie eine Stadt an, die nach dem englischen König Charleston genannt wurde. Auseinandersetzungen mit der britischen Regierung um die Erhebung von Steuern führten 1728 zum Verkauf des Gebiets an die Krone, die es 1729 in die Kronkolonien

North Carolina und South Carolina aufteilte. Später schloß sich North Carolina als eine der ersten Kolonien der Revolution an.

Den südlichsten Vorposten gegen die in Florida sitzenden Spanier bildete Georgia, das nach König Georg II. (1727–60) benannt war. 1732 wurde es General John Oglethorpe (* 1696, † 1785) übertragen, der allen Verfolgten eine Zufluchtsstätte in Amerika schaffen wollte. So zogen verschiedenste Nonkonformisten und vor allem in Finanznot geratene Schuldner in sein Siedlungsgebiet. Unter den Siedlern befanden sich Schotten, portugiesische Juden, Schweizer, Deutsche und nicht zuletzt protestantische Salzburger. Sie wanderten zum größten Teil aus dem katholisch geprägten Österreich nach Preußen aus, aber eine kleine Zahl ging nach Georgia, wo ihre Nachkommen noch heute Kontakte zum Salzburgerverein pflegen. Da es später zu Differenzen mit der britischen Regierung kam, gab Oglethorpe 1745 seine Charter wieder zurück, und Georgia war bis zur Unabhängigkeit königliche Provinz.

PRÄGENDES ERBE DER GRÜNDER. Aus dieser kurzen Charakterisierung der britischen Kolonien werden drei Wesenszüge deutlich, die die Vereinigten Staaten von Amerika bis zur Gegenwart geprägt haben: Die Vielfalt der Herkunftsländer und Konfessionen, der kongregationalistische Gedanke der Selbstbestimmung, der vor allem über die Frage der Steuererhebung zum Bruch mit dem britischen Mutterland führen sollte, und drittens das puritanisch-calvinistische Gedankengut, das vor allem in den neuenglischen und mittelatlantischen Kolonien weite Verbreitung fand und das auf wirtschaftlichen Erfolg, auf bestmögliche Nutzung von Boden und Ressourcen sowie auf Missionierung ausgerichtet war.

»Die Puritaner Neuenglands verstanden sich als auserwählte Werkzeuge Gottes und hielten sich daher für verpflichtet, ihr »Holy Commonwealth« der ganzen Welt als leuchtendes Beispiel vor Augen zu führen. Das erstrebte Ideal ließ sich zwar nie völlig verwirklichen, aber es bildete doch den Nährboden zahlreicher institutioneller und weltanschaulicher Traditionen, die die gesamte spätere Entwicklung der amerikanischen Nation mitbestimmen und gestalten sollten« (Guggisberg 1975).

FRANZÖSISCHE EXPEDITIONEN. Die Franzosen, die im St.-Lorenz-Strom-Gebiet Fuß gefaßt hatten, drangen bald ins Gebiet der Großen Seen vor. Unter Kardinal Richelieu (* 1585, † 1642) wurden die Jesuiten zur Missionierung der Huronen-Indianer ausgesandt. 1664 erreichte Jean Nicolet die Green Bay, eine Bucht auf der Westseite des Michigansees. 1671 gründeten zwei Jesuitenpatres am Fox River kurz vor dessen Einmündung in die Green Bay eine Missionsstation; die nahegelegenen Stromschnellen erhielten die Bezeichnung »Rapides des Pères«, der später dort gegründete Ort heißt De Pere. Von den Indianern erhielten die Patres Kenntnis von der nur etwa 2 km breiten Portage zwischen Fox und Wisconsin River, einer Stelle, wo man leicht Kanus und kleine Boote aus dem Gebiet der Großen Seen ins Flußsystem des Mississippi hinübertragen konnte.

1682 fuhr Sieur de la Salle (* 1643, † 1687) mit einer Expedition aus dem Große-Seen-Gebiet den Mississippi flußabwärts. Nahe dem späteren New Orleans pflanzte er das Lilienbanner auf und nahm das große Mississippi-Einzugsgebiet für Frankreich in Besitz, das nach dem französischen König »La Louisiane« genannt wurde. In den folgenden Jahrzehnten fuhren die Franzosen von dort den Mississippi aufwärts, und an den Ufern entstanden in großen Abständen befestigte Siedlungsplätze (z. B. St. Louis). Von der Landvermessung und Siedlungstätigkeit der Franzosen zeugen flußhufenförmige Langstreifenfluren, deren Schmalseite zum Flußufer weist. Sie finden sich am St.-Lorenz-Strom, am Wisconsin-Fluß und am Unterlauf des Mississippi im heutigen Staat Louisiana.

Geopolitisch hatten die Franzosen mit diesen Aktivitäten zwei Tatbestände geschaffen: Mit der Besetzung einer Linie, die vom St.-Lorenz-Strom-Gebiet über die Großen Seen und weiter längs des Mississippi führte, hatten sie zum einen im großen Bogen das britische Siedlungsgebiet an der Atlantikküste umzingelt und dessen westwärtige Expansion blockiert. Die Briten suchten zunächst eine Lösung des Konflikts im Norden, wo mit dem Fall von Quebec 1759 die Entscheidung für das spätere Kanada herbeigeführt wurde. Den Franzosen blieben nur noch die beiden kleinen Inseln Miquelon und St. Pierre vor der Küste Neufundlands. Die endgültige Auseinandersetzung um das Louisiana-Gebiet sollte sich noch bis 1803 hinziehen, als die Franzosen es an die damals bereits souveränen USA verkauften.

Zum anderen trieben die Franzosen mit der Besetzung des Mississippi-Tales auch einen Keil zwischen die separaten Siedlungsgebiete der Spanier in Florida und denen in Texas und New Mexico. Kurz zuvor, in den 1660er und 1670er Jahren, hatten die Spanier in Texas eine Reihe von Missionsstationen und Presidios angelegt, die allerdings bis auf San Antonio kurzlebig waren. Eine direkte Reaktion auf das französische Vorgehen waren wahrscheinlich Aktivitäten der Spanier beiderseits der Mississippi-Mündung, am Neches-Fluß in Texas und an der Pensacola-Bucht nahe der Grenze von Florida zu Alabama, wo sie 1696 die Siedlung Pensacola gründeten.

SPANISCHE MISSIONEN IN KALIFORNIEN.

Das letzte große Siedlungsvorhaben der Spanier in Nordamerika begann 1769 als Reaktion auf französische, englische und russische Unternehmungen an der pazifischen Küste. Während die Russen von Alaska aus fast bis nach San Francisco vorstießen und nur etwa 120 km nördlich davon das Fort Rossija (= Rußland) anlegten, das heutige Fort Ross, wurde noch bis um 1830 auf britischen Landkarten das ganze Gebiet nördlich von San Francisco als »New Albion« (Albion ist der poetische Name für England) bezeichnet. 1778 landete der englische Seefahrer James Cook an der nordamerikanischen Pazifikküste mit dem Auftrag, die bis dahin von der Atlantikseite her vergebens gesuchte Nordwestpassage von der anderen Seite aus zu finden.

Spanische Franziskanermönche unter Führung des Bruders Junípero Serra gründeten von 1769 bis 1823 im Hinterland der kalifornischen Küste vom heutigen mexikanischen Baja California bis nördlich über San Francisco hinaus 21 Missionen und eine Hilfsmission, die etwa eine Tagesreise auseinanderlagen. Diese am Camino Real aufgereihten Missionsstationen erhielten wohlklingende Namen wie z.B. Pueblo de Nuestra Señora la Reyna de los Angeles, von dem nur die beiden letzten Wörter für die sich entwickelnde Stadt erhalten blieben. Schon am Ende dieser Missionstätigkeit ging das Gebiet auf Mexiko über, das sich von Spanien losgelöst hatte. 1848 fiel es nach einem kurzen Krieg mit Mexiko endgültig an die USA.

FRENCH AND INDIAN WAR.

Nicht ganz zu Unrecht besteht die Ansicht, daß die Auseinandersetzung zwischen den europäischen Mächten um ihren Besitzstand in der Neuen Welt auf dem Boden der Alten Welt ausgetragen worden sei. So verlief etwa zeitgleich mit dem in Europa geführten Siebenjährigen Krieg (1756–63) der French and Indian War (1754–63) in Nordamerika zwischen Franzosen und Engländern. Diese Auseinandersetzung fand unter beiderseitiger Einbeziehung verschiedener Indianerstämme statt.

Bald nach Kriegsausbruch kamen in Albany (New York) Delegierte von acht Kolonien zusammen, um das Vorgehen auf britischer Seite zu koordinieren und sich der Unterstützung der Irokesen vertraglich zu versichern. Auf dieser Konferenz schlug Benjamin Franklin (* 1706, † 1790) die Bildung einer Union vor, der alle britischen Kolonien in Nordamerika außer Georgia und Neuschottland angehören sollten. Dieser Staatenbund mit einem Präsidenten an der Spitze und einer gesetzgebenden Versammlung sollte allerdings noch der britischen Krone unterstehen. Franklins Entwurf führte zwar zu keinen unmittelbaren Konsequenzen, ist aber dennoch ein Zeichen für die schon damals erkennbaren Bestrebungen nach einer Union als politische Organisationsform.

PROCLAMATION ACT UND STEUERGESETZE.

Die Eroberung von Quebec 1759 entschied über die britische Vorherrschaft im Norden des Kontinents. Auch alles Land bis zum Mississippi mußten die Franzosen an Großbritannien abtreten. Im Jahr des Friedensvertrags von Paris, 1763, machte jedoch der Proclamation Act, der die Proclamation Line als Trennungslinie zum Indianerterritorium westlich der Appalachen festlegte, die Hoffnung der Kolonisten auf neues Land zunichte.

Neben dem Proclamation Act führten die Steuergesetze zu wachsenden Spannungen zwischen den Kolonien und dem britischen Mutterland. Hintergrund für die Steuergesetze war die Auffassung der britischen Regierung, daß die Kolonien zu den Kriegskosten beitragen, zumindest aber für den Unterhalt der Truppen aufkommen müßten, die zum Schutz der britischen Besitzungen stationiert waren. Der 1764 erlassene Revenue Act senkte u. a. den Importzoll auf Melasse, was den bis dahin umfangreichen Schmuggel unterbinden und der britischen Regierung zu wirklichen Einkünften verhelfen sollte. Noch offensichtlicher trat diese Absicht im 1765 erlassenen Stamp Act zutage, der sämtliche Druckerzeugnisse inklusive Formulare, Kalender und Spielkarten mit einer Stempelgebühr belegte. Dieses britische Vorgehen widersprach in eklatanter Weise dem von den Kolonien verfochtenen Grundsatz »No taxation without representation«, demnach es keine Steuerfestsetzung durch ein Parlament geben dürfe, in dem die Besteuerten selbst nicht repräsentiert waren.

BOSTON TEA PARTY.

Das Parlament der Kolonie Virginia faßte als erstes einen Beschluß gegen das Stempelsteuergesetz. Noch im selben Jahr (1765) rief Massachusetts zum Stempelsteuerkongreß auf, dem Vertreter von neun Kolonien folgten und der sich einmütig gegen die Besteuerung aussprach. Nach Inkrafttreten des Gesetzes zum 1. November 1765 wurde es in der Praxis von den Kolonien negiert, was die britische Regierung als Auflehnung gegen die Staatsmacht auffassen mußte. Sie widerrief zwar den Stamp Act, aber dieses Gesetz erlebte 1767 teilweise eine Neuauflage in den Townshend Acts, die einzelne Importprodukte (vor allem Tee) besteuerten.

Daraufhin spitzte sich die Situation vor allem in Boston zu, wo schon die Einquartierung britischer Soldaten Anlaß zu einer

Revolte gegeben hatte, die von den Truppen im sog. Boston Massacre blutig niedergeschlagen wurde. Dieses Massaker legte den eigentlichen Keim zur Unabhängigkeitsbewegung. Im Dezember 1773 erreichten die Unruhen gegen die Besteuerung ihren Höhepunkt, als Bostoner Bürger eine Schiffsladung des besteuerten Tees ins Wasser warfen. Daraufhin sperrten die Briten den Hafen von Boston für den Handel. Zu den Gefechten, die dem eigentlichen Krieg vorausgingen, gehörte die vorübergehende Vertreibung der Amerikaner vom Bunker Hill im nördlichen Vorort Charleston im Juni 1775.

KONTINENTALKONGRESS GEGEN BRITISCHE BEVORMUNDUNG. Im September 1774 trat in Philadelphia der Erste Kontinentalkongreß aus Vertretern aller Kolonien mit Ausnahme Georgias zusammen. Auf diesem Kongreß war eine Teilung der Kolonien in zwei Lager zu erkennen. Während die mittelatlantischen Kolonien für einen gemäßigteren Kurs gegenüber Großbritannien eintraten, drängten die neuenglischen und südlichen Kolonien auf entschiedenes Vorgehen. Ihnen ging es nicht so sehr um die Legalität oder Illegalität der Besteuerung von Waren, sondern um die grundsätzliche Frage jeglicher regierungsmäßiger Bevormundung. Die Vertreter dieses harten Kurses gewannen schnell die Oberhand. Der Kongreß endete mit Resolutionen, in denen er das Recht des Mutterlands zu Bevormundung der Kolonien verneinte, jeglichen Handel mit Großbritannien, Irland und Westindien untersagte und das britische Parlament aufforderte, den Status vor 1763 wiederherzustellen.

UNABHÄNGIGKEITSKRIEG. Nach ersten Kämpfen zwischen neuenglischen Milizen und britischen Truppen bei Concord traf sich im Mai 1775 in Philadelphia der Zweite Kontinentalkongreß, dessen vorrangige Aufgabe die Organisation der eigenen Kräfte gegen das britische Militär war. Die Milizen der einzelnen Kolonien wurden zur sog. Kontinentalarmee zusammengefaßt und unter das Kommando des späteren Präsidenten George Washington (* 1732, † 1799) gestellt.

Der erst 1774 eingewanderte Thomas Paine (* 1737, † 1809) veröffentlichte im Januar 1776 die Streitschrift »Common Sense«, die rasch Verbreitung unter den Kolonisten fand. Sie bereitete den Nährboden für die offene Auflehnung gegen den als Tyrannen bezeichneten König Georg III. (* 1738, † 1820). Ein Antrag der Kolonie Virginia, daß die in dem Kontinentalkongreß vereinigten Kolonien fortan frei und unabhängige Staaten sein sollten, wurde am 2. Juli 1776 vom Kongreß angenommen. Zwei Tage darauf folgte am 4. Juli (heute Nationalfeiertag) die offizielle Unabhängigkeitserklärung.

George Washington besaß zwar schon Kampferfahrung aus dem Krieg gegen die Franzosen, aber die hohen Offiziere der neuenglischen Milizen standen dem Sohn eines Tabakfarmers aus Virginia zunächst ablehnend gegenüber. Tatkräftig unterstützt wurde Washington schon zu Beginn vom französischen General Joseph Lafayette (* 1757, † 1834) und vom preußischen General Friedrich Wilhelm von Steuben (* 1730, † 1794), einem vormaligen Adjutanten Friedrichs des Großen. Geschick und Glück verschafften den zeitweise arg bedrängten Amerikanern Vorteile. Da sich der britische General Howe entschloß, von der Chesapeake Bay aus Philadelphia einzunehmen und sich nicht in New York mit den weiter aus dem Norden heranrückenden britischen Truppen zu vereinigen, konnten die Amerikaner in New York ein britisches Kontingent von annähernd 6000 Mann zur Aufgabe zwingen. Dieser Sieg bei Saratoga im Oktober 1777 führte dazu, daß Frankreich jetzt offen auf die Seite der Amerikaner trat und England den Krieg erklärte.

Der weitere Verlauf des Krieges war äußerst wechselhaft und für beide Seiten verlustreich. 1781 wendete sich das Glück endgültig zugunsten der Amerikaner, die ein englisches Kontingent von über 7000 Mann bei Yorktown in Virginia zur Kapitulation zwangen. Im Frieden von Versailles 1783 wurde die Unabhängigkeit der 13 Kolonien Massachusetts, Connecticut, Rhode Island, New Hampshire, New York, New Jersey, Pennsylvania, Delaware, Maryland, Virginia, North Carolina, South Carolina und Georgia international anerkannt.

Territoriale Expansion und Öffentliche Landreserve

Trotz des militärischen Siegs, der die Unabhängigkeit brachte, war eine dauerhafte Kooperation zwischen den Kolonien noch nicht gesichert, da lange Zeit die Eigeninteressen im Vordergrund standen. So hatte es vom Kriegsausbruch bis 1781 gedauert, ehe alle Kolonien die Articles of Confederation ratifiziert hatten, und nach dem Sieg drohten sie wieder auseinanderzudriften. In einem Aufstand der Kleinfarmer in Massachusetts 1786, der sog. Shay's Rebellion, zeigte sich die desolate wirtschaftlich-soziale Situation. Erst 1792 konnte die Grundlage für eine neue Währung gelegt werden. Es dauerte noch bis zur Jahrhundertwende, ehe sich jeder der 13 Staaten eine Verfassung gegeben hatte. In die Union traten als erste Staaten 1787 Delaware, Pennsylvania und New Jersey ein, 1788 folgten New Hampshire, Connecticut, Massachusetts, Maryland, New York, Virginia, South Carolina und Georgia, 1789 North Carolina und 1790 Rhode Island. 1791 kam dann bereits das nicht zu den Gründerstaaten gehörende Vermont dazu.

UNTERSCHIEDLICHER START TROTZ »GLEICHHEIT«. Einer der wichtigsten Grundsätze für das Zustandekommen der Union war der Grundsatz der »Gleichheit« (equity). Die Gründerstaaten hatten aber einen durchaus unterschiedlichen Start, vor allem was ihre Ausdehnung bzw. die Festsetzung ihrer Grenzen betraf. Sieben von ihnen besaßen Gebietsansprüche auf mehr oder weniger große Gebiete bis zum Mississippi im Westen. Besonders große Flächen beanspruchten Massachusetts, Virginia und Georgia, während die Staaten New Hampshire, Connecticut, New York und North Carolina geringere Forderungen geltend machten. Die übrigen sechs Staaten hatten keine derartigen Forderungen.

Nach seiner Federführung bei Abfassung der Unabhängigkeitserklärung gehörte es zu den frühen politischen Großtaten des späteren US-Präsidenten Thomas Jefferson (* 1743, † 1826), seinen Heimatstaat Virginia dazu gebracht zu haben, zugunsten der Union auf seine Gebietsansprüche zu verzichten. Diesem

Beispiel folgten die anderen Gründerstaaten bis 1802, womit sie einen entscheidenden Schritt hin zur Praktizierung des Gleichheitsgrundsatzes taten.

LANDFRAGE WIRD POLITIKUM. Mit diesen Abtretungen von Gebietsansprüchen fiel der Union eine Fläche von rund 95,8 Mio. ha zu, die erste Öffentliche Landreserve oder Public Domain. Der Bereich nördlich des Ohio, der »Old Northwest«, wurde mit der 1787 erlassenen Northwest Ordinance als Northwest Territory organisiert; zugleich wurde die verfassungsrechtliche Grundlage für die spätere Aufteilung in einzelne Staaten gelegt. Die Landfrage wurde in der Zukunft zu einem Politikum ersten Ranges. Jefferson vertrat mit einigen anderen Staatsmännern die Auffassung, daß der Landerwerb als solcher zwar sehr wichtig für die Union, eine schnelle Besiedlung des Landes jenseits der sog. Frontier aber nicht wünschenswert sei. Er argumentierte, daß sich ein so großer Raum schwer verteidigen ließe und die rasche Ausweitung nach Westen die Gefahr der Sezession steigere; ferner sei es nützlich, Gebietsreserven zu haben, die auf Dauer den Indianern als Wohngebiet zur Verfügung stehen könnten. Andere Politiker hielten dem entgegen, der Westen mit unendlich viel kultivierbarem Land könne auf den schon relativ dicht besiedelten Osten wie ein Sicherheitsventil (»Safety valve«) wirken.

In den Weiten des Westens – man sprach vom »Virgin Land« und »Myth of the Garden« – sahen viele Staatsbürger den Garant für das Fortbestehen der jungen Republik. Landwirtschaft galt als Quelle wahren Wohlstands, Landbestellung als Rechtfertigung für Bodeneigentum, Bodeneigentum als Grundlage für Unabhängigkeit und soziale Sicherheit. Trotz aufkommender Industrialisierung bestimmte der »Gardenmyth« noch lange die amerikanische Politik.

Auch die künftige Aufgliederung und politische Organisation des Lands waren strittig. Thomas Jefferson hatte vorgeschlagen, aus dem Nordwestterritorium neun Staaten und aus dem Gebiet südlich des Ohio weitere fünf zu schaffen. Dagegen erhob sich eine heftige Opposition unter den Gründerstaaten, die ihr politisches Übergewicht bedroht sahen. Aufgrund der Northwest Ordinance wurden im Laufe der ersten Hälfte des 19. Jahrhunderts nur fünf Staaten aus dem Gebiet des Nordwestterritoriums herausgeschnitten und nach und nach in die Union aufgenommen: Ohio 1803, Indiana 1816, Illinois 1818, Michigan 1837 und Wisconsin 1848.

AUSWEITUNG DER PUBLIC DOMAIN. Bis etwa über die Jahrhundertmitte hinaus wuchs die Public Domain gewaltig an durch Gebietstausch, kriegerische Auseinandersetzungen und vor allem durch eine Serie von Landkäufen, die innerhalb von sechs Jahrzehnten getätigt wurden und wohl für die Geschichte eines großen Staates einmalig sind. In einzelnen Fällen entschieden Kriegshandlungen über einen Gebietsabtritt, für den nachträglich aber noch gezahlt wurde. So kauften die USA den Franzosen das riesige Louisiana-Gebiet (15 Mio. US-$) ab. Für die westlichen Teile des damaligen Florida zahlten sie 6,5 Mio. US-$ an die Spanier. Die Mexikaner erhielten für Texas nach dessen Annexion 10 Mio. US-$, für New Mexico und Kalifornien 15 Mio. US-$ sowie für das Gadsden-Gebiet 10 Mio. US-$. Die Russen bekamen für Alaska 7,2 Mio. US-$.

Die Siedler des Nordwestterritoriums brauchten für den Export ihrer Agrarprodukte den Zugang zum Mississippihafen New Orleans, der ihnen von den Spaniern, die ihn vorübergehend kontrolliert hatten, garantiert und dann von den Franzosen versagt wurde. Präsident Jefferson (1801–09) entsandte in dieser Angelegenheit eine Delegation zum französischen Außenminister Talleyrand nach Paris. Napoleon I., der für seine europäischen Unternehmungen viel Geld und seine sämtlichen Truppen benötigte, war nach einigem Zögern bereit, seine nordamerikanischen Besitzungen abzustoßen und das gesamte Louisiana-Gebiet an die USA zu verkaufen. Mit diesem 1803 vollzogenen Louisiana Purchase kam eine Fläche von 2,15 Mio. km² an die Vereinigten Staaten, womit sich deren Staatsgebiet von bisher 2,37 Mio. km² annähernd verdoppelte.

LEWIS-AND-CLARK-EXPEDITION. Noch im selben Jahr übertrug Jefferson seinem Freund und Privatsekretär Hauptmann Meriwether Lewis (* 1774, † 1809) und dem Hauptmann William Clark (* 1770, † 1838) die Leitung einer groß angelegten Regierungsexpedition, die durch das neu erworbene Gebiet bis an den Pazifischen Ozean führen sollte. Diese berühmt gewordene Lewis-and-Clark-Expedition (1804–06), die im November 1805 die pazifische Küste an der Columbia-Mündung erreichte, hatte zwei Aufgaben: Zum einen erstrebte der geographisch äußerst interessierte Präsident genauere Kenntnisse über das Land, das nun unter Oberhoheit der Vereinigten Staaten gekommen war. Darüber gab das umfangreiche Journal von dieser Expedition Aufschluß. Zum anderen war Jefferson darauf bedacht, an der Pazifikküste Flagge zu zeigen und den Anspruch der USA auf das Land im fernen Westen geltend zu machen. Denn seit 1769 waren die Spanier in Kalifornien aktiv geworden, die Franzosen kreuzten 1786 unter La Pérouse vor der Pazifikküste, der Engländer David Thompson unternahm zwischen 1807 und 1811 eine Expedition von Saskatchewan aus zur Columbia-Mündung, und die Russen fuhren von Alaska aus südwärts bis in die Nähe des heutigen San Francisco.

ERKUNDUNG DES WESTENS. Die USA ließen der Lewis-and-Clark-Expedition weitere Regierungsexpeditionen folgen. 1807 gelangte Zebulon Pike (* 1779, † 1813) ins Quellgebiet des Mississippi zum Lake Itasca und suchte später das Quellgebiet des Arkansas sowie den Rio Grande del Norte auf; seinen Namen trägt der Pikes Peak in Colorado. Stephen H. Long bereiste von 1819 bis 1823 das Quellgebiet des Red River, das Arkansas- und Missouri-Gebiet, den Lake of the Woods und den Winnipegsee. 1841 startete Charles Wilkes ins Gebiet des Kaskadengebirges, und von 1842 bis 1847 führte John Charles Fremont drei Expeditionen in den Westen, wobei er dem Großen Becken und dem Großen Salzsee besondere Aufmerksamkeit schenkte.

Nach dem Sezessionskrieg wurde die wissenschaftliche Erforschung der westlichen Landesteile mit vier großen Regierungsexpeditionen fortgesetzt, deren Berichte zu den Meisterwerken nordamerikanischer Landeskunde gehören. Von 1867 bis 1872 leitete Clarence King die Geological Exploration of the Fortieth Parallel, von 1873 bis 1878 führte F. V. Hayden den United States Geological Survey of the Territories durch, George M. Wheeler leitete den Survey West of the 100th Meridian und John W. Powell, der 1869 als erster den Colorado im Bereich des Grand Canyon befuhr, den Rocky Mountains Survey.

NEUE GRENZEN IM SÜDEN UND NORDEN. Vorausgegangen war diesen Expeditionen eine erhebliche territoriale Expansion

Im Natural Bridges National Monument in Utah gibt es einige der längsten
natürlichen Felsenbrücken, die sich im Laufe von Jahrmillionen durch
Einwirkung von Wasser und Wind gebildet haben.

der USA: Von 1810 bis 1819 überließ Spanien den USA nach und nach Teilstücke des westlichen Florida bzw. der damals noch spanischen Golfküste und schließlich die Halbinsel selbst. Im Gebiet des Red River of the North wurde 1818 zwischen den USA und den britischen Besitzungen im heutigen Kanada der 49. Breitengrad als internationale Grenze festgelegt. Im Pazifischen Nordwesten einigte man sich 1846 mit Großbritannien ebenfalls auf den 49. Breitengrad; ausgenommen von dieser Regelung war der unmittelbare Küstenbereich, wo zunächst keine endgültige Grenzfestlegung erfolgte. Bis dahin hatte die mächtige Hudson's Bay Company große Teile des Westens mit ihrem weitmaschigen Netz von Handelsstationen beherrscht. Das den USA nach der neuen Grenzziehung zugesprochene Gebiet wurde 1849 als Oregon-Territorium organisiert, von dem 1853 das Washington-Territorium abgetrennt wurde.

Nach einem geringfügigen Streitfall auf der San-Juan-Insel an der Grenze zum heutigen Kanada wäre es 1859 wie bereits 1812/13 fast noch einmal zum Krieg zwischen den USA und Großbritannien gekommen. Erst 1872 wurde die Grenze im Küstengebiet endgültig so festgelegt, daß die Insel San Juan den USA auf Dauer verblieb.

AUSEINANDERSETZUNG MIT MEXIKO. Inzwischen waren aber im Süden im Grenzraum zu Mexiko Probleme aufgetreten. Nachdem die Mexikaner 1821 die spanische Oberhoheit abgeschüttelt hatten, waren sie bestrebt, das bis dahin nur sporadisch besiedelte Gebiet von Texas zu kolonisieren. Von 1821 bis 1833 vergaben sie Eigentumstitel an sog. Empresarios, die als Mittler zwischen Regierung und Siedlern fungieren sollten. Der bekannteste von ihnen war Stephen F. Austin (* 1793, † 1836), der wie andere Empresarios binnen kurzer Zeit so viele Amerikaner ins Land holte, daß sie nach 15 Jahren die vierfache Zahl der mexikanischen Bewohner ausmachten.

Die aus den Südstaaten gekommenen amerikanischen Siedler waren an Sklavenhaltung interessiert, die in Mexiko aber bereits abgeschafft war. Seit 1828 hatte es deswegen Unruhen gegeben, die in der 1836 erfolgten Unabhängigkeitserklärung gegenüber Mexiko gipfelten. Zwischen 1836 und 1845 war Texas eine eigenständige Republik, die aber von Mexiko nicht anerkannt und jahrelang bekämpft wurde: Die blutige Eroberung des Alamo durch eine mexikanische Übermacht hat sich besonders in das Geschichtsbewußtsein der Amerikaner eingeprägt.

1845 wurde Texas von den USA annektiert, worauf es zum sog. Mexikanischen Krieg (1846–48) kam. Nach ihrem Sieg kauften die USA den Mexikanern noch nachträglich Texas ab.

Mit der Annexion von Texas kam in den Vereinigten Staaten die Idee des »Manifest Destiny« auf, die Auffassung, daß eine weitere territoriale Expansion bis zu den Meeresgrenzen an Golf und Pazifik rechtens und unvermeidbar sei. In den Friedensverhandlungen mit Mexiko in Guadalupe Hidalgo spielte diese Idee schon eine entscheidende Rolle. Mexiko mußte ein Gebiet von 137 Mio. ha abtreten: Den gesamten Raum von Kalifornien und der späteren Staaten New Mexico, Arizona, Nevada und Utah.

GADSDEN PURCHASE. Die letzte Arrondierung des Gebiets der zusammenhängenden 48 Staaten brachte der 1853 vom Politiker James Gadsden getätigte Gadsden Purchase. Er erwarb ein wüstenhaftes Landstück, das heute die südlichsten Zipfel der Staaten Arizona und New Mexico bildet. Dieses Gebiet war wichtig für den Bau einer Südpazifischen Eisenbahn, die unter Umgehung der südlichsten Ausläufer des Felsengebirges ganz auf US-amerikanischem Boden verlaufen sollte.

Mit allen weiteren Landakquisitionen in der zweiten Hälfte des 19. Jahrhunderts griffen die USA über das Gebiet der zusammenhängenden 48 Staaten, der sog. Conterminous United States, hinaus. Mit dem Erwerb Alaskas blieben sie noch im Kontinentalbereich, den sie aber mit Inbesitznahme der Hawaii-Inseln und einiger Inseln in der Karibik überschritten.

KAUF ALASKAS. 1741 hatte eine russische Expedition unter dem dänischen Seefahrer Vitus Bering (* 1680, † 1741), dem Namenspatron der Asien und Amerika trennenden Meeresstraße, und Alexej Tschirikow (* 1703, † 1748) den nördlichsten Abschnitt der nordamerikanischen Westküste für den Zaren in Besitz genommen. Statt der in Rußland bis dahin getragenen Zobelpelze sollte die Russian American Company den Russen die mehr und mehr begehrten Robben- und Seeotterfelle beschaffen, die sich zudem in China gut verkaufen ließen.

Die Russen beschränkten sich auf wenige kleine Pelzhandelsposten und Forts, ihre gesamte Bevölkerung in Russisch-Nordamerika dürfte um 1860 gerade 1000 betragen haben. Das durch den Krimkrieg (1853–56) geschwächte Rußland verlor allmählich das Interesse an dieser weit vom politischen Staatskern gelegenen Besitzung und verkaufte sie 1867 an die USA.

Damals konnte niemand ahnen, welche Reichtümer dieses Land barg, das den Vereinigten Staaten große Mengen Gold und Erdöl liefern sollte. Man nannte es spöttisch »Seward's Folly« (Sewards Torheit) in Anspielung auf den Außenminister Seward, der den Kauf ausgehandelt hatte. Spätestens 1897 nach den ersten größeren Goldfunden dürfte sich diese Meinung geändert haben. Mit dem Erwerb von Alaska wuchs die Public Domain um ein Gebiet von 1,53 Mio. km² Fläche oder der zweieinhalbfachen Größe von Texas, des größten der 48 Staaten.

EXPANSION AUSSERHALB DES KONTINENTALBEREICHS. Die 1842 von den USA als Staat anerkannten Hawaii-Inseln gerieten mit zunehmender Einwanderung von US-Amerikanern und ihrer wachsenden Bedeutung als Zuckerrohrproduzent in den Blickpunkt US-amerikanischer Interessen. 1887 durften die USA einen Marinestützpunkt in Pearl Harbor einrichten, 1892 landete nach Unruhen ein kleines US-amerikanisches Expeditionskorps auf den Inseln.

Nach dem spanisch-amerikanischen Krieg 1898, der mit einer Niederlage Spaniens endete, kam es weltweit zu territorialen Veränderungen. Zum einen wurden die Hawaii-Inseln von den USA annektiert. Mit dem sog. Organic Act von 1900 erhielten sie den Status eines US-Territoriums. Als Staat wurden sie jedoch erst 1959 (mit Alaska) in die Union aufgenommen.

Zum anderen mußten die Spanier in der Karibik die Insel Puerto Rico an die USA abtreten, die zunächst eine Militärregierung bekam. Ab 1917 wurden die Puertoricaner zwar volle Staatsbürger der USA, jedoch hat die US-Regierung trotz mehrfacher Anstöße bisher Puerto Rico nicht als Staat in die Union aufgenommen. 1917 wurde auch ein Teil der Virgin Islands erworben; ein anderer Teil dieser Inselgruppe verblieb unter britischer Oberhoheit.

ERSCHLIESSUNG DER PUBLIC DOMAIN. Von Alaska abgesehen wurde die über die Jahrhunderte angewachsene Public Domain zu knapp vier Fünfteln auf verschiedene Weisen privatisiert sowie zu einem Fünftel als Dauereigentum der öffentlichen Hand zugeführt und unter die Verwaltung entsprechender Behörden gestellt. Zunächst aber mußte dieses Land unter Kontrolle gebracht und vermessen werden.

Noch vor der Northwest Ordinance wurde zu diesem Zweck 1875 die Land Ordinance erlassen, die das sog. Rectangular Land Survey System für alle Public Land States einführte. Dazu gehört der gesamte Raum zwischen den Westgrenzen von Pennsylvania, West Virginia, Kentucky, Tennessee und Georgia. Ausgespart blieben ein Teil von Ohio und Texas, das wegen seiner Besiedlung in mexikanischer Zeit nicht zu den Public Land States zählte, ferner kleinere Teile von New Mexico, Arizona und Kalifornien, wo Eigentumstitel aus spanisch-mexikanischer Zeit bestanden.

QUADRATISCHES VERMESSUNGSRASTER. Das Vermessungssystem orientierte sich an einer geringen Zahl von breitenparallelen Basislinien und von Norden nach Süden verlaufenden Grundmeridianen. Von ersteren aus wurden in nordsüdlicher Richtung »tiers«, von letzteren in ostwestlicher Richtung »ranges« abgesteckt. Innerhalb dieses Koordinatennetzes wurden quadratmeilengroße Sections vermessen, die sozusagen die Grundeinheit bildeten. Jeweils 36 Sections ergaben eine Township von 6 Meilen Länge und 6 Meilen Breite; nur gelegentlich wich man von diesem Raster ab. Eine unterschiedliche Zahl von Townships wurde zu einer County zusammengefaßt, der administrativen Untereinheit des einzelnen Staates.

Die Sections wurden in der Regel nochmals geviertelt und in sog. Quarter Sections zerlegt; diese Einheit von 160 acres oder 64 ha bildete später unter dem Heimstättengesetz die Basis der US-amerikanischen Familienfarm. In der Mitte der Township blieben ein bis zwei Sections frei für den Bau von Schulen und anderen Folgeeinrichtungen.

Dieses Vermessungssystem wurde mit erstaunlicher Konsequenz durchgeführt, am rigorosesten in den Inneren Ebenen, wo es außer sumpfigen Geländepartien nur geringe Schwierigkeiten gab. Aber selbst im Gebirge gaben die Landvermesser nicht so schnell auf, wovon sich jeder überzeugen kann, der auf den Straßen San Franciscos die steilsten Hügel hinauf- und hinunterfährt. Die Wege und später die ausgebauten Straßen orientierten sich an den Section Lines, den Begrenzungen der Sections. Sie folgten diesen auf weiten Strecken. An den Stellen, wo sie von einer Section Line auf eine andere wechseln, machen sie unversehens Biegungen von 90 Grad. Fernfahrer umgehen mit ihren Trucks heute diese Kehren durch Benutzung der modernen Autobahnen, der Interstate Highways.

STREUSIEDLUNGSLAND MIT EINÖDHÖFEN. Das quadratische Vermessungsraster bestimmte auch die gleichförmige Anordnung von Einzelhöfen über weite Flächen des Landesinnern. Der einzelne Farmer besaß ein zusammenhängendes Flurstück und stellte seine Farmgebäude in die Nähe der Section Line. Diesem Beispiel folgten alle, und es entstand ein riesiges Streusiedlungsland mit zahlreichen Einödhöfen, die in etwa gleichen Abständen voneinander entfernt lagen.

An den Kreuzungspunkten der Section Lines ergaben sich Ansätze zu kleinsten Verdichtungen. Diese sog. Hamlets sind aber nicht mit deutschen Weilern gleichzusetzen, denn sie waren keine Dörfer, sondern kleinste Versorgungszentren. In größeren Abständen entwickelten sich kleine Landstädte. Beson-

ders wichtig war die Wahl des County-Sitzes, da von Anbeginn ein County Courthouse errichtet werden mußte, um Recht und Ordnung an der Siedlungsgrenze zu gewähren.

Die relativ wenigen kleinen Städte konnten dieses dünn besiedelte Land mit seiner verstreut lebenden Bevölkerung nicht versorgen. So ist es nicht verwunderlich, daß Chicago mit seinem großen agraren Hinterland im Herzen des Mittelwestens zur Geburtsstätte des Versandhandels wurde.

VERGABE DER PUBLIC DOMAIN. Bezüglich der Veräußerung des Landes trafen zunächst zwei grundsätzlich verschiedene Meinungen aufeinander, deren Exponenten die Staatsmänner Alexander Hamilton (* 1757, † 1804) und Thomas Jefferson waren. Ersterer vertrat die Meinung, das Land müsse vorteilhaft verkauft werden und der durch den Unabhängigkeitskrieg ruinierten Staatskasse beträchtliche Einkünfte bringen. So wurde in Steubenville (Ohio) das erste Land Office eröffnet, wo Siedlungsgesellschaften und begüterte Privatpersonen größere Ländereien erwerben konnten. Allerdings gab es wie schon zur Kolonialzeit Squatter, die im noch nicht vermessenen Gebiet einfach Land okkupierten. Schon 1808 wurde solchen Squattern ein Vorkaufsrecht auf bis zu einer halben Section eingeräumt. Das eigentliche Preemption Law, das 1841 erlassen wurde, sah die Niederlassung vor dem Kauf nicht mehr als Gesetzesübertretung an, und dem Squatter wurde der nachträgliche Erwerb bis zu 160 acres zum Preis von 1,25 US-$ pro acre garantiert.

Thomas Jefferson ließ sich hinsichtlich der Eigentumsbildung von den Gedanken des englischen Philosophen John Locke leiten. Er befürwortete, nicht zuletzt auch in bewußter Abwendung von den Gegebenheiten in den Ländern der Alten Welt, eine großzügige Handhabung der Landfrage mit günstigen Erwerbsbedingungen für die Siedler. Die Regierung sollte das Land zu niedrigen Preisen als Familienfarmen vergeben.

Es sollte noch bis 1862 dauern, ehe diese Gedanken Jeffersons zum Tragen kamen. Es war die Zeit des Sezessionskrieges; und somit waren die Südstaaten aus dem politischen Entscheidungsprozeß ausgeschaltet, als drei grundlegende Gesetze zur Landvergabe erlassen wurden, die für die weitere Entwicklung der USA von großer Tragweite werden sollten.

HEIMSTÄTTENGESETZ. Das eine war das Homestead Law, das Heimstättengesetz. Es erlaubte jedem US-amerikanischen Bürger, der mindestens 21 Jahre alt und Familienvorstand war, die Übernahme einer Quarter Section (64 ha). Dieses Grundstück sollte in sein unumschränktes Eigentum übergehen, wenn er fünf Jahre darauf gewohnt, darauf den Anbau von Feldfrüchten betrieben hatte und eine einmalige Gebühr von anfänglich 30 US-$, später 15 US-$ entrichtete.

Das Heimstättengesetz kam praktisch einer Landschenkung gleich, weshalb es nicht verwundert, daß mit diesem Gesetz auch Mißbrauch getrieben wurde. So versuchten manche Siedler über unmündige Kinder, deren Alter sie für 21 ausgaben, oder über Strohmänner, die selbst gar kein Land bearbeiten wollten, schon zu Beginn der Landvergabe zu größeren Farmen zu kommen. In der Folgezeit siedelten über 1 Mio. Farmer in den Plains- und Gebirgsstaaten unter den Bedingungen des Heimstättengesetzes und seiner veränderten Fassungen. Modifizierungen in Richtung auf den Erwerb größerer Grundstücke waren nötig geworden, um das Gesetz den Gegebenheiten in den trockenen Weststaaten anzupassen.

TRANSCONTINENTAL RAILROAD ACT. Das zweite wichtige Gesetz des Jahres 1862 war der Transcontinental Railroad Act, der im wahrsten Sinne des Wortes die Weichen stellte für ein frühes, kontinentweites Eisenbahnnetz. Das Gesetz schuf die Voraussetzung für die erste Transkontinentalbahn über Omaha, Cheyenne und Ogden nach San Francisco, indem es die beteiligten Eisenbahngesellschaften zum einen auf die Normalspur festlegte und ihnen zum anderen umfangreiche Landschenkungen als finanzielle Hilfeleistung des Staates machte. Die Gesellschaften erhielten beiderseits ihrer Trasse bis zu zehn Meilen Tiefe oder auch mehr jeweils alternierende Sections übereignet. Daraus ergab sich ein schachbrettartiges Besitzmuster des Landes, so daß man fortan von den »checkerboard lands« gesprochen hat. Die Transkontinentalbahn hatte eine solche Bedeutung, daß andere Eisenbahngesellschaften sich genötigt sahen, ebenfalls auf Normalspur umzustellen. So hat diese staatliche Maßnahme frühzeitig zur Vereinheitlichung des Streckennetzes in den Vereinigten Staaten geführt.

LAND GRANT COLLEGE AND UNIVERSITIES ACT. Das dritte Gesetz von 1862 war der Land Grant College and Universities Act. Er schuf die Grundlage für die Errichtung von Hochschulen, die sich zunächst der Landwirtschaft und Technik widmen sollten, um die agrarwirtschaftliche Nutzung dieser weiten neuen Ländereien sicherzustellen. Aufgrund dieses Gesetzes wurden im Laufe der Zeit 69 Land Grant Colleges gegründet, in denen viele bedeutende Universitäten der Mittelwest- und Weststaaten ihren Ursprung haben.

PUBLIC DOMAIN ALS STAATSLAND. Seit dem Zweiten Weltkrieg wurden nur noch geringe Flächen der Public Domain privatisiert. 20% der Public Domain wurden nie veräußert, sondern blieben Eigentum der öffentlichen Hand.

Der Gedanke, Land auf Dauer in der Obhut des Staates zu belassen und unter eine geregelte Verwaltung zu stellen, kam erst langsam während der letzten drei Jahrzehnte des 19. Jahrhunderts zum Durchbruch. Schon waren große Teile der Wälder in den Große-Seen-Staaten kahlgeschlagen worden, und die Landvergabe kam aufgrund der unzureichenden Heimstättengesetzgebung ins Stocken. Der deutsche Emigrant Carl Schurz (* 1829, † 1906), von 1877 bis 1881 Innenminister der USA, unternahm erste Schritte gegen den Raubbau am Wald und die Betrügereien beim Landerwerb.

Der aus Schottland stammende Naturforscher John Muir (* 1838, † 1914) und der schweizerische Forstmann Gifford Pinchot (* 1865, † 1946) waren die Vordenker der Conservation-Bewegung, die seit der Präsidentschaft Theodore Roosevelts (1901–09) direkt nach der Jahrhundertwende zu einer Forstwirtschaft nach europäischem Vorbild und zu pfleglicherem Umgang mit den natürlichen Ressourcen führte. Unter den Präsidenten Calvin Coolidge (1923–29) und Herbert Clark Hoover (1929–33) rückte die Nutzung der Erdölreserven und Wasserkräfte in den Vordergrund der behördlichen Interessen, unter Franklin D. Roosevelt (1933–45) standen Programme zur Eindämmung der Bodenerosion im Mittelpunkt.

BILDUNG VON NATIONALPARKS. Eine der frühesten Maßnahmen zum Naturschutz war der Forest Reserve Act 1891, der große Teile der noch unberührten Wälder der Felsengebirgsketten, des Kaskadengebirges und der Sierra Nevada zu Nationalforsten erklärte und unter staatliche Kontrolle stellte. 1905 wurde zwecks Verwaltung dieser Gebiete der US Forest Service ins Leben gerufen, eine Abteilung des Landwirtschaftsministeriums. Mit seinem »multiple-use«-Konzept versucht der Forest Service, den verschiedenen Interessen von der Holzproduktion bis zu Gewässerschutz und Freizeitgestaltung Rechnung zu tragen.

Etwa um 1870 wurde der Gedanke geboren, das Yellowstone-Gebiet wegen seiner landschaftlichen Schönheit kommerziellen Nutzungen zu entziehen und unter Schutz zu stellen. Abgesehen von dem kleinen Hot Springs Park in Arkansas, der seit dem frühen 19. Jahrhundert einen Sonderstatus besaß, wurde der Yellowstone 1872 erster Nationalpark der USA. Heute ist die Zahl der Nationalparks auf rund 50 angestiegen. Anfangs wurde ihre Verwaltung dem Kriegsministerium übertragen. Die Militärs sorgten in den Parks für Ordnung, verstanden aber sicher wenig von Ökologie.

AUSWEITUNG DER SCHUTZMASSNAHMEN. 1916 wurde für die Verwaltung der Nationalparks als eigenständige Behörde der National Park Service geschaffen, dessen Arbeit seit dem Zweiten Weltkrieg verstärkt von ökologischen Erwägungen bestimmt wird. Seit dem Act of Preservation of American Antiquities 1906 gelten die Schutzmaßnahmen nicht nur reinen Naturphänomenen, sondern haben sich auf archäologische Fundstätten der prähistorischen Indianerkulturen sowie auf historische Stätten aus dem Unabhängigkeits- und dem Sezessionskrieg ausgeweitet, so daß es heute eine Vielzahl kleiner Historical Parks, National Battlefield Parks und anderer geschützter Gebiete gibt.

PUBLIC DOMAIN ALS WEIDELAND. Außerhalb der Nationalforste, Schutzgebiete und Indianerreservationen blieben vor allem in den Weststaaten große Ländereien übrig, die – wenn überhaupt – nur als Weideland für extensive Viehhaltung zu gebrauchen waren. Sie wurden von den Farmern der Umgebung in einer Art Gewohnheitsrecht auch oft dementsprechend genutzt. Erst während Franklin D. Roosevelts Reformprogramm des New Deal wurden weite Gebiete aufgrund des Taylor Grazing Act 1934 als staatliche Weidebezirke organisiert und einer gesonderten Abteilung innerhalb des Innenministeriums unterstellt, dem Bureau of Land Management (BLM). Während die Nationalforste u. a. für Holzgewinnung, Tourismus und Jagd Bedeutung haben, besteht die hauptsächliche und oftmals einzige Nutzung der Grazing Districts in der Weidenutzung, für die das BLM an die Rancher Lizenzen vergibt.

Vor allem in den Trockengebieten der Weststaaten hat das Staatsland einen hohen Anteil an den Weidegebieten: In Nevada sind es 85%, in Utah und Arizona jeweils 73%, in Idaho 65%, in Oregon und Wyoming immerhin noch je 53%. Es war üblich geworden, daß die Farmer in diesem Raum bei Grundstücksverkäufen dem Preis einer Farm stillschweigend den Wert zuschlugen, der im Privileg der jahreszeitlichen Nutzung staatlichen Weidelands zu niedrigen Lizenzgebühren begründet lag. Schätzungsweise hing um 1960 das Bruttoeinkommen der Farmen in Nevada zu 40% von Weideländereien der Public Domain ab; in Wyoming lag dieser Anteil bei 25% und in New Mexico bei 15%. BLM und Forest Service haben in jüngerer Zeit versucht, die Nutzung der Public Domain einzuschränken. Die rückläufige Schafhaltung kommt diesen Bemühungen entgegen.

Die Rassenfrage und der Nord-Süd-Konflikt

Einer der wichtigsten Grundsätze beim Zustandekommen der Union war der Grundsatz von Gerechtigkeit und Gleichheit. In der Frage der Gebietsansprüche konnte er dank Bereitwilligkeit der betroffenen Staaten zu Gebietsabtretungen verwirklicht werden, in der Frage der Sklavenhaltung dagegen schleppte der junge Staat noch bis in die 1860er Jahre eine schwere Hypothek mit sich. Zwar hatten bedeutende Politiker wie Washington und Jefferson für die Abschaffung der Sklaverei plädiert, aber die Südstaaten konnten sich mit ihrer Meinung durchsetzen, daß ihre Plantagenwirtschaft nicht ohne Sklaven auskommen könne. Damit war der junge Staat von vornherein in zwei Lager gespalten. Seit die Sklaverei »im Norden abgeschafft war, konnte sie mit Recht als die ›Peculiar Institution‹ des Südens bezeichnet werden. Sie identifizierte die Einheit der Region nicht nur nach außen, sondern gab auch ihren Bewohnern das mehr oder weniger belastende Bewußtsein, vom Rest der Nation getrennt zu leben. Die Grenze zwischen Norden und Süden war die Grenze zwischen den sklavenfreien und den sklavenhaltenden Staaten« (Guggisberg 1975).

Im Verhältnis zur Gesamtzahl der während des 17. bis 19. Jahrhunderts aus Afrika in die Neue Welt verschleppten Negersklaven ist die Zahl der nach Nordamerika verkauften Sklaven erstaunlich gering gewesen. Während nach Curtin (1979) in den lateinamerikanischen Raum einschließlich der karibischen Inseln fast 9 Mio. Afrikaner zwangsweise importiert wurden, erreichten das britische Nordamerika bis 1786 etwa 275 000 und nach 1786 noch weitere 124 000, insgesamt also nicht mehr als 400 000; das sind noch nicht einmal 5% der nach Lateinamerika verschleppten Schwarzen. Der Anteil der Afro-Amerikaner an der US-Gesamtbevölkerung, der meistens bei 10–15% (1990: 12,%) lag, resultiert nicht aus Zuwanderung, sondern aus hohen Geburtenraten. Auch von 1945 bis 1985 belief sich die Zahl der Eingewanderten aus Afrika auf insgesamt nur 200 000.

GEGNER DER SKLAVEREI FORMIEREN SICH. Zwar gab es auch in den Nordstaaten Befürworter der Sklaverei, da zahlreiche Kaufleute mit den Südstaaten Handel trieben und bei einer grundsätzlichen Veränderung der Gesellschaftsstruktur Einbußen befürchteten, insgesamt aber war die Einstellung des Nordens gegen eine Fortsetzung der Sklaverei gerichtet. Ein 1807 erlassenes Gesetz verbot den Sklavenhandel, der allerdings illegal noch eine Zeitlang weiter betrieben wurde. Die Abolitionisten, die für die Abschaffung der Sklaverei eintraten, formierten sich 1832 in der New England Anti-Slavery Society und 1833 in der American Anti-Slavery Society.

Extreme Gegner der Sklaverei wie William L. Garrison, seit 1831 Herausgeber der agitatorischen Zeitschrift »Liberator«, gingen so weit, die amerikanische Verfassung als sklavenfreundlich und unmoralisch anzugreifen. Sie spalteten damit die Anti-Sklavereibewegung in zwei Lager, eine gemäßigtere und eine militante Gruppe. Erstere gründete 1840 eine Liberty Party, die allerdings bei den Präsidentschaftswahlen 1840 und 1844 nur geringe Stimmenanteile gewinnen konnte. Große Resonanz fand das 1852 von Harriet Beecher Stowe (* 1811, † 1896) veröffentlichte Buch »Onkel Toms Hütte«, von dem binnen eines Jahres 300 000 Exemplare verkauft wurden.

Einer der bekanntesten Vertreter der militanten Abolitionisten wurde John Brown (* 1800, † 1859), der ab 1850 mit Terrorakten gegen Sklavenhalter vorging. Am 16. Oktober 1859 stürmte er nachts mit anderen Extremisten das Waffenarsenal von Harper's Ferry im späteren West Virginia. Einerseits gefeiert, verurteilten ihn viele Nordstaatler, da er gegen geltendes Recht verstieß. Er wurde vor Gericht gestellt und am 2. Dezember 1859 gehenkt.

Die Sklavenfrage war eingebettet in die übergeordnete wirtschaftlich-soziale und politische Entwicklung des Staates. Immer deutlicher wurde der Gegensatz zwischen dem stark von Gewerben, bäuerlicher Farmwirtschaft sowie zunehmender europäischer Einwanderung geprägten Norden und dem von Baumwollmonokultur, Plantagenaristokratie und Sklavenhaltung bestimmten Süden, der von der Einwanderung weitgehend ausgespart blieb. Damit lagen auch die Interessen des Nordens und des Südens hinsichtlich der gesamtstaatlichen Finanz- und Zollpolitik deutlich auf verschiedenen Ebenen.

Nicht zuletzt wurde die politische Entwicklung der USA während der ersten sechs Jahrzehnte des 19. Jahrhunderts zu einem Wettrennen um die Parität von sklavenfreien und sklavenhaltenden Staaten mit dem entsprechenden Stimmenverhältnis im US-amerikanischen Senat. Mit Aufnahme Alabamas (1819) als Staat in die Union war mit je elf sklavenhaltenden und sklavenfreien Staaten Stimmengleichheit gegeben.

MISSOURI-KOMPROMISS UND KANSAS-NEBRASKA-ACT. Dramatisch wurde die Situation, als das Missouri-Territorium den Antrag auf Aufnahme in die Union stellte. In diesem Grenzbereich zwischen Norden und Süden gab es Anhänger beider Richtungen. Als ein Kompromißvorschlag keine Mehrheit im Senat fand, wurde die Aufnahme Missouris mit dem Antrag von Maine verknüpft, das sich von Massachusetts gelöst hatte und ein eigener Staat werden wollte. Maine sollte als freier Staat gleichzeitig mit Missouri als sklavenhaltender Staat zugelassen werden. Abweichend davon wurde jedoch beschlossen, die Sklaverei im Gebiet des Louisiana Purchase nördlich der Südgrenze Missouris mit Ausnahme Missouris selbst zu verbieten. Während Maine 1820 aufgenommen wurde, erhielt Missouri zunächst nur die Möglichkeit zu einem Verfassungsentwurf. Die 1821 erfolgte Zulassung in die Union war mit der Auflage verbunden, nichts in der Verfassung so auszulegen, daß es den Rechten eines US-Bürgers entgegenstehe.

Der Missouri-Kompromiß wurde aber mit der Einrichtung der Kansas- und Nebraska-Territorien widerrufen, womit die Lösung der Sklavenfrage den Siedlern überlassen blieb; auch die Aufnahme von Texas und die Akquisition weiterer ehemals texanischer Gebiete verkomplizierte die Lage immer mehr. Mit dem Kansas-Nebraska-Act und dem Widerruf des Missouri-Kompromisses wurde das Kansas-Territorium zum Schauplatz politisch motivierter Aktivitäten einschließlich mehrerer Morde und zeitweiliger Besetzung durch Unionstruppen. Anhänger der konkurrierenden Gruppen wurden eingeschleust, von denen schließlich die Gegner der Sklaverei die Oberhand behielten; 1861 wurde Kansas als sklavenfreier Staat in die Union aufgenommen.

BRUCH DURCH WAHL LINCOLNS. Doch zu diesem Zeitpunkt gab es keine Hoffnung mehr auf eine friedliche Beilegung des Konflikts. Äußerer Anlaß für den Ausbruch der Feindseligkeiten wurde die Wahl Abraham Lincolns (* 1809, † 1865), eines entschiedenen Kämpfers gegen die Sklaverei, zum Präsidenten (1861–65). Das Programm seiner Republikanischen Partei enthielt als hauptsächliche Forderung die endgültige Abschaffung der Sklaverei in den Vereinigten Staaten.

Schon zuvor hatte es vereinzelt separatistische Bestrebungen gegeben, so z. B. 1790 im Südwest-Territorium im Bereich der späteren Staaten Kentucky und Tennessee, 1815 in Connecticut, 1825 in Georgia wegen der Indianerfrage und 1832 in South Carolina wegen der Zollfrage. Diese Konflikte waren stets beigelegt worden, im Falle South Carolinas allerdings unter Androhung militärischer Eingriffe durch den Präsidenten Andrew Jackson (1829–37).

Mit der Wahl Abraham Lincolns sah South Carolina den Zeitpunkt für gekommen, die Union zu verlassen, und erklärte am 20. Dezember 1860 seinen Austritt. Im Laufe des Januar 1861 folgten die Staaten Mississippi, Florida, Alabama, Georgia und Louisiana, im Februar Texas, im Mai Arkansas, North Carolina sowie Virginia und im Juni Tennessee. Damit hatten elf Staaten die Union verlassen.

GRÜNDUNG DER KONFÖDERATION. Im Februar 1861 trafen sich sechs Staaten in Montgomery (Alabama) zur Beratung über ihr weiteres Vorgehen und verabschiedeten eine Verfassung für die Confederate States of America. Dieser Konföderation traten schließlich alle elf Staaten bei. Missouri und Kentucky traten nicht bei, wurden aber durch Beobachter vertreten.

Jefferson Davis (* 1808, † 1889) aus Mississippi, von 1853 bis 1857 Kriegsminister unter Präsident Franklin Pierce (* 1804, † 1869), wurde zum Präsidenten der Konföderation gewählt. Hauptstadt war zunächst Montgomery, dann ab Juli Richmond (Virginia). Die Konföderierten gaben sich eine eigene Flagge, die im Gegensatz zur Unionsflagge Stars and Stripes wegen ihres Balkenkreuzes als Stars and Bars bezeichnet wurde. Die Verwaltung baute man nach dem Vorbild der Union auf; die öffentlichen Gebäude der Post und anderer staatlicher Einrichtungen wurden übernommen.

Die Verlegung der Hauptstadt in das strategisch ungünstige Richmond, das nahe der Grenze zu den Unionsstaaten lag, sollte eine Geste gegenüber dem Staat Virginia sein, in dem es starke Spannungen gab. Die Bevölkerung seiner westlichen Gebiete machte die Sezession nicht mit und bildete einen eigenen Staat, der 1863, als man sich schon mitten im Krieg befand, als neuer Staat West Virginia in die Union aufgenommen wurde.

KRIEG ZWISCHEN NORD- UND SÜDSTAATEN. Zwei Jahre nach Kriegsbeginn, im Januar 1863, erließ Präsident Lincoln im Gegenzug zur Erklärung der Konföderation, daß die Sklaverei unentbehrlich sei, seine Emancipation Proclamation, mit der alle Sklaven in den rebellierenden Staaten ab sofort für frei erklärt wurden. Während der Präsident bis dahin vor einem solchen Schritt gezögert hatte, tat er ihn nun bewußt unter dem Eindruck des zu gewinnenden Krieges.

Statt vom Sezessionskrieg sprechen die Amerikaner aus ihrer Sicht vom Bürgerkrieg. In der Tat kämpften Amerikaner gegen Amerikaner, und für den US-amerikanischen Bürger ist dieses sicher eines der traurigsten Kapitel seiner Geschichte gewesen.

Geleitet wurden die militärischen Operationen auf Unionsseite vor allem von General Ulysses Grant (* 1822, † 1885), auf der Seite der Konföderation von General Robert Lee (* 1807, † 1870). Die Südstaatler waren in den Anfangsjahren erfolgreicher aufgrund hoher Führungsqualitäten und eines großen Enthusiasmus, mit dem sie für ihre, wie sie meinten gerechte, Sache kämpften. Die hauptsächlichen Kampfhandlungen fanden relativ weit im Norden statt, in Virginia und Maryland. Doch infolge ihrer größeren Truppenzahl und besserer Ausrüstung, die auf den Industriebetrieben Neuenglands und der mittelatlantischen Staaten basierte, zeichnete sich ab 1863 die Wende zugunsten der Union ab. 1863 nahm General Grant nach 47tägiger Belagerung die Stadt Vicksburg am Mississippi ein. Nach der Zerstörung und Einnahme Atlantas von Juli bis September 1864 begann General Sherman seinen berühmten Marsch zur Küste (»Sherman's march to the sea«), mit dem er die Konföderierten in zwei Teile aufspaltete; diese Operation war entscheidend für den Ausgang des Krieges. Am 20. Dezember fiel Savannah. Die letzten Kämpfe zogen sich bis in den April und Mai 1865 hin, als nach und nach vier verschiedene Armeegruppen der Konföderierten in Virginia, in North Carolina, in Mississippi/Alabama und in Texas die Waffen streckten.

Noch bevor sich die letzten konföderierten Truppen ergeben hatten, fiel Präsident Lincoln am 14. April 1865 einem Mordanschlag zum Opfer. Sein Nachfolger Andrew Johnson (* 1808, † 1875) war kein ganz so dezidierter Gegner der Sklaverei und stieß mit seiner milderen Linie im Kongreß auf Widerstand. Der Kongreß setzte das 13. Amendment zur Verfassung durch, das den Schwarzen Bürgerrechte und Stimmrecht bei politischen Wahlen garantierte.

SKLAVENBEFREIUNG UND REKONSTRUKTIONSZEIT. Mit dem Reconstruction Act (1867) teilte der Kongreß den besiegten Süden in fünf Distrikte, die unterschiedlich lange einer Militärverwaltung unterstanden. Bis Sommer 1886 waren Arkansas, Louisiana, Georgia, Alabama, Florida und die Carolinas erneut in die Union aufgenommen; die meisten Gouverneure, Senatoren und Abgeordneten dieser Staaten kamen aber aus dem Norden. In den Parlamenten von South Carolina, Louisiana und Mississippi hatten Schwarze die Mehrheit.

Die Sklavenbefreiung wurde entgegen einem früheren Vorschlag Lincolns ohne Entschädigung für die Eigentümer durchgeführt. Aber in der Rekonstruktionszeit, wie die Phase nach dem Krieg genannt wird, änderte sich wenig an der einfachen sozialen Schichtung in wenige wohlhabende Farmer und eine große Zahl der Besitzlosen. Letzteren blieb nichts anderes übrig, als eine Tätigkeit als Pächter anzunehmen, sei es als Anteilsbauern (»share croppers«) auf der Basis von Naturalpacht oder als »share tenants« auf der Basis von Geldpacht. Zu den besitzlosen Pächtern gehörten auch viele »poor whites«, arme Weiße, die sich nur durch die Hautfarbe von ihren schwarzen Mitmenschen unterschieden und ihre Rassenzugehörigkeit besonders jenen gegenüber hervorkehrten. Die Regierung kümmerte sich wenig um Bildung und Wohlergehen der nun freien Sklaven und zeigte eher eine Neigung, sie wieder mehr der Aufsicht ihrer ehemaligen Herren zu überlassen (Reckord 1956).

DISKRIMINIERUNG TROTZ GLEICHHEIT. Erst in großen zeitlichen Abständen kam es zu zwei gravierenden Schritten in Richtung auf die Gleichberechtigung der Schwarzen. 1896 fällte

Atlanta (Georgia), die Regionalmetropole des Südostens, zählt zu den Großstädten mit dem gegenwärtig raschesten Wachstum, den größten schwarzen
Bevölkerungsanteilen und einem schwarzen Bürgermeister.

Kunst am Bau, inzwischen auch in Europa etabliert, hat in den USA eine lange Tradition. Die Verschönerung der Häuserfassaden ist zum Teil auch mit Werbung, hier für Sportschuhe, verbunden.

der Oberste Gerichtshof eine Entscheidung, mit der er das Separate-but-equal-System initiierte. Die einzelstaatlichen Regierungen wurden dazu verpflichtet, den Schwarzen gleiche, wiewohl getrennte Institutionen und Dienstleistungen zur Verfügung zu stellen. In vielen Bereichen des öffentlichen Lebens wurden fortan gleichartige, wenn auch nicht immer gleichwertige Einrichtungen geschaffen. Damit war dem Gleichheitsgrundsatz formell Genüge getan, das eigentliche Problem, die Diskriminierung der Schwarzen, blieb jedoch bestehen.

In der Praxis wurde die Separate-but-equal-These nach und nach aufgeweicht. 1938 fixierte ein Urteil, in dem es um die Universitätsausbildung eines schwarzen Studenten in Missouri ging, erstmals Bedingungen für die Gleichwertigkeit von Einrichtungen. Die Staatsuniversität wurde zur Zulassung schwarzer Studenten verurteilt, da die existierenden Hochschulen für Schwarze nicht als gleichwertig anerkannt wurden. Auch die daraufhin versuchte Isolierung zugelassener schwarzer Studenten von ihren weißen Kommilitonen wurde untersagt.

Die hohe Beteiligung schwarzer Soldaten am Zweiten Weltkrieg und ihre zum Teil ernüchternden Erfahrungen bei Rückkehr ins zivile Leben entfachten erneut die Diskussion um die Rassenproblematik; 1954 schrieb der Oberste Gerichtshof in einer Grundsatzentscheidung die volle Gleichberechtigung der Schwarzen fest, überließ aber den Einzelstaaten für die Durchführung des Urteils eine angemessene Frist. Aufgrund dieser Klausel fanden vor allem die Südstaaten viele Vorwände, die Umsetzung in die Praxis noch über Jahrzehnte hinauszuzögern.

BÜRGERRECHTE FÜR SCHWARZE. Die Civil Rights Acts von 1964, 1965 und 1968 schließlich brachten endgültige Regelungen in Bürgerrechtsfragen für die schwarze Bevölkerung der USA. So sollte endlich das verfassungsmäßig garantierte Wahlrecht uneingeschränkt gewährleistet sein. Noch zu Beginn der 60er Jahre übten in elf Südstaaten von rund 5 Mio. wahlberechtigten Schwarzen wenig mehr als 1,75 Mio. Schwarze das Wahlrecht aus, während es vielen untersagt blieb, da sie die geltenden Vorbedingungen nicht oder angeblich nicht erfüllten. Der uneingeschränkte Zugang zu öffentlichen Einrichtungen wie Parks, Sportstätten, Schwimmbädern, Bibliotheken, Theatern und Krankenhäusern wurde zugesichert. Auch auf dem Bildungssektor, der noch keine volle Gleichberechtigung kannte, wurde die Rassentrennung aufgehoben; ebenso entfielen die Restriktionen im Beherbergungs- und Gaststättengewerbe einschließlich der angeschlossenen Einrichtungen wie Friseursalons oder Reinigungen; ausgenommen werden sollten fortan nur noch kleine, nicht mehr als fünf Räume umfassende und vom Inhaber mitbewohnte Beherbergungsbetriebe.

DER KU-KLUX-KLAN. Die Reaktionen der Weißen auf das Gerichtsurteil von 1954 waren zum Teil scharf. Es kam sogar zu einem Wiederaufleben des bereits zweimal, 1872 und 1944, aufgelösten Ku-Klux-Klan. Diese Vereinigung war unmittelbar nach dem Sezessionskrieg 1865/66 in Tennessee entstanden und zählte zu ihren Mitgliedern besonders viele ehemalige Angehörige der konföderierten Armee. Die zu nächtlicher Stunde in langen weißen Gewändern einhermarschierenden Klan-Mitglieder erregten Furcht unter abergläubischen Schwarzen, was sich der Klan zunutze machte. Er wurde mehr und mehr zur schwarzenfeindlichen Organisation, die Terror ausübte und auch vor Lynchjustiz nicht zurückschreckte. Seine dritte Wiederbele-

bung erfuhr der Klan 1949 anläßlich einer Zusammenkunft in Montgomery (Alabama), der ersten Hauptstadt der Konföderation, und das Gerichtsurteil von 1954 verhalf der Organisation zu einem raschen Anstieg auf 100 000 Mitglieder binnen drei Jahren, allerdings fast ausschließlich in den Südstaaten.

Im Sommer 1966 kam es zu Zusammenstößen zwischen Schwarzen und Weißen, als erstere in verschiedenen Städten Märsche durchführten, um die Öffnung weißer Nachbarschaften zu erreichen. Die Bewohner der betreffenden Viertel antworteten mit Gewalttätigkeiten.

Am 4. April 1968 wurde in Memphis (Tennessee) der schwarze Bürgerrechtler und Friedensnobelpreisträger Martin Luther King ermordet. Er hatte viele Jahre lang versucht, mit gewaltlosen Aktionen die Diskriminierungen abzubauen. 1956 hatte er in Montgomery (Alabama) den Boykott städtischer Busse durch Schwarze erfolgreich organisiert, am 28. August 1963 hatte er 200 000 Demonstranten zum Lincoln Memorial nach Washington geführt.

ORGANISATION DER SCHWARZEN. Zu den gemäßigten Gruppen unter der schwarzen Bevölkerung gehört die National Association for the Advancement of Colored People (NAACP), die eine Zusammenarbeit mit den Weißen sucht. Dagegen sind die Black Muslims unter dem Schlagwort »Black Power« bestrebt, für weitgehende politische und wirtschaftliche Eigenständigkeit zu kämpfen. Mit ihren militanten Aktionen haben sie u. a. weiße Geschäftsinhaber aus schwarzen Wohnvierteln vertrieben. Da aber die Versicherungsprämien für Diebstahl und mutwillige Zerstörung daraufhin von den Gesellschaften entsprechend hoch angesetzt wurden, waren Schwarze meist gar nicht in der Lage, solche Geschäfte zu übernehmen.

Im Hintergrund dieser militanten Aktionen steht das Ziel, der schwarzen Bevölkerung einen angemessenen Anteil vom nationalen Gesamtvermögen zu übereignen, im Sinne einer Art Lastenausgleich für lange Zeit erlittenes Unrecht. Dazu werden auch die Kirchen eingespannt, die ob des schlechten Gewissens ihrer Repräsentanten solchen Anliegen durchaus zugänglich sind. Die Black-Muslim-Bewegung fordert die Wiederbesinnung auf afrikanisches Kulturerbe; sie betrachtet den Islam – zu Unrecht – als Religion der einst aus Afrika verschleppten Sklaven.

AUSDEHNUNG DER BLACK BELTS. Von den rund 30 Mio. Schwarzen in den USA lebt nur noch knapp die Hälfte in den Südstaaten. Etwa ein Viertel ist auf die großen Metropolen des Nordostens, des nördlichen Mittelwestens und Kaliforniens konzentriert. Über 50% der Bevölkerung der Kernstadt Atlantas und über 70% der Unionshauptstadt Washington D. C. sind Schwarze. 1985 hatten u. a. Atlanta, Chicago, Detroit, Los Angeles und Philadelphia schwarze Bürgermeister. Virginia hat seit 1987 eine schwarze Senatorin und seit 1990 einen schwarzen Gouverneur. Chicago allein erhält jährlich einen Zuzug von über 3000 Schwarzen. Dieser ständige Zuzug und hohe Geburtenraten sorgen für die rasche Ausdehnung der Black Belts, der schwarzen Wohnviertel in den Innenstadtbezirken. Seit den 70er Jahren wird aber auch die »black suburbanisation« deutlicher merkbar, von 1970 bis 1980 stieg der Anteil der in Vororten lebenden schwarzen Stadtbewohner von 16,1 auf 23,3% (Herden 1986). Andererseits haben in den 70er und 80er Jahren auch die Schwarzen an dem Binnenwanderungsstrom aus dem Norden in den sog. Sunbelt teilgenommen.

Der Aufstieg der USA zur Weltmacht

Der Leiter des Statistischen Amtes der USA erklärte 1890 die amerikanische Frontier als nicht mehr existent. Amtlicherseits war diese Siedlungsgrenze so definiert, daß sie die besiedelten Teile des Staates von jenen trennte, in denen die Bevölkerungsdichte von zwei Einwohnern pro Quadratmeile noch nicht erreicht war. Legt man diesen statistischen Durchschnittswert zugrunde, der allerdings für die wüstenhaften Bereiche der Weststaaten wenig aussagt, gab es solche Gebiete nicht mehr; die Binnenkolonisation im Gebiet der 48 zusammenhängenden Staaten war gewissermaßen abgeschlossen.

WIRTSCHAFTLICHER AUFSCHWUNG. Wirtschaftlich betrachtet befanden sich die USA in einer Epoche der Hochindustrialisierung. Entwicklungen, die der Sezessionskrieg unterbrochen hatte, wurden nun mit verstärktem Tempo wiederaufgenommen. Zur wirtschaftlichen Vormachtstellung der USA führten eine Reihe Erfindungen (u. a. Telegraph, Telefon, Schreibmaschine, Automobil, pneumatischer Reifen, Flugzeug), die von Amerikanern gemacht oder von ihnen am schnellsten kommerziell ausgewertet wurden. Es entstanden Konzerne und Trusts auf den Gebieten der Stahlerzeugung, des Eisenbahnbaus und der Erdölförderung und -raffinierung, deren Einfluß trotz der seit 1890 bestehenden Anti-Trust-Gesetzgebung wuchs. In den Stadtzentren tauchte der »Wolkenkratzer« auf, der durch die Stahlskelettbauweise und den elektrischen Aufzug realisierbar geworden war. Er war die erste eigenständige Leistung der Amerikaner auf dem Gebiet der Architektur und zugleich ein Symbol für den American way of life.

AUSWEITUNG DES MACHTBEREICHS. Zunehmend griffen die Vereinigten Staaten in ihren politischen Aktivitäten auf Gebiete außerhalb des Kontinents über. Schon 1854 hatte ein Flottengeschwader unter Kommodore Matthew Calbraith Perry von den Japanern die Öffnung ihrer Häfen für den amerikanischen Handel erzwungen. 1867 nahmen die Amerikaner mit dem Kauf Alaskas auch die pazifischen Midway-Inseln in Besitz.

Der mit Spanien angezettelte Krieg 1898 führte zu Aktivitäten in verschiedenen Teilen der Welt; die USA besetzten Puerto Rico in der Karibik, annektierten die Hawaii-Inseln im nördlichen Pazifik, nahmen die Inseln Guam und Wake in Besitz und besetzten auf längere Zeit die von den Spaniern kontrollierten Philippinen. 1899 kauften sie einen Teil der Samoa-Inseln. Einigen US-Bürgern erschien die Besetzung der Philippinen unverträglich mit dem Selbstbestimmungsgrundsatz in der Unabhängigkeitserklärung, so daß in den USA eine Opposition dagegen entstand. Die Aktivitäten in Lateinamerika, das als politischer und wirtschaftlicher Einzugsbereich der USA galt, wurden dagegen von der Monroe-Doktrin abgedeckt. US-Präsident James Monroe (1817–25) hatte 1823 erklärt, daß den europäischen Mächten jedes Engagement in Amerika untersagt sei; dafür hatte er Nichteinmischung der USA in europäische Angelegenheiten zugesichert.

BAU DES PANAMA-KANALS. Für die Sicherung der Besitzungen in der Karibik war die Kontrolle der Landenge von Panama wichtig, durch die auch zwecks günstigerer Verbindung von Karibik und Pazifik ein schon lange diskutierter Seekanal führen sollte. Dieses Gebiet gehörte damals zu Kolumbien. Die Vereinigten Staaten hatten sich bereits mit Großbritannien und Frankreich über die Konzession für den Bau eines solchen Kanals geeinigt. Als aber der von Kolumbien vorbereitete Vertrag über die US-Kontrolle der Kanalzone vom kolumbianischen Parlament nicht ratifiziert wurde, kam es 1903 zu einer von den USA unterstützten Revolte. Panama wurde unabhängiger Staat und trat in die Vertragsverbindungen ein. In einer Erklärung berief sich 1904 Präsident Theodore Roosevelt (1901–09) ausdrücklich auf die Monroe-Doktrin und erweiterte sie noch dahingehend, daß er wirtschaftliche Interessen mit politischer Oberaufsicht verknüpfte. Die Dollardiplomatie in Lateinamerika wurde besonders von seinen Nachfolgern William H. Taft (1909–13), Calvin Coolidge (1923–29) und Herbert C. Hoover (1929–33) geübt. Bis zum Zweiten Weltkrieg intervenierten die USA mehrfach in Mexiko, Guatemala, Honduras, Nicaragua und in der Dominikanischen Republik.

ERSTER WELTKRIEG UND NACHKRIEGSZEIT. Die Frage der Nichteinmischung in Europa wurde mit Ausbruch des Ersten Weltkriegs akut. Präsident Woodrow Wilson (1913–21) konnte die anfangs erklärte Neutralität der USA nicht durchhalten. Zunächst blieb es bei Krediten, Waren- und Waffenlieferungen an Engländer und Franzosen. Die deutsche Gegenblockade und Erklärung des uneingeschränkten U-Boot-Kriegs führten jedoch dazu, daß die USA am 6. April 1917 dem Deutschen Reich den Krieg erklärten. Obwohl die Kampfhandlungen nur noch anderthalb Jahre andauerten, waren rund 2 Mio. Amerikaner beteiligt; sie hatten 50 000 Gefallene und 200 000 Verwundete zu beklagen.

Präsident Wilson reiste zu den Friedensverhandlungen mit einem 14-Punkte-Programm, das u. a. Abbau von Handelsschranken und Gebietsabtretungen seitens der besiegten Mittelmächte vorsah, blieb aber weitgehend erfolglos. Der amerikanische Kongreß lehnte sowohl den Versailler Vertrag als auch den Beitritt zum Völkerbund ab; es begann eine Zeit des Isolationismus.

Die USA befürchteten ein Zusammengehen Deutschlands mit dem inzwischen bolschewistischen Rußland, worin sie durch den zwischen dem Deutschen Reich und der Sowjetunion 1922 zustande gekommenen Rapallo-Vertrag bestärkt wurden. Um dies zu verhindern, schalteten sie sich zweimal während der Weimarer Republik mit dem Dawesplan (1924) und dem Youngplan (1929) in die europäischen Belange ein, als Deutschland mit seinen Reparationsleistungen in Bedrängnis geriet.

Deutlich aktiver als in Europa zeigten sich die USA dagegen im pazifischen Raum, wo Gefahr von einem erstarkenden Japan drohte, das vor allem seine Flotte stark aufrüstete. So kam es ab 1921 zu vier internationalen Abkommen (u. a. Washingtoner Flottenabkommen), mit deren Hilfe die USA die Balance in diesem Raum zu erhalten bestrebt waren. Als die Japaner 1931 im Krieg gegen China auf dem asiatischen Festland Fuß faßten, die Mandschurei besetzten und dort das Kaiserreich Mandschukuo errichteten, beließen es die USA bei einer vagen Erklärung, daß sie keiner Veränderung zustimmen würden, die dem »Prinzip der offenen Tür« widerspräche. Diese Stimson-Doktrin von 1932 und die Verleihung des Dominion-Status an die Philippinen 1934 wertete Japan als amerikanisches Desinteresse, worauf es seine weitere Bindung an das internationale Flottenabkommen von 1921 aufkündigte.

SCHWARZER FREITAG AN DER WALL STREET. In den 20er Jahren driftete die amerikanische Gesellschaft immer weiter auseinander. Während mehrere tausend Familien zu enormen Reichtümern gelangten, lebten etwa 12 Mio. Haushalte unterhalb der damals bei 2500 US-$ angesetzten Armutsgrenze. Hohe Zölle erschwerten den Handel zwischen den USA und Europa, was sich negativ auf die Industrie und die an Überproduktion leidende Landwirtschaft auswirkte. Unter den gegebenen Umständen war der Binnenmarkt nur beschränkt aufnahmefähig, auch war der Kreditmarkt, bedingt durch Reparations- und Rückzahlungen von Anleihen und Kriegsschulden, über Gebühr erhöht. Am 24. Oktober 1929, dem sog. Schwarzen Freitag, brach die New Yorker Börse zusammen und löste die mehrere Jahre anhaltende Weltwirtschaftskrise aus. In den USA verstärkte sich daraufhin erneut die Tendenz zum Isolationismus, da dem Ausland die Schuld für die verhängnisvolle Entwicklung gegeben wurde.

ROOSEVELTS NEW DEAL. Am Jahresende 1932 gab es in den Vereinigten Staaten rund 15 Mio. Arbeitslose, die Löhne waren stark gekürzt, und die Kapazitäten der Industrie waren nur zu etwa 50% ausgelastet. In dieser Situation leitete Franklin D. Roosevelt (* 1882, † 1945), der ab 1933 für drei Amtsperioden sein Land führen sollte, über seine Politik des New Deal Regierungsmaßnahmen in bis dahin für die USA unbekanntem Maße ein. Mit New Deal wird eigentlich die Neuverteilung von Spielkarten bezeichnet; im Zusammenhang mit Roosevelts Reformprogramm bedeutete es eine Neuverteilung der Chancen und Finanzmittel. Ein 1933 erlassenes Bankgesetz und einige weitere Vorkehrungen führten bald zur Gesundung des Finanzwesens. Ein Außenhandelsgesetz brachte 1934 niedrigere Zölle und eine Verbesserung der Exportwirtschaft.

Noch 1933 wurde das Civilian Conservation Corps (CCC) ins Leben gerufen, eine Arbeitsdienstorganisation, die in zahlreichen Camps landesweit, u. a. in Nationalparks, zu Meliorationsarbeiten eingesetzt wurde. Im selben Jahr schuf Roosevelt die Tennessee Valley Authority (TVA), eine resortübergreifende und von den Fachministerien unabhängige Behörde, die direkt dem Präsidenten unterstellt war. Sie befaßte sich mit der Durchführung umfangreicher strombautechnischer und strukturverbessernder Maßnahmen im Tennessee-Gebiet, wobei die Rechte der betroffenen Einzelstaaten beschnitten werden konnten. Für die Landwirtschaft wurde ein Stützungsprogramm eingerichtet, das den Farmern Preisgarantien zusicherte, wenn sie Anbaubeschränkungen einhielten. 1935 schuf der Soil Conservation Act eine Behörde, die Farmer in Fragen der Bodenerosion beriet. Der Housing Act von 1934 kann als ein erstes Stadtsanierungsprogramm bezeichnet werden.

ISOLATION ODER INTERVENTION? Dieses große Paket von Maßnahmen, das nicht die amerikanische Gesellschaft umformen, wohl aber die Wirtschaft bis zu einem gewissen Grad kontrollieren wollte, war kaum sechs Jahre wirksam geworden, als Roosevelt außenpolitisch vor ähnlich große Schwierigkeiten gestellt wurde: In Europa brach der Zweite Weltkrieg aus. Roosevelt, der von Anbeginn eindeutig auf seiten der Interventionisten stand, erreichte mit der Änderung des Neutralitätsgesetzes im November 1939, daß das Embargo für Kriegsmaterial aufgehoben wurde; damit wurden Waffenlieferungen an Großbritannien und Frankreich möglich. Nach der Niederlage Frankreichs im Sommer 1940 verstärkten die USA ihre Anstrengungen, aber auch zu diesem Zeitpunkt waren die isolationistischen Kräfte noch erheblich. Ein Erfolg für Roosevelts Engagement war die Verabschiedung des Lend and Lease Act im März 1941, der dem Präsidenten freie Hand für Lieferungen von Kriegsmaterial gab. Das Gesetz erlaubte dem Präsidenten Lieferungen (vor allem auf Leihbasis) an Länder, deren Verteidigung den USA lebensnotwendig erschien. Mit 38 Staaten wurden Abkommen geschlossen, die u. a. auch Schiffsreparaturen und militärisches Training vorsahen. Die Ausweitung dieses Gesetzes auf die im Sommer 1941 von den Deutschen angegriffene Sowjetunion traf zwar auf heftigen Widerstand der Isolationisten, aber auch in diesem Punkt konnten sich Roosevelt und die Interventionisten durchsetzen. Bis August 1945 hatte die US-Hilfe 46,04 Mrd. US-$ erreicht, wovon Großbritannien 30,27 Mrd. US-$ und die Sowjetunion 10,8 Mrd. US-$ erhielten.

PEARL HARBOR UND KRIEGSEINTRITT. Das Vorgehen Japans gegen China seit 1937 und gegen die französischen und niederländischen Besitzungen in Südostasien seit Kriegsbeginn veranlaßte die USA zum Handelsembargo gegen Japan, von denen u. a. wichtige Rohstoffe wie Öl und Stahl betroffen waren. Nach anfänglicher Verhandlungsbereitschaft der Japaner spitzte sich 1941 die Lage zu, als sich die Japaner entgegen US-amerikanischen Forderungen um keinen Preis aus China zurückziehen wollten. 1941 waren, was erst 1991 bekannt wurde, rund 200 US-Piloten auf chinesischer Seite gegen die Japaner im Einsatz.

Trotz der japanischen Unnachgiebigkeit und weiterer kriegerischer Aktionen in Südostasien rechnete in den USA offenbar niemand ernsthaft mit dem, was dann am 7. Dezember 1941 geschah: In einer Aktion über den Pazifik hinweg führten die Japaner einen Überraschungsschlag gegen die Marinebasis Pearl Harbor auf der Hawaii-Insel Oahu. Dabei wurden 19 amerikanische Kriegsschiffe zerstört oder stark beschädigt. Gleichzeitig erfolgte ein Angriff auf die Philippinen. Am Tag nach dem Angriff auf Pearl Harbor erklärten die USA Japan den Krieg, woraufhin aufgrund des Dreimächtepakts am 11. Dezember die Kriegserklärungen von Deutschland und Italien an die USA erfolgten. Somit waren die USA in einen weltweiten Krieg mit mehreren Kriegsschauplätzen verwickelt.

Im Januar 1942 setzte Präsident Roosevelt für das Jahr als Produktionsziel u. a. 60 000 Flugzeuge, 45 000 Panzer und 20 000 Flakgeschütze. Ende 1943 hatten die USA 15,1 Mio. Menschen unter Waffen, weitere 50 Mio. arbeiteten in Rüstungsbetrieben und anderen kriegsbedingten Bereichen.

Bereits im August 1941 hatten sich Präsident Roosevelt und der britische Premierminister Winston Churchill auf einem Kriegsschiff vor der Küste Neufundlands getroffen, um die sog. Atlantik-Charta zu unterzeichnen, die für die Zeit nach dem Krieg ein internationales Sicherheitssystem schaffen sollte. »Durch die Unterschrift ihres Präsidenten wurden die USA hier in die einzigartige Lage eines theoretisch neutralen Landes versetzt, das zusammen mit einer kriegsführenden Nation Kriegsziele festlegte und ein Friedensprogramm proklamierte« (Guggisberg 1975). Bereits mit Kriegseintritt im Dezember hatte sich die Position der USA geändert. Die Atlantik-Charta kann als Vorstufe für die auf der Konferenz von San Francisco 1945 zunächst von 50 Staaten gegründete United Nations Organization (UNO) angesehen werden.

SCHLACHT UM DEN PAZIFIK. Auf dem pazifischen Kriegsschauplatz führten die Japaner drei Operationen simultan durch: Angriff auf die Philippinen und Niederländisch-Indien (Indonesien), Vorstoß auf dem asiatischen Festland gegen Singapur, Hongkong, Malaysia und Thailand sowie Kampf in Ozeanien hauptsächlich mit von Flugzeugträgern aus operierenden Maschinen. Zunächst gerieten die Amerikaner in arge Bedrängnis. Vorübergehend gelang den Japanern 1942 sogar die Eroberung zweier Aleuten-Inseln, was den Amerikanern die Verwundbarkeit Alaskas kraß vor Augen führte und sie dazu bewog, in einer gemeinsamen Aktion mit kanadischem Militär den Alaska Highway zu bauen.

Mit dem Fehlschlag der Japaner, die Insel Midway zu erobern, und einer großen Luft-See-Schlacht um diese im Juni 1942 begann sich das Blatt langsam zu wenden. Die Operationen der Amerikaner wurden von General Douglas MacArthur (* 1880, † 1964) und Flottenadmiral Chester W. Nimitz (* 1885, † 1966) geleitet, die mit »Inselsprüngen« die japanischen Streitkräfte an zahlreichen Stellen militärisch zu binden versuchten. Im Juni 1944 setzte MacArthur zur Rückeroberung der Philippinen an, die im Februar 1945 eingenommen wurden. Am 2. September 1945, einen knappen Monat nach dem Abwurf der Atombombe auf Hiroshima (6. August 1945) und Nagasaki (9. August), kapitulierte Japan.

KRIEGSENDE UND MARSHALL-PLAN. Inzwischen war der Krieg in Europa bereits beendet. Das deutsche Afrikakorps unter General Erwin Rommel (* 1891, † 1944) war im Frühjahr 1943 zwischen die von Ägypten unter Bernard Law Montgomery (* 1887, † 1976) operierenden britischen Verbände und einem aus Marokko und Algerien unter Dwight D. Eisenhower (* 1890, † 1969) vorrückenden englisch-amerikanischen Expeditionskorps in die Zange geraten und mußte im Mai aufgeben. Am 10. Juli landeten die Alliierten auf Sizilien und begannen ihren Vormarsch in Italien. Mit der von Eisenhower geleiteten Landung der Amerikaner und Engländer am 6. Juli 1944 in der Normandie wurde die von der Sowjetunion immer wieder geforderte zweite Front aufgebaut. Nach zehn Monaten, am 8. Mai 1945, kapitulierte das Deutsche Reich.

Die Weichen für die Besetzung, Aufteilung und Verwaltung Deutschlands wurden auf den Konferenzen von Jalta (4. bis 11. Februar 1945) und Potsdam (17. Juli bis 2. August 1945) gestellt, an denen Roosevelt, Churchill und Stalin bzw. Truman, Stalin, Churchill und zeitweise Attlee teilnahmen. Damals vermochte wohl noch niemand abzusehen, daß die Oberhoheit der Alliierten des Zweiten Weltkrieges bis 1990 andauern sollte und erst mit der Vereinigung der beiden 1949 auf deutschem Boden entstandenen Staaten ein Ende fand.

Der von Präsident Harry S. Truman (1945–53) zum Außenminister berufene frühere Generalstabschef der US-Armee, George C. Marshall (* 1880, † 1959), war verantwortlich für das European Recovery Program (ERP), das von der US-Regierung für das kriegsgebeutelte Europa eingerichtet wurde. Nach dem General, der 1953 den Friedensnobelpreis erhielt, wurde das Programm kurz als Marshall-Plan bezeichnet und hat entscheidend zum raschen wirtschaftlichen Aufschwung in der Bundesrepublik Deutschland beigetragen.

SUPERMÄCHTE BESTIMMEN WELTPOLITIK. Die gesamte Nachkriegsgeschichte wurde stark geprägt von der Herausbildung dreier politisch-wirtschaftlicher Staatengruppierungen: Die westlichen Industrieländer, von denen sich die meisten zum Verteidigungsbündnis des Nordatlantikpakts (NATO) zusammenschlossen, die sozialistischen Länder des Ostblocks, die wirtschaftlich im Rat für gegenseitige Wirtschaftshilfe (RGW; auch COMECON genannt) und militärisch im Warschauer Pakt zusammenarbeiteten, und die Entwicklungsländer der Dritten Welt. Während letztere von ihrer politischen und wirtschaftlichen Stellung her keine entscheidende Rolle spielten, sondern eher als Angelpunkte für strategische Positionen der beiden anderen Blöcke in diesem Teil der Welt dienten, wurde die Weltpolitik für mehrere Jahrzehnte von den beiden großen Lagern bestimmt, in denen die USA bzw. die Sowjetunion die Führungsrolle beanspruchten.

Zwischen ihnen gab es auch ein wiederholtes Tauziehen um das Riesenreich China, das sich zum größten Teil kommunistisch orientierte. Die zeitweise völlig abgeschottete Volksrepublik China näherte sich das eine Mal den USA und ein anderes Mal der Sowjetunion an.

ABLEHNUNG DES KOMMUNISMUS. Schon mit der sog. Truman-Doktrin, die Präsident Truman im März 1947 verkündete, erteilten die USA dem Kommunismus eine deutliche Absage. 1950 ging der Kalte Krieg in eine heiße Phase über, als die USA im Korea-Krieg (1950–53) die Führung der UN-Truppen übernahmen. Mit dem Antikommunistengesetz vom August 1954 wurde die Kommunistische Partei als ein Instrument der Verschwörung gegen die Regierung gebrandmarkt; ein Untersuchungsausschuß gegen »unamerikanische Umtriebe« unter Leitung des Senators McCarthy wurde eingesetzt, geriet allerdings bald selbst ins Zwielicht, so daß er im Dezember desselben Jahres wieder aufgelöst wurde. Die Stationierung sowjetischer Raketen auf Kuba führte die USA und die Sowjetunion 1962 an den Rand eines nuklearen Krieges.

Eine die gesamte Nation zutiefst spaltende Aktion wurde das Eingreifen der USA in Vietnam von 1964 bis 1973. Die Unterzeichnung eines Abkommens im Januar 1973 mit den Nordvietnamesen über einen Abzug der amerikanischen Truppen leitete eine Epoche der Entspannung zwischen den Weltmächten ein. Die von Präsident Richard Nixon (1968–74) vor seiner Wiederwahl angekündigte Abschaffung der allgemeinen Wehrpflicht wurde am 1. Juli 1973 wirksam. In der Folgezeit sollten die USA eine Berufsarmee von 2,2 Mio. Stärke haben.

DOLLAR WIRD LEITWÄHRUNG. Die USA gingen aus dem Zweiten Weltkrieg als führende Wirtschaftsmacht der Welt hervor. Auf der Konferenz in Bretton Woods in New Hampshire am 23. Juli 1944 wurden die Weichen für einen Weltwährungsfonds und eine Weltbank gestellt, die International Bank for Reconstruction and Development. Diese sollte mit Krediten und Bürgschaften für private Auslandsinvestitionen den Wiederaufbau und die wirtschaftliche Entwicklung der Mitgliedsstaaten fördern, die zugleich dem Währungsfonds angehören müssen.

Der Dollar wurde zur Leitwährung. Von den Währungsreserven der westlichen Industriestaaten besaßen die USA mehr als die Hälfte in Gold.

Dem ersten Nachkriegspräsidenten, Roosevelts ehemaligem Vizepräsidenten Truman, einem Demokraten, folgte der Weltkriegsgeneral und Republikaner Eisenhower (1953–61), der eine harte Position gegenüber dem Stalin-Nachfolger Chruschtschow und dem Kommunismus vertrat. Mit seiner 1957 proklamierten Eisenhower-Doktrin sagte er den Staaten des Nahen Ostens für den Bedarfsfall militärische Hilfe der USA zu. Im folgenden Jahr griffen die Vereinigten Staaten kurz im Libanon ein. Innenpolitisch war Eisenhowers Amtszeit von einem allgemeinen Anwachsen der Agrarpolitik mit Preisstützungen bei Anbaubeschränkungen und einer Zunahme des Rassenkonflikts gekennzeichnet; bei Ausschreitungen in Little Rock mußte der Präsident sogar die Nationalgarde einsetzen.

HOFFNUNGSTRÄGER KENNEDY. Große Hoffnungen setzte die Nation auf Eisenhowers erst 43 Jahre alten Nachfolger, den aus Neuengland stammenden Demokraten John F. Kennedy (1961–63). Mit seinem Programm der »New Frontier« und einer Reihe tatkräftiger und ebenfalls noch junger Mitarbeiter versprach er die innen- und außenpolitischen Probleme zu lösen. Kennedy hatte ein umfassendes Bürgerrechtsgesetz vorbereitet, das aber zum Zeitpunkt seiner Ermordung in Dallas am 22. November 1963 den Kongreß noch nicht passiert hatte. Außenpolitisch blieb er Sieger in der außerordentlich bedrohlichen und für ihn risikoreichen Kuba-Krise, konnte aber den Bau der Berliner Mauer am 13. August 1961 nicht verhindern. Aufgrund seiner Domino-Theorie, die besagte, daß wenn erst ein Land in Südostasien dem Kommunismus verfiele, alle anderen Länder wie Dominosteine umfallen würden, begann er das folgenschwere Engagement der USA in Vietnam.

VIETNAM UND WATERGATE. Unmittelbar nach Kennedys Ermordung übernahm sein Vizepräsident, der Texaner Lyndon B. Johnson (1963–69), das Präsidentenamt. Unter dem Schlagwort der »Great Society« brachte er ein umfangreiches Wohlfahrtsprogramm auf den Weg. Das Bürgerrechtsgesetz von 1964 wurde jedoch vielen Erwartungen nicht gerecht. Johnsons innenpolitische Bemühungen blieben schließlich vor dem Vietnamkrieg auf der Strecke, der begleitet war von Berichten über Kriegsgreuel auch auf amerikanischer Seite und zunehmendem Drogenkonsum der GI.

Die Präsidentschaft des Republikaners Richard M. Nixon (1969–74), der außer Texas den gesamten Süden bei den Wahlen gewonnen hatte, war von zwei Ereignissen überschattet, die nachhaltige Auswirkungen auf die amerikanische Nation hatten. Außenpolitisch war es der sukzessive Rückzug der amerikanischen Truppen aus Vietnam. Dieses Eingeständnis, einem Entwicklungsland unterlegen gewesen zu sein und erstmals überhaupt einen Krieg verloren zu haben, mußte zwangsläufig tiefgreifende Wirkungen auf die Menschen in den Vereinigten Staaten haben. Innenpolitisch hatte die Watergate-Affäre für Aufsehen gesorgt. Während des Wahlkampfes im Juni 1972 kam es zu einem Eklat, als Angehörige des Kommitees zur Wiederwahl des Präsidenten und einige Mitarbeiter in das Wahlhauptquartier der Demokraten (Hotel Watergate) eindrangen. Nixon bestritt seine Mitwisserschaft vor einem Senatsausschuß, wurde aber durch Tonbandaufnahmen schwer belastet, so daß der

Rechtsausschuß – erst zum zweiten Mal in der Geschichte der USA – die Amtsenthebung (Impeachment) empfahl; dem kam Nixon mit seinem Rücktritt zuvor. Sein Vizepräsident und Nachfolger Gerald R. Ford (1974–77) setzte zwar Nixons volle Begnadigung durch, doch erschütterte die Watergate-Affäre ebenso wie das Vietnam-Debakel das Selbstbewußtsein vieler Amerikaner schwer.

ENTSPANNUNGSPOLITIK ERLEIDET RÜCKSCHLAG. Außenpolitisch hatte Nixon noch die Weichen dafür gestellt, durch eine »Ära des Verhandelns« (Nixon-Doktrin) in enger Kooperation mit seinem Außenminister Henry Kissinger eine Balance der Kräfte zu erreichen, womit ein vermindertes internationales Engagement der USA verbunden war. In diesem Zusammenhang erfolgte 1973 die Abschaffung der allgemeinen Wehrpflicht. Noch in seiner Amtszeit wurde das SALT-I-Abkommen (Strategic Arms Limitation Talks) unterzeichnet, das eine zeitliche Begrenzung der Raketenrüstung vorsah.

Nach Gerald Ford, in dessen Amtszeit die 200-Jahrfeiern der USA mit zahlreichen Bicentennial-Programmen für Verkehrswegebau und Stadterneuerungen fielen, kam mit Jimmy Carter (1977–81) ein Demokrat aus Georgia auf den Präsidentensessel. Der Erdnußfarmer und Laienprediger Carter vertrat eine »weiche« Linie. Sozialreform-, Energiespar- und Stadterneuerungsprogramme sowie Abbau des Außenhandelsdefizits wurden mit unterschiedlichem Erfolg angekurbelt. Auch außenpolitisch war Carter wenig erfolgreich. 1978 schloß er mit Panama einen Vertrag, der die Rückgabe der Kanalzone im Jahr 2000 vorsieht. 1979 konnte er zwar die verfeindeten Ägypter und Israelis in Camp David an einen Tisch bringen, vorerst aber ohne positive Nachwirkungen.

Der Umsturz im Iran traf die USA unvorbereitet; die Geiselnahme und mißglückte Befreiung amerikanischer Botschaftsangehöriger in Teheran hatte ein mehr als einjähriges Tauziehen zur Folge. Kurz nach Unterzeichnung der Schlußakte der Konferenz für Sicherheit und Zusammenarbeit in Europa (KSZE) 1978 marschierten die Sowjets 1979 in Afghanistan ein, um eine ähnliche Entwicklung wie im Iran mit möglichen Rückwirkungen auf die 70 Mio. sowjetischen Moslems zu verhindern. Dieser Schlag gegen die jahrelange Entspannungspolitik veranlaßte Carter zu Maßnahmen wie den Stopp der Getreidelieferungen an die Sowjetunion, den Boykott der Olympischen Spiele in Moskau, die Vertagung des SALT-II-Abkommens und die erneute Ankurbelung der Rüstung.

HARTER KURS DURCH REAGAN. Nächster Präsident wurde der Republikaner Ronald Reagan (1981–89), ehemals Schauspieler, Gewerkschaftsführer und Gouverneur von Kalifornien. Den »Reaganism« kennzeichneten die deutliche Absage an die Entspannungs- und Reformpolitik Carters sowie Streichungen von Subventionen auch in Städtebauprogrammen. Die Rückbesinnung auf Privatinitiative und privates Unternehmertum zahlten sich in einem ab 1982 deutlich sichtbaren Wirtschaftsaufschwung aus. Sinkende Arbeitslosigkeit bei Millionen neuer Arbeitsplätze, gute Börsenkurse und hohe Auslandsinvestitionen stellten sich ein, aber auch ein Haushaltsdefizit von astronomischer Höhe, das am Ende von Reagans Amtszeit bei 2,7 Billionen US-$ lag. Traditionelle amerikanische Wertvorstellungen wie Leistung, Pioniergeist, Familiensinn und Religiosität sowie ein allgemein konservatives Denken gewannen

Der Vietnamkrieg stürzte die Nation in eine Krise. 1982 wurde in Washington
D.C. das Vietnam Memorial eingeweiht mit den Namen von über 58 000 im
Vietnamkrieg gefallenen US-amerikanischen Soldaten.

rasch an Boden. Außenpolitisch vertrat Reagan einen harten Kurs mit Verdammung der Sowjetunion, die wirtschaftlich boykottiert wurde, und enormer Aufrüstung; das Militärbudget schnellte während seiner Amtszeit von 134 Mrd. US-$ auf 286 Mrd. US-$ empor. 1983 intervenierten die USA auf der Karibik-Insel Grenada, 1986 im Libanon und 1988 gegen Libyen. 1986/87 wurden die USA in den Iran-Contra-Skandal verwickelt: Gelder aus geheimen Waffenlieferungen wurden über den Iran an die oppositionellen Contras in Nicaragua geleitet.

WENDE NACH ZERFALL DES OSTBLOCKS. Mitten in die doppelte Amtsperiode Reagans fiel der große Umschwung in der Sowjetunion. Nach dem anfänglichen Mißtrauen gegenüber dem neuen KPdSU-Generalsekretär und späteren Präsidenten Michail Gorbatschow änderte Reagan seine Politik, die jetzt längerfristig auf Verständigung, Abrüstung und Einsparungen im Militäretat hinauslief. Diesen unter Reagan begonnenen Kurs setzte sein Vizepräsident und Nachfolger George Bush (seit 1989) fort. 1989/90 trat die grundlegende Wende ein mit dem Sturz des SED-Regimes in der DDR und der nachfolgenden Vereinigung Deutschlands sowie dem Zerfall des Ostblocks, der Auflösung des Warschauer Pakts und dem Zusammenbruch der Sowjetunion. Vom 16. Januar bis 27. Februar 1991 führten die Vereinten Nationen unter Leitung der USA Krieg gegen den Irak, der im Sommer 1990 Kuwait überfallen und annektiert hatte. Die Entschlossenheit der amerikanischen Führung im Golfkrieg gaben der Nation, die im US-Oberbefehlshaber Norman Schwarzkopf (* 1934) einen neuen Helden gefunden hatte, ihr Selbstgefühl wieder, das nach Vietnamkrieg, Watergate-Affäre und gescheiterter Geiselbefreiung von Teheran schwer gelitten hatte.

TAUZIEHEN UM MARKTANTEILE. Weltwirtschaftlich entwickelten sich innerhalb der Gruppe der westlichen Industrieländer drei Konzentrationspunkte: Die USA, Japan und die in der EG zusammengeschlossenen europäischen Staaten. Zwischen ihnen kam es wiederholt zu einem Tauziehen um Marktanteile und Handelspositionen. Die Anekdote eines Wirtschaftsfachmanns entbehrt nicht des realen Hintergrundes: In den USA wird wieder einmal eine bedeutende technische Erfindung gemacht. In der Sowjetunion berichtet drei Tage später darauf eine Zeitung, dieses Prinzip habe schon Lomonossow im 18. Jahrhundert entdeckt. Aus Japan kommt drei Monate später das erste Produkt aufgrund kommerzieller Auswertung der Erfindung auf den Weltmarkt. Ein EG-Ausschuß berät vier Monate später, wie der daraus erwachsende Konkurrenznachteil für die europäische Wirtschaft verhindert werden könnte.

VERHÄLTNIS ZUM NÖRDLICHEN NACHBARN. Stets von besonderer Natur sind die Beziehungen der USA zu ihren direkten Nachbarn im Norden und Süden, Kanada und Mexiko. Seit 1813 haben die USA und Britisch-Nordamerika (seit 1867 Dominion of Canada) mit einer nach und nach festgelegten, über 4000 km langen unbefestigten Grenze als Nachbarn gelebt. Mit rund 75% seiner Exporte sind die USA Kanadas einziger großer Handelspartner. Die US-amerikanischen Direktinvestitionen in Kanada sind erheblich. Von über 20 Mio. Auslandstouristen, die pro Jahr die USA besuchen, kommen mehr als die Hälfte aus Kanada. Die Verflechtungen sind sehr intensiv, aber ungleichgewichtig zugunsten der Vereinigten Staaten mit ihrer zehnfachen

Bevölkerungszahl. Für Kanada ist der gewaltige Binnenmarkt der USA interessant, für die USA ist es die Vorstellung, über Kanada zu den Vergünstigungen auf dem britischen Commonwealth-Markt zu kommen.

Ungeachtet dieser Verbindungen gibt es eine Reihe strittiger Territorial- und Souveränitätsfragen zwischen beiden Staaten. Dazu gehört die noch auf die russische Zeit zurückreichende Grenze zwischen Alaskas Panhandle und British Columbia, das von den pazifischen Häfen abgeschnitten ist. In jüngerer Zeit kam es wegen der Meeresgrenze vor der Küste Maines zu Unstimmigkeiten, nachdem beide Staaten eine 200-Meilen-Grenze erklärt hatten.

Die Hoheitsfrage in der Arktis bzw. im Arktischen Archipel wird beeinträchtigt durch die gemeinsame kanadisch-amerikanische Distant Early Warning Line (DEW-Line), eine Kette weit vorgeschobener militärischer Warnposten, an denen US-Militär beteiligt ist, und durch die mehrfache Benutzung der Nordwestpassage seitens der USA. So befuhr z. B. 1969 der als Eisbrecher ausgerüstete Großfrachter »Manhattan« diese Route, als Erdöl an der alaskischen Prudhoe Bay gefunden wurde. Die Kanadier flogen eilends zwölf Parlamentsabgeordnete nach Resolute auf der Cornwallis-Insel ein, um die »Manhattan« dort zu erwarten und den kanadischen Hoheitsanspruch auf den Archipel zu dokumentieren. Kanada verknüpft diesen aber auch mit seinem Sicherheitsbedürfnis und setzt voraus, daß das auch im Sinne der USA sein müßte. Die USA sehen aber in der Haltung Kanadas einen Präzedenzfall für andere wichtige Meeresstraßen, die mit demselben Recht von einem Einzelstaat beansprucht und von ihm kontrolliert werden könnten.

HANDELSBEZIEHUNGEN ZU KANADA. In den gegenseitigen Handelsbeziehungen hat es immer wieder Übereinkünfte, aber auch neue Probleme gegeben. Die Colonial Trade Acts von 1822 und 1825 erlaubten den Import von US-Waren nach Britisch-Nordamerika, der Reciprocity Act 1854 brachte Erleichterungen für gegenseitige Rohstofflieferungen, seine Wiederbelebung 1911 weitete die Begünstigungen auf Industrieprodukte aus. Der Auto Parts Free Trade Pact 1965 schuf auf dem Automobilsektor weitgehende Zollfreiheit und machte die US-amerikanischen Niederlassungen in Kanada zumindest teilweise zu Zulieferern für die Stammwerke in den USA.

Die starke Unterwanderung der kanadischen Wirtschaft durch US-amerikanische Firmen, die einzelne Branchen (vor allem die Autoindustrie, Bergbau sowie Forst- und Holzindustrie) weitgehend kontrollieren, führte zu wirkungsvollen Restriktionen auf kanadischer und zu Gegenmaßnahmen auf amerikanischer Seite. Die 1973 eingerichtete Foreign Investment Review Agency (FIRA) prüfte rigoros jede größere Auslandsinvestition auf ihren Nutzen für Kanada; den 1974 den Entwicklungsländern gewährten sog. »vierten Zolltarif« werteten die USA als Bevorteilung von Drittländern und beanspruchten ihn auch für sich; die Holdinggesellschaft Canada Development Investment Corporation kaufte in Schwierigkeiten geratene kanadische Betriebe auf oder subventionierte sie unter Umwandlung in gemischtwirtschaftliche Unternehmen, was von den USA als heimliche Kanadisierung kritisiert wurde, und die 1981 gestartete National Energy Policy (NEP) wirkte auf eine Nationalisierung der kanadischen Energiewirtschaft hin.

Die USA sahen dem nicht untätig zu. 1971 hatte Präsident Nixon die Goldkonvertibilität des Dollars aufgehoben, was mit einer etwa zehnprozentigen Erhöhung der Einfuhrzölle verbunden war und einen Teil des kanadischen Exports traf. »Trade remedy laws« erlaubten die Erhebung von Sonderzöllen z. B. auf Produkte, bei denen die USA staatliche kanadische Subventionen von Forschung und Entwicklung unterstellten. Einfuhrverbote wurden von Fall zu Fall erlassen, u. a. bei Fleischimporten mit dem Argument der hormonellen Behandlung von Tieren. Über das sog. barter program lieferten die USA Nahrungsmittel an Entwicklungsländer im Tausch gegen strategisch wichtige Rohstoffe; dabei wurde zuweilen der Grundsatz verletzt, daß es sich nur um zusätzliche Lieferungen (»additionality principle«) zur Vermeidung von Hungersnot handeln dürfe. Auf kanadische Intervention ließen die USA das Programm 1973 fallen, nahmen es aber 1982 in geringerem Umfang wieder auf.

ABSCHLUSS EINES FREIHANDELSABKOMMENS. Vor dem Hintergrund dieser Querelen wurden ab 1986 Verhandlungen über ein Freihandelsabkommen geführt, das kurz vor dem Abschluß fast noch gescheitert wäre, aber dann doch 1988 zustande kam. Vorgesehen ist der graduelle Abbau der meisten noch bestehenden Zölle innerhalb eines Jahrzehnts. Von kanadischer Seite wird die National Energy Policy (NEP) eingestellt und die Entwicklung der Energiewirtschaft großzügiger geregelt. Die Agrarproduktion wird zwar gesondert behandelt, wird aber mit berücksichtigt; dies ist sehr bedeutungsvoll, wenn man sich vergegenwärtigt, wie schwer sich die EG mit dem Agrarmarkt tut. Ebenso sind die meisten Dienstleistungen einbezogen, ausgenommen die sog. »cultural industries«; darunter fallen vor allem die Medien, an deren Kontrolle jeweils starkes nationales Interesse besteht. So ist das Freihandelsabkommen zwar mit mancherlei Vorbehalten verknüpft und bei weitem noch nicht die Einrichtung eines gemeinsamen Marktes, aber doch ein bedeutender Schritt in diese Richtung.

BEZIEHUNGEN ZU MEXIKO. 1990 begann auch Mexiko intensive Gespräche über ein Freihandelsabkommen mit den USA. Neben der Frage der mexikanischen Erdölexporte in die USA belastet das amerikanisch-mexikanische Verhältnis hauptsächlich die Arbeitskräftefrage, die zwei Facetten hat. Zum einen ist es die enorme illegale Einwanderung über die 3600 km lange Grenze, die auf einer langen Strecke vom Rio Grande gebildet wird, weshalb man die Illegalen auch als »wetbacks« (wet = naß, back = Rücken) bezeichnet hat. Schätzungen zufolge sollen im Gebiet nördlich von Tijuana täglich 1800 Illegale gefaßt werden und doppelt so viele durchkommen. 1986 erließen die USA ein Reform- und Kontrollgesetz, das einerseits hohe Strafen für die Beschäftigung illegaler Einwanderer androhte, andererseits eine Amnestie für alle seit 1982 illegal Eingewanderten aussprach und ihnen die Arbeitsgenehmigung für die USA zusicherte; die Wirkung des Gesetzes blieb gering.

Zum anderen machte sich die US-Wirtschaft das starke Lohngefälle zunutze und errichtete im Laufe weniger Jahre im Grenzgebiet auf mexikanischem Boden rund 2000 Betriebe, in denen 500 000 Mexikaner beschäftigt sein sollen. Diese Maquiladoras (das Wort bedeutet eigentlich Kleinindustrie) produzieren billig, da die Löhne in Mexiko sich zwischen einem Fünftel und einem Zehntel der US-amerikanischen bewegen; die Unterkünfte der Arbeiter sind oft primitiv. Viele Mexikaner benutzen diese Betriebe als Sprungbrett, um in die USA zu gelangen. Unter den Illegalen finden sich seit Ende der 80er Jahre zunehmend auch Asiaten, die von Schleppern zunächst nach Mexiko oder in ein anderes lateinamerikanisches Land gebracht werden, von wo aus sie in die USA gelangen. In jüngerer Zeit sind zunehmend OTMs (für »Others than Mexicans«) von US-amerikanischen Grenzkontrolleuren aufgegriffen worden.

Die letzte Phase seiner Amtszeit brachte Präsident Bush noch zwei Erfolge: die Unterzeichnung des START-II-Abkommens über eine weitere Verringerung der strategischen Atomwaffen auf rund ein Drittel des Bestandes von 1992 und die des North American Free Trade Agreement (NAFTA), des Freihandelsabkommens zwischen Kanada, USA und Mexiko.

PRÄSIDENT CLINTON. Im November 1992 hatte der demokratische Präsidentschaftskandidat William (»Bill«) Clinton, vormaliger Gouverneur des Staates Arkansas, mit 43% der Stimmen gegenüber dem Republikaner George Bush (38%) und dem Unabhängigen Ross Perot (19%) die Präsidentschaftswahlen für sich entschieden. Er trat, erst 46jährig, am 20. Januar 1993 als 42. Präsident der USA sein Amt an. Die von seinen beiden republikanischen Amtsvorgängern vernachlässigte Innenpolitik trat bei ihm in den Vordergrund mit einem Beschäftigungsprogramm, einem Programm für Steuererleichterungen, einem Reformprogramm für das Gesundheitswesen sowie stärkerer Berücksichtigung der sozialen und ethnischen Minderheiten. Außenpolitisch hatte Clinton Anteil an den Friedensschlüssen zwischen Israel und der PLO, in Bosnien-Herzegowina und Nordirland.

Nach seiner Wiederwahl 1996 wurden die wirtschafts- und beschäftigungspolitischen Erfolge der Clinton-Administration überschattet vom Sex-Skandal des Präsidenten und dem anschließenden (allerdings erfolglosen) Amtsenthebungsverfahren.

BUSH JUNIOR. Die Präsidentschaftswahlen 2000 wurden erst nach wochenlangem juristischen Tauziehen entschieden: Obwohl der demokratische Kandidat, Vizepräsident Al Gore, landesweit 540 000 Stimmen mehr erhielt als sein republikanischer Herausforderer, wurde George W. Bush, Sohn des ehemaligen Präsidenten George Bush, zum neuen Präsidenten bestimmt: Ausschlaggebend war das Wahlergebnis im Bundesstaat Florida, dessen 25 Wahlmännerstimmen trotz Unregelmäßigkeiten bei der Stimmauszählung Bush zufielen.

GESELLSCHAFT UND KULTUR

Die politischen Grundlagen des Staatswesens

Noch bevor die Pilgerväter ihren Fuß auf den Boden des nordamerikanischen Festlands gesetzt hatten, gaben sie sich am 21. November 1620 eine Art Statut, den Mayflower Compact. Sie taten dies aus einer Zwangslage heraus, da sie unbeabsichtigt nördlich des ihnen von der Virginia Company zugewiesenen Gebiets gelandet und somit ohne gesetzliche Grundlage für eine Siedlung waren.

Obwohl der Mayflower Compact in seiner Bedeutung auch überschätzt wurde, signalisierte er doch zwei für die amerikanische Gesellschaft grundlegende Ideen: Regierung auf Basis allgemeiner Einwilligung (consent) und ein kodifizierter Gesetzesrahmen. Dies stand im Gegensatz zu Großbritannien, wo eine festgeschriebene Verfassung fehlte und das Zusammenleben auf der sich entwickelnden juristischen Praxis basierte.

DER »GROSSVATER DER VERFASSUNG«. Die Grundhaltung der Pilgerväter und der Puritaner war vom Kongregationalismus bestimmt, dessen Quintessenz die demokratische Selbstverwaltung von Kirche, Gemeinde und Schule bildete. Die von Dissidenten der Massachusetts-Siedlungen im Connecticut-Tal gegründeten Orte Windsor, Hardford und Wethersfield nahmen 1639 die »Fundamental Orders of Connecticut« an, die sich durch religiöse Toleranz auszeichnen und als »Großvater der Verfassung« der USA bezeichnet wurden. Religions- und Gewissensfreiheit verkündete auch der Quäker William Penn 1681 in einem Sendbrief an die ersten Siedler in seiner Kolonie. Die Puritaner erkannten zwar nur die Heilige Schrift als einziges und oberstes Recht an, brachten aber andererseits den calvinistischen Erfolgsgedanken in die Neue Welt.

DIE UNABHÄNGIGKEITSERKLÄRUNG. Dreizehn Jahre vor der Französischen Revolution mit ihrer Proklamierung der Menschen- und Bürgerrechte wurde in Philadelphia am 4. Juli 1776, der in den USA als Unabhängigkeitstag gefeiert wird, die von Thomas Jefferson entworfene Unabhängigkeitserklärung verkündet. Obwohl die Amerikaner selbst von Revolution sprechen und den nachfolgenden Krieg als Revolutionary War bezeichnen, handelte es sich dabei vom Wesen her um keine Revolution (Herre 1976). Kein Staatsoberhaupt wurde gestürzt, und kein neuer Stand wurde an die Macht gebracht, sondern es war lediglich die Befreiung von einer als fremd und ungerecht empfundenen Verwaltung und Militärkontrolle eines fernen Staates. Die Unabhängigkeitserklärung enthält daher zunächst eine Liste von Anklagen gegen die Herrschaft des britischen Königs Georg III. (* 1738, † 1820) und proklamierte in ihrem Kernstück folgendes Ziel: »Wir halten diese Wahrheiten für selbstverständlich, daß alle Menschen von der Schöpfung her gleich sind, daß ihr Schöpfer ihnen bestimmte, unveräußerliche Rechte mitgege-

ben hat. Darunter sind Leben, Freiheit und das Trachten nach Glück. Daß, um diese Rechte zu sichern, Regierungen errichtet sind, die ihre Macht von der Zustimmung der regierten Leute herleiten, daß, wenn immer eine Regierungsform diese Grundrechte zunichte macht, das Volk berechtigt ist, die Regierungsform zu ändern oder zu beseitigen und eine neue Regierung zu bilden, deren Fundament auf solchen Prinzipien ruht und deren Macht so organisiert ist, daß sie ein Maximum von Sicherheit und Glück garantiert.«

DAS RINGEN UM EINE VERFASSUNG. 1777 verfaßte der Kontinentalkongreß die »Articles of Confederation and Perpetual Union«, die im März 1781 in Kraft traten, nachdem sie Maryland als 13. Staat ratifiziert hatte. Sie bedeuteten jedoch nur einen lockeren Verband; selbst in Fragen wie Landesverteidigung und Etat war die Unionsregierung von den Einzelstaaten abhängig.

Von Mai bis September 1787 trafen schließlich in Philadelphia (Pennsylvania) die bis zu 55 Vertreter der einzelnen Staaten zusammen, um eine Verfassung zu verabschieden. Dabei brachten sie sowohl die aus der europäischen Aufklärung stammenden Gedanken als auch ihre kolonialzeitlichen Erfahrungen in das Verfassungswerk ein.

Divergierende Interessen einzelner Staaten erschwerten die Verabschiedung der Verfassung. Zum einen trafen die »Federalists« mit ihrer Befürwortung einer möglichst starken Zentralregierung auf die oppositionellen »Anti-Federalists«. Deren Anhänger standen der Verfassung skeptisch gegenüber und befürchteten, daß sich eine starke Zentralgewalt der Kontrolle des Volkes entziehen könnte. Zum anderen trafen die großen und volkreichen Staaten, die ein entsprechendes Gewicht in der Politik beanspruchten, auf die kleinen Staaten, die gleichberechtigt repräsentiert sein wollten.

GEWALTENTEILUNG UND ZWEIKAMMERSYSTEM. Oberster Grundsatz wurde die Gewaltenteilung. Dabei beriefen sich die Väter der Verfassung vor allem auf den französischen Staatsphilosophen Montesquieu (* 1689, † 1755) und sein 1748 veröffentlichtes Werk über den Geist der Gesetze, in dem er die Dreiteilung in Legislative, Exekutive und Judikative propagierte. Die Gewaltenteilung wurde mit den Institutionen Kongreß, Präsident und Oberster Gerichtshof verwirklicht.

Der zweite Grundsatz erwuchs aus dem Problem der Interposition, d. h. dem Machtverhältnis vom Gesamtstaat zu den Einzelstaaten. Wiederum im Sinne Montesquieus wurde ein Zweikammersystem geschaffen. Die in diesem Zusammenhang konkurrierenden Vorschläge waren der von Virginia eingebrachte Virginia-Plan, der die größeren Staaten bevorzugt hätte, und der ihm entgegengestellte New-Jersey-Plan, der nur eine einzige Kammer mit je einem Vertreter jedes Staates vorsah. Angenommen wurde schließlich der von Connecticut vorgeschlagene Kompromiß, wonach jeder Staat in einem Lower House etwa seiner Bevölkerungsstärke entsprechend und in einem Upper House gleichmäßig repräsentiert sein sollte.

SENAT UND REPRÄSENTANTENHAUS. Der US-amerikanische Kongreß setzt sich dementsprechend aus dem Senat und dem Repräsentantenhaus zusammen. Der Senat wird von je zwei in den Einzelstaaten auf je sechs Jahre gewählten Vertretern gebildet. Nach dem Rotationsprinzip wird alle zwei Jahre ein Drittel der Senatoren neu gewählt. Bis 1913 war es eine indirekte Wahl, ein Indiz für die Skepsis der Verfassungsväter gegenüber plebiszitären Einflüssen (Kaltefleiter 1976). Ein Verfassungszusatz, ein sog. Amendment, führte 1913 die direkte Wahl der Senatoren ein. Der Senat ist für die Wahrung der einzelstaatlichen Interessen prädestiniert. In ihm haben auch kleine sowie noch bis in die Gegenwart hinein agrarisch orientierte und dünn besiedelte Staaten Gewicht.

Die 435 (1992) Abgeordneten des Repräsentantenhauses werden dagegen von den Einzelstaaten entsprechend ihrer Einwohnerzahl entsandt. Sie werden von der Bevölkerung für zwei Jahre gewählt und sollen die Interessen der Gesamtheit bzw. der Union wahrnehmen. Als die Verfassung ausgearbeitet wurde, war die Sklavenfrage noch ein Problem, das praktisch ausgeklammert wurde. Man kam überein, für die Wahlen zum Repräsentantenhaus die Bevölkerung der Schwarzen mit drei Fünfteln anzurechnen. Der Sklavenhandel wurde nicht untersagt, seine Einstellung wurde aber für 1808 in Aussicht gestellt.

»Grundsätzlich sind beide Kammern gleichberechtigt. Aufgrund der geringeren Zahl der Senatoren und ihrer längeren Wahlperiode ergibt sich ein gewisses Übergewicht des Senats. Im übrigen sieht die Geschäftsverteilung einen größeren Einfluß des Repräsentantenhauses bei den Budget-Verhandlungen und eine stärkere Position des Senats in der Außenpolitik vor: Außenpolitische Verträge bedürfen der Zustimmung des Senats mit Zweidrittelmehrheit, außerdem muß der Senat die Ernennung hoher Beamter und der Richter durch den Präsidenten bestätigen« (Kaltefleiter 1976).

DIE INSTITUTION DES PRÄSIDENTEN. An der Spitze der Exekutive steht der Präsident, der auf vier Jahre indirekt über Wahlmänner gewählt wird. Theoretisch sind die Wahlmänner frei, auch einen anderen als den Kandidaten zu wählen, für den sie die Mehrheit der Stimmen in ihrem Staat erhielten – in der Praxis kommt dies jedoch kaum vor. Der Präsident ist Staatsoberhaupt und Regierungschef in einer Person, womit er einerseits eine erhebliche Machtfülle besitzt, andererseits aber abhängig ist von den wechselnden Mehrheiten im Kongreß. So kam es häufig vor, daß der Präsident gegen den Kongreß regieren mußte und sich Kongreß und Präsident gegenseitig lähmten, was zu zeitweiliger Handlungsunfähigkeit führte. Die Medien, insbesondere das Fernsehen, haben eine immer größere Rolle für die öffentliche Meinungsbildung gewonnen und werden sowohl vom Präsidenten als auch von den Senatoren immer häufiger für ihre politischen Ziele eingesetzt. »Die Folge ist eine Plebiszitarisierung der amerikanischen Politik, die im deutlichen Gegensatz zu den Intentionen der Verfassungsgeber steht« (Kaltefleiter 1976).

Der Kongreß kann den Präsidenten nur durch ein Amtsenthebungsverfahren (Impeachment) absetzen, der Präsident seinerseits kann den Kongreß nicht auflösen. Das Impeachment wurde nur zweimal in der Geschichte der USA angewendet, vergeblich gegen Präsident Andrew Johnson (1865–69) und gegen Richard Nixon (1968–74), der einer etwaigen Entmachtung durch seinen Rücktritt zuvorkam.

Die aus dem Grundsatz der Gewaltenteilung folgende Inkompatibilität verbietet, daß ein und dieselbe Person gleichzeitig Kongreß und Regierung angehört. Abgeordnete stehen daher im Normalfall nicht für die Administration, die Regierung, zur Verfügung. Das hängt nicht zuletzt damit zusammen, daß der Präsident das Entlassungsrecht besitzt und den Abgeordneten in ein Abhängigkeitsverhältnis bringen würde. Der Präsident entscheidet in der Regierung allein, die »Secretaries« der Departments sind von ihm abhängig. Deren Mitglieder kommen in der Regel aus verschiedenen Bereichen des öffentlichen Lebens und der Wirtschaft. Hinzu kommen noch die Berater des Präsidenten, die unter Umständen eine bedeutendere Rolle spielen als die eigentlichen Angehörigen der Administration.

DER OBERSTE GERICHTSHOF. Die Judikative ist die dritte Gewalt und von den anderen unabhängig. Höchste Instanz ist der Oberste Gerichtshof (Supreme Court), der über die Verfassungsmäßigkeit politischer Entscheidungen zu urteilen hat. Er interpretiert die Verfassung und schreibt sie damit im gewissen Maße fort, was sich wiederum in einer veränderten Rechtsprechung widerspiegelt. So wurde z. B. die Separate-but-equal-These (S. 61), die der Supreme Court 1896 verkündet hatte, von ihm selbst 1954 als nicht mehr rechtens erklärt.

Als weiterer Grundsatz ist mit der Judikative die Superiorität der Unionsverfassung vor den einzelstaatlichen Gesetzgebungen verwirklicht. Das bedeutet, daß der Oberste Gerichtshof auch einzelstaatliche Gesetze außer Kraft setzen kann.

DIE WICHTIGSTEN AMENDMENTS. Die »Federal Constitution« von 1787 war nicht sehr umfangreich. Manche Fragen wurden offengelassen oder bewußt ausgeklammert, um angesichts der divergierenden Meinungen nicht das gesamte Verfassungswerk zu gefährden. Daher wurde eine Klausel für spätere Ergänzungen (Amendments) aufgenommen.

Gleich zu Beginn zeigte sich, daß einige Staaten die Verfassung nicht ratifizieren würden, wenn sie nicht Artikel über die Grundrechte enthielte. So wurden schon 1791 die ersten zehn Amendments als sog. »Bill of Rights« der Verfassung angefügt. Diese Zusatzartikel garantieren u. a. Religions-, Rede-, Presse- und Versammlungsfreiheit, das Recht zum Tragen von Waffen, Sicherheit vor willkürlicher Verhaftung und Anspruch auf ein Gerichtsverfahren. Erst diese Zusätze ebneten Massachusetts, Virginia und New Hampshire den Weg zum Unionsbeitritt.

Von den insgesamt 26 Zusatzartikeln betreffen nur sehr wenige Veränderungen oder Ergänzungen die Staatsstruktur, wie sie 1787 festgelegt wurde. Die meisten haben zur Erweiterung der Rechte des einzelnen beigetragen. Das 14. Amendment 1868 brachte eine genauere Fassung der Bürgerrechte. Darin verankert wurde das allgemeine Wahlrecht ungeachtet der Rasse, Hautfarbe, des Geschlechts oder anderer bisher wirksamer Restriktionen. Später wurde das Wahlalter auf 18 Jahre heruntergesetzt und der Modus bei der Wahl des Präsidenten und der Senatoren verändert. Das 22. Amendment (1951) begrenzte die

Jenseits des Tidal Basin in Washington D. C. erhebt sich die Kuppel des Jefferson Memorial mit einer Bronzestatue des Präsidenten Thomas Jefferson; auf Tafeln sind Zitate aus seinen bedeutendsten Schriften verewigt.

Amtszeit des Präsidenten auf zwei Amtsperioden, das 23. Amendment (1961) gab dem District of Columbia, der lange Zeit direkt vom Kongreß verwaltet wurde, das Wahlrecht.

DIE WAHL DER HAUPTSTADT. Auch die Frage des Regierungssitzes mußte entschieden werden. Die Regierung hatte ihren provisorischen Sitz in New York und Philadelphia, während der Kongreß in acht verschiedenen Städten tagte. Verständlicherweise rivalisierten die großen Städte im Osten wie New York, Boston und Philadelphia um die Hauptstadtposition. 1783 wurde zur Klärung dieser Frage ein Kongreßkomitee eingesetzt, das sich für eine Neugründung entschied. Die Hauptstadt sollte Zugang zum Meer haben, andererseits einigermaßen zentral innerhalb der von den 13 Gründerstaaten gebildeten Küstenzone liegen. Damit war auch eine Lage an der Nahtstelle zwischen Nordstaaten und Südstaaten vorgegeben. 1791 legte George Washington die genaue Stelle am Zusammenfluß von Potomac und Anacostia fest. Virginia und Maryland traten zusammen ein Quadrat von zehn Meilen Seitenlänge an die Union ab. Im so entstandenen District of Columbia wurde die Stadt Washington nach Plänen des Franzosen Charles L'Enfant gebaut. Seit 1800 ist sie Regierungssitz, seit 1802 Stadt.

DIE ROLLE DER PARTEIEN. Politische Parteien sind in der Verfassung nicht verankert, haben sich jedoch schon während der Auseinandersetzungen um die Verfassung und die Nachfolge von Präsident George Washington herausgebildet. Im Laufe ihrer zweihundertjährigen Geschichte haben sie mehrfach ihren Namen gewechselt. Sie sind nicht so streng organisiert wie die von Hierarchien, Funktionären und Programmen geprägten Parteien in der Bundesrepublik und anderen Ländern. Insbesondere vor Wahlen werden in den USA zahlreiche Parteikomitees aktiv, die sich auch zu Interessenkoalitionen zusammenschließen und das aktuelle Parteiwahlprogramm entwerfen, die »platform«. Im Parlament gibt es keinen Fraktionszwang, der einzelne Abgeordnete fühlt sich »seinen« lokalen Wählern stärker verpflichtet als der Partei.

Das seit Beginn eingehaltene relative Mehrheitsprinzip, nach dem im jeweiligen Wahlkreis Sieger der Gewinner der meisten Stimmen ist, gibt nur großen Parteien echte Chancen. Daher haben im Laufe der Geschichte eigentlich immer nur zwei Parteien die Politik der Vereinigten Staaten bestimmt. Schon im 18. Jahrhundert entstand die »Democratic Party«, Mitte des 19. Jahrhunderts die »Republican Party«.

Mit eingängigen Programmen bemühen sich beide Parteien um breite Resonanz und um die verschiedensten Interessengruppen. Da sie über einen großen Raum mit erheblichen regionalen Verschiedenheiten hinweg operieren, sind sie recht heterogen und allgemein wenig ideologisch orientiert. Die geringe ideologische Orientierung liegt aber vor allem in historischen Gegebenheiten der USA begründet. So waren von Anbeginn Staat und Kirche getrennt, die Konfessionsfrage spielte für politische Auseinandersetzungen keine Rolle. Wirtschaftspolitisch wurde von allen Seiten der Liberalismus akzeptiert.

DEMOKRATEN UND REPUBLIKANER. Nur sehr pauschalierend läßt sich sagen, daß die Demokratische Partei als eher liberal und progressiv, die Republikanische Partei als eher konservativ gelten kann, daß erstere einen stärkeren Rückhalt bei den ärmeren Schichten und (schwächeren) Minderheiten hat und

stärker auf sozialen Ausgleich und Maßnahmen in Richtung auf den Wohlfahrtsstaat gerichtet ist, während die Republikaner den stärksten Rückhalt bei den besserverdienenden Schichten und im Unternehmertum haben sowie sich mehr der Privatinitiative und freien Wirtschaft verpflichtet fühlen.

Historisch betrachtet ist es angesichts des Nord-Süd-Gegensatzes innerhalb der USA verständlich, daß die Südstaaten mit ihren hohen Anteilen an Schwarzen und »poor whites« über längere Zeiten hinweg geschlossen für die Demokratische Partei gestimmt haben, so daß man vom »Solid South« gesprochen hat. In der Praxis kam das einem Einparteiensystem gleich. Ebenso ergeben sich in vielen Großstädten mehr oder weniger auffällig drei Zonen: Die innerste Zone mit überwiegend ärmerer Wohnbevölkerung und hohen Stimmenanteilen für die Demokraten, eine Übergangszone der inneren Vororte mit einigermaßen ausgewogenem Stimmenverhältnis für beide Parteien und der Ring der äußeren Vororte mit seiner weißen, mittelständischen, protestantischen Wählerschaft (WASPs = White Anglo-Saxon Protestants) und hohen Stimmenanteilen für die Republikaner. Viele Großstadtgemeinden haben innerhalb ihrer administrativen Grenzen eine demokratische Mehrheit, während die Umlandgemeinden eine republikanische Mehrheit aufweisen.

In der Ära Franklin D. Roosevelts (1933–45) kam es unter Bedrohung der großen Wirtschaftsdepression zu einem breiten Zusammenwirken des ohnehin weitgehend demokratischen Südens mit der Industriearbeiterschaft, den verschiedenen Minoritätengruppen und den Intellektuellen im Norden und Westen. Dies stärkte bis in die Nachkriegszeit die Position der Demokratischen Partei. Von 1945 bis 1969 wurde mit Ausnahme Eisenhowers der Präsident von den Demokraten gestellt. Erst in den 70er und 80er Jahren haben sich Veränderungen zugunsten der Republikaner sogar im Süden ergeben, woran auch die Watergate-Affäre um den Republikaner Richard Nixon nichts Grundlegendes geändert hat.

VORWAHLEN UND LOBBYISMUS. Eine weitere Eigenheit des US-amerikanischen Parteiensystems sind die Primaries oder Vorwahlen. In vielen Staaten stellen sich die Präsidentschaftskandidaten schon vor den eigentlichen Wahlen dem Publikum, das in der Regel größtenteils aus den eigenen Parteianhängern besteht. Das hat zur Folge, daß der Kandidat deutliche Akzente setzen muß und Positionen bezieht, die oft zwangsläufig extremer als ihm lieb sind und mit denen er dann in der eigentlichen Wahl bestehen muß. Auf dieses Dilemma ist das Scheitern mancher Präsidentschaftskandidaten zurückzuführen.

Die angedeutete Stellung der Abgeordneten, d. h. ihre eher lockere Bindung an die Partei und die engere Verbundenheit mit den lokalen Wählern und Interessengruppen, erklärt eine andere Eigenheit des amerikanischen Regierungssystems, nämlich die beachtliche Entfaltung des Lobbyismus. Benannt nach der Lobby oder Eingangshalle im Capitol, in der die Abgeordneten interviewt werden können, ist die Interessenvertretung von Verbänden, Vereinigungen und Organisationen enorm. Die Gesamtzahl der Lobbyisten in Washington D. C. wird auf über 5000 geschätzt, die Zahl derer, die zumindest einen Teil ihres Lebensunterhalts in Washington D. C. mit Lobbying bestreiten, auf 20 000. 1977 waren rund 1000 Lobbyisten registriert, die ausländische Interessen vertraten (Wasser 1983).

Da die Abgeordneten ihren Wahlkampf in der Regel selbst finanzieren, besteht die Gefahr der Manipulation. Der 1946 verabschiedene »Federal Regulation of Lobbying Act« sollte dem mit der Registrierpflicht einen Riegel vorschieben. Die zahlenmäßig stärkste Interessenvertretung sind die in der American Federation of Labor/Congress of Industrial Organizations (AFL/CIO) zusammengeschlossenen Gewerkschaften mit etwa 14 Mio. Mitgliedern; 1985 waren rund 19% der zivilen Erwerbstätigen gewerkschaftlich organisiert. Unter den Einzelgewerkschaften besitzen die National Education Association mit 1,9 Mio., die Teamsters Union (Gewerkschaft der Transportarbeiter) mit 1,8 Mio. und die United Auto Workers mit 1,1 Mio. die höchsten Mitgliederzahlen. Ihnen gegenüber stehen als Unternehmerorganisationen die Chamber of Commerce of the United States, die National Association of Manufacturers und die American Management Association.

Einwanderung, amerikanische Nation, multikulturelle Gesellschaft

Der Satz »Die Geschichte des amerikanischen Volkes ist die Geschichte der Einwanderer« ist kaum übertrieben. Im Grunde genommen sind tatsächlich alle Bewohner Nordamerikas bzw. der USA Einwanderer gewesen, angefangen von den Ureinwohnern, die aus Asien kamen, den europäischen Siedlern und den afrikanischen Sklaven.

Während der Kolonialzeit sorgten allerdings neben dem ständigen Zustrom von außen auch hohe Geburtenraten für das Anwachsen der Bevölkerung. Sie lagen um 1700 bei 5,5%, und trotz der hohen Sterberate kam ein beachtlicher Überschuß heraus.

EINWANDERUNGSLAND PAR EXCELLENCE. Wenn im Zusammenhang mit den USA von Einwanderung die Rede ist, meint man allerdings die Zeit ab 1820, als die Zahl der jährlichen Einwanderer rasch um eine Zehnerpotenz anstieg und von da ab hoch blieb. Kamen in den fünf Jahren von 1820 bis 1824 knapp 40000 Menschen in die USA, waren es von 1840 bis 1844 schon 400000 und von 1850 bis 1854 über 1,9 Mio. Einwanderer. Das sich in der industriellen Revolution befindliche Europa setzte große Menschenmengen frei, vor allem aus der Landbevölkerung. Politische, zum Teil auch religiöse Auseinandersetzungen trieben viele Menschen nach Übersee. Die Hungersnot in Irland setzte nach 1840 die halbe Bevölkerung der Irischen Insel in Bewegung; die meisten nahmen ihren Weg in die USA. Das rauhe Kanada, das unendlich ferne Australien und das iberisch geprägte Südamerika waren weitaus weniger gefragt. Die USA wurden das Einwanderungsland par excellence. Hinzu kam, daß mit Aufkommen der Dampfschiffahrt nach 1820 die Passage sicherer und schneller wurde als mit Segelschiffen.

So sind in den 170 Jahren seit 1820 über 55 Mio. Menschen eingewandert. Ihnen müßte man noch die Illegalen hinzurechnen, über die es nur vage Schätzungen gibt und deren Größenordnung mit bis zu 10 Mio. angenommen wird. Allerdings darf nicht vergessen werden, daß es auch immer eine Rückwanderung gegeben hat, die zwischen einem Viertel und einem Drittel gelegen hat. An der Rückwanderung sind die einzelnen Volksgruppen sehr unterschiedlich beteiligt. Während sehr wenige deutsche Auswanderer zurückgingen, war die entsprechende Quote der Italiener hoch; viele kehrten, nachdem sie in Amerika ihr Glück versucht hatten, im Alter zurück, um in heimatlicher Erde begraben zu werden. In den Depressionsjahren 1930/31 hatten die USA sogar eine negative Wanderungsbilanz.

VERSCHIEDENE EINWANDERUNGSPHASEN. Nach der jeweiligen Zusammensetzung des Einwandererstroms werden drei Einwanderungsperioden unterschieden. Die sog. Alte Einwanderung (1820–80) war gekennzeichnet durch hohe Einwandereranteile von den Britischen Inseln, aus Deutschland, der Schweiz und Skandinavien. Zwischen 1865 und 1884 waren auch sehr viele Menschen aus Kanada dabei. Die Errichtung des Dominion of Canada 1867 hatte offenbar zu einer Entflechtung und erhöhter Abwanderung vor allem französischstämmiger Menschen ins südliche Nachbarland geführt. Insgesamt wurde die Periode also von den sog. weißen angelsächsischen Protestanten bestimmt, den White Anglo-Saxon Protestants.

Ab etwa 1880 änderten sich die Verhältnisse: Die Einwanderung nahm insgesamt gewaltig zu und erreichte in den zehn Jahren vor dem Ersten Weltkrieg rund 1 Mio. pro Jahr. Die Anteile von Briten, Iren und Deutschen blieben zwar weiterhin beachtlich, wurden aber allmählich von Einwanderergruppen aus Süd- und Osteuropa in den Schatten gestellt. Es kamen vor allem viele Italiener, Polen und Ukrainer ins Land und mit ihnen Angehörige anderer Glaubensrichtungen, insbesondere Katholiken und Orthodoxe. Von 1870 bis 1890 gehörten auch viele Asiaten (in erster Linie Chinesen) zum Einwandererstrom, und vor allem in den Küstenstädten Kaliforniens begannen sich die Chinatowns zu entwickeln. Die ihnen entgegengebrachte Antipathie führte zu einer restriktiven Gesetzgebung, die vorübergehend ihre weitere Zuwanderung unterband. Ab 1882 wurden illegal eingewanderte Chinesen abgeschoben. Ein Gesetz von 1891 sah die Deportation von Ausländern vor, die binnen eines Jahres Sozialhilfefälle werden konnten. Spätere Gesetze richteten sich gegen Schwachsinnige, Epileptiker und Analphabeten sowie gegen Straftäter und Anarchisten. Wegen krimineller Taten konnten auch bereits Eingebürgerte deportiert werden.

Während im Jahrzehnt 1851–60 die West-, Nord- und Mitteleuropäer noch 93,6% der Einwanderer und die Süd- und Osteuropäer nur 0,8% gestellt hatten, hatte sich zum Jahrzehnt 1901–10 das Verhältnis weitgehend umgekehrt: Erstere waren nur noch mit 21,7%, letztere dagegen mit 70,8% an der Gesamteinwanderung beteiligt.

LIMITIERUNG UND QUOTENREGELUNG. Nach dem Ersten Weltkrieg begann die dritte Einwanderungsphase. Im kriegsgebeutelten Europa fanden sich Millionen von Auswanderungswilligen. Die USA hatten aber ebenfalls mit den Kriegsfolgen zu tun und sahen sich nicht in der Lage, solche Menschenmassen ins Land zu lassen. So kam es erstmals 1921 zu einer strikten Reglementierung. Die Obergrenze der jährlich aufzunehmenden Einwanderer wurde mit 150 000 angesetzt.

Zugleich aber hatte sich in den USA die Meinung durchgesetzt, daß die vor dem Krieg so stark veränderte Zusammensetzung des Einwandererstroms den Assimilationsprozeß beeinträchtige und daß man auf eine Begünstigung der WASPs hinarbeiten müsse. So wurden jedem Herkunftsland Quoten zugewiesen, und zwar zunächst nach seinem jeweiligen Anteil an der amerikanischen Bevölkerungszahl von 1910. Da zu jener Zeit der Anteil der Süd- und Osteuropäer aber schon beträchtlich war, wurde das Stichjahr später auf 1890 zurückverlegt. Eine abermalige Änderung setzte 1929 die Quoten u. a. wie folgt fest: Großbritannien und Irland 83 574, Deutschland 25 957, Polen 6524, Italien 5802, Schweden 3314, die Niederlande 3153, Frankreich 3086, Tschechoslowakei 2874, Rußland 2784.

Während der Wirtschaftsdepression und des Zweiten Weltkriegs war die Einwanderung eine Zeitlang relativ gering. In den 30er und 40er Jahren kamen insgesamt nicht mehr als 1,5 Mio. Menschen in die USA, also im Jahresdurchschnitt nur 75 000. Erst danach erreichte die Zahl wieder Millionenhöhe in einem Jahrfünft. Gesamtlimitierung und Quotenregelung bewährten sich jedoch nicht. Aus humanitären Gründen öffneten sich die USA ungeachtet der Quoten immer wieder bestimmten Volksgruppen, deren Angehörige aufgrund des Displaced Persons Act von 1948 und des Refugee Relief Act von 1953 ins Land gelassen wurden. 1956 kamen viele Ungarn, von 1965 bis 1972 rund 280 000 Kubaner und nach 1975 Tausende von Vietnamesen. In einzelnen Jahren erreichte die Gesamtzahl der Einwanderer eine halbe Million.

ABKEHR VOM QUOTENSYSTEM. Die Quotenregelung hatte sich nicht bewährt. Während die Auswanderung aus der Bundesrepublik Deutschland sich im Rahmen der Quote bewegte, konnte Großbritannien seine hohe Quote nur zu etwa einem Drittel ausnutzen, während in manchen Jahren viermal so viele Italiener wie vorgesehen aufgenommen wurden. Präsident Johnson erklärte in seiner Kongreßbotschaft 1965, das Quotensystem widerspreche der Vorstellung von den Vereinigten Staaten als einer »Nation of Nations«, und noch im selben Jahr wurde ein neues Einwanderungsgesetz erlassen.

Die jährliche Zahl aufzunehmender Einwanderer wurde auf 290 000 festgesetzt. Den Ländern der westlichen Hemisphäre sollten davon 120 000 Plätze zur Verfügung stehen und der übrigen Welt nur 170 000. Das war zum einen eine Geste gegenüber dem Nachbarn Mexiko und den anderen lateinamerikanischen Ländern, zum anderen sollte das neue Gesetz aber auch den ungehemmten Zustrom aus diesem Teil der Welt limitieren, denn in einzelnen Jahren hatte die Zahl der eingewanderten Lateinamerikaner die Größenordnung von 150 000 erreicht. Außerhalb der Quoten sollten – wie schon vorher üblich – Ehepartner und unverheiratete Kinder zugelassen werden sowie neuerdings auch die Eltern von US-Bürgern. Innerhalb der Quoten sollten Anträge von Angehörigen, von Wissenschaftlern und Personen mit Mangelberufen bevorzugt werden.

Da sich auch diese Regelung nicht bewährte, ging das Einwanderungsgesetz von 1978 gänzlich von der Quotenregelung ab. Nur als Richtschnur dienten eine jährliche Gesamtzahl von 290 000 und ein Limit von 20 000 je Volksgruppe. Unabhängig von der Nationalität wurde nun nach Präferenzklassen unterschieden und folgende Rangfolge berücksichtigt: Unverheiratete Kinder von US-Bürgern, Ehepartner und unverheiratete Kinder von eingewanderten, noch nicht naturalisierten Ausländern (resident aliens), Personen mit Mangelberufen, verheiratete Kinder von US-Bürgern, schließlich Angehörige anderer Berufe und unter Vorbehalt zugelassene Ausländer.

Die tatsächliche Einwanderung des Jahres 1984 lag mit 543 903 Personen weit über dem gesetzten Richtwert. Die zehn wichtigsten Herkunftsländer waren nach der Reihenfolge Mexiko (57 557), die Philippinen, China (VR China und Taiwan), Korea (beide Teilstaaten), Indien, die zentralamerikanischen Staaten, die Dominikanische Republik, Jamaica, Kanada und Kuba. Während der weitaus größte Teil aus den lateinamerikanischen und asiatischen Ländern kam, stellte ganz Europa nur 12% der Einwanderer jenes Jahres.

Das Einwanderungsgesetz von 1990 sah Einwanderungserleichterungen für bestimmte Gruppen und eine Heraufsetzung des Richtwertes vor. Das Einreiseverbot für Homosexuelle und Restriktionen für politisch Mißliebige aus der Zeit des Untersuchungsausschusses unter McCarthy wurden gelockert, und ebenso gilt AIDS nicht mehr als Grund für eine Einreiseverweigerung. Die Zahl der Einwanderer wurde für den Zeitraum von 1992 bis 1994 auf 700 000 je Jahr festgesetzt.

DIE DEUTSCHEN EINWANDERER. Der deutsche Beitrag zur Einwanderung war beachtlich. Von 1820 bis 1960 immigrierten aus Großbritannien und Irland 9,3 Mio. Menschen in die USA. Da die Statistik in der Regel diese Gesamtzahl ausweist, von der aber Briten und Iren je etwa die Hälfte stellen, steht Deutschland mit 6,8 Mio. Einwanderern während derselben Zeitspanne unter den Herkunftsländern auf Platz eins.

Vorrangiges Siedlungsgebiet der Deutschen ist der »German Belt«, ein Gürtel, der von Pennsylvania an der Atlantikküste über die Mittelweststaaten Ohio, Illinois, Wisconsin und Minnesota bis zu den Dakotas, Nebraska und Missouri reicht. Isolierte Schwerpunkte im Süden waren die Côte des Allemands am unteren Mississippi im Staat Louisiana, wo die deutschen Siedler aber rasch im französischen Bevölkerungselement untergegangen sind, und Texas.

Nach Recherchen von Tolzmann, University of Cincinnati, befanden sich 1608 unter den Siedlern von Jamestown (Virginia) auch 18 Deutsche. In Pennsylvania trafen 1683 deutsche Auswanderer aus Krefeld ein und legten den Ort Germantown an, heute ein Vorort von Philadelphia. In der Lancaster County leben die sog. Pennsylvania Dutch, die zur Mennonitengruppe der Old Order Amish gehören. Zur Zeit der Unionsbildung stellten die Deutschen in Pennsylvania einen erheblichen Bevölkerungsanteil, so daß die Einführung des Deutschen als Amtssprache im Bereich des Möglichen lag.

Auch in Ohio und Indiana waren Mennoniten unter den deutschen Siedlern. Cincinnati in Ohio war mit seinen deutschen Turn- und Gesangvereinen eine Zeitlang eine genauso von Deutschen geprägte Stadt wie Milwaukee in Wisconsin, die Stadt der deutschen Bierbrauereien. Die Siedlung Neu-Ulm in Minnesota wurde von 48ern gegründet, die im Zusammenhang mit den politischen Unruhen 1848 aus Deutschland geflohen waren und unter denen sich überdurchschnittlich viele Intellektuelle befanden; auch Missouri nahm viele Deutsche auf.

Die deutsche Einwanderung nach Texas steht im politischen Zusammenhang mit der Loslösung dieses Gebiets von Mexiko, seiner Unterwanderung von Amerikanern und der endgültigen Annexion durch die USA. Nach dem Hambacher Fest 1832 kam in deutschen Landen der Gedanke an einen eigenen deutschen Staat auf nordamerikanischem Boden auf, der in diesem labilen Zwischenbereich zwischen den USA und Mexiko entstehen sollte. Die ersten Deutschen hatten sich bereits 1831 niedergelassen. Ihre Siedlungsvorhaben litten von Anbeginn unter der politischen Unsicherheit und wechselnden Verwaltungen und Gesetzgebungen. In dieser Situation ergriffen mehrere deutsche Grafen und Fürsten die Initiative. Auf einem Treffen in Biebrich nahe Mainz gründeten sie 1842 einen Verein, der ab 1844 »Verein zum Schutze deutscher Auswanderer in Texas« hieß und kurz Mainzer Adelsverein genannt wurde. Obwohl er sich nach elfjährigem Bestehen für bankrott erklären mußte, ist doch das deutsche Siedlerelement in Texas beachtlich.

HISPANISCHE VOLKSGRUPPEN. Die Hispanos, die 9% der Gesamtbevölkerung ausmachen, leben vor allem in den benachbarten Gebieten des lateinamerikanischen Raums: Florida, Texas, Arizona, New Mexico und Kalifornien. Seit Ende der 60er Jahre siedelten sich verstärkt kubanische Flüchtlinge im Großraum Miami an, in dem aber auch zahlreiche Puertoricaner und Mexikaner leben. Gibt es schon eine gewisse Polarisierung innerhalb der kubanischen Bevölkerungsgruppe, der sowohl ein Teil der kubanischen Elite mit guten Berufs- und Verdienstchancen als auch eine durch die Sprachbarriere behinderte Schicht angehört, so existieren weitere Spannungen zwischen den relativ gut gestellten Kubanern, den meist ärmeren Puertoricanern und den noch ärmeren Mexikanern. Ab 1960 kamen auch sehr viele Filipinos in die USA, wo sie sich besonders in Kalifornien und auf den Hawaii-Inseln niederließen.

ASIATISCHE VOLKSGRUPPEN. Japaner und Chinesen leben vor allem in den Staaten an der pazifischen Küste. Die japanische Volksgruppe war 1940 größer als die chinesische, litt jedoch unter den Umsiedlungsaktionen während des Zweiten Weltkriegs. 1980 lebten in den USA 750000 Chinesen, davon fast die Hälfte in Kalifornien und etwa 20% in New York. Seit einiger Zeit sind jedes Jahr etwa 20000 Chinesen sowohl aus der Volksrepublik als auch aus Taiwan hinzugekommen. Durch diesen Zuzug hat die früher für den Zusammenhalt der chinesischen Volksgruppe wichtige Chinese Consolidated Benevolent Association mit ihren landsmannschaftlichen Zweigen an Bedeutung eingebüßt. Die gestiegene Nachfrage nach Wohnraum hat zu Bodenknappheit und überhöhten Grundstückspreisen in den Chinatowns geführt. Die jüngeren Einwanderer kommen oft mit einer hohen Erwartungshaltung in die USA, was angesichts der Realität zu Enttäuschungen geführt hat. Ihre eher pronationalchinesische Haltung verursachte zudem Spannungen innerhalb der Volksgruppe. Insgesamt stellen die Asiaten inzwischen rund 3% der US-Bevölkerung.

DER WEG ZUR KULTURELLEN VIELFALT. Zusammenfassend kann man sagen, daß die Einwanderung bis zur Jahrhundertmitte noch eine vorwiegend europäische war, sich die Zusammensetzung des Einwandererstroms aber immer stärker zugunsten der Lateinamerikaner und Asiaten veränderte, bis im Jahrzehnt 1980–90 die asiatische Bevölkerung in den USA um über 100% und die hispanische um mehr als 50% zunahm. Zu einer multikulturellen Gesellschaft haben sich die USA erst während der Nachkriegszeit entwickelt.

Der Zensus 1990 weist neben 75,8% Weißen und 12,1% Schwarzen als drittgrößte Gruppe die Hispanos mit 8,4% aus; die Asiaten stellen 2,9%, die Indianer 0,8%. Natürlich gibt es erhebliche regionale Unterschiede, so zwischen den Neuenglandstaaten Vermont, Maine und New Hampshire, in denen der Anteil der Weißen bei 98% liegt, und Staaten wie Texas, Hawaii, Kalifornien und New Mexico. Letzteres hält im Hinblick auf Bevölkerungsheterogenität die Spitzenposition mit über 38% Hispanos und 9% Indianern.

MÄNNERÜBERSCHUSS UND JUGENDLICHKEIT. Zu den Folgeerscheinungen der Einwanderung gehört als typisches demographisches Merkmal, daß sich in den USA bis zur Mitte des 20. Jahrhunderts ein Männerüberschuß erhalten hat. 1880 kamen auf 1000 Männer nur 965 Frauen. Der Zensus von 1950 war der erste, der für das Gesamtgebiet einen leichten Frauenüberschuß ausweisen konnte, nämlich 986 Männer auf 1000 Frauen. Dabei gab es aber regionale Unterschiede: Im relativ früh besiedelten Neuengland war der Frauenüberschuß mit 957 Männern auf 1000 Frauen bereits deutlicher entwickelt, während die Felsengebirgsstaaten mit einem Verhältnis von 1044 Männern auf 1000 Frauen noch immer einen Männerüberschuß und damit weiterhin das Merkmal einer Pionierregion aufwiesen.

Ein anderes demographisches Merkmal eines Einwanderungslands ist die Jugendlichkeit seiner Bevölkerung. Nach dem Zensus von 1880 gehörten 50,3% der Altersklasse 0–20 Jahre an, dagegen nur 4,8% der Altersklasse über 60 Jahre. Bis zur Gegenwart hat sich der Anteil in der erstgenannten Altersklasse der Kinder und Jugendlichen etwa halbiert, während der Anteil der Senioren auf annähernd das Dreifache gestiegen ist.

VIELFALT DER KONFESSIONEN. Für einen Europäer kaum vorstellbar ist die Vielfalt der Konfessionen. In den USA gibt es rund 90 Konfessionsgruppen mit jeweils über 50000 Mitgliedern und viele weitere Gruppen mit geringeren Mitgliederzahlen. Eine Stadt wie Madison (Wisconsin), die um 1950 die statistische Großstadtgrenze von 100000 Einwohnern erreichte, besaß rund 100 Kirchen und Gemeindehäuser von über 40 Religionsgemeinschaften. Zum einen war diese Vielfalt von Anbeginn gegeben. Schon mit den britischen Einwanderern kamen Anhänger der Hochkirche (Episcopalian), Presbyterianer, Methodisten, Kongregationalisten, Baptisten und Quäker (Society of Friends), mit anderen Einwanderern kamen u. a. Katholiken, jüdische Kongregationalisten, Lutheraner, Reformierte, Brüdergemeinden, Mennoniten und Moravians. Zum anderen bildeten sich auf amerikanischem Boden weitere Gruppen heraus, u. a. die Disciples of Christ, die Unitarier, die Mormonen (Church of Jesus Christ of Latter-day Saints), die Adventisten, die Church of Nazarene, die Assemblies of God und die Evangelical United Brethren. Zahlenmäßig stehen die protestantischen Gruppen mit etwa 80 Mio. Anhängern an erster Stelle. Da sie aber außerordentlich zersplittert sind, bilden die 53 Mio. Katholiken die größte geschlossene Religionsgemeinschaft. Es folgen die Juden (6 Mio.) und die Ostkirchen (4 Mio.).

Die Verbreitung der Konfessionen steht in engem Zusammenhang mit den Siedlungsgebieten bestimmter Volksgruppen. So ist das auffallende katholische Element in Teilen Neueng-

Zwei Symbole für den »American way of life«: Der Straßenkreuzer steht für die hohe Mobilität der Amerikaner, die Coca-Cola-Reklame für freie, ungebundene Lebensart (und für den weltbekannten Markenartikel made in USA).

lands weitgehend identisch mit eingewanderten Iren oder auch Franzosen aus dem britischen Nordamerika, im Mittelwesten mit polnischen und italienischen Einwanderern, im Südwesten und in Texas mit der großen Zahl von Hispanos. Der hohe katholische Anteil der Stadt New York geht zum Teil auf die große Zahl von Puertoricanern zurück. Das jüdische Element ist stark auf einige Metropolen wie New York City, Boston, Baltimore, Philadelphia, Cleveland, Detroit, Chicago und Los Angeles konzentriert. Die Methodisten haben besonders im Nordosten und nördlichen Mittelwesten ihre Anhänger. Die Baptisten besitzen nicht zuletzt wegen ihres hohen Anteils an Schwarzen eine dominante Stellung in den Südstaaten. Lutheraner und Mennoniten sind in den deutschen Siedlungsgebieten beheimatet. Die Quäker zeigen noch heute in ihrer Verteilung die Bindung an William Penns Siedlungen und finden sich außerhalb von Pennsylvania in nennenswerter Zahl nur noch in Indiana und North Carolina. Die Mormonen, eine auf amerikanischem Boden entstandene Sekte, sind stark auf Utah und die angrenzenden Gebiete konzentriert.

EINFLÜSSE AUF DIE KULTURLANDSCHAFT. Die Vielfalt der Glaubensrichtungen spiegelt sich aber nicht allein in den Kirchenbauten und Gemeindehäusern, sondern auch in Einrichtungen des gesellschaftlichen Lebens und in Bildungsstätten. So gründeten die Deutschen Gesang- und Turnvereine und feiern in Biergärten das Oktoberfest. Viele andere Volksgruppen pflegen ihre Tradition in Folkloreveranstaltungen. Die Religionsgemeinschaften unterhalten in vielen Fällen von ihnen gegründete Bildungsanstalten, und so gibt es neben den Staatsuniversitäten eine beachtliche Anzahl konfessioneller Universitäten, die oft auch staatliche Zuschüsse erhalten.

Die vielfältigen Einflüsse der verschiedenen Volksgruppen reichen von den rotgestrichenen Scheunen der Farmer aus Skandinavien in den nördlichen Mittelweststaaten über die Fachwerkhäuser der Schweizer Siedlung New Glarus in Wisconsin bis hin zu den Gebäuden der holländischen Siedlungen im Hudson-Tal. Einwanderer aus Friesland und Zeeland siedelten im südwestlichen Michigan, wo ihre Nachkommen noch heute eine Konzentration in Kalamazoo mit dem Anbau von Blumen, Sellerie und anderen Spezialkulturen im Umland bilden. Als besonders zählebig haben sich bis in die Gegenwart Eigenheiten religiöser Gruppen wie der Old Order Amish erhalten. Die Annahme von Innovationen wie z. B. neuen Landwirtschaftsmaschinen hängt im einzelnen von der mehr oder weniger großen Toleranz ihrer Gemeindebischöfe ab.

MINORITÄTENVIERTEL IN DEN STÄDTEN. Etwa um die Wende von der Alten zur Neuen Einwanderung (also ab etwa 1880) verlagerte sich das Ziel der meisten Einwanderer vom Farmland in die Städte. Hier ergaben sich Konzentrationen bestimmter Bevölkerungsgruppen, die in gewisser Übereinstimmung mit ihrer sozialen Stellung und kulturellen Distanz zur amerikanischen Nation mehr oder weniger eng in bestimmten Wohnvierteln der Innenstädte lebten. Sprachschwierigkeiten machten sie von ihren schon früher eingewanderten Landsleuten abhängig; die Transportkosten zwangen zur Ansiedlung in Nähe von Fabriken und Arbeitsstätten. So wuchsen immer größere, oft gettoartige und im Laufe der Zeit Slumcharakter annehmende Minoritätenviertel um den Stadtkern. Die Vision von den USA als Schmelztiegel der Nationen – der Begriff

stammte von dem 1908 geschriebenen Drama »The Melting Pot« von Israel Zangwill, dem Sohn eines eingewanderten russischen Juden – sollte ein weitgehend unerfüllter Traum bleiben.

ENTWICKLUNGSSTUFEN EINES VIERTELS. Oftmals verlief die Entwicklung in solchen Stadtvierteln so, daß sich eine Einwanderergruppe allmählich auflöste und durch Fortzug einer anderen, in der Regel sozial noch schwächeren Gruppe Platz machte. So sind in ehemals von Deutschen bewohnte Viertel u. a. Italiener eingezogen; diesen folgten wiederum in jüngerer Zeit Puertoricaner. Dabei spielt die von Bigelow (1976) für die polnische Minorität untersuchte Partnerwahl eine Rolle. Demnach ist die Endogamierate, die Binnenheirat, bei den in die USA eingewanderten Polen der ersten Generation noch sehr hoch. Hierfür ist nicht zuletzt die Arbeitsstätte als Interaktionsraum wesentlich. Neuankömmlinge beschaffen sich über ihre Landsleute einen Arbeitsplatz; da einer den anderen nachzieht, setzt sich häufig die Belegschaft eines Betriebes aus Angehörigen einer bestimmten Minorität zusammen. Hier lernen sich die jungen Leute kennen, und es kommt zu Ehen innerhalb der betreffenden Minoritätengruppe. In der zweiten Generation heiraten die polnischen Männer schon öfter außerhalb ihrer Volksgruppe, bleiben aber noch innerhalb ihrer Religionsgemeinschaft; d. h. sie heiraten z. B. ein Mädchen irischer, italienischer, französischer oder slowakischer Abstammung. Damit kommt es schon zu teilweisen Fortzügen aus dem Wohngebiet der Eltern. In der dritten Generation wird häufig nicht nur außerhalb der Volksgruppe, sondern auch außerhalb der Religionsgemeinschaft geheiratet. Die Zahl der Fortzüge steigt, das einst von einer Volksgruppe bestimmte Wohngebiet löst sich allmählich auf.

Es rücken aber immer wieder neue Einwanderergruppen nach, um diese Viertel aufzufüllen; hinzu kommen die außerordentlich expandierenden Wohngebiete der Schwarzen, die Black Belts. So bestimmt ein den Stadtkern umschließender Kranz von (wechselnden) Minoritätenvierteln auch weiter das Bild der US-amerikanischen Großstadt.

HÖCHSTE MOBILITÄTSRATE DER WELT. Auch die enorme Mobilität der amerikanischen Gesellschaft hat nichts an den Stadtstrukturen ändern können. Die USA dürften die höchste Mobilitätsrate der Welt besitzen, indem statistisch gesehen die gesamte Bevölkerung von zur Zeit rund 250 Mio. einmal innerhalb von fünf Jahren umgewälzt wird; anders ausgedrückt sind jährlich 50 Mio. Amerikaner unterwegs auf der Suche nach einem neuen Wohnsitz. Entsprechend sind in den USA die Rahmenbedingungen. Der Durchschnittsamerikaner hängt weniger als die meisten Deutschen an seinem Grund und Boden und an seinem Arbeitsplatz; er versucht permanent, sich zu verbessern. Der Hauserwerb wird ihm leicht gemacht, da zahllose Immobilienfirmen vom potentiellen Käufer lediglich eine geringe Anzahlung fordern und die gesamte übrige Finanzierung selbst durchführen, ohne daß sich der Erwerber bei Banken um Hypotheken kümmern muß. Da die Häuser mit Inneneinrichtungen einschließlich etlicher Wandschränke ausgestattet sind, besitzt der Amerikaner relativ wenige Möbel, die er ohne großen Aufwand im angemieteten Lkw, dem U-haul truck, mitnehmen kann.

Somit ist ein nicht geringer Teil der Bevölkerung ständig unterwegs, weshalb für die USA auch eine Arbeitslosenquote von 4 bis 5% normal ist. Erst darüber liegende Werte zeigen Strukturschwächen der Wirtschaft an.

Bildungswesen, Wissenschaft und Kunst

Von der Gründung der ersten Kolonien an wurde der Bildung große Bedeutung beigemessen. Die Puritaner empfanden es als Notwendigkeit, daß jeder die Bibel lesen konnte und richteten schon 1634 eine Latin grammar school ein. 1636 folgte die Eröffnung des Harvard College als einer Art Priesterseminar. Zu den Gründungen während der Kolonialepoche gehören auch die Yale-Universität in New Haven (Connecticut) 1701, die Brown-Universität in Providence (Rhode Island) 1764 und das Dartmouth College in Hanover (New Hampshire) 1769. Schon in den 1630er Jahren wurde eine Vermögenssteuer gesetzlich verankert, aus der u. a. Schulen finanziert werden sollten. Ein weiteres Gesetz aus den 1640er Jahren verpflichtete alle Eltern, ihren Kindern das Lesen beizubringen. So wurden bereits sehr früh zwei wichtige Voraussetzungen für das Bildungswesen geschaffen: Allgemeine Lernpflicht und öffentliche Subventionierung von Schulen.

KIRCHLICHE SCHULEN. Außerhalb Neuenglands waren die Verhältnisse anders. In Anbetracht des Zusammenlebens der verschiedensten Religionsgemeinschaften in Pennsylvania blieb es in dieser Kolonie den Führern der jeweiligen Gemeinden überlassen, für den Unterricht der Kinder zu sorgen. Schulen und höhere Bildungsstätten wurden vielfach von religiösen Gruppen ins Leben gerufen und unterhalten. Das 1693 gegründete College of William and Mary in Williamsburg wurde von der Episcopal Church kontrolliert, die sogar verhinderte, daß es nach dem Unabhängigkeitskrieg zur Staatsuniversität wurde. Diese Kirche gründete während der 1780er Jahre das Washington College in Chesterton und das St. John's College in Annapolis (Maryland). In demselben Jahrzehnt entstanden auf Betreiben der Presbyterianer vier Colleges in Pennsylvania, Virginia und Kentucky, darunter das Transsylvania College in Lexington (Kentucky), das erste College jenseits der Appalachen. Lutheraner und Reformierte gründeten mit Unterstützung Benjamin Franklins 1787 das Franklin College in Lancaster (Pennsylvania). Das Georgetown College in Washington D. C. ist eine katholische Gründung von 1789. Noch gegenwärtig wird etwa ein Viertel aller Einrichtungen des höheren Bildungswesens in den USA von Religionsgemeinschaften betrieben.

Im Süden zeigte sich auch auf dem Bildungssektor die Dominanz der Plantagenaristokratie, die Privatlehrer engagierte oder ihren Nachwuchs gar nach England zur Schule schickte. Wie in den mittelatlantischen Kolonien wurden aber auch hier Lehranstalten von Religionsgruppen gegründet.

UNTERRICHT OBLIEGT EINZELSTAATEN. Die Meinungsvielfalt über die Schulbildung hatte zur Folge, daß 1791 im 10. Amendment der Verfassung die Regelung des Unterrichtswesens den Regierungen der Einzelstaaten übertragen wurde. Zwar gibt es bei der Unionsregierung seit 1867 ein U.S. Office of Education (seit 1953 eine Abteilung des Department of Health, Education and Welfare), das einen Rahmen für das Bildungswesen in den USA absteckt, aber die eigentliche Organisation des Unterrichts obliegt den Einzelstaaten; fast alle haben sog. Boards of Education eingerichtet, die die Schulbezirke abstecken und die Lerninhalte formulieren.

RECHT AUF BILDUNG. Die Unabhängigkeitserklärung hatte von den unveräußerlichen Rechten eines jeden Menschen gesprochen, und sehr viele Amerikaner bekannten sich fortan zu der Auffassung, daß eine gute Ausbildung ein solches Recht sei. Allerdings wurden hierin Unterschiede gemacht, indem diese Notwendigkeit für Indianer, Schwarze und lange Zeit auch für Frauen ungeachtet ihrer ethnischen Zugehörigkeit nicht in dem Maße anerkannt war.

Generell war aber stets die Tendenz erkennbar: Möglichst gute Ausbildung für möglichst viele Menschen, zum Wohle des Individuums wie auch zum Wohle der Allgemeinheit. So sah schon das 1785 initiierte Landvermessungssystem vor, daß in zentraler Lage innerhalb der Townships jeweils eine Section u. a. für Schulbau ausgespart blieb; Landschenkungen aufgrund eines Gesetzes von 1862 ermöglichten den Aufbau der sog. Land Grant Colleges, deren Hauptaufgabe zunächst die wissenschaftliche Fundierung der Landwirtschaft angesichts der großen regionalen Standortverschiedenheiten sein sollte.

So wurden von 1820 bis 1860 über das gesamte Staatsgebiet hinweg ungezählte High Schools eröffnet. Unter Oberaufsicht der Einzelstaaten wurden Schulbezirke in Anpassung an die jeweiligen Siedlungsverhältnisse abgesteckt. Besonders in den dünn besiedelten Gebieten mit großen Einzugsbereichen der einzelnen Schule bildete sich ein umfangreiches Schulbusnetz heraus. Um 1960 standen in den USA rund 170 000 Schulbusse und weitere 20 000 Fahrzeuge für Schülertransporte zur Verfügung. Zur Finanzierung der Bildungseinrichtungen wurde zunächst die Vermögenssteuer herangezogen; da ihr Anteil in den einzelnen Staaten jedoch äußerst unterschiedlich ist und im allgemeinen zurückgeht, wurden Einkommen- und Umsatzsteuer zu den Hauptfinanzierungsquellen.

ELEMENTARY SCHOOL UND HIGH SCHOOL. Viele öffentliche Schulen haben Kindergärten oder Vorschulklassen, die Kinder ab dem vierten Lebensjahr auf die Grundschule vorbereiten sollen, indem sie Gemeinschaft mit Gleichaltrigen, Spielregeln und Arbeitsgewohnheiten kennenlernen. Die Elementary School (Grundschule) umfaßt manchmal acht, häufiger jedoch sechs Klassen. Zum Fächerkanon, der unterschiedlich aufgebaut sein kann, gehören in jedem Fall Lesen, schriftlicher Ausdruck, Rechtschreibung, Rechnen, Geschichte, Geographie, Musik und Kunst.

Die weiterführenden Schulen umfassen nach der sechsklassigen Grundschule noch drei Jahre Junior High School und drei Jahre Senior High School. Englisch, Mathematik, eine Naturwissenschaft, Sozialkunde und Sport gehören in der Regel zum Curriculum der Junior High School, während unter den Fremdsprachen-, Kunst-, und Berufsvorbereitungskursen gewählt werden kann. Die Senior High School bietet größere Freiheiten in der Fächerwahl. Sie ist in einen gymnasialen, einen berufsbildenden und einen allgemeinen Zweig gegliedert. Der berufsbildende Zweig bietet spezielle Ausrichtungen auf die Landwirtschaft, die Hauswirtschaft, den kaufmännischen Bereich und den gewerblichen Bereich in Richtung Handwerker/Mechaniker. Die beiden anderen Zweige bereiten auf das College vor; der allgemeine Zweig eher mit theoretischen Grundlagen verschiedener Wirtschaftszweige, der gymnasiale mit Leistungskursen in Mathematik, Naturwissenschaften und Sprachen.

STEIGENDER BILDUNGSSTAND. Seit der Jahrhundertwende hat sich die Schulbildung deutlich verbessert, nicht zuletzt unter dem Druck globaler Ereignisse wie dem 1957 von der Sowjetunion gestarteten Sputnik, der eine Schockwirkung in den USA hatte. Unterschiede zwischen den rassischen Gruppen sind aber immer noch festzustellen. So stiegen von 1950 bis 1986 die Anteile aller Amerikaner mit High-School-Abschluß von 34% auf 75%, die der Schwarzen aber nur von 13% auf 62%. Gemäß dem Zensus von 1980 sind 99% der erwachsenen Bevölkerung des Lesens und Schreibens kundig. Kritiker schätzen jedoch, daß wenigstens 13% beides nur höchst unvollkommen beherrschen und als Analphabeten zu bezeichnen sind.

ÖFFNUNG DER SCHULEN FÜR SCHWARZE. 1954 entschied der Oberste Gerichtshof über die völlige Gleichstellung der Schwarzen und ihre Zulassung zu allen regulären Bildungseinrichtungen. Dies hatte besonders in den Südstaaten mit ihren relativ hohen Anteilen schwarzer Schüler in kleineren Städten und ländlichen Gebieten zwei Folgeerscheinungen: Zum einen umfangreiches »Busing«; die Schüler wurden mit Schulbussen oftmals über weite Strecken zu entfernt gelegenen Schulen transportiert, um eine gewisse Ausgewogenheit der Rassenzugehörigkeit der Schüler einer Schulklasse herbeizuführen; zum anderen rapider Anstieg der Schülerzahl in Privatschulen, wodurch sich zahlungskräftige Eltern diesem Zwang entziehen wollten. Allerdings sind für den Zuwachs an privaten Schulen auch noch andere Gründe verantwortlich, so die unzureichende Ausstattung von Schulen mit Lehrkräften und Lernmitteln in ländlichen Kommunen und in den Innenstadtvierteln der Großstädte. Die Zahl der Schüler in Privatschulen schnellte zwischen 1950 und 1964 von 3,4 Mio. auf 5,5 Mio. empor.

COLLEGES UND UNIVERSITÄTEN. An die High School kann sich ein zweijähriges Studium an einem Community College, der Besuch einer Fachschule (Professional School), einer Schule der Streitkräfte (U.S. Service School) oder ein vierjähriges College-Studium anschließen. Die Mehrheit der Colleges sind eigenständige Institutionen, andere Colleges sind integrierte Bestandteile von Universitäten. Die Undergraduate-Studenten schließen mit einem Bachelor's degree ab. Graduate-Studenten, die ihr Studium mit Ziel eines Master's degree oder gar Doktorgrades fortsetzen, besuchen die eigentliche Universität.

Die Universitäten finanzieren sich aus den meist recht hohen Hörergebühren, aus Stiftungen und aus staatlichen Zuwendungen. Berühmte Universitäten wie Harvard in Boston, Yale in New Haven oder Princeton in Princeton leben vor allem von großen Stiftungen. Die großen Universitäten haben über 100 000 Studenten, allerdings auf mehrere Standorte verteilt. Eine der größten ist die State University of New York mit über 60 verstreuten Einzelstandorten.

AUSWEITUNG DES TERTIÄREN BILDUNGSBEREICHS. 1841 erhielten die ersten drei Frauen einen Bachelor of Arts degree (B. A.) vom Oberlin College in Ohio. Aber selbst hier waren den Frauen noch Beschränkungen auferlegt; so war es ihnen z. B. nicht gestattet, eine abendliche Lehrveranstaltung über Astronomie mit Teleskopbeobachtungen zu belegen. Das 1865 gegründete Vassar College in New York war das erste Frauen-College, dem bald das Wellesley College und das Smith College in Massachusetts folgten.

Die Land Grant Colleges brachten eine Wende in Richtung auf anwendungsbezogene Forschung und Lehre im Gegensatz zur Kolonialepoche, als Theologie, Philosophie, alte Sprachen und Staatslehre im Vordergrund gestanden hatten. 1869 wandelte der damalige Präsident des Harvard Colleges dieses in eine Universität um mit strengen Aufnahme- und Abschlußprüfungen. Bald darauf entstanden auf ähnlicher Basis die Johns Hopkins University in Maryland, die University of Chicago in Illinois und die Stanford University in Kalifornien.

Ein bedeutender Schritt zu breiterer College-Ausbildung war 1944 der Erlaß des Servicemen's Readjustment Act. Mit ihm verpflichtete sich der Staat, nach dem Krieg entlassenen Armeeangehörigen ein Studium zu finanzieren. Im Volksmund hieß es »GI Bill of Rights«; die Buchstaben GI stehen für »government issue« und beziehen sich auf alles, was der Soldat ausgehändigt bekommt. Am Ende des Korea-Kriegs studierten über 2 Mio. ehemaliger Kriegsteilnehmer auf dieser Basis.

Der Anteil derjenigen Amerikaner, die eine mindestens vierjährige College- bzw. Universitätsausbildung absolviert haben, stieg von 1950 bis 1986 von 6% auf 20% aller Amerikaner und von 2% auf 11% der schwarzen Amerikaner an. Im Laufe eines akademischen Jahres erwerben über 500 000 Studenten einen Bachelor's degree, annähernd 300 000 einen Master's degree und 32 000 einen Doktorgrad. Am Ende des akademischen Jahres 1980/81 wurden 60% aller Bachelor's degrees in den folgenden Studienfächern vergeben: Betriebswirtschaftslehre, Lehrerbildung, Sozialwissenschaften, Ingenieurwissenschaften, Ernährungslehre und Biologie/Zoologie. 70% der Doktorexamina betrafen in abnehmender Reihenfolge Lehrerbildung, Biologie/Zoologie, Sozialwissenschaften, Naturwissenschaften, Psychologie und Ingenieurwissenschaften.

Bei schon lange recht hohen Studentenzahlen ist das College stark verschult. In jedem Semester bzw. Trimester muß der Student eine bestimmte Anzahl von »credits« erwerben, die einer Zahl von Vorlesungs- und Übungsstunden entsprechen und bestimmte Tests und Noten voraussetzen. Die Benotung reicht von A (sehr gut) bis zu F (ungenügend). Auch müssen Mindestzahlen von Credits an dem Universitätsstandort erworben werden, an dem die Abschlußprüfung abgelegt werden soll; bei Universitätswechsel wird nur ein Teil der anderweitig erworbenen Credits angerechnet.

Da die Ausbildung im tertiären Bildungsbereich aber als noch zu gering erachtet wird, ist die Erwachsenenbildung stark propagiert worden. 1985 waren 16% der Altersgruppe 17 bis 34 Jahre (11,7 Mio. Personen), 17% der Altersgruppe 35 bis 54 Jahre (8,9 Mio.) und 6% der Altersgruppe 55 und mehr Jahre (2,8 Mio.) an Kursen der Erwachsenenbildung beteiligt.

WISSENSCHAFT UND FORSCHUNG. Die USA geben hohe Summen für Forschung und Entwicklung aus, wobei Rüstung und Raumfahrttechnik eine erhebliche Rolle spielen. Im Wirtschaftsjahr 1988/89 betrugen diese Ausgaben 2,74% (BRD 2,69%) des Bruttoinlandsprodukts bzw. 475 US-$ (345 US-$) je Einwohner, wovon 51% (39%) vom Staat und 49% (61%) von der Industrie aufgebracht wurden. Die Zahl der Wissenschaftler und Ingenieure je 10 000 Beschäftigte betrug 67 (BRD 54; Japan 82). Die Leistungen der US-amerikanischen Wissenschaft sind auf vielen Gebieten bahnbrechend gewesen; rund 200 Nobelpreisträger kommen aus den USA.

Zu den von der Industrie aufgebrachten Mitteln gehören umfangreiche Stiftungen, wie die Ford Foundation, die Robert Wood Johnson Foundation, die Rockefeller Foundation oder die Kellogg Foundation. Eine große Schenkung der Eastman Kodak Company – George Eastman stellte 1890 den ersten Rollfilm her – ermöglichte den Aufstieg des Massachusetts Institute of Technology (MIT) zu einer der führenden Technischen Universitäten der Welt. Die an solchen Institutionen durchgeführte Grundlagenforschung fließt teilweise auch wieder in die Entwicklung der Industrieunternehmen zurück.

Ein nicht zu unterschätzender Faktor war aber auch in personeller Hinsicht der »brain drain« aus Europa, der mit der Emigration vom Nationalsozialismus verfolgter Wissenschaftler wie dem Physiker Albert Einstein (* 1879, † 1955) begann und sich nach dem Krieg mit der Verpflichtung deutscher Wissenschaftler wie Wernher von Braun (* 1912, † 1977) fortsetzte; dieser konstruierte später die Trägerrakete für den ersten US-amerikanischen Satelliten und die Saturn-Rakete.

Zum Wissenschaftsbetrieb in den USA gehört der Zusammenschluß wissenschaftlicher Vereinigungen zum privaten und gemeinnützigen American Council of Learned Societies. Zu ihm gehören so »alte« und renommierte Vereinigungen wie die 1743 gegründete American Philosophical Society in Philadelphia, die American Academy of Arts and Sciences in Cambridge (1780), die American Antiquarian Society in Worcester (1812) und rund 30 weitere.

DIE ENTWICKLUNG DER KÜNSTE.

Gemäß der historischen Situation in Nordamerika verlief auch die Entwicklung der Künste. Zunächst existierten längere Zeit verschiedene Kolonien nebeneinander, deren jeweilige Bewohner sich in Herkunft, Sprache, Religion und Tradition unterschieden; das hatte mehrere Konsequenzen.

Erstens konnte spezifisch Amerikanisches oder Bodenständiges erst sehr spät aufkommen. Das wird in der Musik deutlich, die in der Kolonialepoche noch stark von religiöser Musik beeinflußt war, von den Psalmen und Hymnen aus den Auswandererländern der Alten Welt. Selbst die wenigen »klassischen« Komponisten des 19. Jahrhunderts blieben noch weitgehend der europäischen Musik verhaftet. Die Architektur machte noch bis um 1880 Anleihen bei den europäischen Baustilen und bei der klassischen Antike.

Zweitens entstanden die eigenen künstlerischen Leistungen aus dem Zusammenwirken europäischer Traditionen mit zahlreichen regionalen bzw. ethnischen Einflüssen. Auch in diesem Punkt ist auf die Musik zu verweisen, wo sich z. B. im Jazz Wurzeln aus Europa, dem westlichen Afrika und Lateinamerika zu neuen Ausdrucksformen verbinden. Der Vielfalt der Einflüsse entspricht u. a. die Vielfalt der vor allem im Volkstümlichen angesiedelten Musikrichtungen von Square Dance, Marschmusik, Jazz, Country Music und Musical Comedy.

Drittens sind die Künste lange ohne öffentliche Förderung gewachsen. Das hat zum einen zu Pragmatismus geführt, z. B. in der Malerei zu der anfänglich völlig dominierenden Porträtmalerei als Auftragsarbeit oder zur Herstellung nützlicher Kunstgegenstände wie schöner Möbel oder bunter Quilts (Patchwork-Decken); zum anderen resultierte daraus große Experimentierfreudigkeit und Erfindungsgabe, die ihren Ausdruck in zahlrei-

chen örtlichen Musik-, Ballett- und Theatergruppen gefunden haben. Vielerorts wirkten die Universitäten als Katalysatoren in der Hervorbringung sowohl von professionellen Künstlern als auch von einem sehr breiten Amateurkünstlertum; über 50 Mio. Amerikaner musizieren und malen in ihrer Freizeit. Einrichtungen auf dem Kunstsektor finanzierten sich überwiegend durch Spenden und Eintrittsgelder; erst 1965 entstand das National Endowment for the Arts, das sich neben einzelstaatlichen Stellen um Förderung der Künste bemüht.

MUSIK, TANZ UND PARADEN.

In der Musik spielt Volkstümliches gegenüber Klassischem die überragende Rolle. Selbst der »klassische« Musiker Charles Ives (* 1874, † 1954) übernahm viele Hymnen, Volkslieder und Märsche in seine Kompositionen. George Gershwin (* 1898, † 1937) integrierte erfolgreich den Jazz in seine legendäre »Rhapsody in Blue« und die Oper »Porgy and Bess«. Aaron Copland (* 1900, † 1990) komponierte ebenfalls unter Einbeziehung von Jazzelementen und Folklore Musik für viele Zwecke, insbesondere für das Ballett (u. a. den »Appalachian Spring«).

Von den gänzlich im Volkstümlichen verhafteten Musikgattungen können nur die wichtigsten genannt werden. Der zunächst in den ländlichen Gebieten weit verbreitete Square Dance wird auf den englischen Volkstanz unter dem Einfluß des französischen Contre und der Quadrille zurückgeführt. Ein Ausrufer (caller) dirigiert die Bewegungen der zu jeweils vier oder acht Paaren aufgestellten Tänzer. Seit den 30er Jahren hat das Square Dancing mehr und mehr auf die Städte übergegriffen. Häufigste regionale Varianten sind die Neuengland-Quadrille und der Cowboy Square Dance.

Aus allen erdenklichen Anlässen finden in den USA das ganze Jahr über unzählige Paraden statt. Jede High School hat ihre Marching Band, die bei sportlichen und anderen Anlässen teilnimmt. Der bekannteste Komponist von Marschmusik war John Philip Sousa (* 1854, † 1932), der eine Zeitlang Direktor der United States Marine Corps Band war und dem die Amerikaner u. a. den Marsch »The Stars and Stripes forever« verdanken.

JAZZ IN ZAHLREICHEN VARIANTEN.

Jazz ist als Kombination von europäischer Harmonie, europäisch-afrikanischer Melodie und afrikanischem Rhythmus beschrieben worden, wobei letzterer, der »beat«, im Gegensatz zur traditionellen europäischen Musik einen herausragenden Stellenwert besitzt. Zu seinem Wesen gehört weiterhin die Improvisation; die notenschriftlich fixierte Komposition steckt nur einen Rahmen, den die jeweiligen Musiker spontan ausfüllen.

Es gibt zahlreiche Varianten des Jazz, von denen einige nach ihren Herkunftsorten benannt wurden. Als eigentliche Geburtsstätte gilt New Orleans, wo die verschiedensten Einflüsse aufeinandertrafen: Aus Frankreich und Spanien, aus Afrika, aus Südamerika und aus der Karibik; vor allem die Schwarzen prägten diese Musik. Der New-Orleans-Stil setzte sich auch in den Städten des Nordens durch. Zentren des Jazz sind neben New Orleans vor allem Memphis, St. Louis, Chicago und New York City, insbesondere Harlem.

Der Jazz entstand vor 1890 aus dem Blues, der sich seinerseits auf afrikanische Volksmusik und christlich-religiöse Musik stützte. Er war eigentlich ein von Resignation geprägter Klagegesang, der aber auch humorvolle Elemente enthielt. Weltberühmt wurden der Pianist Duke Ellington (* 1899, † 1974) und der aus New Orleans stammende Trompeter Louis »Satchmo« Armstrong (* 1900, † 1971), der in den 20er Jahren Joe »King« Olivers Kreolen-Jazzkapelle angehörte und der Initiator des »scat singing« war, des Singens von unsinnigen Wortsilben als Imitation eines Instruments.

Eine andere frühe Variante war der Ragtime, dessen bekanntester Vertreter Scott Joplin (* 1868, † 1917) zwei Ragtime-Opern komponierte. Der Dixieland-Stil stellt eine Mischung aus New Orleans-, Chicago- und Harlem-Stil dar. Der Swing der 30er Jahre verband diese Stile mit einer in Kansas City als »powerhouse« bekannten Art. In den 30er Jahren gelang dem Benny-Goodman-Quartett der Durchbruch. Berühmte Vertreter des Bebop der 40er Jahre waren der Saxophonist Charlie Parker (* 1920, † 1955) und der Trompeter Dizzy Gillespie (* 1917, † 1993). Andere bekannte Jazzmusiker waren Count Basie (* 1904, † 1984), Coleman Hawkins (* 1904, † 1969), Dexter Gordon (* 1923, † 1990), Oscar Peterson (* 1925), John Coltrane (* 1926, † 1967) und, als Stimme des Jazz, Ella Fitzgerald (* 1918, † 1996).

COUNTRY MUSIC UND ROCK 'N' ROLL. Die Country and Western Music ist in den beiden Varianten der »Hinterwäldlermusik« (hillbilly type) des Alten Südens und der Cowboy Songs des Westens bekannt. Auf beide Richtungen hatte die Volksmusik der Britischen Inseln Einfluß, aber auch viele bodenständige Elemente wurden einbezogen. So ranken sich zahlreiche Lieder um amerikanische »Volkshelden« wie den riesenhaften Baumfäller Paul Bunyan, den mit der Dampframme um die Wette hämmernden Schienenleger John Henry, den stählernen Hüttenarbeiter Joe Magarac (»steel hands, steel body, steel everything«) oder den Cowboy Pecos Bill. Nashville (Tennessee) wurde zur »Music City U.S.A.«, seit Discjockey Hay 1925 erstmals seinen »WSM Barn Dance« sendete und ihn, da er einer Musiksendung aus der Grand Opera folgte, als »Grand Ole Opry« ankündigte. Unter dieser Bezeichnung ist die Sendung ununterbrochen bis zur Gegenwart gelaufen. Nach der Sendung wurde das 4400 Plätze fassende Grand Ole Opry House benannt; ein großer, auf das Thema Country Music orientierter Freizeitpark erhielt den Namen Opryland. In Nashville wird der weitaus überwiegende Teil aller Schallplatten dieser Musikrichtung produziert.

Country Music, vermischt mit südstaatlichem Gospelgesang und afrikanischem Rhythmus, wurde zum Rock 'n' Roll und mit ihm der im Staat Mississippi geborene Elvis Presley (* 1935, † 1977) zum Idol der amerikanischen Jugend. Insgesamt wurden von Elvis über 500 Mio. Schallplatten verkauft.

MUSICAL. Die seit den 1820er Jahren bekannten Minstrel Shows machten nicht nur den Liedermacher Stephen Foster (* 1826, † 1964) populär, dessen in den Goldrauschjahren oft gesungenes Lied »Oh, Suzanna« ein Evergreen ist, sondern hatten auch ihren Einfluß auf eine andere Kunstgattung, die Musical Comedy, jene amerikanische Variante der Operette aus einer Kombination von dramatischer Handlung, Musik und Tanz mit folkloristischen und burlesken Zügen. Eines der frühesten Musicals war »Belle of New York« (1898). Zu den bekanntesten Musicals gehören »Showboat« (1928), »Oklahoma« (1943), »Carousel« (1945) und aus der Nachkriegszeit »My Fair Lady«, »West Side Story«, »The Sound of Music«, »Hello, Dolly«, »Chicago«, »One, Two, Three«, »A Chorus Line«, »Oh! Calcutta!«, »42nd Street«, »Fiddler on the roof«, »Tobacco Road«, »Sweet Charity« und die Erfolge von Andrew Lloyd Webber, »Jesus Christ Super-

star«, »Evita«, »Cats« und »The Phantom of the Opera«. Viele der genannten Musicals stammen von so bekannten Komponisten wie Leonard Bernstein (* 1918, † 1990), Oscar Hammerstein (* 1848, † 1919), Frederick Loewe (* 1901, † 1988), Cole Porter (* 1893, † 1964) und Richard Rodgers (* 1902, † 1979).

ENTWICKLUNG DER LITERATUR. Die Anfänge einer eigenständigen amerikanischen Literatur waren mit der politischen Selbstfindung des Bürgertums und dem Streben nach Loslösung vom britischen Mutterland verbunden. Zu den frühesten literarischen Leistungen der Vereinigten Staaten zählen u. a. Benjamin Franklins (* 1706, † 1790) Autobiographie und die politischen Schriften von Thomas Jefferson (* 1743, † 1826). Führender Dichter der jungen Republik war Philip Freneau (* 1752, † 1832), dessen patriotische Gedichte aber außerhalb der USA kaum bekannt wurden.

Internationalen Ruhm erlangten dagegen James Fenimore Cooper (* 1789, † 1851) mit seinen Lederstrumpf-Erzählungen und Washington Irving (* 1783, † 1859), dessen 1819 veröffentlichtes »Skizzenbuch« Vorläufer der Kurzgeschichte enthielt. Diese Gattung vervollkommnete Edgar Allan Poe (* 1809, † 1849), der als Erfinder der Detektivgeschichte gilt.

Dem neuenglischen Transzendentalismus um Ralph Waldo Emerson (* 1803, † 1882) und Henry David Thoreau (* 1817, † 1862), einer vom deutschen Idealismus geprägten philosophischen Strömung, waren zeitweise Nathaniel Hawthorne (* 1804, † 1864) und Herman Melville (* 1819, † 1891) verbunden. Hawthorne siedelte seine Romane (»Der Scharlachrote Buchstabe«, 1850) häufig in der puritanischen Vergangenheit an, Melville schildert in seinem bekanntesten Werk »Moby Dick« symbol- und formenreich den schicksalhaften Kampf der Menschen.

Henry Wadsworth Longfellow (* 1807, † 1882), der den Amerikanern Goethes und Dantes Werke nahebrachte, schuf Balladen, die von Uhland und Tennyson beeinflußt waren. Am bekanntesten sind seine Verserzählungen »Evangeline« (1847) und »The Song of Hiawatha« (1855).

Etwa gleichzeitig machten die Werke zweier anderer Schriftsteller Furore: 1852 rüttelte die Neuengländerin Harriet Beecher-Stowe (* 1811, † 1896) ihre Landsleute mit dem Anti-Sklavereiroman »Onkel Toms Hütte« auf. 1855 wurde Walt Whitman (* 1819, † 1892) mit seiner Gedichtsammlung »Grashalme«, einer Hymne an die Landschaften, Städte und Menschen Amerikas, zum Begründer der modernen amerikanischen Lyrik.

Im unteren Mississippi-Tal angesiedelt waren die Romane des aus Missouri stammenden Mark Twain (* 1836, † 1910; eig. Samuel L. Clemens). Mit seinen Hauptwerken »Die Abenteuer von Tom Sawyer« (1876) und »Die Abenteuer von Huckleberry Finn« (1884) hat er die Jugend der Welt begeistert.

KRITIK AM AMERICAN DREAM. Ab Ende des 19. Jahrhunderts setzten sich die Schriftsteller zunehmend kritisch mit der urbanen amerikanischen Gesellschaft auseinander. Das zeigte sich schon im Frühwerk Theodore Dreisers (* 1871, † 1945), dem allerdings erst 1925 mit seinem Roman »Eine amerikanische Tragödie« der Durchbruch gelang. Upton Sinclair (* 1878, † 1968) schilderte in »Der Dschungel« (1906) die unmenschlichen Arbeitsbedingungen in den Chicagoer Schlachthöfen. Sinclair Lewis (* 1885, † 1951), der 1930 als erster Amerikaner den Literatur-Nobelpreis erhielt, entlarvte mit satirischen Romanen den bigotten Kleinstadtprovinzialismus. In dieser sozialkritischen Tradition steht auch John Steinbeck (*1902, † 1968), Nobelpreisträger von 1962, dessen Roman »Die Früchte des Zorns« (1939) das Schicksal der aus der Dust Bowl Oklahomas vertriebenen Farmer schildert. Auch Robert Frost (* 1874, † 1963), vierfacher Pulitzer-Preisträger und »amerikanischster« aller US-Lyriker, zeigte sich in manchen seiner Gedichte gesellschaftskritisch.

DIE LOST GENERATION.

Die Zeit nach dem Ersten Weltkrieg prägte eine Schriftstellergeneration, die unter dem von Gertrude Stein (* 1874, † 1946) geprägten Schlagwort der »lost generation« in die Weltliteratur Einzug hielt. Ihre bekanntesten Vertreter sind F. Scott Fitzgerald (* 1896, † 1940), der Chronist des Jazz-Zeitalters, und Ernest Hemingway (* 1898, † 1961), der beim »Kansas Star« und später im Spanischen Bürgerkrieg Reporter war. Mit seinem vom Journalismus geprägten Stil wurde er zum Erneuerer der amerikanischen Kurzgeschichte (Literatur-Nobelpreis 1954). John Dos Passos (* 1896, † 1970) entwickelte in seinem Großstadtroman »Manhattan Transfer« (1925) eine neue, collagenhafte Erzähltechnik zur Darstellung der im Umbruch befindlichen Gesellschaft.

SÜDEN PRÄGT LITERATUR.

Wichtigster Vertreter eines symbolischen Realismus war William Faulkner (* 1897, † 1962). Der Literatur-Nobelpreisträger von 1949 wählte zum Schauplatz seiner Werke die Südstaaten, deren verfallende Kultur ihn zeitlebens faszinierte.

Ebenfalls aus dem Süden stammte Thomas Wolfe (* 1900, † 1938). Während Wolfe mit seinem autobiographisch geprägten Werk »Schau heimwärts, Engel« (1929) vor allem die Bewohner seines Geburtsorts Asheville (North Carolina) verärgerte, stieß das verklärende Bild des Alten Südens in Margaret Mitchells (*1900, † 1949) Bestseller »Vom Winde verweht« (1936) weltweit auf Resonanz. Großen Erfolg hatte auch die aus West Virginia stammende Pearl S. Buck (* 1892, † 1973), die mit ihren Eltern, beide Missionare, lange in China gelebt hatte. Sie schrieb über 40 Bücher (Literatur-Nobelpreis 1938).

LITERATUR AB DEN 40ER JAHREN.

Vor dem Hintergrund des Zweiten Weltkriegs entstanden die Werke mehrerer junger Schriftsteller, u. a. Norman Mailers (* 1923) »Die Nackten und die Toten«, Herman Wouks (* 1915) »Die Caine war ihr Schicksal« und James Micheners (* 1907, † 1997) »Tales of the South Pacific«. Neben der Aufarbeitung des Kriegsgeschehens brachte die Nachkriegsliteratur ein breites Autorenspektrum hervor. Dazu gehören u. a. schwarze Schriftsteller wie Richard Wright (* 1908, † 1960) und James Baldwin (* 1924, † 1987) oder jüdische Autoren wie Saul Bellow (* 1915, Nobelpreis 1976), Bernard Malamud (* 1914, † 1986) und Philip Roth (* 1933). Einer der letzten Schriftsteller jiddischer Sprache war Isaac B. Singer (* 1904, † 1991), der Nobelpreisträger von 1978.

Großen Einfluß auf die Autoren der Beat-Generation hatte Henry Miller (* 1891, † 1980), der von 1930 bis 1939 in Paris gelebt und mit sexuell freizügigen Büchern für Aufsehen gesorgt hatte. Wortführer der Beat-Generation waren Allen Ginsberg (* 1926, † 1997) und Jack Kerouac (* 1922, † 1969). Kerouacs halbautobiographische Erzählung »Unterwegs« (1957) avancierte ebenso wie J. D. Salingers (* 1919) Roman »Der Fänger im Roggen« (1951) zum Kultbuch.

Zu den international bekannten Autoren der Gegenwart gehören u. a. John Updike (* 1932), der Chronist des Mittelstandsalltags an der Ostküste, E. L. Doctorow (* 1931), der Verfasser von »Ragtime« (1975), und Joyce Carol Oates (* 1938), die Anspruch und Wirklichkeit des American Dream analysiert.

ENTWICKLUNG DES DRAMAS.

Die Bühnen der USA wurden bis um 1920 vom Musiktheater und von europäischen Importen bestimmt, bevor dem Land der erste große Dramatiker in der Person Eugene O'Neills (* 1888, † 1953) erwuchs. O'Neill, der sich u. a. an Strindberg orientierte, war von der Psychoanalyse beeinflußt. Der Nobelpreisträger von 1936 entnahm seine Stoffe häufig der Bibel und der klassischen Mythologie (»Trauer muß Elektra tragen«, 1931).

Thornton Wilder (* 1897, † 1975) ist gleichermaßen als Dramatiker (»Unsere kleine Stadt«, 1938) und Romanautor (»Die Brücke von San Luis Rey«, 1927) in Erscheinung getreten; auch William Saroyan (* 1908, † 1981) war als Erzähler und Dramatiker (»Einmal im Leben«, 1940) tätig.

Die Protagonisten von Tennessee Williams (* 1914, † 1983), der aus Columbus (Mississippi) stammte, sind isolierte und neurotische Menschen. Zu seinen bedeutendsten Dramen gehören »Die Glasmenagerie« (1944), »Endstation Sehnsucht« (1947) und »Die Katze auf dem heißen Blechdach« (1955). Arthur Millers (* 1915) sozialethische Dramen zeigen u. a. den kleinen Mann von der Straße, der wie der erfolglose Vertreter Willy Loman in »Tod eines Handlungsreisenden« (1949) den pervertierten Anforderungen des American Dream nicht gewachsen ist. Millers Drama »Hexenjagd« (1952), das 1692 in Salem während der Hexenverfolgung spielt, kommentiert die politischen Verfolgungen während der McCarthy-Ära. Weitere bekannte Bühnenautoren sind Edward Albee (* 1928), u. a. erfolgreich mit »Wer hat Angst vor Virginia Woolf?« (1962), Arthur L. Kopit (* 1937) und Sam Shephard (* 1943).

ENTWICKLUNG DER MALEREI.

Die Kunst der Vereinigten Staaten entwickelte sich bis ins 20. Jahrhundert hinein in Abhängigkeit von der Europas, wenngleich die Inhalte (Unabhängigkeitskrieg, Alltagsleben) typisch amerikanisch waren. Manche Maler holten sich ihre Anregungen von Reisen in Italien und Frankreich, andere wirkten lange Jahre im europäischen Ausland und scharten amerikanische Schüler um sich, die später in die USA zurückkehrten.

Die sog. Hudson-River-Schule, angeführt von Thomas Cole (* 1801, † 1848), verband große Kunstfertigkeit mit der romantisierenden Sicht der weiten, unberührten amerikanischen Landschaft. Der aus Pennsylvania stammende gelernte Jurist George Catlin (* 1796, † 1872) lebte von 1832 bis 1840 unter verschiedenen Indianervölkern und hielt in rund 500 Bildern ihr Leben und ihre Gewohnheiten fest.

Dem setzten in der zweiten Jahrhunderthälfte Maler wie Thomas Eakins (* 1844, † 1916), der Chronist der amerikanischen Mittelklasse, einen kompromißlosen Realismus entgegen. Frederic Remington (* 1861, † 1909), der jahrelang als Cowboy, Scout und Schaffarmer arbeitete, dokumentiert in seinen Gemälden den »Wilden Westen«. Viele seiner Bilder, u. a. »A dash for timber« und »The last stand«, hängen im Museum von Fort Worth (Texas).

Das 20. Jahrhundert brachte die verschiedensten europäischen Kunstrichtungen über den Ozean: Impressionismus, Expressionismus, Kubismus und Surrealismus. Die berühmt gewordene »Armory Show« machte 1913 die US-amerikanischen Künstler mit der europäischen Avantgarde bekannt. Die amerikanische Moderne wurde vor allem von Robert Henri (* 1865, † 1929) repräsentiert, um den sich eine Gruppe von Künstlern geschart hatte, die man wegen ihrer drastischen Darstellungsweise des ärmlichen Milieus als »Ash Can School« bezeichnete; sie wurde bald von den aus Europa gekommenen Kunstrichtungen verdrängt. Treibende Kraft war vor allem der Fotograf Alfred Stieglitz (* 1864, † 1946) mit seiner Gallery 291 in New York City.

In den 20er Jahren wandten sich die amerikanischen Maler wieder ihrer Heimat zu. Vor allem Thomas Hart Benton (* 1889, † 1975) und Grant Wood (* 1891, † 1942) siedelten ihre Bilder im ländlichen Mittelwesten an. Woods berühmtes Bild »American Gothic« von 1930 zeigt ein Farmerpaar vor seinem Haus, den Mann mit der Forke in der Hand. Edward Hoppers (* 1882, † 1967) in überpointiert realistischem Stil gehaltene Gemälde stellen vor allem Szenen aus Klein- und Großstädten und die Isolation der Menschen dar.

In den Depressionsjahren entstanden als Protest gegenüber den sozialen Mißständen Bilder und auch Wandmalereien ähnlich denen in Mexiko und der Sowjetunion. Beispielhaft hierfür sind die Gemälde des litauischen Einwanderers Ben Shahn (* 1898, † 1969). Zur Leitfigur der »Modernen Primitiven« wurde die Autodidaktin Anna Mary Robertson (* 1860, † 1961), berühmt geworden als Grandma Moses. Die Farmersfrau begann erst als 77jährige zu malen und wurde 1939 durch die Ausstellung »Unknown American Painters« bekannt.

Ab den 50er Jahren nahm der Einfluß der amerikanischen Avantgarde auf die europäische Kunstentwicklung schlagartig zu. Anfangs waren es vor allem die Künstler des abstrakten Expressionismus wie Willem de Kooning (* 1904) und Jackson Pollock (* 1912, † 1956), »Erfinder« des Action Painting. Mark Rothko (* 1903, † 1970) wurde zum Wegbereiter der Farbfeldmalerei (Color Field Painting), die Ende der 50er Jahre in Barnett Newman (* 1905, † 1970) und Ad Reinhardt (* 1913, † 1967) ihre bekanntesten Vertreter hatte und nahezu übergangslos in die Hard-edge-Malerei der späten 60er Jahre überging (Frank Stella).

Dominiert wurden die 60er Jahre allerdings von der Pop-art: Suppendosen von Andy Warhol (* 1928, † 1987), Comic-Bilder von Roy Lichtenstein (* 1923, † 1997) und überdimensionale Objekte von Claes Oldenburg (* 1929). Zu den Vorläufern dieser Stilrichtung, die noch in den 80er Jahren die Graffiti-Kunst von Keith Haring (* 1958, † 1990) beeinflußt hat, werden die Avantgardisten Jasper Johns (* 1930) und Robert Rauschenberg (* 1925) gerechnet. Die ab den 50er Jahren einsetzende Explosion der Stile zeigte sich auch in der plastischen Kunst der Minimal Art, deren herausragende Repräsentanten Carl Andre (* 1935) und Donald Judd (* 1928, † 1994) waren, oder in den Objekten und Environments von Edward Kienholz (* 1927, † 1994) und George Segal (* 1924).

ARCHITEKTUR DER WOHNHÄUSER. In der Architektur dominierte zunächst im spanisch kolonisierten Südwesten das Adobe-Haus und im Osten die von böhmisch-mährischen und skandinavischen Einwanderern nach Nordamerika übertragene Blockhütte. Typisches Merkmal des Adobe-Hauses ist die Flachdachkonstruktion mit den Vigas, den aus der Außenwand

hervortretenden Balken. Das aus kompakten Baumstämmen erbaute Blockhaus entwickelte sich im Laufe der Zeit etappenweise über das aus Balken erbaute Haus zum heute allgemein verbreiteten »Balloon-frame house«, dem typischen Einfamilienheim der großstädtischen Vororte; es wird in Sparbauweise aus dachschindelartig übereinandergefügten Brettern erbaut.

Die Engländer fügten dem Blockhaus den Kamin hinzu, später setzte man zwei Kamine an die beiden Seiten und ermöglichte damit das absolut symmetrische I-House im Sinne des italienischen Baumeisters Andrea Palladio; die Holländer ergänzten es durch Hinzufügung der Veranda, die zumeist als Front Porch an der Vorderfront, oft aber auch noch hinten oder umlaufend angebracht ist; nur in Charleston (South Carolina) gibt es die an einer Seite angebrachte Side Porch, die man daher auch als Charleston Porch bezeichnet.

ANLEIHEN BEI ANTIKEN VORBILDERN. Während der Republican Period (etwa 1790–1820) und der Greek Revival Period (etwa 1820–1865) machte die junge Republik, nicht zuletzt aus dem der Unabhängigkeit erwachsenen Repräsentationsbedürfnis heraus, kräftige Anleihen bei der römischen und griechischen Antike. Nicht nur das Capitol in Washington D. C. und die Capitols der meisten Einzelstaaten wurden nach solch antiken Vorbildern erbaut, sondern selbst Bank- und Postgebäude nahmen das Aussehen griechischer Tempel an. Auch Ägypten, Indien und andere Länder der Alten Welt wurden bemüht. Die Bildhauerei orientierte sich noch während des 19. Jahrhunderts an griechischen Vorbildern.

DER BAU VON WOLKENKRATZERN. Nach einer kurzen Zwischenzeit des Gothic Revival (etwa 1865–1875) folgte übereinstimmend mit der Wilhelminischen Ära in Deutschland etwa 1875–1920 die Epoche des Eklektizismus. Die rasche wirtschaftliche Expansion und damit einhergehende Trennung von Produktion und Verwaltung mit verstärkter Nachfrage nach Büroraum im Stadtkern sowie die Erfindungen der Stahlskelettbauweise und des elektrischen Aufzugs brachten den USA 1885 mit dem zwölfgeschossigen Haus einer Versicherungsgesellschaft in Chicago den ersten Wolkenkratzer. Der Wolkenkratzer war die erste wirklich eigenständige Leistung der amerikanischen Architektur; vergleichbar dem Automobil ist er ein Symbol für den American Way of Life.

Im Laufe eines Jahrhunderts hat das Erscheinungsbild des Wolkenkratzers sich mehrfach gewandelt. Die erste Generation brachte den Großstadtkernen die später so geschmähten Straßenschluchten mit ungenügender Belichtung und Durchlüftung von Straßen wie Häusern. 1916 erließ die Stadt New York speziell zur Lösung dieses Problems eine neue Bauordnung; bald folgten andere Städte nach. Diese Bauordnungen ließen nur noch zwei Varianten zu: Gebäude mit nach oben zurückweichenden Außenwänden, den »setbacks«, oder schmale Turmbauten auf einem mehrgeschossigen breiteren Sockel. Nach dem Zweiten Weltkrieg durften Wolkenkratzer unter Verwendung von sehr viel Glas wieder gerade hochgezogen werden, wenn im Erdgeschoßbereich genügend öffentlich zugängliche Fläche unter Arkaden und Innenhöfen verblieb. Bei den Wolkenkratzern der 20er und 30er Jahre wurden noch Anleihen bei europäischen Kunststilen gemacht, indem den Hochhäusern gotische oder barocke Elemente in Form von Türmchen, Säulen und Kuppeln aufgesetzt wurden.

FÜHRENDE ARCHITEKTEN. Louis Henri Sullivan (* 1856, † 1924) war einer der konsequentesten Vertreter der Auffassung, daß sich die Form des Gebäudes seiner Funktion unterzuordnen habe (»form follows function«). Zu seinen bedeutendsten Schöpfungen gehört das Kaufhaus von Carson Pirie Scott & Co. in Chicago, das kurz nach der Jahrhundertwende entstand. Sein bedeutendster Schüler war Frank Lloyd Wright (* 1869, † 1959), der allerdings zu Lebzeiten von der Wirtschaft weniger anerkannt war und in erster Linie – in wuchtiger Bauweise und mit viel Freiraum – Privathäuser baute. An seinem Lebensende schuf er das Guggenheim-Museum in New York City.

Eine ständige gegenseitige amerikanisch-europäische Beeinflussung kam durch die auf beiden Kontinenten tätigen Architekten Ludwig Mies van der Rohe (* 1886, † 1969) und Walter Gropius (* 1883, † 1969) zustande. Eine andere Auffassung vertrat Richard Buckminster Fuller (* 1895, † 1983) mit seiner »geodesic dome construction«, bei der die Dachkonstruktion ihr eigenes Gewicht trägt.

STÄDTEBAULICHE ELEMENTE. Seit Aufkommen des Wolkenkratzers sind die USA weltweit führend auf dem Gebiet des Städtebaus. Es sind allerdings nicht Stilelemente, sondern städtebauliche Entwicklungen, die in den Vereinigten Staaten ersonnen wurden und erst mit Zeitverzögerungen auch in den Städten anderer Länder Verbreitung fanden, teilweise nur zögernd und in geringem Umfang. Ob sie überhaupt nachahmenswert sind, bleibe dahingestellt.

Im Zusammenhang mit dem Anwachsen des privaten Kraftfahrzeugbestands verwandelten sich zahlreiche Zufahrtsstraßen der größeren US-amerikanischen Städte in sog. Commercial Strips mit Tankstellen, Autowerkstätten, Imbißrestaurants und vielen Drive-in-Einrichtungen bis hin zur Drive-in-Kirche, die der motorisierte Kunde benutzen kann, ohne sein Auto verlassen zu müssen. Perfekt auf den autofahrenden Gast zugeschnitten ist das Motel, dessen Vorzüge gegenüber dem traditionellen Hotel die Bereitstellung eines Parkplatzes für jedes Zimmer und das legere Verhältnis zwischen Gast und Management sind. Die Geburtsstunde des Motels war 1913, als in Douglas (Arizona) Bergarbeiterunterkünfte in Quartiere zur Unterbringung von Reisenden umgewandelt wurden. Der Boom des Motels, das in kompakterer Form auch in die Downtown Eingang gefunden

hat, kam allerdings erst mit der gewaltigen Motorisierungswelle der Nachkriegszeit.

Das Shopping Center, das in der Regel neben kommerziellen auch administrative und gesellschaftliche Funktionen erfüllt und heute in den Vorortgemeinden als großes Regionalzentrum mit bis zu 8000 Parkplätzen ausgestattet ist, hatte seine Geburtsstunde mit Errichtung der Country Club Plaza in Kansas City (Missouri) 1925. Der Boom dieser Einrichtung setzte allerdings erst mit der enormen Suburbanisierung der Nachkriegszeit ein; als modifizierte Form entstand die Shopping Galleria als junges Element der Downtown, zum Teil als Überbauung einer zentral gelegenen Straße.

Ebenso geht der Mobile Home Court auf ein frühes Datum zurück. 1929 wurden Saisonarbeiter in Mobile Homes untergebracht, die seitdem häufig für Arbeiter von Großbaustellen verwendet wurden. In der Nachkriegszeit stieg vor allem seitens wenig zahlungskräftiger Neuhaushalte und Ruheständler die Nachfrage nach Wohnwagenheimen. Neben dem geringen Miet- oder Anschaffungspreis sowie der geringeren Aufwendung für den Unterhalt ist auch die Besteuerung in etlichen Staaten geringer als die eines Hauses. Wegen der Beliebtheit bei Ruheständlern gibt es besonders viele Mobile Home Courts in Florida, Arizona und Kalifornien. Gegenwärtig dürften über 10 Mio. Amerikaner ständig in Mobile Homes wohnen. Da viele Städte über ihren Flächennutzungsplan Standorte für derartige Wohnwagenheime, deren Bewohner noch immer und sicher zu Unrecht als unstetes Element gelten, aus dem Stadtgebiet verbannen, finden sie sich gehäuft an den Zufahrtsstraßen kurz vor der administrativen Stadtgrenze.

Schließlich sind noch die Industrial Parks und Business Parks zu nennen. Der Central Manufacturing District von Chicago aus dem ersten Jahrzehnt des 20. Jahrhunderts gilt als Vorläufer der heutigen Industrieparks, die großenteils in der Nachkriegszeit von Eisenbahngesellschaften auf nicht mehr benötigtem Betriebsgelände gegründet wurden. Um 1970 ebbte die Gründung solcher Industrieparks, die oft zu über 50% von Dienstleistungsbetrieben belegt waren und ihre Bezeichnung eigentlich nicht verdienten, zugunsten von Business Parks oder Office Parks ab. Diese lehnten sich häufig an schon bestehende regionale Shopping Center an. Der Grad der Suburbanisierung des tertiären Wirtschaftssektors ist von Stadt zu Stadt sehr verschieden.

Verstädterung und Städtewesen

Noch 1870 waren 47,4% oder fast die Hälfte der Erwerbstätigen der USA in der Landwirtschaft tätig, die Familienfarm galt als Grundlage der amerikanischen Gesellschaft. Binnen 120 Jahren sank dieser Prozentsatz auf 2,4% herab. Mit 0,2% Beschäftigten im Bergbau weist der gesamte primäre Wirtschaftssektor inzwischen nicht einmal 3% der Erwerbstätigen auf. Etwa drei Viertel aller Arbeitsplätze stellt der Dienstleistungssektor, den Rest das produzierende Gewerbe und das Baugewerbe. Diese Arbeitsplätze sind zum größten Teil an die Städte gebunden, so daß die Vereinigten Staaten mit einem offiziellen Urbanisierungsgrad von 74% zu den am stärksten verstädterten Ländern der Welt gehören. Da aber für diesen statistischen Wert nur die Einwohner der Städte über 20 000 berücksichtigt werden, muß man zur eigentlich städtischen Bevölkerung noch die Menschen hinzurechnen, die außerhalb der von der Statistik erfaßten Stadtregionen leben. Sie haben jedoch nichts mit Land- und Forstwirtschaft zu tun, sondern gehen meist als Berufspendler einer tertiärwirtschaftlichen Beschäftigung nach; von der US-amerikanischen Statistik werden sie unter der Rubrik »rural-nonfarm« geführt. Ihre Einbeziehung würde den tatsächlichen Urbanisierungsgrad auf über 95% erhöhen.

Stationen der Hochhausarchitektur in Chicago (Illinois): Ältere Gebäude wie
der Merchandise Mart (links), die runden Marina City Towers der 60er Jahre
und modernste Wolkenkratzer mit geraden Glasfronten.

ANTIURBANE GRUNDHALTUNG. Die Grundhaltung vieler Amerikaner ist immer eine antiurbane gewesen; dies zeigt sich u. a. in den Werken des Philosophen Ralph Waldo Emerson (* 1803, † 1882), der Schriftsteller Nathaniel Hawthorne (* 1804, † 1864), Henry James (* 1843, † 1916) oder Herman Melville (* 1819, † 1891) sowie in den Schriften des Präsidenten Thomas Jefferson. Es gibt aber auch andere Indizien wie z. B. die häufig vorgenommene Neugründung der Hauptstadt eines Einzelstaates anstelle der Übertragung der Hauptstadtfunktion auf eine schon existierende größere Stadt. So entstand in den USA die bemerkenswerte Situation, daß nur in 10 der 50 US-Staaten die Hauptstadt mit der größten Stadt identisch ist: Arizona (Phoenix), Colorado (Denver), Georgia (Atlanta), Hawaii (Honolulu), Indiana (Indianapolis), Massachusetts (Boston), Oklahoma (Oklahoma City), Rhode Island (Providence), Utah (Salt Lake City) und West Virginia (Charleston). In etlichen Fällen haben Städte mit Regierungssitz bisher nicht die Großstadtschwelle erreicht; auch sind die Staatsuniversitäten nicht in der Hauptstadt, sondern in wiederum einer anderen Stadt des betreffenden Staates entstanden.

VILLAGE, TOWN UND CITY. Als Verwaltungseinheiten unterscheidet man zwischen Village, Town und City. Village bedeutet in den USA nicht Dorf im europäischen Sinne, sondern eine Kleinsiedlung städtischen Charakters mit einem minderen Gemeindestatus. Eine Town ist meistens größer und besitzt einen gehobeneren Gemeindestatus. Den höchsten Status hat die City, die entweder von einem Bürgermeister und Stadtrat (Mayor und Board of Aldermen) oder von einem Stadtdirektor mit Ratsversammlung (City Manager und City Council) verwaltet wird. Antrag auf eine entsprechende Stadtverfassung (City Charter) kann die Gemeinde beim Gouverneur des Einzelstaates stellen, wenn sie eine festgesetzte Mindesteinwohnerzahl erreicht hat. In Pennsylvania liegt diese z. B. bei 10 000, in Kansas bei 1000.

Noch bis in die Gegenwart nehmen viele Städte der USA Eingemeindungen vor. Da in den USA Dörfer die Ausnahme für ländliche Siedlungen sind, geht das Stadtwachstum in Gebiete ländlicher Einzelhofsiedlung hinaus. Noch heute sind die Städte in den dünn besiedelten Landesteilen von gemeindefreiem Land umgeben, so daß sich Eingemeindungen ohne größere Schwierigkeiten durchführen lassen.

VERSCHIEDENE STATISTICAL AREAS. Viele Großstädte sind dennoch in ihrer administrativen Ausdehnung mit dem rasanten baulichen Wachstum nicht mitgekommen. 1930 begann das Zensusbüro damit, Metropolitan Districts nachzuweisen; daneben bestehen noch die Urbanized Areas, die ähnlich den bundesdeutschen Stadtregionen die Umlandgemeinden miterfassen, soweit sie durch intensive Pendlerströme und geringe Agrarerwerbsquoten städtischen Charakter haben und sinngemäß Teile des Großstadtraums sind. Allerdings hatte das Konzept der Metropolitan Areas, die vollständig Standard Metropolitan Statistical Areas (SMSA) genannt werden, auch einen Nachteil. Wenn Teile einer County den Vorgaben entsprachen, wurde die gesamte County zur SMSA gerechnet; das verzerrte das Bild besonders in den Weststaaten mit ihren großen Abmessungen der Counties. Ab 1975 gab es auch noch Standard Consolidated Statistical Areas (SCSA), die aus mehreren SMSAs mit mindestens einer von über 1 Mio. Einwohner bestanden.

Der Zensus von 1980 wies 318 SMSAs mit 169,4 Mio. Menschen oder 74,8% der Gesamtbevölkerung aus. Daraufhin nahm das Zensusbüro Veränderungen vor. Die bisherigen SMSAs wurden zu Metropolitan Statistical Areas (MSA). Sie haben mindestens eine Kernstadt über 50 000 Einwohner und eine MSA-Bevölkerung von mindestens 100 000. Es wird zwischen vier Kategorien unterschieden: Kategorie A (über 1 Mio. Einw.), Kategorie B (250 000 bis 1 Mio.), Kategorie C (100 000 bis 250 000) und Kategorie D (unter 100 000). Die zu einer Consolidated Metropolitan Statistical Area gehörenden MSAs heißen Primary Metropolitan Statistical Areas (PMSA).

FORTSCHREITEN DER URBAN FRONTIER. Im 19. Jahrhundert, vor allem in der zweiten Jahrhunderthälfte, gab es in den USA ein bedeutendes Stadtwachstum, das sich in zwei Erscheinungen äußerte. Die eine war das westwärtige Voranschreiten der Urban Frontier. Schon während der ersten Jahrhunderthälfte rivalisierten die großen Städte an der Atlantikküste heftig untereinander und um die Erschließung des Hinterlands. New York City an der Mündung des Hudson besaß von Anbeginn einen großen Lagevorteil. In dieser Stadt, auf die sich die europäischen Dampfschiffahrtslinien konzentrierten, landeten die meisten Einwanderer. Die Ost-West-Achse der Mohawksenke zwischen der Hudsonfurche und dem Eriesee erschloß New York schon früh ein größeres Hinterland in den Inneren Ebenen, das 1825 mit der Eröffnung des Eriekanals gewaltig erweitert wurde. Für Warentransporte zwischen Buffalo und New York brauchte man nur noch 10 statt vorher 20 Tage, die Frachtraten für eine Tonne reduzierten sich von über 100 auf 15 US-$. Während schwere Boote getreidelt werden mußten, brauchten kleinere Personen- und Stückgutschiffe für die Strecke weniger als vier Tage.

New Yorks größte Rivalen, Baltimore und Philadelphia, blieben allerdings nicht untätig. Schon der Bau des Chesapeake and Ohio Canal und der Cumberland Road durch die Appalachen stärkten Baltimores Position. 1827 begann die Stadt mit dem Bau der Baltimore & Ohio Railroad, der sich jedoch so lange hinzog, daß Wheeling im Ohio-Tal erst 1853 erreicht wurde. Philadelphia antwortete mit den Pennsylvania State Works. Dieses Projekt sollte die Appalachen auf dem Wasserweg mit Hilfe von schiefen Ebenen erschließen, um das transappalachische Gebiet auf kürzestem Weg zu erreichen. Die Arbeiten stießen auf große Schwierigkeiten und bewirkten nur etwas verstärkte Siedlungstätigkeit im südlichen Pennsylvania. Dann aber begann der Bau der Pennsylvania Railroad, die 1852 Pittsburgh erreichte und bis Chicago verlängert wurde. 1875 wurde Chicago auch an die New York Central angeschlossen. Fast ein Jahrhundert waren beide Linien, die weitgehend parallel verliefen, erbitterte Rivalen, bis sie 1966 fusionierten.

Die Urban Frontier folgte etappenweise durch das Innere des Kontinents der Pelzhändler-, Bergbau-, Viehhalter- und Ackerbau-Frontier. Nach den Küstenstädten, zu denen noch Boston im Norden und Charleston und Savannah im Süden gehörten, entstanden zunächst Pittsburgh, Buffalo, Cleveland, Detroit, Cincinnati und Louisville, dann St. Paul/Minneapolis, Milwaukee, Chicago und St. Louis, die beiden letzteren als wichtigste »gateway cities« in den Westen, und schließlich Omaha, Kansas City und Denver. Von Cincinnati übernahm Chicago für lange Zeit die Rolle als größtes Fleischverarbeitungszentrum; seit mehreren Jahrzehnten sind die riesigen Schlachthöfe stillgelegt.

Hinter der Barriere des Felsengebirges lag inselhaft das 1847 von den Mormonen gegründete Salt Lake City. An der Pazifikküste gab es ein paar relativ frühe Siedlungsansätze bei San Diego, Los Angeles, San Francisco, Portland und Seattle.

WACHSTUM UND WANDLUNG DER STÄDTE. Die zweite Entwicklung war gekennzeichnet vom städtischen Wachstum und dem Wandel zur transportmittelorientierten Stadt. Ansätze von Funktionsteilung und Bevölkerungssegregation zeigten sich schon zu Beginn des 19. Jahrhunderts. In den 30er und 40er Jahren bildete sich bereits ein kleines Marktviertel in Boston um die Faneuil Hall, ein auf die Hafenanlagen ausgerichtetes Handelsviertel und an der State Street ein kleines Finanzviertel. Erste Wohnviertel der aus der Innenstadt hinausziehenden gehobeneren Schicht entstanden entlang den Pferdebahnen und als inselförmige Vororte an den Haltepunkten der Eisenbahn. Die innerstädtischen Wohngebiete wurden mehr und mehr den sozial schwächeren, oft ethnischen Minoritäten zugehörenden Schichten überlassen, womit bereits die ersten Slums entstanden. Etwa zwischen 1880 und 1910 bildeten sich zahlreiche Streetcar Suburbs im Gefolge des Straßenbahnbaus.

AUSBREITUNG DER VORORTZONE. Bereits die Zeit zwischen den beiden Weltkriegen brachte eine verstärkte Vorortbildung, und es tauchten städtebauliche Elemente wie der Commercial Strip, das Motel und das Shopping Center auf. Aber die gewaltige Explosion der Vorortzonen, die als »urban sprawl« (sprawl = ausspreizen, wuchern) bezeichnet wird, setzte vor allem nach dem Zweiten Weltkrieg ein, als im Umland der Städte sich endlos erstreckende Siedlungen mit Einfamilieneigenheimen ausbreiteten. Allein in den zwei Jahrzehnten ab 1945 verdreifachte sich der private Kraftfahrzeugbestand von 25 Mio. auf 75 Mio., in den vier Jahrzehnten 1950 bis 1990 wuchs die US-amerikanische Bevölkerung von rund 150 Mio. auf 250 Mio. an. Der Babyboom der Nachkriegszeit sorgte für eine hohe Nachfrage nach familiengerechten Wohnungen und Häusern. Die aus dem Krieg heimgekehrten Soldaten gründeten Neuhaushalte und suchten nach preisgünstigem Wohnraum, der am ehesten auf billigem Boden draußen an den Stadträndern zu bekommen war. Die Tendenz zum Eigenheim im Vorort wurde von verschiedenen Kreditgebern gefördert, z. B. von der Veteran's Association, die Kriegsheimkehrern günstige Baudarlehen zur Verfügung stellte, und von der Federal Housing Administration, die für den öffentlichen Wohnungsbau zuständig war und Subventionen bevorzugt für Neubauten vergab. Private Bauträger errichteten ihre großen Eigenheimsiedlungen auf preisgünstigem Gelände in der Vorortzone. Zu solchen »developers« gehört z. B. die Maklerfirma Levitt & Sons, die von 1947 bis 1951 drei Vorortsiedlungen namens Levittown erbaute: Bei Philadelphia, auf Long Island und bei Trenton im Staat New York. Das auf Long Island errichtete Levittown zählte 1960 bereits 15 741 Einheiten mit 65 276 Einwohnern.

UNTERSCHIEDLICHES WACHSTUM DER STÄDTE. Während der 70er und 80er Jahre ergaben sich deutliche Veränderungen, die als »counterurbanization« (Gegenurbanisation) bezeichnet wurden. Dieser Begriff wurde leider auch mißinterpretiert; es war sogar von »rural renaissance«, von einer ländlichen Renaissance die Rede, was jedoch vollkommen verkehrt ist. Die Städte wachsen weiterhin. Es geht nur darum, welche Städte

und in welcher Weise sie wachsen. Darin zeigen sich gegenüber den ersten Nachkriegsjahrzehnten drei Unterschiede.

Erstens ist es bei den Kernstädten der SMSAs im Durchschnitt seit 1970 zu einem Nullwachstum gekommen; selbst die Ringe der SMSAs sind im gesamten Jahrzehnt 1970–80 nur noch um 1,6% gegenüber noch 3,8% in den 50er Jahren gewachsen. Das schließt aber nicht aus, daß die großen Städte auch weiterhin im Wachstum begriffen sind; sie wachsen nur nicht mehr so schnell und nicht überall. Die meisten Kernstädte der Metropolen im Norden und nördlichen Mittelwesten haben tatsächlich Bevölkerungsverluste erlitten.

Kräftiges Wachstum verzeichnen hingegen die Städte im Süden, und zwar nicht nur im Südwesten (z. B. Phoenix), sondern auch im Alten Süden (z. B. Atlanta) und die Städte im Westen. Es geht also nach wie vor auch noch um das Anwachsen etlicher Metropolen; selbst bei negativer Bevölkerungsbilanz bleiben die Metropolen des Nordostens und nördlichen Mittelwestens die Kontrollzentren der Wirtschaft. Einige Großstädte des Südens wie Houston, Dallas oder Oklahoma City legten zwar kräftig in Teilbereichen des Tertiärsektors wie Finanzwesen und Handel zu. Da es sich jedoch bei diesen neuen Arbeitsplätzen vielfach um Zweigniederlassungen von Firmen aus dem Norden handelt, sehen viele Amerikaner hierin eine Fortdauer der Abhängigkeit des Südens vom Norden unter anderen Vorzeichen.

WACHSTUM DER MITTEL- UND KLEINSTÄDTE. Zweitens sind in gewissem Gegensatz zum Metropolenwachstum im Süden und Westen viele Arbeitsplätze in den Nordstaaten in Mittel- und Kleinstädten entstanden. Günstigere Bodenpreise und bessere Umweltbedingungen dürften zu den wesentlichen Pull-Faktoren gehören, die diese Verlagerungen bewirkten. Aber auch hierbei ist vom Wachstum die Stadt und nicht das Land betroffen. Klein- und Mittelstädte wachsen schneller als die ganz großen Städte; aber selbst diese Aussage bedarf einer Einschränkung. Die Statistik arbeitet mit Prozentzahlen, also relativen Werten. So beschleunigte sich das Wachstum der nichtmetropolitanen Gebiete von 0,5% im Jahrzehnt 1950–60 auf 1,3% im Jahrzehnt 1970–80. Das raschere prozentuale Wachstum einer Kleinstadt bedeutet jedoch nicht immer eine stärkere Bevölkerungszunahme als das prozentual geringere einer mehrere Millionen Einwohner zählenden Stadt.

AUSWEITUNG DER URBAN VILLAGES. Drittens haben sich bei den Metropolen die höchsten Wanderungsgewinne und das rascheste Wachstum in die 30 km und weiter entfernten Randgemeinden verlagert, die nicht mehr zu den statistisch ausgewiesenen MSAs gehören. Diese Randgemeinden sind die sog. Exurban Counties, in denen heute vielfach um Shopping Center und Office Parks sog. Urban Villages entstehen. In Größenordnung und Art der Bebauung zeigen die Urban Villages deutliche Unterschiede sowohl gegenüber den traditionellen Vororten als auch gegenüber der Kernstadt. Sie haben mittlere Bevölkerungsdichten, die über denen der älteren Suburbs, aber deutlich unter denen der Kernstadt liegen.

Die Urban Villages tendieren zu einem gewissen mittleren Konzentrationsgrad, der für eine bestimmte Infrastruktur notwendig ist. So bedarf es etwa einer Mindestzahl von 250 000 Einwohnern innerhalb eines Radius von 5 bis 8 km, damit sich ein gut ausgestattetes regionales Shopping Center rentiert, oder eines Mindestangebots von 2,5 Mio. Quadratfuß Bürofläche, um

Dodge City (Kansas) in den Great Plains war eine der berühmten Verlade-
stationen für Vieh, das über weite Strecken hierher getrieben wurde. Die ober-
irdischen Versorgungsleitungen sind typisch für amerikanische Städte.

aufgrund des resultierenden Geschäftsverkehrs ein 250-Zimmer-Hotel gewinnbringend zu betreiben. Die günstige Erreichbarkeit des Central Business District (CBD) über eine Stadtautobahn scheint ein entscheidender Standortfaktor zu sein. Es ist auffällig, daß viele Bürohauskomplexe an Autobahnen und besonders an den Kreuzungspunkten einer radialen Stadtautobahn mit einem Autobahnring entstanden sind.

Ein gutes Beispiel für diese Entwicklung ist der Perimeter Ring I 285 um die Stadt Atlanta. In seinem Nordabschnitt entstanden drei Shopping Center: Cumberland Mall, Perimeter Mall und Northlake Mall. Bald folgten Betriebe der High-Tech-Branche, die sich von der Cumberland Mall über die Perimeter Mall in nordöstlicher Richtung bis zum jungen Technology Park hinziehen und diesem bandartigen Siedlungsgebilde die Bezeichnung »Technology Alley« eintrugen.

Im Großraum St. Louis werden seit 1980 Eigenheime angeboten, die über 30 km vom Stadtkern entfernt noch jenseits des Autobahnringes I 270 liegen. Die Namen dieser Siedlungen wie Spring Valley Woods, Green Trails West oder Thousand Oaks lehnen sich zwecks Werbewirksamkeit an tatsächliche oder auch nur vorgegebene Naturelemente an.

Noch weiter entfernte und nicht mehr an die Metropolitan Areas angrenzende Counties haben nur Wachstumschancen, wenn es sich um bergwirtschaftliche Erschließung handelt oder wenn sie ein gutes touristisches Potential besitzen.

DIE STÄDTEBÄNDER. In manchen Landesteilen sind durch das allmähliche Zusammenwachsen einer Mehrzahl von Städten ganze Städtebänder oder »strip cities« im Entstehen begriffen. Noch gibt es allerdings in den meisten dieser etwa 15 stark verstädterten Bereiche genügend offene Flächen. Besonders weit fortgeschritten ist die Verdichtung an der Atlantikküste im Städteband zwischen Boston und Washington D. C., das »Boswash« genannt wird, und im Städteband zwischen Pittsburgh und Chicago/Milwaukee, dem sog. »Chipitts«.

EINHEITLICHES BILD DER GROSSEN STÄDTE. Von ihrer Form und Struktur her bieten die Großstädte der USA ein recht einheitliches Bild, weshalb sie von manchen Reisenden gar als austauschbar empfunden wurden. Im Zentrum bildete sich seit den letzten beiden Jahrzehnten des 19. Jahrhunderts der Central Business District (CBD) heraus, der sich nach und nach mit Wolkenkratzern auffüllte. Um ihn herum entstand eine sehr heterogene Übergangszone, in der u. a. Transportunternehmen und Lager zu finden sind. Die innenstädtischen Wohnviertel sind gekennzeichnet von relativ altem, oft ziemlich verfallenem Baubestand und einer Massierung ethnischer Minoritätengruppen, aber auch von Veränderungen durch verschiedene Programme zur Stadterneuerung. Oft setzen zentral an den CBD entlang von Eisenbahnlinien sektorenförmige Fabrikviertel an. Die Vororte mit ihrem überwiegenden Bestand niedriger Ein- und Zweifamilienhäuser bilden einen oft riesigen Kranz um die kompakter bebauten Innenstadtviertel.

SCHACHBRETT ALS GRUNDRISS. Der Stadtkern weist in vielen Fällen einen Schachbrettgrundriß auf, der schon in kolonialer Zeit angewendet wurde: Den Spaniern im Südosten war diese Form durch ein kaiserliches Dekret von 1521 vorgeschrieben; auch die Franzosen benutzten das Schachbrett, wie die von ihnen entlang dem Mississippi angelegten Städte zeigen; manch-

mal fand es auch bei den Engländern Verwendung, z. B. in Savannah (Georgia).

In amerikanischer Zeit wurde das Schachbrett zur Regel. Das von der Land Ordinance 1785 für das große Gebiet der Public Land States verbindlich gemachte quadratische Vermessungssystem gab auch für städtische Siedlungen die Leitlinien vor. Häufig kann man feststellen, wie das Straßenraster im Stadtzentrum auf die Ufer eines Flusses oder Sees orientiert ist, dann aber bald in das Koordinatensystem der Haupthimmelsrichtungen umschwenkt. Ein weiterer Faktor war die Rentabilität. Es sollte schnell und billig gesiedelt werden. Vor allem die Eisenbahngesellschaften, die zahlreiche Siedlungen selbst gründeten, verwendeten einen einzigen Grundrißplan, ein Schachbrett, das immer wieder kopiert wurde, so daß sich mehrere Städte entlang einer Bahnstrecke in allen Details bis zur Lage des Bahnhofs und der Straßennamen genau glichen. In Nebraska benannte eine Eisenbahngesellschaft die von ihr gegründeten Städte nach dem Alphabet (ABC-Städte): Asylum, Berks, Crete, Dorchester, Exeter, Fairmount, Grafton, Harvard, Inland, Juniata, Kenesaw, Lowell, Newark.

Auch die Vergabe von Hausnummern war sehr simpel. Im Schachbrett bilden eine Nord-Süd und eine West-Ost verlaufende Straße ein Achsenkreuz, das die Stadt in eine Nord- und Südhälfte bzw. Ost- und Westhälfte teilt. Von diesem zentralen Punkt aus werden die Baublöcke numeriert, indem jedem Straßenabschnitt ungeachtet der tatsächlichen Häuserzahl genau 100 Nummern zugewiesen wurden. Damit hat jedes Straßenkreuz seine Koordinaten, und jedes Haus ist leicht zu lokalisieren. In County-Sitzen findet sich in zentraler Lage der Courthouse Square mit dem County Courthouse.

Die Nachteile des Schachbrettgrundrisses sind erst im Automobilzeitalter offenbar geworden. Alle Straßen sind gleichwertig; nur in wenigen Städten wurden einzelne breitere Boulevards herausgehoben oder zusätzliche Diagonalen angelegt. Und alle 100 oder 120 m trifft man auf eine Kreuzung. Um die gefährliche Situation beim Abbiegen etwas zu entschärfen und den Verkehrsfluß besser zu gestalten, hat man sich damit beholfen, ein Einbahnstraßensystem einzuführen. In jüngerer Zeit ist man weitgehend vom Schachbrett abgekommen.

HOLZBAUWEISE ALS WESENSMERKMAL. Typisch für die Städte der USA ist die weite Verbreitung der Holzbauweise. Bei mindestens 70% aller Wohneinheiten dürfte Holz das hauptsächliche Baumaterial auch der Außenwände sein. Die Holzbauweise breitete sich mit der Übertragung der Blockhütte durch Einwanderer aus Böhmen-Mähren und Skandinavien aus. Trotz deutlichen Ansteigens der Holzpreise seit den 70er Jahren ist das Bauen noch immer relativ billig. Für ein etwa gleichgroßes Wohnhaus muß der amerikanische Käufer bei weitem nicht so lange sparen wie ein bundesdeutscher: Er benötigt nur ein Drittel der Zeit. Das erklärt mit die weite Verbreitung des Einfamilieneigenheims, dessen Anteil regional unterschiedlich ist, aber in den Städten Kaliforniens häufig mehr als 80% aller Wohneinheiten ausmacht.

Mit der Holzbauweise sind aber zwei gravierende Nachteile verbunden. Fast jede US-amerikanische Stadt ist innerhalb ihrer relativ kurzen Geschichte einmal oder gar mehrfach abgebrannt. Wegen der hohen Feuergefahr bestehen strenge Vorschriften; Feuerleitern sind bei mehrgeschossigen Häusern obligatorisch und verschandeln die Fassade, wenn sie nachträglich angebracht wurden. Zum anderen ist die Lebensdauer eines in Leichtbauweise ausgeführten Hauses vergleichsweise geringer. Der Slumcharakter mancher Stadtviertel ist nicht zuletzt auch darauf zurückzuführen.

ENTWICKLUNG DER DOWNTOWN. Viele Städte erließen schon frühzeitig für ihren Kernbereich Bauvorschriften, die eine feste Bauweise mit Ziegeln und Naturstein verbindlich machten. Für den sich ab 1885 ausbreitenden Wolkenkratzer war ohnehin das Stahlskelett die Voraussetzung. Die allmähliche Massierung der Wolkenkratzer im CBD mit Höhen, die beim Empire State Building in New York oder beim John Hancock Center und beim Sears Tower in Chicago über hundert Geschosse hinausgingen, und die gleichzeitige Massierung der Arbeitsplätze mit entsprechend hohem Pendlerverkehr und hohen Bodenpreisen beschleunigten vielfach als starke Push-Faktoren das Wachstum der Vorortzone und den Verfall des CBD.

Diese Entwicklung erreichte um 1970 einen Höhepunkt und bewog Stadtverwaltungen sowie sich aus freiwilligen Zusammenschlüssen betroffener Geschäftsleute gebildete Downtown Development Associations zu teils rigorosen Umgestaltungsplänen, die allerdings häufig nur in bescheidenem Maße in die Realität umgesetzt wurden. Zum Teil dürften sie über ein vernünftiges Maß hinausgegangen sein. Meist wurde die Zusammenfassung mehrerer herkömmlicher Baublöcke zu jeweils einem neuen Superblock sowie eine weitgehende Neubebauung und die Zuweisung jeweils nur einer bestimmten Funktion für einen Superblock vorgesehen. Da eine derart rigorose Funktionsentflechtung nicht im Sinne einer vernünftigen Stadtplanung steht, kam es meist zu behutsameren Erneuerungsprogrammen. Es gab allerdings einige sehr einschneidende Projekte wie in der Downtown von St. Louis, wo 34 Baublöcke abgerissen und zu einem Neubaugelände zusammengefügt wurden, auf dem dann ein großes Baseball-Stadion entstand mit Parkgaragen und anderen Folgeeinrichtungen. Die Rechnung der Planer ging jedoch nicht auf. Zwar wurden zahlreiche Sportbegeisterte in das Stadion gelockt; der anschließende Besuch von Restaurants, künstlerischen Einrichtungen oder Unterhaltungsstätten der Downtown blieb aber aus.

MALLS, SKYWAYS UND LUXUSAPARTMENTS. Mit verschiedenen Maßnahmen wurde versucht, dem Abwärtstrend entgegenzusteuern. Manche Städte legten um ihre Downtown einen Ring von Parkhäusern an, um den Stadtkern selbst dem Fußgänger zu überlassen. Hier wurden auch Einkaufspassagen (Malls) angelegt, die häufig über Skyways miteinander verbunden sind. Skyways sind überdachte Brücken, die über die Autostraßen in Höhe des ersten Obergeschosses führen. Da auf diese Weise über viele Baublöcke hinweg die Gebäude erreichbar sind, können Kunden die Geschäfte aufsuchen, ohne auf die Straße oder überhaupt ins Freie zu müssen. Skyways entstanden zunächst in Städten mit kalten Wintern; die größten Skyway-Systeme besitzen bisher Minneapolis, St. Paul und Milwaukee.

In den direkt benachbarten Baublöcken der Downtown tauchten ab Mitte der 60er Jahre high-rise Apartment Buildings auf. Diese mit Komfort ausgestatteten Wohnhochhäuser sollten die gehobenere Schicht in die Innenstadt locken. Als potentielle Mieter dieser nicht familiengerecht gestalteten Wohnungen waren Singles oder kinderlose Paare angesprochen, die gut bezahlte Positionen in der Downtown innehaben. Der Ausgleich für die sehr hohen Mieten bestand in gewissem Luxus und der Möglichkeit, die Arbeitsstätte zu Fuß zu erreichen. Allerdings waren nur einige dieser Projekte erfolgreich. Andere waren in unmittelbarer Nachbarschaft zu heruntergewirtschafteten oder schon abgerissenen Bauten entstanden und boten daher gerade für anspruchsvolle Mieter wenig Anreiz. Das Nebeneinander von alter Bausubstanz mit sozial schwachen Mietern und Luxuswohnungen der Wohlhabenden brachte zudem eine Polarisierung beider Bevölkerungsgruppen mit sich.

Um die Attraktivität der Downtown zu erhöhen, wurden verschiedene Einrichtungen gebaut: Downtown Motels, moderne Shopping Gallerias, großzügige Komplexe von Kongreßzentren in Verbindung mit Ausstellungshallen, Konzertsäle und andere Gebäude für künstlerische, wissenschaftliche und sportliche Veranstaltungen; zudem entstanden Megastrukturen, Hochhauskomplexe mit verschiedensten Funktionen unter einem Dach. Zur besseren Nutzung des kostbaren Grund und Bodens wurden auch die sog. Air Rights in Anspruch genommen, d. h. es wurden Hochhäuser über Bahnanlagen oder Teilstücken von Stadtautobahnen errichtet.

DENKMALSCHUTZ. In vielen Stadtzentren wurden aber auch Maßnahmen ergriffen, um die historisch wertvolle und erhaltenswerte Bausubstanz zu schützen. Die Finanzierung der denkmalpflegerischen Arbeiten ist sehr unterschiedlich. Der historische Bezirk des floridanischen St. Augustine wurde zum National Monument erklärt und in die Zuständigkeit des National Park Service gegeben. Virginias kolonialzeitliche Hauptstadt Williamsburg fand schon 1926 in John D. Rockefeller einen begeisterten Mäzen. Seitdem wurden aus Mitteln der Rockefeller-Stiftung über 400 Häuser restauriert. Der Unterhalt der historischen Altstadt wird auch weiterhin zu etwa einem Drittel von der Stiftung und zu zwei Dritteln über touristische Einnahmen finanziert. In vielen Städten gibt es Conservation Societies oder Historic Foundations, die über Fonds Gebäude aufkaufen und sie an restaurierungswillige Erwerber veräußern, um mit dem Erlös wieder neue Häuser anzukaufen. So wechselten zwischen 1954 und 1968 in der historischen Altstadt von Savannah 130 von 253 Häusern den Eigentümer.

Historische Gebäude konnten auch mittels des Transfer of Development Rights (TDR) vor dem Abriß gerettet werden. Um den Abriß historisch wertvoller Gebäude zugunsten von höheren und finanziell lukrativeren Neubauten zu vermeiden, erhalten bauwillige Eigentümer aus einem Fonds eine Ausgleichszahlung für entgangene Einnahmen. Dieser Fonds wird über die Eigentümer der benachbarten Grundstücke finanziert, die als Gegenleistung eine Ausnahmegenehmigung bekommen und abweichend vom Bauleitplan die Geschoßflächenzahl ihrer Gebäude bis zu 20% erhöhen können. Inzwischen können auch Eigentümer etwas weiter abgelegener Grundstücke bei Zahlung in den Fonds eine Ausnahmegenehmigung beantragen.

VERFALL DER INNENSTÄDTE. Viele Innenstadtviertel waren jahrzehntelang dem Verfall preisgegeben. Ursachen hierfür sind die Leichtbauweise der Häuser und das Besteuerungssystem, das Hauseigentümern keinen Anreiz zu Investitionen und Instandhaltung der Gebäude bietet. Das sog. Improved-Value-System legt nicht das Grundstück, sondern den – laufend abnehmenden – Wert des Gebäudes zugrunde. Mit zunehmendem Verfall werden die zu zahlenden Steuern immer geringer. Viele

Eigentümer, zumal wenn sie mehr als nur ein Haus besitzen, stellen irgendwann die Steuerzahlung ganz ein, so daß aufgrund dieser »tax delinquency« Grundstück und Gebäude ins Eigentum der Gemeinde übergehen. Da solche Häuser oft unbewohnbar geworden sind, ergibt sich ein hoher Leerstand.

Erschwerend für die Instandhaltung kommt hinzu, daß in den vom Verfall betroffenen Vierteln sanierungswillige Eigentümer als nicht kreditwürdig gelten. Dieses »red lining«, das Abstecken von Gebieten, in die keine Kredite vergeben werden, war selbst bei der bundesstaatlichen Federal Housing Authority (FHA) üblich, ein erstaunliches Gebaren einer staatlichen Institution, die hier privatwirtschaftliche Maßstäbe ansetzte.

»URBAN HOMESTEADING« UND »GENTRIFICATION«. So kam es in weiten Bereichen der inneren Wohnviertel zu Verslumung: Einerseits wurden frühere Einfamilienhäuser in mehrere Wohnungen unterteilt und somit überbelegt, andererseits gab es einen erheblichen Leerstand. Zur Anhebung der Wohnqualität wurden verschiedene Maßnahmen ergriffen. In einigen Städten kam es zu umfangreichen Flächensanierungen über den bundesstaatlich geförderten Wohnungsbau, wodurch manche Viertel völlig ihr Aussehen veränderten. Manche Stadtverwaltungen griffen zu einem sehr pragmatischen Mittel, dem »urban homesteading«. Vergleichbar der Landvergabe über das Heimstättengesetz im 19. Jahrhundert übereigneten sie der Gemeinde zugefallene und leerstehende Häuser gegen eine minimale Anerkennungsgebühr an renovierungswillige Familien, die sorgfältig aus den Bewerbern ausgewählt wurden. Sie erhielten eine geringe finanzielle Hilfe für die Beschaffung von Baumaterial, mußten aber ansonsten Renovierung und Modernisierung in Eigenarbeit durchführen. Auf diese Weise wurden ganze Straßenzüge aufgewertet, was sich wiederum positiv auf die nähere Umgebung ausgewirkt hat.

Jüngere zahlungskräftige Angehörige der Mittelschicht erwarben zum Teil von sich aus Wohnungen oder Häuser in Innenstadtvierteln, die sie in Eigenfinanzierung renovierten und modernisierten. Diese Aufwertung von baulich und sozial abgefallenen Innenstadtvierteln durch Besserverdienende wird »gentrification« genannt, hergeleitet von der Bezeichnung »gentry« für niederen Adel. Beispiele für »gentrification« sind die Innenstadtviertel Canton und Poppleton in Baltimore oder Inman Park in Atlanta. In solchen Vierteln haben sich die Veränderungen der Bevölkerungsstruktur statistisch niedergeschlagen in überdurchschnittlichen Familieneinkommen, Zunahme von Doppelverdienern, Verjüngung der Wohnbevölkerung, höherem Bildungsstand und Abnahme der Haushaltsgröße. Teilweise wurde aber auch schwarze Wohnbevölkerung von den weißen Zuzüglern verdrängt, und es trat eine Verknappung von preisgünstigem Wohnraum ein.

INDUSTRIESEKTOREN UND VORORTZONE. Abweichend vom europäischen Stadtgefüge entstanden kompakte Fabrikviertel in unmittelbarer Nachbarschaft zur Downtown. In großen Teilen der USA liefen Stadtgründung und Eisenbahnbau simultan ab. Häufig waren die Eisenbahngesellschaften selbst die Stadtgründer, die um den Bahnhof die neue Siedlung anlegten. Daher zerschneiden Gleiskörper das zentrale Stadtgebiet; direkt außerhalb der Downtown haben sich an den Bahnlinien Industrieunternehmen angesiedelt. Diese Industriesektoren sind auch zu Leitlinien der Verslumung geworden.

An die inneren Wohnviertel schließt sich die Suburbia an, eine unendlich erscheinende Vorortzone, die immer weiter ins Umland hinausgreift. In der Suburbia lösen sich bebaute und unbebaute Flächen ab. Dieses »Überspringen« freier Flächen, die in Erwartung steigender Verkaufserlöse von den Besitzern zurückgehalten werden, bezeichnen die Amerikaner als »leapfrogging«, analog dem Hüpfen des Laubfroschs. Die bebauten Flächen werden meist in sehr kleine Parzellen aufgeteilt, so daß die Eigenheime dicht gedrängt nebeneinander stehen; oft unterscheiden sie sich nur geringfügig vom Nachbarhaus.

In die Vorortzone sind vor allem die besser verdienenden Weißen gezogen, oft Familien mit heranwachsenden Kindern. Neben dem Wunsch, die Kinder im geräumigen Eigenheim und im halbländlichen Gebiet aufwachsen zu lassen, spielt auch die Schulqualität eine Rolle. Sie ist in den Vororten meistens besser als in der Innenstadt, wo in den schlechter ausgestatteten Schulen große Klassen vorherrschen, in denen häufig Kinder aus Minoritätengruppen überwiegen und weniger qualifizierte Lehrer unterrichten.

Häufig besteht auch der Wunsch nach Nachbarschaft zu gesellschaftlich Gleichgestellten, so daß sich alters- und einkommensspezifische Vororte, »lifestyle suburbs«, herausgebildet haben. Teilweise wurde eine solche Differenzierung sogar durch »exclusionary zoning« gesteuert, d. h. durch Vorschriften wie etwa Mindestabmessungen von Parzellen, die unerwünschte Bevölkerungsgruppen, vor allem Schwarze, die sich die jeweilige Grundstücksgröße nicht leisten konnten, ausschließen sollten. Ein vom Obersten Gerichtshof 1975 gegen diese Praxis gefälltes Urteil dürfte nur wenig Wirksamkeit besitzen.

Eine Rolle beim Umzugsverhalten spielt auch die Kapitalanlage. Nach Herden (1986) sind in manchen Vororten viele Zuzügler nicht aus der Kernstadt, sondern schon aus anderen Vororten gekommen, und bei vielen verbindet sich eine Verbesserung ihrer sozialen Stellung, also vertikale Mobilität, mit einem Wechsel des Wohnstandortes, also horizontaler Mobilität.

SUBURBANISIERUNGSWELLEN. Etwa seit Ende des Ersten Weltkriegs hat es mehrere Suburbanisierungswellen gegeben. Zunächst zog ein Teil der Wohnbevölkerung in die Vororte; häufig blieben diese Menschen berufsmäßig weiter mit der Kernstadt als Pendler verbunden. Gleichzeitig, in manchen Fällen sogar schon vorher, ging der Einzelhandel in Form großer Shopping Center in die Vorortzone; ebenfalls relativ früh wurden Industriearbeitsplätze hinausverlagert. Es kam zur Gründung zahlreicher Industrial Parks, oftmals durch Eisenbahngesellschaften auf ihrem einstigen Betriebsgelände. Ab Mitte der 60er Jahre tauchten zwei weitere Elemente in der Vorortzone auf. Waren die Vororte bis dahin die Domäne des Eigenheims gewesen, begannen Developers (S. 91) nun mit dem Bau von Mietwohnblöcken. Ältere Menschen, die nicht länger die Pflege eines eigenen Hauses und Gartens auf sich nehmen wollten, mußten nun nicht mehr in einem anderen Stadtgebiet eine Wohnung suchen, sondern konnten eine solche in ihrem bisherigen Wohnvorort finden. Zum anderen kamen die ersten Office Parks, d. h. Teile des tertiären Wirtschaftssektors begannen sich hinauszuverlagern. Dieser Vorgang ist bei einzelnen Großstädten sehr unterschiedlich weit fortgeschritten. Einen Extremfall stellt Atlanta dar, wo gegenwärtig rund 70% der Bürofläche außerhalb der Stadt Atlanta angeboten werden und nur noch 30% in Atlanta selbst. In Chicago ist das Verhältnis noch umgekehrt.

DIE »NEUEN STÄDTE«. Schließlich müssen noch die sog. Neuen Städte erwähnt werden. Vorläufer gab es in den von einem Grüngürtel umgebenen Gartenstädten der 30er Jahre: Greenbelt nahe Washington D.C., Greendale nahe Milwaukee und Greenhills nahe Cincinnati. Seit den 60er Jahren sind in den gesamten USA mehrere hundert Siedlungsobjekte mit Einwohnerzahlen zwischen 20 000 und 150 000 ausgeführt worden. Eines der bekanntesten ist Reston in Virginia nahe dem Dulles International Airport von Washington D.C. Schon der Name, abgeleitet von »rest«, soll Ruhe suggerieren. Hier gibt es ein außerordentlich vielfältiges Angebot nach Gebäudegröße, Gebäudehöhe, Baustil, Eigentum- und Besitzverhältnissen. Meist sind die Neuen Städte nach dem Nachbarschaftsprinzip (S. 173) ausgelegt. Zahlreiche Neugründungen entstanden in Sunbelt-Staaten wie Florida, Kalifornien und Arizona als sog. Rentnerstädte, u. a. Sun City (S. 388) in Arizona.

FÖRDERUNG DES WOHNUNGS- UND STÄDTEBAUS. Seit dem New Deal der 30er Jahre hat die Unionsregierung in zunehmenden Maße auf den Städtebau Einfluß genommen. Der National Housing Act von 1934 markierte den Beginn des öffentlich geförderten Wohnungsbaus in den USA. Der Housing Act von 1949 führte zur Gründung der Urban Renewal Administration, die für die Stadterneuerung zuständig wurde. 1965 wurde die für den öffentlichen Wohnungsbau zuständige Home Finance Agency in das Department of Housing and Urban Development (HUD) umgewandelt, womit die USA erstmals ein Wohnungs- und Städtebauministerium erhielten.

Einzelstaatliche Gesetzgebung erlaubte es den Städten, in bescheidenem Maße auf die Flächennutzung auch außerhalb ihrer administrativen Grenzen Einfluß zu nehmen. Dieses »extraterritorial zoning« erstreckte sich in der Regel auf eine drei bis fünf Meilen breite Zone und war auf bestimmte Zwecke gerichtet, z. B. Wasserversorgung und Entwässerung, Beschränkung der Industrieansiedlungen oder Inspektion von Milch und Fleisch, die für den städtischen Markt bestimmt waren.

Der Regional Planning Act von 1957 begründete entscheidende unionsstaatliche Finanzhilfe für Planungsgremien, die für die gesamte Metropolitan Area tätig sind. Sie werden von gewählten Vertretern der beteiligten Gebietskörperschaften gebildet. Ansätze zu übergemeindlicher Planung hatte es schon in den 20er Jahren gegeben, aber nicht in diesem Maße: Innerhalb eines Jahrzehnts entstanden rund 150 metropolitane Planungskommissionen. Zwar bestanden Schwierigkeiten vor allem weiterhin dort, wo Metropolitan Areas mit meist mehreren benachbarten Kernstädten über einzelstaatliche Grenzen hinweg reichten, aber auch hier kam es zu einer gewissen Koordination verkehrstechnischer und städtebaulicher Maßnahmen.

Nach dem Federal-Aid Highway Act von 1962 übernahm die Unionsregierung 90% der Kosten für den Stadtautobahnbau, allerdings geknüpft an die Bedingung, daß ein Generalverkehrsplan (Transportation Study) aufgestellt und laufend fortgeschrieben wird. Die Städte machten von dieser Möglichkeit reichlich Gebrauch, mit allen negativen Folgen. Die bis zu 20spurigen Stadtautobahnen verschlangen enorme Flächen und zerschnitten den Baukörper, während die Stadtautobahnringe zu Magneten für die Ansiedlung von Industrie- und Dienstleistungsbetrieben wurden und den Suburbanisierungsprozeß schnell ins Umland weiter hinaustrugen.

Der Mass Transportation Act von 1964 begründete die maßgebliche Subventionierung eines städtischen Schnellbahnnetzes, für das allerdings der Nachweis der Wirtschaftlichkeit erbracht werden mußte. Das ist für viele Städte ein sich über Jahre hinstreckender Prozeß gewesen, denn es ist eines der gravierendsten Probleme der US-amerikanischen Großstädte, daß sich wegen der gewaltigen Ausdehnung ihrer Vorortzone und der damit verbundenen großen Flächenhaftigkeit und geringen Bevölkerungsdichte ein linienhaftes Schnellbahnnetz kaum rentabel gestaltet. In manchen Städten der Vereinigten Staaten hat die Straßenbahn in Form des sog. Light Rail Transit (LRT), einer Mischung zwischen herkömmlicher Straßenbahn und elektrischer Vorort-Eisenbahn, eine neue Phase des öffentlichen Nahverkehrs eingeläutet.

Generell kann man sagen, daß die unionsstaatliche Förderung des Städtebaus mit der politischen Ausrichtung der jeweiligen Regierung schwankt. Demokratische Administrationen neigen eher zu Förderungsmaßnahmen, während republikanische die bestehenden Förderungsprogramme eher einschränken.

WIRTSCHAFT UND VERKEHR

Die wirtschaftliche Vormachtstellung der USA

Im Laufe des 20. Jahrhunderts haben sich die USA zu einer der stärksten Industrienationen mit höchsten Wirtschaftsleistungen und sehr hohem Lebensstandard entwickelt. Seit etwa drei Jahrzehnten wird ihnen die globale Spitzenstellung allerdings durch den enormen Aufschwung Japans und die zur EG zusammengeschlossenen europäischen Staaten streitig gemacht.

Einige Indizien mögen dies verdeutlichen: Nach dem Bruttosozialprodukt (5518 Mrd. US-$, 1990), dem Wert aller im Land erzeugten Güter und Dienstleistungen, und nach dem privaten Pro-Kopf-Konsum, dem privaten Pkw-Besitz und nach dem Pro-Kopf-Energieverbrauch nehmen die USA eine absolute Spitzenstellung ein, zum Teil in deutlichem Abstand vor Japan und den europäischen Industriestaaten. Allerdings sollte man nicht »das andere Amerika« vergessen: 1987 lebten 13,5% aller Familien bzw. 28,2% aller hispanischen und 33,1% aller schwarzen Familien unterhalb der Armutsgrenze, die für jenes Jahr mit 11 611 US-$ für einen vierköpfigen Haushalt festgelegt war.

HOHER ANTEIL AN WELTPRODUKTION. Bei nur 2,4% Erwerbstätigen in der Landwirtschaft produzieren die USA neben zahlreichen anderen pflanzlichen und tierischen Erzeugnissen einen Großteil der jährlichen Welterzeugung von Sojabohnen (44%), Pflanzenfetten (43%), Mais (29%), Baumwolle (18%) und Weizen (10%). Am Weltexport stellen sie hohe Anteile bei Mais (64%), Sojabohnen (74%), Pflanzenfetten (51%), Weizen (30%) und Baumwolle (22%). Obwohl nur 0,2% der Erwerbstätigen im Bergbau tätig sind, kommt bei vielen Bodenschätzen ein hoher Prozentsatz der weltweiten Fördermenge aus den USA: Erdgas (25%), Kohle (20%), Erdöl (15%), Uran (15%), Molybdän (50%), Kupfer (13%), Titan (12%), Vanadium (13%) und Blei (10%). Bei etwa 18% der Erwerbstätigen in der Industrie sind die USA mit rund 24% an der Weltindustrieproduktion beteiligt. Unter anderem stehen sie im Automobilbau an der Spitze aller Länder, wenn auch in dieser Branche die hohe Konjunkturabhängigkeit zu kurzfristigen großen Schwankungen in der Produktion führt.

GROSSER RAUM MIT REICHER NATURAUSSTATTUNG. Fragt man sich, wie es zu dieser enormen Leistungskraft der US-amerikanischen Wirtschaft gekommen ist, muß man ein ganzes Bündel von günstigen Faktoren nennen, wobei die Größe und Naturausstattung des Wirtschaftsraums, der ständige Zustrom an Menschen, der »Wirtschaftsgeist« des Amerikaners und die Organisationsformen seiner Wirtschaft die bedeutendsten sein dürften.

Die Größe und Ausstattung des Staatsgebiets der USA haben sich in mehrfacher Hinsicht vorteilhaft auf ihre wirtschaftliche Entfaltung ausgewirkt. Die Ausdehnung des Staatsgebiets über mehrere Klimazonen hinweg ermöglichte die Produktion aller ackerbaulichen Erzeugnisse mit Ausnahme ausgesprochen tropischer Kulturpflanzen sowie eine sich über einen großen Teil des Jahres hinziehende Agrarproduktion mit entsprechender eigener Versorgung des Binnenmarktes. Hinzu kommt in einigen Landesteilen die hohe Bodenfruchtbarkeit; hierzu gehören z. B. die Schwarzerdeböden des Präriegebiets und die Lößböden südlich des im Pleistozän vom Inlandeis bedeckten Gebiets. Kräftige Produktionssteigerungen im Gefolge von Mechanisierung, Saatzucht, hohem Düngereinsatz und Ausweitung der Bewässerungsfläche haben derartige Mengen agrarischer Produkte hervorgebracht, daß sie die Amerikaner »weder verbrauchen noch verkaufen noch verschenken« können.

Auch sind weite Landesteile bei der gegebenen naturgeographischen Vielfalt reichlich mit Bodenschätzen wie Kohle, Erdöl, Eisen- und Kupfererz ausgestattet. Abgesehen von der marktnahen appalachischen Kohle, die unter unzeitgemäßen Umständen weiter abgebaut wird, konnten die Amerikaner bisher vor allem die günstigsten, im Tagebau zu erschließenden Lagerstätten nutzen. Die Schichtleistung liegt dabei verständlicherweise viel höher; sie ist mindestens dreimal so hoch wie im Untertagebau.

VIELFÄLTIGE MÖGLICHKEITEN DER STANDORTWAHL. Für die Industrie bietet der große Wirtschaftsraum beste Möglichkeiten der Standortwahl. Zwar ist heute in vielen Branchen die Abhängigkeit von der Rohstoffbasis oder von bestimmten Transportbedingungen nicht mehr in dem Maße gegeben wie in frühindustrieller Zeit. Deutlich wird aber die Flexibilität bei Prozessen wie den kontinentweiten Standortverlagerungen der Aluminiumindustrie, die bei extrem hohem Energieverbrauch empfindlich auf regionale Unterschiede im Energiepreis reagiert. Ihre Anfänge basierten auf der Energiegewinnung aus Kohle in den nördlichen Appalachen. Die großen Aluminiumhersteller gründeten in den 40er Jahren Zweigwerke im Pazifischen Nordwesten aufgrund der durch Ausbau des Columbia-Flusses preisgünstig angebotenen Wasserenergie. Eine erneute Welle von Zweigwerken suchte Mitte der 40er bis Mitte der 50er Jahre die Golfküstenregion auf, in der aufgrund inzwischen erschlossener Lagerstätten billiges Erdgas angeboten wurde. Ende der 50er Jahre wurde abermals ein anderer Standortbezirk aufgesucht, nämlich das Ohio-Tal im westlichen Manufacturing Belt, wo Energie von den neuen Wärmekraftwerken geliefert wurde, die der positiven Kohlepolitik und bewußten Drosselung der eigenen Erdölförderung erwachsen waren.

RIESIGER MARKT BEGÜNSTIGT »BIG BUSINESS«. Die große räumliche Ausdehnung bedeutet einen kontinentweiten Binnenmarkt, der sich infolge kontinuierlicher Einwanderung und deutlichen natürlichen Wachstums schon zur Jahrhundertmitte auf 150 Mio. und bis zur Gegenwart auf 250 Mio. Konsumenten vergrößert hat. Hinzu kommt allerdings die hohe Kaufkraft der Bevölkerung.

Marktausdehnung und Umfang der Rohstoffquellen begünstigten die Formierung des Großbetriebs; von 1860 bis 1900 bauten eine Handvoll bedeutender Unternehmer Wirtschaftsimperien auf. Dazu nahmen sie umfangreiche Darlehen aus Europa auf, so daß die Auslandsverschuldung der US-Wirtschaft Anfang der 1890er Jahre nach Silberschmidt (1958) 3 Mrd. US-$ betrug, für die damalige Zeit eine enorme Summe. Nach anfänglichem harten Konkurrenzkampf der Unternehmen brachte eine zweite Entwicklungsphase Preisabsprachen und andere Vereinbarungen im Rahmen sog. Pools. In einer dritten Phase kam es zur korporativen Verflechtung in Trusts, einer von John D. Rockefellers Rechtsanwalt gefundenen lockeren Form der Vereinigung gleich orientierter Unternehmen zu einer Interessengemeinschaft mit zentraler Geschäftsleitung, aber separatem Eigentum.

Es war der Beginn des »Big Business«, die Zeit der Wirtschaftsmagnaten wie Armour und Swift (Fleischindustrie), Bell (Telefonwesen), Carnegie (Stahlindustrie), Morgan (Bankwesen und im Eisenbahnbau), Pullman und Vanderbilt (Eisenbahnbau) und Rockefeller (Erdölindustrie). Den Anfang mit der Trustbildung machte die Standard Oil Company, die 1883 rund 40 Gesellschaften umfaßte und 90% der Raffinerien und Ölleitungen kontrollierte. In der United States Steel Corporation waren 228 Gesellschaften vereinigt, die fast 70% der US-amerikanischen Eisen- und Stahlerzeugung steuerten. Die 1899 gegründete Amalgamated Copper Company kontrollierte 60% der Kupferproduktion (Schlesinger 1954). Die 1890 einsetzende Anti-Trust-Gesetzgebung wurde mit der Gründung von Holding-Gesellschaften, dem Erwerb der Aktienmehrheit von konkurrierenden Firmen oder der Vergabe von Lizenzen umgangen. Unter den 15 größten Unternehmen der Welt waren 1984 gemessen am Umsatz nicht weniger als zwölf und 1990 sieben US-Firmen, u. a. General Motors (125,1 Mrd. US-$ Umsatz), Exxon (105,9 Mrd. US-$), Ford Motor Company (98,3 Mrd. US-$) und IBM (69,0 Mrd. US-$).

POSITIVE EINSTELLUNG ZU ARBEIT UND ERFOLG. Mehrere weitere Faktoren gehören zu den anthropogeographischen Rahmenbedingungen, von denen zunächst die positive Einstellung einer Mehrheit der Amerikaner zu Arbeit, Geld und Erfolg zu nennen ist. Das calvinistische Denken der Puritaner, das bis zur Gegenwart nachwirkt, ist durch sittlichen Ernst, Fleiß, Strebsamkeit, Sparsamkeit und den Glauben gekennzeichnet, daß sich ein »gottgefälliges« Leben in irdischem Erfolg niederschlägt. Diese Wertvorstellungen haben sich in zahlreichen Aussprüchen niedergeschlagen: »Time is money«, »Another day — another dollar«, »In God we trust — but here pay cash« oder auch »To keep up with the Johnsons«; letzteres bedeutet, es dem Nachbarn gleichzutun oder ihn gar zu übertreffen. Die allmähliche Verkürzung der Arbeitszeit wurde von vielen Amerikanern dazu genutzt, am frühen Feierabend und am Wochenende einen zweiten oder gar dritten Job anzunehmen; Auto und Eigenheim wurden zu Statussymbolen. Da die Handwerkerpreise sehr hoch sind, repariert und erneuert der Amerikaner vieles in Eigenleistung (»Do-it-yourself«).

»WIRTSCHAFTSGEIST« DER AMERIKANER. Der Berliner Wirtschaftsgeograph Alfred Rühl hat vor vielen Jahren vom »Wirtschaftsgeist« der Amerikaner vielleicht etwas überspitzt, aber doch treffend gesagt: »Stets hat die Wirtschaft den Primat, alles wird daraufhin geprüft, wie das Wirtschaftsleben darauf reagieren muß, und alles wird verworfen, was es irgendwie hemmen könnte; im Konflikt mit menschlichen, sozialen, ästhetischen Forderungen wird es immer den Sieg davontragen. Was er auf wirtschaftlichem Gebiet geleistet hat, ist des Amerikaners größter Stolz . . . Alles wird nur unter wirtschaftlichen Gesichtspunkten betrachtet, alles ist nur für den Erwerb da, der Amerikaner sieht nicht das Land, sondern Grundstücke, nicht die Felder, sondern den Ertrag, nicht den Wald, sondern Holz, nicht den Wasserfall, sondern die Pferdekräfte. An jedem Ding interessiert ihn zunächst die wirtschaftliche Seite. Als ein Schwarm von Amerikanerinnen in Paris an das Grab des Unbekannten Soldaten mit der ewig brennenden Flamme herangeführt wurde, war die erste Frage an den Führer: ›What do you burn? Oil?.‹«

Allerdings müssen diese Aussagen in zweierlei Hinsicht relativiert werden. Während die puritanische Tradition den größeren Teil der Nation geprägt hat, ist die Mentalität zumindest eines Teils der Südstaatler eine andere gewesen. Zum anderen haben seit den 60er Jahren mit dem Aufkommen der Hippie-Bewegung landesweit Strömungen an Boden gewonnen, deren Anhänger in einem beschaulichen Dasein abseits von Alltagsstreß und Gewinnstreben ihr Ideal sehen.

GESUNDER PRAGMATISMUS. Zu der geschilderten weit verbreiteten Grundhaltung kommt ein gesunder Pragmatismus hinzu. Bereits am Beginn des 19. Jahrhunderts taten die USA mit der Standardisierung im produzierenden Gewerbe einen entscheidenden Schritt in Richtung auf die Massenproduktion. Die Einführung der Fließbandarbeit in Fords Automobilwerken in den 20er Jahren und die Automation seit den 50er Jahren waren weitere Meilensteine auf dem Weg zur Warenherstellung in Großserie. Das führte zu günstigen Produktionskosten und niedrigen Preisen für die Ware.

Die günstige Preisgestaltung war die eine, gute Entlohnung für die geleistete Arbeit die andere Seite. Henry Ford führte nicht nur das Fließband in seinen Betriebsstätten ein, sondern sorgte durch Zahlung relativ hoher Löhne auch für die Anhebung der Kaufkraft und damit des Absatzes; seinem Vorbild folgten bald andere Unternehmer.

BAHNBRECHENDE ERFINDUNGEN. Ein weiterer wichtiger Punkt sind die Erfindergabe und Experimentierfreudigkeit, verbunden mit der Bereitschaft zu unternehmerischem Risiko. Die Technik ist der Bereich, in dem sich die USA am frühesten aus der Abhängigkeit von europäischen Vorbildern gelöst haben. Sprichwörtlich für Erfindungsgabe und wirtschaftlichen Erfolg der Amerikaner ist die »Yankee ingenuity« geworden. Zahlreiche bedeutende technische Erfindungen oder deren Weiterentwicklung bis zur kommerziellen Verwendbarkeit gehen auf gebürtige oder auch eingewanderte Amerikaner zurück. Hier seien nur einige der wichtigsten genannt: Blitzableiter von Benjamin Franklin (1752), Verbesserung der Baumwollentkörnungsmaschine durch Eli Whitney (1793), Dampfschiff von Robert Fulton (1807), Revolver mit Trommelmagazin von Samuel Colt (1831), Telegraph von Samuel F. Morse (1832), Vulkanisierung des Gummis von Charles Nelson Goodyear (1839), Schlafwagen mit Seitengang und Längsbetten von George Mortimer Pullman (1864), Schreibmaschine von Christopher Latham Sholes, Soule und Carlos Glidden (1867), Zelluloid von John Wesley Hyatt (1869), automatische Druckluftbremse von George Westinghouse (1872), Telefon von Alexander Graham Bell (1876) gleichzeitig mit Johann Philipp Reis, Phonograph von Thomas Alva Edison (1877), etwas später von dem aus Deutschland eingewanderten Emil Berliner zum Plattenspieler weiterentwickelt, elektrische Kohlefadenglühbirne von Edison (1879), Lochkarte von Hermann Hollerith (1895), Rollfilm von George Eastman (1890), Motorflug der Gebrüder Orville und Wilbur Wright (1903). Später kamen die Nylonfaser hinzu, das Radargerät, der Kernreaktor (von dem aus Italien eingewanderten Enrico Fermi), die Atombombe, das Überschallflugzeug, der Computer, der Transistor und der Laser (gleichzeitig in der UdSSR entwickelt). Der in den USA konzipierte Containerverkehr revolutionierte das Transportwesen.

IMPULSE DURCH EINWANDERER. Ein nicht unbedeutender Faktor für die wirtschaftliche Entwicklung war die Einwanderung. Gehörte auch das Gros der Einwanderer den ärmeren Schichten an, waren doch unter den politisch oder religiös Verfolgten gebildete und wohlhabende Leute, die ihre Intelligenz und Energie dem neuen Heimatland zur Verfügung stellten. Unter den vor dem Nationalsozialismus in den 30er Jahren Geflüchteten waren viele Wissenschaftler, die in den USA ihre Forschungen fortsetzten; nach dem Krieg holten sich die USA deutsche Wissenschaftler mit Druck, aber auch mit verlockenden Angeboten ins Land.

ORGANISATION DER WIRTSCHAFT. Die Amerikaner gelten nicht zu Unrecht als Meister der Marktanalyse und Werbung, herstellungs- und verkaufstechnische Fragen stehen bei ihnen im Vordergrund. Schon der französische Geograph André Siegfried sagte, daß die Grundlagen der industriellen Revolution in Europa gelegt wurden, aber die Amerikaner diejenigen waren, die rasch die Konsequenzen daraus gezogen haben.

Die Wirtschaftspolitik der Regierung ist im allgemeinen dem Grundsatz der Maximierung des Kapitalprofits verpflichtet gewesen. Lange Zeit war es eine Politik des Liberalismus, die nach dem Prinzip des Laissez-faire die staatliche Macht und Kontrolle nur in dem Maße zur Eingrenzung von Privatinitiative und Privateigentum einzusetzen pflegte, als es im Interesse der Allgemeinheit lag. Ein Beispiel sind die Eisenbahngesellschaften, die nicht zuletzt dank der staatlichen Landschenkungen zu den ersten Großunternehmen in den USA heranwuchsen. Sie boten sich nicht selten gegenseitig heftigste Konkurrenz und

versuchten die Verluste, die durch Unterbieten der Beförderungspreise entstanden, durch besonders hohe Tarife auf Nebenlinien auszugleichen, zum Schaden der Landbevölkerung. 1887 griff die Regierung ein, als sie die Interstate Commerce Commission (ICC) zwecks Reglementierung der über einzelstaatliche Grenzen hinweg operierenden Eisenbahnen gründete.

ZURÜCKHALTUNG BEI SOZIALEN MASSNAHMEN. Im allgemeinen übte die Regierung auch mit sozialen Maßnahmen Zurückhaltung. Noch heute sagen viele Amerikaner über Empfänger von Sozialhilfe: »They get something for nothing.« Dahrendorf (1968) hat in den geringen Bindungen des einzelnen an seinen Wohnsitz und damit verbunden an Sozialversicherung, öffentliche Krankenkassen und ähnliche Institutionen mit einen Grund für die höhere Mobilität des Amerikaners gesehen. Erst ein halbes Jahrhundert später als in Deutschland wurde in den USA ein Versicherungswesen mit dem 1935 erlassenen Social Security Act in Gang gebracht.

VERSTÄRKTE EINGRIFFE SEIT NEW DEAL. Unter den besonderen Umständen der Wirtschaftsdepression in den 30er Jahren kam es im Zuge von Franklin D. Roosevelts Reformpolitik des New Deal erstmals zu starken Eingriffen des Staates in viele Bereiche der Wirtschaft. Zwangsläufig folgte ein umfangreicher Ausbau des Behördenapparates, eine nicht ohne Widerspruch akzeptierte Entwicklung, die als Entstehen einer »vierten Gewalt« neben Legislative, Exekutive und Judikative kritisiert worden ist. Dies bedeutete jedoch nicht wirklich einen Bruch mit der amerikanischen Tradition; Roosevelt selbst hat immer den Kompromiß mit den Republikanern und ihrem Wirtschaftsliberalismus gesucht.

Seitdem hat der Staat in zunehmendem Maße beratend, korrigierend und subventionierend in viele Bereiche der Wirtschaft eingegriffen, sei es durch Preisstützungsprogramme für Agrarprodukte, umfangreiche Auftragsvergabe an Betriebe der Rüstungsindustrie und Raumfahrttechnik, Überführung der privaten Eisenbahnen in gemischtwirtschaftliche Unternehmen wie Amtrak und ConRail unter staatlicher Beteiligung oder die mit entsprechenden Auflagen gemachte finanzielle Beteiligung (»matching funds«) von 50% an den Kosten für den Ausbau städtischer Infrastruktur (z. B. urban expressways). Aus dem angestrebten freien Kapitalismus ist eine mehr oder weniger stark regulierte kapitalistisch-korporative Wirtschaft geworden. Dieses »industrial system« ist nach Klein (1976) auch durch intensive Verflechtungen von Wirtschaft und Staat, durch zunehmende betriebliche Konzentration und Monopolisierung sowie durch den Rückgang des Einflusses der Gewerkschaften gekennzeichnet.

Strukturen der Landwirtschaft

Im Laufe des 20. Jahrhunderts hat sich die Landwirtschaft in den Vereinigten Staaten stark verändert. Die Volkszählung von 1900 wies noch 60,3% der Einwohner als »Farmbevölkerung« aus; das sind in der Landwirtschaft Erwerbstätige und ihre Familienangehörige. Bis 1990 schrumpfte der Anteil der

landwirtschaftlichen Erwerbstätigen auf 2,4%. Die Investitionen der Farmer in Maschinen, Bewässerungsanlagen, Düngemittel und andere Einrichtungen sind aber derart umfangreich geworden, daß heute pro Farm etwa zwei Personen im weiteren Sinne agrarbezogene Arbeitsplätze einnehmen. Sie sind also außerhalb des eigentlichen Agrarsektors, aber indirekt doch für die Landwirtschaft tätig.

Das Farmland ging zwischen 1950 und 1980 von 486 Mio. ha auf 422 Mio. ha zurück. Bis zur Wirtschaftsdepression um 1930 hatte es noch umfangreiche Neulandgewinnung gegeben. So stieg von 1900 bis 1930 die landwirtschaftliche Nutzfläche um 24 Mio. ha. Seit den 40er Jahren kamen dagegen nur noch relativ kleine Bewässerungsareale hinzu, die aber bei weitem nicht die aus der agraren Nutzung herausgenommenen Flächen wettmachen. Schätzungen zufolge gehen jährlich 1,2 Mio. ha Nutzfläche u. a. für Straßen- und Wohnungsbau, Fabrikanlagen, Einkaufszentren, Flugplätze und Stauseen verloren, davon etwa ein Drittel erstklassiges Ackerland. Weitere 1,6 Mio. ha werden jährlich wegen Erosionsschäden aus der agraren Nutzung herausgenommen. Bei der gegebenen Überproduktion liegt die Stillegung agrarer Nutzflächen im Interesse der Regierung. Eine der wichtigsten Maßnahmen des Farm Security Act von 1985 war ein Programm zur Flächenstillegung, das binnen fünf Jahren eine Bodenreserve von 16 bis 18 Mio. ha schaffen sollte.

DREI AGRARE REVOLUTIONEN.

Seit den 30er Jahren gab es in den USA drei agrare Revolutionen, die sich zeitlich teilweise überlagerten. Die erste war die über das Land hinweggehende Mechanisierungswelle. Allein der Bestand an Traktoren wuchs von 300 000 (1920) auf 2 Mio. (1943) und 5,2 Mio. (1962). Von da ab ging mit schrumpfender Anzahl der Farmen auch die Traktorenzahl zurück. Um 1965 war ebenfalls ein Höchststand an Mähdreschern, Lkw und Erntemaschinen für Grünfutter erreicht.

Die durchschnittliche Investition in eine Familienfarm liegt heute bei 1 Mio. US-$, wovon ein erheblicher Anteil auf den Maschinenpark entfällt. Viele Farmer haben aber erkannt, daß bei zunehmender Spezialisierung auf ein bis zwei Produkte die Maschinen nur sehr gering ausgelastet sind und daß es vorteilhafter ist, vor allem die Erntearbeiten über Leasing oder über Kontraktfirmen im Lohnverfahren durchzuführen. Mit der Mechanisierung war ein enormer Rückgang an Zugpferden verbunden; man schätzt, daß die Einsparung der für sie benötigten Futterfläche einem Flächengewinn für andere Produkte von 28 Mio. ha entsprach.

Etwa Mitte der 30er Jahre setzte die zweite agrare Revolution ein, die mit Saatzucht, verstärktem Düngereinsatz, Ausweitung der Bewässerungsfläche und bodenkonservierenden Maßnahmen eine kräftige Steigerung der Flächenproduktivität brachte. In einem Jahrzehnt (1935–45) dehnte sich der Hybridenmais vom Kerngebiet des Maisanbaus im nördlichen Mittelwesten über das gesamte maisanbauende Gebiet aus und trug zu einer Ertragssteigerung von etwa 38% bei. Die Verlagerung des Baumwollanbaus auf Bewässerungsland der Südweststaaten bewirkte eine Steigerung der Hektarerträge von 61%. Umgerechnet kommen diese Ertragssteigerungen einem fiktiven Flächenzuwachs von 38 Mio. ha gleich.

Die dritte agrare Revolution besteht in grundlegenden Veränderungen der betrieblichen Organisationsformen. Zum einen nahm der Kontraktanbau zu, wobei die einzelne Farm in ein größeres Unternehmen, z. B. ein Saatzuchtunternehmen, integriert wird. Dieses stellt das Saatgut, setzt die Richtlinien für die Saatzucht fest und übernimmt unter vertraglich festgelegten Bedingungen die Ernte. Der Farmer selbst stellt eigentlich nur noch seine Fläche und seine Arbeitskraft zur Verfügung. Auch in der sich stark ausbreitenden Geflügelhaltung ist oftmals die einzelne Geflügelfarm in ein Großunternehmen integriert.

STRUKTURWANDEL DER FARMEN.

Insgesamt ging die Entwicklung in zwei Richtungen, einerseits zu den stark um sich greifenden Korporationen und andererseits zu den Farmergenossenschaften. Die mit dem Heimstättengesetz von 1862 geschaffene Familienfarm, einst Grundlage der Landwirtschaft und Ideal der US-amerikanischen Gesellschaft, war 64 ha groß; das ist mehr als die doppelte Fläche des gegenwärtig in Westeuropa angestrebten Vollbauernbetriebes. Da sich Siedler häufig über noch nicht volljährige Kinder oder über Strohmänner ein zusätzliches Grundstück beschafften, war die durchschnittliche Farmgröße schon damals größer. Über die mehrfach veränderte Heimstättengesetzgebung wurden im 20. Jahrhundert schließlich bis zu 384 ha große Ländereien an einzelne Siedler vergeben. Zwischen 1920 und 1960 verdoppelte sich der Anteil der über 100 ha großen Betriebe von 11% auf 22%.

Im Zeitraum 1950 bis 1980 sank die Zahl der Farmen in den USA rapide von 5,65 Mio. auf 2,43 Mio., d. h. binnen drei Jahrzehnten wurde mehr als die Hälfte aller Farmen aufgegeben. Gleichzeitig stieg die Durchschnittsgröße der US-amerikanischen Farm von 86,2 ha auf 176,0 ha.

DIE KORPORATIONEN.

Verantwortlich für diese enorme Umstrukturierung waren vor allem die Korporationen. Große Wirtschaftsunternehmen, vorzugsweise Firmen der Nahrungsmittelindustrie, haben sich in die Landwirtschaft eingekauft und lassen über angestellte Manager große Ländereien bewirtschaften. Die Nahrungsmittelunternehmen verschaffen sich damit ihre eigene Rohstoffbasis mit dem Ziel, von der Urproduktion über die Verarbeitung bis zum Verkauf alles in der eigenen Hand zu haben. Unter diesen Firmen befinden sich Carnation (Milchprodukte) und Del Monte (Obst, Gemüse) in San Francisco, McNeill & Libby (Milchprodukte, Obstsäfte), Minute Maid (Getränke), Missouri Beef (Rindvieh) in Plainview, Texas, Southdown (Zuckerfabrikation) in Houston und Tropicana (Obstsäfte) in Bradenton, Florida. Es gehören dazu aber auch Einzelhandelsketten wie Safeway mit Firmensitz in Oakland (Kalifornien) und Southland mit Sitz in Dallas (Texas). Selbst Unternehmen mit ursprünglich ganz anderen Betätigungsfeldern haben sich in die Landwirtschaft eingekauft wie z. B. Boeing (Flugzeugbau), Goodyear (Autoreifen), Kaiser Aluminium oder Tenneco (Erdöl, Schiffsbau).

Für die Korporationen gibt es sowohl sektoral wie regional bevorzugte Bereiche. So lohnt z. B. eine durchschnittliche Maisfarm im Mittelwesten kaum, da die zu tätigende Investition weniger Erlös bringt als die Geldanlage auf der Bank. Häufig sind die Eigentümer solcher Farmen verschuldet und subventionieren ihren Betrieb indirekt mit Arbeit außerhalb der Landwirtschaft, u. a. durch Berufstätigkeit der Frau. Zu den bevorzugten Zweigen gehören dagegen die Geflügelzucht, da diese stark rationalisiert ist und eine Person für den Betrieb einer Geflügelfarm von 100 000 Stück ausreicht.

Die Bewässerungswirtschaft ist vor allem dort lukrativ, wo das Berieselungssystem der zentrierten Drehbewässerung angewendet werden kann. Auch der Anbau von Zitrusfrüchten verspricht große Profite, da auf einem relativ gut überschaubaren Sektor leicht die Marktkontrolle zu erreichen ist. Diese bevorzugten Zweige weisen aber eine mehr oder weniger starke regionale Konzentration auf, die bei Obst- und Weinanbau sowie Geflügelzucht recht groß, bei Artischocken oder Knoblauch extrem ist. Deshalb zeigen die Korporationen im Hinblick auf das gesamte Staatsgebiet der USA deutliche räumliche Schwerpunkte wie z. B. Kalifornien, Texas und Florida.

DIE FARMGENOSSENSCHAFTEN. Im immer härter werdenden Konkurrenzkampf mit diesen Großbetrieben haben sich die übrigen Farmen in zunehmendem Maße zu landwirtschaftlichen Genossenschaften zusammengeschlossen. Nach Klohn (1988) zählten sie Mitte der 80er Jahre 4,8 Mio. Mitglieder; das sind etwa doppelt so viele, wie es Farmen in den USA gibt, was bedeutet, daß sehr viele Farmer Mitglied in mehr als einer Genossenschaft sind. Auch beim Genossenschaftswesen zeigen sich produktionsbedingte bzw. regionale Schwerpunkte. So befindet sich die Vermarktung von Milch zu 78% in den Händen landwirtschaftlicher Genossenschaften, so daß diese besonders in den Milchwirtschaftsgebieten der Staaten Neuenglands und des nördlichen Mittelwestens hervortreten.

Rund 40% der landwirtschaftlichen Nutzfläche befinden sich heute im Eigentum von Korporationen, die annähernd 60% der Verkäufe agrarischer Produkte kontrollieren; weitere 30% werden von den landwirtschaftlichen Genossenschaften vermarktet. Das sind zusammen 90% der Gesamtproduktion. Für die traditionelle eigenständige Familienfarm verbleiben ganze 10% Marktanteil.

STAATLICHE EINGRIFFE IN DEN AGRARSEKTOR. Mit dem Beginn des New Deal 1933 schuf die US-Regierung eine Commodity Credit Corporation, die für Strukturprobleme der Landwirtschaft zuständig war. 1938 führte sie für einige wichtige Anbauprodukte wie Baumwolle, Mais und Weizen das »acreage-allotment«-System ein, das den Anbau dieser Pflanzen auf festgesetzte Flächenanteile für jede Farm beschränkte. 1941 wurden »marketing quotas« festgelegt, die das Verkaufsvolumen des einzelnen Farmers einschränkten. Bei Beachtung dieser Auflagen wurden dem Farmer Mindestpreise garantiert.

Die Stützungsprogramme für die Landwirtschaft mit ihrer ständigen Überproduktion wurden immer wieder modifiziert, aber im Prinzip enthält auch der Farm Security Act von 1985 als eine von drei wesentlichen Maßnahmen noch immer ein Programm mit Anbaubeschränkungen und an bestimmte Produkte gebundene Preisgarantien (u. a. für Baumwolle, Milch, Weizen und Zucker). Eine zweite Maßnahme des Gesetzes ist die Außenhandelsförderung bzw. staatlich subventionierter Ankauf und Lagerung, eine dritte das schon angesprochene Programm zur Flächenstillegung.

Der wachsenden Arbeits- und Flächenproduktivität standen Verschlechterungen auf dem Weltmarkt gegenüber, bedingt vor allem durch abnehmende Bevölkerungszahlen und zunehmenden Selbstversorgergrad in vielen Industrieländern sowie durch schwaches Wirtschafts- und Einkommenswachstum in den Entwicklungsländern. Hinzu kamen ein mehrjähriges Getreideembargo gegenüber der Sowjetunion und schwankende Getreidekäufe der VR China. Jahrelang hat die US-Regierung versucht, den agrarischen Überhang durch Tauschgeschäfte mit Ländern der Dritten Welt zu verringern. Über das sog. Barter Program wurden in diese Länder Weizen und andere Nahrungsmittel als Hilfeleistung zur Bekämpfung der Hungersnot geliefert im Tausch gegen Rohstoffe. Da diese Lieferungen aber nicht immer

im Einklang mit den von der UNO-Ernährungsorganisation FAO festgelegten Richtlinien erfolgen, wonach es sich um zusätzliche Lieferungen über den normalen Handel hinaus handeln muß, stieß das Tauschgeschäft vor allem auf den erbitterten Protest Kanadas, des größten Weizenexporteurs. Vorübergehend stellten die USA 1973 das Barter Program ein; 1982 wurde es in eingeschränktem Umfang vor allem mit Ländern des karibischen Raums wieder aufgenommen.

DAS BELT-KONZEPT. Schon während der Kolonialzeit war die Landwirtschaft in der Grenzlandzone über die Eigenversorgung des Farmers hinaus marktorientiert. Allerdings waren die Transportkosten noch hoch, was dazu beitrug, daß Getreide auch in veredelter Form als Whiskey versandt oder geschmuggelt wurde. Im Eisenbahnzeitalter verlor der Transportfaktor die Bedeutung, was zu einer räumlichen Differenzierung der Produktionsrichtungen führte, indem mit der Konzentration des Maisanbaus in Ohio, Illinois, Iowa und Indiana und dem Vorrücken der Weizenbau-Frontier sich der Osten mehr auf andere Agrarprodukte zu spezialisieren begann.

Die regionale Dominanz bestimmter Produktionsrichtungen führte um 1880 dazu, von »belts« oder Gürteln zu sprechen. Analog der Anordnungsmuster von Klima- und Bodenzonen in der Osthälfte zeigt sich eine nordsüdliche Abfolge von Milchwirtschafts-, Mais- und Baumwollgürtel; jenseits der Ostgrenze der Plains-Staaten gibt es eine mehr ostwestliche Abfolge von Weizengürtel in den Plains, extensiver Viehhaltung und Bewässerungswirtschaft im intermontanen Raum und Intensivkulturen in der Zone von Puget-Sund, Willamette-Tal und Großem Kalifornischem Längstal.

Dieses Belt-Konzept ist als grobe Orientierung für eine Gliederung des Agrarwirtschaftsraums durchaus nützlich, jedoch sollte man sich seiner eingeschränkten Aussagekraft bewußt sein. Erstens leitet sich die Kennzeichnung der einzelnen Gürtel von der regionalen Dominanz und Flächenhaftigkeit bestimmter agrarischer Produkte ab. Hinsichtlich der Bedeutung des einzelnen Produkts für das Einkommen des Farmers ergibt sich z. B. für den sog. Weizengürtel, daß mit Ausnahme eines einzigen Staates der Verkauf von Rindvieh an erster Stelle steht. Zweitens war schon zur Zeit des Aufkommens dieser Gürtel-Bezeichnungen die Produktion vielfältiger, so daß neben der namensgebenden Leitkultur andere wichtige Produktionsrichtungen bestanden, wie z. B. Tabak und Reis im sog. Baumwollgürtel. Drittens sind im Laufe von 100 Jahren tiefgreifende Veränderungen eingetreten; zur Schonung des Bodens wurden Rotationen oder gar Nachfolgekulturen auf Dauer eingeführt, so daß z. B. innerhalb des sog. Maisgürtels heute Sojabohnen in Ohio an erster und in Illinois sowie Indiana an zweiter Stelle des Farmeinkommens stehen.

DER MILCHWIRTSCHAFTSGÜRTEL. Der sog. Dairy Belt oder Milchwirtschaftsgürtel zieht sich von der Atlantikküste durch die Neuenglandstaaten und mittelatlantischen Staaten über die Große-Seen-Staaten Michigan, Wisconsin und Minnesota bis zum Mississippi hin. In diesem Raum sind etwa 40% des Milchviehbestands der USA konzentriert und etwa die Hälfte aller Farmen als Milchwirtschaftsbetriebe zu bezeichnen. Sie beziehen ihr Farmeinkommen zu über der Hälfte aus Milchproduktion oder aus dieser zusammen mit dem Verkauf von Kühen und Rindern.

Die Naturausstattung der Neuenglandstaaten legte Heugewinnung und Grünlandwirtschaft nahe, in den Staaten des Mittelwestens wurde Mais die Futtergrundlage. Während in Neuengland vor allem die großen Städte an der Atlantikküste einen Markt für Frischmilch bilden, kann der Mittelwesten nicht soviel Milch verbrauchen, so daß hier in erster Linie Molkereiprodukte hergestellt werden. Die Butter- und Käseherstellung in Wisconsin (»America's Dairyland«) wurde hauptsächlich von Einwanderern aus der Schweiz und Skandinavien begründet.

Der Dairy Belt verdient seine Bezeichnung noch am ehesten, aber man sollte nicht übersehen, daß es auch in diesem Gebiet eine größere Produktpalette gibt. So hat z. B. New Jersey aufgrund seines weit verbreiteten Gemüseanbaus (vor allem Tomaten, Spargel, Salat) den Spitznamen »Garden State« erhalten. Das Aroostook-Tal in Maine ist für seinen Kartoffelanbau berühmt. In New Jersey, New York und Pennsylvania gibt es heute viele Geflügelfarmen, die ebenfalls für den nahen Großstadtmarkt produzieren. Wisconsins Landwirtschaft liefert u. a. Zuckermais für die menschliche Nahrung, Kohl zur Sauerkrautherstellung, Gurken, Tomaten, rote Rüben, Zuckerrüben, Erbsen, Sojabohnen, Kartoffeln, Tabak und die großen Preiselbeeren (Vaccinium macrocarpon). Als »cranberry sauce« sind sie unentbehrliche Beilage für das Truthahnessen, das Nationalgericht der Amerikaner. Auf der Door-Halbinsel am Michigansee wird Obst, im Hinterland der Bierbrauerstadt Milwaukee wird Braugerste geerntet.

DER MAISGÜRTEL. Obwohl der südlich und südwestlich anschließende Corn Belt oder Maisgürtel immer noch das Hauptanbaugebiet von Mais ist und die fünf Staaten Indiana, Illinois, Iowa, Missouri und Ohio die Hälfte der US-amerikanischen Maiserzeugung auf sich vereinigen, nimmt Mais gemessen am Farmeinkommen nur noch in Indiana und Illinois den ersten Platz ein. In Ohio hat bereits die Sojabohne den Mais auf den zweiten Platz verwiesen, und in Nebraska steht der Verkauf von Rindvieh vor dem von Mais. In Delaware, Maryland, Wisconsin, Minnesota und Iowa liegt Mais auf Platz drei.

Zwei Einwände müssen gegen die Bezeichnung Maisgürtel erhoben werden. Da Mais den Boden recht einseitig durch hohen Stickstoffverbrauch beansprucht, haben viele Farmer Rotationen eingeführt und bauen nicht mehr jedes Jahr Mais auf derselben Fläche an. Vor allem werden Stickstoffsammler, die sich günstig auf die Bodenfruchtbarkeit auswirken, in die Rotation aufgenommen. Das Zentrum des Maisanbaus ist deshalb zugleich das Hauptanbaugebiet für Sojabohnen; die Bezeichnung Mais-Soja-Gürtel wäre also angemessener.

Das vollständige Bild dieses Agrarwirtschaftsgebiets ist damit aber noch längst nicht erfaßt: Ein großer Teil der Maisernte wird nicht verkauft, sondern bereits in der Region an Mastvieh verfüttert. Kleinere Betriebe mästen wegen der kürzeren Zeit bis zur Schlachtreife eher Schweine, während sich größere auf Rinder spezialisiert haben; zunehmend wird Milchvieh gehalten. Stehen im Farmeinkommen von Michigan, Wisconsin und Minnesota Molkereiprodukte vorn, so belegen in den Kernstaaten des Maisgürtels Schweine- und Rinderverkäufe in Iowa die beiden vordersten Plätze, in Indiana und Illinois die Plätze drei und vier; in Ohio nehmen Molkereiprodukte und Schweine die Plätze drei und vier ein.

Ab 1935 breitete sich binnen kurzer Zeit der Hybridenmais aus. Er ermöglichte nicht nur mit kälteresistenteren Sorten eine Verlagerung der Maisanbaugrenze nach Norden bis etwa Duluth am Oberen See, sondern sorgte auch für die Entstehung eines neuen Landwirtschaftszweiges. Die aus der zweimaligen Kreuzung von vier Linien hervorgehenden Hybriden werden als Saatgut an die Maisfarmer verkauft. Da der geerntete Mais für die erneute Aussaat ungeeignet ist, muß immer wieder neues Saatgut gezüchtet werden. Aus dieser Notwendigkeit heraus bildeten sich Saatgutfirmen, wie z. B. die DeKalb-Agricultural Research in DeKalb (Illinois), die Funks Brothers Seed Company in Bloomington (Illinois) oder die Pioneer Hi-Bred Corn Company in Des Moines (Iowa), die sich um weitere Betriebszweige zur Hy-Line-Geflügelzucht und zur Sorghum-Hybridisierung vergrößerte. Der Hybridenmais kann dichter gepflanzt werden, macht aber sehr hohe Düngergaben erforderlich, die dreimal im Jahr verabreicht werden: Einmal vor dem Pflügen, dann während des Pflügens und nochmals nach mehrwöchigem Wachstum. Der Düngerverbrauch ist in Teilen des Maisgürtels binnen kurzer Zeit um ein Mehrfaches gestiegen.

DER BAUMWOLLGÜRTEL. Im südlich anschließenden Cotton Belt oder Baumwollgürtel war selbst zur Zeit seiner maximalen Ausdehnung um 1930 nicht mehr als ein Sechstel der gesamten Betriebsfläche der Farmen mit Baumwolle bepflanzt. In großen Teilen der Südstaaten spielten schon immer andere Kulturpflanzen, die Viehhaltung und die Pferdezucht (vor allem in der Bluegrass-Region Kentuckys) eine Rolle. In North Carolina erwirtschaftet der Virginia-Tabak (bright tobacco) fast die Hälfte des Farmeinkommens. Kentucky erzeugt den Burley-Tabak, bei dem nicht die einzelnen Blätter, sondern die ganze Pflanze geerntet wird. Indigo war in kolonialer Zeit bedeutend, bis ihn Ende des 19. Jahrhunderts die Indigosynthese entbehrlich machte. Im Gebiet des Mississippi-Deltas wurden Reis und Zuckerrohr angebaut.

Die auf den Sea Islands vor der Küste Georgias und South Carolinas angebaute langstapelige Baumwolle breitete sich sukzessive westwärts über diese beiden Staaten und über Alabama, Mississippi, Louisiana, Arkansas, Oklahoma und Texas aus. Einen bedeutenden Schub bewirkte die 1793 von Whitney verbesserte und danach kommerziell verwendete Baumwollentkörnungsmaschine. Die Arbeit auf den Baumwollplantagen wurde weitgehend von schwarzen Sklaven verrichtet. Um 1930 hatte die mit Baumwolle bepflanzte Fläche eine Ausdehnung von 17 Mio. ha erreicht.

Für den rapiden Rückgang sorgte ein Bündel von Faktoren. Erosionsschäden und abnehmende Bodenfruchtbarkeit legten Rotationen nahe, 1966 war im Alten Süden erstmals die Anbaufläche von Sojabohnen größer als die der Baumwolle. Der Samenkapselwurm verursachte erhebliche Schäden und bewog manchen Baumwollfarmer, auf andere Kulturen umzusteigen. Seit dem New Deal hat die Regierung durch »allotments« den Baumwollanbau einzuschränken versucht, indem angesichts des Überhangs und der Absatzschwierigkeiten Flächenbeschränkungen mit Preisgarantien verknüpft wurden. Diese Politik hatte den Nebeneffekt, daß manche Pflanzer aus dem Baumwollgeschäft ausstiegen, andere deren Allotments erwarben und so mehrere Plantagen zu einer »Neoplantage« zusammenfügten. In der Folgezeit wurden größere Bewässerungsflächen im Südwesten für den Baumwollanbau erschlossen, so daß die Baumwolle produzierenden Staaten heute folgende Reihenfolge einnehmen: Texas, Kalifornien, Mississippi, Arkansas, Alabama, Arizona,

Auf den Hochplateaus und in den Great Plains spielt die Landwirtschaft
eine große Rolle. Hier im östlichen Montana wird besonders Winterweizen
angebaut, in großen Schlägen und bei starker Mechanisierung.

Tennessee, Georgia, Missouri, Louisiana. Schließlich haben Polyesterfasern, die auch zwischen 35% und 65% der Baumwolle zur Herstellung bügelfreier Gewebe beigemischt werden, deren Absatz weiter geschwächt.

So löste sich der Cotton Belt in einzelne Restgebiete auf, von denen der Black Belt Alabamas und der Mississippi-Unterlauf, die Black Prairie des östlichen Texas und die Red Prairie des Grenzgebiets von Texas/Oklahoma die größten sind. Auf einem Teil der übrigen Flächen traten Nachfolgekulturen auf: Sojabohnen, Erdnüsse, Reis, Mais, Sorghum, Klee, auch Heugewinnung und Grünlandwirtschaft mit verstärkter Viehhaltung. Die wichtigste Nachfolgekultur wurden Bäume. Die »tree farms« sorgten dafür, daß von 1944 bis 1964 das Ackerland um 9 Mio. ha zurückging und zugleich die Waldfläche um 7,5 Mio. ha zunahm, so daß schon um 1970 rund 61% der Südstaaten Waldland waren. Auch die großen Geflügelfarmen für die mittlerweile weit verbreitete Brathähnchenproduktion entstanden auf ehemals vom Baumwollanbau genutzten Flächen. Das Vorhandensein von Arbeitskräften, moderne Produktionsmethoden, erhöhte Nachfrage und günstige Preisgestaltung führten schließlich dazu, daß neben der Hähnchenmast auch Legehennen- und Truthahnproduktion schwerpunktmäßig in den Staaten des Alten Südens vertreten sind.

DER WEIZENGÜRTEL. Westlich an die drei geschilderten Gürtel schließt sich der Wheat Belt oder Weizengürtel an, dessen nördliche Fortsetzung bis in die kanadischen Prärieprovinzen reicht. Die naturgeographischen Verhältnisse der Plains haben zur weiten Verbreitung zweier extensiver Agrarwirtschaftsformen geführt: Ranchwirtschaft mit Rinderhaltung und Getreideanbau (vor allem Weizen). Häufig auftretende Dürren beeinträchtigen mehrjährige Pflanzen eher als Weizen. Der Sommerweizen in den nördlichen Plains nutzt den größten Teil der in diesem Gebiet nicht sehr langen Vegetationsperiode, wohingegen der Winterweizen in den südlichen Plains während der kühlen Monate des Winterhalbjahres gedeiht. Da beide Wirtschaftsformen, Rinderhaltung und Weizenanbau, den Großbetrieb begünstigen, beträgt die durchschnittliche Farmgröße in Texas 284 ha, in North Dakota 472 ha und in Montana 1027 ha. Durch Entvölkerung weiter ländlicher Bereiche, Auflassung von Farmland und Eigentümerwechsel hat sich die Betriebsfläche in jüngerer Zeit rasch vergrößert. Mit zunehmender Trockenheit von Osten nach Westen ist innerhalb des Weizengürtels ein Anwachsen der Betriebsgrößen festzustellen. Während die reinen Weizenfarmen im Ostteil und die gemischtwirtschaftlichen Betriebe, in denen die Viehhaltung wegen unsicherer Ernten eine ergänzende Funktion hat, oftmals noch unter 500 ha groß sind, übersteigen die reinen Viehranches nahe des Felsengebirges nicht selten 1000 ha.

WASSERKONSERVIERENDE ANBAUMETHODEN. Außerhalb der Bewässerungsflächen ist die Landwirtschaft in diesem Gebiet von Ernteausfällen bedroht. Hier werden häufig die wasserkonservierenden Methoden des Dry-farming, des Stubble Mulching und der Listerkultur angewendet. Beim Dry-farming schiebt der Farmer alternierende Brachejahre ein, in denen vor Beginn der regenreicheren Jahreszeit der Boden gepflügt und danach durch Eggen und Walzen wieder verschlossen wird, um die Niederschläge zweier Jahre für eine Ernte zu nutzen. Da im geometrisch vermessenen Land je ein Streifen bebaut wird und einer brach liegt, spricht man auch von »strip farming«. Beim Stubble Mulching werden die Stoppeln in den Boden untergepflügt, wobei sie noch aus der Krume hervorschauen und als Windbremse und Wasserspeicher dienen. Bei der Listerkultur zieht eine Spezialmaschine, der »basin lister«, zugleich Längs- und Querfurchen, so daß kleine wannenartige Vertiefungen entstehen, die das Wasser auffangen.

RINDER UND FUTTERPFLANZEN. Bis auf North Dakota, wo Weizen den ersten Platz belegt, steht in allen anderen Plainsstaaten der Verkauf von Rindvieh an erster Stelle des Farmeinkommens. In Texas wurden schon früh die berühmten Longhorns gehalten und nach Norden an die Endpunkte der westwärts vordringenden Eisenbahnen getrieben, die sie auf den östlichen Markt transportierten. Im Laufe des 20. Jahrhunderts traten grundlegende Veränderungen ein. Das texanische Rindvieh erfuhr eine Qualitätsverbesserung durch Kreuzung der früher gehaltenen Rassen mit dem indischen Zebu; diese neue »Brahmanen«-Rasse ist den klimatischen Gegebenheiten von Texas besser angepaßt. Mit der Möglichkeit des Kühlfleischtransports und dem intensivierten Futteranbau auf der Basis von Bewässerungsflächen und Hybridisierung des Sorghums wurde die Rinderhaltung der Plains von Aufzucht auf Mast umgestellt. »Feedlots« werden die Betriebe genannt, in denen das Vieh auf der Basis von Silage, Heu und anderem Futter bis zur Schlachtreife gehalten wird. Die Transporte von Lebendvieh entfielen; es bildeten sich regionale Viehmärkte und Schlachthöfe u.a. in Wichita, Dodge City, Oklahoma City, Amarillo und Lubbock.

Wegen der mittlerweile großen Bedeutung des Hybridensorghums als Futtergrundlage ist für das Winterweizengebiet die Bezeichnung Wheat-Milo-Belt vorgeschlagen worden. Aber auch andere Pflanzen spielen in Teilen dieses Gürtels eine zunehmende Rolle, Hafer im Ostteil Nebraskas und South Dakotas, Flachs in Minnesota und rote Bete. Die Ausdehnung von Bewässerungskulturen (vor allem Alfalfa, Bohnen und Zuckerrüben, in Texas Baumwolle und Zitrusfrüchte) hat die Anbaupalette der Plains deutlich verändert.

Felsengebirgsregion und intermontane Becken sind ein Raum geringer agrarwirtschaftlicher Eignung mit extensiver Viehhaltung und relativ kleinen Bewässerungsarealen. Die Weiden sind meist von geringer Tragfähigkeit und können nur jahreszeitlich bestockt werden. Im Kernraum der Gebirgsregion ermöglichen hochgelegene Sommerweiden, Übergangsweiden in der Fußhügelzone und Winterweiden im Wüstenhochland einen ganzjährigen Weidegang des Viehs. Noch heute erfolgt der Weidewechsel teilweise durch Viehtrieb über weite Strecken; nach Möglichkeit werden Lkw und Bahn für den Transport zwischen den jahreszeitlichen Weiden eingesetzt. Für die Bewachung der Herden wurden Hirten in Mexiko und sogar im Baskenland angeheuert. Die Zahl des transhumanten Viehs ist stark rückläufig. Noch 1920 wurden in den Nationalforsten mit Lizenzen der Forstverwaltung 8,5 Mio. Schafe und 2,2 Mio. Rinder für den sommerlichen Weidegang zugelassen; um 1980 waren beide Tierarten auf je 1,3 Mio. zurückgegangen.

BEWÄSSERUNGSWIRTSCHAFT. Im Gefolge des Ausbaus der Flußsysteme hat die Bewässerungswirtschaft seit den 30er Jahren merkbar zugenommen. Nur in Arizona hat sich im letzten Jahrzehnt die Wasserknappheit bereits in einem leichten Rückgang der Bewässerungsfläche niedergeschlagen. Die Gebiete am unteren Colorado und am Gila-Fluß sind klimatisch am meisten begünstigt und gestatten den Farmern hohe Flexibilität in der Wahl ihrer pflanzlichen Produkte. Näher zu den kühleren Gebieten hin stoßen nacheinander Zitrusfrüchte und Wintergemüse, dann Baumwolle und schließlich Sorghum auf ihre ökologischen Anbaugrenzen. Vom Wasserverbrauch her ist Alfalfa besonders anspruchsvoll; wo Wasser knapp und teuer ist, werden eher Baumwolle und Spezialkulturen angebaut.

In den Trockengebieten wurden seit den 70er Jahren Versuche mit einigen Industriepflanzen gemacht. Der in der Sonora-Wüste heimische Jojoba-Strauch, dessen Früchte ein dem Spermöl ähnliches, für Kosmetika und Hartwachs verwendbares Öl liefert, ist u.a. in einzelnen Indianerreservationen eingeführt worden. Der Guayauke-Strauch der Chihuahua-Wüste liefert einen dem Kautschuk qualitativ gleichkommenden Milchsaft; der Ertrag ist jedoch gering und muß durch Züchtung gesteigert werden. Das Gewebe der Springwolfsmilch weist einen hohen Gehalt von Kohlenwasserstoff auf und kann zur Ölgewinnung herangezogen werden.

Obst-, Zitrusfrucht-, Wein- und Hopfenanbau sind auf weit über das Staatsgebiet verstreute Räume beschränkt. Einen eigentlichen »Fruit Belt« gibt es nicht, es sei denn, man denkt an die Längsfurche in den Staaten an der Pazifikküste vom Puget-Sund im Norden über das Willamette-Tal in Oregon bis zum Großen Kalifornischen Längstal. Hinzu kommen das Yakima-Tal in Washington und das Imperial-Tal in Süd-Kalifornien. Im Anbau von Südfrüchten konkurrieren Kalifornien und der Lake District in Florida sowie neuerdings Teile des texanischen Rio-Grande-Tales. Während die qualitativ besseren kalifornischen Orangen auch im Osten der Vereinigten Staaten auf den Markt gebracht werden, wird ein großer Teil der floridanischen Früchte zu Obstsäften verarbeitet; in Texas ist die Grapefruit die hauptsächliche Zitruskultur. Obst- und Weinanbaugebiete sind auch die Uferpartien am Erie- und Ontariosee sowie die Door-Halbinsel im Michigansee.

Bergbau, Industrie und Dienstleistungssektor

Neuenglands Naturausstattung gab schon den frühen Siedlern die Möglichkeit zu vielfältiger gewerblicher Betätigung. Die buchtenreiche Küste begünstigte die Anlage von Häfen und förderte somit die Fischereiwirtschaft. Der Waldreichtum bot die Grundlage für holzverarbeitende Gewerbe, besonders den Schiffsbau. Bis zum Ende der Kolonialzeit gingen in den Werften zwei Drittel der britischen Flotte vom Stapel. Von der Wasserkraft der zahlreichen kleinen Flüsse profitierten Säge- und Hammerwerke sowie Getreide- und Textilmühlen. Frühe Standorte der Textilherstellung, die Wasser zum Walken und Färben benötigte, bildeten sich im Connecticut-Tal aus. Das dem atlantischen Küstensaum Europas ähnliche kühlfeuchte Klima kam der Heugewinnung entgegen und begünstigte Schafhaltung und Wollerzeugung, aber auch die Textilbranche. Daneben etablierten sich Schuh- und Lederwarenherstellung. Kleine Erzvorkommen und Köhlereien begründeten das metallverarbeitende Gewerbe, die Herstellung von Waffen, aber auch die Fertigung von Uhren und Schmuckwaren.

STATIONEN DER INDUSTRIALISIERUNG. Die in England schon Ende des 18. Jahrhunderts angebrochene industrielle Revolution übertrug sich rasch auf die USA. 1793, als Eli Whitneys verbesserte Baumwollentkörnungsmaschine dem südstaatlichen Baumwollanbau einen Wachstumsschub gab, von dem auch die neuenglische Textilindustrie profitierte, entstand in Pawtucket (Rhode Island) die erste Textilfabrik, die alle Arbeitsprozesse vom Kämmen bis zum Spinnen vereinigte. 1800 ging die Waffenherstellung dazu über, austauschbare Einzelteile zu verwenden, was den Montagebetrieb mit verschiedenen Arbeitsvorgängen begründete.

Dem Zensus von 1890 zufolge übertraf in diesem Jahr erstmals der Wert der Industrieproduktion den der Agrarproduktion. Die Industrie nahm auch weiterhin einen raschen Aufschwung, der mit Einführung der Fließbandarbeit durch Henry Ford Anfang der 20er Jahre und der Automation um 1950 noch erhöht wurde. Damit stieg die Arbeitsproduktivität derart, daß heute die Erwerbstätigkeit in der Industrie unter 18% und im Bergbau bei 0,2% liegt.

HOHER ENERGIE- UND ROHSTOFFBEDARF. Industrie und Verkehr verbrauchen enorme Energie- und Rohstoffmengen. Bei einem Anteil von nur 5% an der Weltbevölkerung verbrauchen die USA 25% der Primärenergie. Der durch die OPEC-Politik 1973 ausgelöste Ölpreisschock hatte einige Langzeitwirkungen wie z.B. drastische Energiesparmaßnahmen mancher Wirtschaftsunternehmen. So stieg von 1973 bis 1988 die Produktion der US-Wirtschaft um 54%, der Energieverbrauch aber nur um 9%. 1975 richtete die Regierung in Salzdomen der Küstenebene von Texas und Louisiana eine Strategic Petroleum Reserve von zunächst 600 Mio. Barrel ein, die als Vorrat zur Versorgung der gesamten Nation auf 2 Monate gedacht ist. Generell blieb der Energieverbrauch aber hoch, während die eigene Produktion aus verschiedenen Gründen gedrosselt wurde. Die USA besitzen relativ geringe Erdölreserven, sie machen mit 3,5 Mrd. t nicht mehr als 4% derjenigen des Nahen Ostens aus. Hinzu kommen die hohen Förderungskosten, die auch bei Kohle, Blei, Phosphat, Salz und einzelnen anderen Ressourcen ins Gewicht fallen. Trotzdem sind die USA in der Weltrangliste führend bei Steinkohle, Erdgas, Uran, Molybdän (50% der Weltproduktion) und Phosphat (39%). Andere Rohstoffe wie Chrom, Mangan, Nickel, Platin, Quecksilber oder Zinn kommen in den USA kaum oder gar nicht vor.

Aus diesen Gründen wurden bereits 1964 mehr Rohstoffe ein- als ausgeführt, und ab dem Jahr 1968 verzeichneten die USA ein Defizit der Handelsbilanz, an dem schon damals die Rohstoffimporte mit 4 Mrd. US-$ beteiligt waren. Der Primärenergieimport stieg von 6% (1970) des Verbrauchs auf 16% (1985) und wird für 1995 auf 25% geschätzt. Allein der Erdölimport wuchs von 14% (1960) über 31% (1985) auf fast 50% (1991). Als Verbraucher steht der Verkehrssektor mit rund zwei

Dritteln des Ölkonsums obenan; allein von 1985 bis 1990 stieg der Verbrauch von Kerosin für den Düsenflugzeugverkehr um rund 28% auf täglich 1,3 Mio. Barrel. Die Produktion von Erdgas war 1988 mit 460 Mrd. m³ geringer als der Verbrauch von 495 Mrd. m³, die 28% des Weltverbrauchs entsprechen.

In der gesamten bergwirtschaftlichen Produktion der USA machen die Gewinnung von Primärenergieträgern 85%, die von mineralischen Rohstoffen 15% aus. An der Gesamterzeugung von 1,63 Mrd. t Öleinheiten (1990) waren die Energieträger wie folgt beteiligt: Kohle 33% (19%; 1977), Erdöl 27% (49%), Erdgas 26% (26%), Atomenergie und Wasserkraft 14% (3%). Die Verschiebungen in diesem Zeitraum zugunsten der Kohle und Atomkraft sind deutlich. Die US-Regierung hat den Kohlebergbau nachhaltig gefördert. Die Tendenz für die 90er Jahre ist ein weiterer Anstieg des Kohleanteils, obwohl in Hinblick auf die Umweltbelastung eine Drosselung angebracht wäre. Der Anteil von Erdgas wird sich ebenfalls vergrößern, während die Anteile von Erdöl und Atomenergie zurückgehen werden.

ZWEITGRÖSSTER KOHLEPRODUZENT DER WELT. Mit 862 Mio. t Steinkohle (1990; 1982: 702 Mio. t) sind die Vereinigten Staaten nach der VR China zweitgrößter Kohleerzeuger der Welt, während ihr Export hinter dem Australiens wegen dessen geringem Eigenbedarf an zweiter Stelle steht. Trotz ungünstiger Produktionsbedingungen (Schachtbau in über 3000 kleinen Einzelgruben) werden wegen der Marktnähe noch drei Viertel der Kohle in den Appalachen gewonnen, während die stark schwefelhaltige Kohle im Mittelwesten mit Zentrum Illinois und die subbituminöse Kohle der Felsengebirgsstaaten Montana und Wyoming wegen ihres geringen Heizwertes und ihrer Marktferne zusammen nur ein knappes Viertel der Gesamtproduktion ausmachen.

ERDÖL- UND ERDGASFÖRDERUNG. Ein völlig anderes Bild ergibt die regionale Verteilung der Erdöl- und Erdgasproduktion. Die Golfregion einschließlich des Schelfs ist bei Erdöl mit 63% und bei Erdgas sogar mit 73% beteiligt. Das 1991 entdeckte Mars-Ölfeld (200 km südöstlich von New Orleans) bei 1000 m Wassertiefe in 4500–5500 m unter dem Meeresboden erhöht die geschätzten Ölreserven um 2 Mrd. Barrel. Das Midcontinent Field in Oklahoma und Nord-Texas steuert 7% bzw. 13% bei, und Kalifornien ist beim Erdöl noch mit 11% vertreten. Der gesamte Osten und die Gebirgsregion spielen bisher kaum eine Rolle. Besonders diese Primärenergieträger sorgen dafür, daß die West-South-Central-Wirtschaftsregion mit 48% (1987) fast die Hälfte der bergwirtschaftlichen Leistung der USA erbringt. Erst in weitem Abstand folgen die Felsengebirgsregion mit 14% und die drei Staaten an der Pazifikküste mit 13%.

ERZGEWINNUNG. Eine wiederum andere regionale Verteilung weist die Erzgewinnung auf. Die appalachischen Erze, neben der Kohle die Grundlage für den Aufbau der amerikanischen Stahlindustrie im Raum Pittsburgh, sind längst erschöpft. An ihrer Stelle traten später die stark eisenhaltigen Hämatite der geologisch zum Kanadischen Schild gehörenden Mesabi Range und anderer kleiner Bergketten am Oberen See. Als diese Vorkommen Ende der 50er Jahre zur Neige gingen, stellten sich die USA teils mit neuen Küstenstandorten der Stahlerzeugung (z. B. Sparrows Point in Maryland) auf Importerze um, teils machten sie sich gemeinsam mit Kanada an die Erschließung der Erze in

Labrador. Da diese jedoch unter Permafrostbedingungen gewonnen und bei mangelnder Infrastruktur zu den weit entfernten Verbrauchern transportiert werden mußten, schuf die Regierung Anreize für die Stahlfirmen, in die technisch aufwendige Gewinnung und Aufbereitung der geringwertigen, aber reichlich vorhandenen Takonite zu investieren. Seither ist das Gebiet am Oberen See mit über 80% wieder dominierender Erzversorger der Stahlindustrie. An der gesamten Bergwirtschaft schlägt der nördliche Mittelwesten jedoch wegen der überragenden Bedeutung der Primärenergieträger in anderen Regionen nur mit 11% (1987) zu Buche.

Die Felsengebirgsregion trägt nur 14% zur Bergwirtschaftsproduktion der USA bei. Das liegt zum einen daran, daß die Edelmetallgewinnung wie z. B. der Goldabbau in der kalifornischen Mother Lode am Westhang der Sierra Nevada oder der Silberbergbau in der Comstock Lode auf ihrer Nevada-Seite heute nur noch in bescheidenem Umfang betrieben werden. Zum anderen sind große Lagerstätten (u. a. Erze, Kohle, Ölschiefer und Ölsande) wegen komplizierter, mit hohen Investitionen verbundener Techniken und der großen Marktferne noch nicht erschlossen. Die Gewinnung von Kupfer in Montana, Utah und Arizona, von Molybdän in Colorado sowie von Uran und Vanadium in mehreren Südweststaaten kennzeichnen die Bergwirtschaft der Felsengebirgsregion, die recht punktuell auf diese Rohstoffe ausgerichtet ist.

VIER GROSSE INDUSTRIEREGIONEN. Die Industriewirtschaft der USA ist während der Nachkriegsepoche deutlich von Japan und der EG zurückgedrängt worden, bestreitet aber noch immer rund 25% der Weltindustrieproduktion. Innerhalb des Staatsgebiets haben sich vier relativ peripher gelegene große Industrieregionen herausgebildet: Der Manufacturing Belt zwischen der nördlichen Atlantikküste und dem oberen Mississippi, die Golfregion von Louisiana und Texas, Kalifornien und der Pazifische Nordwesten. Die relative Bedeutung hat sich merkbar verschoben. Die Staaten Neuenglands, der mittelatlantischen Region und des nördlichen Mittelwestens sind im wesentlichen identisch mit der Region, die der schwedische Geograph Sten de Geer 1927 als Manufacturing Belt bezeichnet hatte. Während der Anteil dieses Gebiets an der US-amerikanischen Industrieproduktion zwischen 1950 und 1988 von 71% auf 53% sank, stieg derjenige des Alten Südens einschließlich Texas von 18% auf 30%, der Anteil der drei Pazifikküstenstaaten von 10% auf 14%. Obwohl der Norden relativ an Gewicht verloren und der Süden gewonnen hat, bleibt oft unbeachtet, daß der Norden mit 53% noch immer über die Hälfte der gesamten Industrieproduktion erbringt und daß neben dem Süden auch der Westen zugelegt hat.

DIE STANDORTE DES MANUFACTURING BELT. Am relativen Bedeutungsrückgang des Manufacturing Belt waren mehrere Faktoren beteiligt: Betriebsverlagerungen in den Süden und Westen, die Dezentralisierung der Fleischfabrikation mit dem Verschwinden alter Zentren wie Chicago und dem Aufbau regionaler Viehmärkte in den Weststaaten sowie die Abwanderung »alter« Industrien, vor allem der Textilindustrie aus Neuengland in den Süden wegen des dort niedrigeren Lohnniveaus und der größeren Nähe zur Kunstfaserproduktion.

Den Neuenglandstaaten, allen voran Massachusetts und Connecticut, ist es aber gelungen, mit modernen Betrieben (Flugzeugbau, Raketen- und Raumfahrttechnik, chemische Industrie, Druckereigewerbe, Glas- und Schmuckherstellung) den Arbeitsplätzeverlust weitgehend auszugleichen. Die Schuh- und Lederwarenherstellung konnte sich trotz eines Rückgangs in Städten wie Lawrence, Lowell oder Brockton als führende Industriebranche behaupten. Teile der Megalopolis, der Städtekonzentration zwischen Boston und Washington D. C., gehören heute zu den führenden Standortbereichen der Hochtechnologie.

Eine zweite Standortgruppe bildet die Mohawk-Senke zwischen Albany am Hudson-Fluß und Rochester am Ontariosee mit den Städten Albany/Troy, Schenectady, Utica, Rome, Syracuse und Rochester. Der 1825 eröffnete Eriekanal wurde durch den leistungsfähigeren New York State Barge Canal ersetzt, dem parallel Autobahn und Eisenbahn folgen. Die Senke gehört zu den bedeutendsten Verkehrsadern der USA. Das Branchenspektrum dieser Städte ist breit; Rochester ist als Firmensitz der Eastman Kodak Company bekannt.

Der Großraum Pittsburgh entwickelte sich auf Basis der appalachischen Kohle und Erze zum ersten Stahlzentrum der USA. Das bis 1929 gültige »Pittsburgh-Plus«-Tarifsystem begünstigte die Stadt, indem Stahl an jedem Ort in den USA soviel kostete, als käme er aus Pittsburgh. Obwohl die Stahlproduktion von 1955 bis 1985 auf die Hälfte schrumpfte, steht Pittsburgh noch immer an der Spitze der stahlerzeugenden Industrieregionen. Seit den 60er Jahren hat sich dieser Großraum erfolgreich um weiterverarbeitende Branchen bemüht.

Eine weitere Standortgruppe ist der Raum Detroit/Cleveland. Detroit bildet mit den Ford-Werken, General Motors und der Chrysler Corporation das Zentrum des amerikanischen Automobilbaus. Weitere Werke befinden sich in kleineren Orten der Region und jenseits der Grenze im kanadischen Ontario, wo Zweigwerke amerikanischer Autofirmen produzieren. Hinzu kommen zahlreiche Zulieferer von Autoteilen und -zubehör. Die enorme Konjunkturabhängigkeit dieser Branche verdeutlichen die gewaltig schwankenden Produktionsziffern: Wurden 1970 rund 9 Mio. Autos hergestellt, waren es 1983 nur 5 Mio. Durch die wachsende Konkurrenz des Auslands, insbesondere Japans, liegen die Vereinigten Staaten mit 7,11 Mio. Pkw und 4,12 Mio. Nutzfahrzeugen (1989) nur noch an zweiter Stelle hinter Japan (8,2 Mio.; 4,51 Mio.). Auf dem dritten Platz steht die BRD (4,31 Mio.; 0,196).

Das Miami-Kanal-Gebiet mit Cincinnati, Columbus und Dayton in Ohio besitzt ein relativ breites Branchenspektrum. Erwähnenswert ist das National Cash Register in Dayton.

Die Calumet-Region am Südufer des Michigansees mit Chicago, Gary, Hammond und Whiting ist mit ihren beiden Grundstoffindustrien Erdölraffinerie (1889 Gründung der Standard Oil in Whiting) und Stahlerzeugung (1901 Inland Steel Company, 1906 United States Steel Corporation) eines der größten Schwerindustriegebiete der USA. Petrochemische Betriebe schlossen sich an die Raffinerien an. Als Versorgungszentrum des großen agraren Mittelwestens ist Chicago führend im Bau von Landmaschinen (John Deere) und das erste und wichtigste Zentrum des Versandhandels mit der Zentrale von Sears, Roebuck & Company. Die Stadt war lange Zeit das bedeutendste Fleischverarbeitungszentrum der USA; mit der Dezentralisierung der Branche in der Nachkriegszeit wurden die riesigen Schlachthöfe von Armour und Swift stillgelegt.

Der westlichste Standort des Manufacturing Belt ist die Zwillingsstadt St. Paul/Minneapolis, einst durch ihre großen Mühlenindustrien bedeutend; inzwischen sind moderne Elektrofirmen wie die Minnesota Mining and Manufacturing Company (»3 M«) ansässig geworden.

Industriezonen des Südens. In den Südstaaten haben sich im Laufe dieses Jahrhunderts mehrere Standortgruppen herausgebildet. Im Piedmont, dem Streifen zwischen Küstenebene und Appalachen, machten sich neben traditionellen Branchen wie der Tabakverarbeitung in Lynchburg, Winston-Salem und Greensboro die aus Neuengland verlagerten Betriebe der Textilindustrie ansässig. Während sie anfänglich nur gröbere Gewebe erzeugten, wurde mit zunehmend qualifizierteren Arbeitern auch die Herstellung feinerer Gewebe möglich. Das Dreieck der Universitätsstädte Raleigh/Durham/Chapel Hill ist einer der bedeutendsten Standorte von High-Tech-Unternehmen.

Bedeutendster Industrieraum des Südens ist die auf Erdöl- und Erdgasförderung sowie Petrochemie basierende Golfküstenregion. In Louisiana hat sich eine Industriegasse als sog. Chemical Strip entlang dem Mississippi zwischen New Orleans und Baton Rouge herausgebildet, die recht einseitig auf Petrochemie und Aluminiumfabrikation ausgerichtet ist.

Der Golfküstensaum zwischen Lake Charles (Louisiana) und Corpus Christi (Texas) mit den Standortgruppen Beaumont/Orange/Port Arthur/Lake Charles, Houston/Baytown/Galveston/Freeport und Corpus Christi ist dagegen differenzierter; neben der Petrochemie sind Hüttenindustrie, Maschinenbau (insbesondere Ausrüstungen für die Bohrtätigkeit der Ölfirmen auch im Schelfbereich), Raumfahrttechnik und andere Branchen vertreten.

Der kalifornische Wirtschaftsraum. Kalifornien bildet mit seinen 29,8 Mio. Einwohnern einen den Beneluxländern vergleichbaren regionalen Markt. Dieser liegt sehr weit entfernt von der Industrieregion des Nordostens, so daß die Wirtschaft sich darauf einstellte, so gut wie alles selbst zu produzieren. Das günstige Klima wird als Erklärung dafür herangezogen, daß sich schon 1906 der Flugzeugbau im Raum San Diego/Los Angeles und 1913 die Filmbranche in Hollywood ansässig machten. Relativ alt sind auch die Verarbeitung von Erzeugnissen der kalifornischen Landwirtschaft und die Dosenherstellung für die Konservenfabriken.

Neben der Nahrungsmittelbranche entwickelte sich früh die Bekleidungsindustrie als absatzorientierte Branche. Eine gewisse Rolle spielt der Schiffsbau mit dem Marinestützpunkt San Diego als Auftraggeber. Seit den 30er Jahren ist in Los Angeles und San Francisco die Hüttenindustrie vertreten. Wegen des besonders hohen Motorisierungsgrades in Kalifornien spielt auch der Automobilbau eine Rolle. Auf der Basis von Erdöl, das sowohl an der Küste bei Long Beach als auch im südlichen Kalifornischen Längstal gefördert wird, entwickelte sich die chemische Industrie.

Zwischen 1955 und 1980 entstand im Santa-Clara-Tal in Anlehnung an Forschungseinrichtungen der Stanford University in Palo Alto eine Konzentration von High-Tech-Unternehmen, die dem Tal die Bezeichnung »Silicon Valley« eintrugen. Das Arbeitsplatz- und Bevölkerungswachstum in der Santa Clara County waren jedoch so rasant, daß damit verbundene Standortnachteile wie rapider Anstieg der Bodenpreise und Verkehrsstaus seit den 80er Jahren den Fortzug von Betriebsstätten in andere Staaten wie Utah oder Colorado bewirkten.

DER PAZIFISCHE NORDWESTEN. Die Standortvorteile des Pazifischen Nordwestens beruhen auf dem Holzreichtum, dem Meer und dem Angebot von Wasserenergie. In Washington und Oregon sind noch jeweils die Hälfte der Staatsfläche mit Wald bedeckt, der die Grundlage für die zahlreichen Sägewerke und holzverarbeitenden Betriebe bildet. In jüngerer Zeit hat sich das Schwergewicht von der Bauholzproduktion auf die Herstellung von Furnier- und Sperrholz sowie Papier verlagert. Fischereiwirtschaft und Nahrungsmittelindustrie sind bedeutende Wirtschaftszweige; der Schiffsbau spielt seit Ende des Zweiten Weltkriegs nur noch eine untergeordnete Rolle. Der Ausbau des Columbia River und das damit verbundene vorteilhafte Energieangebot führten in den 40er Jahren zur Ansiedlung der Aluminiumindustrie, an die sich wiederum als Großabnehmer der Flugzeugbau anschloß. Die Boeing-Werke mit Betriebsstätten in Seattle und mehreren anderen Städten sind größter Arbeitgeber der Region; um so schwerer wiegt die starke Konjunkturabhängigkeit dieser Branche. Vorübergehende Auftragsschwäche oder gar Stornierungen können zur Entlassung Tausender von Beschäftigten führen.

METROPOLEN STEUERN WIRTSCHAFT. Bereits drei Viertel aller Erwerbstätigen der USA sind gegenwärtig im tertiären Wirtschaftssektor beschäftigt. Diese Arbeitsplätze sind auf die Städte konzentriert. Da die Bürostandortfrage bereits erörtert wurde (Verstädterung und Städtewesen, S. 87), soll hier nur auf die Frage der Metropolen als Steuerungszentren der Wirtschaft eingegangen werden.

Der vieldiskutierte Bedeutungsverlust New Yorks und anderer Städte des Nordostens zugunsten von Städten im sog. Sun Belt stellt sich bei genauerem Hinsehen als weniger gravierend heraus. So läßt sich zum einen die Zunahme von Büroraum in texanischen Städten wie Dallas oder Houston vor 1960 auf regionale Konzentrationen innerhalb des Südens und Zuzüge aus kleineren Orten zurückführen. Erst danach traten verstärkt Verlagerungen aus dem Norden und Osten der Vereinigten Staaten auf. Eine gewisse Abwanderung von Firmenverwaltungen hat es gegeben, zum Teil aber auch nur aus der Kernstadt in die Peripherie des metropolitanen Raums.

So steht New York als Sitz von Hauptverwaltungen großer Wirtschaftsunternehmen noch immer an der Spitze aller Metropolen der USA, wobei es in den verschiedensten Bereichen weit vor den jeweils an zweiter Stelle plazierten Metropolen liegt. Nach Erhebungen von 1979 war der Anlagewert der von New York aus kontrollierten Wirtschaftsunternehmen im Bereich Bank- und Versicherungswesen rund viermal so hoch wie der von San Francisco und im Dienstleistungssektor zweieinhalbmal so hoch wie der von Chicago. Im Bergwirtschaftsbereich waren die Umsätze New Yorker Firmen fünfmal so groß wie die von Los Angeles und im Industriesektor knapp doppelt so groß wie die von Detroit.

Metropolen wie Chicago, Detroit, Los Angeles und San Francisco rangieren nicht nur hinter New York, sondern sind in ihrer Ausrichtung sektoral auch stärker eingeschränkt. Bedeutende Regionalzentren und gegenwärtig besonders rasch wachsende Städte im Süden wie Atlanta (Georgia) oder Phoenix (Arizona) konnten die traditionellen Kontrollzentren der US-amerikanischen Wirtschaft im Nordosten noch nicht verdrängen. Die bedeutendsten Zentren liegen nach wie vor im Norden und zum Teil auch im Westen an der Pazifikküste.

STAATLICHE WIRTSCHAFTSINITIATIVEN. Schon während des gesamten 19. Jahrhunderts gab es staatliche Eingriffe in die Wirtschaft, die anfänglich mit Subventionen für den Ausbau des Kanalnetzes und später des Eisenbahnnetzes eher den Verkehrssektor und nur indirekt die Industrie betrafen. Einen Höhepunkt erreichten die staatlichen Aktivitäten mit den umfassenden Maßnahmen des New Deal der 30er Jahre, aus denen u. a. die Tennessee Valley Authority (TVA) hervorging, die nach Beendigung der strombautechnischen Arbeiten am Tennessee und seinen Nebenflüssen der sich weiter kräftig entwickelnden Wirtschaft mit dem zusätzlichen Bau von Kohlekraftwerken (ab 1967) begegnete. Wegen der vom Kohletagebau verursachten Schädigungen der Landschaft und der Luftverschmutzung durch die Kohlekraftwerke wurde die TVA kräftig kritisiert; der weitere Bau von Kernkraftwerken der TVA wurde gestoppt, nachdem es 1979 im Reaktor von Three Mile Island bei Harrisburg (Pennsylvania) einen Unfall gegeben hatte.

Die umfangreiche Vergabe von Rüstungsaufträgen während und nach dem Zweiten Weltkrieg rief in den Nordstaaten Kritik wegen angeblicher Bevorzugung des Südens hervor. Noch Mitte der 70er Jahre stand jedoch das Liefervolumen verteidigungsorientierter Industrien des Manufacturing Belt vor Kalifornien, Texas und dem Alten Süden an vorderster Stelle. Allerdings gibt es dabei ständig regionale Verschiebungen, wie z. B. der im Frühjahr 1991 an die kalifornischen Lockheed-Werke vergebene Großauftrag für 650 Jagdflugzeuge des Typs F-22 zum Stückpreis von fast 100 Mio. US-$ zeigt.

Der Anstieg der Arbeitslosigkeit nach dem Nachkriegsboom 1958 von den üblichen 4% auf 6,8% setzte mit dem Area Redevelopment Program 1961 ein Hilfsprogramm für strukturschwache Counties in Gang, jedoch waren die zunächst nach dem »Gießkannenprinzip« weit gestreuten Mittel wenig effektiv. Neben einem Hilfsprogramm für die Appalachen-Region schuf der Public Works and Economic Development Act von 1965 im Zeichen der von Präsident Johnson propagierten »Great Society« die Grundlage für Regionalkommissionen zur Förderung der Wirtschaft in Neuengland, der Küstenebene der Südstaaten, der Upper-Great-Lakes-Region, der Ozarks-Region und der Four-Corners-Region mit Teilen der vier Staaten Colorado, Utah, Arizona und New Mexico.

In den 70er Jahren kamen die Upper Missouri River Regional Commission, die Pacific Northwest Regional Commission und die Southwest Border Regional Commission hinzu. Mit dieser Ausweitung wurde allerdings in den gesamten Plains- und Gebirgsstaaten völlige Flächendeckung erreicht, womit strukturschwache und gesunde Gebiete nicht mehr zu unterscheiden waren und das Programm gewissermaßen ad absurdum geführt wurde. Daneben bestanden mehrere Regionalkommissionen, die in Flußeinzugsgebieten die Bewirtschaftung der Wasserressourcen regelten, und etwa 20 weitere Entwicklungsprogramme, deren effektive Koordinierung mit den anderen jedoch zu wünschen übrig ließ.

Die Reagan-Administration löste die Regionalkommissionen auf; weiterhin bestehen jedoch verschiedene Entwicklungsprogramme, u. a. zahlreiche, jeweils mehrere Counties umfassende Soil and Water Conservation Districts mit umfassenden Aufgaben, die weit über die ursprünglich rein agrartechnischen Maßnahmen zum Erosionsschutz der Böden hinausgehen und auf umweltverträgliche Entwicklung der Wirtschaft im weitesten Sinne ausgerichtet sind.

Das Verkehrswesen

Die Überwindung des Raumes hatte in diesem riesigen Land von Anbeginn einen hohen Stellenwert. Während im kolonialzeitlichen Amerika, insbesondere in Neuengland, alles recht kleindimensioniert war, brachte die fortschreitende Besiedlung jenseits der Appalachen erstmals wirklich große Entfernungen. Der 1825 eröffnete Eriekanal zwischen Albany am Hudson River und Buffalo war mit 580 km mehr als doppelt so lang wie der damals längste Kanal in Europa. Die erste, 1869 fertiggestellte Transkontinentalbahn war ein gewaltiges Unterfangen und nur mit Hilfe umfangreicher staatlicher Landschenkungen durchführbar.

Die USA besitzen heute mit 6,3 Mio. km befestigten Straßen, von denen allein 480 000 km Autobahnen oder autobahnähnlich ausgebaut sind, weltweit das längste Straßennetz. Wirklich schrumpfen ließ die weiten Entfernungen erst das Flugzeug, das für den Inlandverkehr eine bedeutende Rolle spielt. Die USA besitzen rund 17 000 Flugplätze, von denen 12 000 in Privatbesitz sind. Das Fluggastaufkommen im Inlandverkehr stieg besonders nach Lockerung der Regierungsrestriktionen für den Luftverkehr Anfang der 80er Jahre gewaltig, von 17 Mio. Fluggästen (1950) über 273 Mio. (1980) auf 416 Mio. (1987). Auch der überwiegend auf die Stadtagglomerationen konzentrierte Individualverkehr entwickelte sich sprunghaft: 139 Mio. Pkw (1987) entsprechen einem Motorisierungsgrad von 582 Pkw auf 1000 Einwohner.

PRIVATWIRTSCHAFT BESTIMMT VERKEHRSWESEN.

Die große Bedeutung der Privatwirtschaft für den Ausbau des Verkehrswesens wird flankiert von der Hochschätzung, derer sich die Technik im allgemeinen und besonders der Bau von Verkehrswegen und -mitteln bei der amerikanischen Bevölkerung erfreut. Die ersten gepflasterten Überlandstraßen, die frühen Kanäle und Eisenbahnen wurden von privaten Gesellschaften gebaut und unterhalten. Die Straßen wurden an bestimmten Stellen mit Pfählen versehen, an denen Querbalken (»pikes«) befestigt waren, wo die Betreiber Maut kassierten. Zunächst wurden nur diese Mautstellen, bald aber auch die betreffenden Straßen als »turnpikes« bezeichnet. Heute werden so die gebührenpflichtigen Autobahnstrecken genannt.

Die Bürger der Vereinigten Staaten befürworteten eine privatwirtschaftliche Organisationsform des Verkehrswesens: Erstens erschien privates Management weniger gefährlich als staatliche Kontrolle, und zweitens wurde auf diese Weise nur der Benutzer, der von der betroffenen Einrichtung profitierte, zur Gebührenzahlung herangezogen. Noch bis 1970 wurden die Eisenbahnen von Privatgesellschaften betrieben; erst danach kam es zur Bildung gemischtwirtschaftlicher Unternehmen und zu unionsstaatlicher Beteiligung. Den über einzelstaatliche Grenzen hinweg operierenden Verkehr – zunächst die Eisenbahnen, später auch die anderen Verkehrsträger – hat die Union allerdings seit 1887 über die dafür geschaffene Interstate Commerce Commission (ICC) kontrolliert.

ERSTE KANAL- UND STRASSENBAUTEN.

Pelzhändler, Missionare und die frühen Siedler benutzten noch die natürlichen Flußläufe und trugen nach indianischem Vorbild ihre Kanus über kleinere Wasserscheiden aus einem Flußsystem ins andere: Portagen nannte man diese Übergangsstellen. Für den Ausbau des Fluß- und Kanalnetzes leistete der junge Staat mit Landschenkungen Hilfestellung, die dann nach 1850 eher den Eisenbahnen zuteil wurde. Die Abmessungen der Kanäle und Schleusen waren bald nicht mehr dem wachsenden Verkehr angemessen. Bereits kurz nach Eröffnung des Eriekanals (1825) mußte dieser von 40 auf 70 Fuß verbreitert werden. Heute dienen Reststrecken der alten Kanäle dem Sportbootverkehr.

1811 wurde mit dem Bau der ersten bedeutenden Überlandstraße begonnen, die von Cumberland (Maryland) nach Westen führte und neben der Bezeichnung National Road ihres Ausgangspunktes wegen auch Cumberland Road genannt wurde. Sie reichte zunächst bis Wheeling am Ohio in Pennsylvania. Nach einer zeitlichen Unterbrechung wurde die Straße weiter gebaut und führte schließlich 1840 über Columbus (Ohio), Indianapolis und Terre Haute (Indiana) bis Vandalia (Illinois). Die Fortsetzung bis St. Louis wurde nie fertiggestellt. Diese erste große Allwetterstraße, die 1300 km lang war und beinahe 7 Mio. US-$ gekostet hatte, reduzierte die Reise mit der Kutsche zwischen Baltimore und Wheeling von acht auf drei Tage.

DER BAU DER EISENBAHNEN.

Im Zusammenhang mit den Rivalitäten der großen Städte an der Atlantikküste, die um die Verbindung ins Hinterland wetteiferten, standen auch die ersten bedeutenden Eisenbahnbauten wie die der Baltimore & Ohio, der Pennsylvania Railroad und der New York Central. Die Pennsylvania Railroad hatte 1849 von Philadelphia aus Harrisburg erreicht. Die großen Streckenbauten fallen in die 1860er und 1870er Jahre, in denen auch die erste Transkontinentalbahn fertiggestellt wurde. 1916 erreichte das US-amerikanische Eisenbahnnetz seine maximale Ausdehnung mit 428 687 Streckenkilometern; danach schrumpfte es vor allem unter dem Konkurrenzdruck von Flugzeug und Automobil in der Personenbeförderung auf 247 832 km (1987). Noch 1930 hatten die Eisenbahnen am inneramerikanischen Personenverkehr einen Anteil von 77%, der aber bereits 1940 um mehr als die Hälfte gesunken war. Gegenwärtig liegt er bei 1%.

Im Gegensatz zu der in Europa weit verbreiteten skeptischen Haltung gegenüber dem »Dampfroß« wurde der Eisenbahnbau in den USA von der Bevölkerung generell begrüßt. Der Plan für die Baltimore & Ohio Railway wurde 1827 der Regierung Marylands vorgelegt und bereits ein Jahr später in die Tat umgesetzt. Man hielt sich nach Möglichkeit an den Lauf der Flüsse und führte die Strecke im Osten durch das Tal des Patapsco-Flusses. Angesichts der Trassenführung kamen aber Zweifel auf, ob eine Lokomotive die Steigungen mit vielen auch relativ scharfen Kurven überwinden kann. Zunächst zogen Pferde die Wagen, bis 1830 der New Yorker Peter Cooper seine »Tom Thumb« baute. Sie verlor zwar wegen eines technischen Defekts auf einer Teilstrecke ein Rennen gegen einen pferdegezogenen Wagen, konnte aber dennoch die Direktoren von der Möglichkeit des Einsatzes der Dampfkraft überzeugen.

VEREINHEITLICHUNG DER SPURWEITEN.

Am Anfang des Eisenbahnzeitalters gab es eine Vielzahl von Spurweiten, allein

Truckstop in Tucson (Arizona): Die »sailors of the concrete sea« (»Matrosen auf
dem Betonmeer«), die mit ihren Lastkraftwagen in der endlosen Weite des Landes verkehren, bewältigen einen Großteil des Warenverkehrs.

sieben innerhalb des Staates Pennsylvania, so daß der Reisende oft mehrfach den Zug wechseln mußte. Die Gesellschaften operierten mit verschiebbaren Radsätzen, Hebevorrichtungen zum Auswechseln der Achsen oder dreischienigen Gleisen für Wagen mit zwei Radabständen. Das Gesetz von 1862 über den Bau der ersten Transkontinentalbahn wurde von ausschlaggebender Bedeutung für die künftige Vereinheitlichung des US-amerikanischen Eisenbahnnetzes, indem es den beteiligten Gesellschaften einerseits umfangreiche Landschenkungen machte, sie zugleich aber auf die Normalspur von 4 Fuß und 8,5 Inches, also 1435 mm, festlegte. Besonders in den Südstaaten war die Breitspur von 5 Fuß beliebt gewesen. Da die große Transkontinentalbahn von Chicago über Omaha, Cheyenne und Ogden nach San Francisco in Normalspur gebaut wurde, sahen sich viele andere Gesellschaften genötigt, ihre Netze dieser den Kontinent durchquerenden Strecke anzupassen. Auch Kalifornien stellte schnell von der Breitspur auf Normalspur um.

KNOTENPUNKTE UND WICHTIGSTE LINIEN. Mit dem westwärts vorrückenden Eisenbahnbau wurden Chicago und St. Louis zu bedeutenden Knotenpunkten im weiten Mittelwesten. Den Wettstreit dieser beiden Städte entschied Chicago für sich, das mit dem 1803 errichteten Fort Dearborn jünger als das 1764 gegründete St. Louis war. Chicago profitierte dabei von der günstigen Lage am Südufer des Michigansees, von seiner Stellung als Zentrum des nördlichen Mittelwestens und von seiner Rolle als Ausgangspunkt der Transkontinentalbahn. St. Louis war durch seine Lage auf dem Westufer des Mississippi benachteiligt und mußte bis 1876 auf die Eisenbahnbrücke warten, mit der die Stadt Anschluß an das Bahnnetz des Ostens fand. Dennoch hatte St. Louis als »Gateway«, als Tor zum Westen, seine Bedeutung in der amerikanischen Siedlungsgeschichte.

Das östlich des Mississippi recht dichte Eisenbahnnetz dünnt nach Westen hin stark aus. Abgesehen von der Nord-Süd-Strecke Chicago–St. Louis–New Orleans gibt es jenseits des Mississippi folgende transkontinentale Routen: Die Great Northern Railway, die Northern Pacific Railway und die Chicago, Milwaukee, St. Paul and Pacific Railroad führen von Chicago über St. Paul (Minnesota) und Spokane (Washington) bis Seattle am Pazifik und verzweigen sich bei St. Paul bzw. Fargo; die Union Pacific Railroad, die erste Transkontinentalbahn, reicht mit einem nördlichen Zweig über Pocatello und Boise (Idaho) bis nach Portland (Oregon); mit der Denver and Rio Grande Western Railroad gelangt man über Salt Lake City nach San Francisco; die Atchison, Topeka & Santa Fé Railway wurde ursprünglich von Kansas City, später von Chicago aus über La Junta (Colorado) und Albuquerque (New Mexico) nach Los Angeles geführt; die Southern Pacific bedient die Strecke von Chicago über St. Louis nach New Orleans und geht von dort nach Westen über El Paso (Texas) und Yuma (Arizona) nach San Diego (Kalifornien).

MODERNISIERUNG DER EISENBAHNEN. Während der Wirtschaftsdepression und des Zweiten Weltkriegs waren nicht nur Investitionen zurückgestellt worden, auch der Konkurrenzdruck von Auto und Flugzeug im Personenverkehr und von Lkw und Pipeline im Gütertransport machten sich bemerkbar. Die Eisenbahnen unternahmen umfassende Modernisierungsmaßnahmen und stellten sich auf Dieselbetrieb um. Von 1946 bis 1956 wurden 34 000 Dampfloks durch Dieselloks ersetzt;

diese müssen allerdings Generatoren und Treibstoff mit sich führen, was ihre Kapazität beeinträchtigt; zudem sind die Unterhalts- und Reparaturkosten für Generatoren hoch. Trotz dieser Nachteile gegenüber E-Loks entschied man sich für den Dieselbetrieb. Erstens sollte die Umstellung rasch erfolgen, während eine Elektrifizierung der weiten Strecken geraume Zeit in Anspruch genommen hätte. Zweitens hätte die Ausrüstung derart langer Strecken mit elektrischen Leitungen enorme Investitionen erfordert. Drittens ist Öl in den meisten Landesteilen in ausreichenden Mengen und zu günstigen Preisen erhältlich. Viertens sind die amerikanischen Bahnen auf große Zuglängen und damit schwere Einheiten eingestellt; dem kommt die Diesellok durchaus entgegen.

Auch der Wagenpark und die Beförderungsmethoden wurden modernisiert. Für den Personenverkehr boten die Bahnen die doppelstöckigen Vista-Dome-Wagen mit Aussichtskuppeln im oberen Geschoß an. Im Gütertransport wurde der Containerverkehr eingeführt und der »piggy-back«-Verkehr, die Übernahme von Lkw auf Tieflader für die längeren Strecken, während der Lkw am Anfang und Ende der Fahrt den Haus-zu-Haus-Verkehr abwickelt.

FUSIONEN VON EISENBAHNGESELLSCHAFTEN. Diese Maßnahmen konnten aber den Niedergang der Eisenbahn nicht aufhalten, die im Personenverkehr bis zur Bedeutungslosigkeit herabsank. Hier verblieb ihr fast nur noch der Berufspendlerverkehr in den Großstadtregionen. Die Interstate Commerce Commission (ICC) zeigte sich jetzt großzügiger gegenüber Fusionsplänen. Die Pennsylvania Railroad und New York Central, 100 Jahre lang Rivalen, fusionierten 1966. 1970 kam es zur großen Fusion von Great Northern, Northern Pacific, der Chicago, Burlington & Quincy und der Spokane, Portland & Seattle, die sich zur Burlington Northern zusammenschlossen, die in 17 US-Staaten und Kanada auf einem 42 500 km langen Streckennetz verkehrt. 1969 stellte sich die Union Pacific durch ihr Zusammengehen mit drei in Bergbau, Industrie und Agrarwirtschaft engagierten Unternehmen auf eine breite wirtschaftliche Basis, die ihr in den 80er Jahren die Übernahme anderer Gesellschaften und Reorganisation des Streckennetzes erlaubte. Während die Stammlinie nach Portland und Los Angeles führte, gewann die Union Pacific mit Angliederung der Western Pacific in San Francisco einen dritten Stützpunkt an der Pazifikküste und mit Angliederung der Missouri Pacific den Zugang über Brownsville (Texas) und New Orleans zum Golf und damit indirekt zum Atlantik.

In den 70er Jahren griff der Staat mit der Beteiligung an zwei gemischtwirtschaftlichen Unternehmen in die Entwicklung ein. 1971 wurde aus einem etwa 45 000 km langen Netz von 20 Gesellschaften die National Railroad Passenger Corporation (Amtrak) gebildet, die den Wagenpark dieser Gesellschaften erwarb und ihre Lokomotiven auf Mietbasis benutzte. Dazu bewilligte der Kongreß ein Startkapital und einen jährlichen Subventionsfonds. Nahverkehrsstrecken in Ballungsräumen und einzelne Fernstrecken für den Tourismus wurden frequentiert, aber die insgesamt weiterhin defizitäre Entwicklung führte schon 1980 zu einer Reduzierung des von Amtrak-Zügen befahrenen Netzes. 1976 wurde als zweites Unternehmen die Consolidated Rail Corporation (ConRail) gegründet, die auf einem 25 000 km langen Netz vor allem im Nordosten der Vereinigten Staaten den Gütertransport betreibt.

Nation von Autofahrern. Der Personenverkehr ist zu etwa 85% auf den Kraftwagen und zu 14% auf das Flugzeug übergegangen. Die Amerikaner sind zu einer Nation von Autofahrern geworden, in der heute statistisch auf weniger als zwei Personen ein privater Pkw entfällt. Begünstigt wurde der enorm hohe Motorisierungsgrad durch die frühe, schon Anfang der 20er Jahre von Henry Ford in seinen Werken eingeführte Fließbandarbeit und die seitdem immer weiter entwickelte Massenproduktion von Automobilen, die in konjunkturstarken Jahren über 9 Mio. Pkw erreichte. Mehr noch als das Eigenheim wurde das Auto für den Amerikaner zum Statussymbol; vor den Teuerungen im Bausektor in den 70er Jahren gehörte eine Doppelgarage zur Standardausrüstung eines guten Einfamilieneigenheims, denn ein Zweitwagen ist für viele keine Besonderheit mehr. Der Bestand an privaten Pkw stieg von 25 Mio. bei Kriegsende 1945 über 75 Mio. (1965) auf 139 Mio. (1990).

Autofahren ist schon Schulfach auf der High School. In etlichen Staaten kann man schon mit 15 Jahren die sog. Driver's license erwerben, die alle vier Jahre erneuert werden muß, da sie allgemein in den USA als Personalausweis dient.

DICHTES NETZ VON ÜBERLANDBUSSEN. Das Staatsgebiet der USA ist zudem mit einem gut funktionierenden Busnetz der Gesellschaften Greyhound und Trailways erschlossen, die auch in Mexiko und Teilen von Kanada verkehren. Sie vereinigen etwa 14% des Personenverkehrs auf sich. Nur wer bequem in der Pullman-Klasse reisen möchte, wird die Eisenbahn bevorzugen, wer lange Strecken mit wenig Gepäck zurücklegen muß, das Flugzeug. Die auf längeren Strecken verkehrenden Busse sind klimatisiert und mit Toilette ausgestattet. Etwa alle vier Stunden erfolgt ein Halt mit Fahrerwechsel.

DAS STRASSENNETZ. Der Straßenbau ist Sache der einzelstaatlichen Highway Departments, wobei die Unionsregierung dem einzelnen Staat in gleicher Höhe Zuschüsse gibt wie dieser dafür Mittel zur Verfügung stellt. Reichere Staaten sind dadurch begünstigt, so daß sich von einem Staat zum anderen erhebliche Unterschiede in Dichte und Qualität des Straßennetzes feststellen lassen.

Dagegen trug die Regierung den Löwenanteil (90%) am 1957 begonnenen Bau von Autobahnen (rund 66 000 km), die sämtliche Hauptstädte und Metropolen verbinden. Da diese gewaltigen Ausgaben dem Kongreß schmackhaft gemacht werden mußten, wurde die wichtige Rolle der Interstate Highways für die Landesverteidigung betont, weshalb ihre offizielle, meist nicht beachtete Bezeichnung »Interstate and Defense Highways« lautet. Die Anschlüsse und Umgehungen in den Stadtregionen wurden durch Urban Expressways hergestellt, zu denen die Unionsregierung einen Zuschuß von 50% gab, vorausgesetzt, daß ein Generalverkehrsplan vorlag.

Heute reist man sehr bequem durch das große Staatsgebiet der USA auf den vier- bis achtspurigen Interstate Highways, innerhalb der Metropolen meist weniger bequem auf den bis zu 20spurigen Urban Expressways. Die von Osten nach Westen verlaufenden Straßen haben gerade Nummern, die von Norden nach Süden verlaufenden ungerade Nummern.

DER LUFTVERKEHR. Das Flugzeug spielt wegen der Weite des Landes für den Personenverkehr eine überragende Rolle. Der gewaltige Anstieg der Fluggastzahlen im Binnenverkehr setzte besonders Anfang der 80er Jahre ein. Täglich gibt es über 10 000 Binnenflüge. 1986 waren in den USA 273 000 zivile Flugzeuge registriert, der überwiegende Teil davon kleine Privatflugzeuge.

Auch im internationalen Luftverkehr spielen die USA eine führende Rolle. Ihr Anteil macht fast zwei Drittel aus, gegenüber nur etwa 20% Anteil am gesamten Welthandel. Im globalen Maßstab betrachtet liegen 13 der 17 verkehrsstärksten internationalen Flughäfen in den USA. Nach der Zahl der 1987 abgefertigten Fluggäste steht das O'Hare Field in Chicago mit 58,8 Mio. an erster Stelle, gefolgt von Hartsfield in Atlanta mit 47,6 Mio., Los Angeles International Airport mit 44,9 Mio., Dallas/Fort Worth International Airport mit 41,9 Mio., London-Heathrow mit 34,7 Mio. und Stapleton International Airport in Denver mit 34,1 Mio. In New York City verteilt sich der Flugverkehr auf drei Flughäfen.

DIE PIPELINES. Während die Eisenbahn im Gütertransport noch an der Spitze der Verkehrsträger steht, indem sie rund ein Drittel des Gesamtvolumens bewältigt, teilen sich die übrigen zwei Drittel Pipeline (mit etwa einem Viertel), Lkw und Binnenschiffahrt.

Schon früh begann man in den USA, einen Teil der in den Golfstaaten und im Mittelwesten erzeugten Überschüsse an Erdöl und Erdgas mittels Pipelines auf den großen Markt im Nordosten zu befördern. Der Leitungsverkehr hat etliche Vorzüge; nicht zuletzt ist er gegenüber dem Bahntarif etwa um die Hälfte preisgünstiger. Die größte Leitung, eine ursprünglich für den Transport von Naturgas von der Regierung während des Zweiten Weltkriegs gebaute 2300 km lange Pipeline mit einem Durchmesser von 61 cm, erbringt eine Jahresleistung von 30 Mio. Tonnenkilometern, was dem ständigen Umlauf von 20 000 Kesselwagen einer Bahn entspricht.

BINNENSCHIFFAHRT. Nach einer etwa 80jährigen Periode des Niedergangs erlebte die Binnenschiffahrt seit 1930 eine Renaissance. Mit den umfangreichen strombautechnischen Arbeiten im gesamten Mississippi-Missouri-System und in anderen Stromgebieten entstanden über 15 000 km Wasserstraßen mit einer Mindesttiefe von 2,7 m. Insgesamt wurden etwa 40 000 km Wasserwege für die Binnenschiffahrt ausgebaut.

Bedeutendste Schiffahrtsstraße ist der Illinois-Wasserweg, die 1933 fertiggestellte Verbindung zwischen dem Mississippi und den Großen Seen. Er beruht auf der Umleitung des in den Michigansee mündenden Chicago River nach Südwesten zum Illinois River und dem Bau eines damals notwendigen Entwässerungskanals. Dieser sollte die etwas über dem Niveau des Michigansees gelegene, typhusverseuchte Niederung dränieren und den See als Trinkwasserlieferant Chicagos vor Verschmutzung schützen. Der Chicago Sanitary and Ship Canal war jedoch umstritten, besonders in St. Louis, das von der Umleitung der Chicagoer Abwässer betroffen war. St. Louis willigte nur ein, da der gleichzeitige Ausbau einer leistungsfähigen Wasserstraße zugesichert wurde. Dieser Illinois-Wasserweg besteht aus dem Chicago River, dem Entwässerungskanal, dem ausgebauten Des Plaines River und dem Illinois River. Er ist einer der am stärksten befahrenen Binnenschiffahrtsrouten, über die ein hoher Anteil der Öltransporte von der Golfküste abgewickelt wird.

Für Öltransporte wird auch der Golfabschnitt des Küstenwasserweges Intracoastal Waterway genutzt, der unter dem Eindruck der U-Boot-Gefahr des Ersten Weltkriegs entstand.

Unter Einbeziehung von Flußunterläufen, Meeresbuchten und Lagunen führte er über 4600 km von Cape Cod entlang der Atlantikküste, dann quer durch Florida und entlang der Golfküste weiter bis zur mexikanischen Grenze. Mit dem McClellan-Kerr Arkansas River Waterway wurde die Ölstadt Tulsa in Oklahoma an den Mississippi angeschlossen. Der Tennessee-Fluß erhielt ab Knoxville eine Mindesttiefe von 2,5 m; als Folgeprogramm wurde durch Verbindung seines Unterlaufs mit dem nach Süden zum Golf entwässernden Warrior River der Tennessee-Tombigbee Waterway als östliche Parallelroute zum Unterlauf des Mississippi geschaffen.

Ein herausragendes Gemeinschaftswerk der Vereinigten Staaten und Kanada war der Ausbau des St.-Lorenz-Seewegs zu einer leistungsfähigen Wasserstraße, die bis tief ins Innere des Kontinents reicht. Vor allem der Ausbau der Schleusen bei Sault Sainte Marie (Soo-Schleusen) und des die Niagarafälle umgehenden Wellandkanals waren notwendig, um für größere Schiffseinheiten die Seeroute befahrbar zu machen. Mit über 80 Mio. t Durchgang bewältigen die Soo-Schleusen während der achtmonatigen eisfreien Navigationsperiode rund 60% des ganzjährigen Durchgangs des Panamakanals. Wenn auch der Handelsverkehr nach Eröffnung des Seewegs 1959 hinter den hohen Erwartungen zurückblieb, trat doch bis Mitte der 80er Jahre beim Wellandkanal eine Verdoppelung des jährlichen Durchgangs ein. Einige der Häfen an den Großen Seen wurden für höhere Jahresumschläge ausgebaut, u. a. die Häfen am Ufer des Michigansees entsprechend dem schon jahrzehntealten Plan für das Projekt eines Illiana Interstate Harbor (Illiana setzt sich aus den beiden Staatsnamen Illinois und Indiana zusammen).

ÜBERSEEHANDEL UND WICHTIGSTE HÄFEN. Im Überseehandel spielen die USA mit ihrem Anteil von rund 20% am Welthandelsvolumen im Vergleich zum Weltluftverkehr keine so überragende Rolle. Der große Binnenmarkt verbraucht selbst einen wesentlichen Teil der im Lande erzeugten Güter und Rohstoffe; nur in bestimmten Branchen werden nennenswerte Überschüsse für den Export erzielt.

Mit einer Tonnage von 18,2 Mio. BRT (1989) belegt die Handelsflotte der USA den sechsten Platz hinter Billigflaggeländern wie Liberia und Panama sowie hinter Griechenland, Japan und Großbritannien. Über 25% der Tonnage entfallen auf Öltanker. Haupthandelspartner sind Kanada, die EG-Staaten, Japan, Mexiko und, für Ölimporte, Saudi-Arabien; eine gewisse Rolle spielen auch Taiwan und Südkorea.

Nach dem Umschlag befinden sich unter den sechs führenden Häfen drei Golfküstenhäfen: New Orleans auf Platz eins, Mobile auf Platz vier und Tampa auf Platz fünf. Norfolk und New York an der Atlantikküste nehmen den zweiten und dritten Platz ein, Los Angeles an der Pazifikküste belegt den sechsten Platz. Der Abstand, den New Orleans erst im Laufe der 70er Jahre gegenüber den Atlantikhäfen erringen konnte, ist beträchtlich. Durch die Lage am unteren Mississippi kann die Stadt über den Illinois-Wasserweg den westlichen Kernraum des Manufacturing Belt bedienen.

DIE BUNDESSTAATEN

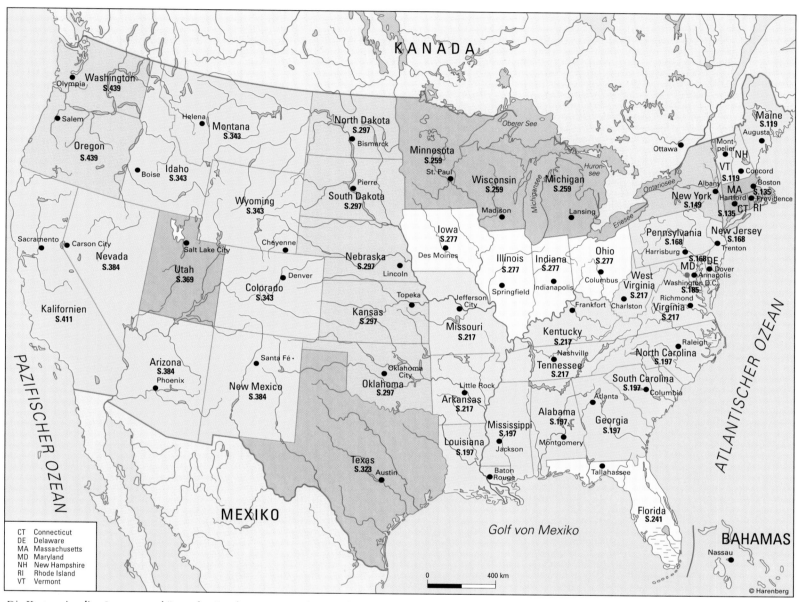

Die Karte zeigt die 48 zusammenhängenden Bundesstaaten mit den jeweiligen Seitenzahlen. Hawaii ist auf den Seiten 483 ff., Alaska auf den Seiten 462 ff., zu finden. Die Überseegebiete haben ein eigenes Kapitel (S. 501 ff.).

DAS NÖRDLICHE NEUENGLAND

Am Beginn der Besiedlung Neuenglands standen verschiedene englische Handelskompagnien und religiöse Gruppierungen. Die Virginia Company of London oder kurz London Company hatte schon 1607 Kapitän John Smith (* 1580, † 1631) nach der später Virginia genannten Kolonie entsandt, wo er Jamestown gründete. Nach seiner ein paar Jahre später erfolgten Rückkehr ging er erneut auf große Fahrt, diesmal weiter nach Norden an die Küste eines Landesteils, für den sich damals die Bezeichnung »New England« einzubürgern begann. Smith brachte eine gute Kartierung von dieser Küste sowie Fische und Pelze als Proben für die Ressourcen des Gebiets mit nach England. Bevor er im Auftrag der ebenfalls 1606 mit königlicher Charter ausgestatteten Plymouth Company eine erneute Reise dorthin antrat, wurde ihm der Titel eines Admiral of New England verliehen.

1620 organisierte die London Company die Fahrt der »Mayflower« über den Atlantik. Das Schiff hätte eigentlich weiter südlich zu dem der Kompagnie gehörenden Hudson-Mündungsgebiet fahren sollen, war aber erheblich vom Kurs abgekommen und gelangte an die Cape Cod Bay, wo die von ihm beförderten Pilgerväter eine erste Siedlung, die Plymouth Plantation, anlegten. 1629 kamen als weitere Siedlungen das von der inzwischen als Council for New England reorganisierten Plymouth Company gegründete Boston und das von der Massachusetts Company gegründete Salem hinzu. Ihre Siedler waren fast ausnahmslos Puritaner.

RELIGIÖSE AUSEINANDERSETZUNGEN IN NEUENGLAND. Die verworrenen Verhältnisse werden verständlicher, wenn man bedenkt, daß sich seit Mitte des 16. Jahrhunderts drei religiöse Gruppierungen in Auseinandersetzungen mit der Church of England befanden. Die Anglikaner bestritten die Autonomie des Papstes, hielten aber weitgehend an den katholischen Elementen der etablierten Kirche fest. Die Puritaner erstrebten eine grundlegende Reform der Church of England, in der sie aber formal weiter verblieben. Die Pilgerväter gehörten zu den Separatisten, die die Church of England verließen und schon ab Ende des 16. Jahrhunderts in die Niederlande gegangen waren. Sie begründeten den Kongregationalismus, dessen Leitidee die demokratische Selbstverwaltung von Kirche, Gemeinde und Schule ist, und zwar ohne Priester als Mittler zwischen Gott und dem einzelnen. Diese Idee sollte fortan auch die Grundhaltung der Puritaner bestimmen, die für den weiteren Siedlungsverlauf in den Vereinigten Staaten eine entscheidende Rolle gespielt haben.

Die religiösen und ökonomischen Vorstellungen der Puritaner waren von außerordentlicher Intoleranz begleitet, die keine Abweichung von ihren Normen duldete. Es ist daher nur natürlich, daß es sehr bald zu heftigen Auseinandersetzungen mit Andersdenkenden kam, die aus der Massachusetts-Kolonie verbannt wurden und sich jenseits von deren Einfluß in einiger Entfernung niederließen. Da die Zeiten in Großbritannien unru-

hig waren, vermochte das Mutterland kaum eine wirksame Aufsicht über die Siedlungsaktivitäten jenseits des Ozeans auszuüben und mußte daher den einzelnen Siedlergruppen für die Gestaltung ihrer Kolonien weitestgehend freie Hand lassen.

So entstanden zwischen 1623 und 1638 nördlich von Boston und Salem die Siedlungen Portsmouth, Dover, Exeter und Hampton. Portsmouth gehörte längere Zeit zum Massachusetts-Gebiet. Wegen Meinungsverschiedenheiten intervenierten die Kaufleute von Portsmouth jedoch in London; 1741 erreichten sie die Loslösung von Massachusetts und die Etablierung einer eigenen Kolonie, New Hampshire.

Noch weiter nördlich entstanden ebenfalls ab 1623 die Siedlungen Saco, Wells, York und Falmouth (später in Portland umbenannt) an der Küste eines Gebiets, das 1677 von Massachusetts gekauft wurde und ab 1691 aufgrund einer königlichen Charter auch offiziell zu ihm gehörte. Erst 1819 löste es sich von diesem Staat und wurde 1820 als eigenständiger Staat Maine in die Union aufgenommen.

1633 spaltete sich eine andere Gruppe von Massachusetts ab und gründete Windsor als erste Siedlung im Connecticut-Tal. Von dieser Kolonie (Connecticut, S. 135) zog eine Gruppe von Siedlern südwärts ins heutige New Jersey, wo sie den Ort Newark gründete. Eine weitere Gruppe von Dissidenten ging 1636 unter ihrem Anführer Roger Williams (* 1604, † 1683) ebenfalls nach Süden und machte den Siedlungsbeginn der Kolonie Rhode Island (S. 135).

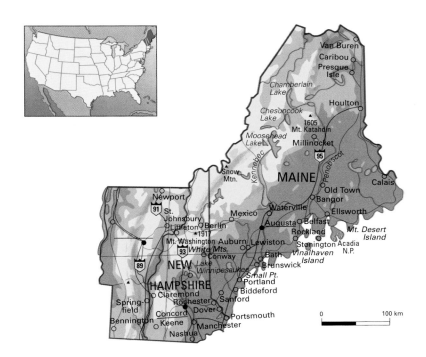

	NEW	
VERMONT	HAMPSHIRE	MAINE
gegr. 1791	gegr. 1788	gegr. 1820
24 900 km²	24 023 km²	86 156 km²
564 964 Einw.	1 113 915 Einw.	1 233 223 Einw.
Montpelier	Concord	Augusta

Vielfalt durch Zersplitterung. In diesen von religiösen Zwistigkeiten begleiteten frühen Siedlungsvorgängen liegt der Grund für die räumliche Zersplitterung des Nordostens in eine Anzahl von Kolonien, die heute zu den kleinsten Staaten der USA zählen. Rhode Island ist der kleinste US-Staat mit nur 3139 km², gefolgt von Connecticut (Platz 48), Massachusetts (45) und Maine (39). Die ursprünglichen fünf Neuenglandkolonien machten zusammen nur 86 523 km² aus, das heutige Neuengland bringt es mit Maine auf 172 679 km²; das ist knapp die Hälfte der heutigen Bundesrepublik Deutschland.

Der religiöse Hintergrund der frühen Siedlungsgründungen in Neuengland erschließt sich u. a. auch aus den Namen der Hauptstädte von New Hampshire und Rhode Island: Concord (»Eintracht« oder »Harmonie«) und Providence (»Vorsehung«). Den ganz anderen historischen Zusammenhang Vermonts – die Kolonie erhielt die französische Version des Namens Green Mountains und gehörte zum französischen Siedlungsraum im nördlich angrenzenden Kanada – dokumentiert auch der Name ihrer Hauptstadt, Montpelier.

So herrschte von Anbeginn eine große Vielfalt der Glaubensrichtungen und der Siedlungsansätze, die durch eine ebensolche Vielfalt der wissenschaftlichen und wirtschaftlichen Aktivitäten unterstrichen wurde. Schon in kolonialer Zeit wurden die Harvard University in Cambridge, Massachusetts (1636), die Yale University in New Haven, Connecticut (1701), die Brown University in Providence, Rhode Island (1764), und das Dartmouth College in Hanover, New Hampshire (1769), gegründet; später kamen weitere Institutionen hinzu, u. a. das Massachusetts Institute of Technology (MIT) in Cambridge (1860) und die Clark University in Worcester, Massachusetts (1887).

Bis heute ist der Bildungsstand der neuenglischen Bevölkerung relativ hoch und liegt über dem US-amerikanischen Durchschnitt. 1980 besaßen von den Erwachsenen ab 25 Jahre 70,5% (USA 66,5%) einen Abschluß von der High School und 19,2% (16,2%) eine mindestens vierjährige Ausbildung auf einem College. Damit bietet Neuengland nach Breuer (1986) vor allem für die modernen, mit R-&-D-Aufgaben (research and development) verbundenen High-Tech-Branchen vom Arbeitsmarkt her gesehen günstige Voraussetzungen. Die Erfindungskraft der Einwohner, die »Yankee ingenuity«, ist sprichwörtlich geworden. Ebenso aufschlußreich sind die Einkommensverhältnisse in Neuengland. Während das Pro-Kopf-Einkommen (1988) von 23 033 US-$ in Connecticut das höchste aller US-Staaten ist, liegen selbst die nördlichsten Neuenglandstaaten New Hampshire (19 233 US-$, vergleichbar mit New York), Vermont (15 320 US-$) und Maine (15 092 US-$) in einer guten Mittelposition, während die Einkommen in Massachusetts (20 836 US-$) und Rhode Island (16 857 US-$) höher sind.

Wirtschaftliche Grundlagen. Die Naturausstattung bot der weißen Bevölkerung vielfältige Möglichkeiten. Die buchtenreichen Küsten begünstigten die Anlage von Häfen für den Fischfang, der Waldreichtum wurde zur Basis für den Schiffsbau. Gegen Ende der Kolonialzeit stammten rund zwei Drittel der britischen Flotte von den Werften der nordamerikanischen, hauptsächlich der neuenglischen Küstenstädte. Neuenglands Reeder genossen nicht nur den Vorzug, mit den Ländern des Britischen Empire Handel treiben zu dürfen, sie konnten auch Schiffe nach England verkaufen, deren Herstellung dort selbst viel teurer gewesen wäre. Von der Wasserkraft der Flüsse profitierten Sägewerke, Textilmühlen und Getreidemühlen. Das dem atlantischen Küstensaum Europas ähnliche Klima bot gute Voraussetzungen für die Heugewinnung und Viehhaltung. Die von heimischen Schafen stammende Wolle wurde vor Ort verarbeitet, später auch Baumwolle aus den südlichen Kolonien. Die Fertigung von Schuh- und Lederwaren gehörte zu den frühen Gewerben, ebenso Metallverarbeitung sowie die Herstellung von Waffen und Uhren.

Siedlungsstrukturen. Die Siedlungen zeigten heimatliche Wesenszüge, und da sich das Erbe der englischen Kolonialzeit bis in die Gegenwart hinein noch vielfach erhalten hat, ist es nicht verwunderlich, daß Neuengland dem Europäer von allen Landesteilen der USA am vertrautesten erscheint. Neuengland gehörte nicht zu den Public Land States, die quadratische Landvermessung aufweisen. Land wurde zunächst regellos in einzelnen größeren Trakten vergeben. Erst als die Besiedlung etwas dichter wurde, kam eine gewisse Systematik auf mit der Vermessung von 36 Quadratmeilen großen »township« oder auch nur »town« genannten Einheiten.

Im Gegensatz zum späteren Vorgehen in den Public Land States wurde aber nur die äußere Begrenzung dieser Townships festgelegt, nicht ihre innere Untergliederung, die eine einheitliche Besitzstruktur geschaffen hätte. Es gab zwar weder Herrenhäuser (manor houses) noch Pächterkaten (tenant cottages), aber völlige Gleichheit in der Auslegung der einzelnen Grundstücke bestand auch zu Beginn nicht. Politisch einflußreiche Gemeindemitglieder und zahlungskräftige Immigranten konnten zu größeren Grundstücken gelangen. Zudem gerieten die theokratischen Gemeinden der ersten Jahre bald unter fremde, meist kommerzielle Einflüsse (Meinig 1986). Die Township (und nicht die County wie unter dem Landvermessungssystem von 1785) wurde die untere administrative Einheit. So entstand zunächst eine unregelmäßige, erst im Laufe der Zeit regelmäßiger gestaltete Blockflur und eine Besitzstruktur von Streusiedlungen mit vereinzelten dörflichen Kernen. Auch das Netz der Landwege und Stadtstraßen unterlag keinem höheren Ordnungsprinzip und folgte weitgehend naturgegebenen Leitlinien.

Dorf und Kleinstadt in Neuengland bestanden aus wenigen Straßen, die von einem Palisadenzaun gegen Eindringlinge geschützt waren. Beliebt als Straßenbaum war die stattliche amerikanische Ulme (Ulmus americana). Unter diesen Bäumen verschwanden die anfänglich meist nur eingeschossigen, weiß gestrichenen und mit grünen Fensterläden versehenen Holzhäuschen, die meist von Gemüse- und Blumengärten eingefaßt waren. In zentraler Lage fand sich ein unregelmäßig begrenzter Platz, der »village green«. In den Dörfern war er eine Art Anger, in den kleinen Städten der »common«. Er wurde als nächtlicher Rastplatz für das Vieh und in späterer Zeit als Exerzierplatz genutzt; dadurch blieb er in der Regel auch bei stark steigenden Bodenpreisen vor Überbauung bewahrt. Ebenfalls zentral gelegen waren Kirche und Versammlungshäuser, die wie im alten Europa die niedrigen Wohnhäuser überragten. Auch dieses Merkmal des Ortsbildes hat sich noch in vielen Fällen bis heute erhalten. Im Freilichtmuseum von Shelburne (Vermont) kann man einen Eindruck vom Leben der frühen Siedler erhalten.

Stolz auf Tradition. Die vier Neuenglandstaaten Massachusetts, Connecticut, Rhode Island und New Hampshire gehörten zu den 13 Gründerstaaten der Union. Der Beitritt Vermonts erfolgte etwas später, der von Maine erst 1820. Mit der kontinentweiten Westwärtsbewegung des 19. Jahrhunderts geriet Neuengland in eine zunehmend periphere Lage zum sprunghaft expandierenden Staatsgebiet der USA und wurde zugleich wachsender Konkurrenz von neuen Landesteilen ausgesetzt. Frühzeitig entschlossen sich zahlreiche Bewohner zum Fortzug und zur Suche nach neuen Existenzmöglichkeiten. Eine dünne Bevölkerungsschicht von Neuengländern hat die große Staatsfläche der USA überzogen und Lebensstil und Wirtschaft ihrer Menschen geprägt.

Viele Amerikaner erfüllt es mit Stolz, ihre Herkunft auf den neuenglischen Ursprung zurückzuführen. Nicht selten beteiligen sich Nachkommen alteingesessener Familien in ihren heute weit entfernten Wohnorten mit finanziellen Mitteln an der Erhaltung des alten Stammsitzes in irgendeiner Gemeinde Neuenglands. Für nordamerikanische Verhältnisse besteht hier eine lange Tradition. So ist es eine Besonderheit neuenglischer Ortschaften, auf ihrem Ortsschild nicht wie üblich Einwohnerzahl oder Höhenlage anzugeben, sondern das Jahr ihrer Gründung.

BEVÖLKERUNGSSTRUKTUR. Während viele seiner Bürger abwanderten, nahm Neuengland immer wieder neue Wellen von Immigranten auf: 1920 waren von der 7,4 Mio. Menschen zählenden Bevölkerung nur 2,8 Mio. gebürtige Amerikaner, dagegen 3,9 Mio. fremdbürtige Weiße und 0,7 Mio. Fremdbürtige anderer Hautfarbe.

Während der Auseinandersetzungen zwischen Großbritannien und Frankreich um ihre nordamerikanischen Besitzungen im 18. Jahrhundert waren viele Franzosen aus Britisch-Nordamerika, dem späteren Kanada, südwärts in die Neuenglandstaaten abgewandert. Die französische Abwanderung dauerte noch das ganze 19. Jahrhundert über an. Allen (1972) ist den Herkunfts- und Zielgebieten dieser Migranten nachgegangen. Vor dem Eisenbahnbau kamen sie vor allem aus dem Gebiet von Beauce südlich der Stadt Quebec und wanderten über den sog. Kennebec Road das Kennebec-Tal entlang bis in die Gegend von Waterville. Ein Teil wandte sich dann ostwärts dem Penobscot-Tal in Richtung Bangor zu. Eine andere Gruppe kam vom Südufer des St.-Lorenz-Stroms unterhalb von Quebec und siedelte im obersten St.-John-Tal im äußersten Norden von Maine. Nach 1850 wurde das Abwanderungsgebiet größer. Die nun mit der Eisenbahn zu erreichenden Orte lagen weiter südlich: Augusta, Brunswick, Auburn, Westbrook, Saco, Biddefort und Sanford.

Als Mitte des 19. Jahrhunderts Hungersnöte die halbe Bevölkerung Irlands in Bewegung setzten, gingen die meisten Auswanderer in die Vereinigten Staaten. Ein großer Teil blieb in den Küstenstaaten, die mit dem Zuzug der Iren ein merkliches antibritisches und katholisches Bevölkerungselement erhielten. Den auf einer sozial niedrigen Stufe stehenden Iren gelang es meistens, sich schnell hochzuarbeiten und sozial aufzusteigen.

Aus der puritanisch geprägten Grundhaltung vieler Neuengländer heraus, mit ihrer Hochschätzung von Privatinitiative, Privateigentum, privatem Unternehmertum und wirtschaftlichem Erfolgsstreben, wird es verständlich, daß die Bevölkerung, völlig im Gegensatz zu den Kernstaaten des Alten Südens (Der Tiefe Süden, S. 197), ein großes Wählerpotential für die Republikanische Partei darstellt.

SÜD-NORD-GEFÄLLE. Innerhalb Neuenglands besteht ein deutliches bevölkerungsmäßiges und sozialökonomisches Ge-

fälle von Süden nach Norden. Die Natur wird rauher, die Distanz zum Kernraum der frühen Besiedlung zunehmend größer. Das nördliche Neuengland kennzeichnen weite, wenig berührte Flächen mit großen bewaldeten Anteilen und eingestreuten Gebieten intensiver Landwirtschaft wie z. B. das Aroostook-Tal im nordöstlichen Maine. Es gibt nur eine geringe Zahl kleiner bis mittelgroßer Städte, von denen lediglich 21 Einwohnerzahlen von über 10 000 erreichen; die größte städtische Siedlung, Manchester in New Hampshire, zählt nur 91 000 Einwohner.

Im Gesamtrahmen der USA darf das nördliche Neuengland als strukturschwaches Gebiet eingestuft werden; aber es ist wenig einsichtig, warum das unionsstaatliche Wirtschaftsförderungsprogramm der 70er Jahre eine Regionalkommission für die Gesamtheit der Neuenglandstaaten unterhielt. Auch gab es lange Zeit eine ständige Konferenz der Gouverneure aller sechs Neuenglandstaaten zur Konsultation über gemeinsame sozialökonomische Probleme. Realistischer dürften andere Institutionen wie das Council of Economic Advisors oder die National Planning Association die Situation im Nordosten der USA einschätzen, da sie eine Differenzierung zwischen den nördlichen und den südlichen Neuenglandstaaten vorgenommen haben.

ABGRENZUNG VON NORD- UND SÜDNEUENGLAND. Die einfache Zusammenfassung von Maine, New Hampshire und Vermont zu einer Nordregion und die von Massachusetts, Connecticut und Rhode Island zu einer Südregion ist nicht unumstritten. Historisch betrachtet gehörte New Hampshire zusammen mit den drei letzteren zu den Gründerstaaten der Union und heute zu den Staaten mit relativ hohem Einkommensniveau. Wegen des inzwischen erreichten Entwicklungsstandes gehören neben Massachusetts und Connecticut die beiden nördlichen Neuenglandstaaten New Hampshire und Vermont zu den bedeutenden Standortregionen der US-amerikanischen High-Tech-Industrie. Dies gilt vor allem für die südlichen Teile dieser beiden Staaten, genauer gesagt für die Siedlungsachse des Connecticut-Flusses, die hier eine Fortsetzung des Connecticut-Tales der Staaten Massachusetts und Connecticut bildet. Auch die relativ städtereiche Küstenzone von New Hampshire und Maine sollte eher der Südregion zugerechnet werden. Dennoch sei der Übersichtlichkeit halber eine solche Aufteilung für die detaillierte Behandlung dieses Raums befolgt.

Das nördliche Neuengland umfaßt 78% der 173 000 km² Gesamtfläche der sechs Staaten, wovon allein 86 000 km² auf den größten Einzelstaat, Maine, entfallen. Bevölkerungsmäßig dagegen leben hier nur 20% aller Neuengländer. Eine andersartige Entwicklung der Bevölkerung vor allem ab Mitte des 19. Jahrhunderts sowie der Wirtschaft dürfte die gesonderte Behandlung der drei Nordstaaten rechtfertigen.

SONDERROLLE DES NORDENS. Der äußerste Norden spielte ohnehin eine Sonderrolle. So begann Vermonts britische Geschichte erst um 1700, da das Gebiet anfänglich zur französischen Einflußsphäre gehörte. Der französische Entdeckungsreisende Samuel de Champlain hatte 1609 eine Expedition durchgeführt; seinen Namen tragen die auf der Grenze zum heutigen Staat New York gelegene Senke sowie der in ihr gelegene große glaziale See. Einige Forts, wie z. B. das Fort St. Anne auf der im Champlain-See gelegenen Insel La Motte, wurden von den Franzosen gegen die Irokesen errichtet, mit denen sie sich später gegen die aus Süden vordringenden Engländer verbanden.

Auch blieb das Gebiet von Maine nördlich des 46. Breitengrads lange zwischen Großbritannien und den USA strittig; erst 1842 konnte eine Einigung darüber erzielt werden. Dieser Nordteil von Maine schiebt sich wie ein Keil zwischen die kanadischen Provinzen Quebec und New Brunswick vor und beeinträchtigt die innerkanadische Verkehrssituation. Die Strecke der Canadian Pacific Railway von Montreal ostwärts über Moncton nach Halifax wurde 1890 durch das Gebiet des US-Staates Maine fertiggestellt. Auf dieser Strecke verkehren sog. Korridorzüge, die im innerkanadischen Bahnbetrieb zweimal die Grenze von Maine überqueren.

Vor der Küste lebten die Grenzstreitigkeiten zwischen den USA und Kanada wieder auf, als beide Staaten 1977 ihre Wirtschaftszonen auf 200 Meilen ausdehnten. Bei dem umstrittenen Meeresgebiet von etwa 30 000 nautischen Quadratmeilen innerhalb und weiteren 20 000 außerhalb des Festlandsockels vor den Küsten Maines und Neuschottlands sind unterschiedliche wirtschaftliche Interessen im Spiel. Für Kanada geht es um die reichen Fischgründe und die Erwerbsgrundlage für über 3000 Fischer, für die USA um die angesichts der Rohstoffarmut des nördlichen Neuenglands in dem strittigen Meeresgebiet erhofften Erdgas- und Erdölreserven.

DER NATURRAUM. Teile Neuenglands werden von den nördlichen Ausläufern des Appalachensystems geprägt. Im Südwesten Vermonts sind es die Taconic Mountains. Das Rückgrat dieses Staates bilden die Green Mountains, dasjenige des Nachbarstaates New Hampshire die White Mountains. In der Presidential Range erreicht der Mt. Washington 1917 m.

Der zentrale Teil von Maine besitzt ebenfalls bergigen Charakter durch die Longfellow Mountains, deren höchste Erhebung der Mt. Katahdin mit 1605 m ist. Weite Teile von Maine, besonders der Norden und der Küstenbereich, haben hügeligen bis ebenen Charakter und sind von weitflächigen Sümpfen durchzogen und von unzähligen Seen bedeckt, in denen sich die Hinterlassenschaft der Eiszeit manifestiert. Die Küste ist stark zerlappt. Der direkten Distanz zwischen den Grenzen des Staates mit New Hampshire im Süden und mit New Brunswick im Norden von nur 365 km steht die tatsächliche Küstenlänge von 5565 km gegenüber: Ein Verhältnis von 1:15!

Im Küstenabschnitt südöstlich von Bangor liegt der Acadia National Park. Der Name Acadia ist indischen Ursprungs und wurde anfänglich auf Neuschottland, später auf die gesamte französische Einflußsphäre von Neuschottland, Neubraunschweig und Quebec sowie auf deren frankophone Bevölkerung angewendet, die teilweise nach Maine abgewandert war. Der Park umfaßt einen der schönsten Abschnitte dieser Fjärd-Schären-Küste – Fjärde bilden sich als Küstentyp in einem felsigen Hügelland von geringer Reliefenergie aus und sind Fjorden ähnlich, jedoch ohne deren charakteristische Übertiefung –, insbesondere das stark zerlappte, von seinem Entdecker Samuel de Champlain 1604 so genannte Desert Island; Desert (Wüste) wohl wegen der baumlosen Berghöhen. Im Cadillac Mountain hat die Insel mit 466 m ihren höchsten Punkt. Bizarre Felsformationen, ein dichter Wald in den unteren Hangpartien und eine reichhaltige Flora gehören zu den Sehenswürdigkeiten in diesem Nationalpark.

Die Gebirgsketten des nördlichen Neuenglands sind vor allem aus Granitgestein aufgebaut, das an vielen Stellen die Grundlage für eine Natursteinindustrie abgegeben hat. Sie tragen ausgedehnte Wälder, in denen hauptsächlich Tannen, Hemlocktannen, Fichten und Kiefern bestandsbildend sind. Unter den Laubbäumen spielt der Zuckerahorn eine besondere Rolle, der in einigen Orten die Sirupherstellung ermöglichte. In New Hampshire sind 87% des Staatsgebiets bewaldet. Große Teile der Wälder stehen unter der Obhut der unionsstaatlichen Forstverwaltung. Der White-Mountains-Nationalforst umfaßt rund 300 000 ha, der Green-Mountains-Nationalforst in Vermont 106 000 ha. Die ausgedehnten Wälder, obwohl nun schon seit über drei Jahrhunderten dezimiert und teilweise degradiert, bilden noch immer die Basis für eine vielseitige holzverarbeitende Industrie, die in diesen nördlichen Staaten eine weitaus größere Rolle spielt als in den südlichen Neuenglandstaaten.

TOURISTISCHE ATTRAKTIONEN. Die sich in Nord-Süd-Erstreckung 250 km durch Vermont hindurchziehenden Green Mountains können auf dem Long Trail erwandert werden. Die zahlreichen Seen bieten ein riesiges Freizeitpotential. Zu den größten Seen dieses Landesteils gehören der Lake Champlain an Vermonts Westgrenze und der Lake Winnipesaukee in New Hampshire. Hinzu kommt eine große Zahl von Reservoirs, die neben der Produktion von Wasserenergie auch Freizeitaktivitäten dienen. Bei niedrigen Wintertemperaturen mit einem Januarmittelwert von $-12°C$ in Caribou im Nordosten Maines und $-8°C$ in Burlington (Vermont) erfreut sich das nördliche Neuengland einer langen Wintersaison. Allein in Vermont gibt es etwa 40 mit Lifts erschlossene Skigebiete, unter ihnen Magic Mountain, Mt. Equinox, Mt. Snow, Smuggler's North und Sugarbush. Im Sommer gehören Radfahren und Kanusport zu den beliebtesten Freizeitaktivitäten.

WECHSELHAFTE BEVÖLKERUNGSENTWICKLUNG. Dem ersten US-Zensus von 1790 zufolge lebten 32% der Gesamtbevölkerung Neuenglands (324 000 von 1,01 Mio.) im Gebiet der drei nördlichen Staaten. Das war das günstigste jemals erreichte Verhältnis für den Norden, der vor allem ab Mitte des 19. Jahrhunderts immer mehr gegenüber dem Süden abfiel. Die Zeit um die Wende vom 18. zum 19. Jahrhundert hatte dem Norden, insbesondere seiner Landbevölkerung, noch ein kräftiges Wachstum beschert. Nach Lewis (1972) profitierte Neuengland vom verhältnismäßig späten Zeitpunkt des Unabhängigkeitskriegs und von der vorübergehenden, etwa die Zeitspanne einer Generation dauernden Verzögerung der Westwärtsbewegung über die Appalachen hinweg.

Dann wurden Prozesse wirksam, die sich zuungunsten vor allem des nördlichen Neuenglands auswirken sollten: Die Erschließung von Neuland im Mittelwesten, die beginnende Industrialisierung, die diesen zunehmend peripheren Landesteil kaum erfaßte, und der Sezessionskrieg. Die Bevölkerung der ländlichen Gebiete begann sich seit etwa 1870 rückläufig zu entwickeln, womit die Veródung von landwirtschaftlichen Flächen einsetzte, während die südlichen Neuenglandstaaten einen Zuwachs verzeichneten, der zeitweise sogar über dem nationalen Durchschnitt lag. Nur kleine Gewerbestädte mit Branchen wie der Herstellung von Textilien, Papier, Musikinstrumenten oder Werkzeugmaschinen hatten Wachstumschancen.

TEXTIL-, PAPIER- UND LEDERWAREN. Während die Wirtschaftsdepression der 1930er Jahre alle Neuenglandstaaten erfaßte, kam es nach dem Zweiten Weltkrieg zu stärkerer Differenzierung, aber nicht allein zwischen nördlichen und südlichen Neuenglandstaaten, sondern auch innerhalb der nördlichen Staaten. Als Beispiele seien die Textilindustrie, die Papierherstellung und die Lederwarenfabrikation herangezogen.

Von 1949 bis 1962 ging die Zahl der Beschäftigten in der Textilindustrie für ganz Neuengland um 54,3% zurück. Überdurchschnittlich betroffen waren von dieser Abnahme das südliche Maine mit 56,9%, das nördliche Vermont mit 69,2% und das südliche Vermont mit 75%. Gleichzeitig konnte das nördliche New Hampshire eine Zunahme von 114,3% für sich verbuchen. In derselben Zeitspanne nahm die Zahl der Beschäftigten in der Papierherstellung in Neuengland um 11% zu. Diesem Durchschnitt entsprach Maine, während der Anstieg in Vermont sogar 15% ausmachte. Die Beschäftigung in der Lederwarenfabrikation verlief aber äußerst wechselhaft. In den drei Zeiträumen 1919–39, 1939–47 und 1947–58 ergaben sich für ganz Neuengland −24,6% bzw. −6,8% und −2,0%. Die entsprechenden Werte für Maine waren +53,8%, −12,8% und +36,3%, für New Hampshire +23,1%, −10,7% und +3,0%. In der Zeit vor 1940 verlief die Entwicklung der beiden Nordstaaten also deutlich positiv, während der Rückgang in den Südstaaten um so kräftiger ausfiel; in der mittleren Zeitspanne verloren die beiden Nordstaaten überdurchschnittlich, in der letzten schnitten sie wiederum positiv ab.

Von etwa 1960 an kam es in den nördlichen Staaten zu einem gewissen Aufschwung, an dem mehrere Faktoren beteiligt waren. Entscheidend dürfte der Ausbau des Straßennetzes gewesen sein, insbesondere der des Interstate Highway System, durch das diese Staaten besser an die übrigen Staaten angeschlossen wurden. So führt heute die Interstate 95 an der Küste entlang über Portland, Augusta und Bangor bis zur Grenze nach New Brunswick; Interstate 93 durch New Hampshire über Manchester und Concord nach Norden; Interstate 91 im Verlaufe des Connecticut-Tales zur Grenze zwischen den Staaten New Hampshire und Vermont und Interstate 89 von Concord aus, die Interstate 91 kreuzend, über Burlington am Lake Champlain in den Nordwesten Vermonts. Damit reduzierten sich die Fahrzeiten merkbar. So halbierte sich fast die Anfahrtzeit von Boston nach Burlington von vorher siebeneinhalb Stunden auf jetzt vier Stunden, während Portland in etwa zweieinhalb Stunden und die Skigebiete in den White Mountains von Boston aus in gut vier Stunden erreicht werden können.

Sicherlich sind vor allem dieser Verkehrsinfrastruktur zwei andere Entwicklungen zuzuschreiben. Zum einen rückten die südlichen Teile der Nordstaaten in den Einzugsbereich des Raumes Boston, insbesondere bezüglich der jungen Wirtschaftsunternehmen im Nordabschnitt des Bostoner Autobahnringes Route 128. Pendler aus den Orten des südlichen New Hampshire benötigen nur eine halbe bis eine Stunde zu diesem großen Industriestandort; die entsprechenden Ortschaften haben sich zum Teil in Schlafstädte für den Raum Boston entwickelt.

Zum anderen förderten die deutlich verbesserten Verkehrsverhältnisse den Tourismus. Der Wald- und Wasserreichtum und die lange Wintersaison schufen ideale Voraussetzungen für Campen, Fischen, Jagen und Skilaufen. Viele Urlauber kommen daher nicht nur im Sommer, sondern auch im Winter und vermehrt übers Wochenende. Die Zahl der Zweit- und Ruhestandswohnsitze nahm zu; die damit einhergehende Nachfrage förderte den Bau von Motels, Marinas, Skiresorts und die Eröffnung verschiedenster Gewerbe- und Dienstleistungsbetriebe.

Aber auch neue Industrieanlagen und große Industrieparks entstanden an der Peripherie mancher Klein- und Mittelstädte, u. a. Zweigwerke von Betrieben der Elektronikbranche mit jeweils etlichen hundert Beschäftigten.

Natürlich gab es innerhalb des Gebiets der drei Staaten einzelne Bereiche des Wachstums neben anderen mit Bevölkerungsabwanderung. Besonders gewachsen sind der Raum Burlington in Vermont, der südliche Küstenabschnitt von Maine und vor allem der Süden von New Hampshire, wo die Bevölkerung nach 1960 den größten Zuwachs aller Neuenglandstaaten verzeichnen konnte.

WICHTIGE WIRTSCHAFTSZWEIGE. In den drei nördlichen Neuenglandstaaten steht nach dem Einkommen die Industrie vor dem Tourismus und der Landwirtschaft auf Platz eins. Das Branchenspektrum wird bis in die Gegenwart hinein noch deutlich von sog. alten Industrien wie Holzverarbeitung, Naturstein- und Zementindustrie, Textilindustrie, Schuh- und Lederwarenherstellung bestimmt, in geringerem Maße von Nahrungsmittelindustrie, Metallverarbeitung, Maschinenbau, Elektroindustrie, Schiffbau und Elektronik.

Die Holzwirtschaft steht im Staat Maine traditionsgemäß an erster Stelle. Viele Betriebe sind hier im Gegensatz zu anderen Neuenglandstaaten auf Papierherstellung spezialisiert. Die Unternehmen der holzverarbeitenden Branche sind weit über das Staatsgebiet verstreut, wichtigster Standort ist Millinokket. In Vermont ist neben der Papierfabrikation auch die Möbelherstellung bedeutend. Standorte sind vor allem Beecher Falls, Bellows Falls, Bennington, Brattleboro, Orleans, Randolph und Townshend sowie Berlin in New Hampshire.

Weit verbreitet ist die Natursteinindustrie, die sich in erster Linie auf die variantenreichen Granitsteinbrüche an der Westflanke der Green Mountains gründet. Wichtigste Standorte sind Danby, Pittsford, Proctor und West Rutland, hauptsächlicher Verarbeitungsort ist Barre. Schiefer wird vor allem in den Taconic Mountains im Südwestteil Vermonts bei Fair Haven gewonnen und verarbeitet.

Die Textilindustrie, die sich schon früh in Neuengland auf Grundlage des Wassers, der Wasserkraft und der heimischen Wolle entwickelt hatte, ist heute noch in zahlreichen Orten vor allem in Maine anzutreffen, u. a. in Augusta, Biddeford, Eastport, Lewiston, Pittsfield, Sanford, Waterville und Winthrop. In New Hampshire sind die wichtigsten Standorte Concord, Manchester, Nashua, Claremont, Dover, Keene, Laconia, Lebanon, Portsmouth und Rochester. Bedeutend sind weiter die Zuckersirupherstellung in St. Albans und St. Johnsbury (Vermont), die Herstellung von Präzisionsgeräten und Werkzeugmaschinen in Springfield und Windsor (Vermont) sowie von Erzeugnissen der Elektronikbranche vor allem in Burlington (Vermont) und in Nashua (New Hampshire). Der Schiffsbau − früher in allen Küstenorten von Maine heimisch − ist heute weitgehend auf Bath konzentriert.

Schwerpunkt von Fischfang und Fischkonservenherstellung ist Maine. Zu den Anlandungen gehören Barsch, Flunder, Hering, Kabeljau, Makrele und Schellfisch sowie Hummer. Zu Konserven wird vor allem der Hering verarbeitet; in dieser Beziehung nimmt Maine Platz zwei nach Kalifornien ein.

Die Landwirtschaft des nördlichen Neuenglands bringt nur eine relativ bescheidene Palette von Produkten hervor. Neuengland wird traditionell zum nordamerikanischen Milchwirtschaftsgürtel gerechnet. Das Klima legt Grünlandwirtschaft und Heugewinnung nahe, weshalb es nicht verwundert, daß alle drei Staaten ihr Farmeinkommen in erster Linie aus Molkereiprodukten beziehen. In New Hampshire erbringen diese zusammen mit den Verkäufen von Geflügel, Eiern und Gemüse drei Viertel des Gesamterlöses aus der Landwirtschaft. In New Hampshire und Vermont spielt auch die Rinderhaltung eine Rolle.

An zweiter Stelle im Farmeinkommen stehen in Maine Kartoffeln, an dritter in Vermont Äpfel. Der Kartoffelanbau im Aroostook-Tal bringt Maine unter die drei führenden Staaten in den USA. Vermarktet werden diese Kartoffeln über Caribou, Houlton und Presque Isle. Eine Besonderheit sind die Blaubeerenernte in Maine und die Honigproduktion in Vermont.

MANCHESTER, NASHUA UND PORTLAND. Von den 21 Städten mit über 10 000 Einwohnern haben nur drei mehr als 30 000, nämlich Manchester und Nashua in New Hampshire und Portland in Maine.

Manchester (91 000 Einw.) im Tal des Merrimack-Flusses wurde 1722 an einem indianischen Siedlungsplatz angelegt und wuchs zunächst mit der Holzwirtschaft, ab Anfang des 19. Jahrhunderts mit der auf Woll- und Baumwollverarbeitung basierenden Textilindustrie. Voraussetzung dafür war die Wasserkraft der Amoskeag-Fälle. Im Laufe des 19. Jahrhunderts konnte die Stadt ihre industriewirtschaftliche Grundlage stark erweitern. Betriebe der Nahrungsmittel- und Getränkeherstellung siedel-

ten sich an. Hinzu kamen Tabakverarbeitung, Bekleidungs-, Schuhwaren-, Gummi-, Maschinen- und Elektroindustrie sowie die Herstellung von Druckplatten und das Druckereigewerbe. Manchester entwickelte sich zum Wirtschaftszentrum für einen Teil des südöstlichen New Hampshire.

Nashua (56 000 Einw.), die zweitgrößte Stadt New Hampshires, teilt sich mit Manchester die Verwaltung der Hillsboro County. Die nach dem dort lebenden Indianerstamm benannte Stadt am Zusammenfluß von Nashua und Merrimack entstand ebenfalls auf der Basis der Holzverarbeitung sowie der Textil- und Schuhfabrikation. Später entwickelten sich spezialisierte Zweige, u. a. auf der Grundlage der von Howe entwickelten Nähmaschine und dem hier zuerst hergestellten Wachspapier. Die Stadt erhielt sich ihre Konkurrenzfähigkeit mit einem modernen Industriepark unter Heranziehung von Betrieben der Elektronikbranche.

Portland (62 000 Einw.), die größte Stadt von Maine, ist neben ihren über 170 Industriebetrieben in erster Linie Hafenstadt. Sie entstand auf einer Halbinsel an der Casco-Bucht. Eine wichtige Rolle spielte sie in der Zeit des Westindienhandels; heute ist sie Großhandelszentrum für das nördliche Neuengland. In kolonialer Zeit mehrfach zerstört, wurde Portland 1866 durch ein Großfeuer vernichtet und erstand neu im klassischen viktorianischen Stil, den sich die Altstadt bis heute bewahrt hat. Die alten Handels- und Lagerhäuser wurden allerdings zu Boutiquen und Restaurants umgestaltet.

Stonington, einer der malerischen Orte an der zerrissenen Küste Maines: An
den äußersten Spitzen der unzähligen Halbinseln nördlich von Portland liegen
viele solcher kleiner Siedlungen.

Maines Fischfang steht mit Hering an zweiter Stelle hinter Kalifornien. Den
größten Wert des jährlichen Ertrags machen jedoch die Hummer aus, für deren
Fang große Holzkörbe am Meeresboden ausgesetzt werden.

Pemaquid Point (Maine) am Ende einer felsigen schmalen Halbinsel war die
erste Dauersiedlung in Maine. Das Licht des 1827 gebauten Leuchtturms ist
über 20 km weit zu sehen.

Überdachte Holzbrücken führen über die Gebirgsbäche der White Mountains, hier am Swift River westlich von Conway in New Hampshire. Die Überdachung ist typisch für Neuengland.

Der Swift River bildet im harten Granitgestein von New Hampshire zahlreiche kleine Wasserfälle und Stromschnellen. Die Wasserkraft der Flüsse Neuenglands bildete mit eine Voraussetzung für die frühe Ansiedlung der Textilindustrie.

Am Eingang zum Mt.-Washington-Gebiet in den White Mountains von New Hampshire bildet Glenn House mit seinen weißen Fassaden einen deutlichen Kontrast zum bunten Herbstlaub.

Der Indian Summer mit seinen ruhigen Wetterlagen und rotgold leuchtenden Wäldern und Alleen zieht viele Touristen in die Neuenglandstaaten. Er entspricht dem sog. Altweibersommer in Mitteleuropa.

Kürbisfeld bei Walpole im Connecticut Valley an der Grenze zu Vermont:
Zu Halloween, der Nacht vor Allerheiligen, stehen zu Fratzen geschnitzte
Kürbisse in den Vorgärten.

Washington im Südwesten New Hampshires war die zweite Stadt in den USA,
die sich zu Ehren von George Washington umbenannt hat. Diese Bauten sind
im Stil der englischen Gotik mit »angle steeple« in Holzbauweise errichtet.

Die relativ kleinen, weiß getünchten und mit schlanken, quadratischen Türmen ausgestatteten Kirchen aus Holz wie diese in Strafford (Vermont) sind typisch für die Siedlungen Neuenglands.

Der westliche Arm des Ompompanoosuc-Flusses in der Nähe von Strafford
(Vermont): Neuenglands Flüsse und Seen bieten ideale Bedingungen für ausgedehnte Kanufahrten.

Bunter Herbstwald in den White Mountains nahe Berlin, einem der zahlreichen
Orte dieses Namens in den USA. Holz spielte und spielt noch immer eine große
Rolle für die hiesige Wirtschaft.

Eine alte Mühle bei Rockingham in Vermont, dem Staat in den Grünen Bergen:
Als einziger Neuenglandstaat hat Vermont, das weitgehend von Landwirtschaft
geprägt ist, keinen Zugang zum Meer.

Baum im herbstlichen Laub auf dem Friedhof von Littleton (New Hampshire).
Kleine, schmucklose Friedhöfe, die man häufig in Neuengland findet, zeugen
von der puritanischen Tradition.

DAS SÜDLICHE NEUENGLAND

Die drei südlichen Neuenglandstaaten sind mit zusammen nur 37 591 km² Fläche ungefähr so groß wie das Bundesland Baden-Württemberg (35 751 km²) und haben auch annähernd dieselbe Einwohnerzahl. Mit dem hohen Grad von Industrialisierung und Urbanisierung ließen sich sogar noch weitergehende Parallelen ziehen. Es sind extrem kleine Staaten, deren geringe Flächenausdehnung auf die von Anbeginn herrschende Aufsplitterung der englischen Siedler in unterschiedliche Glaubensrichtungen zurückgeht (Das nördliche Neuengland, S. 119). Andererseits besitzt dieses Gebiet, abgesehen von nur wenigen anderen frühen Siedlungsgründungen wie dem floridanischen St. Augustine (1565), dem 1607 angelegten Jamestown in Virginia und dem 1609 von den Spaniern in New Mexico gegründeten Santa Fé, die längste Geschichte innerhalb des gesamten Raums der heutigen Vereinigten Staaten.

SIEDLUNGSGRÜNDUNGEN VON GLAUBENSVERTRIEBENEN. Die erste weiße Ansiedlung von Dauer in diesem Landesteil entstand 1620 mit der Landung der »Mayflower«. Bevor die Pilgerväter das Land betraten, verfaßten sie den Mayflower Compact als Grundlage für die Verwaltung ihres Gemeinwesens. Daraufhin segelten sie quer über die Cape-Cod-Bucht und legten an deren Innenseite die Plymouth Plantation an. Daher rühren die beiden dem späteren Staat Massachusetts zugelegten Spitznamen: »Bay State« und »Old Colony State«.

Einige Jahre später landeten die Puritaner an dieser Küste und legten 1629/30 die Orte Boston, Charlestown und Salem an. Wegen deren intoleranten Haltung spalteten sich bald einzelne Gruppen von den Massachusetts-Siedlungen ab. Schon 1633 entstand auf diese Weise der Ort Windsor als erste Ansiedlung im Connecticut-Tal, die den Ansatz zur gleichnamigen Kolonie bildete. Im gleichen Jahr wurde nur wenige Kilometer südlich ein holländischer Handelsposten eröffnet, die Keimzelle der Stadt Hartford. Noch weiter südlich entstand eine dritte Siedlung: Wethersfield. Diese drei benachbarten Orte nahmen 1639 die sog. Fundamental Orders of Connecticut an, die als »Großvater« der Verfassung der Vereinigten Staaten von Amerika charakterisiert worden sind, während die weiter südwestlich gelegene Puritaner-Siedlung New Haven das »Fundamental Agreement« zu ihrer Lebensgrundlage machte. Beide unterschieden sich nur in der grundsätzlichen Frage, daß erstere religiöse Toleranz übten, letztere aber die Heilige Schrift als einziges und oberstes Recht für das Zusammenleben verbindlich machte.

Ebenfalls als Glaubensvertriebene aus Massachusetts gründeten 1636 Roger Williams östlich des heutigen Hartford am Blackstone River den Ort Providence und 1638 Anne Hutchinson südöstlich davon die Siedlung Pocasset, das heutige Portsmouth; aus diesem Gebiet wurde später die winzige eigenständige Kolonie Rhode Island.

Mit den Indianern versuchte man friedlich und über Landabtretungsverträge auszukommen. 1754 wurde in Lebanon im östlichen Connecticut die Moor's Charity Indian School gegründet, zwecks Christianisierung und Zivilisierung der Indianer. Der hauptsächliche Auftrag der Schule dürfte aber in der Ausbildung von weißen Indianermissionaren bestanden haben.

FRÜHE WIRTSCHAFTLICHE GRUNDLAGEN. In dem kleinen Rhode Island wirkte sich die von den religiösen Zwistigkeiten herrührende Isolierung besonders stark aus und verwies seine Menschen von Anbeginn auf das Meer. Sie betrieben Fischfang und Seehandel, aber auch Schmuggel und Piraterie. Eine frühe Einnahmequelle fanden die Bewohner Rhode Islands in der Rumdestillation. Allerdings verstanden es die Menschen sehr bald, sich die kurzen, aber schnellen Küstenflüsse wie den Blackstone und den Pawtuxet zunutze zu machen, indem sie eine kleine Textilfabrikation aufzogen. Landeinwärts an der kurzen Strecke des Providence-Flusses, der bei Providence die Narragansett-Bucht erreicht, entstanden Hammerwerke und eine metallverarbeitende Kleinindustrie mit Spezialisierung auf Silber- und andere Schmuckwaren.

In Massachusetts und Connecticut waren die naturgeographischen Grundlagen im Vergleich zu Rhode Island günstiger. In Massachusetts boten vor allem die Küstenstädte Ansätze für verschiedene Gewerbe, in Connecticut war es das Tal des gleichnamigen Flusses, in dem Eisenverhüttung und Metallverarbeitung zu früher Industrialisierung führten. Hier wurden Waffen hergestellt, mit denen die amerikanische Armee im Unabhängigkeitskrieg kämpfte. Es wurden aber auch Nadeln für die Textilfabrikation produziert. Hinzu kamen in Plymouth und New Haven Uhren.

Während die Nordstaaten Neuenglands noch bis zur Mitte des 19. Jahrhunderts in ihrer Bevölkerungs- und Wirtschaftsentwicklung mitzogen, blieben sie später immer weiter hinter den südlichen Staaten zurück. Diese verzeichneten zwischen 1850 und der Wirtschaftsdepression der 1930er Jahre ein kräftiges Wachstum, das seit etwa 1890 sogar über dem Durchschnitt der

MASSA-
CHUSETTS
gegr. 1788
21 455 km²
6 029 051 Einw.
Boston

CONNECTICUT
gegr. 1788
12 997 km²
3 295 669 Einw.
Hartford

RHODE
ISLAND
gegr. 1790
3 139 km²
1 005 984 Einw.
Providence

USA lag. Eine Zeitlang hatten zwar auch die südlichen Neuenglandstaaten Probleme mit dem Erbe der »alten« Industrien, aber zu Beginn des Zweiten Weltkriegs änderte sich die Situation. Der teilweise Abzug der traditionellen Industriebranchen Textilfabrikation, Schuh- und Lederwarenherstellung sowie Holzverarbeitung konnte durch Wachstumsindustrien und Dienstleistungsunternehmen weitgehend wettgemacht werden. Dazu gehörten zunächst auch Regierungsaufträge für das Militär, u. a. der Bau von Flugzeugmotoren, Helikoptern, Unterseebooten, später auch von Geräten für die Raumfahrttechnik. Ab etwa 1950 breiteten sich High-Tech-Betriebe mit Schwerpunkt im Großraum Boston und in Connecticut aus und brachten zumindest einigen Teilgebieten Neuenglands den Anschluß an die moderne industriewirtschaftliche Entwicklung.

TOPOGRAPHISCHE GRUNDSTRUKTUREN. Auf einer Länge von etwa 450 km trennt die von Norden nach Süden verlaufende Champlain-Hudson-Senke Neuengland vom restlichen Staatsgebiet der USA. Die Westgrenze der Staaten Massachusetts und Connecticut verläuft auf dem Kamm der das Hudson-Tal begleitenden Taconic Mountains, die südliche Fortsetzung der Green Mountains von Vermont. Während die Appalachen in den nördlichen Neuenglandstaaten mit den Green Mountains und White Mountains echten Gebirgscharakter annehmen, sind die Litchfield Hills in Connecticut und die Berkshire Hills in Massachusetts Hügelländer, die ihre größten Erhebungen schon bei 725 m bzw. 1063 m erreichen. Darüber hinaus hat das Gebiet der südlichen Neuenglandstaaten eine breite Abdachung zum Atlantik hin, so daß rund zwei Drittel ihrer Gesamtfläche als flachwellig bis eben einzustufen sind. Der gesamte Raum wurde glazial überformt, und die Hinterlassenschaft der Vereisungen zeigt sich nicht zuletzt im Gewässerreichtum. Auch gibt es größere versumpfte Gebiete, die vielfach von der Atlantic white cedar eingenommen werden.

Eine klare topographische Leitlinie und zugleich bedeutende Siedlungsachse ist das Tal des Connecticut-Flusses, das den Staat Connecticut in zwei Hälften teilt. Von Hartford nordwärts folgt ihm der Interstate Highway 91 als eine Hauptverkehrsader dieses Raumes. In Massachusetts wird das Tal als Pioneer Valley bezeichnet und trennt den westlichen, stark hügeligen Teil des Staatsgebiets von der breiten atlantischen Abdachung. In Connecticut gibt es zwei weitere annähernd in Nord-Süd-Richtung verlaufende Leitlinien. Die westlichste nahe der Staatsgrenze wird zum Teil vom Housatonic-Fluß eingenommen, den Osten entwässert der Fluß Thames. Im Nordosten des Staates Massachusetts macht der Merrimack einen großen Bogen. Alle diese Flüsse sowie kleinere Küstenflüsse wie der Blackstone und Pawtuxet in Rhode Island lieferten den Siedlern in den ersten beiden Jahrhunderten Energie und wurden als Transportwege genutzt.

Die genannten Leitlinien haben von Anbeginn die Besiedlung nachhaltig kanalisiert; weite Bereiche bergigen, hügeligen oder versumpften Geländes blieben unbesiedelt und wurden in jüngerer Zeit zudem durch staatliche »land-preservation«-Programme geschützt. Von der heute bewaldeten Fläche sind große Anteile aus jungen Aufforstungen hervorgegangen. Als Resultat ergab sich z. B. für den Staat Connecticut, daß er bei einem hohen Urbanisierungsgrad zwei Drittel der Staatsfläche als offenes Land ausweisen kann, das mit Wald bestanden ist oder sich in landwirtschaftlicher Nutzung befindet.

ZERKLÜFTETE KÜSTE. Für Massachusetts und Rhode Island ist die Küstenkonfiguration interessant. Die Bucht von Boston ist von Schäreninseln durchsetzt, und dieser Schärenhof erinnert sehr an die schwedische Ostküste. Das auffallendste Phänomen ist die weit ausgreifende Cape-Cod-Halbinsel; durch sie werden die Ausläufer des von Süden kommenden Golfstroms fortgelenkt, so daß die ozeanographischen und meeresbiologischen Verhältnisse südlich und nördlich der Halbinsel sehr verschieden sind. Am südwestlichsten Zipfel in Woods Hole entstanden die seit 1930 in Kooperation mit dem Massachusetts Institute of Technology (MIT) arbeitende Oceanographic Institution, eine der bedeutendsten ozeanographischen Forschungsstätten der Welt, und das Biological Laboratory des unionsstaatlichen Bureau of Commercial Fisheries.

Woods Hole ist zugleich wichtigster Ausgangspunkt der Fähren, die zu den südlich der Halbinsel der Küste vorgelagerten Inseln Martha's Vineyard und Nantucket fahren. Als dritte größere Insel kommt noch Elizabeth Island hinzu. 1962 wurde ein Dünengebiet im Norden der Halbinsel zum Cape-Cod-National-Seashore-Erholungsgebiet erklärt. Sobald die an Baufirmen zur Gewinnung von Sand- und Baumaterial verliehenen Konzessionen abgelaufen sind, soll das Gebiet von wirtschaftlicher Nutzung (mit Ausnahme der touristischen Infrastruktur) verschont bleiben. An der äußersten Spitze der Halbinsel liegt Provincetown, ein kleines Künstler- und Touristenzentrum.

In Rhode Island schließt sich der stark zerlappte östliche Küstenabschnitt mit der tief in das Land eingreifenden Narragansett-Bucht an, die den winzigen Staat auf zwei Dritteln seiner Nord-Süd-Erstreckung trennt. Im Vergleich zu einer Luftlinie von nur 60 km kommt die tatsächliche Küstenlänge auf 650 km. Völlig anders ist der sich westlich anschließende Küstenabschnitt gestaltet, den eine Flachküste vom Haff-Nehrungs-Typ mit ausgedehnten Salzmarschen kennzeichnet.

WIRTSCHAFTLICHE ENTWICKLUNG. Das früh industrialisierte südliche Neuengland hat gerade wegen dieser »alten« Industrien in jüngerer Zeit mehrfache Konjunkturrückschläge hinnehmen müsen, stellt sich jedoch im Kontext der US-amerikanischen Wirtschaft nach wie vor als eine der führenden Regionen dar. Das Pro-Kopf-Einkommen von Connecticut (1988) ist mit 23 033 US-$ das höchste aller Staaten der USA, dasjenige von Massachusetts (20 836 US-$) räumt diesem Staat immerhin noch Platz vier hinter New Jersey und Washington D. C. ein.

Die Basis für diese sozialökonomische Position bilden moderne Industriebranchen und Dienstleistungsbetriebe. Der Bergbau, in der Zeit der frühen Besiedlung eine Voraussetzung für manches Gewerbe, spielt heute mit Ausnahme der Baustoffgewinnung keine Rolle mehr.

Im Küstenbereich von Massachusetts war die auf die Anfänge der Farmwirtschaft folgende Epoche zwischen etwa 1750 und 1870 für die Entwicklung einer umfangreichen Fischereiwirtschaft wichtig. In dieser Zeit waren New Bedford und Nantukket wichtige Stationen für die Walfangschiffe. New Bedfords Hafenanlagen gehören zum bauhistorischen Erbe der USA und stehen auf der Liste schützenswerter Bauten; eine Sehenswürdigkeit der Stadt ist das Walmuseum. In den Küstenorten beider Staaten werden auch heute große Mengen von Barsch, Flunder, Heilbutt, Kabeljau, Makrele, Schellfisch, Thunfisch und Hummer angelandet; an Kammuscheln liefert Massachusetts einen hohen Anteil.

LANDWIRTSCHAFT ALS WICHTIGE ERWERBSQUELLE. Die Landwirtschaft hat sich sehr auf den städtischen Markt der Megalopolis (die urbanisierte Küstenregion von Washington D. C. bis Boston) orientiert, zu der man zumindest einen Teil der südlichen Neuenglandstaaten rechnen muß. Nach dem traditionellen Gürtelkonzept gehört das Gebiet zum Milchwirtschaftsgürtel. In Connecticut stehen auch heute noch Milch und Molkereiprodukte vor Eiern und Feingemüse an erster Stelle des Farmeinkommens. In Massachusetts und Rhode Island hat aber seit den 70er Jahren die Erzeugung von Feingemüse (u. a. Spargel) die Molkereiprodukte auf den zweiten Platz verdrängt.

Grundlage für die Viehhaltung ist die im feuchtmilden Klima weit verbreitete Grünlandwirtschaft sowie die Heugewinnung und der Anbau von Futterrüben und anderen Futterpflanzen. Hinzugekommen ist in neuerer Zeit in allen drei Staaten die Legehennenzucht. Daneben werden Kartoffeln angebaut und Obstbäume (vor allem Äpfel) gezogen. Im Connecticut-Tal bzw. Pioneer Valley findet sich etwas Tabakanbau. Eine Besonderheit von Massachusetts sind die großen amerikanischen Preiselbeeren (cranberries), die sonst vor allem noch im Mittelweststaat Wisconsin auf sumpfigen, lange Zeit des Jahres unter Wasser stehenden Flächen angebaut werden und für das Nationalgericht der US-Amerikaner, Truthahn mit Preiselbeeren, unabdingbar sind. Massachussetts liefert etwa zwei Drittel der Welterzeugung.

NIEDERGANG DER »ALTEN« INDUSTRIEN. Eine frühe kleine Eisenindustrie mit vielfältiger Metallverarbeitung, holzverarbeitende Industrie, Schiffsbau sowie Textil-, Schuh- und Lederwarenfabrikation waren charakteristisch für das alte Neuengland. Relativ hohe Luftfeuchtigkeit und das reichlich vorhandene Wasser, das zur Kraftgewinnung wie auch zum Walken und Färben in großer Menge benötigt wurde, waren günstige Standortfaktoren für die sich früh entwickelnde Textilindustrie.

Ab der Wirtschaftsdepression der 30er Jahre befanden sich die »alten« Branchen im Niedergang. Die Hüttenindustrie und Eisenverarbeitung hatten keine ausreichende Rohstoffbasis mehr. Die Dezimierung der Wälder schränkte die Holzverarbeitung ein. In der Papier- und Zellstoffbranche gab es zwar eine leichte Aufwärtsentwicklung, die jedoch weit hinter der anderer Regionen der USA zurückblieb, so daß die relative Position Neuenglands doch geschwächt wurde. Der Schiffsbau war in den USA generell unrentabel geworden und blieb auf vereinzelte Standorte beschränkt. Die Textilindustrie wanderte zum großen Teil nach Süden ab; zum einen wegen der niedrigeren Lohnkosten vor allem in den Piedmont der beiden Carolinas, zum anderen in die Golfregion, wo sich mit der Kunstfaserproduktion eine neue Rohstoffbasis entwickelt hatte. Fall River (Massachusetts) war einst in den USA die größte Stadt der Baumwollspinnerei und -weberei.

In der Schuhfabrikation wirkte sich der Umstand aus, daß die United Shoe Machine of Brockton in Massachusetts ihre Maschinen an die Schuhhersteller im Leasing-Verfahren vermietet, womit die Firmen eigentliche Investitionskosten dafür nicht aufwenden müssen und dadurch weniger abhängig vom Standort sind. Die Schuhherstellung hat dennoch gewisse Bedeutung für die sog. Stiefelstädte Brockton, Lynn und Haverhill.

UMSTELLUNG AUF »NEUE« INDUSTRIEN. Angesichts rückläufiger Tendenzen in den traditionellen Branchen gelang den südlichen Neuenglandstaaten aber rechtzeitig die Umorientierung auf Maschinen und Geräte der Luft- und Raumfahrt u. a. für die Ausrüstung von Luftwaffe und Marine, auf Kunststoffproduktion, Elektronikbranche und überregionale Dienstleistungen. Flankierend wirkten Rüstungsaufträge der Regierung während des Zweiten Weltkriegs und des Koreakriegs.

Zu den schon länger im südlichen Neuengland ansässigen Branchen gehörten der Maschinen- und Werkzeugmaschinenbau. Sie gaben vor allem in Hartford (Connecticut) und Springfield (Massachusetts) die Ansätze zur Produktion von Flugzeugmotoren, Propellern, Düsentriebwerken und Hubschraubern. So begann die Werkzeugmaschinenfabrik Pratt & Whitney 1925 in Hartford mit dem Bau von Flugzeugmotoren. Andere Firmen wie die Sikorsky Aircraft in Bridgeport (Connecticut) kamen hinzu; Zweigwerke und Zulieferbetriebe entstanden in New London, Southbridge und Willimantic in Connecticut sowie in Pawtucket (Rhode Island). Die United Technologies Corporation (UTC), bis 1975 United Aircraft Corporation, besitzt heute die meisten Firmen dieser Branche, u. a. Pratt & Whitney (Hersteller von Düsentriebwerken) in East Hartford, die Sikorsky-Hubschrauberwerke in Bridgeport, die in der Raumfahrttechnik tätigen Hamilton Standard-Werke in Windsor Locks, den Schiffsradarhersteller Norden in Norwalk und einige weitere Betriebsstätten; damit ist die UTC über einen großen Teil des Staates Connecticut verteilt. Sie beschäftigt über 2000 Subunternehmen (Breuer 1984).

Eine verwandte Branche ist der Bau atomgetriebener U-Boote in Groton (Connecticut). Im Zuge der zunehmenden Bedeutung des südlichen Neuenglands in diesen Produktionsbereichen richtete die General Dynamics Corporation ihre Hauptverwaltung in Groton ein, die Hauptverwaltung der General Electric Company zog von Schenectady nach Fairfield um.

Allerdings sind diese Branchen sehr von den Schwankungen der Rüstungspolitik abhängig. Nach Estall (1966) beschäftigte die gesamte Branche vor dem Zweiten Weltkrieg (1938) nicht mehr als 7000 Menschen. Gegen Kriegsende 1944 waren es 85 000, unmittelbar danach (1945) nur noch 21 000; im Gefolge des Koreakriegs und des Ausbleibens einer weitreichenden Abrüstung waren es 1962 wieder 76 000. Nach dem Vietnamkrieg kam es zu Kürzungen der Regierungsaufträge, die auf die Arbeitslosenquote in Connecticut nachhaltigen Einfluß hatten, auch im Flugzeugbau und in der Raumfahrttechnik gab es Rückschläge. Die 80er Jahre brachten erneut einen Aufwärtstrend. Die 1990 diskutierten Kürzungen im Verteidigungsetat für die folgenden Jahre hätten auch solche Standorte wie Groton und New London getroffen, doch dann brachte der Golfkrieg im Januar/Februar 1991 eine abermalige Wende in die entgegengesetzte Richtung; wie lange dieser Aufschwung anhält, ist angesichts der Entwicklung im Osten äußerst ungewiß.

HIGH-TECH ALS BESTÄNDIGE GRUNDLAGE. Eine beständigere Grundlage für die wirtschaftliche Zukunft des südlichen Neuenglands dürften die High-Tech-Unternehmen bieten, die sich ebenfalls oft aus militärischen Forschungsaufträgen zur Zeit des Zweiten Weltkriegs entwickelt haben. Während der Gründungsphase der 50er Jahre spielten die Aufträge von Militär und Raumfahrtbehörde eine entscheidende Rolle; sie machten es möglich, daß sich in einem sog. spin-off-Prozeß einzelne Wissenschaftler und Ingenieure verschiedener Labors und Forschungsstätten des berühmten MIT in Cambridge (Massachusetts) selbständig machten und im Großraum Boston eigene Unternehmen gründeten.

Nach Bathelt (1990) ist dabei sowohl eine branchenmäßige als auch eine räumliche Spezialisierung zu beobachten, die in der Folgezeit in besonderem Maße von der Nähe zum Ausbildungs-, Wohn- oder Geburtsort des Gründers und dem Vorhandensein qualifizierter, in manchen Bereichen aber auch ungelernter Arbeitskräfte abhing. Von den 1988 im Großraum Boston in High-Tech-Unternehmen beschäftigten 214 000 Mitarbeitern waren mehr als drei Viertel in den drei Bereichen Computerbau, Elektronik und Präzisionsinstrumente tätig, während andere Bereiche wie Raumfahrttechnik und Telekommunikation nur gering vertreten sind. Hinzuzurechnen sind gleichfalls stark spezialisierte Zulieferbetriebe.

Räumlich hat sich seit den frühen Betriebsgründungen ein Wandel vollzogen. In der Anfangsphase lagen die zentralen Standorte in Boston und Cambridge, doch der Ende der 50er Jahre fertiggestellte Autobahnring um Boston, die Route 128, wurde während der 60er Jahre von überragender Bedeutung für die Standortentscheidung vieler Unternehmen, u. a. auch solcher der High-Tech-Branchen. Bei drei Vierteln dieser Unternehmen handelt es sich um Verlagerungen; unter diesen waren wiederum drei Viertel Verlagerungen aus Boston und Cambridge. Mit steigender Anzahl der Betriebe an der Route 128 sowie dem Bau der noch weiter außerhalb gelegenen Ringautobahn I 495 kam es zu einer erneuten zentrifugalen Wanderung. Neue Industrieparks, die während der 80er Jahre zunehmend von High-Tech-Branchen aufgesucht wurden, entstanden an den Radialen nach Westen und Norden; nach Westen an der I 90 (Massachusetts Turnpike) bis Worcester, nach Norden an der Route 3 bis Lowell. Gegenwärtig ist Massachusetts in bezug auf High-Tech-Unternehmen hinter Kalifornien zweitwichtigster Standort der Vereinigten Staaten.

DIE GROSSEN STÄDTE. Im Gegensatz zum nördlichen Neuengland, das nicht einmal Städte in der Größenordnung von 100 000 Einwohnern aufweist, hat das südliche Neuengland viele Großstädte. Von den 37 Millionen-Metropolen der USA besitzt dieses kleine Gebiet drei: Die Metropole Boston/Lawrence/Salem in Massachusetts, die mit 4,11 Mio. Einwohnern Platz 7 belegt, sowie die mehr am Ende der Rangskala stehenden Metropolen Providence/Pawtucket/Fall River mit 1,13 Mio. im Grenzbereich Rhode Island/Massachusetts und Hartford/New Britain/Middletown mit 1,07 Mio. in Connecticut. Diese städtischen Räume werden der Megalopolis zugerechnet, jenem großen Städteband an der Nordostküste der USA, das nach seinen nördlichen und südlichen Endpunkten Boston bzw. Washington D. C. auch als »Boswash« bezeichnet wird.

GESCHICHTSTRÄCHTIGES BOSTON. Wenige Städte in den Vereinigten Staaten sind so mit der Geschichte dieses Landes verbunden wie Boston (574 000 Einw.). Es wurde 1630 von Puritanern gegründet, war bereits zwei Jahre darauf offizieller Verwaltungssitz der Massachusetts Company und entwickelte sich trotz Vertreibung vieler Andersdenkender rasch weiter.

In Boston war, aufgrund der vielen englischen Glaubensflüchtlinge und der irischen Einwanderer, die antibritische Haltung besonders stark, hier spitzte sich die Situation im Verhältnis zwischen Kolonisten und Engländern dramatisch zu. Die Einquartierung von britischen Truppen gab 1770 den Anlaß zu einem Aufstand, der im sog. Boston Massacre blutig niedergeschlagen wurde. Die Einführung von Steuern ohne die politische Gegenleistung von Vertretung, das sog. »taxation without representation«, wurde zwar von Großbritannien widerrufen, jedoch mit der Ausnahme von Tee. Die Bostoner weigerten sich, den besteuerten Tee anzunehmen. Im Dezember 1773 warfen sie eine Schiffsladung des englischen Nationalgetränks ins Wasser, woraufhin der Hafen von den Briten geschlossen wurde. Zu den Gefechten, die dem eigentlichen Unabhängigkeitskrieg vorausgingen, gehörte die Vertreibung der Amerikaner vom Bunker Hill im Vorort Charleston im Juni 1775. Neun Monate später wurden die Briten aus Boston verjagt.

Die Stadt entstand auf der schmalen, etwa 3 km langen und 1,5 km breiten Shawmut-Halbinsel zwischen dem Charles River und der South Bay. Die eingeengte Lage hat dazu geführt, daß Boston von allen Großstädten der USA im größten Umfang Landgewinnung durch Aufschüttungen vorgenommen hat, die in diesem Ausmaß nur mit entsprechenden Maßnahmen in den Küstenstädten Japans vergleichbar ist. Die ursprüngliche Topographie wurde damit grundlegend verändert. Ausbuchtungen der Halbinsel wie Mill Cove und Town Cove wurden schon zu Beginn des 19. Jahrhunderts drainiert und mit Material von den anfänglich unbebauten Hügeln aufgefüllt. Ein beträchtlicher Teil der Aufschüttungen geht auf das Konto der Eisenbahngesellschaften, die ihre Bahnhöfe zwar außerhalb des Stadtkerns, aber ihm möglichst benachbart anlegen wollten.

Die leichter bebaubaren Teile der Halbinsel wurden mit einem Netz unregelmäßiger Straßen überzogen. In einem Teil der stattlichen Wohnbauten der Beacon Street mit ihren efeuberankten Ziegelmauern, Doppelkaminen auf beiden Seiten und schmiedeeisernen Balkongittern leben noch heute Angehörige der gehobenen Schicht. Eingerahmt von der Beacon, der Arlington, der Boylston und der Tremont Street liegt der fast 20 ha große Boston Common, der lange Zeit als Kuhweide und Truppenexerzierplatz genutzt wurde. Auf ihm und bei den alten Kirchen an der Tremont Street sind die kleinen Friedhöfe aus der Kolonialzeit erhalten. An der Beacon Street steht das neue State House; das nahegelegene Old State House, das von 1748 bis 1795 der Regierung gedient hatte, ist ein Museum. Die weiter nordöstlich an Merchant's Row stehende Faneuil Hall wird wegen der Versammlungen, die während der Revolutionsära im Obergeschoß stattgefunden haben, auch »Cradle of Liberty« (Wiege der Freiheit) genannt.

Boston erfuhr schon im frühen 19. Jahrhundert ein kräftiges Wachstum. Es ist nicht nur die politische Hauptstadt des Staates Massachusetts, sondern kann seiner tatsächlichen Bedeutung nach die Regionalhauptstadt Neuenglands genannt werden. Boston dehnte sich rasch von der Halbinsel nach Süden und Westen aus. Die nach Südwesten führende Washington Street ist eine typische Ausfallstraße des Straßenbahnzeitalters mit dreigeschossigen Wohnhäusern. Nach Westen führt entlang dem Ufer des Charles-Flusses die Esplanade, an der im Sommer Konzerte unter freiem Himmel stattfinden. Vom Prudential Building hat man einen guten Blick sowohl über die Downtown und den Hafen als auch zur Nordseite hin über den Fluß hinweg nach Cambridge, wo sich die schon 1636 gegründete Harvard University und das Massachusetts Institute of Technology ausgebreitet haben. Beide gehören zu den renommiertesten Bildungsstätten in den Vereinigten Staaten. Das MIT hat seit der Jahrhundertmitte viel zur Entwicklung der Hochtechnologie-

Branchen im Raum Boston beigetragen; die High-Tech-Firmen hatten sich an deren Einrichtungen angelehnt, später waren sie an die Ringautobahnen Route 128 und I 495 sowie an die Entwicklungsachsen nach Lowell und Worcester gezogen.

SALEM UND LAWRENCE. Die Metropolitan Area umfaßt im Norden das 24 km von Bostons Kern entfernt gelegene Salem und das 40 km abgelegene Lawrence. Salem wurde schon 1626 gegründet, diente bis 1630 der Massachusetts Company als Verwaltungssitz und war, von Landwirtschaft und Fischfang abgesehen, vom 17. bis zum 19. Jahrhundert bedeutende Hafenstadt. Die alten Hafenanlagen und Bauten wie das Zollgebäude wurden 1938 als Salem Maritime National Historic Site unter Denkmalschutz gestellt. 1692 war Salem Schauplatz von Hexenverfolgungen gewesen, die Arthur Miller in seinem 1953 entstandenen Drama »The Crucible« (Hexenjagd) zur Vorlage nahm und an die im Salem Witch Museum erinnert wird. Die Stadt ist auch Geburtsort des Schriftstellers Nathaniel Hawthorne (* 1804, † 1864), dessen bekannter Roman »The Scarlet Letter« in seiner Heimatstadt spielt.

Lawrence liegt heute ebenso wie die »alte« Textilstadt Lowell an der äußeren Ringautobahn I 495. Der Ort entstand 1845, als am Merrimack-Fluß der Great Stone Dam gebaut wurde und die erforderliche Wasserkraft für die Textilindustrie lieferte, die dem Ort die Bezeichnung »Worsted City« (Kammgarnstadt) eintrug. Daneben entstanden Betriebe der Schuhfabrikation, Papierherstellung, des Maschinenbaus sowie der chemischen und Kunststoffindustrie.

DIE NIEDERLÄNDISCHE GRÜNDUNG HARTFORD. Eine weitere bedeutende Metropole entstand um Connecticuts Hauptstadt Hartford (140 000 Einw.). Auf dem Westufer des Connecticut-Flußes hatten die Niederländer 1623 einen Handelsposten errichtet, der später mit einem Fort geschützt wurde. 1635 trafen die ersten englischen Siedler aus Massachusetts ein.

Einen guten Überblick über diese Stadt, in der sich Bauten aus der Kolonialzeit mit modernen Geschäfts- und Bürohäusern mischen, hat man vom Travelers Tower am Tower Square. Die vielen neuen Bürobauten deuten auf die Rolle der Stadt als ein Zentrum des Versicherungswesens hin; rund 50 Versicherungsgesellschaften haben hier ihre Zentralen. Von den Industriebranchen ist der Flugzeugmotorenbau besonders wichtig. In Hartford gibt es eine seit 1764 kontinuierlich unter diesem Namen erscheinende Zeitung, den »Hartford Courant«; sie ist eine der ältesten Zeitungen in den USA.

Hartford ist die Geburtsstadt von Samuel Colt (* 1814, † 1862), der sich 1836 das hölzerne Modell des berühmt gewordenen Revolvers patentieren ließ und 1852 hier eine Fabrik eröffnete, die im Sezessionskrieg der 1860er Jahre mit Aufträgen für die Truppen der Union gute Geschäfte machte. Zu den Sehenswürdigkeiten Hartfords gehören das Harriet Beecher Stowe House und das ihm fast benachbarte Mark Twain Memorial. Die in Hartford gestorbene Harriet Beecher Stowe (* 1811, † 1896) schrieb den ersten Anti-Sklaverei-Roman, »Onkel Toms Hütte« (1852); Mark Twain (* 1835, † 1910) wurde vor allem mit seinen beiden Romanen »Die Abenteuer des Tom Sawyer« (1876) und »Die Abenteuer des Huckleberry Finn« (1884) berühmt; er lebte viele Jahre in der Stadt.

NEW HAVEN. Etwa 50 km südlich von Hartford liegt New Haven (130 000 Einw.), das seit 1716 die einige Jahre früher gegründete Yale University beherbergt. Sie kann für sich beanspruchen, mit dem seit 1818 erscheinenden American Journal of Science die älteste US-amerikanische wissenschaftliche Fachzeitschrift herausgebracht und 1861 den ersten in den USA vergebenen Grad eines Doktors der Philosophie verliehen zu haben. In zentraler Lage findet sich der dem »Common« anderer Städte entsprechende »The Green« mit drei aus dem frühen 19. Jahrhundert stammenden Kirchen; das Gelände von mehr als 6 ha war als einziger von den ursprünglichen neun gleichgroßen quadratischen Baublöcken des ersten Stadtgrundrißplans besonderer Nutzung vorbehalten gewesen.

Das Branchenspektrum der Industrien ist breit gefächert. Hier reiften die Pläne eines Eli Whitney (* 1765, † 1825), der die Baumwollentkernungsmaschine verbesserte und kommerziell nutzbar machte, und eines Charles Goodyear (* 1800, † 1860), der zahlreiche Patente im Zusammenhang mit der von ihm erprobten Vulkanisierung von Gummi erhielt und dessen Namen eine der größten Autoreifenfabriken der USA trägt. Als Knoten an den Verkehrsachsen New York—Boston und New Haven—Hartford—Springfield ist New Haven früh ein Verkehrs- und Handelszentrum gewesen. Die Stadt brachte mit Hilfe von Subventionen der Unionsregierung und des Staates Connecticut im Jahr 1953 ein umfangreiches Sanierungsprogramm auf den Weg, das die Slums beseitigte und ihr mit Wohnungs- und Industriebauten ein verändertes Gesicht gegeben hat.

STAMFORD UND PROVIDENCE. Von noch größerer Nähe zum Großraum New York profitierte das ganz im Südwesten Connecticuts gelegene Stamford (108 000 Einw.), in das seit den 70er Jahren etliche Betriebe vorwiegend aus dem Dienstleistungssektor mit ihren Hauptverwaltungen aus New York umzogen. Sie genießen hier den Vorteil der Lage in ansprechender Umgebung und erreichbarer Nähe zu New York.

Der dritte Großstadtraum bildete sich um Rhode Islands Hauptstadt Providence (161 000 Einw.), in der eine Gedenkstätte, ein Museum und ein Park an ihren Gründer Roger Williams erinnern. Die Stadt wurde früh zu einem Bildungszentrum mit der 1764 gegründeten Brown University sowie zur bedeutenden Hafen- und Industriestadt. Zu den aus älteren Epochen erhaltenen Gebäuden gehört The Arcade, ein 1828 errichtetes Handelshaus im klassisch-griechischen Stil.

Seit 1716 befindet sich das Yale College, die spätere Yale University, in New
Haven (Connecticut); das älteste Gebäude stammt von 1752. Zum Campus
gehören eine Sportarena, ein Naturkundemuseum und zwei Gemäldegalerien.

In Mystic Seaport (Connecticut), wo im 19. Jahrhundert die schnellsten Segel-
schiffe gebaut wurden, kann man im Museum der Vergangenheit nachgehen
und im Marine Life Aquarium über 200 Arten von Meereslebewesen sehen.

Der Stolz von Hartford (Connecticut) sind Villen aus dem 19. Jahrhundert
mit deutlichen Vorbildern im England Königin Victorias. In solchen Häusern
wohnten hier Autoren wie Harriet Beecher-Stowe und Mark Twain.

Das 1852 erbaute Chateau-sur-Mer in Newport (Rhode Island) war das erste
der großen Landhäuser (Mansions), das den Standard für die Bellevue Avenue
setzte. Berühmte Mansions sind Rosecliff, The Breakers und Beechwood.

Das von W. K. Vanderbilt erbaute Marble House in Newport (Rhode Island)
ist ein schloßähnliches Anwesen, dem kleinen Trianon in Versailles nachempfunden. Es liegt wie viele Villen nahe des Cliff Walk an der Steilküste.

Die Brown University in Providence (Rhode Island) wurde 1764 als siebentes
College in den USA gegründet und ist damit eine der ältesten Universitäten.
Die Gebäude sind im griechischen Stil und im Kolonialstil errichtet.

Ein neoklassizistischer Granitsäulenportico markiert die Stelle am Plymouth
Rock (Massachusetts), wo 1620 die Pilgerväter an Land gingen; dort gründeten
sie die erste Dauersiedlung nördlich von Virginia.

Die »Mayflower II« im Hafen von Plymouth (Massachusetts) ist eine Reproduktion des Schiffes, das die 102 Pilgerväter im Dezember 1620 nach Amerika brachte. Die Hälfte der Siedler überlebte nicht den ersten Winter.

Die von 1872 bis 1877 erbaute Trinity Church vor der Glasfassade des 240 m hohen John Hancock Tower: Eines von vielen Beispielen für das Zusammentreffen von Tradition und Moderne in Boston (Massachusetts).

Blick auf Boston (Massachusetts) vom Charles River aus nach Osten: Im Hintergrund des alten vornehmen Stadtteils Beacon Hill erhebt sich die moderne Hochhaussilhouette der Downtown.

Das Old State House von 1713 ist das älteste öffentliche Gebäude in Boston
(Massachusetts). Von seinem Balkon aus wurde am 18. Juli 1776 die Unabhängigkeitserklärung für die Bostoner Bevölkerung verlesen.

Im Old South Meeting House in Boston (Massachusetts) fanden viele historische Versammlungen statt, so anläßlich der Boston Tea Party und des Boston
Massacre. Hier ist ein Modell der Stadt um 1770 ausgestellt.

Ein Diner in Deerfield (Massachusetts), einer Siedlung, die bis auf die 1670er
Jahre zurückreicht: Die großen Neonreklamen sind typisch für diese kleinen
amerikanischen Restaurants.

Cambridge (Massachusetts): Die Harvard University wurde 1636 als erstes
College im Lande gegründet. Die Gebäude repräsentieren amerikanische Architektur vom Kolonialstil bis zu modernen Bauten von Le Corbusier.

Eine weite fast naturbelassene Marschlandschaft liegt bei Nauset Harbor
auf der Halbinsel Cape Cod (Massachusetts) hinter den vorgelagerten Dünen.
Nur einige Schutzhütten sind in diesem Landschaftsschutzgebiet erlaubt.

Die Inseln Martha's Vineyard und Nantucket (Massachusetts) sind die belieb-
teste Sommerfrische für Großstädter aus New York oder Boston. Die Strände
(hier Brant Point, Nantuckett) ziehen jährlich Hunderttausende auf die Inseln.

NEW YORK UND NEW YORK CITY

Wer denkt nicht bei der Erwähnung der Vereinigten Staaten zuallererst an New York und besonders an Manhattan als den Inbegriff der amerikanischen Wolkenkratzerstadt (obwohl die Geburtsstätte des Wolkenkratzers Chicago war)? Entsprechend dem Selbstwertgefühl der New Yorker ist die Stadt der Drehpunkt der Nation, wenn nicht gar das Zentrum des Universums. Nicht-New-Yorker sehen das offensichtlich anders. Der Reisende aus Übersee macht sehr bald die Erfahrung, daß New York für die Vereinigten Staaten eher atypisch, eher ein Sonderfall ist. Dennoch verkörpert die Freiheitsstatue auf der früher Bedloe genannten Insel (heute: Liberty Island), die nicht weit von der Einwandererinsel Ellis Island entfernt vor der Mündung des Hudson-Flusses liegt, den »American Dream«, die Verheißung eines im Überfluß lebenden Landes unter der Devise von »Demokratie und Fortschritt«.

Unterschieden werden muß zwischen der Stadt und dem Staat gleichen Namens, New York City (NYC) und New York State (NY). Der Staat mit seinen 18 Mio. Einwohnern (1990) hat seit 1986 in seiner Bevölkerungszahl stagniert. Während derselben Zeitspanne wuchs z. B. Kaliforniens Bevölkerung von 19,3 Mio. auf 29 Mio. Menschen. Das zeigt den relativen Bedeutungsverlust des Nordostens gegenüber anderen Teilräumen der USA. Doch ist in New York das Primatstadtphänomen äußerst stark ausgeprägt. Mit 7,323 Mio. Einwohnern vereinigt die Stadt New York rund 40% der Bevölkerung des Staates auf sich, und die statistische Agglomeration New York/New Jersey/Long Island hat mit 18,12 Mio. etwa ebenso viele Einwohner wie der gesamte Staat New York.

GESCHICHTE DER STADT NEW YORK. Wie Kolumbus, Vespucci und Caboto war es wiederum ein Italiener, Giovanni Verrazano, der 1524 wohl als erster Europäer die Gegend der Hudson-Mündung kennenlernte. Knapp hundert Jahre danach, 1609, fuhr Henry Hudson, ein Engländer in holländischen Diensten, den später nach ihm benannten Fluß aufwärts bis in die Nähe der heutigen Hauptstadt des Staates New York, Albany. Wenig später schickte die holländische Westindische Kompagnie Peter Minuit (* 1580, † 1638) als Generaldirektor von Neu-Niederland nach Amerika. Er erwarb von den dort lebenden Indianern für den Gegenwert von 60 Gulden in Messern und Knöpfen die Insel Manhattan und legte an ihrer Südspitze die Siedlung Neu-Amsterdam an.

Den Indianern war der europäische Eigentumsbegriff allerdings fremd; sie waren sich nicht bewußt, daß sie nach diesem Tauschhandel die Insel nicht mehr betreten durften. Um sie aus dem sich mit Häusern füllenden Gebiet fernzuhalten, was allerdings auch für das Vieh der umliegenden Bauernhöfe galt, wurde um 1650 auf der Nordseite der Ansiedlung ein Palisadenzaun errichtet, dessen Verlauf noch heute die danach benannte Wall Street markiert. Später wurde diese Bezeichnung zum Synonym für das sich in diesem Bereich der Stadt entwickelnde New Yorker Finanzzentrum.

Die Holländer legten im Hudson-Tal noch bis über Fort Orange, das spätere Albany, hinausgehend Siedlungen auf traditionell-feudaler Grundlage an, was nur Begüterten eigenen Bodenerwerb erlaubte. Die niederländische Regierung war mit dem Ausmaß der Landvergabe an die Patroons, wie diese Großgrundbesitzer genannt wurden, nicht einverstanden und beorderte Peter Minuit schon 1631 wieder zurück. Neuer Generaldirektor von Neu-Niederland wurde 1647 Peter Stuyvesant, der sich jedoch 1664 dem britischen Druck beugen mußte. Der britische König Karl (Charles) II. verlieh seinem Bruder, dem Herzog von York, den Eigentumstitel für das Gebiet, und so wurde aus Neu-Amsterdam die Eigentumskolonie New York, bis sie 1685 an die britische Krone fiel.

Anfangs mußte sich New York gegen Boston im Norden und Philadelphia im Süden behaupten. Philadelphia war zunächst die größte Stadt in den britischen Kolonien und zugleich ihr bedeutendstes Finanzzentrum. Boston war die zweitgrößte Stadt und mit der Harvard-Universität das geistige Zentrum.

Es gehört zu den Eigentümlichkeiten der Geschichte der USA, daß New York zur Zeit der Unabhängigkeitsbestrebungen der Kolonien und des Unabhängigkeitskriegs treu zum Mutterland hielt. Die Stadt fungierte als wichtigster Stützpunkt für das britische Militär und verschaffte sich mit ihrer gegen die Eigenstaatlichkeit gewonnenen Position einen solchen Vorsprung gegenüber ihren Rivalen, daß es in dieser Zeit auf den ersten Platz in der Rangliste rückte. Diesen Vorsprung konnte New York mit Aufnahme der Dampflinienschiffahrt nach 1807 und der ab 1820 zunehmenden Einwanderung aus Europa ausbauen, die sich weitgehend auf den Hafen New Yorks konzentrierte. Endgültig gefestigt wurde New Yorks Vormachtstellung 1825 mit Eröffnung des Eriekanals, der durch die Hudson-Mohawk-Senke zu den Großen Seen führt. Der Hudson friert in der Regel

NEW YORK
gegr. 1788
136 583 km²
18 044 505 Einw.
Albany

nur in seinem Oberlauf zu; mit Hilfe von Eisbrechern kann die Schiffsroute bis Albany im Winter meist offengehalten werden.

ENTWICKLUNG DER INFRASTRUKTUR. Diese Ereignisse und die folgende Industrialisierung machten den Hafen von New York für das 19. Jahrhundert zum bedeutendsten Umschlagplatz der USA. Im 20. Jahrhundert minderte zunächst die Umstellung der Ölversorgung des Manufacturing Belt auf Rohrleitungen aus dem Süden die Bedeutung des Hafens. Vor dem Zweiten Weltkrieg machte der Umschlag New Yorks kaum mehr als ein Viertel des Gesamtumschlags aller US-amerikanischen Häfen aus. Die relative Sicherheit dieses Hafens ließ den Anteil während des Kriegs allerdings wieder auf über 42% (1943) ansteigen. Doch die Entwicklung der Golfküstenregion zu einer bedeutenden Industriezone und der Ausbau des Mississippi und des Illinois-Wasserweges haben ihn in der Nachkriegszeit in seiner relativen Bedeutung für den Seeverkehr der USA weit hinter New Orleans und einige andere Häfen zurückfallen lassen. Der Passagierverkehr schrumpfte auf einige Kreuzfahrten jährlich zusammen; der Frachtverkehr wird großenteils auf der New-Jersey-Seite abgewickelt, wo auf Aufschüttungsgelände an der Newark Bay ein moderner Containerhafen entstand. Die Port of New York Authority befindet sich zu gleichen Teilen im Eigentum der Staaten New York und New Jersey. Im Gefolge des Niedergangs der Hafenfunktion hat sie versucht, mit Neubauten wie dem World Trade Center im Bereich der stillgelegten Piers auf der Westseite Manhattans neue Arbeitsplätze in anderen Dienstleistungsbereichen zu schaffen.

Von der schwindenden Hafenfunktion abgesehen, brachte der Dienstleistungssektor Manhattan eine gewaltige Zahl von Arbeitsplätzen und dem gesamten Großstadtraum ein kontinuierliches Bevölkerungswachstum bis in die Zeit nach dem Zweiten Weltkrieg. Zunächst verbanden Fähren Manhattan mit ländlichen und städtischen Siedlungen auf Long Island und der New-Jersey-Seite des Hudson-Flusses. Seit dem Bau der ersten Brücke von Manhattan nach Brooklyn wurden die umliegenden Counties enger an die Insel angeschlossen und wuchsen zur heutigen Großstadtgemeinde zusammen. Manhattan ist inzwischen mit Long Island durch die Brooklyn-Brücke, die Manhattan-Brücke, die Williamsburg-Brücke und die Queensboro-Brücke sowie den Brooklyn-Battery-Tunnel und den Queens-Midtown-Tunnel verbunden, mit Staten Island durch die Verrazano-Brücke und mit dem Staat New Jersey durch den Holland-Tunnel, den Lincoln-Tunnel und die George-Washington-Brücke. Triborough-Brücke, Bronx-Whitestone-Brücke und Throgsneck-Brücke verbinden The Bronx mit Queens. Hinzu kommen mehrere U-Bahn-Tunnel.

ADMINISTRATIVE EINHEIT NEW YORK CITY. Nach 1883 schlossen sich fünf Counties, die sich zugleich in Boroughs umbenannten, zur Stadt New York City zusammen, nämlich Manhattan (New York County), Brooklyn (Kings County), Queens auf Long Island, The Bronx auf dem Festland und Staten Island (Richmond County). Dabei kam es auch zu Verschiebungen bestehender administrativer Grenzen, indem z.B. ein Teil der früheren Queens County, der außerhalb von New York City verblieb, zur Nassau County gemacht wurde.

Die aus den fünf Boroughs gebildete administrative Stadtgemeinde ist mit ihren 862 km² Fläche annähernd so groß wie die seit 1920 bestehende Einheitsgemeinde Groß-Berlin, besitzt

allerdings mit rund 7 Mio. Einwohnern eine etwa doppelt so große Bevölkerung. Die 17 Counties um diesen Kernbereich, die alle bis auf die schon zu Connecticut gehörende Fairfield County in den Staaten New York und New Jersey liegen, bringen die metropolitane Region auf 15 556 km² und die Bevölkerung auf 18,1 Mio. Einwohner. Die illegal in diesem Raum lebenden Einwanderer werden nach Melamid (1985) auf mehr als eine halbe Million geschätzt.

NATÜRLICHE GEGEBENHEITEN. Die naturgeographischen Rahmenbedingungen boten zwei wesentliche Vorzüge: Die Möglichkeit eines Hafens und den felsigen Untergrund. Dieser wechselt allerdings mit sedimentbedeckten und ehemals versumpften Partien ab. Das Hudson-Tal ist auf seiner Westseite von einer Verwerfungslinie begleitet und ein tektonisch angelegter Graben mit großen Wassertiefen; sie betragen auf der West- und Südseite Manhattans 15 m und ermöglichen im Verein mit geringem Tidenhub selbst großen Ozeandampfern jederzeit das Operieren an den Piers. Die nord-südlich streichenden Felszungen aus Gneis boten vorzüglichen Baugrund für vielgeschossige Hochhäuser.

Diesen Vorzügen stand der Nachteil entgegen, daß der Küstenbereich, in dem sich die New Yorker Agglomeration herausgebildet hat, stark zerlappt und in etliche Inseln und Halbinseln aufgelöst ist; diese mußten erst durch die genannten, unter hohen Investitionen gebauten Brücken und Tunnel miteinander verbunden werden. Von Süden her gelangt man zuerst in die Lower Bay, dann durch die Narrows zwischen Long Island und Staten Island in die Upper Bay, dann weiter in den Hudson-Fluß westlich und in den East River östlich Manhattans, der sich im Long Island Sound fortsetzt. Auf der Westseite trennt ein schmaler Wasserarm, Kill van Kull, das Staten Island vom Festland New Jerseys; er findet seine nördliche Fortsetzung in der Newark-Bucht.

Das gesamte Gebiet ist glazial überformt. Das anstehende Gestein wurde vom Eis erosiv bearbeitet, so daß sich innerhalb des Großstadtraums keine über 120 m reichenden Erhebungen finden. Durch Long Island ziehen sich zwei lange Moränenzüge. Der postglaziale Anstieg des Meeresspiegels ließ vor allem auf der Ostseite Manhattans mit Wasser gefüllte Buchten entstehen. Durch jahrzehntelange Aufschüttungen hat der Mensch Flächen gewonnen, die allerdings nicht die Ausmaße von denen in Boston annehmen. Um den Südteil Manhattans lagert sich heute ein Streifen Aufschüttungsland, dessen Material großenteils von Schiffsballast stammt. Während des 19. Jahrhunderts bestanden die Importe im Gegensatz zu den vorwiegenden Rohstoffexporten großenteils aus Fertigfabrikaten von vergleichsweise geringem Gewicht, weshalb die Schiffe auf Fahrten nach New York viel Ballast mit sich führten, den sie an den Ufern entluden. Auf solchem Aufschüttungsland steht u. a. das Gebäude der Vereinten Nationen.

MANHATTAN. Der Kern des gesamten Großstadtraums ist Manhattan, eine 21 km lange, aber durchschnittlich nur 3 km breite Felszunge. Die sich seit Ende des 19. Jahrhunderts verstärkt auf Manhattan konzentrierende Dienstleistungsbranche beanspruchte zunehmend Verkaufs- und Büroflächen. Der felsige Untergrund war ideal für den nach 1885 einsetzenden Hochhausbau. Das Woolworth-Gebäude mit seinen 55 Geschossen und 260 m war von 1913 bis 1930 das höchste Haus der Welt.

Das massige Gebäude der Equitable Life Insurance veranlaßte die Stadtverwaltung 1916 zur Verabschiedung einer neuen Bauordnung, die das Zurückweichen der Fassaden in den oberen Geschossen vorschrieb. Das Ende der 20er Jahre errichtete Chrysler Building mit seiner leuchtenden Stahlkrone war bezeichnend für den Baustil dieser Zeit. Einen vorläufigen Höhepunkt erreichte der Wolkenkratzerbau 1931 mit dem 102geschossigen, 381 m hohen Empire State Building, das mehr als 200 000 m² Bürofläche zu bieten hat.

In den 30er Jahren entstand das Rockefeller Center, ein Ensemble von 14 Gebäuden, ausgestattet mit Passagen und Platzanlagen. Zu ihnen gehört das Gebäude der Radio Corporation of America (RCA); es wurde vor einigen Jahren an eine japanische Unternehmensgruppe verkauft. Das Empire State Building, von dem sich die Eigentümerin, die Prudential-Lebensversicherung, wegen langfristig bestehender Verträge mit über 800 Mietern trennen wollte, hat 1991 ebenfalls asiatische Kaufinteressenten gefunden. 1974 wurde der 443 m hohe Sears Tower in Chicago das höchste Gebäude in den USA, in NYC wurde das einst dominierende Empire State Building von den Türmen des World Trade Center überrundet, die mit 110 Geschossen eine Höhe von 411,4 m erreichen. Der Gebäudekomplex besitzt eine Nutzfläche von 900 000 m² und beherbergt 1200 Firmen und Organisationen mit rund 50 000 Beschäftigten. Nach vorübergehender Aversion gegen zu hohe Gebäude schmieden Architekten inzwischen wieder Pläne für noch höhere Wolkenkratzer.

New York entwickelte sich schon früh zu einer führenden Handels- und Börsenstadt. Die Handelsbeziehungen zum einstigen britischen Mutterland waren im 19. Jahrhundert besonders intensiv, seit der Jahrhundertwende unterhalten New Yorker Banken Filialen in London. Die New Yorker Börse belegt noch immer weltweit die Spitzenposition und begründete den Ruhm der Wall Street. Große Bankhäuser und gehobene Dienstleistungen wie Wirtschaftsprüfung und Anwaltskanzleien dominieren diesen berühmten New Yorker Finanzbezirk.

An der Südwestspitze Manhattans liegt der 8 ha große Battery Park, wo schon im 17. Jahrhundert Kanonen zur Kontrolle der Hudson-Einfahrt aufgestellt waren; 1807 wurde ein Fort gebaut. Der Name hat sich auch auf den nördlich angrenzenden Stadtbezirk übertragen.

Folgt man dem Broadway in nördlicher Richtung, gelangt man in zwei von ethnischen Minoritäten bestimmte Stadtteile, Chinatown und Little Italy. An letzteres schließt sich östlich die Bowery an. Diese »Bowerij« war im 17. Jahrhundert Besitz des Generaldirektors von Neu-Niederland, Peter Stuyvesant. Westlich des Broadway folgt der Stadtteil Greenwich Village, der vor allem zwischen 1910 und 1940 so etwas wie New Yorks Quartier Latin war mit zahlreichen Künstlerkneipen, Galerien, Antiquitätenläden und kleinen Off-Broadway-Theatern; hier lebten Schriftsteller, Theaterleute und Studenten.

Während das Straßennetz an der Südspitze Manhattans unregelmäßig ist und erst allmählich von gerade verlaufenden Straßen durchsetzt wird, ist es von der 14. Straße an nordwärts ein nahezu perfektes Schachbrett. Im Bereich zwischen 14. und 23. Straße sind die Großhandelsunternehmen konzentriert. Etwas weiter nördlich erstreckt sich bis zur 42. Straße der Garment District, geprägt vom Damenoberbekleidungsgewerbe. Ein Teil dieser Betriebe ist allerdings schon seit langem abgewandert; zurückgeblieben ist vor allem die Herstellung von Modellkleidern. Zwischen der 43. und 53. Straße und vor allem im Bereich

zwischen 7th und 8th Avenue liegt der Theater-District. Hier gibt es um den Broadway herum annähernd 40 Theater und zahlreiche andere Unterhaltungsstätten. Nahe der Südwestecke des Central Park finden sich zwei »Tempel« der internationalen Musikszene, die Carnegie Hall und das Lincoln Center mit der Metropolitan Oper, der »Met«. Die 1891 eröffnete Carnegie Hall war ein Geschenk des Stahlmagnaten Andrew Carnegie (* 1835, † 1919) an die New Yorker Symphony Society und Oratorio Society. Sie wurde Ende der 50er Jahre von einer Immobiliengesellschaft erworben, konnte jedoch durch Initiative des Geigers Isaac Stern vor dem Abriß bewahrt werden.

Zwischen die Upper West Side und die Upper East Side schiebt sich von der 59. bis zur 110. Straße der Central Park; mit 336 ha hat er die doppelte Größe des Berliner Tiergartens. Er wurde nach einem 1857 erstellten Plan des Landschaftsgestalters Frederick Law Olmsted (* 1822, † 1903) angelegt und enthält mehrere größere Teiche, zwei Eislaufbahnen und eine Freilichtbühne, auf der u. a. Stücke von Shakespeare aufgeführt werden. Auch der Zoo ist Teil des Parks.

Nördlich des Central Park schließt sich Harlem an. Dieser Name ist zum Synonym für Wohngebiete von Schwarzen geworden, von denen man auch als »harlems« spricht. Allerdings leben die meisten Schwarzen jenseits des Harlem River in der Bronx und ein kleinerer Teil in dem East Side genannten Bezirk im Südosten Manhattans. Die nördlichsten Bezirke jenseits der 151. Straße, Washington Heights, Fort George und Inwood, sind hauptsächliches Wohngebiet von Lateinamerikanern, besonders von Puertoricanern, aber auch von in den 30er Jahren emigrierten Deutschen. Zwischen Schwarzen und Hispanos kommt es oft zu Auseinandersetzungen. Diese Bezirke sind geprägt von Armut und hoher Arbeitslosigkeit.

BROOKLYN. Die Gesamtzahl der Einwohner der fünf Boroughs hat praktisch seit 1930 stagniert und sich bei rund 7 Mio. eingependelt. Es hat jedoch zwischen den Boroughs Verschiebungen gegeben. Während trotz Zuwanderung vor allem aus Lateinamerika die Bevölkerung von Manhattan, Bronx und Brooklyn abnahm, ist sie in Queens und Richmond (Staten Island) erheblich angestiegen. Dennoch ist Brooklyn mit über 2 Mio. Einwohnern noch immer der bevölkerungsreichste Borough, so daß es heißt, New York City müsse eigentlich Brooklyn heißen.

Brooklyn war bis zum Bau der Brooklyn-Bridge 1883 eine eigenständige, insbesondere von Industrie und Arbeitersiedlungen geprägte Stadt mit umfangreichen Handels- und Versorgungseinrichtungen. Mit Anlehnung an Manhattan verlor es diese Eigenständigkeit durch den Abzug von Kaufhäusern und das Einstellen der lokalen Presse. Aber auch die Industrien einschließlich des hier beheimateten Schiffbaus erlitten einen Niedergang. So nahm die Bevölkerung insgesamt ab, wenn auch immer wieder neue Einwanderergruppen nachrückten. In der Nähe zur Bezirksgrenze nach Queens bildete sich ein großes Schwarzenviertel heraus, um das sich Viertel von Lateinamerikanern und Einwanderern verschiedenster völkischer Zugehörigkeit, vor allem aus Ost- und Südeuropa einschließlich osteuropäischer Juden, gruppieren. Für dieses Bevölkerungsgemisch wurde der große Vergnügungspark Coney Island am Strand von Brooklyn gebaut. In jüngerer Zeit wurde der Park jedoch kaum mehr genutzt und begann zu verfallen; die Fläche wird nun mit Wohnhochhäusern bebaut. Im Nordwesten gegenüber Manhattan siedelten sich wohlhabende Libanesen an.

QUEENS. Der nordöstlich anschließende Borough Queens wurde etwas später als Brooklyn von Manhattan aus erschlossen und ist daher noch bis in die 70er Jahre hinein an Bevölkerung gewachsen; erst jüngst ist sie auch hier rückläufig. Die ethnische Vielfalt ist nicht so groß wie in Brooklyn; ein größerer Teil sind älter eingesessene Amerikaner, die Minoritätenviertel sind relativ klein. Entlang den Hauptverkehrsstraßen werden seit einiger Zeit die bisher dominierenden niedrigen Reihenhäuser und Eigenheime durch mehrgeschossige Wohnbauten ersetzt.

Auf Long Island im Borough Queens liegen die beiden bedeutendsten Flughäfen des Großraums, der John F. Kennedy International Airport, der früher Idlewild hieß, und der La Guardia Airport. Hinzu kommt als dritter Zivilflughafen der Stadtregion der Newark Airport, der schon auf dem Staatsgebiet von New Jersey liegt. Da sich die drei Flughäfen mit 30,2 Mio. bzw. 24,4 Mio. und 23,5 Mio. Fluggästen (1987) den Zivilluftverkehr der Stadtregion teilen, wird die Tatsache etwas verschleiert, daß New York rund 20 Mio. Fluggäste mehr im Jahr bewältigt als das Chicagoer O'Hare Field mit 58,8 Mio.

ÖFFENTLICHER VERKEHR. Das tägliche Transportvolumen von über 2 Mio. Fahrgästen, von denen über 250 000 Berufspendler nach und aus Manhattan sind, bewältigt heute vor allem ein 1100 km langes U-Bahn-Hochbahn-Netz, das auf einigen Strecken vierspurig für Lokal- und Expreßzüge ausgebaut ist; letztere bedienen nur einzelne der rund 500 Stationen.

Schon dem Eisenbahnbau hatten der felsige Untergrund und die zahlreichen Wasserkörper Schwierigkeiten bereitet, so daß die Erschließung des Großstadtraums mit öffentlichen Verkehrsmitteln relativ schleppend erfolgte. In New Jersey waren von Pennsylvania aus schon mehrere Strecken bis zum Hudson-Ufer vorgedrungen, während es in New York erst eine Strecke von Manhattan zur Bronx und zwei Kurzstrecken auf Long Island gab. Lange blieben Binnenschiffe für den Warentransport und Fähren für die Personenbeförderung wichtig.

Erst zwischen 1852 und 1870 wurde ein Bahnnetz auf der Nordseite mit Verbindungen über Albany in das weitere Hinterland mit der an der 42. Straße gelegenen Grand Central Station als Brennpunkt aufgebaut. 1910 erhielten die auf der New-Jersey-Seite des Hudson endenden Linien eine Verbindung nach Manhattan. In demselben Jahr stellte ein Tunnel die Verbindung mit den Strecken auf Long Island her; um die New-Jersey-Strecken mit den Long-Island-Strecken zu verknüpfen, entstand an der 32. Straße die Pennsylvania Station. Die 1917 gebaute Eisenbahnbrücke zwischen Bronx und Queens schließlich schuf die Verbindung zwischen den aus New Jersey kommenden Linien über die Pennsylvania Station mit den Strecken von Long Island und dem Norden.

ENERGIEVERSORGUNG. Die Energieversorgung des Großraums erfolgt über ein überregionales Verbundnetz, dem u. a. das kanadische Kraftwerk am Fuß der Niagarafälle und die etwa 1800 km entfernt gelegenen Hamilton-Falls-Werke im südwestlichen Labrador angeschlossen sind. Dennoch gelingt es nicht, die Agglomeration mit ihrem enormen Energieverbrauch vor gelegentlichen brown-outs (Spannungsminderungen) oder gar black-outs (totaler Stromausfall) zu bewahren.

SOZIALSTRUKTUR. Zu den Verkehrs- und Versorgungsschwierigkeiten kommen die Probleme der Sozialstruktur. Vor allem infolge der kontinuierlichen Abwanderung der Mittelschichten und des Nachrückens sozial schwächerer Minoritäten, insbesondere Schwarzer und Puertoricaner, die in manchen Gettos die Arbeitslosigkeit auf über 30% ansteigen ließ, sah sich die Stadt mit derart hohen Soziallasten konfrontiert, daß sie zu Steuererhöhungen griff, was sich wiederum negativ auf die Industriewirtschaft und das Arbeitsplatzangebot auswirkte. Viele Betriebe verließen New York City, verblieben allerdings im Agglomerationsraum. Mitte der 70er Jahre stand die Stadt vor dem Bankrott, ein massiver Stellenabbau im öffentlichen Dienst war die Folge.

Während der allgemeinen Belebung des Arbeitsmarktes zur Zeit der Reagan-Administration hat sich die Stadt von ihrer Strukturkrise wieder etwas erholt; die Eigeninitiative mit der Kampagne »I love New York« hat sicher ihren Teil dazu beigetragen. Allerdings wurde der relative Bedeutungsrückgang New Yorks innerhalb der Vereinigten Staaten auch vielfach überschätzt. Mehr als 80% der Beschäftigten sind dem tertiären Wirtschaftssektor zuzurechnen. Dazu gehören auch die Steuerfunktionen der Wirtschaft, die der Stadt weitgehend erhalten geblieben sind. Die Hauptverwaltungen vieler großer Unternehmen haben hier nach wie vor ihren Sitz.

So betrug der Anlagewert der von New York aus kontrollierten Unternehmen des Bank- und Versicherungswesens 1979 viermal soviel wie der von Firmen mit Sitz in dem an zweiter Stelle stehenden San Francisco; im Dienstleistungsbereich betrug er zweieinhalbmal soviel wie der von Firmen des hier auf Platz zwei folgenden Chicago, im Bergbau das Fünffache des Anlagewertes der Firmen des nachfolgenden Los Angeles, in der Industrie das Doppelte der Firmen des an zweiter Stelle folgenden Detroit. Damit steht New York nicht nur mit weitem Abstand vor den nächstgroßen Metropolen im Norden und Westen der USA, es weist auch als einziges Kontrollzentrum der Wirtschaft die ganze Bandbreite des Firmenspektrums auf.

DER STAAT NEW YORK. Die in Nord-Süd-Richtung verlaufende Champlain-Senke, die auf ihrer Ostseite von der Taconic Range gegen die Neuenglandstaaten begrenzt wird, und die in Ost-West-Richtung verlaufende Mohawk-Senke, die zwischen den zum Kanadischen Schild gehörenden Adirondack Mountains im Norden und den Catskill Mountains im Süden eine Verbindung zu den Großen Seen schafft, sind die beiden wichtigen Leitlinien des Staates; sie hatten als Verkehrsachsen für die Erschließung der Stadt New York eine nicht hoch genug einzuschätzende Bedeutung.

Die Holländer hatten in den 1620er Jahren das Hudson-Tal bis über Albany hinaus in Besitz genommen. Von Norden her waren französische Missionare und Pelzhändler durch die Champlain-Senke südwärts und dann nach Westen durch die Mohawk-Senke bis zu den Großen Seen gelangt. In der Mitte siedelten Irokesenstämme, die sich zeitweilig zu einem machtvollen Bund zusammenschlossen und eine Art Pufferzone zwischen Franzosen und Holländern, später zwischen Franzosen und Engländern bildeten.

Die Besiedlung des Hudson-Tals ging zunächst schleppend voran. Die holländische Westindische Kompagnie vergab große Ländereien an Patroons, die sich verpflichten mußten, wenigstens 50 Kolonisten auf ihrem Landsitz anzusiedeln, was ihnen nur selten gelang. Auch die nachfolgenden Briten vergaben große Grundstücke, die sie als »Mansions« bezeichneten. Siedler aber kamen nur widerwillig, da sie hier nur Pächter sein konnten, während es anderswo noch reichlich Land gab.

Die hohe strategische Bedeutung des Tals zeigte sich während des Unabhängigkeitskriegs. General Washington bezeichnete es als den »Schlüssel zu Amerika«. Die Briten versuchten mit der Besetzung der Hudson-Linie und der tatsächlich schon bald nach Kriegsausbruch geglückten Einnahme der Stadt New York einen Keil zwischen die nördlichen und die südlichen Kolonien zu treiben. Daraufhin ließ Washington 1778 in der Höhe von West Point vom polnischen Oberst Kosciusko, dessen Namen der höchste Berg Australiens trägt, eine Barriere über den Hudson-Fluß errichten. Sie bestand aus einer riesigen Eisenkette auf Flößen und aus Uferbefestigungen. Ihre abschreckende Wirkung war so groß, daß die Briten erst gar nicht bis zu ihr vordrangen. In West Point entstand 1802 Amerikas berühmteste Militärakademie; sie wurde von vielen Revolutionsgenerälen und später von Weltkriegsgenerälen wie Eisenhower, MacArthur und Patton besucht.

Die Mohawk-Senke ist eine der wichtigsten Verkehrsadern des Nordostens. 1817 wurden die Bauarbeiten am Eriekanal begonnen, der dem Hafen New York über den Hudson-Fluß die Schiffsroute in die Großen Seen erschloß. Schon sehr bald mußte er verbreitert werden. Später wurde er durch den New York State Barge Canal ersetzt. Dieser Route folgte dann die Pennsylvania Railroad mit ihrer schließlich bis Chicago führenden Strecke sowie der US Highway 20 und in jüngerer Zeit die Autobahn, der New York-Albany-Buffalo-Thruway.

INDUSTRIEANSIEDLUNGEN. Nicht zu Unrecht hat man die Hudson-Mohawk-Senke auch als Hudson Mohawk Industrial Gateway bezeichnet, denn wie Perlen an einer Kette reihen sich vor allem im Mohawk-Tal die Industriestädte von Albany über Schenectady, Utica, Rome, Syracuse und Rochester bis Buffalo. In Schenectady ist die Elektroindustrie zu Hause, zudem werden Lokomotiven und Düsentriebwerke gebaut; in Utica werden Klimaanlagen und Flugzeugteile hergestellt; in Rome stehen Kupfer- und Messingverarbeitung an der Spitze eines breiten Branchenspektrums, in Syracuse elektrische und elektronische Geräte, Klimaanlagen und Maschinen; Rochester ist Sitz der Eastman Kodak Company und damit bedeutender Standort der Fotoindustrie. Buffalo besitzt im Zusammenhang mit seiner Hafenfunktion vor allem Betriebe der Nahrungsmittelindustrie wie Getreidemühlen, die das aus dem Mittelwesten per Schiff herantransportierte Getreide verarbeiten; hinzu kommen Betriebe der Holzverarbeitung und der Elektroindustrie, der Petroindustrie, der Herstellung von Autoteilen und von Druckereierzeugnissen.

ALLGEMEINE WIRTSCHAFTLICHE SITUATION. Mit den anderen mittelatlantischen Kolonien wie New Jersey und Pennsylvania bildete New York in der Kolonialepoche die sog. bread colonies; mit Getreide- und Gemüsebau sowie Viehhaltung gehörte die Kolonie zur Kornkammer der britischen Besitzungen. Der schnell wachsende städtische Absatzmarkt hat die Landwirtschaft immer stärker auf Milchviehhaltung, Gemüseanbau, Fleischproduktion und in jüngerer Zeit auch Geflügelzucht und andere Intensivkulturen verwiesen. Nach dem Farmeinkommen nehmen heute Molkereiprodukte, Rindvieh und Feingemüse die drei vordersten Plätze ein; nicht ohne Berechtigung wird der Staat New York dem Milchwirtschaftsgürtel zugerechnet.

Von seiner Industriestruktur her gehört der Staat als ein Kernraum innerhalb des langgestreckten Manufacturing Belt zu den früh industrialisierten Gebieten, wo die »alten« Industrien wie eisenschaffende, holzverarbeitende und Textilindustrie dominierten. Diese Branchen waren seit den 40er Jahren rückläufig und von Betriebsschließungen betroffen. Jedoch gelang der Stadt New York und anderen Städten die Akquisition moderner Unternehmen; so konnte sich der Staat New York im Hinblick auf die Beschäftigten in der Elektronikbranche schon Ende der 70er Jahre mit fast 350 000 auf den dritten Platz hinter Kalifornien und Illinois vorschieben.

Gesamtwirtschaftlich betrachtet wurde New York zwar seit den 60er Jahren relativ zurückgeworfen, befindet sich aber mit einem Pro-Kopf-Einkommen von 19 261 US-$ (1988) noch unter den sechs führenden Staaten der USA.

TOURISMUS IM STAAT NEW YORK. Schließlich ist die wachsende Bedeutung des Staates für den Fremdenverkehr zu nennen. Die Niagarafälle sind seit langem eine berühmte Touristenattraktion; auch Gebiete wie die Adirondack Mountains und die Finger Lakes besitzen ein hohes touristisches Potential. Die Niagarafälle zählen im Jahr weit über 5 Mio. Besucher. 1950 vereinbarten die USA mit Kanada, daß die hydroelektrische Nutzung nicht uneingeschränkt erweitert wird, um die Fälle als Touristenattraktion nicht zu beeinträchtigen.

Die Adirondack Mountains sind mit Möglichkeiten des Campens, Angelns und Wanderns Sommerferienziel für viele Bewohner der Megalopolis. Lake Placid im Ostteil des Berglandes in etwas über 500 m Höhe wurde als Wintersportzentrum schon seit Mitte des 19. Jahrhunderts entwickelt. Hier wurden 1932 und 1980 die Olympischen Winterspiele abgehalten.

Ein Erholungsziel von eher regionaler Bedeutung sind die Finger Lakes, deren bekannteste der Oneida-See, der Cayuga-See und der Seneca-See sind. Die elf Seen sind schmal, langgestreckt und liegen vornehmlich in Nord-Süd-Richtung. Sie waren in den devonischen Schiefern und Kalken präglazial angelegt, wurden von den aus Norden vorgedrungenen Eiszungen stark überformt und übertieft; im Seneca-See wird eine maximale Tiefe von 188 m erreicht. Ihre Entwässerung erfolgt nach Norden zum Ontario-See.

Die Freiheitsstatue auf Liberty Island wurde den USA 1884 von Frankreich zur
Erinnerung an die Allianz beider Länder im Unabhängigkeitskrieg geschenkt.
Sie ist einschließlich Podest 93 m hoch und die höchste Statue der Neuzeit.

Skyline von Manhattan mit dem hellerleuchteten Doppelturm des 1973 eröffneten World Trade Center: Der Hudson River im Vordergrund trennt Manhattan
von New Jersey.

Das zentrale Manhattan bei Nacht: Die Lichterketten zeichnen deutlich die
Straßenschluchten des Schachbrettrasters und die Brücken über Hudson River
und East River nach.

Manhattan, der älteste und schmalste Stadtteil New Yorks, erstreckt sich zwischen Hudson und East River. Früher sehr dicht bewohnt, wird er jetzt im unteren und mittleren Teil vorwiegend von Bürobauten eingenommen.

In der Nähe des Times Square liegt an der 42. Straße in Midtown Manhattan
das lebhafte Geschäftszentrum der Stadt, wo sich Einwohner aller Hautfarben
mit Touristen mischen und riesige Reklamen die Hausfronten verdecken.

Das ausgedehnte Netz der Untergrundbahnen mit lokalen Linien, die an jeder
Station halten, und Expreßzügen mit nur wenigen Stopps bildet das Rückgrat
des öffentlichen Nahverkehrssystems in New York.

Straßenhändler an der Ecke 42. Straße und 5th Avenue vor einer überdimensio-
nierten Reklametafel: Wie in keinem anderen Land der Welt prägt Werbung
jeglicher Art das Bild der Städte.

Das weltbekannte Macy's an der 34. Straße und Broadway nennt sich das
»größte Kaufhaus der Welt«. Das relativ alte Gebäude ist von neueren und
höheren Hochhäusern umgeben.

Die architektonisch interessante im Art-deco-Stil gestaltete Spitze dieses Wolkenkratzers gehört zum 1930 errichteten Chrysler Building, das damals für ein
Jahr höchstes Gebäude der Welt vor dem Eiffelturm war.

Der Tempel von Dendur im Metropolitan Museum of Art an der 5th Avenue,
das für seine umfangreichen ägyptischen, griechischen und römischen sowie
orientalischen Sammlungen berühmt ist.

Eingangsbereich des Metropolitan Opera House: Die »Met« ist Teil des Lincoln
Center for the Performing Arts in Manhattan, eines riesigen Gebäudekomplexes
mit Sälen für Oper, Konzert, Ballett und Theater.

Blick nach Norden zum Empire State Building von der Manhattan Bridge:
Die Brücke, die Manhattan mit Brooklyn verbindet, wurde 1909 eröffnet und
überspannt den East River.

In den Adirondacks im Norden des Staates New York liegt der Lake George
mit Fort William Henry. Im restaurierten Fort gibt es u. a. Vorführungen mit
Kanonen- und Musketenfeuer.

Historische Parade im Fort Ticonderoga nördlich von Lake George, das die verbundenen Wasserwege zwischen Kanada und den amerikanischen Kolonien kontrollierte. 1777 wurde es niedergebrannt und dient jetzt als Museum.

Der Ausable River im nördlichen New York bildet auf seinem Weg zum Lake Champlain eine lange Schlucht, den Ausable Chasm, mit zahlreichen Wasserfällen und Stromschnellen.

Der Saratoga National Historical Park bei Schenectady erinnert an die Schlachten von 1777, in denen die Briten von den Amerikanern im Unabhängigkeitskrieg besiegt wurden.

Rockefeller Empire State Plaza und State Capitol in Albany (New York): Das Capitol, in Granit und klassischem Architekturstil, kontrastiert mit den futuristischen Plazagebäuden und Skulpturen.

Im Fenimore House in Cooperstown (New York) erinnern u. a. ein Porträt und eine Büste an James Fenimore Cooper, den Verfasser der »Lederstrumpf«-Erzählungen. Cooperstown ist eine Gründung seines Vaters.

Letchworth State Park (New York): Im Westen bei Portageville hat der zum
Ontariosee fließende Genesee River eine eindrucksvolle Schlucht mit 180 m
hohen Felswänden und drei großen Wasserfällen geschaffen.

Niagara Falls (New York): Ungefähr auf halber Strecke zwischen Erie- und
Ontariosee stürzt sich der Niagara River über eine riesige Felsstufe. Goat
Island trennt die Amerikanischen Fälle von den kanadischen Horseshoe Falls.

DIE ÜBRIGE MITTELATLANTISCHE REGION

Außer New York (S. 149) zählen New Jersey, Pennsylvania, Maryland und Delaware zu den sog. mittelatlantischen Staaten, die als eigenständige Region nicht leicht zu identifizieren sind. In der Kolonialepoche bildeten sie einen dritten Bereich von britischen Kolonien, der die stark puritanisch orientierten neuenglischen im Norden von den Plantagenkolonien im Süden trennte; so ist eines ihrer hauptsächlichen Merkmale eben diese Mittellage zwischen den beiden so verschiedenartig geprägten Koloniengruppen.

Sie selbst sind weder der einen noch der anderen Gruppe zuzurechnen. Die lange Zeit strittige Südgrenze von Pennsylvania, die endgültig erst 1769 nach ihrer Vermessung durch die Ingenieure Mason und Dixon allseitig anerkannt und nach ihnen als Mason and Dixon Line bezeichnet wurde, läuft durch diesen mittelatlantischen Raum hindurch. In Maryland und Delaware gab es deutliche Sympathien für den Süden; Delaware selbst war eine Zeitlang Streitobjekt zwischen den Eigentümern der Kolonien Pennsylvania und Maryland.

ETHNISCHE VIELFALT. Ein wichtiger Wesenszug der mittelatlantischen Kolonien war ihre von Anbeginn große Völkervielfalt, die im Gegensatz zum britisch-puritanisch geprägten Neuengland und zu der Plantagenaristokratie des Südens stand. Diese Heterogenität dürfte selbst die von Georgia übertroffen haben, wo der anfängliche Eigentümer, General Oglethorpe, eine Zufluchtsstätte für Verfolgte zu schaffen bestrebt war und sich daher Menschen recht verschiedener Herkunft einfanden.

Die bunte Zusammensetzung der Bevölkerung hing vor allem mit der von William Penn für seine Kolonie Pennsylvania verkündeten Religionsfreiheit zusammen, die auch für das bis zur Unabhängigkeit von Pennsylvania aus verwaltete Delaware galt. Hinzu kamen die kolonisatorischen Ansätze der Holländer sowie der Schweden und Finnen im Delaware-Gebiet und die Situation von Maryland als ausgesprochenes Zielgebiet für katholische Auswanderer, die im 17. Jahrhundert aus dem England Cromwells vertrieben wurden.

GRUNDLAGEN DER WIRTSCHAFT. Ein weiteres Merkmal sind gewisse Gemeinsamkeiten der wirtschaftlichen Entwicklung. Ihrer großen und blühenden Farmen wegen waren die mittelatlantischen Kolonien, die »bread colonies«, die Kornkammer des britischen Siedlungsraums an der Atlantikküste. Unterschiede gab es insofern, als sich in Maryland auf der Basis von Rodung, Sklavenarbeit und marktorientiertem Anbau Plantagen wie im südlich angrenzenden Virginia ausbreiteten. Sie gaben Maryland, wo es noch bis 1864 die Sklavenhaltung gab, den Charakter einer südlichen Kolonie.

Während der zweiten Hälfte des 19. Jahrhunderts entwickelte sich der mittelatlantische Raum zum industriellen Kerngebiet der Vereinigten Staaten mit Pittsburgh (S. 173) als dem ersten großen und auf lange Zeit bedeutendsten Zentrum der Stahlerzeugung und weiteren wirtschaftsstarken Industriestäd-

ten wie Allentown oder Scranton. Das Gebiet wurde zum südlichen Schwerpunkt der sich zwischen Boston und Washington D. C. herausbildenden Megalopolis oder Boswash-Städteagglomeration mit ihrem riesigen Absatzmarkt für landwirtschaftliche Produkte wie Milch, Gemüse, Fleisch und Geflügel.

Die »alten« Industrien wurden in der zweiten Hälfte des 20. Jahrhunderts zu einem belastenden Erbe, so daß das Gebiet in industriewirtschaftlicher Hinsicht zum Herzstück des Snowbelt oder Frostbelt der nördlichen Welt wurde, der in Anspielung an diese alten Industriebranchen auch als »Rustbelt« bezeichnet worden ist. Viele kleinere Industriestandorte waren besonders hart von Betriebsstillegungen betroffen, während große Städte meist beizeiten eine Diversifizierung ihrer zunächst auf Schwerindustrie ausgerichteten Struktur erreichen konnten; vorausgegangen waren dieser Entwicklung allerdings längere Durststrekken, wie es sich im jahrzehntelangen Verfall und der dann einigermaßen erfolgreichen Stadterneuerung von Pittsburgh besonders deutlich gezeigt hat.

KOLONIALE GRENZZIEHUNGEN. Die Kolonialepoche der mittelatlantischen Kolonien war gekennzeichnet durch ihren politischen Status als Eigentümerkolonien und die Grenzstreitigkeiten, die aus den nur vage in den Eigentümerbriefen angegebenen Begrenzungen der Landzuweisungen resultierten.

PENNSYLVANIA	NEW JERSEY	MARYLAND	DELAWARE
gegr. 1787	gegr. 1787	gegr. 1788	gegr. 1787
119 251 km²	20 168 km²	27 091 km²	5294 km²
11 924 710 Einw.	7 748 634 Einw.	4 798 622 Einw.	668 696 Einw.
Harrisburg	Trenton	Annapolis	Dover

New Jersey, das Land zwischen Hudson-Fluß und Delaware-Bucht, gehörte zusammen mit New York zu dem Gebiet, das der britische König 1664 seinem Bruder, dem Herzog von York, zugesprochen hatte. Dieser vergab den Anteil von New Jersey weiter an den Baron of Stratton und an Sir George Carteret. Nach vorübergehender Rückkehr in holländische Verwaltung erhielten die beiden Engländer ihr Land zurück. Stratton verkaufte seinen westlichen Anteil an die Quäker in Pennsylvania. 1702 wurden jedoch beide Teile wiedervereinigt.

Die Tendenz zum Abfall vom britischen Mutterland war in New Jersey besonders groß. 1774 tagte ein Provinzialkongreß in New Brunswick. Der amerikanische Kongreß kam zweimal in New Jersey zusammen, 1783 in Princeton und 1784 in Trenton. Trenton wurde 1790 Hauptstadt von New Jersey, das bereits drei Jahre zuvor als dritter Staat nach Delaware und Pennsylvania der Union beigetreten war.

Zwischen den Eigentümerkolonien Pennsylvania und Maryland bestanden bis 1769 acht Jahrzehnte lang Grenzstreitigkeiten, die auch das Gebiet von Delaware umfaßten. In Pennsylvania und Delaware gehen die frühesten Siedlungsansätze auf holländische und skandinavische Siedler zurück. Delaware, das Land südlich der Delaware-Bucht, wurde von 1614 bis 1620 von der holländischen Westindischen Kompagnie erforscht. Die erste, 1631 versuchte Ansiedlung scheiterte aufgrund eines Indianerüberfalls. 1638 führte der Holländer Peter Minuit, der frühere Generaldirektor von Neu-Niederland und Gründer Neu-Amsterdams, Siedler der Neuschwedischen Kompagnie an den Delaware und legte das Fort Christina an, den Vorläufer der Stadt Wilmington. Der Streit zwischen Holländern und Schweden wurde durch die britische Eroberung 1664 beendet. Auf dem Gebiet Pennsylvanias legten schwedische und finnische Siedler 1643 Gottenborg an. 1655 ging das Gebiet an die Holländer, 1664 ebenfalls an die Engländer über.

PENN UND LORD BALTIMORE. 1681 erhielt der Quäker William Penn (* 1644, † 1718) eine Charter für das Gebiet zwischen dem 40. und 43. Breitengrad, das sich über fünf Längengrade vom Delaware-Fluß westwärts erstreckte. Für Maryland bekam Cecil Calvert, 2nd Lord of Baltimore und Sohn von George Calvert, dem Begründer der Kolonie Maryland, eine Charter für das Gebiet zwischen Potomac und dem 40. Breitengrad, das Teile von Pennsylvania und Delaware einschloß. Die Grenzziehung beruhte aber auf keiner genaueren Vermessung. So geschah es, daß Pennsylvania das in Maryland gelegene Baltimore und umgekehrt Maryland das in Pennsylvania gelegene Philadelphia beanspruchte.

Dieser Streit konnte erst 1769 beigelegt werden, nachdem Mason und Dixon die pennsylvanische Südgrenze neu vermessen hatten. Diese Mason and Dixon Line ist gegenüber dem 40. Breitengrad in der Charter etwas nach Süden verschoben und liegt tatsächlich auf der Breite 39° 43' 26,3", wodurch für Maryland östlich von Cumberland am Potomac die heutige »Wespentaille« von nur rund 20 km Breite entstand. Die Mason and Dixon Line bildete zugleich die Trennungslinie zwischen dem sklavenfreien Norden (die Sklaverei wurde unter dem Einfluß der Quäker 1780 in Pennsylvania verboten) und dem sklavenhaltenden Süden, zu dem die Kolonie Maryland gehörte.

Die »Lower Counties«, das spätere Delaware (benannt nach Virginias Gouverneur Lord de la Warr), kaufte William Penn 1682 dem Herzog von York ab, sehr entgegen den Intentionen Lord Baltimores, der sie als Teil von Maryland betrachtete. 1702 erhielten diese Counties offiziell eine eigene gesetzgebende Versammlung (Assembly), aber die Charter of Privileges, die Penn zwei Jahre zuvor für seine Kolonie Pennsylvania erlassen hatte, galt auch für Delaware weiter als Verfassung bis zur Unabhängigkeitserklärung der Kolonien 1776.

Als Penns Gönner, der britische König Jakob (James) II. 1688 ins Exil geschickt wurde, kam Pennsylvania vorübergehend als königliche Provinz unter die Aufsicht des Gouverneurs von New York. 1694 wurde Penn wieder in seine Eigentümerrechte eingesetzt und konnte ein kleines Gebiet von New York abkaufen, um im äußersten Nordwesten Zugang zum Eriesee zu erhalten. Die kleine Hafenstadt Erie liegt am kurzen pennsylvanischen Südufer des Sees zwischen den Uferabschnitten von New York und Ohio.

Lord Baltimore, dessen Schiffe schon 1634 auf dem St. Mary's River ihre erste Erkundungsfahrt gemacht hatten, erließ für Maryland 1639 »An Act Concerning Religion«, was einer Verkündigung von Religionsfreiheit gleichkam. In erster Linie dachte er allerdings daran, den in seiner Heimat unter Cromwell verfolgten Katholiken eine Heimstatt in der Neuen Welt zu geben.

Noch bunter zusammengesetzt war die Bevölkerung, die sich aufgrund der von William Penn für seine Kolonie propagierten Religionsfreiheit in Pennsylvania ansiedelte. Zuerst kamen die Anhänger der von George Fox (* 1624, † 1691) gegründeten Religionsgemeinschaft der Society of Friends, auch Quäker genannt. William Penn, der den Quäkern seit seiner Studentenzeit in Oxford angehörte, erbat für sie vom König eine Landzuweisung in Aufrechnung eines Betrages (16 000 Pfund), den die britische Krone seinem verstorbenen Vater, dem Admiral William Penn, schuldete.

1683 kamen die ersten Deutschen aus Krefeld und gründeten Germantown bei Philadelphia. Ihnen folgten weitere Gruppen, vor allem Mennoniten, Amish und Herrnhuter (Moravians). Diese Gemeinschaften bezeichneten sich selbst als »Deutsch« oder »Deitsch«, was ihre nicht Deutsch sprechenden Nachbarn zu »Dutch« machten. Daraus entstand der für diese Gruppen übliche Sammelbegriff Pennsylvania Dutch. Als drittes Element kamen Schotten und Iren, die besonders in den Randgebieten der Kolonie Pionierarbeit leisteten. Sie und viele Deutsche zogen weiter nach Süden durch das Shenandoah-Tal in Virginia, als Penns Nachfolger kein Land mehr günstig zur Verfügung stellten. Vorher kamen aber noch weitere Zuwanderer aus den anderen, vor allem den nördlichen Kolonien, zum einen angelockt durch die hier gebotenen Freiheiten, zum anderen auch wegen der lange ungeklärten Grenzverläufe.

Unsicherheit herrschte lange im Westen Pennsylvanias, wo die Franzosen von den Großen Seen her eingedrungen waren und sich anschickten, ihre Einflußsphäre gegen die Engländer durch die Anlage von Forts in mehr oder weniger großen Abständen abzustecken. Das letzte dieser Forts errichteten sie 1754 am Zusammenfluß von Allegheny und Monongahela: Fort Duquesne, Vorläufer der Stadt Pittsburgh. In den Grenzstreitigkeiten waren die Engländer zunächst unterlegen. Die Indianer ergriffen Partei für die erfolgreicheren Franzosen. 1763/64 kam es unter Häuptling Pontiac zu einer Verschwörung mehrerer Stämme gegen die Engländer, die erst 1766 die kriegerischen Auseinandersetzungen endgültig beilegen konnten. Nachdem das Land befriedet war, ging auch die Besiedlung zügiger voran.

POLITISCHE UNTERSCHIEDE. Die Stellung zwischen Norden und Süden sowie die ethnische Vielfalt führten dazu, daß in den mittelatlantischen Kolonien bezüglich der Unabhängigkeit und der später aufkommenden Frage der Sezession keine eindeutige Haltung bestand. In New Jersey war zwar schon 1774 ein Provinzialkongreß für die Unabhängigkeit eingetreten, und im Hafen von Marylands Hauptstadt Annapolis gab es eine Art zweiter Bostoner Tea Party, als dort das Schiff »Peggy Stewart« mit seiner Ladung Tee verbrannt wurde, aber im volkreichen Pennsylvania waren die Meinungen geteilt. Die Deutschen, die hier einen bedeutenden Bevölkerungsteil ausmachten, waren in der Frage der Unabhängigkeit weniger engagiert und verhielten sich weitgehend indifferent. Die Quäker lehnten grundsätzlich mit Kämpfen verbundene Auseinandersetzungen ab. Trotzdem trat Pennsylvania als zweiter Staat der Union bei, und seine größte Stadt, Philadelphia, diente den jungen Vereinigten Staaten von 1790 bis 1800 als provisorische Hauptstadt.

Gespalten war in der Folgezeit die Haltung zur Sklavenfrage und schließlich zur Sezession. Pennsylvania hatte unter dem moralischen Einfluß der Quäker bereits 1780 die Sklavenhaltung verboten. Maryland war stark zwischen Norden und Süden hin- und hergerissen; seinen Übertritt zu den Konföderierten konnte nur die rasche Besetzung durch Truppen der Union verhindern. Sehr unübersichtlich war die Lage in Delaware. Obwohl offiziell ein sklavenhaltender Staat, stellten sich die von Delaware aufgestellten Truppen unter den Oberbefehl der Union, der Südteil aber sympathisierte mit der Konföderation. So ist es nicht verwunderlich, daß Delaware ein ideales Feld für Waffen- und Warenschmuggel und für illegale Sklavenbefreiungen war. Bis in die Gegenwart hinein hat sich die politische Spaltung dieses kleinen Staates erhalten; die nördliche County tendiert zur Republikanischen Partei, die südlichen Counties gelten als Hochburg der Demokraten.

DER NATURRAUM. Den naturgeographischen Rahmen der mittelatlantischen Staaten bilden die verhältnismäßig breite Küstenebene, der anschließende Piedmont, der geologisch zum Appalachengebirge, geomorphologisch schon zu dessen atlantischer Abdachung gehört, und die Appalachen selbst mit ihren verschiedenartigen Teilbereichen. Je nach Lage und Ausdehnung des einzelnen Staates sind die Anteile an diesen Landschaftseinheiten unterschiedlich groß, zum Teil sind sie gar nicht vorhanden.

DELAWARE. Am extremsten ist die naturräumliche Ausstattung in Delaware, das als sehr kleines Staatsgebiet die westliche Umrahmung der gleichnamigen Bucht darstellt und somit vollständig von der Küstenebene eingenommen wird. Die Unterschiede im Gelände sind minimal. Der nördliche Teil kann als hügelig bezeichnet werden und ist großenteils bewaldet, der größere südliche Teil ist flach und streckenweise versumpft.

NEW JERSEY. Das Staatsgebiet von New Jersey liegt zu etwa drei Fünfteln ebenfalls im Bereich der Küstenebene mit sandigen Böden und Marschen und einst weit verbreiteter Waldbedeckung. Diese sog. Pine Barrens sind großenteils landwirtschaftlicher Nutzung gewichen und auf eine Restfläche von etwa 2500 km² zusammengeschrumpft. Auf den hier schmalen Piedmont folgt landeinwärts im Nordwesten des Staates sein Anteil an den Appalachen im Bereich der Kittatinny Ridge.

MARYLAND. Auch der größte Teil von Maryland wird von der Küstenebene beiderseits der tief in das Land eingreifenden Chesapeake-Bucht eingenommen. Die Bucht gliedert das Staatsgebiet in die Halbinsel, die es sich mit dem Nachbarstaat Delaware teilt, die Eastern Shore, und den größeren westlichen Teil, die Western Shore. Die lange Zeit isolierte Eastern Shore fand erst in neuerer Zeit mit dem Bau der Chesapeake Bay Bridge im Norden und des Chesapeake-Bay-Bridge-Tunnel im Süden Anschluß an das restliche Staatsgebiet. Auf die Ebene und den Piedmont folgt landeinwärts die in den südlicheren Staaten als markante Barriere ausgebildete Blue Ridge der Appalachen.

PENNSYLVANIA. Am vielfältigsten gestaltet ist Pennsylvania, das von den Staaten dieses Raumes die größte Ausdehnung aufweist. Der Norden des Staatsgebiets wird fast völlig vom Gebirgskörper der Appalachen eingenommen, der sich von Osten nach Westen in Pocono Mountains (als nördliche Fortsetzung der Blue Ridge), Appalachengebirge im engeren Sinne, Allegheny Front und Allegheny-Plateau unterteilen läßt. Im Süden des fast rechteckigen Staatsgebiets weicht das in Nordost-Südwest-Richtung streichende Gebirge bereits so weit ins Binnenland zurück, daß das östliche Drittel des Staates, das Gebiet zwischen Harrisburg am Austritt des Susquehanna aus dem Gebirge und Philadelphia am Delaware, im Bereich von Piedmont und Küstenebene liegt. Die Ostseite des Gebirges wird vor allem von den Flüssen Delaware und Susquehanna entwässert, die Westseite von Allegheny und Monongahela, die sich bei Pittsburgh zum Ohio vereinigen.

Das Gebirge und das im Nordwestteil sehr breite Allegheny-Plateau haben kurze Sommer und kalte Winter, während die südöstliche Gebirgsabdachung durch feuchtwarme Sommer und milde Winter gekennzeichnet ist. Die Appalachen sind von paläozoischen Gesteinen und mesozoischen Deckschichten aufgebaut. Die dem Paläozoikum zugehörende Formation des Pennsylvanian – sie entspricht dem europäischen Oberkarbon – hatte wegen ihrer Anthrazit- und Steinkohlevorkommen eine herausragende Bedeutung für die frühe Industrieepoche der Vereinigten Staaten.

SCHWERPUNKT DES MANUFACTURING BELT. Neben dem südlichen Neuengland bilden mehrere Teilgebiete der mittelatlantischen Staaten Schwerpunkte innerhalb des Ostteils des Manufacturing Belt. Mit Recht ist Pennsylvania als »workshop of the world« bezeichnet worden. Hier entstanden schon früh die beiden großen Grundstoffindustrien, die Hüttenindustrie und die petrochemische Industrie. Erstere basierte vor allem auf den Vorkommen hochwertiger Kokskohle zwischen Johnstown und Connellsville östlich von Pittsburgh und den zunächst dort auch abgebauten Eisenerzen. Die Erze waren allerdings bald erschöpft, so daß man auf die reichen Vorräte an Hämatit und später Takonit am Oberen See zurückgriff und diese auf den Großen Seen nach Pennsylvania transportierte.

WICHTIGE INDUSTRIESTANDORTE. Lange Zeit hatte Pennsylvania mit den Standorten Pittsburgh, Johnstown, Lewistown, Harrisburg-Steelton und Bethlehem eine absolute Vormachtstellung inne: Über die Hälfte der US-amerikanischen Stahlerzeugung kamen aus dieser Region. Diese Stellung wurde bis 1929 mit dem sog. Pittsburgh-Plus-Tarifsystem abgesichert, aufgrund dessen nirgendwo in den USA Stahl preisgünstiger als in Pittsburgh angeboten werden konnte. Daher konzentrierten sich hier alle bedeutenden Stahlfirmen. Inzwischen haben der allgemeine Rückgang der Stahlproduktion und das Entstehen neuer Stahlstandorte wie Chicago oder Detroit dazu geführt, daß Pennsylvania gegenwärtig nur noch rund ein Viertel der US-amerikanischen Stahlerzeugung hervorbringt. Es besitzt damit jedoch immer noch eine Spitzenposition.

In Pennsylvania wurde bereits 1859 das erste Erdöl in den USA gefördert. Oil City und Franklin im Nordwesten sind noch heute wichtige Standorte, wenn auch die Ölversorgung der Industrien des Nordostens inzwischen längst über Ölleitungen und andere Transportmittel von anderswo erfolgt. Unternehmen der chemischen Industrie einschließlich der Kunstfaserherstellung sind vor allem in Easton, Lewistown, Scranton und Williamsport konzentriert. Zum breiten Branchenspektrum gehören die Elektroindustrie, der Maschinenbau, die Textil- und Lederindustrie, die Holzverarbeitung und Papierproduktion, Glasherstellung, Zigarrenfabrikation und die Getränkeindustrie. Besonders geschätzte Markenartikel aus Pennsylvania sind Hershey-Schokolade und Seidenstoffe aus Wilkes-Barre.

New Jersey gehört trotz geringer Flächenausdehnung zu den bedeutendsten Industriestaaten der USA mit einer Vielfalt verschiedener Branchen. Überregionale Bedeutung haben die Glashütten von Flemington. Zwei Industriezonen haben sich herausgebildet, eine kleinere zwischen Camden (Stadt im Großraum Philadelphia) und der Hauptstadt Trenton, sowie eine größere, die sich als ein Städtekranz auf der Westseite um New York herum legt: Von Paterson über Passaic, Hoboken, Newark, Bayonne, Jersey City, Elizabeth bis Plainsfield.

Die verkehrsgünstige Lage an der Delaware- und der Chesapeake-Bucht mit dem Chesapeake and Delaware Canal haben für die Staaten Delaware und Maryland stimulierend auf Handel und Industrie gewirkt. Beide Staaten weisen ein breites Branchenspektrum der Grundstoffindustrien und »alten« Industrien auf. In Wilmington (Delaware) ging 1802 die erste Pulvermühle von du Pont in Betrieb, womit die Entwicklung zu einer der größten Chemiestädte der Welt begann. Wichtigstes Industriezentrum in Maryland ist der Großraum Baltimore. Daneben gibt es aber auch andere bedeutende Industriestandorte wie Aberdeen, Cambridge, Cumberland, Hagerstown oder Salisbury. In Nachbarschaft zu staatlichen Auftraggebern und Forschungsstätten hat sich der Korridor zwischen Baltimore und der Hauptstadt Washington D. C. zu einer der bedeutendsten Standortgruppen für High-Tech-Unternehmen innerhalb der USA entwickelt.

Die durch die Meeresbuchten und Flußästuare gegebene starke Meeresverbundenheit der Staaten New Jersey, Delaware und Maryland drückt sich in der Bedeutung ihrer Fischereiwirtschaft aus. Neben Fischfang sind Austernzucht und Garnelenfang hauptsächlich für die Eastern Shore von Maryland zur Lebensgrundlage geworden. Daran schließt sich die Verarbeitung zu Fischkonserven an. Für Marylands Hafenorte spielt auch die Werftindustrie eine Rolle, insbesondere der Bau von Sportbooten.

LANDWIRTSCHAFT. Sehr vielseitig ist die landwirtschaftliche Produktion der mittelatlantischen Staaten. Der nahegelegene städtische Absatzmarkt hat die Farmen zu entsprechender Produktionsausrichtung veranlaßt. Milch und Molkereiprodukte, Eier und Brathähnchen, Feingemüse, Pilzzucht und Obst gehören zu den wichtigsten Erzeugnissen. Während der Norden New Jerseys mehr auf Milchviehhaltung und Legehennen ausgerichtet ist, trägt vor allem der Südteil mit der Produktion von Beten, Bohnen, Paprika, Salat, Spargel, Tomaten, Zwiebeln, Blaubeeren, Äpfeln und Pfirsichen und manchen anderen Gemüse- und Obstsorten zu Recht den Namen »Garden State«.

Besonders deutlich wird die Umorientierung auf eine veränderte Marktlage in Maryland. Diese Kolonie besaß mit ihrer Plantagenwirtschaft südstaatlichen Charakter, aber das ehemalige Hauptanbauprodukt Tabak ist inzwischen längst in den Hintergrund gedrängt worden. Im Farmeinkommen Marylands nehmen gegenwärtig Brathähnchenproduktion, Molkereiprodukte und Mais die drei vordersten Plätze ein. Dabei konzentrieren sich Hähnchenmast und Maisanbau auf die Eastern Shore, während Milchviehhaltung und Getreideanbau für den Piedmont charakteristisch sind.

Auch in Delaware stehen Brathähnchen im Farmeinkommen an erster Stelle, gefolgt von Sojabohnen und Mais. In Pennsylvania ist die Rangfolge Molkereiprodukte, Rindvieh und Eier. Ansonsten ist das Spektrum der Anbauprodukte weniger breit als in den Staaten mit hohem Anteil an der Küstenebene. Kartoffel- und Getreideanbau, Tabak und Obst bestimmen neben Milchvieh-, Rinder- und Schweinehaltung die Landwirtschaft. Erwähnenswert ist die Hanover-Shoe-Farms-Pferdezucht.

Die Intensität dieser Landwirtschaft wird unterstrichen durch die für US-amerikanische Verhältnisse bescheidenen Abmessungen der Farmen. Die Durchschnittsgröße einer Farm in New Jersey liegt mit 44 ha bei etwa einem Viertel, die in Delaware mit 78 ha bei weniger als der Hälfte des US-Durchschnitts; die Werte für Pennsylvania und Maryland liegen dazwischen.

DIE GROSSEN STÄDTE. Von den 37 Millionen-Metropolen der USA gehören, unter Einbeziehung von New York und Washington D. C. zur mittelatlantischen Region, die vier Agglomerationen New York/Northern New Jersey/Long Island (18,1 Mio. Einw.) auf Platz eins, Philadelphia/Wilmington/Trenton (5,96 Mio.) auf Platz fünf, Washington D. C. (3,7 Mio.) auf Platz neun und Baltimore (2,3 Mio.) auf Platz 18. Sie sind Teil der Megalopolis zwischen Boston und Washington (Boswash) und damit Teilgebiet des am stärksten verstädterten Raums der USA. Angesichts dieser Städtekonzentration beschränkt sich die genauere Betrachtung auf die drei Städte Philadelphia, Baltimore und Pittsburgh, aber Atlantic City soll ob seiner einzigartigen Entwicklung wenigstens erwähnt werden.

ATLANTIC CITY – ELDORADO FÜR SPIELER. Auf einer etwa 15 km langen Nehrung an der Küste New Jerseys, begünstigt durch die vom Golfstrom beeinflußten Wassertemperaturen und gegen das Inland durch ausgedehnte Kiefernwälder geschützt, entwickelte sich Atlantic City (40 000 Einw.) ab 1870 zum vielbesuchten Urlaubsort. Entlang dem sog. Boardwalk, einer etwa 13 km langen küstenparallelen, aus Stahl und Beton und mit Kiefernplanken überzogenen Strandpromenade, entstanden zahlreiche Hotels, Restaurants und Läden. Von der Rezession der 30er Jahre konnte sich der Fremdenverkehrsort nicht recht erholen. Da halfen die Behörden nach, die ab 1977 das Glücksspiel legalisierten; so begegnet man heute an den Casino-Neubauten, die sich fast ausnahmslos an oder nahe dem Boardwalk aufreihen, den aus Nevada vertrauten Namen wie Caesar's, Golden Nugget, Harrah's, The Sands oder Tropicana.

PHILADELPHIA – »WIEGE DER FREIHEIT«. Mit 1,58 Mio. Einwohnern ist Philadelphia die größte Stadt in Pennsylvania. In William Penns Auftrag suchte eine Gruppe von Quäkern 1681 den Siedlungsplatz zwischen Delaware und Schuylkill-Fluß aus, und im Jahr darauf entwarf Penn selbst den Plan für seine »grüne Landstadt« mit einem Schachbrett-Straßenraster, fünf Stadtparks im Zentrum und den vier Quadranten um den Center Square herum, auf dem das Rathaus entstand, während die anderen vier Plätze als Grünflächen erhalten blieben.

Die Stadt wuchs rasch in dem von Penn bereiteten geistigen Klima. 1700 zählte sie bereits 4500 Einwohner, 1800 waren es 41 200, 1850 schon 121 000. Penn gab ab 1729 die »Pennsylvania Gazette« und ab 1742 das »Pennsylvania Journal« und den »Weekly Advisor« heraus. 1740 wurde die University of Pennsylvania gegründet. 1743 formierte sich auf Benjamin Franklins Initiative die berühmte American Philosophical Society; sie ist die älteste der im American Council of Learned Societies zusammengeschlossenen wissenschaftlichen Gesellschaften der USA. Akademiegebäude wie das der Pennsylvania Academy of Fine Arts und zahlreiche Museen wie das Peale's Museum of Natural History oder das Franklin Institute Science Museum and Planetarium zeugen von dieser geistigen Tradition.

Keine andere Stadt der USA dürfte so geschichtsträchtig sein wie Philadelphia, das man die »Wiege der Freiheit« genannt hat. Hier traf sich 1774 der erste Kontinentalkongreß in Carpenters' Hall, die von der Carpenters' Company of Philadelphia den Abgesandten der Kolonien für diesen Zweck zur Verfügung gestellt worden war; der zweite Kongreß fand im Jahr darauf im State House statt. Hier wurde General George Washington der Oberbefehl über die Kontinentalarmee anvertraut und unter dem Geläut der Freiheitsglocke am 4. Juli 1776 die Unabhängigkeitserklärung verlesen und angenommen. Hier wurde am 17. September 1787 die Verfassung der Vereinigten Staaten verabschiedet; schließlich diente die Stadt dem jungen Staat 1790 bis 1800 als Regierungssitz. Sie hatte zugleich die Hauptstadtfunktion für Pennsylvania inne, bis diese 1799 auf Harrisburg überging. Im Ostteil der Stadt stehen u. a. der Liberty Bell Pavilion, das alte Rathaus, Independence Hall und Congress Hall, Carpenters' Hall sowie das Haus der Second Bank of United States mit ihrer Gemäldegalerie von Porträts der Staatsgründer.

In der zweiten Jahrhunderthälfte erlebte die Innenstadt umfangreiche Sanierungsmaßnahmen. Sie wurde von teilweise in Tunnel verlaufenden Stadtautobahnen eingerahmt, die auf der Westseite als I 76 und auf der Ostseite als I 95 parallel den Flüssen Schuylkill und Delaware verlaufen; auf der Nordseite gibt es eine Querverbindung. Am Westufer des Schuylkill entstand der neue, aus dem Zentrum verlegte Bahnhof der Eisenbahngesellschaft Amtrak, die 30th Street Station. Im Nordwestquadranten wurde der Benjamin Franklin Parkway als diagonale Achse und Verbindung zwischen dem Central Square mit City Hall und dem Schuylkill angelegt. Auf der Ostseite am Delaware entstand das Freizeitzentrum Penn's Landing, westlich der Independence Hall das multifunktionale Penn Center mit der Statue des Stadtgründers William Penn. Auch zahlreiche Bürohochhäuser wurden während der 70er Jahre gebaut, begleitet von einer Aufwertung einzelner innenstädtischer Wohngebiete durch Zuzug des Mittelstands.

Östlich und südlich grenzen Hafen- und Industrieviertel an den Stadtkern; an der Mündung des Schuylkill befinden sich Marinedocks. Der Hafen hatte noch in den 60er Jahren neben dem von New York eine herausragende Bedeutung, die er inzwischen an die Golfküstenhäfen verloren hat. Aber es gibt noch immer eine große Zahl Industriebetriebe verschiedenster Branchen wie Ölraffinerien und chemische Industrie, Stahlverhüttung, Elektroindustrie, Maschinenbau, Nahrungsmittel- und Bekleidungsindustrie und natürlich das Druckereigewerbe.

Zu den heutigen Vororten gehört die alte deutsche Gründung Germantown, zu den jüngeren die im Umland von Levit and Sons angelegte Levittown und die Siedlung Cherry Hill aus den 50er Jahren. Die vornehmen Wohnorte liegen auf den Hügeln des Piedmont; dort haben sich auch moderne Industrien und Dienstleistungsbetriebe angesiedelt.

BALTIMORE. Mit 736 000 Einwohnern ist Baltimore die größte Stadt Marylands; sie liegt an der Mündung des Patapsco River in der Chesapeake-Bucht und war lange Zeit neben New York und Philadelphia eine der drei führenden Hafen- und Industriestädte an der Atlantikküste. Allerdings ging die Bedeutung des Hafens trotz des Chesapeake and Delaware Canal und seines später erfolgten Ausbaus auf 11 m Tiefe wesentlich zurück.

Das Provinzialparlament von Maryland erließ 1729 ein Gesetz für die Gründung der Siedlung, die 1797, als sie 20 000 Einwohner erreicht hatte, den Status einer Stadtgemeinde erhielt. Nicht in demselben Maß geschichtsträchtig wie Philadelphia, kann Baltimore mehrere »Premieren« für sich in Anspruch nehmen: 1830 wurde der Mount-Clare-Bahnhof an der Baltimore & Ohio Railroad, Amerikas erster Eisenbahnlinie, eröffnet; 1844 folgten die Inbetriebnahme der ersten Telegraphenstation in den USA sowie die Errichtung der ältesten Kathedrale, der Basilica of the Assumption of the Blessed Virgin Mary.

Die Innenstadt hat in jüngerer Zeit umfangreiche Veränderungen erlebt. In den 60er Jahren entstand benachbart dem Civic Center an Charles Street und Lombard Street das Charles Center mit einer Anzahl moderner Bürohochhäuser, durchmischt mit Plazas und Grünanlagen. Der alte Lexington Market wurde zu einer zweigeschossigen Einkaufs-Arkade mit zahlreichen Geschäften, Restaurants und einer Bühne mit ständigem Unterhaltungsprogramm umgestaltet. In den 70er Jahren wurden die nicht mehr für den Schiffsverkehr benötigten inneren Teile des North West Branch zum Freizeitzentrum Harborplace umgewandelt, in dessen Nähe das vielgeschossige World Trade Center entstand. Vom Federal Hill Park auf der Südseite hat man einen großartigen Blick über diese neuen Anlagen.

Wegen der umfangreichen Verwendung von Naturstein für die langen Zeilen von Reihenhäusern weist die Bausubstanz einen geringen Verfallsgrad auf. Einzelne Innenstadtviertel wie Canton und Poppleton boten daher beste Voraussetzungen für umfangreiche Gentrifikation. So machen heute Teile der Innenstadt einen vorteilhaften Eindruck. Die ethnische Vielfalt spiegelt sich in Vierteln wie Little Italy oder Little Lithuania.

Zum Branchenspektrum der Industrien gehören die Verarbeitung von Erzeugnissen der Land- und Fischereiwirtschaft sowie importierter Produkte (vor allem Rohzucker), die Verhüttung von Kupfererz und die chemische Industrie. 1876 wurde in Baltimore als eine der renommiertesten höheren Bildungsstätten der USA die Johns Hopkins University gegründet, die dazu beigetragen hat, daß im Raum zwischen Baltimore und Washington D. C. viele High-Tech-Betriebe ansässig wurden.

Der Baltimore-Washington-Korridor hat auch mit modernem Wohnsiedlungsbau von sich reden gemacht. Etwa 15 km westlich der Stadtmitte Baltimores entstand Columbia, Musterbeispiel für eine auf der Basis des Nachbarschaftsprinzips (Wohnquartiere für jeweils etwa 5000 Einwohner mit entsprechenden Versorgungseinrichtungen) konzipierten Neuen Stadt, die 1967 begonnen wurde und zur Großstadt herangewachsen ist.

PITTSBURGH. Das im Grunde genaue Gegenteil von Philadelphia ist Pittsburgh (370 000 Einw.), die zweite große Stadt in Pennsylvania. Ihre Anlage geht auf das am Zusammenfluß von Allegheny und Monongahela von den Franzosen 1754 errichtete Fort Duquesne im Westen Pennsylvanias zurück. Nachdem es die Briten erobert hatten, bauten sie 1759 daneben das größere Fort Pitt. Auf der Basis der im Umland gefundenen verkokbaren Kohle – die anfangs ebenfalls geförderten Erze mußten später aus dem Gebiet am Oberen See herantransportiert werden – entwickelte sich Pittsburgh zum größten Stahlzentrum der USA. Man sprach von ihm als »iron city« oder »steel city«. Als die Stadt 1845 von einem Großfeuer zerstört wurde, zählte sie rund 21 100 Einwohner, 1910 hatte sie 533 900 Einwohner. Außer der Stahlproduktion hatten sich chemische Industrie, Textilindustrie, Nahrungsmittelindustrie einschließlich der Herstellung von Gewürzen (Firma Heinz), der Schiffsbau und die Glasherstellung etabliert.

Die Blütezeit der Stahlstadt begann 1901, als Carnegies Stahlunternehmen und Fricks Kokereien zur United States Steel Corporation fusionierten und ihre nun vereinigten Werke rationalisierten. Mit dem Fortfall des Pittsburgh-Plus-Tarifs 1929 (S. 170) und der einsetzenden Wirtschaftsdepression trat ein Niedergang der hauptsächlichen Wirtschaftsbasis der Stadt ein, der von verschiedenen Begleitumständen verstärkt wurde: Der hohe Stahlverbrauch der Eisenbahnen ging rapide zurück; Konkurrenten wie Detroit und Chicago traten auf; die infolge technischen Wandels geringeren Koksmengen und die durch Großfrachter bewirkten niedrigen Frachtraten machten die Hüttenindustrie unabhängiger von der Kohlebasis. Hinzu kamen in Pittsburgh die wiederholten Überflutungen von Teilen des Stadtgebiets durch Hochwasser, die Verschmutzung durch die

Kohle und die Konzentration von Staub und Ruß im relativ engen, von bis zu 150 m hohen Hängen eingefaßten Talbereich. Die Stadt verfiel wie kaum eine zweite in den Vereinigten Staaten. Der Bevölkerungsrückgang (1950–86) von 4,7 % im gesamten Bereich der Metropolitan Area wurde lediglich von dem in Jersey City übertroffen.

Unmittelbar nach dem Zweiten Weltkrieg setzte ein schon zuvor konzipiertes Revitalisierungsprogramm ein, das vor allem auf Initiative der aus ansässigen Firmen gebildeten Allegheny Conference in Community Development zustande kam. Die Umstellung industrieller und privater Feuerungsanlagen von Kohle auf Öl und Gas senkte ab 1947 drastisch die Rauchemissionen. Zahlreiche Staudämme in den Flußgebieten von Allegheny und Monongahela verhinderten Überflutungen; damit wurde die Voraussetzung für eine grundlegende Stadterneuerung geschaffen, die in der gründlichen Umgestaltung des Golden Triangle am Zusammenfluß der beiden genannten Flüsse gipfelte. Hier hatten mangelnde Verkehrsanbindung sowie Fortzug von Betrieben und Wohnbevölkerung dazu geführt, daß etwa 40 % der Gebäude leerstanden.

Durch zwei Schnellstraßen mit Brücken über die beiden Flüsse bzw. Untertunnelung des Allegheny wurde das Golden Triangle den gegenwärtigen Erfordernissen entsprechend verkehrsmäßig an das überregionale Straßennetz angeschlossen. An der Spitze der Halbinsel entstand der 14 ha große Point State Park mit dem Fort Pitt Museum, dem Replikat einer der alten Bastionen des Fort Pitt. An den Park anschließend wurde am Ufer des Allegheny das Gateway Center eingerichtet, ein Komplex moderner Bürohochhäuser.

Dieser ersten »Renaissance«-Periode zwischen 1950 und 1970 folgte nach einer etwa zehnjährigen Pause ab 1980 eine zweite Periode mit dem Bau etlicher Hochhäuser und kleiner Hochhauskomplexe, womit die räumliche Basis der Stadt erheblich erweitert wurde. Während der 80er Jahre erhöhte sich das Büroflächenangebot in der Downtown fast um die Hälfte; Pittsburgh entwickelte sich von der Stahlstadt, die sie einmal war, zu einem der führenden Dienstleistungszentren der USA.

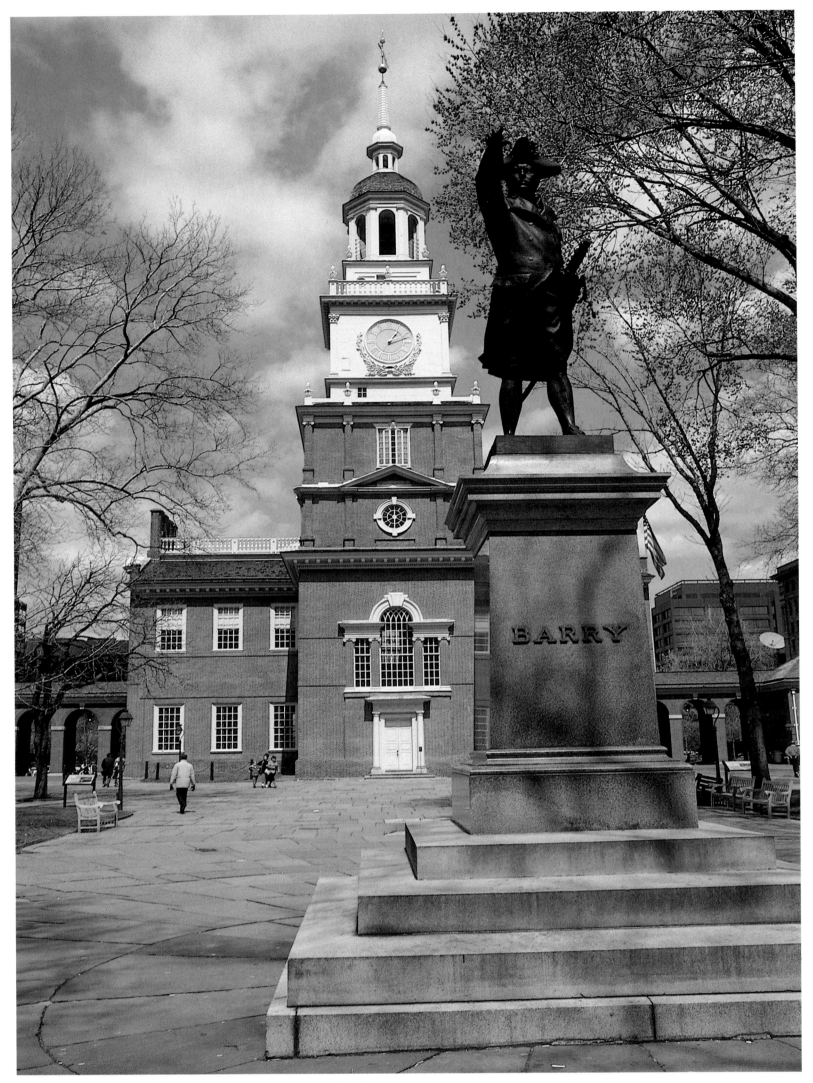

In der Independence Hall in Philadelphia (Pennsylvania), einem Ziegelsteinbau
von 1732, wurden 1776 die Unabhängigkeitserklärung und 1787 die Verfassung
der USA unterzeichnet. Die Statue zeigt den Marineoffizier John Barry.

Die City Hall von Philadelphia ist mit vielen Säulen und Reliefs verziert und
wird von einer Statue des Quäkerführers William Penn gekrönt. Es war lange
verboten, die Höhe des Gebäudes bei Neubauten zu überschreiten.

Blick auf die Downtown Philadelphias, wo Wolkenkratzer aus Stahl und Glas
den Business District markieren, während wenige Blöcke entfernt Häuser im
Kolonialstil an Straßen mit Kopfsteinpflaster liegen.

John Wanamakers Kaufhaus in Philadelphia ähnelt mit seinem als Treffpunkt
beliebten Bronzeadler und seiner großen Orgel im fünf Stockwerke hohen
Innenhof einem Museum.

Dutch Country bei Lancaster (Pennsylvania): Zu den Pennsylvania Dutch
gehören die Mennoniten und Amish, die nach alten Glaubensgrundsätzen leben
und Modernisierung und Technik ablehnen.

Das Nemours House wurde 1910 von einem Nachfahren des Firmengründers
E. du Pont de Nemours in Wilmington (Delaware) im Stil von Versailles
erbaut. Das Du-Pont-Werk zählt weltweit zu den größten Chemiebetrieben.

Cape Henlopen State Park östlich von Lewis (Delaware): Der Park liegt an der
Delaware-Bucht am Atlantik und weist eine interessante Flora und Fauna (u. a.
seltene Vogelarten) auf.

Das Capitol von Harrisburg, der Hauptstadt Pennsylvanias, ist ein von 1897
bis 1906 errichteter Bau mit Wandgemälden, Bronzetüren und Statuen. Sein
großartiger Marmoraufgang ist dem der Pariser Oper nachgebaut.

Die »U. S. Constellation« vor Harborplace in Baltimore (Maryland): Der Light
Street Pavillon beherbergt Restaurants, Cafés und Lebensmittelstände; im Pratt
Street Pavillon gibt es viele kleine Spezialitätengeschäfte.

Das National Aquarium am Pier 3 im Inner Harbor von Baltimore (Maryland)
zeigt mehr als 5000 Tiere in großen Wassertanks (u. a. Haie und Delphine) und
einen Amazonasregenwald.

Die U. S. Naval Academy in Annapolis, Hauptstadt von Maryland, wurde 1845
auf dem Gelände des alten Fort Severn gegründet. Jeden Mai finden während
der Commissioning Week anläßlich der Offiziersernennungen Paraden statt.

Am berühmten Boardwalk von Atlantic City (New Jersey), einer 13 km langen
Holzplankenstraße am Meer, reihten sich früher die Luxushotels. 1977 wurde
das Glücksspiel erlaubt, worauf viele große Casinos entstanden.

Nach einer längeren Periode des Niedergangs, die in der Weltwirtschaftskrise ihren Höhepunkt erreicht hatte, erwachte Atlantic City mit den Spielcasinos zu neuem Leben und etablierte sich als modernes Touristenzentrum.

Loveladys (New Jersey): Die Straßen der kleinen Badeorte enden direkt am Strand oder in den Dünen. Alte Holzzäune ragen aus den vom wandernden Sand bedeckten Vorgärten empor.

Im Collegiate-Gothic-Stil errichtetes Gebäude der Princeton University
(gegr. 1896): An dieser Eliteuniversität, hervorgegangen aus dem College of
New Jersey (gegr. 1756), studierten viele bedeutende Politiker der USA.

DIE HAUPTSTADT WASHINGTON D. C.

Die USA dürften der erste Staat gewesen sein, der sich unabhängig von schon länger existierenden bedeutenden Städten eine völlig neue, auf dem Reißbrett entworfene Hauptstadt schuf. Ähnliche Fälle wie Ottawa in Kanada, Canberra in Australien, Brasília in Brasilien oder Islamabad in Pakistan sind jüngeren Datums und nach US-amerikanischem Vorbild entstanden; mit den älteren Residenzstädten, die deutsche Fürsten im Zeitaler des Absolutismus anlegen ließen, ist diese Hauptstadtwahl eines jungen souveränen Staates nur sehr bedingt vergleichbar.

HAUPTSTADT VOM REISSBRETT. Ein Grund für diese ungewöhnliche Entscheidung war vor allem die Tatsache, daß es eine Anzahl rivalisierender Bewerber gab, allen voran New York, Philadelphia, Baltimore und Boston. Der Kongreß tagte seit 1783 in vielen Städten, auch in kleineren wie Princeton oder Trenton in New Jersey. Nach siebenjährigen Verhandlungen über den künftigen Regierungssitz setzte sich die Auffassung durch, daß die in den Debatten zutage getretenen Rivalitäten nur mit einer völligen Neugründung umgangen werden konnten. So setzte der Kongreß 1790 ein Komitee ein, das sich mit der Lagewahl für eine solche Neugründung befassen sollte.

Den Abgeordneten stand aber auch eine Begebenheit aus dem Jahr 1783 vor Augen, als wegen rückständigen Soldes meuternde Soldaten vor das Kongreßgebäude in Philadelphia gezogen waren. Das bewog den Kongreß, nicht nur für eine neue Hauptstadt auf eigenem Territorium zu plädieren, sondern deren Verwaltung in seine Zuständigkeit zu geben. Im Laufe des 19. Jahrhunderts wurden verschiedene Varianten der Stadtverwaltung erprobt, aber ab 1874 unterstand die Stadt der direkten Verwaltung durch den Kongreß.

WASHINGTONS SONDERSTATUS. Washingtons Bürger besaßen somit weder Wahlrecht noch eine von ihnen legitimierte Stadtverwaltung. Dieser Umstand allein stieß schon auf den Widerstand der Einwohner, die wiederholt Vorstöße zu dessen Änderung unternahmen; vollends unhaltbar wurde die Situation Mitte des 20. Jahrhunderts durch das große Vorstadtwachstum. Mit Einbeziehung von immer mehr Vorortgemeinden in Virginia und Maryland in den Großstadtraum gab es innerhalb Washingtons Bürger erster und zweiter Klasse; die Einwohner der Vorortgemeinden, die überwiegend Berufspendler und in der Stadt Washington beschäftigt waren, besaßen im für ihren Wohnsitz zuständigen Staat Stimmrecht, die im administrativen Stadtgebiet Wohnenden hingegen keines. Erste Schritte zur Lösung dieses Problems wurden 1967 unternommen, als der Kongreß endlich einwilligte, der Stadt Washington eine eigenständige Verwaltung zuzugestehen. Die volle Repräsentation im Kongreß erhielt sie allerdings erst 1978.

ZENTRALE LAGE UND HAFEN. 1790 beschloß der Kongreß, einen Bundesdistrikt von quadratischer Form anzulegen, über dessen Größe zunächst unterschiedliche Auffassungen bestanden. Schließlich einigte man sich auf ein 100 Quadratmeilen großes Gebiet, das nach dem Wiederentdecker der Neuen Welt District of Columbia genannt wurde; die Stadt selbst erhielt ihren Namen von General George Washington.

Für die Lagewahl machte der Kongreß zwei Vorgaben: Die Hauptstadt sollte möglichst im Zentrum des Gebiets der 13 Gründerstaaten liegen und einen Hafen besitzen. Der Wunsch nach einer zentralen Lage ist nicht zuletzt auf dem Hintergrund des Nord-Süd-Gegensatzes in dem jungen Staat zu sehen. So liegt Washington etwa an der Nahtstelle zwischen den damaligen sklavenfreien und sklavenhaltenden Staaten; ebenfalls zentral war die Lage im Hinblick auf die damalige Bevölkerungsverteilung innerhalb des Gebiets der 13 Staaten, da jeweils etwa die Hälfte nördlich und südlich der neuen Hauptstadt lebte.

Hinsichtlich der zweiten Vorgabe, dem Zugang zum Meer, sollte sich später zeigen, daß Washingtons Hafen über den lokalen Handel hinaus nie an Bedeutung gewonnen hat; damals jedoch war die Erreichbarkeit für Seeschiffe eine unabdingbare Forderung. Ein zunächst gefaßter Kongreßbeschluß zugunsten des Delaware-Flusses wurde wieder umgestoßen, und man einigte sich auf den Unterlauf des Potomac unterhalb der von der Fall-Linie markierten Stromschnellen. Die Fall-Linie, die den Bundesstaat durchzieht, bildet die Grenze zwischen dem appalachischen Piedmont und der Küstenebene.

Die endgültige Wahl des Geländes traf George Washington, der sich für 100 Quadratmeilen zu beiden Seiten des Potomac bei dessen Zusammenfluß mit dem Anacostia entschied. Maryland stellte den Anteil nordöstlich, der Staat Virginia den Anteil südwestlich des Potomac zur Verfügung. Die Siedlungen Georgetown, Hamburg und Carrollsburg sowie der in der Südecke des auf die Spitze gestellten Quadrats gelegene Hafenort Alexandria waren damit in den Bundesdistrikt einbezogen.

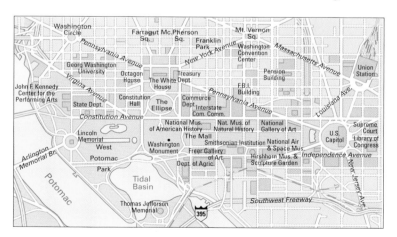

1793 wurde der Grundstein für das Capitol gelegt; 1800 zog der Kongreß von Philadelphia nach Washington D. C. um, womit Washington offiziell Hauptstadt der Vereinigten Staaten von Amerika wurde. Während Thomas Jefferson (1801–09) noch im Senatssitzungssaal des Capitols vereidigt wurde, findet seit 1829 die Vereidigung draußen auf dem East Portico statt.

Veränderungen des Stadtgebiets. Im Laufe der Geschichte des Bundesdistrikts traten zwei bedeutende Veränderungen ein. 1846 votierte die Bevölkerung auf dem rechten Potomac-Ufer für die Rückkehr nach Virginia. Ihrem Wunsch wurde stattgegeben; künftig bestand der District of Columbia nur noch aus dem einst von Maryland abgetretenen Gebiet. Daher wird häufig vergessen, daß ursprünglich auch Virginia für den Bundesdistrikt Land zur Verfügung gestellt hat.

Die zweite Veränderung kam 1895, als die Stadt Washington nach kräftigem Bevölkerungswachstum das gesamte restliche Gebiet des Bundesdistrikts eingemeindete, so daß fortan die Stadt und der District of Columbia deckungsgleich waren. Das städtische Wachstum der Agglomeration ging aber weit nach Maryland und Virginia hinein.

Schon Mitte des 20. Jahrhunderts war der eigentliche Bundesdistrikt bis auf die zahlreichen Park- und Grünanlagen baulich aufgefüllt; die Vorortgemeinden wuchsen zu Erschließungsachsen innerhalb des größeren metropolitanen Gebiets zusammen. Heute leben nur rund 600 000 der insgesamt 3,8 Mio. Einwohner der Stadtregion innerhalb der Grenzen des Bundesdistrikts; das sind kaum 16%. Der überwiegende Teil der in der Hauptstadt Beschäftigten sind Pendler von außerhalb.

Rechteckplan mit Diagonalen. Die Stadt Washington weist einige bauliche, funktionale und demographische Besonderheiten auf, die diese Stadt, abgesehen von gewissen Ähnlichkeiten mit Hauptstädten einzelner Bundesstaaten, aus der großen Zahl der US-amerikanische Städte herausheben.

Zunächst fällt natürlich die bauliche Gestaltung auf, die dem französischen Militäringenieur Pierre Charles L'Enfant (* 1754, † 1825) übertragen wurde. L'Enfant entwarf nach dem Vorbild von Versailles einen Rechteckplan, dem sich die Streets einfügen und dem er, im Gegensatz zu fast allen anderen amerikanischen Städten, ein Netz breiter Diagonalen überstülpte, die auf runde und eckige Plätze zuführen. Solche bewußt gestaltete Sichtachsen kennt man sonst kaum in den USA; die Diagonalen im Zentrum von Indianas Hauptstadt Indianapolis oder der Speichenplan von Buffalo sind Ausnahmen. Den Diagonalen im Stadtplan Washingtons entsprechen die Avenues: Acht gehen vom Capitol aus, weitere sechs vom Weißen Haus.

Das Grundgerüst bilden zwei senkrecht aufeinanderstehende und auf den Potomac ausgerichtete Achsen: Die ca. 3,5 km lange und 500 m breite Mall, die im Osten vom Capitol und im Westen vom Lincoln Memorial am Potomac abgeschlossen wird; senkrecht dazu steht eine Achse zwischen 17th und 15th Street mit dem Weißen Haus am nördlichen Ende und dem Thomas Jefferson Memorial am Tidal Basin und Potomac am südlichen Ende. Am Kreuzungspunkt der beiden Achsen steht das Washington Monument, ein 169 m hoher Obelisk.

Symbolträchtige Architektur. Das Weiße Haus (1792–1800), seit dem 1. November 1800 Sitz des US-Präsidenten, basiert auf einem Entwurf des Iren James Hoban. Die Ausschreibung hatte »Großartigkeit der Konzeption«, »republikanische Einfachheit« und »wahre Eleganz der Proportionen« gefordert, wobei sich der Architekt von Palladios Villa Capra Rotunda und Dubliner Häusern inspirieren ließ. Umstritten ist, ob das Weiße Haus seine Bezeichnung erhielt, als man es in aller Eile weiß übertünchte, nachdem es im amerikanisch-britischen Krieg (1812–14) Brandspuren davongetragen hatte.

Der gesamte Kern der Hauptstadt ist symbolträchtig. So wird die Mall auf ihrer Südseite von der Independence (»Unabhängigkeit«) Avenue und auf ihrer Nordseite von der Constitution (»Verfassung«) Avenue begrenzt. Die diagonal verlaufenden Avenues tragen die Namen von Bundesstaaten der USA.

Die architektonische Gestaltung des Capitols, der Regierungsgebäude sowie der für die Künste und Wissenschaften errichteten Bauten (z. B. Library of Congress) wurde großenteils nach antiken Vorbildern im Greek Revival Style oder im Federal Style ausgeführt, wobei auch gotische und barocke Elemente verwendet wurden. Reps (1965) hat zu Recht auf dieses Paradoxon hingewiesen: »Alle im Laufe der Zeit im altweltlichen Europa entwickelten Stilelemente wurden unversehens und großzügig auf die jungfräuliche Hauptstadt der jüngsten Nation der Welt angewendet. Es war eine wirkliche Ironie, daß die architektonischen Gestaltungselemente, die ursprünglich zur Mehrung des Ruhmes despotischer Könige und Kaiser erdacht wurden, hier zur Symbolisierung eines Landes verwendet wurden, dessen philosophische Grundlage so fest auf demokratischer Gleichheit beruhte.«

Aber es war der Wille der damaligen und der späteren amerikanischen Staatsmänner, daß Washington im Unterschied zur durchschnittlichen amerikanischen Stadt mehr als nur eine »ökonomische Maschine« sein sollte. Die Hauptstadt galt sozusagen als der »Schrein der Nation«, an dessen Vollendung noch mehrere Generationen arbeiten sollten. So wurde das Capitol, das auf einem Entwurf des Arztes Dr. William Thornton basiert, wiederholt umgestaltet. Nach 1819 erhielt es eine größere Kuppel; in den 1850er Jahren wurden die Flügel mit den Räumen für die Abgeordneten des Repräsentantenhauses und die Senatoren erweitert; 1961 wurde die Ostseite weiter vorgezogen und mit Marmor aus Georgia ausgekleidet. 1897 erfolgte der Umzug der Kongreßbibliothek in das gerade fertiggestellte Thomas Jefferson Building. 1922 wurde das Lincoln Memorial, 1943 das Jefferson Memorial eingeweiht.

Viele Amerikaner planen in ihren Urlaub einen Kurzaufenthalt in Washington D. C. ein, um sich die zahlreichen Stätten nationaler Größe und Tradition anzusehen. Schon Mitte der 70er Jahre hatte die Zahl der jährlichen Touristen die Grenze von 20 Mio. überschritten.

Parkartiger Charakter. Eine weitere städtebauliche Besonderheit der Hauptstadt ist ihr parkartiger Charakter, was zwei Gründe hat. Zum einen ist Washington, wiederum im Gegensatz zu anderen Städten der USA, eine Stadt ohne Wolkenkratzer. Die Behörden verboten Bauten, die das Capitol und später das 169 m hohe Washington Monument in der Höhe übertreffen würden. Die zahlreichen öffentlichen Gebäude beeindrucken eher durch ihre Längen- und Breitenabmessungen und ihre architektonische Gestaltung.

Zum anderen wurden zahlreiche Straßenbäume angepflanzt, die selbst im Kernbereich der Hauptstadt viele Gebäude überragen; hinzu kommt die große Zahl von Plätzen und Grünflächen.

DEMOGRAPHISCHE BESONDERHEITEN. Eine dritte Besonderheit Washingtons ist sein weitgehend antizyklisches Wachstum in Krisenzeiten, in denen die Bevölkerungsbewegung in anderen Städten eher stagnierend oder gar rückläufig war. Bei Betrachtung der Bevölkerungsentwicklung im District of Columbia fällt auf, daß die Jahrzehnte 1860–70 (1860: 75 080 Einwohner; 1870: 131 700 Einwohner), 1910–20 (1910: 331 069 Einwohner; 1920: 437 571 Einwohner) und 1930–50 (1930: 486 869 Einwohner; 1950: 802 178 Einwohner) Perioden besonders kräftigen Wachstums waren, obwohl in diese Jahrzehnte Sezessionskrieg, Erster Weltkrieg sowie Wirtschaftsdepressionen und Zweiter Weltkrieg fielen. Der Grund für den Zuwachs liegt in der während solcher Krisenzeiten erzwungenen Erweiterung der Regierungsaufgaben und der entsprechenden Vergrößerung des staatlichen Behördenapparates. So wurden während des New Deal der 30er Jahre zahlreiche Institutionen eingerichtet, die Maßnahmen zur Wiederbelebung der von der Depression geschüttelten Wirtschaft durchführten. Der Zweite Weltkrieg sowie die folgenden Kriege und Krisen ließen die Zahl der im Pentagon Beschäftigten auf über 20 000 anwachsen.

Als fast reine Verwaltungsstadt und als Standort nur weniger und zudem meist mit der Regierungsfunktion verknüpfter Industrien weist Washington D. C. einige vom US-amerikanischen Durchschnitt stark abweichende demographische Merkmale auf. Das betrifft nicht nur die Ministerien, sondern auch andere Einrichtungen des Staates wie z. B. die National Archives oder die Library of Congress. Zu den Eigenheiten des amerikanischen Parlamentarismus gehört es, daß Tausende von Interessengruppen ihren Einfluß geltend machen wollen, weshalb viele Organisationen und Verbände Büros am Regierungssitz unterhalten. Nur ein Teil der Lobbyisten ist entsprechend dem Federal Regulation of Lobbying Act von 1946 registriert; ihre tatsächliche Zahl wird auf rund 20 000 geschätzt.

Zum großen Behördenapparat kommen zahlreiche Einrichtungen im Kunst- und Wissenschaftsbereich, im Hotel- und Gaststättengewerbe und im Einzelhandel hinzu. Auch konzentrieren sich in Washington D. C. die Verwaltungsspitzen von Handels- und Nachrichtenkonzernen, weshalb in der Berufsstruktur der Dienstleistungssektor überrepräsentiert, das produzierende Gewerbe hingegen weit unterrepräsentiert ist.

Soweit überhaupt vorhanden hängt das produzierende Gewerbe eng mit dem Dienstleistungsbereich zusammen. So nimmt das Druckgewerbe eine herausragende Stellung ein. Allein das Government Printing Office hat etwa 7000 Beschäftigte und ist damit Washingtons größter Industriebetrieb.

Da die dominierenden Wirtschaftsbereiche der Hauptstadt für weibliche Berufe prädestiniert sind, ergibt sich ein weit höherer Frauenanteil im Vergleich zum Landesdurchschnitt. Die Altersstruktur der Washingtoner Bevölkerung ist durch hohe Repräsentanz der 20–30jährigen gekennzeichnet.

Washington hat mit 75% (1950: 35%) eine deutliche schwarze Bevölkerungsmehrheit. Da die Stadt etwa an der Nahtstelle zwischen den einst sklavenfreien und sklavenhaltenden Staaten angelegt wurde, war sie das erste Ziel der aus dem Süden abwandernden Schwarzen. Wichtiger aber ist der Umstand, daß die Zentralregierung verpflichtet war, den Farbigen gleiche Chancen bei der Einstellung in ihre zahlreichen Einrichtungen zu gewähren; zweifellos beeinflußte dies den Zuzug von Schwarzen. Washington gehört zu den wenigen Großstädten der USA, die einen Schwarzen als Bürgermeister haben.

STÄDTEBAULICHE ENTWICKLUNG. Während der ersten Hälfte des 19. Jahrhunderts ging das Wachstum der jungen Hauptstadt schleppend voran; noch bis zum Sezessionskrieg wies sie einen eher landstädtischen Charakter auf: Viele Straßen waren ungepflastert, unterirdische Kanalisation fehlte, und die Bewohner hielten Nutzvieh. Da zeitweilig die Bevölkerung zurückging, sagten sich 1846 Alexandria und Arlington vom District of Columbia los und gliederten sich wieder Virginia ein, womit der Potomac zur Distriktgrenze wurde.

Erst das kräftige Wachstum nach 1860 brachte die bauliche Ausdehnung auf die Hochterrassen und die Hügel des Piedmont. Ein starkes Vorortwachstum setzte nach dem Ersten Weltkrieg ein, als sich die Bevölkerung von 437 000 (1920) bis zur Jahrhundertmitte nahezu verdoppelte. Seitdem ist sie im Bundesdistrikt selbst zugunsten der sich nach Virginia und Maryland hinein ausdehnenden Vororte deutlich rückläufig.

Den Kern der Hauptstadt hatte L'Enfant geplant, der aber wegen Meinungsverschiedenheiten bereits 1792 von George Washington entlassen wurde; die weiteren Arbeiten wurden dem Vermessungsingenieur Andrew Ellicott übertragen. Dieser baute die Stadt zum Teil nach seinen eigenen Vorstellungen weiter, da L'Enfants Unterlagen verschollen waren und erst 1887 wieder aufgefunden wurden. Ellicott entwarf den Plan für eine Stadt von 800 000 Einwohnern; eine für die damalige Zeit bemerkenswerte Entscheidung, da die Vereinigten Staaten 1800 insgesamt erst 5,3 Mio. Einwohner zählten.

Fast ein Jahrhundert später versuchte der Kongreß aufgrund der wieder aufgefundenen Unterlagen L'Enfants einige Korrekturen anzubringen, die sich vor allem auf die Anlage von Parks bezogen. Das zu diesem Zweck erstellte Gutachten verfaßten u. a. der Architekt Daniel H. Burnham, der sich um die Gestaltung Chicagos verdient gemacht hatte, und Frederick L. Olmsted, der New Yorks Central Park geschaffen hatte.

Die weitere städtebauliche Entwicklung der Hauptstadt legte der Kongreß 1910 vorübergehend in die Zuständigkeit der National Commission of Fine Arts; 1926 wurde die National Capital Park and Planning Commission geschaffen.

Eines ihrer wichtigsten Anliegen war die repräsentative parkartige Ausgestaltung der Mall. Der größte und topographisch abwechslungsreichste Park ist der Rock Creek Park, benachbart dem Zoological Park, der von den Washingtonern einfach Rock Creek Zoo genannt wird. Auf beiden Ufern des Anacostia dehnt sich der Anacostia Park aus. Entlang dem Potomac erstreckt sich eine Reihe von zusammenhängenden Parkanlagen und Teichen; die zahlreichen japanischen Kirschbäume, für deren prachtvolle Blüte im Frühjahr die Stadt berühmt ist, sind ein Geschenk (1912) des Bürgermeisters von Tokio.

DIE REPRÄSENTATIONSBAUTEN. Die das Capitol und das Weiße Haus verbindende Pennsylvania Avenue stellt eine Achse dar, nördlich derer sich der Central Business District (hauptsächlich um die F Street und die G Street) entwickelt hat; südlich davon liegt das sog. Federal Triangle mit vielen Regierungsinstitutionen. Hier finden sich die meisten Ministerien, nicht jedoch das Verteidigungsministerium, das wegen seiner fünfeckigen Form Pentagon genannt wird und südlich des Potomac bereits auf virginischem Gebiet liegt.

Direkt an der Mall reihen sich die imposanten Museumsbauten auf: Das National Museum of American History, das National Museum of Natural History, die National Gallery of Art, die

Freer Gallery of Art, die Smithsonian Institution, der Hirshhorn Museum and Sculpture Garden und das moderne National Air and Space Museum.

Die Smithsonian Institution umfaßt mehrere Museen, Galerien und Forschungsstätten. Nach dem Vermächtnis des Engländers James Smithson (* 1765, † 1829) übergab dessen kinderloser Neffe 1839 sein Vermögen an die Regierung der USA; die 1846 ins Leben gerufene Institution unterliegt der Aufsicht des Kongresses. Sie besitzt u. a. eine Bibliothek (über 1 Mio. Bände), verwaltet fünf Museen, forscht auf verschiedenen Gebieten und gibt 15 Serien wissenschaftlicher Veröffentlichungen heraus. Ihr erstes, 1855 an der Mall fertiggestelltes Gebäude wird wegen seiner roten Ziegel »Castle« genannt.

Insgesamt befinden sich im District of Columbia mehr als 60% der Fläche in öffentlicher Hand; im Kerngebiet Washingtons liegt der Prozentsatz noch höher. Zu beiden Seiten der den Capitol-Hügel umgebenden Grünanlage stehen Bürogebäude der Senatoren und der Abgeordneten des Repräsentantenhauses, direkt hinter dem Kapitol liegen der Oberste Gerichtshof und die Library of Congress mit rund 86 Mio. Büchern, Manuskripten, Dokumenten und Fotos. Bereits kurz nach 1800 hatte der Kongreß im Capitol eine Bibliothek juristischer Literatur eingerichtet, die aber 1814 einem Brand zum Opfer fiel. Der ehemalige Präsident Thomas Jefferson (1801–09) verkaufte daraufhin der Regierung seine Privatbibliothek (6500 Bände), 1866 kamen Bestände der Smithsonian Institution hinzu. Seit dem Copyright-Gesetz von 1870 erhält die Library of Congress zwei Exemplare von jeder amerikanischen Neuerscheinung.

DIE WOHNVIERTEL. Der bis zum Sezessionskrieg verhältnismäßig geschlossen bebaute Wohngürtel reicht nach außen etwa bis zur Grenze des Bundesdistrikts bzw. des von L'Enfant konzipierten Stadtgebiets. In diesen inneren Wohnvierteln lebt heute großenteils die schwarze Unterschicht. Gehobene Wohnbezirke finden sich lediglich im Nordwestteil des Distrikts. Zum einen ist es das Diplomatenviertel etwa zwischen Dupont Circle und dem Rock Creek beiderseits der Massachusetts Avenue, zum anderen das westlich der Wisconsin Avenue gelegene Georgetown. Es wurde 1751 gegründet und nach dem britischen König Georg II. (* 1683, † 1760) benannt. Dieses Viertel kennzeichnen kolonialzeitliche Häuser mit Vorgärten und Treppen zum Hochparterre sowie vornehme Geschäfte, Restaurants und Cafés; die Georgetown University hat hier ihren Sitz.

Die meisten gehobenen Wohnviertel liegen in den Vorortgemeinden außerhalb des Distrikts auf dem Boden Virginias und Marylands, wo aber auch nationale Institutionen angesiedelt sind, die im Distrikt selbst keinen Platz fanden. Neben dem bereits erwähnten Pentagon, das ein 12 ha großes Gelände einnimmt, erstreckt sich über ein Areal von mehr als 160 ha der 1864 angelegte Arlington Nationalfriedhof mit seinen weit über 100 000 Grabstätten. Hier ruhen so berühmte Amerikaner wie die Präsidenten George Washington (* 1732, † 1799), William Howard Taft (* 1857, † 1930) und John F. Kennedy (* 1917, † 1963) sowie Generäle und Admiräle, u. a. George Catlett Marshall (* 1880, † 1959), der Initiator des Marshallplans.

FLUGHÄFEN UND VORORTZONE. Vier Flughäfen bedienen die Bundeshauptstadt: Südöstlich des Pentagons liegt der Washington National Airport, der sich im Eigentum der Regierung befindet und von der Federal Aviation Administration verwal-

tet wird; er ist für den inneramerikanischen Luftverkehr von Bedeutung. Der Dulles International Airport liegt weit im Westen auf der Grenze zwischen der Fairfax County und der Loudoun County; ein zweiter internationaler Flughafen ist der im Korridor zwischen Washington und Baltimore gelegene Baltimore-Washington International Airport. Der Militärflughafen Andrews Air Force Base wird hauptsächlich vom Präsidenten der USA und anderen Politikern benutzt.

Die äußere Vorortzone ist sehr heterogen. Ahnert (1958) hat fünf Sektoren von West über Nord nach Ost unterschieden. Der Sektor westlich des Rock Creek weist viele öffentliche Ländereien auf, u. a. das United States Naval Observatory, und geht in Eigenheimsiedlungen über. Eine markante Zäsur in der Bebauung bildet das Rock-Creek-Tal mit parkartigem Gelände, Golf- und Spielplätzen und dem zoologischen Garten. Der sich östlich dieser Grünzone anschließende Sektor ist relativ dicht bebaut, vor allem mit Reihenhäusern, in denen großenteils Weiße leben. In der Nähe des Rock Creek und nach außen zu finden sich wieder verstärkt Einfamilienhäuser. Der anschließende Sektor enthält sehr viel öffentliches Land. Zum Anacostia hin folgen zunächst ältere Wohnviertel mit Einfamilienhäusern, dann Industrieanlagen und Eisenbahngelände.

DER CAPITAL BELTWAY. Für die jüngere städtebauliche Entwicklung der Hauptstadtregion war die Vollendung des Capital Beltway wichtig, einer Ringautobahn, die in ihren Ost- und Südabschnitten als I 95 ein Teilstück des Interstate Highway von Richmond (Virginia) nach Baltimore (Maryland) ist; in ihren West- und Nordabschnitten besitzt sie als I 195 eine dreistellige Ziffer, womit sie sich als Umgehungsautobahn ausweist. Das eigentliche hauptstädtische Geschehen spielt sich auf dem Gebiet ab, das von der Ringautobahn umschlossen wird; man spricht auch von einer »inside-the-beltway«-Mentalität.

An diesem Autobahnring, der die Stadt in einem wechselnden Abstand zwischen 9 und 16 km Entfernung vom Capitol einfaßt, hat sich die jüngere Bebauung orientiert. Das neuere Wachstum der Stadtregion hat somit ein konzentrisches Element, jedoch ist das Wachstum in manchen Abschnitten des Beltway kräftiger als in anderen, so daß auch eine sektorale Komponente zur jüngeren Entwicklung hinzukommt.

So wachsen jene Bereiche im Nordosten, die dem Washington-Baltimore-Korridor zuzurechnen sind, besonders kräftig, da sie zahlreiche Unternehmen der High-Tech-Branchen auf sich ziehen konnten. Dazu gehören im Nahbereich des Beltway die Gemeinde College Park mit der University of Maryland und die junge Gemeinde Bowie.

Zu den besonders kräftig wachsenden Siedlungen gehören aber auch Bethesda im Norden sowie Rosslyn, Tysons Corner und Crystal City auf der Westseite, die von J. Garreau als »edge cities« bezeichnet wurden; sie zeichnen sich vor allem durch ein hohes Einzelhandels- und Büroflächenangebot aus. So besitzt z. B. Tysons Corner zwei Malls mit acht Warenhäusern, und sein Büroflächenvolumen wird auf 2,3 Mio m² ausgebaut.

Etwa 40 km westlich vom Capitol liegt der Dulles International Airport; die Dulles Airport Road führt an der in den 60er Jahren entstandenen Stadt Reston vorbei. Reston (rest = Ruhe), umgeben von Wald, weist ein vielfältiges Angebot von Häusern auf. Verkauf und Vermietung der Immobilien bereiten jedoch Schwierigkeiten, da sie weit entfernt von den Arbeitsstätten in der Kernstadt liegen.

Das Capitol in Washington D. C., mit dessen Bau 1793 begonnen wurde, liegt
auf einem Hügel zwischen Potomac und Anacostia River am östlichen Ende der
Mall. Eine Freiheitsstatue aus Bronze krönt seine Kuppel.

Das Weiße Haus, der Amts- und Wohnsitz des Präsidenten, wurde 1814 von den Briten angezündet. Seinen Namen erhielt es wahrscheinlich durch die weiße Übertünchung der rußgeschwärzten Fronten.

Blick vom Potomac River nach Osten über das Lincoln Memorial und den Obelisken des Washington Monument: Im Hintergrund ist das Capitol auf dem Capitol Hill zu erkennen.

Das Washington Monument steht am westlichen Ende der Mall. Aus einem
großen Park erhebt sich der 169 m hohe Marmor-Obelisk. Die Aussichtsplattform bietet einen herrlichen Blick auf die Stadt.

Westlich an das Washington Monument schließt sich, verbunden über Parkanlagen und Wasserbecken, das Lincoln Memorial an. Die Halle steht direkt
an der Auffahrt zur Arlington Memorial Bridge.

In der Marmorhalle des Lincoln Memorial dominiert die 6 m hohe Kollossal-
statue von Abraham Lincoln. An den Wänden sind die Gettysburg-Rede und
die zweite Antrittsrede eingemeißelt.

Im Park nahe dem Lincoln Memorial wurde 1982 das Vietnam Memorial errichtet. Auf einem großen »V« aus schwarzem Marmor sind die Namen der 58 156
Soldaten eingraviert, die im Vietnamkrieg fielen.

Jenseits des Potomac River, schon auf dem Staatsgebiet von Virginia, liegt der
Arlington National Cemetery. Der Friedhof bietet ein beeindruckendes Bild
von unzähligen Reihen einfacher weißer Steine.

Eine Spezialeinheit hält die Ehrenwache auf dem Nationalfriedhof, wo sich auch
monumentale Gräber bedeutender Politiker wie John F. Kennedy und das Gra-
nit-Memorial des Unbekannten Soldaten befinden.

»The Mall« erstreckt sich als große Grünachse vom Capitol nach Westen. Auf
beiden Seiten dieser Prachstraße liegen Regierungsgebäude und die Museen der
Smithsonian Institution.

Das Hirshhorn Museum an der Mall besitzt eine große Kollektion mit Werken
von Künstlern des 19. und 20. Jahrhunderts sowie eine umfangreiche Skulptu-
rensammlung, zum überwiegenden Teil von Joseph Hirshhorn gestiftet.

Die Kongreßbibliothek wurde von 1888 bis 1897 hinter dem Capitol errichtet.
In der nach antiken Vorbildern gestalteten Rotunda mit Statuen auf den Galerien befindet sich der große Lesesaal.

Das National Air and Space Museum an der Mall zeigt in 13 Abteilungen die
Geschichte und Entwicklung der Luftfahrt bis zur Weltraumfahrt. Die Maschinen hängen zum Teil wie im Flug an Drähten in der Luft.

Typisches amerikanisches Restaurant: Viele Amerikaner nehmen mittags nur
einen leichten Lunch ein und gehen am Abend zu einem größeren Essen aus.
Die Reklame wendet sich an den autofahrenden Gast.

DER TIEFE SÜDEN

Bei der staatlichen Formierung der USA im Laufe des 19. Jahrhunderts spielten zwei Ereignisse eine gleichgroße Rolle: Die Westwärtsbewegung, die den sukzessiven Landerwerb und die allmähliche Besiedlung des gewaltigen Raums zwischen den Appalachen und der Pazifikküste brachte, und die politisch-kriegerische Auseinandersetzung zwischen dem Norden und dem Alten Süden, dem Ante-bellum South der Zeit vor dem Krieg von 1861 bis 1865. Während dieser in Europa als Sezessionskrieg bezeichnet wird, sprechen die Amerikaner selbst vom Bürgerkrieg.

DAS ERBE DES SÜDENS. War auch der Krieg für den Norden erfolgreich und sollte dieser fortan die Geschichte der Vereinigten Staaten bestimmen, so hat doch der Süden die USA in kultureller Hinsicht stark geprägt: »Die Werke von Autoren des Südens dominierten weiterhin in der amerikanischen Literatur; die Musiker des Südens blieben tonangebend auf der nationalen Bühne; die Prediger des Südens brachten die Menschen wieder zur Anbetung eines alten Gottes; südliche Speisen und Getränke erfreuten die Gaumen der Feinschmecker im ganzen Lande« (Hesseltine 1960).

Die drei Säulen des Ante-bellum South waren Plantagenaristokratie, Baumwollanbau und Sklavenhaltung. Der Streit über die Sklavenfrage führte zum Bruch der Union, als sich ab Dezember 1860 binnen kurzer Zeit die Südstaaten von ihr trennten und eine eigene Konföderation bildeten. Sie machten Montgomery (Alabama) zur Hauptstadt, die allerdings bald nach Richmond (Virginia) verlegt wurde, wählten Jefferson Davis (* 1808, † 1889) aus Mississippi zu ihrem Präsidenten und gaben sich eine eigene Flagge, die im Gegensatz zur Unionsflagge Stars and Stripes wegen ihres Balkenkreuzes als Stars and Bars bezeichnet wurde. Eine eigentliche Hymne hatte die Konföderation zwar nicht, aber das 1859 von Daniel D. Emmett (* 1815, † 1904) gedichtete »Away, away down south in Dixie« war als Kriegslied der Konföderierten so etwas wie ihre inoffizielle Nationalhymne.

DER RAUM DES ALTEN SÜDENS. Hiermit taucht eine weitere Bezeichnung für den Alten Süden auf: Dixie oder Dixieland. Über die Herkunft dieses Begriffs gibt es verschiedene Versionen. Eine von ihnen verweist auf einen aus Manhattan stammenden Sklavenhalter namens Dixy, der den Sklaven wohlgesonnen war. Eine andere gründet sich auf die von der Citizen Bank in Louisiana in Umlauf gebrachte Zehn-Dollar-Note, die in dem ursprünglich von Franzosen besiedelten Gebiet auf ihrer Rückseite die französische Wertangabe »dix« trug und im Volksmund Dixie hieß. Eine geographisch begründete Version leitet den Namen von der sog. Mason and Dixon Line ab und bezeichnet das Land südlich der von den Vermessungsingenieuren Mason und Dixon zwischen den Staaten Pennsylvania und Maryland festgelegten Demarkationslinie.

Mit dieser Deutung ist die Frage nach der räumlichen Abgrenzung des Alten Südens angeschnitten. Im weitesten Sinne würde er demnach das Land im Süden von Pennsylvania umfassen. Zu ihm würden auch Staaten wie Maryland, Missouri, Kentucky, Virginia und West Virginia gehören. Sieht man einmal

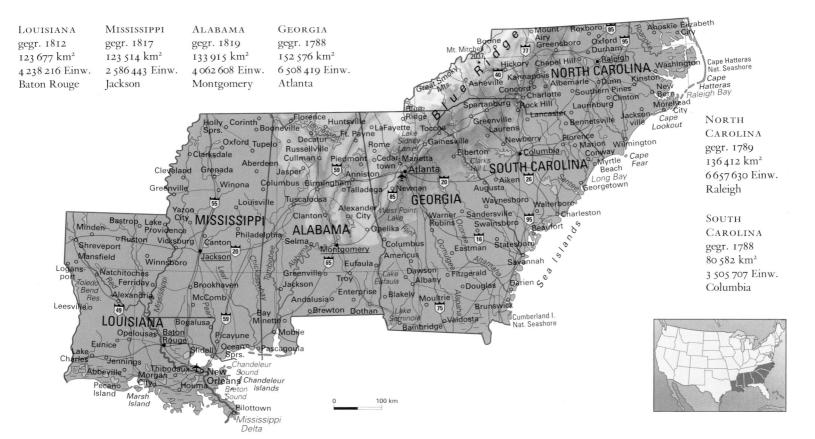

LOUISIANA
gegr. 1812
123 677 km²
4 238 216 Einw.
Baton Rouge

MISSISSIPPI
gegr. 1817
123 514 km²
2 586 443 Einw.
Jackson

ALABAMA
gegr. 1819
133 915 km²
4 062 608 Einw.
Montgomery

GEORGIA
gegr. 1788
152 576 km²
6 508 419 Einw.
Atlanta

NORTH CAROLINA
gegr. 1789
136 412 km²
6 657 630 Einw.
Raleigh

SOUTH CAROLINA
gegr. 1788
80 582 km²
3 505 707 Einw.
Columbia

davon ab, daß in North Carolina gewisse Vorbehalte gegenüber der Trennung von der Union und dem Anschluß an die Konföderation bestanden, so unterscheiden sich die Randgebiete (Randgebiete des Alten Südens, S. 217) durch ihre besonderen Verhältnisse vom Kerngebiet des Deep South oder Tiefen Südens, den die beiden Carolinas, Georgia, Alabama, Mississippi und Louisiana bilden.

Während Maryland eigentlich dem Süden zugerechnet werden müßte, verhinderte eine rasche Besetzung durch Unionstruppen dessen Sezession. Missouri wurde nur unter schwierigsten Bedingungen der Union als sklavenfreier Staat erhalten. Die Existenz des kleinen Staates West Virginia basiert auf der Abspaltung vom ehemaligen Staat Virginia, der in seinen neuen Grenzen der Konföderation beitrat, während sich der westliche Teil von ihm trennte und als eigenständiger Staat in die Union aufgenommen wurde.

Wesensmerkmale des Solid South.

Die Bevölkerung der Südstaaten zeichnet sich durch ihre Religionszugehörigkeit und besonderes Verhalten bei politischen Wahlen aus. Im Zusammenhang mit Wahlen ist vom sog. Solid South die Rede. Dieser Begriff charakterisiert das Phänomen, daß sich in einem großen Teil der Südstaaten ein überwiegendes Potential an Stammwählern der demokratischen Partei konzentriert; dieses Potential hat auch bei Wahlen, aus denen landesweit die Republikaner siegreich hervorgegangen sind, einen geschlossenen Block von Staaten mit demokratischen Mehrheiten gebildet. So wählten z. B. bei den Kongreßwahlen der vier aufeinander folgenden Wahljahre 1920, 1924, 1928 und 1932 die Staaten Virginia, South Carolina, Georgia, Alabama, Mississippi und Louisiana sowie Arkansas mehrheitlich demokratisch. (Die Wahl von 1932 erbrachte allerdings demokratische Mehrheiten in allen US-Staaten außer Delaware, Pennsylvania und den Neuenglandstaaten.)

Wiederum sind es in erster Linie die Staaten des Tiefen Südens, die eine über längere Zeit kontinuierliche politische Richtung repräsentieren. Dieses demokratische Wählerpotential rekrutiert sich weitgehend aus den »poor whites«, der weißen Unterschicht, und den hohen Anteilen schwarzer Bevölkerung.

Bei der Religionszugehörigkeit fällt die dominante Rolle der Baptisten auf. Diese seit Beginn des 17. Jahrhunderts bestehende Konfession beruht auf der biblischen Grundlage der Taufe durch Untertauchen des gesamten Körpers. Ihre kongregationalistische Organisationsform, d. h. die Eigenständigkeit der einzelnen Kirchengemeinden, und die damit gegebenen Möglichkeiten zur individuellen Gestaltung des Gottesdienstes und anderer kirchlicher Aktivitäten haben breite Massen der südstaatlichen Bevölkerung angesprochen, besonders die Schwarzen. Die Abspaltung der Southern Baptist Convention von den American Baptists 1845 erfolgte nicht wegen der Sklavenfrage, sondern wegen unterschiedlicher Auffassungen über die Verwendung von Missionsgeldern. Die Negro Baptists gründeten 1880 ihre eigene National Baptist Convention. Neben diesen dreien gibt es noch weitere Gruppierungen dieser verbreiteten Religionsgemeinschaft.

Gemeinsamkeiten in der Geschichte.

Die Staaten des Tiefen Südens weisen zahlreiche Gemeinsamkeiten in ihrer Entwicklung auf: Erstens frühe Siedlungsansätze von Spaniern und Franzosen (Spanier in Georgia und Alabama, Franzosen in Louisiana und Mississippi sowie Spanier und Franzosen in den beiden Carolinas); zweitens die anhaltende Auseinandersetzung um die Sklavenfrage, die schließlich im Sezessionskrieg (1861–65) gipfelte; drittens die an den Krieg anschließende Periode der »reconstruction«, des langsamen Wiederaufbaus nach den Verwüstungen des Kriegs. Die Rekonstruktionszeit brachte große Probleme mit sich, nicht zuletzt zahlreiche Auswüchse nordstaatlicher Einflußnahme. Diese Schwierigkeiten schworen besonders in North Carolina und Alabama in den 1890er Jahren die Populist Movement herauf, eine sich auch als politische Partei organisierende Bewegung, die über eine inflationistische Finanzpolitik den in Bedrängnis geratenen Farmern mit ihren Hypothekenschulden helfen wollte und in einigen Staaten des Tiefen Südens großen Zuspruch erfuhr.

Die Anfänge der Carolinas.

Die Franzosen machten an der Küste des heutigen South Carolina 1526 und 1562 Siedlungsversuche, die genauso scheiterten wie 1587 die Anlage des Forts Raleigh auf der Insel Roanoke im Bereich des heutigen Staates North Carolina. Auf Dauer waren die von Virginia her südwärts vordringenden Engländer erfolgreicher. Um 1660 setzten sie sich in North Carolina fest. Acht sog. Lord Proprietors erhielten vom britischen König Karl (Charles) II. die Carolinas übereignet. 1670 legten Siedler einen Ort bei Charles Town an, der zehn Jahre später an den Siedlungsplatz der jetzigen Stadt Charleston verlegt wurde. Mit ihren Plantagen wurde die Küstenebene eine typische Aristokratenkolonie, während im binnenwärts anschließenden Piedmont frühzeitig Einwanderer aus anderen Herkunftsländern (u. a. Wales, Schottland, Irland, Schweiz und Deutschland) siedelten. Nach vielen Zwistigkeiten um die Erhebung von Steuern, eine Frage, die genauso wie in Neuengland auch hier Verärgerung unter den Siedlern hervorrief und dazu führte, daß sich später North Carolina als eine der ersten Kolonien der Revolution von 1776 gegen das britische Mutterland anschloß, verkauften die Lords 1728 die Carolinas an die Krone, womit sie Kronkolonien wurden. 1729 erfolgte die Teilung in North Carolina und South Carolina.

Georgia – Zufluchtsstätte für Verfolgte.

Einen ähnlichen Wandel von der Eigentümer- zur Kronkolonie erlebte Georgia. 1732 erhielt General John Oglethorpe (* 1696, † 1785) eine Charter für dieses Gebiet. Oglethorpe, der Gründer der Stadt Savannah, hegte utopische Vorstellungen und hatte das Land zwecks Ansiedlung von Nonkonformisten und in Finanznot geratenen Schuldnern von der Krone erbeten. Er wollte eine Zufluchtsstätte für alle möglichen Verfolgten schaffen. Unter den Siedlern seiner Kolonie befanden sich Schotten, portugiesische Juden, Schweizer, Deutsche und protestantische Salzburger. Letztere waren zum größten Teil aus dem katholisch geprägten Österreich nach Preußen ausgewandert, aber eine kleine Zahl fand ihren Weg bis ins ferne Georgia. 1734 gründeten 150 Salzburger Emigranten nahe Savannah die Ansiedlung New Ebenezer, benannt nach dem Ort Ebenezer (»Stein der Hilfe«) in Palästina. New Ebenezer wurde von den Briten niedergebrannt; im benachbarten Rincon steht heute das Salzburger Museum, eine Replica des einstigen Waisenhauses. Die Nachfahren dieser Emigranten leben noch heute in Georgia und pflegen Kontakte mit dem deutschen Salzburgerverein.

Eine Aufgabe der Kolonie Georgia bestand darin, das britische Kolonisationsgebiet an der Atlantikküste gegen die in Florida und teilweise auch in Alabama sitzenden Spanier zu verteidigen. 1742 führte Oglethorpe erfolgreiche Kämpfe gegen die Spanier. Nach Schwierigkeiten mit der Regierung im britischen Mutterland gab er 1745 seine Charter wieder zurück, womit er Georgia bis zum Unabhängigkeitskrieg 1775 zur königlichen Provinz machte.

DIE FRANZOSEN AM MISSISSIPPI. Die Geschichte der drei anderen Staaten des Tiefen Südens wurde noch für längere Zeit von den Franzosen bestimmt. Sieur de la Salle hatte 1682 in einer groß angelegten Expedition aus dem französischen Kolonisationsgebiet an den Großen Seen mit seiner Fahrt auf dem Mississippi den Unterlauf dieses Stromes erreicht, wo er unweit des heutigen New Orleans das Lilienbanner aufpflanzte. Er nahm das gesamte Mississippigebiet für Frankreich in Besitz und nannte es zu Ehren seines Königs La Louisiane. Für kurze Zeit, einmal von 1762 bis 1766 und nochmals von 1801 bis 1803, traten die Franzosen das Gebiet an die Spanier ab, bis sie es 1803 für 15 Mio. US-$ an die USA verkauften. 1810 wurde das sehr viel kleinere Gebiet des heutigen Louisiana mit dem westlichen Florida vereinigt und 1812 als Staat in die Union aufgenommen.

Vom Deltagebiet aus fuhren die Franzosen sukzessive den Mississippi wieder aufwärts und legten entlang des Flußlaufs einzelne befestigte Siedlungsplätze an. Ebenso sicherten sie auch die Küste des Louisianagebiets am Golf mit der Anlage von Forts. So ging die erste feste Ansiedlung auf dem Boden des späteren Staates Mississippi vom Fort Maurepas aus, das 1699 von Sieur d'Iberville gegründet wurde; der Ort trägt heute den Namen Ocean Springs. Erst nach Abschluß des Pariser Vertrags von 1763, der die Unsicherheit über die Eigentumsverhältnisse in diesem Raum beendete, kamen Siedler in etwas größerer Zahl aus dem britischen Kolonisationsgebiet von Virginia, Georgia und den Carolinas. Damit war die Grundlage für die 1798 erfolgte Schaffung des Mississippi-Territoriums gelegt. Nach Grenzkorrekturen mit Tennessee und dem noch spanisch besetzten Florida wurde Mississippi 1817 als Staat in die Union aufgenommen.

Auf dem Boden des heutigen Staates Alabama gründeten die Franzosen 1702 Mobile und in der Folgezeit mehrere weitere Forts, die entlang der Golfküste in Fortsetzung der von ihnen beherrschten Linie vom St.-Lorenz-Strom über die Großen Seen bis zum Mississippi entstanden. In die französisch-britischen Auseinandersetzungen wurden die Indianerstämme hineingezogen. Im sog. French and Indian War kämpften die Choctaws auf seiten der Franzosen, die Creek und Chickasaw vorübergehend auf seiten der Engländer. Da die Engländer erfolgreich blieben, mußten die Franzosen im Frieden von Paris 1763 das Gebiet abtreten. Während des Unabhängigkeitskriegs besetzten die Spanier die Golfküste und damit auch die Hafenstadt Mobile. Durch den Louisiana Purchase von 1803 kam das Gebiet endgültig zu den Vereinigten Staaten.

DER WEG IN DIE KONFÖDERATION. Im 19. Jahrhundert prosperierten die Staaten des Tiefen Südens in unterschiedlicher Weise. Mississippi und Louisiana profitierten wegen ihrer günstigen Verkehrslage von der Schiffahrt auf dem großen Strom und dem Handel mit Baumwolle, Zuckerrohr und anderen Waren. Die Bedeutung dieser Verkehrsader wird auch daran deutlich, daß die Mississippimündung in der kriegerischen Auseinandersetzung zwischen den USA und Großbritannien

1812/13 hart umkämpft war. Der offiziell 1814 beendete Krieg wurde hier mit einzelnen Gefechten noch bis zum Januar 1815 fortgesetzt. Die aufkommende Dampfschiffahrt trug entscheidend dazu bei, daß um 1840 New Orleans hinter New York zweitwichtigster Hafen der damaligen Vereinigten Staaten war.

North Carolina erlebte von 1830 bis 1860 durch hohen Zuzug ein kräftiges Bevölkerungswachstum und war den separatistischen Bestrebungen des Südens zunächst wenig aufgeschlossen. Erst im Mai 1861 schloß es sich auf Druck seiner Nachbarn der Konföderation an, war dann aber mit vollem Einsatz und hohen Verlusten an den Kampfhandlungen beteiligt.

Auch die Haltung der Bevölkerung von Georgia war in der Sezessionsfrage ambivalent. In der Frage der Unabhängigkeit von Großbritannien hatte die reiche Kolonie starke Sympathien für die nördlichen Kolonien gehegt. Es hatte allerdings auch Sympathisanten für das Mutterland gegeben, mit deren Unterstützung die Loyalisten vorübergehend Savannah und Augusta gehalten hatten. Die Abstimmung über die Teilnahme an der Revolution war dann aber einstimmig ausgefallen. Auch in der Frage um die Sklavenhaltung gingen die Meinungen auseinander. Obwohl in diesem Staat eine erhebliche Aversion gegen Sklaverei bestand, schlug sich Georgia dennoch im Januar 1861 angesichts der Zulassung von Kansas als Staat auf die Seite der Konföderation.

Alabamas Hauptstadt wurde mehrfach verlegt, bis 1846 Montgomery endgültig diese Stellung innehatte: Hier war die Geburtsstätte der Konföderation, hier wurde ihre Verfassung unterzeichnet, hier wurden ihre Geschicke gelenkt, bis die Konföderation ihre Hauptstadt nach Virginia verlegte.

DER BÜRGERKRIEG. Die ersten Schüsse im Sezessionskrieg fielen in South Carolina. In Fort Sumter, erbaut von 1829 bis 1860 auf einer kleinen künstlichen Insel im Hafen von Charleston, war ein kleine Truppe von Unionssoldaten stationiert. Am 12. April 1861 eröffneten Konföderierte das Feuer auf das Fort, das sich nach zweitägiger Belagerung ergeben mußte. Obwohl Fort Sumter in eine umfassende Blockadeaktion der Unionstruppen einbezogen wurde, konnten die Konföderierten es bis zum Februar 1865 halten. Später wurde Fort Sumter im Andenken an die Ereignisse zum National Monument erklärt.

Nach South Carolina schloß sich als zweiter Staat Mississippi der Konföderation an, das neben Georgia von den Auswirkungen des Krieges am schlimmsten betroffen war. 1863 nahm General Grant nach 47tägiger Belagerung die Stadt Vicksburg am Mississippi ein. Die Stätte der heftigen Kämpfe wurde zu einem National Military Park gestaltet. Besonders der Norden Mississippis litt unter Brandschatzungen. Nur ein Viertel der aus diesem Staat in den Krieg gezogenen Soldaten kehrte wieder heim.

Ein anderes, von Plünderungen und Verwüstungen begleitetes Ereignis dieses Kriegs war General Shermans Marsch durch Georgia von Atlanta zur Küste. Diese Operation splitterte die Konföderation in zwei Teile auf und war entscheidend für den Sieg der Union im weiteren Verlauf des Sezessionskriegs. Das untergehende Atlanta wurde eindrucksvoll in Margaret Mitchells (* 1909, † 1949) Roman »Gone with the wind« (Vom Winde verweht) geschildert, der 1937 mit dem Pulitzer-Preis ausgezeichnet und zwei Jahre darauf verfilmt wurde.

DIE REKONSTRUKTIONSZEIT. Die auf den Sezessionskrieg folgende Zeit nennen die Amerikaner Reconstruction Period. Abgesehen von der Sklavenbefreiung änderte sich im Süden zunächst wenig. Oftmals konnten die Schwarzen nichts anderes tun, als ihr bisheriges Dasein als Plantagenarbeiter mit dem eines armen Landpächters (share cropper) zu vertauschen. Die Rassentrennung blieb bis zum grundlegenden Gesetz des Obersten Gerichtshofs von 1954 weitgehend erhalten und wurde selbst danach nur schleppend abgebaut. Der Wirtschaftsaufbau des zerstörten Landes erwies sich als schwierig und langwierig. Befreite Sklaven (carpet baggers), die sich z. T. mit weißen Spekulanten aus dem Norden (scalawags) zusammentaten, trieben überall ihr Unwesen.

Besonders schwierig gestalteten sich die ersten Nachkriegsjahre in South Carolina, wo man den Schwarzen das Wahlrecht verweigerte. Andererseits durfte nach Anordnung der von der Union eingesetzten Militärverwaltung kein Weißer, der unter den Konföderierten ein Amt bekleidet oder Waffen getragen hatte, Amtshandlungen vollführen. Erst 1877, zwölf Jahre nach Kriegsende, wurden die Unionstruppen aus South Carolina abgezogen; auch Alabama fand nicht vor 1876 zu einer effektiven Selbstregierung.

ÄRMSTE REGION DER USA. Die weitverbreitete Armut in den Südstaaten wurde in den 1890er Jahren noch verschärft, als die gesamten USA von einer Wirtschaftsdepression betroffen waren. Das führte zur schon erwähnten Populist Movement, die vor allem der Landbevölkerung eine Verbesserung ihrer Situation versprach und die damit besonders der demokratischen Partei mit ihrer starken Anhängerschaft in den Südstaaten gefährlich wurde.

Relativ besser erging es Louisiana, das zwar auch bis 1870 von Unionstruppen besetzt war, aber von zwei wirtschaftlichen Ereignissen profitieren konnte: Umfangreiche strombautechnische Arbeiten am Mississippi führten zu baldiger Eindämmung der häufigen Überschwemmungsgefahr und des bis dahin grassierenden Gelbfiebers; die 1901 erschlossene erste Ölquelle markierte den Anfang einer rasch expandierenden petrochemischen Industrie, zu der auch die Schwefelvorkommen beitrugen. Mit dem seit 1927 amtierenden Gouverneur Long flammten zwar erneut separatistische Bestrebungen auf, die jedoch nicht zu einem ernsthaften Austrittsversuch eskalierten.

Wenn auch der sog. Sunbelt in der Zeit nach dem Zweiten Weltkrieg und ganz besonders während der 70er und 80er Jahre wirtschaftlich stark aufgeholt hat und Atlanta, Georgias Hauptstadt, eine der bedeutendsten Metropolen der USA und eine Art Regionalhauptstadt des gesamten Südostens der Vereinigten Staaten geworden ist, nehmen die Staaten des Tiefen Südens nach wie vor sozialökonomisch untere Rangstufen ein. Das Pro-Kopf-Einkommen von Mississippi (1988) ist mit 11 125 US-$ das niedrigste aller US-Staaten. Selbst Georgia, das mit 15 267 US-$ bereits die Spitzenposition unter den sechs Staaten hält, ist nur mit den ärmsten Neuenglandstaaten Maine (15 092 US-$) und Vermont (15 320 US-$) vergleichbar.

DIE NATURLANDSCHAFT. Die Carolinas, Georgia und mit Einschränkung auch Alabama sind naturgeographisch von der Dreiheit Appalachengebirge, Piedmont und Küstenebene geprägt. Die Anteile der jeweiligen Staatsgebiete an diesen drei Landschaftseinheiten sind allerdings recht unterschiedlich, da sich die Appalachen mit ihrer nordost-südwestlichen Streichrichtung nach Süden zu immer weiter ins Landesinnere zurück-

ziehen. Damit machen sie der sich entsprechend immer mehr ausweitenden Küstenebene Platz, bis die Staaten Mississippi und Louisiana vollständig von der Tiefebene eingenommen werden. Während in North Carolina das Gebirge und der dort sehr breite Piedmont mehr als die Hälfte der Staatsfläche ausmachen, beansprucht die Küstenebene in Georgia erheblich mehr als das halbe Staatsgebiet und in Alabama etwa zwei Drittel.

DAS APPALACHENGEBIRGE. In der Nordwestecke von North Carolina liegen die bis nach Tennessee hineinreichenden Great Smoky Mountains, einer der landschaftlich schönsten Teile des Appalachengebirges; das Gebiet wurde zum Nationalpark erklärt. 43 Berggipfel erreichen Höhen von über 1800 m. Etwas östlicher liegt in der Blue Ridge der Mt. Mitchell (2037 m), die höchste Erhebung der Appalachen und damit der gesamten östlichen Vereinigten Staaten. Im nordöstlichen Alabama streichen die Appalachen allmählich aus; hier spricht man nur noch von den Appalachian Highlands, die sehr bald in niedrige Plateaus übergehen und der Golfküstenebene zwei Drittel der Staatsfläche überlassen.

DER PIEDMONT. Auch der angrenzende Piedmont nimmt nach Süden hin an Breite ab. Dieser innere Bereich der appalachischen Abdachung findet sich in Höhenlagen zwischen 150 m und 500 m. Der Stone Mountain, ein Granitfels auf der Ostseite der Stadt Atlanta, wurde zum Zentrum eines großen Freizeitparks. Geologisch besteht der Piedmont nicht aus Alluvialsedimenten wie die Küstenebene, sondern aus denselben harten Gesteinen wie der Gebirgskörper der Appalachen. Die Grenze zwischen Piedmont und eigentlicher Küstenebene ist daher von Stromschnellen der Küstenflüsse gekennzeichnet und wird Fall-Linie genannt. An diesen Stellen, wo die Flußschiffahrt zwangsläufig unterbrochen war, entstanden Verkehrssiedlungen, die sich wie Perlen an einer langen Kette aufreihen: Angefangen von Richmond in Virginia sind es die Städte Raleigh, Columbia, Augusta, Macon, Columbus und Montgomery. Wie Richmond (Virginia) erlangten Raleigh (North Carolina), Columbia (South Carolina) und Montgomery (Alabama) sogar die Position der Hauptstadt des jeweiligen Staates.

Der stark besiedelte Piedmont bot vor allem sekundär- und tertiärwirtschaftlichen Aktivitäten bessere Voraussetzungen als das Gebirge auf der einen und die Küstenebene auf der anderen Seite. So spiegelt sich bis in die Gegenwart die naturgeographische Dreiheit Gebirge—Piedmont—Küstenebene in der Dreiheit des strukturschwachen Gebirgsraums, des wirtschaftlich am günstigsten dastehenden Piedmonts und der wiederum strukturschwachen Küstenebene. Zur Zeit der unionsstaatlichen Subventionsprogramme der 60er und 70er Jahre gehörte der Gebirgsanteil dieser Staaten zum Zuständigkeitsbereich der Appalachian Regional Comission, der Tieflandanteil zu dem der Coastal Regional Comission; ausgespart davon blieb das wirtschaftlich einigermaßen gesunde Piedmontgebiet.

DIE KÜSTENEBENE. Die sich nach Süden stark erweiternde Küstenebene ist in einzelnen Teilen, besonders im nördlichen North Carolina, von tief ins Land greifenden Flußmündungen wie dem Albemarle-Sund und dem Pamlico-Sund zerschnitten sowie von ausgedehnten Sümpfen wie dem Dismal Swamp im Grenzgebiet Virginia/North Carolina oder dem Okefenokee Swamp im Grenzgebiet Georgia/Florida eingenommen. Letzterer bedeckt eine Fläche von etwa 175 000 ha und wird vom Suwannee und vom St. Mary's zugleich zum Atlantik und zum Golf von Mexiko hin entwässert.

Durch den Norden von Alabama fließt der seit dem Bau mehrerer Staudämme auf langen Strecken seenartig erweiterte Tennessee dem Mississippi zu, während die übrigen Flüsse in diesem Staat in den Golf münden. Der ganze Unterlauf des Mississippi wird von verschleppten Flüssen begleitet, die auf weiten Strecken parallel zu ihm verlaufen. Auf der Ostseite im Staat Mississippi ist es der Yazoo; weiter östlich fließt in ebenfalls großen Mäandern der Pearl River. Die Westseite im Bereich des Staates Louisiana prägt das Entwässerungsnetz der Bayous, der Altarme und parallelen Flußläufe des Mississippi. Der bedeutendste ist der Atchafalaya-Fluß, der mehrere Verbindungen zum Hauptstrom besitzt und streckenweise unterschiedlich viel Wasser des Mississippi führt.

An vielen Flüssen der Golfebene wurden Staudämme gebaut, so daß zahlreiche künstliche Seen entstanden, vor allem am Roanoke-Fluß mit seinen Zuflüssen in South Carolina und am Alabama-Fluß mit seinen Quellflüssen im gleichnamigen Staat.

In einem bis zu etwa 50 km breiten Küstenstreifen sind häufig Salzmarschen anzutreffen, insbesondere im Bereich der Staaten North Carolina und Louisiana. Die Küste ist fast in ihrem gesamten Verlauf eine Haff-Nehrungsküste mit zahlreichen Lagunen, Nehrungen und Inselketten. Vor der Küste von Georgia und South Carolina liegen die Sea Islands, von denen aus sich einst der Baumwollanbau sukzessive über die gesamten Südstaaten bis nach Texas hinein ausgebreitet hat und die bis heute eine gewisse Bedeutung für den Tourismus besitzen.

Charleston in South Carolina weist eine Durchschnittstemperatur von 18,5 °C im Jahr auf (10 °C im Januar, 27 °C im Juli). Nach Süden zu steigen die winterlichen Temperaturen rasch an. Im Golfküstensaum von Louisiana beträgt die Vegetationsperiode 330 Tage. Hinzu kommen hohe Niederschläge, zum Teil durch die zahlreichen Gewitter bedingt. Die Golfküstenstaaten werden am meisten von den zerstörerischen Hurricanes heimgesucht. An der Golfküste fällt das Niederschlagsmaximum auf den Herbst, weiter nördlich fällt es in den Frühling und Frühsommer, während in den Erntemonaten relativ trockenes Wetter herrscht. Dieses sind günstige Bedingungen für subtropische bis tropische Kulturpflanzen, nicht zuletzt für die eine Zeitlang dominierende Baumwolle.

RÜCKGANG DER BAUMWOLLE. Der Ante-bellum-Süden besaß ein Image, das ihn als eine riesige Baumwollplantage erscheinen ließ. Wenn sich der Baumwollanbau auch kontinuierlich von den Sea Islands vor der atlantischen Küste Georgias und South Carolinas bis nach Texas hinein über das Festland ausbreitete und sich diesen ganzen großen Raum bis zur großen Wirtschaftsdepression von 1930 eroberte, wurde selbst damals nur ein Bruchteil der gesamten agraren Nutzfläche alljährlich mit Baumwollkulturen bestellt. Besonders in den Randgebieten des Südens, im Piedmont und im Appalachenraum sowie im Golfküstensaum und vor allem im Gebiet des Mississippi-Delta bestimmten Viehhaltung und andere Kulturen als Baumwolle die Agrarlandschaft: In den Carolinas Tabak, in South Carolina auch Indigo, in Louisiana Reis im Deltagebiet und Zuckerrohr hauptsächlich entlang dem Bayou Teche, in Georgia waren es Pfirsichpflanzungen, in Mississippi Reis, Zuckerrohr und verschiedene Obstsorten.

Im Verlauf des 20. Jahrhunderts hat sich die Wirtschaft der Südstaaten in zweierlei Hinsicht grundlegend geändert. Zum einen ist der Baumwollanbau zugunsten von Nachfolgekulturen stark zurückgegangen, zum anderen hat sich in einem Teil der Staaten die Industrie in ihrer Bedeutung als Wirtschaftszweig vor die Agrarwirtschaft geschoben und bestimmt in höherem Maße als diese den heutigen Staatshaushalt.

Ein Teil der einstigen Baumwollfläche wurde gänzlich aus der landwirtschaftlichen Produktion herausgenommen und in forstwirtschaftliche Nutzung überführt, so daß der Süden heute mit etwa 60% Waldanteil an der Gesamtfläche statistisch gesehen zu den waldreichsten Regionen der USA gehört. Wenn man allerdings die Wuchsklassen berücksichtigt, so ist die Hochwaldfläche erheblich kleiner; aber es sind zahlreiche sog. Holzfarmen entstanden, in denen Hölzer, die für industrielle Zwecke Verwendung finden, in kurzen Umtriebszeiten produziert werden.

HÄHNCHENMAST, SOJABOHNEN UND VIEHHALTUNG. Vom Rückgang der Baumwollfläche und den freigesetzten Arbeitskräften profitierte vor allem die Hähnchenmast, die von diesem Landesteil ihren Ausgang nahm und sich derart rasch entwickelte, daß heute in der Brathähnchenproduktion der USA hinter Arkansas die Staaten Georgia, Alabama, North Carolina und Mississippi auf den Pätzen zwei bis fünf liegen. Nach dem einzelstaatlichen Farmerlös nimmt dieser Bereich in Georgia und Alabama jeweils den ersten Platz ein, in North Carolina den zweiten, in Mississippi den dritten.

Ebenso bedeutend ist mittlerweile auch die Sojabohnenerzeugung. Nach dem Farmerlös belegen Sojabohnen in Louisiana den ersten Platz, in South Carolina und Mississippi jeweils den zweiten, in Georgia und Alabama den dritten Platz. Schließlich ist fast überall im Süden die Viehhaltung auf dem Vormarsch; nach dem Farmerlös stehen bereits Rindvieh in Alabama an zweiter, Schweine in North Carolina und Molkereiprodukte in South Carolina an jeweils dritter Stelle.

DIVERSIFIZIERUNG DER LANDWIRTSCHAFT. In den beiden Carolinas stammt der größte Teil des Farmerlöses aus dem Verkauf von Tabak. In South Carolina hat er sich in jüngerer Zeit vor die Baumwolle auf Platz eins vorgeschoben. Die Tabaksorte North Carolina Bright Yellow wird vorwiegend in dem Staat gezogen, nach dem sie benannt wurde. Neben Mais, Getreide und Kartoffeln sind an wichtigen Agrarprodukten noch zu nennen: Erdnüsse in den Carolinas und in Georgia, Pfirsiche in Georgia, dem »Peach State«, sowie in Alabama, Mississippi und Louisiana, Pecan-Nüsse vor allem in Georgia, Alabama und Mississippi, in einigen Staaten Erdbeeren, Melonen, Tomaten, Paprika, Zwiebeln, Kohl, in Louisiana auch Süßkartoffeln und Orangen, in Mississippi Feigen, Pflaumen und Äpfel.

Fische und Meeresfrüchte, die auch in Form von Aquakulturen gezogen werden, spielen eine nicht geringe Rolle, da alle Staaten Anteil an der Atlantikküste oder der Golfküste haben. Im Bayou-Marschland von Louisiana werden in neuerer Zeit Bisamratte und Fischotter als Pelztiere gezüchtet.

Neben der weitreichenden Diversifizierung der landwirtschaftlichen Produktion ist die andere große Veränderung der relative Bedeutungsrückgang der Agrarwirtschaft zugunsten von Industrie und Tourismus. In mehreren Südstaaten nehmen diese beiden Wirtschaftszweige bereits den ersten und zweiten Platz ein.

HÜTTENINDUSTRIE UND CHEMICAL STRIP. In Alabama standen noch vor der dominierenden Rolle der Baumwollproduktion die Eisenverhüttung und Kleinindustrie. Der günstige Standort von Birmingham am südlichen Ausläufer der Appalachen mit Erzen, Kohle und Kalk in unmittelbarer Nachbarschaft führten zu einem frühen Beginn der Verhüttung. 1887 wurde der erste Hochofen in Betrieb genommen. Die Hüttenindustrie trug Birmingham die Bezeichnung »Pittsburgh of the South« ein. Seit 1970 sind die meisten Stahlwerke geschlossen, desgleichen die Erzgruben, so daß die noch aktiven Werke auf Basis von Importerzen arbeiten. Eine Zeitlang stand die Agrarwirtschaft im Vordergrund, bis sie ihrerseits von der modernen Industriewirtschaft und vom Tourismus abgelöst wurde.

In Louisiana haben Erdöl und Erdgasfunde zu einer bedeutenden, aber recht einseitig auf die Petrochemie ausgerichteten Industriewirtschaft geführt. Der Mississippi-Unterlauf zwischen New Orleans und Baton Rouge wird als Chemical Strip bezeichnet. Wichtigste Einzelstandorte sind neben Baton Rouge noch Lake Charles und Shreveport. Louisiana besitzt vor Texas die größten bekannten Erdgasvorkommen der USA und nach Texas die zweitgrößten Erdölvorräte. 1991 wurde südöstlich von New Orleans ein neues Off-shore-Ölfeld, das Mars-Ölfeld, mit einem geschätzten Vorrat von 2 Mrd. Barrel aufgefunden. Bedeutend sind auch die Schwefelvorkommen. Auf den Inseln Avery und Jefferson wird in Bergwerken Salz gewonnen.

NAHRUNGSMITTELINDUSTRIE, HOLZVERARBEITUNG. Auf Grundlage der vielfältigen Land- und Fischereiwirtschaft hat sich in allen Südstaaten die Nahrungsmittelindustrie zu einer bedeutenden Branche entwickelt. In den beiden Carolinas sind die Verarbeitung von Tabak und Molkereiprodukten sowie die Fleischfabriken besonders hervorzuheben. In Louisiana haben sich auf Basis des dortigen Zuckerrohranbaus die Städte Baton Rouge, New Iberia, Plaquemine und Thibodeaux zu bedeutenden Standorten von Zuckerraffinerien entwickelt. In Georgia werden in großen Mengen Obstkonserven hergestellt. In den Golfküstenstaaten ist vor allem die Herstellung von Fischkonserven zu nennen.

Holz ist schon immer ein wichtiger Rohstoff für die Industriewirtschaft der Südstaaten gewesen, hat aber in neuerer Zeit durch die systematischen Aufforstungen auch von einstigen Baumwollflächen noch an Bedeutung gewonnen. Die Herstellung von Papier und Zellstoff, von Furnierhölzern, Sperrholz und von Möbeln ist nahezu im gesamten Süden verbreitet; in Georgia ist auch die Terpentingewinnung wichtig.

DIE TEXTILINDUSTRIE. In den Carolinas, Georgia und Alabama hat sich vor allem seit den 40er Jahren die Textilfabrikation kräftig entwickelt. Zum großen Teil resultiert sie aus einer Standortverlagerung von den lohnstärkeren Neuenglandstaaten südwärts in einen Wirtschaftsraum mit allgemein niedrigerem Lohnniveau, zum Teil aber auch aus einem Heranrücken an eine neue Rohstoffbasis, die Kunstfaserproduktion der Golfküstenregion. Während zunächst nur gröbere Stoffe hergestellt wurden, konnte mit Anlernung einer Stammbelegschaft die Produktion auch auf die Kammgarnherstellung verlegt werden.

Zu bedeutenden Standorten der Textilindustrie wurden vor allem die Piedmont-Städte Charlotte, Durham, Greensboro, Raleigh und Winston-Salem in North Carolina, Anderson, Greenville und Spartanburg in South Carolina. Die Textilfabriken

North Carolinas fertigen heute innerhalb der USA rund die Hälfte der Trikotagen, und die Fabriken Georgias stellen über drei Viertel der Karkasse (Reifengewebeschicht) her.

STANDORTE DER HIGH-TECH-INDUSTRIE. Seit dem Zweiten Weltkrieg haben sich in den Südstaaten einige Schwerpunkte von High-Tech-Branchen herausgebildet. Zu ihnen gehören der sog. Research Triangle Park im Bereich der drei Universitätsstädte Chapel Hill (University of North Carolina, gegr. 1789), Durham (vom Zigarettenfabrikanten J. B. Duke gestiftete Duke University, gegr. 1838) und Raleigh (North Carolina State University, gegr. 1889) in North Carolina, der Cummings Research Park bei Huntsville (Alabama) und die Gwinnett County im Nordosten von Atlanta (Georgia).

In Anlehnung an die drei recht nahe beieinanderliegenden Universitätsstädte Raleigh, Durham und Chapel Hill entstand der Research Triangle Park mit heute etwa 30 000 Beschäftigten schon ab Ende der 50er Jahre. Die Duke University (Durham) war seit langem auf den medizinischen Sektor spezialisiert. Zum Wachstum des Research Triangle Park trug sicherlich die recht hohe Lebensqualität der drei Orte bei. Sehr beliebt ist vor allem Chapel Hill als Wohnort und als Altersruhesitz. Hinzu kommt die Nähe zu den staatlichen Behörden in North Carolinas Hauptstadt Raleigh; die Vorortachse Raleigh—Carey verzeichnete einen hohen Bevölkerungszuwachs.

Im Großraum Atlanta hatte den sog. Perimeter Ring, die Ringautobahn I 285, schon frühzeitig eine rasante Entwicklung erfaßt. Im Bereich dreier regionaler Shopping Center, der Cumberland Mall, der Perimeter Mall und der Northlake Mall, siedelten sich Produktions- und Dienstleistungsbetriebe vornehmlich von High-Tech-Branchen an und trugen diesem bandartigen Gebilde die Bezeichnung »Technology Alley« ein. Dann aber begann sich von den 70er Jahren an noch etwa 15 km jenseits des Perimeter-Ringes ein neuer Ring von Vorortsiedlungen mit der Gwinnett Place herauszubilden, dem größten Shopping Center der Region Atlanta. Hier siedelten sich auch High-Tech-Firmen aus Deutschland und Japan an. Die Gwinnett County erfuhr von 1972 bis 1987 ein Wachstum von rund 70 000 auf über 300 000 Einwohner. Dieses Wachstum, zu dem auch der hohe Freizeitwert des Gebiets mit seinen Bergwäldern und dem Lanier-See beitrug, läßt allmählich einen High-Tech-Korridor nach Athens (Sitz der University of Georgia) entstehen. Die Orte innerhalb des Korridors, die noch vor kurzer Zeit als Schlafstädte dem Pendlereinzugsbereich der Stadt Atlanta zugehörten, wandelten sich zu kräftig wachsenden High-Tech-Standorten.

In Huntsville (Alabama), dem Sitz der University of Alabama im äußersten Norden des Staates, war ein Armeearsenal die Basis für die sich dort entwickelnde Raketentechnik; der Cummings Research Park zählt heute etwa 20 000 Beschäftigte. Für Huntsville spielt die günstige Verkehrslage eine große Rolle, die ein Containerlager, eine Freihandelszone und den Flughafen Jetplex entstehen ließ. Besonders kräftig ist das Wachstum in Richtung Westen über West Huntsville in die Madison County hinein.

DIE GROSSEN STÄDTE. Im Verhältnis zu den Nordstaaten ist der Süden immer städteärmer gewesen. Die Plantagenaristokratie mit ihrer Sklavenhaltung war auf den ländlichen Raum orientiert und pflegte oft direkte Handelsbeziehungen. So gab es nur wenige Küstenstädte, Verwaltungssitze, Militärposten,

Bildungs- und Erholungsstätten. Auch die große Einwanderung ging weitgehend am Süden vorbei.

Die Staaten des Tiefen Südens besitzen bei rund 750 000 km² Fläche nur drei Millionen-Metropolen, nämlich das an 13. Stelle stehende Atlanta (2,74 Mio. Einw.) in Georgia, in weitem Abstand gefolgt von der Agglomeration New Orleans (1,31 Mio. Einw.) in Louisiana und Charlotte/Gastonia/Rock Hill (1,11 Mio. Einw.) im Grenzraum von North Carolina und South Carolina.

ATLANTA. Trotz seiner relativ kurzen Geschichte war Atlanta schon Mitte des vorigen Jahrhunderts das regionale Zentrum des Ante-bellum-Südens. Angelegt an einem Siedlungsplatz der Creek-Indianer, erhielt der Ort erst 1837 einen Wachstumsschub als vorgesehener Endpunkt der Western and Atlantic Railroad, von der die Stadt ihren endgültigen Namen ableitete. Dennoch blieb sie verhältnismäßig klein und zählte wenig mehr als 10 000 Einwohner, als sie 1864 im Sezessionskrieg am Beginn des großen Marsches von General Sherman fast vollständig niedergebrannt wurde. Aber sie erstand rasch aus der Asche: Das Phoenix-Denkmal in der City ist ein Wahrzeichen der Stadt geworden, und der Phoenix findet sich auch im großen Siegel von Atlanta wieder.

Über seine Bedeutung als Hauptstadt von Georgia hinaus ist Atlanta das überregionale Verwaltungs-, Finanz- und Geschäftszentrum des gesamten Südostens der USA; der Flughafen ist nach den Flughäfen Chicagos und New Yorks der geschäftigste in den Vereinigten Staaten. Atlanta hat von allen Städten des Südostens die intensivsten und weitreichendsten Verbindungen zu den großen Städten anderer Regionen der USA. Seit 1886 ist Atlanta der Stammsitz der Coca-Cola Company.

Die Downtown wird auf ihrer Ostseite von der Autobahn I 75 umfahren, die sich unmittelbar südlich derselben mit der von Ost nach West verlaufenden I 20 kreuzt. Direkt an diese große Kreuzung von Stadtautobahnen schließt sich nach Südosten das Gelände des Atlanta Stadium an, das selbst nicht mehr zur City gerechnet wird. In etwa Nordost-Südwest-Richtung durchschneidet die Peachtree Street als Hauptachse die City. An ihr und einigen Querstraßen sind im Laufe umfassender Sanierungsarbeiten zahlreiche Wolkenkratzer entstanden. Zu ihnen gehört das Peachtree Center, eine Megastruktur mit dem Merchandise Mart und vielen anderen Funktionen, die auch als »Rockefeller Center des Südens« bezeichnet wird. Die Kernstadt besitzt – ein Extremfall in den USA – nicht mehr als 30% der gesamten Bürofläche Atlantas, während 70% in den peripher gelegenen Business Parks angesiedelt sind; sie wächst aber dennoch weiter. Die wiedererlangte Vitalität der Innenstadt beweisen viele moderne Bürohäuser und Hotelneubauten. Den Kontrast dazu bildet Underground Atlanta, wo unterhalb des heutigen Straßenniveaus über Treppen erreichbar einige historische Bauten restauriert und dem Tourismus erschlossen wurden.

Außer dem auf der Südseite entstandenen Stadion sind weitere bedeutende Eckpunkte der Kernstadt auf ihrer Nordostseite das Civic Center und die Ausstellungshallen sowie das World Congress Center am International Boulevard, auf der Nordwestseite am Techwood Drive der sog. Omni International Complex mit zahlreichen Läden, Restaurants und einer Sportarena. Die Kreuzung an Five Points ist zugleich die Kreuzung der beiden Hauptstrecken der Metropolitan Atlanta Rapid Transit Authority (MARTA). Um ihre Trassierung und Finanzierung gab es um 1970 heftige Diskussionen; die Realisierung dieses Schnellbahnsystems läßt berechtigte Zweifel über seine Effektivität aufkommen.

Ein ungelöstes stadtplanerisches Problem des Großstadtraumes ist das krasse Ungleichgewicht in der ethnischen Verteilung der Bevölkerung. Während ein großer Teil der Innenstadtviertel und der Kranz der südlichen Vororte überwiegend schwarze Bevölkerung aufweist, ist der gesamte Norden, in dem sich vor allem das Wachstum der Stadtregion abspielt, von absoluter Dominanz der Weißen gekennzeichnet. 1996 wird Atlanta Austragungsort der Olympischen Spiele sein.

NEW ORLEANS. Die Anfänge der Stadt waren wenig aussichtsreich. Erst 36 Jahre nach französischer Inbesitznahme des Landes durch Sieur de la Salle steckte Sieur de Bienville 1718 ein Quadrat von 70 Blöcken ab. Dieses Gebiet, das zwischen der Canal Street, der Nordwest-Südost-Achse der Altstadt, Rampart Street, Esplanade Avenue und dem Mississippi liegt, wurde zum Vieux Carré oder French Quarter der Siedlung Nouvelle Orléans. Das Vieux Carré strahlt noch heute mit seinen alten Ziegelhäusern und eisernen Balkongittern eine Atmosphäre aus, die geprägt ist vom kreolischen Bevölkerungsteil, dem Obst- und Gemüsemarkt (French Market) und der Jazzmusik.

Das Herz der gesamten Stadt ist der Jackson Square, der früher Place d'Armes hieß und Mitte des 19. Jahrhunderts von einem staubigen Paradeplatz in eine prachtvolle Grünanlage umgewandelt wurde. Hier stehen die berühmte St.-Louis-Kathedrale (1794), die in ihrer jetzigen Form 1850 vollendet wurde, und der aus der spanischen Kolonialzeit stammende Cabildo, das Regierungsgebäude der spanischen Verwaltung von Louisiana. Er ist heute Bestandteil des Louisiana State Museum. Royal Street ist die Haupteinkaufsstraße für Antiquitäten, Bourbon Street die Straße der Unterhaltungs- und Vergnügungsstätten. Die Altstadt ist Schauplatz des nachweislich seit 1837 abgehaltenen Fastnachtsumzugs zum Mardi Gras.

Rund 40% des heutigen Stadtgebiets liegen unter Meeresspiegelniveau und unterhalb der Hochwassermarke des Mississippi. Das versumpfte, überschwemmungs- und seuchengefährdete Gelände zwischen Mississippi und dem Pontchartrain-See und noch jenseits desselben bot ebensowenig günstige Voraussetzungen für das Stadtwachstum wie die französische Oberhoheit. Die Franzosen, die Sträflinge aus den Pariser Gefängnissen in dieses Gebiet brachten, waren vom Siebenjährigen Krieg bis zur Napoleonischen Ära so stark in die europäischen Auseinandersetzungen verwickelt, daß sie sich relativ wenig um ihre nordamerikanische Besitzung kümmerten. Der Louisiana Purchase 1803 und die Staatwerdung von Louisiana 1812 veränderten jedoch die Situation zugunsten der Stadt: Bereits 1840 war New Orleans viertgrößte Stadt und zweitbedeutendster Hafen der Vereinigten Staaten.

Auf der Südseite der Downtown, zwischen Charles Avenue, Louisiana Street, Magazine Street und Jackson Avenue, liegt der Garden District, früher die eigenständige Gemeinde Lafayette. Hier siedelten sich einst reiche Amerikaner an, die im New Orleans der Vorkriegszeit ihre Geschäfte machten und sich stattliche, von großen Gärten umgebene Villen mit antikisierenden Stilelementen bauten.

Die Hafenanlagen von New Orleans sind beachtlich. Die Docks besitzen eine Gesamtlänge von 16 km. Der Hafenumschlag beträgt rund 143 Mio. t (1987/88), wovon ein hoher Anteil exportiertes Getreide ist; er liegt wertmäßig an zweiter Stelle hinter New York. Die Industriewirtschaft nahm sich lange Zeit gegenüber der Handelsfunktion bescheiden aus. Erst nach dem Zweiten Weltkrieg begann der Aufbau einer umfangreichen und stark auf die Petrochemie, zum Teil auf die Raumfahrttechnik ausgerichteten Industrie.

CHARLOTTE, BIRMINGHAM UND MOBILE. Die Stadt Charlotte (396 000 Einw.) in North Carolina wurde um 1748 von Weißen besiedelt und nach der aus Mecklenburg-Strelitz stammenden Gemahlin Charlotte des englischen Königs Georg III. benannt. Der Verwaltungssitz der Mecklenburg County war Schauplatz der Unterzeichnung der sog. Mecklenburg Declaration of Independence, die schon ein Jahr vor der amerikanischen Unabhängigkeitserklärung erfolgte. Charlotte weist vor allem Firmen der Textil-, Papier- und Nahrungsmittelbranche auf und ist Versorgungszentrum eines größeren Einzugsbereichs. 16 km südlich liegt an der Grenze der beiden Carolinas der Carowinds Theme Park, ein großer Freizeitpark. Mit Gastonia und dem in South Carolina gelegenen Rock Hill zählt Charlotte statistisch gesehen zu einer über eine Million Einwohner umfassenden Metropolitan Area.

Birmingham (266 000 Einw.) ist die größte Stadt Alabamas. Benannt nach der englischen Industriestadt, entstand es vor den Ausläufern der Appalachen im Jones-Tal, das Erze und Kohlevorkommen aufweist. Die Eisenverhüttung kam bald nach der offiziellen Stadtgründung 1871 in Gang; das »Pittsburgh des Südens« blieb bis etwa 1970 ein bedeutendes Stahlzentrum. Seitdem verlagerte sich das Schwergewicht auf die schon vorher vielseitigen, auf Holzverarbeitung, Textilien und Chemie basierenden Industrien. Durch die Kanalisierung des Black-Warrior-Flusses und des Tombigbee-Flusses, der in den Alabama mündet, besitzt Birmingham eine leistungsfähige Binnenschiffahrtsverbindung mit Mobile.

Mobile (196 000 Einw.), die Hafenstadt an der Mobile Bay des Golfes von Mexiko, trägt ihren Namen nach den Maubille-Indianern. Sie wurde von den Franzosen 1702 gegründet und 1710 an die heutige Stelle verlegt; für kurze Zeit war sie Louisianas Hauptstadt. In der Bucht vor der Stadt erlitt die Flotte der Konföderierten 1864 eine entscheidende Niederlage. Mobile spielt als Umschlagplatz im Südamerika-Handel eine Rolle. Mit dem 375 km langen Tennessee-Tombigbee-Wasserweg, der parallel zur Mississippi-Schiffahrtsroute verläuft, wurde dem Hafen

ein weites Hinterland erschlossen. Mit ihren Werften ist die Stadt das bedeutendste Zentrum des Schiffsbaus an der Golfküste; die bekannteste Werft ist die Alabama Dry Dock and Ship Building Corporation. In der Bucht wurde im Off-shore-Bereich nach Erdöl und Erdgas gebohrt. Der historische Stadtbezirk ist einen Besuch wert.

SAVANNAH UND CHARLESTON. Beide Städte bieten ein bedeutendes historisches Erbe an Bausubstanz. Savannah (138 000 Einw.) in Georgia entstand nach 1733 auf dem Südufer des gleichnamigen Flusses. Die Stadt basiert auf einem von General Oglethorpe entworfenen Plan, der ein strenges Schachbrettmuster mit 24 rechteckigen, meist sogar quadratischen Platzanlagen aufweist; sie liegen zwischen West Broad Street und East Broad Street. Mit großem Erfolg hat die 1954 gegründete Historical Savannah Foundation in dem seit 1935 existierenden Savannah Historic District nach und nach Häuser aufgekauft und an restaurierungswillige Erwerber reprivatisiert, nachdem allerdings Straßenüberführungen und eine mehrgeschossige Parkgarage einzelne Teile der Altstadt bereits verunstaltet hatten. Die Häuser der Factor's Row an der Bay Street waren einst Lager für Wolle, Harze und andere im Schiffsbau benötigte Materialien; aufgrund ihrer Hanglage besitzen sie Zugänge auf drei unterschiedlichen Niveaus. Ihre Untergeschosse werden teilweise als Unterhaltungs- und Vergnügungsstätten genutzt. Das Kopfsteinpflaster der Straßen stammt von Schiffsballast. Die ehemalige Wollbörse ist heute Sitz der Industrie- und Handelskammer. Wegen der bedeutenden irischen Bevölkerungsgruppe ist die Parade am St.-Patricks-Tag (Schutzheiliger der Iren) ein besonderes Ereignis.

Die Altstadt von Charleston (71 000 Einw.) in South Carolina liegt auf dem südlichen Zipfel einer Halbinsel, wo Ashley und Cooper zusammenfließen, »to form the Atlantic Ocean«, wie man dort zu sagen pflegt, d. h. um das breite Ästuar des Charleston Harbor zu bilden. Die stattlichen Großvillen weisen eine Besonderheit auf, die wohl einmalig in den USA ist. Während überall sonst die Veranden entweder vorn, hinten oder umlaufend sind, schließt sich die sog. Charleston Porch seitlich an. Sie ist in der Regel von Säulen eingefaßt, so daß die Veranda, hier als piazza bezeichnet, ein Außenwohnraum ist. Hinzu kommen die prächtigen schmiedeeisernen Zäune. Die Anwendung der antikisierenden Stilelemente geht auf den schottischen Architekten Robert Adam (* 1728, † 1792) zurück, weshalb man auch vom Adam's Style spricht.

Treibholz am Strand einer Insel vor der Küste South Carolinas, wo die wichtigen Tiefwasserhäfen Charleston, Georgetown und Port Royal sowie zahlreiche Ferien- und Freizeitzentren liegen.

In der Nähe von Charleston (South Carolina) finden sich ausgedehnte Sümpfe, wie hier der Auduban Swamp Garden. Sie sind als Tierrefugien Anziehungspunkte für den Fremdenverkehr.

Huntington Island bei Beaufort (South Carolina), ein State Park mit dichter
Vegetation von Palmetto und Epiphyten, ist eine der vielen kleinen Inseln, die
den Intracoastal Waterway gegen das offene Meer begrenzen.

Vor der Zitadelle von Charleston (South Carolina), heute eine Militärschule,
finden täglich Paraden statt. Von hier aus soll der erste Schuß im Bürgerkrieg
auf Fort Sumter vor Charleston abgegeben worden sein.

Atlanta, Hauptstadt von Georgia, ist das kommerzielle, finanzielle und industrielle Zentrum des Südostens. Der innerstädtische Verfall ist hier dank laufen-
der Stadterneuerung nie sehr ausgeprägt gewesen.

In die Nordflanke des Stone Mountain bei Atlanta (Georgia) sind drei riesige
Figuren auf ihren Pferden eingemeißelt: Konföderiertenpräsident Jefferson Davis,
General Thomas Jackson und General Robert E. Lee.

Huntsville (Alabama) ist der Geburtsplatz des amerikanischen Weltraumpro-
gramms. Hier wirkte Wernher von Braun mit anderen deutschen Wissenschaftlern, hier wurde 1960 das Marshall Space Flight Center der NASA gegründet.

Rowan Oak in Oxford (Mississippi): Das Gebäude am Ende der schönen
Zedernallee war das Haus von William Faulkner, der 1949 den Nobelpreis
für Literatur erhielt. Es ist so erhalten wie zu Faulkners Tod 1962.

Blick auf New Orleans (Louisiana) über einen der alten Friedhöfe: Diese
traditionellen Grabstätten, die der Nässe wegen oft in Hausform über dem
Boden angelegt wurden, werden noch heute als Familiengräber genutzt.

New Orleans ist bekannt für den zwei Wochen währenden Karneval, der seinen
Höhepunkt in den Festivitäten des Mardi Gras oder Shrove Tuesday findet,
wenn Marschkapellen und Festzüge durch die Straßen ziehen.

Gußeiserne Gitter an Fenstern und Balkonen sind typisch für das French Quarter von New Orleans. Diese 70 Häuserblocks bilden den alten Siedlungskern,
der nach zwei Bränden 1788 und 1794 spanisch überformt wurde.

Bourbon Street, Ecke St. Peter: Die mitten im French Quarter von New
Orleans gelegene Straße wird zur Nacht lebendig; sie ist »the strip« mit
Nachtclubs und Diskotheken.

Jazz (Dixieland) ist in New Orleans zu Hause, nicht nur in den vielen Nachtclubs wie »Famous Door« oder »Preservation Hall«, sondern auch auf der Straße
mit kleinen Bands oder Solisten.

Straßenmusikanten wie dieser farbige Saxophonspieler, der seinen großen
Vorbildern Charlie Parker, Dexter Gordon und Stan Getz nacheifert, prägen
das Straßenbild von New Orleans.

Zu einem Besuch Louisianas gehört eine Mississippifahrt mit den traditionellen Schaufelraddampfern, sei es als Tagesausflug oder mit mehr Komfort und Technik als mehrtägige Kreuzfahrt zwischen New Orleans und Memphis.

DIE RANDGEBIETE DES ALTEN SÜDENS

Virginia, West Virginia, Kentucky, Tennessee, Missouri und Arkansas bilden gewissermaßen die nördliche und nordwestliche Umrahmung des Kernraumes der Südstaaten. Die sechs Randstaaten sind zwar in vielerlei Hinsicht ein äußerst heterogener Raum, der andererseits aber keiner Region wie etwa dem Alten Süden selbst oder den mittelatlantischen Staaten zuzurechnen wäre.

VERSCHIEDENARTIGKEIT ALS WESENSMERKMAL. Die Verschiedenartigkeit des Gebiets besteht zum einen in der außerordentlichen Vielfalt seiner naturgeographischen Ausstattung. Sie reicht vom »Tidewater«, der streckenweise versumpften Küstenebene des östlichen Virginia, über den Piedmont und die verschiedenen Teillandschaften der Appalachen bis in die Mississippi-Ebene und die Bergländer des Ozark-Plateaus sowie der Ouachita Mountains in Missouri und Arkansas.

Heterogenität besteht aber auch in der Geschichte dieser sechs Staaten. Sie beginnt mit dem frühesten englischen Siedlungsversuch an der Küste Virginias, der Anlage von Jamestown 1607. Im weiteren ist sie gekennzeichnet von der schwierigen Durchquerung der Appalachen und der mühevollen Erschließung der Wilderness Road im Zuge der Cumberland Gap, über die Daniel Boone von 1769 bis 1775 Siedler der Transsylvania Company zum Ohio-Tal führte. Jenseits des Mississippi, im Gebiet der heutigen Staaten Missouri und Arkansas, wurde erst mit dem Louisiana Purchase von 1803 eine stärkere Siedlungstätigkeit vorbereitet. Bei dem Randbereich des Alten Südens handelt es sich also um einen Raum, für dessen Inbesitznahme die europäischen bzw. aus den Oststaaten kommenden Siedler volle zwei Jahrhunderte benötigt haben.

BALANCEAKT ZWISCHEN NORDEN UND SÜDEN. Was die Teilgebiete dieses Raumes jedoch gemeinsam haben, ist ihr im vergangenen Jahrhundert bis zur Zerreißprobe gegangener Balanceakt zwischen dem Norden und dem Süden. Diese politische Zerrissenheit resultierte nicht zuletzt aus den angedeuteten naturgeographischen Gegensätzen und der unterschiedlichen Inwertsetzung der einzelnen Teilräume. So bot sich der Ostteil Virginias für Plantagenwirtschaft an, der Westteil nicht. Als sich die Regierung von Virginia 1861 von der Union lossagte, opponierten deshalb die 26 westlichen Counties gegen diesen Beschluß. Sie erklärten die von der Regierung vollzogene Sezession für nichtig und entschieden sich 1863 zum Beitritt in die Union als eigener Staat West Virginia. In Arkansas waren im Süden und Osten Plantagen mit Sklavenhaltung entstanden, während die aus den Appalachen gekommenen Siedler im Ozark-Plateau und in den Ouachita Mountains im Westen eine völlig andere Mentalität und Wirtschaftsweise besaßen, so daß auch in diesem Staat die Meinungen weit auseinanderklafften.

Missouri wurde nur aufgrund des sog. Missouri Compromise 1821 in die Union aufgenommen. Dieser Kompromiß ging dahin, daß zwar in Missouri selbst, aber nirgendwo sonst im Gebiet des Louisiana Purchase Sklaven gehalten werden durften. In Kentucky und Missouri spalteten sich 1861 politische Grup-

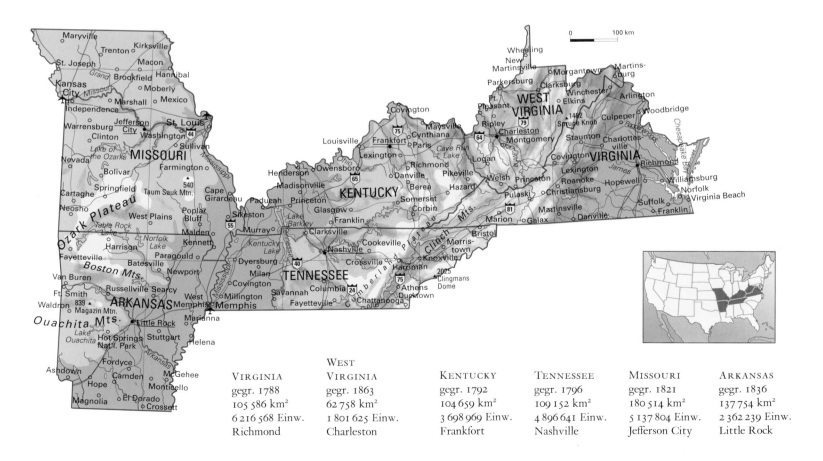

	WEST				
VIRGINIA	VIRGINIA	KENTUCKY	TENNESSEE	MISSOURI	ARKANSAS
gegr. 1788	gegr. 1863	gegr. 1792	gegr. 1796	gegr. 1821	gegr. 1836
105 586 km²	62 758 km²	104 659 km²	109 152 km²	180 514 km²	137 754 km²
6 216 568 Einw.	1 801 625 Einw.	3 698 969 Einw.	4 896 641 Einw.	5 137 804 Einw.	2 362 239 Einw.
Richmond	Charleston	Frankfort	Nashville	Jefferson City	Little Rock

pen ab, die für sich die Sezession vollzogen, ohne daß der Gesamtstaat mitmachte. Offiziell hat Kentucky nie die Union verlassen; in Missouri setzten Unionstruppen nach rascher Einnahme der Hauptstadt Jefferson City eine provisorische Regierung ein. Kentucky, Tennessee und Missouri entsandten Truppenkontingente sowohl für die Union als auch für die Konföderation. Erst der Sieg des Nordens schuf in dem gesamten Raum klare Verhältnisse.

DIE ENTWICKLUNG VIRGINIAS. Virginia (virgin = jungfräulich), »a virgin land named after a virgin queen«, nach der Königin Elizabeth I. benannt, erhielt mit der Anlage von Jamestown durch Kapitän John Smith 1607 die erste dauerhafte englische Siedlung der Vereinigten Staaten. Malaria, Indianerüberfälle und Hunger hatten die Siedler 1610 auf 60 dezimiert, so daß sie schon aufgeben und zurückfahren wollten, als Nachschub und neue Siedler aus England eintrafen. Aber die Anfänge dieser ersten britischen Kolonie auf nordamerikanischem Boden gestalteten sich auch weiterhin schwierig.

Die Virginia Company in London sah die Kolonisten als ihre Angestellten an, die in Häusern der Gesellschaft wohnten und auf Feldern der Gesellschaft arbeiteten. Vergebens suchten die Kolonisten nach Gold und anderen Bodenschätzen. 1612 begann der systematische Anbau des in Amerika heimischen Tabaks, um den sich John Rolfe verdient machte. 1614 verschiffte die Kolonie den ersten Tabak nach Europa. Der Tabakbau gestaltete sich aber anfangs für die damit nicht vertrauten Engländer als schwierig. Die Motivation war gering, die Stimmung in der Kolonie schlecht. 1616 erkannte die Company ihr Experiment als Fehlschlag an und stellte es jedem Siedler anheim, eigenes Land bis zu 1,2 ha zu erwerben und die Nutzung selbst festzulegen. Daraufhin nahmen Tabak-, Mais- und Weizenerträge zu; zwischen 1618 und 1627 stieg die Tabakproduktion von 20 000 auf 500 000 Pfund. 1619 erwarb man von einem holländischen Schiff die ersten afrikanischen Zwangsarbeiter.

Bevor Virginia 1624 Kronkolonie mit einer eigenen gesetzgebenden Versammlung (Assembly) wurde, führte die Company das »head-right system« ein, das jedem Familienmitglied den Erwerb von 20 ha großen Landanteilen ermöglichte. Allerdings wurden mit diesem Anrecht auf Boden nicht die Grenzen der Grundstücke festgelegt, was zur Folge hatte, daß sich die Siedler auf die Suche nach dem fruchtbarsten Land begaben und es zu großen Gebieten frisch gerodeten Geländes neben sehr vielen unbearbeiteten Flächen kam.

Die Besiedelung erfolgte in erster Linie aufwärts der kleinen Flußläufe; die Plantagenbesitzer verkauften ihre Produkte direkt an die Kapitäne der Schiffe, die diese Flüsse so weit wie möglich von See her befuhren. Weiter im Inland bildeten sich kleine Farmen, die von einem weitmaschigen Wegenetz erschlossen wurden, an dessen Kreuzungspunkten Geschäfte (crossroad stores) entstanden, deren Inhaber zugleich als Agenten für An- und Verkauf von Farmprodukten fungierten. Aufgrund dieser Entwicklung bildeten sich nur wenige Städte; sie blieben lange Zeit klein, da sie nur wenige Kaufleute, Handwerker, Ärzte und Anwälte beherbergten und von der Landbevölkerung nur an Markttagen aufgesucht wurden.

1633 entstand Middle Plantation, das später Williamsburg genannt und zur Hauptstadt der Kolonie erwählt wurde. 1779 übernahm das erst 1729 an der Fall-Linie gegründete Richmond die Hauptstadtfunktion für Virginia.

Eine andere Siedlerwelle kam aus dem Norden. In der ersten Hälfte des 18. Jahrhunderts erschlossen schottische, irische und deutsche Siedler über den »Old Wagon Road« das Shenandoah-Tal. Sie kamen von Pennsylvania, wo William Penns Nachfolger Land nicht mehr günstig abgaben. Ein Teil der Siedler wandte sich vom Shenandoah-Tal in südöstlicher Richtung auf den Piedmont und die Küstenebene zu und siedelte in diesen Teilen Virginias oder in den südlich anschließenden Carolinas.

GESCHICHTSTRÄCHTIGES GEBIET. Virginia, das bezeichnenderweise den Spitznamen »Old Dominion« trägt, ist ähnlich geschichtsträchtig wie Pennsylvania. Dies läßt sich nicht nur an alten Ortschaften wie Jamestown und Williamsburg festmachen, dessen über 400 Häuser fassender Stadtkern von der Rockefeller-Stiftung bewahrt worden ist. So stammen aus Virginia auch vier der ersten fünf US-Präsidenten, u. a. Thomas Jefferson, der Verkünder der Unabhängigkeitserklärung, und George Washington, der Sieger des Unabhängigkeitskriegs; ihre Wohnsitze Monticello bzw. Mount Vernon sind so etwas wie nationale Wallfahrtsstätten. Das 1861 zur Konföderation übergetretene Virginia stellte mit Richmond nicht nur deren Hauptstadt, sondern auch den Oberbefehlshaber des virginischen Truppenkontingents, Robert E. Lee (* 1807, † 1870), der die Union verließ und als General auf seiten der Konföderierten kämpfte.

Virginia hat aufgrund seiner strategisch äußerst wichtigen Lage die Hauptlast des Sezessionskriegs getragen. Richmond, die Hauptstadt der Konföderation, lag zugleich in unmittelbarer Nähe der Hauptstadt der Vereinigten Staaten bzw. der Union. Auch die Leitlinie des Shenandoah-Tals spielte für die beiderseitigen Truppenbewegungen eine große Rolle.

DIE ABSPALTUNG VON WEST VIRGINIA. Die 26 westlichen Counties von Virginia haben eine andere Geschichte. 1716 leitete Virginias Gouverneur Alexander Spotswood eine Expedition in das Gebiet; ab 1736 kamen erste schottische, irische und deutsche Siedler aus Pennsylvania. Der gebirgige Charakter, die feindseligen Shawnee-Indianer und die vom Ohio-Tal her infiltrierten rivalisierenden Franzosen verzögerten aber lange Zeit eine dichtere Besiedelung. 1749 übereignete König Georg II. der Ohio Company 200 000 ha Land. Die Franzosen versuchten im French and Indian War (1754–63), dem Pendant zum Siebenjährigen Krieg in Europa, ihre Position durch Anlage von Forts zu behaupten, waren aber am Ende unterlegen, und das Gebiet blieb bei der englischen Kolonie Virginia.

Schon in den 1820er Jahren gab es separatistische Bestrebungen. Das Interesse des Westteils Virginias war auf den Ohio-Mississippi-Handel und New Orleans gerichtet, nicht auf die ferne Atlantikküste. Hinsichtlich des Baus von Straßen und Schulen fühlte man sich von der Regierung in Richmond vernachlässigt. Vor allem aber gab es hier keine Sklaven wie an der Ostküste, die für den Staat insofern wichtig waren, als sie für die Zahl seiner Abgeordneten im Repräsentantenhaus anteilig mitzählten, andererseits aber nur gering besteuert wurden. Unter diese Zwistigkeiten zog der schnelle Sieg der Unionstruppen in dem Gebirgsraum einen Schlußstrich; im Juni 1863 wurde das Gebiet als 35. Staat unter dem Namen West Virginia in die Union aufgenommen.

TENNESSEE. 1682 hatte Sieur de la Salle das Mississippi-Gebiet für Frankreich in Besitz genommen; an den westlichen Rändern der späteren bis an den Mississippi heranreichenden Staaten Kentucky und Tennessee hatten die Franzosen einzelne Vorposten gegründet, u. a. 1739 das Fort Assumption beim heutigen Memphis. Bereits 1732 waren Bergleute aus dem benachbarten Illinois von Bleifunden im heutigen Missouri angelockt worden und hatten am Mississippi ein Stück oberhalb der Einmündung des Ohio die Siedlung Sainte Geneviève angelegt. Wenig weiter flußaufwärts entstand 1764 der Pelzhandelsposten St. Louis.

Die Besiedlung der Region zwischen Appalachen und Mississippi setzte dagegen relativ spät ein. Die ersten Siedler im Watauga-Tal, einem direkt an North Carolina angrenzenden Gebiet auf dem Boden des heutigen Staates Tennessee, kamen erst 1768. 1776 wurde das Gebiet offiziell eine County von North Carolina, die sich zwischen 1784 und 1789 als »State of Franklin« selbständig machte, bis North Carolina 1789 das Territory South of the River Ohio der Union anbot; 1796 wurde Tennessee als 16. Staat in die Union aufgenommen. Die Hauptstadtfunktion hatte zunächst das im Osten gelegene Knoxville inne; sie ging 1843 auf das weiter westlich im Tiefland gelegene Nashville über.

KENTUCKY. Für die Besiedlung Kentuckys hatte Thomas Walker im Auftrag der Ohio Company 1750 einen Weg nach Westen durch die Cumberland Gap erkundet. Er führte über den Punkt, an dem heute die drei Staaten Virginia, Kentucky und Tennessee zusammentreffen. Diese Wilderness Road, die 1769 von Daniel Boone (* 1734, † 1820) und John Finley für eine erste größere Siedlergruppe erschlossen wurde, führte nordwärts über Barbourville und Lexington weiter zum Ohio. Boone erwarb später während des Unabhängigkeitskriegs Ruhm im Kampf gegen die Indianer, als die Briten die Shawnee gegen die Siedler aufstachelten. Das Gebiet war längere Zeit zwischen North Carolina und Virginia strittig. Schließlich wurde es eine County von Virginia, in der 1784 etwa 30 000 Menschen lebten. Die Einwohner waren aber mit der wenig effektiven Regierung im weit entfernten Richmond unzufrieden und drängten auf Separation. 1790 machten sie eine entsprechende Eingabe an den amerikanischen Kongreß, der dieser 1792 mit der Aufnahme des Gebiets als Staat Kentucky stattgab.

MISSOURI UND ARKANSAS. Im großen Louisiana-Gebiet hatten die Spanier, die es zeitweise unter ihrer Kontrolle hielten, in großzügiger Weise Land vergeben. Auf dem Boden des späteren Staates Missouri lebten 1803 zur Zeit des Louisiana Purchase, als die USA den Franzosen das gesamte Louisiana-Gebiet abkauften, schon etwa 20 000 Menschen. Das Gebiet erhielt Territorial-Status und unterstand dem Gouverneur William Clark, einem der beiden Leiter der berühmten Lewis and Clark Expedition (1804–06); er war auf gutes Einvernehmen mit den Indianern bedacht und ersparte damit dem Territorium viele Schwierigkeiten. 1817 begannen Verhandlungen mit dem Kongreß und mit ihnen ein jahrelanges Tauziehen um den Proporz von sklavenfreien und sklavenhaltenden Staaten. Dieser Streit endete mit dem Missouri-Kompromiß, demzufolge Missouri 1821 als sklavenhaltender Staat unter der Bedingung zugelassen wurde, daß nirgendwo sonst im Louisiana-Purchase-Gebiet Sklaven gehalten werden durften. Ein Jahr später wurde Jefferson City zur Hauptstadt bestimmt.

In das südlich anschließende Arkansas hatte die spanische Landvergabe weniger Menschen angelockt. Das eigentliche Be-

völkerungswachstum setzte erst nach dem Erwerb (1803) durch die USA ein. Das Gebiet gehörte zeitweilig zum Louisiana-Territorium, dann zum Missouri-Territorium; ab 1819 war es eigenständig mit dem 1821 zur Hauptstadt erklärten Little Rock. 1836 wurde Arkansas als Staat in die Union aufgenommen.

SKLAVENFRAGE SPALTET NORDEN UND SÜDEN. Die Zerrissenheit aller Teilgebiete dieses großen Raums in der Frage der Sklavenhaltung zeigte sich am spektakulärsten im Abfall der westlichen Counties von Virginia. 1778 hatte dieser Staat zwar den Sklavenhandel, nicht aber die Sklavenhaltung abgeschafft. Nachdem Virginia im April 1861 seine Loslösung aus der Union vollzogen hatte, entstand im Juni 1863 der neue Staat West Virginia. Kentucky war gleichermaßen zwischen den Fronten hin- und hergerissen; 65 Counties verabschiedeten eine »Ordinance of Secession«, ohne daß der Staat allerdings offiziell die Union verließ.

Die Existenz zweier politischer Gruppierungen innerhalb des Staates führte aber dazu, daß Kentucky für beide Kriegsparteien Truppen stellte; eine besondere Ironie der Geschichte dürfte es sein, daß Kentucky beide sich im Krieg gegenüberstehenden Präsidenten stellte: Abraham Lincoln als Präsident der Vereinigten Staaten stammte aus der Nähe von Hodgeville, Jefferson Davis als Präsident der Konföderation kam aus Fairview. Auch Tennessee und Missouri entsandten Truppen an beide Armeen, entsprechend den regionalen Gegebenheiten Missouri mehr für die Union und Tennessee mehr für die Konföderation. Tennessee trat 1866 als erster der zur Konföderation übergewechselten Staaten erneut der Union bei.

In Missouri favorisierte Gouverneur Jackson die Konföderation. Als er im Parlament überstimmt wurde, floh er mit seinen Anhängern nach Cassville, wo er wie die abtrünnigen Counties von Kentucky eine »Ordinance of Secession« entwarf. Unionstruppen besetzten jedoch rasch die Hauptstadt Jefferson City und setzten eine provisorische Regierung ein. Ein Kuriosum stellte die Callaway County dar, die vorübergehend zwischen den Fronten stand und sich als »Kingdom of Callaway« bezeichnete. Arkansas sympathisierte mit dem Süden und trat im Mai 1861 zur Konföderation über. Im Spätsommer 1863 eroberten Unionstruppen Little Rock und zogen damit auch hier den Schlußstrich unter das Kapitel der Separation.

Der Rassenkonflikt der Nachkriegszeit erreichte einen Höhepunkt, als 1957 in Little Rock die Nationalgarde eingesetzt werden mußte, um schwarzen Schülern den Besuch der Central Highschool zu ermöglichen.

DER NATURRAUM. Die sechs Randstaaten umgeben in einem großen Bogen das im eigentlichen Sinne zum Süden gehörende Gebiet. Sie reichen von der virginischen Atlantikküste über die an den Appalachen teilhabenden Staaten West Virginia, Kentucky und Tennessee bis nach Missouri und Arkansas. Diese beiden Staaten umfassen ein Gebiet, das teils vom Mississippi-Tiefland, teils von den geologisch zu den Appalachen gehörenden Bergländern des Ozark-Plateaus und der Ouachita Mountains eingenommen wird.

Virginia hat zu je etwa einem Viertel Anteil an der atlantischen Küstenebene im Osten und den Appalachen im Westen mit dem breiten Piedmont in der Mitte. Die Küstenebene wird noch heute volkstümlich »Tidewater« genannt. Sie ist streckenweise versumpft, besonders im Süden, wo sich der Dismal

Swamp über die Grenze nach North Carolina hinein ausdehnt. Sie wird von den Küstenflüssen Potomac, Rappahannock, York und James zerteilt. Klimatisch betrachtet ist der James River der südlichste Fluß, der im Winter noch gelegentlich Eisbedeckung aufweist. Im anschließenden Tiefen Süden sind alle Flüsse das Jahr über eisfrei.

Die Fall-Linie trennt die eigentliche, aus weicheren Sedimenten aufgebaute Küstenebene von dem geologisch mit seinen kristallinen Gesteinen zum Gebirgskörper gehörenden Piedmont. An dieser Linie liegen von Norden nach Süden der Bundesdistrikt (District of Columbia), Fredericksburg und Virginias Hauptstadt Richmond. Das westliche Viertel nehmen die Blue Ridge, die Valley-and-Ridge-Provinz und das Appalachen-Plateau ein. Das für die Besiedlung bedeutsame Shenandoah-Tal, durch das der etwa 240 km lange Shenandoah fließt, wurde zum Nationalpark erklärt.

Gebirgsstaat West Virginia.

West Virginia ist ein reiner Gebirgsstaat. Der Grenzbereich zum Nachbarn Virginia liegt an der Allegheny Front und im Valley and Ridge Country. Die Täler haben fruchtbare Böden und sind für Landwirtschaft gut geeignet, liegen aber stark isoliert und daher marktungünstig. Während die Appalachen-Ketten das östliche Drittel einnehmen, befinden sich die westlichen zwei Drittel im Bereich der Hügel und Täler des Allegheny-Plateaus, das von den in nordwestlicher Richtung dem Ohio zufließenden Flüssen Monongahela, Kanawha, Little Kanawha und Big Sandy entwässert wird; am Kanawha liegt die Hauptstadt Charleston.

Bluegrass-Region und Pennyroyal-Plateau.

Die östlichen Teile von Kentucky und Tennessee sind ebenfalls stark gebirgig, reichen aber im Westen (Kentucky vor allem im Norden) in die Ebenen des Ohio und Mississippi hinein. Die Abdachung zum Mississippi nimmt im nördlichen Kentucky die Bluegrass-Region, im südlichen die weitverzweigte Höhlenregion der Pennyroyal ein.

Die etwa 20 000 km² große Bluegrass-Region liegt durchschnittlich 300 m ü. N. N. in einem aus silurischen und devonischen Kalken aufgebauten und durch Lösungsprozesse entstandenen Becken. Hier finden sich bekannte Karsterscheinungen wie Dolinen, unterirdische Gewässernetze und Höhlensysteme. Der phosphatreiche Kalkstein ist an der Oberfläche zu einem fruchtbaren Boden verwittert, dem natürlichen Standort des tiefwurzelnden, dicken Bluegrass (Poa pratensis), das bläulichgrüne Rispen zur Blütezeit aufweist. Dieses weit verbreitete Gras gab Kentucky seinen Spitznamen »Bluegrass State«. Es ist ein besonders geschätztes Weidegras; eine etwa 3000 km² große Region mit dem Zentrum Lexington gehört zu den bedeutendsten Pferdezuchtgebieten der USA. Hier werden aber auch Maultiere, Rinder und Schafe gehalten sowie Futterpflanzen, Tabak, Mais und Weizen angebaut. Diese Beckenlandschaft wird im Osten und Süden von der Muldraugh-Hill-Schichtstufe mit ihren zahlreichen, als »knobs« oder »knobstones« bezeichneten Ausliegern umgeben.

Das südlich anschließende Pennyroyal-Plateau, benannt nach dem Minzegewächs American Pennyroyal (Hedeoma pulegioides), ist durch seinen Reichtum an Höhlen (vor allem Mammoth Cave) bekannt geworden. 200 km² des etwa 20 000 km² großen Systems der Mammoth Cave wurden 1941 zum Nationalpark erklärt. Die Höhlen waren kurz vor 1800 entdeckt worden; 1812 wurden sie zur Salpetergewinnung herangezogen und in den 1840er Jahren für Tuberkulosekranke benutzt. Gänge in einer Gesamtlänge von 380 km sind bisher genauer erkundet worden, die höchsten Gewölbe erreichen eine Höhe von 60 m.

»Land between the Lakes«.

Kentuckys Wasserhaushalt wurde stark durch strombautechnische Arbeiten an den Flüssen Tennessee und Cumberland verändert. Als lange schlauchartige Reservoirs ziehen sich der Kentucky Lake im Verlauf des Tennessee River und der Lake Barkley im Verlauf des Cumberland River hin. Das Gebiet zwischen diesen beiden parallel verlaufenden Wasserkörpern, das »Land between the Lakes«, ist ein 68 000 ha großes, von der Tennessee Valley Authority verwaltetes Erholungsgebiet mit langen Wanderwegen, einer in freier Wildbahn zu beobachtenden Bisonherde und einer zu Lehrzwecken gestalteten Environmental Education Area, die den verantwortungsbewußten Umgang mit der Natur propagiert.

Great Smoky Mountains.

Im Grenzbereich von Tennessee und North Carolina liegt eines der landschaftlich schönsten Gebiete der Appalachen, die Great Smoky Mountains. Sie erhielten ihren Namen vom rauchähnlichen bläulichen Dunst, der häufig die Berge einhüllt. 1934 wurde ein Gebiet von 206 000 ha zum Nationalpark erklärt. Innerhalb des Parks gibt es noch etwa 80 000 ha unberührten Wald, der aus 130 Baumarten zusammengesetzt ist; hinzu kommen noch eine Vielzahl von Sträuchern, Kräutern und Gräsern. Seitdem das Gebiet geschützt wird, ist auch der Wildbestand gewachsen. Auf der Grenzlinie zwischen den beiden Staaten erhebt sich der Clingman's Dome mit einem Aussichtsturm in 2024 m Höhe. Den übrigen Osten des Staates Tennessee nimmt das Cumberland-Plateau ein, der westliche Teilbereich der Appalachen.

Das Mississippi-Tiefland.

Die westlichen zwei Drittel des Staates Tennessee teilt der in Richtung Norden fließende, großenteils zum Kentucky Lake aufgestaute und stark verbreiterte Tennessee-Fluß in das zentrale Becken, das wie das Gebiet in Kentucky als Bluegrass-Region bezeichnet wird, und das Mississippi-Tiefland. Diesem gehören große Teile von Missouri und Arkansas an, doch wird das Tiefland hier von dem nordöstlich-südwestlich verlaufenden Ozark-Plateau und den nach Oklahoma hineinreichenden Ouachita Mountains unterteilt.

Der Nordosten Missouris war noch von der Inlandvereisung betroffen; am Rande des einstmals eisbedeckten Gebiets finden sich in großer Ausdehnung fruchtbare Lößböden. Im Osten und Südosten des Staates, also im Mississippi-Tiefland, sind weithin in Moor übergehende Böden von ebenfalls hoher Fruchtbarkeit verbreitet. Der Osage-Fluß, ein südlicher Nebenfluß des Missouri, ist durch den Bagnell-Damm zum Lake of the Ozarks aufgestaut; an den Zuflüssen des Osage entstanden der Pomme-de-Terre-, der Truman- und der Stockton-Stausee.

In den Boston Mountains im Süden des Ozark-Plateaus werden Höhen von über 600 m, in den östlichen Ouachita Mountains Höhen von über 800 m erreicht. Der Arkansas River und seine Zuflüsse werden ebenfalls an etlichen Stellen gestaut. Am Rande der Ouachita Mountains liegt der Hot Springs National Park. Hier finden sich auf einem Areal von etwa 8 ha nicht weniger als 47 Warmwasserquellen, deren Wasser mit Ausnahme von zwei Quellen in die Badehäuser des Parks und des Kurortes Hot Springs (35 000 Einw.) geleitet wird.

TIERHALTUNG DOMINIERT LANDWIRTSCHAFT. In allen sechs Staaten ist innerhalb der Agrarwirtschaft die Tierhaltung ein wichtiger Produktionszweig. In Virginia, West Virginia und Missouri stehen Verkäufe von Rindern an erster Stelle im Farmeinkommen, in Missouri werden neun Zehntel der Maisernte an das Vieh verfüttert. In Virginia, West Virginia und Tennessee belegen Molkereiprodukte den zweiten Platz. In Missouri ist auch die Schweinehaltung bedeutend. Eine Besonderheit Virginias sind die mit Erdnüssen gefütterten Schweine, die den geschätzten Smithfield ham liefern. Nur in Virginia gibt es smoked ham, geräucherten Schinken, während man sonst in den Vereinigten Staaten nur gekochten Schinken ißt.

Weitere Besonderheiten in der Tierhaltung sind die Jagdhundezucht in den virginischen Counties Loudoun und Fouquier sowie die Pferdezucht in der Bluegrass-Region von Kentucky; auf diese weisen im weiten Umkreis von Lexington die weiß gestrichenen Holzzäune hin. Aus der Bluegrass-Region von Tennessee um Shelbyville stammt das Tennessee Walking Horse.

Geflügelzucht bestimmt vor allem Arkansas, Virginia und West Virginia. In letzterem finden sich gleich zwei Produktionsrichtungen (Brathähnchen- und Truthahnmast) unter den ersten vier Erwerbszweigen der Landwirtschaft. In Arkansas steht mittlerweile die Brathähnchenproduktion an erster Stelle des Farmeinkommens. Wie in den Staaten des Tiefen Südens hat sie die Nachfolge der Baumwolle angetreten, deren Anbau jedoch weiterhin betrieben wird. Wegen der Bedeutung seiner Truthahnzucht wird der Ort Berryville (Arkansas) als »Turkey capital of Arkansas« bezeichnet. Baumwolle gibt es auch im südöstlichen Missouri und im Mississippi-Tiefland von Tennessee. Ein Drittel der amerikanischen Baumwolle wird über die Cotton Exchange, die Baumwollbörse in Memphis, verkauft. Ein typisches Produkt der Golfküstenebene ist Reis, der im Südteil von Arkansas angebaut wird.

TABAK, WHISKEY UND SOJABOHNEN. Der Anbau von Tabak, mit dem die Virginia Company schon um 1610 begann, ist noch immer ein wichtiger Zweig der Landwirtschaft. Der Bright Tobacco oder Virginia-Tabak, dessen Blätter bei hohen Temperaturen schnell trocknen, hat eine orange-gelbliche Färbung. Aus Kentucky kommt der Burley-Tabak, bei dem die gesamte Pflanze geerntet wird. Während in Virginia 25% des Farmeinkommens aus dem Verkauf von Tabak stammen, steht er in Kentucky noch vor der Pferdezucht an erster Stelle. Dieser Staat produziert zwei Drittel des gesamten Burley-Tabaks der USA. Ein weiteres wichtiges Produkt Kentuckys ist der Bourbon-Whiskey; er stammt aus den Destillerien von Louisville, Bardstown und Frankford sowie aus Nashville (Tennessee).

Im Gegensatz zu schottischem Whisky, der aus Gerste, und irischem, der aus Gerste oder Hafer gebrannt wird, wird der US-amerikanische Whiskey (oder Bourbon) aus Mais und mit weniger Malz hergestellt. Ursprünglich wurde er in Eichenfässern gelagert und brauchte sieben bis acht Jahre zur Reife; heute reift er in anderen Fässern in weniger als vier Jahren. In den USA muß der auf Flaschen gezogene Bourbon 40–55% Alkoholgehalt haben; die meisten Sorten haben zwischen 40% und 45%. Im gesamten Gebiet der sechs Staaten ist der Anbau von Sojabohnen im Vordringen, z. T. wie in Missouri anstelle des früher weitverbreiteten Mais. Nach dem Farmeinkommen stehen die Sojabohnen in Tennessee an erster, in Missouri an zweiter, in Arkansas an dritter und in Kentucky an vierter Stelle.

NATÜRLICHE RESSOURCEN UND INDUSTRIE. Die waldbestandenen Gebirge der Appalachen, Ozarks und Ouachita Mountains bieten eine gute Grundlage für ausgedehnte Forst- und Holzwirtschaft. Kohle, verschiedenste Mineralien und Wasserenergie ermöglichten eine vielfältige industriewirtschaftliche Nutzung. In Virginia stehen nach dem Jahresertrag die Industrie an vorderster, der Tourismus an zweiter und die Landwirtschaft an dritter Stelle.

Kentucky und West Virginia liegen an der Spitze der Staaten, in denen bituminöse Kohle gefördert wird. Hüttenwerke und metallverarbeitende Industrie haben sich an die Kohleförderung angeschlossen. Einer der wichtigsten Standorte ist Wheeling in West Virginia. Da auch in den USA teilweise eine Umorientierung auf importierte Rohstoffe erfolgte, hat sich nach dem Zweiten Weltkrieg die Hüttenindustrie besonders im Raum der virginischen Hafenstädte Portsmouth, Norfolk, Newport News und Hampton entwickelt. Hampton wurde schon 1610, Portsmouth 1620 und Norfolk 1682 gegründet. In der Kolonialepoche führten diese Städte vor allem Tabak aus. Heute sind sie Umschlagshäfen für Massengüter, insbesondere für den Export von Kohle aus West Virginia und den Import von Erzen und Erdöl. Die Newport News Shipbuilding and Drydock Company ist eine der größten Schiffswerften der Welt.

Andere bedeutende Industriestandorte in Virginia sind die Städte Bristol, Danville, Hopewell, Martinsville, Richmond, Roanoke und Salem. In West Virginia sind neben den Hüttenstandorten Wheeling und Montgomery die chemischen Industrien im Kanawha-Tal in der Hauptstadt Charleston und in den kleinen Orten Nitro, Belle und Dunbar zu nennen. Größte Industriestadt in Kentucky ist Louisville, wo Bourbon, Zigaretten und Druckerzeugnisse in Blindenschrift hergestellt werden.

Wichtigste Industriestandorte in Tennessee sind Memphis, Chattanooga, Knoxville, Nashville, Columbia und Kingsport. Nashville ist als Zentrum großer Firmen des Finanzwesens sowie als Produzent von Whiskey und Schallplatten mit Country Music bedeutend.

In Tennessee sind aber auch einige Rohstoffe zu nennen: Die im Ducktown Copper Basin mit den Orten Copperhill und Ducktown in der äußersten Südostecke des Staates gewonnenen Kupfererze, die südlich Knoxville gelegene kleine Aluminiumstadt Alcoa (Aluminium Company of America) und die Phosphatgewinnung im zentralen Teil des Staates. In den Appalachen wird Marmor, sog. Tennessee building marble, abgebaut.

Marmor und Baustoffe werden auch im Ozark-Plateau von Missouri gewonnen. Dieser Staat liefert in den François Mountains im äußersten Südwesten etwa 90% des in den USA gewonnenen Bleis; aus denselben Lagerstätten wird auch Zink gefördert. Arkansas ist fast ausschließlicher Bauxitproduzent der USA. Größte Industriestädte in Missouri sind St. Louis und Kansas City, wo alle erdenklichen Branchen einschließlich der Raumfahrttechnik vertreten sind. In St. Louis, dessen Einwohner um 1900 zu 40% deutsche Immigranten waren, steht das Stammwerk der Anheuser-Busch-Brauerei, der mit einem Tagesumsatz von 5 Mio. Flaschen bzw. Dosen größten Brauerei der Vereinigten Staaten. Sie trägt ihren Namen nach Eberhard Anheuser, der 1861 die kleine Schneider-Brauerei übernahm, und nach dessen Schwiegersohn Adolphus Busch; die bekanntesten Marken der Brauerei sind Budweiser und Michelob. St. Louis ist zudem für die Automontage bekannt, Kansas City für seine Schlachthöfe, Mühlenbetriebe und Eisenbahnwerkstätten.

Die grossen Städte. In den Randgebieten des Alten Südens gibt es eine Anzahl von Städten, die über die statistische Großstadtgröße hinausgewachsen sind. Die Gruppe der virginischen großen Städte Norfolk, Newport News, Hampton und Portsmouth bringt es zusammen auf knapp 700 000 Einwohner. Lexington in Kentucky, Chattanooga und Knoxville in Tennessee, Little Rock in Arkansas und Richmond in Virginia liegen in der Größenordnung zwischen 100 000 und 250 000 Einwohnern. Eine etwas genauere Betrachtung muß sich auf die fünf bedeutendsten Städte beschränken.

Louisville – Austragungsort des Kentucky Derby. Louisville (269 000 Einw.) in Kentucky liegt nahe den Falls of the Ohio, deren Namen die Stadt zunächst auch trug. Sie wurde dann aufgrund der französischen Hilfe im Unabhängigkeitskrieg zu Ehren des Königs Ludwig XVI. in Louisville umbenannt. Indianer, spanische Missionare und französische Trapper hatten die Gegend aufgesucht, bevor die Engländer von ihr Besitz ergriffen und Oberst George Rogers Clark 1778 die erste dauerhafte Siedlung anlegte. 1782 wurde sie durch das Fort Nelson geschützt. Der 1830 zur Umgehung der Fälle eröffnete Louisville und Portland Canal machte die Stadt zu einem florierenden Hafen an der bedeutenden Schiffahrtsroute Pittsburgh–New Orleans.

Der französische Einfluß aus Louisiana und der deutsche aus Pennsylvania trugen sehr zum wirtschaftlichen Aufschwung der Stadt bei. Französische Siedler legten die vornehmen Wohnviertel St. James Court und Belgravia Court an, zu den einfacheren Vierteln zählt das früher hauptsächlich von Deutschen bewohnte Butchertown, dessen Name auf die Fleischfabriken hinweist. Die Industrien der Stadt produzieren über 50% der Weltproduktion von Bourbon und einen hohen Anteil der amerikanischen Zigaretten. Weitere wichtige Erzeugnisse sind synthetischer Gummi, Farben und Lacke.

Wohlhabenheit und vernünftige Planung spiegeln sich im Stadtbild. Weite Teile zeigen einen parkartigen Charakter: Die zahlreichen öffentlichen Parks wurden nach Indianerstämmen wie den Cherokee, Iroquois, Seneca und Shawnee benannt. Mit der 1798 gegründeten University of Louisville besitzt die Stadt die älteste kommunale Universität in den USA. Zu den gelungenen Erneuerungsprogrammen der Nachkriegszeit gehören die Riverfront Plaza und das Belvedere. Seit 1875 findet in den Churchill Downs das Kentucky Derby statt, das älteste kontinuierlich veranstaltete Pferderennen der USA. Unter Einschluß solcher Nachbarstädte wie New Albany und Jeffersonville auf der Indiana-Seite des Ohio umfaßt die metropolitane Region rund dreimal so viele Einwohner wie die Stadt selbst.

Nashville – Zentrum der Country Music. Nashville (488 000 Einw.) in Tennessee wurde 1779 am Westufer des Cumberland River als Fort Nashborough gegründet. Es ist nach Francis Nash benannt, einem General aus dem Unabhängigkeitskrieg. 1843 übernahm Nashville von Knoxville die Hauptstadtfunktion für Tennessee. Die Stadt hat den Ruf der »Country music capital of the world«; hier wird die überwiegende Anzahl der Schallplatten mit Country Music produziert. Aufgeführt wird diese Musik u. a. im Grand Ole Opry House und im Freizeitzentrum Opryland.

Aber Nashville hat noch andere Gesichter. Ursprünglich war die Stadt für ihre vorwiegend religiösen Druckerzeugnisse (vor allem Bibeln) bekannt. Sie besitzt über 700 Kirchen und beherbergt die Zentrale der Southern Baptist Association, die eine große Anhängerschaft unter der schwarzen Bevölkerung hat. Mit zahlreichen Bildungseinrichtungen wie z. B. der Vanderbilt University und einer Vielzahl in klassischen Stilen erbauter Gebäude einschließlich einer Replika des Parthenon (1897) erwarb sie auch die Bezeichnung »Athens of the South«. In jüngerer Zeit hat sie mit umfangreichen Stadterneuerungsprogrammen und modernem Bürohausbau die Grundlage für ihre Position als Finanzzentrum gelegt und sich damit einen weiteren Titel verdient: »Wall Street of the South«.

St. Louis – Tor zum Westen. St. Louis (397 000 Einw.) in Missouri wurde von Franzosen aus dem Süden 1764 als Pelzhandelsposten am Westufer des Mississippi nahe der Einmündung des Missouri angelegt. Der Ort erhielt unmittelbaren Zuzug von Franzosen, die aus dem benachbarten Illinois vor den Briten flohen. Die Kernstadt breitete sich auf dem Hochufer des Mississippi aus, der nach Einführung der Dampfschiffahrt der Stadt als Hafen einen bedeutenden Wachstumsimpuls gab. Großhandel und Industrien florierten. Die Schwerindustrie blieb allerdings auf dem Illinois-Ufer in East St. Louis; bis 1876 mußte die Stadt auf eine Eisenbahnbrücke warten, die sie an das Bahnnetz der Oststaaten anschloß. Dennoch diente sie schon vorher als Ausgangspunkt für viele Unternehmungen in den Westen; z. B. nahm hier die berühmte Lewis and Clark Expedition (1804–06) ihren Anfang.

Wahrzeichen der Stadt ist der von 1962 bis 1965 von Eero Saarinen erbaute Gateway Arch. Der 192 m hohe Bogen, erbaut aus 886 t Stahl, erhebt sich am Westufer des Mississippi auf dem zum Jefferson National Expansion Memorial erklärten Gelände des ursprünglichen Siedlungskerns.

Neben Chicago, dem großen Rivalen als Metropole des Mittelwestens, ist St. Louis der größte Eisenbahnknotenpunkt im Landesinnern. Mitte des 19. Jahrhunderts litt die Stadt schwer unter Überflutungen, der Cholera und einem Großfeuer, aber um 1870 zählte sie bereits wieder 300 000 Einwohner. Viele ansehnliche Gebäude wie das Jefferson Memorial und das Art Museum entstanden im Zusammenhang mit der Louisiana Purchase Exposition von 1904. Die Stadt besitzt eine Anzahl höherer Bildungseinrichtungen, unter ihnen die Washington University und die 1818 gegründete katholische St. Louis University, und zahlreiche Industrien, u. a. die Anheuser-Busch-Brauerei.

Der Verfall der Innenstadt und das Ausufern der Vorortsiedlungen dürften in kaum einer Großstadt der USA schlimmere Dimensionen erreicht haben als in St. Louis. Schon in den 60er Jahren unternahm die Stadt umfassende Erneuerungsmaßnahmen. Während der am Mississippi-Ufer gelegene Park mit dem Gateway Arch sicher zu den gelungenen Projekten gehört, waren die Errichtung des Busch Memorial Stadium, eines großen Baseball-Stadions auf 34 ehemaligen Baublöcken am Rande der Downtown, und die Kahlschlagpolitik im an den Central Business District (CBD) westlich anschließenden Mill-Creek-Gebiet sicherlich nicht nachahmenswert. In über 30 km Entfernung vom Stadtkern wird die Metropole von einem Autobahnring umgeben, der sich als Katalysator für Industrieunternehmen erwies und jenseits dessen sich seit zwei Jahrzehnten Eigenheimsiedlungen ausbreiten. Abbruch tat der Kernstadt auch die Entwicklung eines sekundären Central Business District in Clayton auf der Westseite außerhalb der Stadtgrenze.

Kansas City. Über den quer durch den Staat Missouri verlaufenden I 70 ist St. Louis mit der Grenzstadt Kansas City (435 000 Einw.) verbunden. Mit der Schwesterstadt desselben Namens in Kansas bildet es eine Metropole, an der es den größten Anteil hat. Die Stadt liegt an der Einmündung des Kansas River in den Missouri, wo François Chouteau 1821 einen Handelsposten errichtete. Um 1850 waren ständig 3000 Wagen und 7000 Menschen auf den Handelsrouten unterwegs, die von Kansas City ausgingen. Nach dem Bahnanschluß mit Chicago erlebten der Großhandel mit Agrarprodukten, die Industrie und der Dienstleistungssektor einen kräftigen Aufschwung.

Die Stadtväter bemühten sich bereits vor hundert Jahren um eine vernünftige Planung; daraus resultierten die für die Stadt charakteristischen Boulevards und die 1925 erbaute Country Club Plaza, die als Amerikas erstes Shopping Center gilt. In den 50er Jahren entstanden drei neue Brücken über den Missouri. Seit dem Bau des Rockefeller Center ist das von der Hallmark Cards finanzierte Crown Center auf einem 34 ha großen zentral gelegenen Grundstück mit seinen Einkaufsmöglichkeiten, Büroflächen und Wohnungen das größte private Entwicklungsobjekt. Aber auch zahlreiche andere Bürohochhäuser bewahrten das Stadtzentrum vor dem sonst in den Großstädten der USA üblich gewesenen Verfall.

Memphis. Eine Ansiedlung der Chickasaw-Indianer und Forts, die Franzosen und später Amerikaner in der Nähe errichteten, waren die Vorläufer von Memphis (610 000 Einw.) in Tennessee. 1819 wurden die ersten Baublöcke für eine städtische Siedlung ausgelegt. Zwischen 1855 und 1878 trat fünfmal das Gelbfieber in der Flußniederung auf und dezimierte die Bevölkerung. Die Wirtschaft brach vollkommen zusammen; die Stadt mußte sich bankrott erklären und verlor 1879 ihr Stadtrecht. Die seit jenem Jahr durchgeführten strombautechnischen Arbeiten am Mississippi verbesserten die sanitären Verhältnisse und führten zu einer langsamen Erholung. 1893 wurde das Stadtrecht erneuert. Die für die Arbeiten zuständige Abteilung des U. S. Corps of Engineers wählte Memphis zum Verwaltungssitz. 1892 und 1909 wurde das Einzugsgebiet mit Brücken über den Mississippi beträchtlich erweitert. Die Stadt ist in erster Linie Großmarkt für Baumwolle; ihre Baumwollbörse verkauft etwa ein Drittel der jährlichen US-amerikanischen Produktion. Ähnliche Bedeutung haben der Handel mit Holz und dessen Verarbeitung. Die Stadt besitzt eine bedeutende Möbelfabrikation und eine große Zahl anderer holzverarbeitender Betriebe, hat sich in neuerer Zeit aber auch zu einem überregionalen Dienstleistungszentrum entwickeln können. Seit 1973 beherbergt Memphis die Zentrale des Federal-Express-Paketdienstes.

Mount Vernon (Virginia) am Potomac River war der Wohnsitz von George
Washington, dessen Familie hier ab 1735 lebte. Washington, der an diesem
Ort 1799 gestorben ist, wurde auf Mount Vernon begraben.

Das Geburtshaus von George Washington in Wakefield. Aus Virginia stammen
vier der ersten fünf US-Präsidenten: Washington (1789–97), Thomas Jefferson
(1801–09), James Madison (1809–17) und James Monroe (1817–25).

Die University of Virginia in Charlottesville wurde von Thomas Jefferson
gegründet. Im Herbst 1817 wurde der Grundstein für das erste Gebäude gelegt,
das Jefferson eigenhändig entworfen hatte.

Harpers Ferry (West Virginia) am Zusammenfluß von Potomac und Shenandoah war Waffenarsenal und Munitionsfabrik. 1859 wurde es vom Abolitionisten John Brown gestürmt, der dafür später gehenkt wurde.

Das im Georgianischen Stil errichtete Greenbrier Hotel von White Sulphur
Springs (West Virginia), einem Modebad und Heilkurort. Die Heilkraft der
schwefelhaltigen Quellen wurde schon 1778 erkannt.

Babcock State Park nahe Clifftop in West Virginia: Der Gebirgsbach, an dem
die alte Schrotmühle liegt, hat sich stellenweise stark in das Gestein eingeschnitten und Wasserfälle ausgebildet.

Meramec Caverns, Stanton (Missouri): Auf fünf verschiedenen Ebenen bietet
das Höhlensystem ungewöhnliche Tropfsteinbildungen. Im Bürgerkrieg diente
es als Waffenversteck, später verbarg sich dort der Outlaw Jesse James.

St. Louis (Missouri), berühmt als »Tor zum Westen«, hat sich und den Pionie-
ren ein riesiges Denkmal gesetzt, den Gateway Arch; dieser gleißende Bogen
rostfreien Stahls steht im Jefferson National Expansion Memorial.

Die neue katholische Kathedrale von St. Louis (Missouri) gilt mit ihrer opulenten Innenausstattung und den mit Gold verzierten Wänden als das beste Beispiel für byzantinische Architektur in Nordamerika.

Kansas City (Missouri), die Schwesterstadt von Kansas City (Kansas), ist eine
der wenigen großen Städte und Eisenbahnknotenpunkte der Inneren Ebenen.
Tausende Siedler zogen von hier aus nach Westen.

Das Liberty Memorial gegenüber der Union Station von Kansas City (Missouri) erinnert an die Männer und Frauen, die ihr Leben im Ersten Weltkrieg lassen mußten.

Blick vom Denkmal für den indianischen Scout der Pionierzeit auf Kansas City
(Missouri): Mit ihren vielen Wolkenkratzern mutet die Stadt in der Weite der
Plainslandschaft wie eine Fata Morgana an.

Häuser an der Main Street in Hannibal (Missouri): Samuel Clemens, besser bekannt unter dem Namen Mark Twain, hat in diesem Ort seine Kindheit verbracht und einen Teil seiner berühmten Romane angesiedelt.

Das Pony Express Stables Museum in St. Joseph (Missouri) erinnert an den berühmten Pony Express (1860/61). Diese von Reitern aufrechterhaltene Post-route endete im über 3000 km entfernten Sacramento in Kalifornien.

Memphis (Tennessee): In der Beale Street, wo der »Memphis Blues« und der
»St. Louis Blues« komponiert wurden, stehen auch die Statue und das Haus
(Graceland Manor) von Elvis Presley, des »King of Rock'n'Roll«.

Grotto Falls am Motor Nature Trail, Great Smoky Mountains National Park
(Tennessee): Asphaltierte Wege führen zu Flüssen und Wasserfällen durch eine
üppige Vegetation von Dogwood, Rhododendren und Azaleen.

Cades Cove im Great Smoky Mountains N. P. ist eine idyllische Anlage, wo
die Geschichte der Pioniere wiederbelebt wurde mit restaurierten Blockhäu-
sern, Scheunen und einer noch in Betrieb befindlichen Schrotmühle.

Opryland, Nashville (Tennessee), wird dem Ruf Nashvilles gerecht, die Hauptstadt des Country and Western zu sein. Live Shows bieten Gospel, Rock,
Broadway und Country and Western.

Gemischtwarenladen für die verstreut lebende Farmbevölkerung in Tennessee:
Der Straßenname »Davy Crockett Avenue« erinnert an den aus Tennessee
stammenden Volkshelden, gefallen 1836 bei der Verteidigung des Alamo.

Whiskeybrennerei (Jim Beam Destillery) in Clermont (Kentucky): Der milde-
ste Bourbon der Welt kommt aus Kentucky, wo er in Orten wie Clermont,
Bardstown, Frankfort und Louisville destilliert wird.

Lexington (Kentucky), das Zentrum der Bluegrass Region, ist einer der größten Tabakmärkte der Welt. Der Staat Kentucky produziert zwei Drittel der gesamten Burley-Tabakproduktion der USA.

Berühmt wurde Kentucky durch seine Pferde. Die besten Vollblüter werden auf den Weiden der Bluegrass-Region gezüchtet, die mit den leuchtend weißen Koppelzäunen ein typisches Landschaftsbild bieten.

Fordyce Bathhouse in Hot Springs (Arkansas): Umgeben vom Hot Springs
National Park in den Ouachita Mountains liegt das beliebte Thermalbad. Schon
in vorkolonialer Zeit war den Indianern die Heilkraft der Quellen bekannt.

FLORIDA

Florida gehört nur bedingt zum Antebellum-Süden. Seine frühen weißen Siedler stammten zwar größtenteils aus den Südstaaten und hatten die Sklavenhaltung hierher mitgebracht, diese spielte jedoch nur in den nördlichsten Counties eine Rolle; im größeren Teil der Halbinsel lag der Anteil der schwarzen Sklaven an der Gesamtbevölkerung unter 30%, im Südosten gar unter 10%. Allerdings trat Florida bereits im Februar 1861 der Konföderation bei und gehört so gesehen zu den Randgebieten des Alten Südens; es besitzt jedoch wegen seiner Isoliertheit gegenüber den nördlichen Randstaaten wie Virginia oder Kentucky und wegen seiner andersartigen Weiterentwicklung eine Sonderstellung innerhalb des Südens.

Spanisches Erbe. In vielerlei Hinsicht ergeben sich auffällige Parallelen zu Kalifornien, vor allem die gemeinsame spanische Vergangenheit. In Florida setzten die Europäer erstmals ihren Fuß auf nordamerikanischen Boden. Der Spanier Juan Ponce de León (* 1460, † 1521), seit 1510 Gouverneur von Puerto Rico, erreichte von Hispaniola aus das Festland nahe dem späteren St. Augustine. Da er am Ostersonntag 1513 ankam, nannte er das Land wegen dieses Datums Pascua florída (»Blühende Ostern«); von diesem Namen ist die zweite Hälfte als Bezeichnung für die Halbinsel und den späteren US-Staat geblieben. Eine dauerhaft bewohnte Siedlung entstand zwar erst 1565, aber dieses St. Augustine ist die älteste von Europäern auf nordamerikanischem Boden angelegte Stadt. Der nach 23jähriger Bauzeit 1695 fertiggestellte Castillo de San Marcos, ein mit bis zu 7 m dicken Mauern versehenes Fort, wurde zum National Monument erklärt.

Zwei Jahrhunderte lang währte die spanische Oberhoheit. 1763 mußte Spanien das Gebiet an die Briten abtreten, bekam es aber 1783 zunächst zurück, als die USA ihre Unabhängigkeit erlangten. Von diesen wurde die Halbinsel Florida von 1810 bis 1813 teilweise besetzt und schließlich 1819 für 5 Mio. US-$ den Spaniern abgekauft. Ab 1822 als Territorium organisiert, wurde Florida 1845 als Staat in die Union aufgenommen.

In der Nachkriegszeit erfuhr Floridas spanisches Erbe eine kräftige Auffrischung, als zahlreiche Bürger des nicht weit entfernten Puerto Rico wegen besserer Verdienstmöglichkeiten auf das US-amerikanische Festland und dort vor allem nach Florida übersiedelten. In Florida fanden auch rund 800 000 Exilkubaner eine neue Heimat, die meisten von ihnen im Großraum Miami; die Stadt Miami hatte bereits drei kubanische Bürgermeister. Da das Castro-Regime 1991 die Reisebeschränkungen lockerte, treffen täglich 2000 Kubaner als Besucher ein. Seit Beginn der 80er Jahre siedelten sich etwa 100 000 Nicaraguaner an. Zu diesen lateinamerikanischen Gruppen kommt noch eine kleinere Anzahl von Mexikanern und Filipinos. Vor allem die Kubaner bauten den Handel zum lateinamerikanischen Raum aus, so daß Miami nach New York City zum zweitbedeutendsten Bankenzentrum der USA wurde. Zum Völkergemisch gehören noch etwa 80 000 französischsprachige Kreolen aus Haïti.

Land der Zitruskulturen. Eine weitere Parallele zu Kalifornien besteht im Klima sowie seinen Auswirkungen auf die wirtschaftlichen Möglichkeiten und das Siedlungswesen. Die Halbinsel reicht mit ihrer Südspitze in die Randtropen hinein mit Durchschnittstemperaturen, die in den Wintermonaten bei 20 °C und in den Sommermonaten bei 27/28 °C liegen. Im Süden gibt es eine ganzjährige Vegetationsperiode, die an der Nordgrenze des Staates immerhin noch 285 Tage dauert. Die Niederschläge in Miami erreichen etwa 1350 mm im Jahr und weisen zwei Spitzen auf: Mai/Juni und September/Oktober. Der größte Teil des Staates liegt außerhalb der eigentlichen Tropen, ist aber als feuchtheiß zu bezeichnen. Die Niederschläge hängen u. a. mit den häufigen Gewittern und den Hurricanes zusammen. In Tampa beträgt die Sonnenscheindauer 2953 Stunden.

So ist es nicht verwunderlich, daß der »Sunshine State« neben Kalifornien in den USA führend im Zitrusfruchtanbau ist. Dieser wurde schon seit Mitte des 18. Jahrhunderts betrieben, hat jedoch im Laufe der Zeit mehrfach Rückschläge erlitten. Da in den Wintermonaten Kaltlufteinbrüche aus dem Norden möglich sind und im außertropischen Teil Fröste auftreten können, waren die Zitruskulturen von Anbeginn gefährdet. Die Landwirte gaben deshalb den Zitrusanbau im Nordosten des Staates auf und verlegten ihn südwestlich in den Seendistrikt hinein. Aber auch hier besteht vor allem in den tieferen Lagen des hügeligen

Florida
gegr. 1845
151 939 km²
13 003 362 Einw.
Tallahassee

Landes die Gefahr von Kaltluftstaus, so daß sich die Obstbauern kostspielige Frostschutzanlagen anschaffen mußten. Im einfachsten Fall sind es Ventilatoren, die bei Kaltlufteinbrüchen in Gang gesetzt werden und die Luft durcheinanderwirbeln. Andere Farmer haben teure Öfen installiert, um bei Bedarf die bodennahe Luftschicht zu erwärmen. Trotzdem gab es, zuletzt im Winter 1989/90, immer wieder Frostschäden. Negative Auswirkungen hatten nach Friese (1990) auch Schädlingsbefall, örtliche Grundwasserabsenkungen, die durch vielfältige Eingriffe in den Wasserhaushalt verursacht wurden, und die verstärkt auf den Markt drängende Konkurrenz aus Lateinamerika.

So ist der Zitrusanbau (vor allem bei Orangen) in den letzten Jahrzehnten deutlich zurückgegangen. Von 1970 bis 1984 schrumpfte die Anbaufläche bei Orangen von 286 000 ha auf 229 000 ha. Die Fläche von Grapefruits blieb mit etwa 50 000 ha über diese Zeitspanne hinweg konstant, während bei Spezialzüchtungen (z. B. Tangerinen) die Fläche auf die Hälfte (21 000 ha) zurückging. Die aufgegebenen Flächen werden für Rinder- und Pferdehaltung genutzt, aber auch für Bebauung im Rahmen von Freizeiteinrichtungen.

Im Hinblick auf die Verwendung der Zitrusfrüchte besteht zwischen Florida und Kalifornien ein Unterschied. Es hängt offenbar mit Qualitätsmerkmalen zusammen, daß große Teile der floridanischen Ernte (80% der Orangen, 50% der Grapefruits) zu Konserven und Säften verarbeitet werden. Der große Verbrauchermarkt der Staaten des Nordostens bevorzugt Frischobst aus den kleineren Anbauflächen Kaliforniens, obwohl Florida vergleichsweise näher liegt. Die Abfälle aus den Fabriken werden als Viehfutter verwendet, ein Faktor, der mit zur Ausweitung der Rinderhaltung in Florida beigetragen hat.

RAPIDES BEVÖLKERUNGSWACHSTUM. Das milde Klima hat sich positiv auf den Bevölkerungszuwachs (u. a. von Ruheständlern) und auf den Tourismus ausgewirkt. Obwohl schon vorher zu beobachten, kamen bedeutende Ströme von Zuzüglern und Touristen erst in der zweiten Hälfte des 20. Jahrhunderts. Ursachen hierfür sind gestiegene Lebenserwartung, höherer Lebensstandard und mehr Freizeit. Nach seiner Einwohnerzahl nahm Florida unter den Staaten der USA 1930 den 31. Platz ein, lag aber 1960 mit rund 5 Mio. Einwohnern bereits auf dem 10. Platz. Von 1970 bis 1990 kamen insgesamt 8 Mio. Einwanderer hinzu, die mit 90% zum Gesamtwachstum beitrugen, während nur 10% auf das Konto des natürlichen Wachstums gingen. In den 80er Jahren verzeichnete Florida mit über 70% das höchste Bevölkerungswachstum und ist seitdem mit über 13 Mio. Einwohnern der viertgrößte US-Staat.

Von den zehn während dieser Zeit am schnellsten gewachsenen Metropolitan Statistical Areas der USA liegen acht in Florida: Naples, Ocala, Fort Pierce, Fort Myers/Cape Coral, Melbourne/Titusville/Palm Bay, West Palm Beach, Boca Raton/Delray Beach, Orlando und Fort Walton Beach. Ihre Wachstumsraten lagen zwischen 61% (Naples) und 37% (Fort Walton Beach). Der hohe Freizeitwert und die High-Tech-Industrien waren die hauptsächlichen Wachstumsfaktoren.

HERKUNFTSGEBIETE. Die Zuwanderer kamen einerseits aus dem lateinamerikanischen Raum, andererseits aus den Neuenglandstaaten (vor allem Massachusetts und Connecticut), aus den mittelatlantischen Staaten (u. a. New York, New Jersey und Pennsylvania) sowie aus einigen Mittelweststaaten (vor al-lem Ohio, Indiana, Illinois und Michigan). Ein Teil der aus den mittelatlantischen Staaten Zugewanderten sind Hispanos. Somit ist Florida sowohl Ziel lateinamerikanischer Immigration als auch hispano-amerikanischer Binnenwanderung.

Die Zusammensetzung der Bevölkerung hat sich seit den 70er Jahren erheblich verändert. Noch 1970 waren von den amerikanischen Floridanern rund ein Drittel in diesem Staat und fast ein weiteres Drittel in einem anderen Südstaat geboren. Seitdem nahmen das nordstaatliche und das lateinamerikanische Bevölkerungselement rasch zu. Gegen Ende der 80er Jahre stellten die Hispanos rund 200 000 der 350 000 Einwohner Miamis und rund 110 000 der 150 000 Einwohner des benachbarten Hialeah. Mit ihnen gewann auch das katholische Element an Gewicht. Der Zuzug aus dem Norden brachte Miami gleichzeitig einen beachtlichen Anteil an jüdischer Bevölkerung. Der Anteil der Schwarzen war schon vorher zurückgegangen und von rund 41% (1910) auf 15% (1970) gesunken. Obwohl dadurch die Baptisten, denen großenteils die schwarze Bevölkerung angehört, an Bedeutung verloren haben, sind sie weiterhin die zweitwichtigste Religionsgemeinschaft nach den Katholiken.

ALTERSSITZ VON RUHESTÄNDLERN. Mit der verstärkten Zuwanderung aus dem Norden ist Floridas Bevölkerung auch älter geworden. Während der Anteil der bis zu 17jährigen von 33,9% (1960) auf 22,3% (1985) sank, stiegen die Anteile der 18–44jährigen von 34,3% auf 38,8% und der über 64jährigen von 11,2% auf 17,6% (US-Durchschnitt 12,0%).

Interessant ist auch die Wohnweise dieser älteren Menschen: An der Golfküste entstanden neue Wohnsiedlungen am Wasser, zum Teil unter Einbeziehung von Kanälen, die zum Küstenwasserweg (Intracoastal Waterway) gehören. Vielfach wurden Stichkanäle angelegt, um eine möglichst große Zahl von Wassergrundstücken anlegen zu können, die den Bewohnern den direkten Zugang zu den Küstengewässern ermöglichen.

Florida gehört nach Gruber (1986) zu den Staaten mit besonders rascher Entwicklung der Wohnwagenparks: Schon 1960 war jede 27. Wohneinheit ein Mobile Home, 1980 bereits jede 11. Auffallend im Raum Miami (vor allem in Miami Beach) sind die schon etwas herabgewirtschafteten Hotels, die älteren Menschen für die Wintermonate als Unterkunft dienen.

Vom Zuzug älterer Menschen gehen beachtliche wirtschaftliche Impulse aus (Friese 1990). Die heutigen Ruheständler verfügen über mehr disponibles Einkommen als die Generationen vor ihnen. Ihre Kaufkraft und ihre gestiegene Lebenserwartung stellen ein bedeutendes Marktpotential dar. Diese Altersgruppe besitzt hohe Anteile der Spareinlagen und Obligationen und ist in beachtlichem Maße als Konsument von Bedeutung, u. a. bei Automobilen und altersspezifischen Dienstleistungen.

Eine wichtige Rolle spielt auch die Gruppe der 18–44jährigen, die zwar nicht im selben Maße, aber doch deutlich zugenommen hat: Ein Indiz für das gute Arbeitsplatzangebot und das Wirtschaftswachstum in Florida.

ENTWICKLUNG DES TOURISMUS. Innerhalb nur eines Jahrzehnts, von 1977 bis 1986, stieg die Zahl der Touristen in Florida von 19 Mio. auf 34 Mio.; für 1995 wird ein weiteres Anwachsen auf 45 Mio. prognostiziert. Nach Schätzungen entspricht schon das Konsumpotential der Touristen von 1990 umgerechnet etwa dem einer zusätzlichen Million Einwohner.

Die Entwicklung des Tourismus in Florida beginnt bereits im 19. Jahrhundert. Ein reicher Mann aus dem Staat New York namens Henry M. Flagler (* 1830, † 1913) tat viel für die landwirtschaftliche, verkehrsmäßige und touristische Erschließung. Die Florida East Coast Railway wurde dank seiner Initiative von Miami bis Key West verlängert. Eine County an der Atlantikküste Floridas trägt seinen Namen, ebenso die von Reisenden geschätzten Flagler Inns.

Der floridanische Tourismus ist saisonal unterschiedlich und hat zugleich zwei räumliche Komponenten. Im Sommer überwiegt der Auto- bzw. Familientourismus, der vor allem auf den Norden orientiert ist. Hauptsächliche Ziele sind die Strände am Golf, sowohl im Bereich der Halbinsel als auch in dem der Panhandle, dem Küstenstreifen zwischen Tallahassee und Pensacola. In zweiter Linie spielen einige »binnenländische« Ziele vor allem für den Campingtourismus eine Rolle. Im Winter überwiegt der Flugtourismus zu den traditionellen Ferienorten im Südosten und zu den relativ jungen Vergnügungszentren im Innern der Halbinsel (Counties Orange und Osceolo). Der Flughafen von Miami stand 1987 mit 24 Mio. Fluggästen an neunter Stelle der US-amerikanischen Flughäfen und an elfter Stelle in der Welt.

GIGANTISCHE FREIZEITPARKS. Im Nahbereich der Stadt Orlando und ihres Flughafens liegen Disneyworld, EPCOT Center, Sea World und Gatorland. Der Anfang der 70er Jahre entstandene Vergnügungspark Disneyworld (11 300 ha) ist größer als das ältere Disneyland im kalifornischen Anaheim (S. 415). Jährlich kommen über 12 Mio. Besucher in das mit einem Kostenaufwand von 1,5 Mrd. DM angelegte Gelände, auf dem eine Mono Rail, Schiffe, Seilbahnen und umweltfreundliche Autos verkehren. In diesem dürre- und flutgefährdeten Gebiet entstanden 60 km Kanäle und ein 100 ha großer künstlicher See für die Regulierung des Grundwassers; die Ver- und Entsorgung wird über ein 12 ha umfassendes Tunnelsystem abgewickelt.

Das benachbarte EPCOT Center (EPCOT steht für Experimental Prototype Community of Tomorrow) ist eine autofreie Modellstadt der Zukunft, die mit Solarenergie versorgt wird. Nach Walt Disneys Tod 1966 wurde das Projekt zwar nicht in vollem Umfang realisiert, Disneys Maxime, Unterhaltung mit Fortschrittsglaube zu verbinden, wurde aber mit großem technischen Aufwand weitgehend umgesetzt.

DIE EVERGLADES. Neben diesen neuen touristischen Attraktionen hat Florida auch von seiner Naturausstattung her einiges zu bieten. Der kreidezeitliche Kern war ursprünglich eine Insel, die durch geringfügige Hebung und Auflagerung tertiärer und rezenter Sedimente zwar mit dem Festland verbunden wurde, aber nur minimale Höhen über N. N. aufweist. Die sog. Sink Region, das nordwestliche Seengebiet, besitzt Karstcharakter mit wasserverfüllten Dolinen und Poljen. Vor allem in der Südhälfte sind weite Gebiete versumpft oder stehende Gewässer, wie der Okeechobee-See (2688 km²), einer der größten Frischwasserseen der USA. Die umliegenden Wälder aus Sumpfzypressen sind reichlich durchsetzt von Farnen, Lianen und Epiphyten (z. B. Bromeliaceen) sowie oft dicht behangen mit Spanish Moss (Tillandsia). Die Wälder werden von großen Schilfdickichten unterbrochen, die hauptsächlich aus Sawgrass (Cladium effusum) bestehen. Diese vielen baumlosen Partien sollen die Bewunderung der frühen englischen Siedler gefunden

haben, die von »everywhere glades« (überall Lichtungen) sprachen, woraus sich die Bezeichnung Everglades für das zusammenhängende Sumpfgebiet von etwa 13 000 km² herleiten soll. Ein etwa 5400 km² großes Teilgebiet an der Südspitze wurde 1947 zum Nationalpark erklärt und ist einer der wenigen Nationalparks im Osten.

Die Everglades gehören zum relativ kleinen Areal des Alligator mississippiensis, einem Gebiet zwischen Cape Hatteras an der Atlantikküste im Norden und der Rio-Grande-Mündung bei Brownsville (Texas) am Golf im Südwesten. Im Gegensatz zum ebenfalls in Florida anzutreffenden Krokodil ist der Alligator an salziges oder brackiges Wasser gebunden. Er ist weit weniger aggressiv als das Krokodil und hat einen vergleichsweise dunkleren Panzer sowie eine kürzere und stumpfere Schnauze. In den Everglades leben aber auch andere seltene Tiere wie z. B. der Armadillo (Gürteltier).

Die mit fortschreitender Siedlungtätigkeit stärker gewordenen Eingriffe des Menschen in den Wasserhaushalt haben dieses wasserbestimmte Ökosystem merklich beeinträchtigt. Der bereits in den 20er Jahren eingedeichte Okeechobee-See wurde in den 70er Jahren intensiv als Trinkwasserreservoir genutzt, so daß der Zufluß zu den Everglades zurückging und die Tier- und Pflanzenwelt des Nationalparks darunter zu leiden begann. Zwar haben entsprechende Maßnahmen im South Florida Water Management District die Situation wieder verbessert, aber dafür verschlimmerte sich die Wasserqualität infolge übermäßiger Phosphat- und Nitratgehalte, die aus der Landwirtschaft der weiteren Umgebung stammen. Mitte der 80er Jahre wurden dagegen erste Schritte unternommen.

Im Norden der Everglades ist eine Restbevölkerung des Seminolenstammes beheimatet, der wie die weiter nördlich lebenden Cherokee zur Umsiedlung gezwungen wurde. Nach langjährigen kriegerischen Auseinandersetzungen mit der US-Armee trat 1832 der Großteil der Seminolen den langen Marsch nach Westen an, wo sie im Neuen Indianerterritorium auf dem Gebiet des heutigen Staates Oklahoma angesiedelt wurden. Ein kleiner Teil konnte sich jedoch bis heute im unzugänglichen Gelände der Everglades halten.

DER KÜSTENRAUM. Die Golfküste Floridas bis etwa hinauf zur Breite von Naples wird von einem breiten Streifen von Mangrovewäldern eingenommen. Im Südosten geht die Halbinsel Florida in einen Bogen kleiner und kleinster Koralleninseln über, die Florida Keys. Ein Teil wurde zum Key Largo Marine Park erklärt, in dem man in Glasbodenbooten die Korallenriffe besichtigen kann. Der Biscayne National Park (71 000 ha), Heimat einer vielfältigen tropischen Pflanzen- und Tierwelt, umfaßt die flache Biscayne-Bucht, die Korallenriffe und die oberen Key-Inseln. Er ist weitgehend naturbelassen und nur mit dem Boot zugänglich.

Die Florida Keys sind untereinander mit dem Overseas Highway verbunden. Key West auf der äußersten der Key-Inseln, ein ehemaliger Unterschlupf von Piraten, ist seit 1822 Marinestützpunkt. Als südlichste Stadt der festländischen USA zog das vergleichsweise isoliert gelegene Key West zahlreiche Künstler an, wie z. B. den Schriftsteller Ernest Hemingway (* 1898, † 1961). Die Häuser der Altstadt sind noch in traditioneller Weise mit Balken gefertigt und unter Verwendung von Schalen der hier viel gefundenen großen Strombus-Schnecke erbaut, weshalb man sie auch als »Conch houses« bezeichnet.

Auf der Ostseite der Halbinsel hat eine dem Golfstrom entgegengesetzte Küstenströmung eine Nehrungsküste mit zahlreichen Lagunen geschaffen.

WIRTSCHAFTLICHE ENTWICKLUNG. Die heute sehr exzentrisch im Gebiet der Panhandle gelegene Hauptstadt Tallahassee bildete zur Zeit der Entstehung des Staates Florida den ungefähren Mittelpunkt des damals besiedelten Teils. Die Erschließung der Halbinsel begann erst nach 1810. Seitdem verlagerte sich der Bevölkerungsschwerpunkt Floridas immer weiter nach Süden. Zwar liegt die größte Stadt, Jacksonville (635 000 Einw.), im Nordosten etwa auf derselben Breite wie Tallahassee, aber die Südküste mit Städten wie Fort Myers und Naples auf der Golfseite und Miami, Fort Lauderdale und West Palm Beach auf der Atlantikseite haben eine solche Größenordnung erlangt, daß heute die Mittellinie zwischen den Gebieten gleicher Bevölkerungszahl im Norden wie im Süden etwa auf der Breite von St. Petersburg verläuft.

Die wirtschaftliche Basis ist nach erheblichen Veränderungen in den letzten Jahrzehnten äußerst vielfältig. Wie überall in den Südstaaten ist der Anteil der Waldfläche erheblich; rund 45% des Staatsgebiets werden forstwirtschaftlich genutzt. In der Landwirtschaft zeichnen sich Veränderungen zugunsten der Viehhaltung ab. Trotz eines Rückgangs der Anbaufläche ist Florida in der Orangenproduktion weiterhin innerhalb der USA führend vor Kalifornien und zudem wichtiger Erzeuger von Grapefruits, Zitronen, Tangerinen und anderen Südfrüchten. Im Gemüsebau ist die Tomaten- und Melonenproduktion herausragend, während andere Gemüsesorten (u. a. Kohl, Bohnen, Rettiche und Gurken) eine geringere Rolle spielen.

Im Gefolge der Kubakrise und des Importstopps für kubanischen Zucker weitete sich ab Anfang der 60er Jahre die Zuckerrohrfläche aus: Florida wurde nach Hawaii und Louisiana drittgrößter Rohzuckerproduzent der Vereinigten Staaten. Ein anderes Produkt der floridanischen Landwirtschaft sind die mit großer Sorgfalt im Nordosten gezogenen Deckblatt-Tabake; vor allem Tampa (280 000 Einw.) hat große Bedeutung als Tabakverarbeitungszentrum.

HERINGE UND SCHWÄMME. Die Meereswirtschaft spielt für den Halbinselstaat eine wichtige Rolle. Fisch-, Krabben-, Muschel-, Garnelen- und Hummerfang werden von vielen Küstenorten aus betrieben. Berühmt ist eine hier häufig vorkommende Heringssorte, der sog. tarpon, der in der Gegend von Fort Myers im Golf gefangen wird. Ein anderer Ort nördlich der Tampa-Bucht, der von dem Ausruf »How the tarpon springs!« den Namen Tarpon Springs (13 000 Einw.) erhielt, war das Zentrum der US-amerikanischen Schwammfischerei. Während die Schwämme in früheren Zeiten mit Hilfe langstieliger Harken gestochen wurden, führte 1904 ein Grieche mit angeworbenen Landsleuten das Schwammtauchen ein. So wurde Tarpon Springs gleichzeitig bekannt für seine Schwammbörse und sein Lokalkolorit als griechische Kolonie. 1936 erwirtschaftete die Stadt mit Schwämmen 3 Mio. US-$, mußte aber schwere Einbußen hinnehmen, nachdem eine Krankheit die Schwämme befallen hatte. Die Schwammindustrie erholte sich zwar wieder, konnte jedoch nie mehr auch nur annähernd das vorherige Ergebnis erreichen. Daran war nicht nur die industrielle Herstellung von Schwämmen schuld; es wurde auch zunehmend schwieriger, genügend Taucher zu rekrutieren.

TIERHALTUNG UND PFLANZENZUCHT. Mehr und mehr Bedeutung hat in den letzten Jahrzehnten die Tierhaltung (vor allem Rindvieh) bekommen. Besonders im zentralen Gebiet der Halbinsel nördlich des Okeechobee-Sees hat die Rindermast kräftig zugenommen, was sich infolge Überdüngung der Weiden und durch den Dung des Viehs nachteilig auf den Wasserhaushalt des südlichen Florida ausgewirkt hat. Im Norden des Staates werden überwiegend Schweine gehalten, womit eine Zunahme der Maisanbaufläche verbunden war. In den bevölkerungsreichen Gebieten, vor allem um Tallahassee, Pensacola, Jacksonville, Tampa, St. Petersburg, Orlando und Miami, überwiegt die Milchviehhaltung zur Versorgung der nahen Märkte mit Frischmilch und Molkereiprodukten.

Mit dem Anstieg der Freizeitaktivitäten hängt die starke Zunahme der Pferdehaltung zusammen. Sie ist vor allem im östlichen Zentral-Florida anzutreffen, dessen naturgeographische Ausstattung den Vergleich mit dem berühmten Pferdezuchtgebiet der Bluegrass-Region von Kentucky nicht scheuen muß. Inzwischen gibt es rund 500 Gestüte für die Vollblutzucht.

Aufgrund des milden Klimas hat auch die Saatzucht einen hohen Stellenwert: Die Züchtung von Hybriden (u. a. bei Mais) hat der US-amerikanischen Landwirtschaft zu enormen Ertragssteigerungen verholfen, ist aber sehr zeitaufwendig, da das Saatgut durch Kreuzungen immer wieder neu gezüchtet werden muß und zweimalige Kreuzung notwendig ist. Dieser Prozeß läßt sich beschleunigen, wenn man ein Gebiet einbezieht, in dem auch im Winterhalbjahr Ackerbau möglich ist. So hat z. B. die im Staat Illinois beheimatete DeKalb Agricultural Research in Florida eine Zweigniederlassung für die Züchtung von Hybridenmais-Saatgut eingerichtet.

WICHTIGER PHOSPHATPRODUZENT. Floridas Bergbau basiert auf den an miozäne und eozäne Deckschichten gebundenen Phosphatvorkommen, die vor allem im westlichen Zentral-Florida gefördert werden. In der Phosphatgewinnung wie auch in der Kiesgewinnung für die Zementherstellung nimmt Florida innerhalb der USA die Spitzenposition ein. Es bestreitet etwa 80% der US-amerikanischen bzw. ein Viertel der Weltproduktion von Phosphat, allerdings bei ungünstigen Zukunftsaussichten: Zum einen ist der Import marokkanischen Phosphats wegen der hohen Produktionskosten in den USA billiger, zum anderen ist man bestrebt, wegen der umweltschädigenden Wirkungen den Phosphatverbrauch in der Landwirtschaft einzuschränken. Auch sind nach Friese (1990) die Vorkommen in der zentralfloridanischen Polk County weitgehend erschöpft, während die weiter südlich gelegenen Reserven wegen hoher Bodenpreise und mangelnder Umweltverträglichkeit kaum Aussicht auf Erschließung haben dürften.

RAUMFAHRT UND ANDERE HIGH-TECH-BRANCHEN. Ebenfalls rückläufig ist die Nahrungsmittelindustrie, die bis in die 60er Jahre hinein auf Grundlage der heimischen Agrarprodukte und Fischereiwirtschaft eine Führungsrolle innehatte, während andere Branchen kräftig im Vormarsch begriffen sind, allen voran die Raumfahrttechnik und andere Bereiche der Hochtechnologie-Branchen.

1950 gab die NASA ihren Entschluß bekannt, die Einrichtungen für den Raumtransporter ihres Mondlandeprogramms am Cape Canaveral (Cape Kennedy) in der Brevard County zu installieren. Bis dahin waren Grapefruitanbau und Garnelenfang die bescheidenen wirtschaftlichen Grundlagen dieser 23 000 Einwohner zählenden County gewesen. Mit der Raumfahrt kamen Tausende von Technikern sowie zahlreiche Nachfolgeunternehmen in die Brevard County, deren Einwohnerzahl von rund 110 000 (1960) auf 221 000 (1970) emporschnellte: Ein Anstieg innerhalb zweier Jahrzehnte auf das Zehnfache.

1972 kam es mit Ende des Mondlandeprogramms und entsprechenden Kürzungen von Regierungsmitteln vorübergehend zu einer Rezession, die jedoch zum großen Teil von der Tourismusbranche und dem Zuzug von Ruheständlern aufgefangen werden konnte.

Die wechselvolle jüngere Geschichte von Cape Kennedy zeigt deutlich die Abhängigkeit der Raumfahrt- und Rüstungsindustrie von unionsstaatlichen Aufträgen und Subventionen. Nach Friese (1990) steht Florida unter den Empfängern von militärischen Aufträgen und Investitionen an 5. Stelle. Bis 1986 lag die Zahl der in militärischen Einrichtungen Beschäftigten bei 160 000, die Militärausgaben (10 Mrd. US-$), hatten sich innerhalb des davorliegenden Jahrzehnts mehr als verdreifacht.

Mitte der 80er Jahre waren insgesamt über 27% aller in der Gütererzeugung Beschäftigten den High-Tech-Branchen zuzurechnen, die sich auf drei Standorte konzentrieren: Tampa, Orlando und West Palm Beach. In diesem als floridanischem Silicon Triangle bezeichneten Gebiet besteht eine gewisse standortabhängige Spezialisierung: Kommunikationssysteme und Luftfahrtausrüstungen (Tampa-Bucht), Lasertechnik, Raumfahrt und Rüstungsindustrie (Orlando/Kennedy Space Center/Melbourne), biomedizinische Ausrüstungen, Computerbau, Fernmelde- und Luftfahrttechnik (West Palm Beach/Fort Lauderdale/Miami). Ihr Gesamtumsatz betrug Mitte der 80er Jahre rund 1,5 Mrd. US-$.

Holzverarbeitung und chemische Industrie (vor allem Kunststoff- und Gummierzeugnisse) sind in Florida ebenfalls bedeutende Industriezweige. Relativ hohe Zuwachsraten zeigt die Be- und Verarbeitung von Holz, insbesondere die Verarbeitung der heimischen Kiefern und Sumpfzypressen zu Papiermasse und ihre Nutzung zur Terpentingewinnung.

Mit der starken Bevölkerungszunahme hängt das rasche und in allen Teilbereichen weit über dem US-Durchschnitt liegende Wachstum des gesamten Dienstleistungssektors zusammen. Allen voran rangiert das Finanz- und Versicherungswesen, gefolgt von privaten Dienstleistungen und Handel. Etwas geringer, aber immer noch deutlich über dem US-Durchschnitt, liegen die Wachstumsraten im Transportwesen und in der öffentlichen Verwaltung. Auch die Beschäftigung auf dem Bausektor nahm in den beiden letzten Jahrzehnten im US-amerikanischen Vergleich fast dreimal so schnell zu.

Ökonomisches Wachstum und ökologische Gefährdung sind in Florida während der Nachkriegszeit besonders groß gewesen. Die floridanische Regierung sieht es daher als ihre vordringliche Aufgabe an, beim anhaltenden Zustrom von Menschen und Wirtschaftsunternehmen die Natur zu schützen, die vor allem durch Eingriffe in den Wasserhaushalt in der Südhälfte der Halbinsel bedroht ist.

MIAMI UND FORT LAUDERDALE. Florida besitzt zwei der 37 US-amerikanischen Millionen-Metropolen. Die Metropole Miami/Fort Lauderdale auf der atlantischen Seite und die Metropole Tampa/St. Petersburg/Clearwater (2 Mio. Einw.) auf der Golfseite. Miami/Fort Lauderdale nimmt mit rund 3 Mio.

Menschen Platz 11 innerhalb der USA ein und bildet den Kernraum der floridanischen Goldküste. Während die Stadtgemeinde Miami mit Nahrungsmittel-, Damenoberbekleidungs- und Möbelindustrien sowie vielfältigen Dienstleistungen (vor allem auf dem Finanzsektor) eine breite sekundär- und tertiärwirtschaftliche Basis besitzt, wird Miami Beach stark vom Tourismus beherrscht. Getrennt werden beide Teile durch die Biscayne Bay, in der neben natürlichen Inseln wie Key Biscayne zahlreiche kleine künstliche Inseln liegen. Während die zum Meer weisende Seite der kilometerlangen Nehrung eine Kette meist vielgeschossiger Hotels trägt, wurden am kanalisierten Biscayne River und seinen Verzweigungen auf der Rückseite Tausende von Wassergrundstücken mit Eigenheimen bebaut.

In den 80er Jahren hat Miami (359 000 Einw.) ein modernes Gesicht bekommen. Die Brickell Avenue erhielt Wolkenkratzer. An der Biscayne Bay erstreckt sich der Bayside Marketplace mit seinen zahlreichen Geschäften und Restaurants. Ein anderer neu gestalteter Anziehungspunkt ist das Metro-Dade Cultural Center, ein in mediterranem Stil ausgeführter Komplex, zu dem das Center for the Fine Arts mit vielen Ausstellungsräumen, ein Historisches Museum und eine große Bibliothek gehören. Zur besseren verkehrsmäßigen Erschließung entstand das Metromover-System, ein auf großem Teil der Strecke als Hochbahn geführtes Schnellbahnnetz.

Das in den 40er und 50er Jahren für seine Jazzklubs bekannte Viertel Overtown erhielt einen großen Neubaukomplex mit Eigentums- und Mietwohnungen, der zur Wiederbelebung dieses vom Verfall bedrohten Viertels beigetragen hat. Die vornehmen Seebadeorte (u. a. Sunny Isles und Bal Harbour) ziehen sich weit über Miami Beach hinaus. Der Erfinder und Flieger Glenn Curtiss (* 1878, † 1930) war der geistige Vater der Vorortgemeinde Opa-Locka, deren Hauptstraßen in Form eines Halbmondes angelegt sind und deren Häuser mit ihren Minaretts und Kuppeln an die Geschichten aus »Tausendundeine Nacht« erinnern.

Der Großraum Miami ist zu einem Zentrum lateinamerikanischer Volksgruppen geworden. Zu Puertoricanern und Mexikanern kamen in jüngerer Zeit viele Kubaner und Nicaraguaner hinzu. Zwischen diesen Volksgruppen, die durchaus nicht ohne Spannungen miteinander leben, bestehen soziale Unterschiede: Die Kubaner sind großenteils besser gestellt als die Mexikaner und diese wiederum besser als die Puertoricaner.

An der 8th Street Southwest in Miami entstand das Little Havana genannte Viertel mit lateinamerikanischen Geschäften, Restaurants, Kinos und Banken. Von hier aus breiteten sich die Kubaner nach Coral Gables, Hialeah, Key Biscayne und Miami Beach aus. Spanisch ist längst zweite Amtssprache geworden: Der Miami Herald erscheint in einer spanischen Ausgabe als El Miami Herald, und die bekannten amerikanischen Hotdogs werden als Perros Calientes verkauft.

Von Miamis Hafen stechen Kreuzfahrtschiffe in See, die mehrere Inseln in der Karibik und auf manchen Routen auch mexikanische und venezolanische Häfen anlaufen.

Fort Lauderdale (149 000 Einw.), eine Art floridanisches Venedig, ist durchzogen von rund 430 km Wasserwegen, die zu etwa zwei Dritteln mit Booten befahrbar sind. Wegen der vielen Schiffe wird diese Stadt »Größter Jachthafen der USA« genannt. Hervorgegangen ist die Siedlung aus einem Fort, das von Major Lauderdale 1838 während der Auseinandersetzungen zwischen Weißen und Seminolen gegründet wurde.

Fort Lauderdales Entwicklung verlief weniger stürmisch als die Miamis. Die Stadtväter hatten verfügt, daß der Strand nicht verbaut werden dürfe, und so ist ein Küstenstreifen von etwa 9 km Länge bis heute öffentlich zugänglich, ein Anreiz für die zahlreichen Touristen. Zur Osterzeit ist Fort Lauderdale Treffpunkt Tausender von College-Studenten, die sich hier alljährlich ein Stelldichein geben.

DER GROSSRAUM TAMPA. Die Metropole Tampa/St. Petersburg/Clearwater auf der Golfseite nimmt mit rund 2 Mio. Menschen den 21. Platz unter den Metropolitan Statistical Areas ein. Tampa entstand aus dem 1823 gegründeten Fort Brooke. Sein am Ausgang des Hillsborough-Flusses und an der gleichnamigen Bucht entstandener Hafen spielte eine Rolle im Sezessionskrieg und 1898 in den Auseinandersetzungen mit den Spaniern um Kuba. In den 1880er Jahren wurde die Zigarrenherstellung begründet, die Tampa eine einmalige Stellung in den USA verschafft. Kubaner kamen ab 1886 und gestalteten das Stadtviertel Ybor City, das aber neben spanischen auch italienische Einflüsse zeigt.

Viele andere Industriebranchen wie Düngemittel-, Konservenherstellung und Brauereien (Schlitz und Anheuser-Busch) tragen zur Stellung Tampas als Wirtschaftszentrum der westfloridanischen Region bei. Tampa ist Sitz der University of Tampa, die erheblich zum neuerlichen Ausbau des Dienstleistungssektors beigetragen hat. Über den Hafen wird ein Drittel der floridanischen Phosphatproduktion exportiert. Mit dem kürzlich erfolgten Bau eines modernen Großflughafens hat der Raum Tampa/St. Petersburg auch in verkehrsmäßiger Hinsicht Anschluß an Floridas Wirtschaftsboom gefunden.

Aufgereiht wie an einer Perlenschnur stehen die Hotels am Strand von Miami
Beach, darunter auch viele alte, die von Zuwanderern aus der Karibik (vor
allem Puertoricaner) und Pensionären auf Dauer bewohnt sind.

Panama City Beach mit seinen weißen Sandstränden ist einer der beliebtesten
Ferienorte an der sog. Panhandle, dem nicht mehr zur Halbinsel gehörenden
Teil Floridas östlich von Tallahassee.

Panama City liegt am östlichen Ende des 160 km langen Miracle Strip. Dieser
bis Pensacola reichende Landstreifen am Golf von Mexiko bietet zahlreiche
Bade- und Freizeitmöglichkeiten.

Die Fortsetzung Floridas nach Südwesten bilden die Key-Inseln, die bis zum
Endpunkt Key West über viele Brücken durch einen Highway verbunden sind.
Hier verschmelzen Elemente der Karibik und Neuenglands.

Strandidylle mit Palmen: Florida ist im Osten, Süden und Westen vom
Meer umgeben und besitzt rund 2000 km Küstenlinie. Kein Ort liegt mehr als
100 km vom Atlantik oder vom Golf von Mexiko entfernt.

Sloppy Joe's Bar, »Hemingway's favorite bar«, wirbt mit ihrem prominentesten
Kunden. Hemingway lebte zehn Jahre in der einstigen Seeräuberhochburg Key
West, wo Schwammfischer, Zigarrenmacher und Soldaten beheimatet waren.

Der Everglades National Park ist das größte subtropische Naturschutzgebiet der USA. Am besten läßt sich das Labyrinth von Wasserwegen auf Propellerbooten mit geringem Tiefgang erkunden.

Der Everglades N. P. beherbergt eine reiche Tier- und Pflanzenwelt der Tropen. Alligatoren sind häufig anzutreffen, aber auch das seltene amerikanische Krokodil ist hier beheimatet.

Nördlich von Tampa teilen sich die Fischer ihre einsamen Piers und ihre Fänge
mit den Pelikanen. Nur einige Kilometer entfernt türmt sich auf den Sandinseln
vor der Küste an fast 50 km langen Badestränden Hotel an Hotel.

Die Tampa Bay wird von St. Petersburg nach Süden von der Sunshine Skyway
überbrückt, wie auch die Nehrungen und Inseln bis vor DeSoto durch Maut-
brücken untereinander und mit dem Festland verbunden sind.

Die Westküste Floridas am Golf von Mexiko wird in neuester Zeit immer
beliebter und auch teurer als die Atlantikküste. Das Don Cesar Hotel ist eines
der ältesten Luxushotels von St. Petersburg.

Floridas Wirtschaft ist ohne seine Zitrusplantagen undenkbar. Oft aber müssen
die Bestände durch Rauch (Vernebelung) und Ventilatoren (Luftvermischung)
vor Frost geschützt werden.

Unterhaltung und Erholung werden im sonnigen Touristenstaat Florida groß-
geschrieben. Beispielhaft für riesige Vergnügungsparks ist die Stadt Orlando,
hier mit »Wet'n'Wild« vertreten.

Östlich von Orlando liegen auf einer Nehrung das John F. Kennedy Space
Center und die Cape Canaveral Air Force Station. Von hier gingen die ersten
bemannten Weltraumflüge der Amerikaner aus.

DIE NÖRDLICHEN GROSSE-SEEN-STAATEN

Die drei Staaten an den Großen Seen im Norden der USA, Michigan, Wisconsin und Minnesota, gehören mit den südlich anschließenden Staaten Ohio, Indiana, Illinois und Iowa zu einem Gebiet, das als Mittelwesten bezeichnet wird; letztere vier Staaten werden gesondert (Der zentrale Mittelwesten, S. 277) behandelt.

REGION DES MITTELWESTENS. Der Begriff »Mittelwesten« blieb bis zur Gegenwart schillernd. Wissenschaftler begrenzen ihn unterschiedlich, selbst die Ansässigen – vor allem in den Übergangsbereichen zu anderen Landesteilen der Vereinigten Staaten – geben verschiedene Antworten auf die Frage, ob sie sich als Mittelwestler fühlen.

Zweifellos gibt es aber einen Kernraum, der weitgehend als Mittelwesten anerkannt wird und dem die drei nördlichen Große-Seen-Staaten, Michigan, Wisconsin und Minnesota sowie die vier südlich anschließenden Staaten Ohio, Indiana, Illinois und Iowa zuzurechnen sind. Es ist das Gebiet zwischen Appalachengebirge, Ohio-Fluß und Mississippi, das – von Iowa abgesehen – aufgrund der Northwest Ordinance von 1787 als Old Northwest (»Alter Nordwesten«) bezeichnet wurde. Mit voranschreitender Westwärtsbewegung ging die Bezeichnung Nordwesten nach dem Sezessionskrieg zunächst auf die beiden Dakotas und Montana über, schließlich auf den Pazifischen Nordwesten, während sich für den einstigen Nordwesten der Begriff Mittelwesten einbürgerte.

WESENSMERKMALE DES MITTELWESTENS. Der Mittelwesten ist jenes Gebiet, das sich nicht so sehr als ein Ausläufer Europas entwickelt hat, sondern eher von seinem eigenen Leitmotiv bestimmt war. Diese Region wurde aufgrund der indianischen Gebietsabtretungen als erste dem politisch-administrativen Experiment einer territorialen Organisation unterworfen; hier wurde erstmals das System der quadratischen Landvermessung und Besitzaufteilung erprobt, da der Mittelwesten wegen seiner günstigen Reliefgestaltung solcher schematischen Landaufteilung den geringsten Widerstand entgegensetzte.

Durch dieses Vermessungssystem entstanden ein nahezu völlig rechtwinkliges Wegenetz, eine äußerst gleichförmige Anordnung der Einzelfarmen und eine recht gleichmäßige Verteilung der kleinen Landstädte. An den Kreuzungspunkten der den Section Lines folgenden Wege bildeten sich kleine Häusergruppen (hamlets) mit einem Geschäft, einem Rasthaus, später einer Tankstelle. Auf einer von der Landverteilung ausgespart gebliebenen Section wurde eine Kirche oder eine Landschule errichtet. Die Versorgung der weit über das Land gestreuten Bevölke-

MINNESOTA
gegr. 1858
224 329 km²
4 387 029 Einw.
St. Paul

WISCONSIN
gegr. 1848
171 496 km²
4 906 745 Einw.
Madison

MICHIGAN
gegr. 1837
151 493 km²
9 328 784 Einw.
Lansing

rung war lückenhaft; sie wurde bald durch den Versandhandel ergänzt, der 1872 mit Gründung der Firma Montgomery Ward & Co. seine Geburtsstätte in Chicago hatte.

Zur Charakterisierung des Mittelwestens, der sich zu einer der ertragreichsten Agrarregionen der USA entwickelte und in dem das amerikanische Ideal der Familienfarm zunächst am deutlichsten verwirklicht wurde, bemerkt Knox (1988): »Während das Landvermessungsgesetz von 1785 die Agrarlandschaft des Mittelwestens prägte, prägte Jeffersons Vorstellung von einer grundlegend agrarischen Gesellschaft die Geisteshaltung der Menschen im Mittelwesten, die der Überzeugung sind, daß sie allein am ehesten den Glaubensgrundsätzen und den Normen der Republik entsprechen«.

Hart (1972) hat einmal gesagt, die Einwohner des Mittelwestens zeigten Charakterzüge, die zwar in den USA allgemein verbreitet sind, aber bei ihnen am deutlichsten zum Ausdruck kommen: Dazu gehört die besondere Hochschätzung materieller Werte, die sich in entsprechend wählerischem Konsumverhalten widerspiegelt; gepaart ist dies mit ungebrochenem Fortschrittsdenken und dem Wunsch, daß alles dem neuesten Entwicklungsstand entsprechen müsse (z.B. auch die Ausrüstung der Farmen mit Landmaschinen). Hinzu kommt ein nüchternes Zweckmäßigkeitsdenken, das auf ständig Besseres, Praktischeres, gut Funktionierendes ausgerichtet ist.

Die politische Haltung der vor allem noch landwirtschaftlich orientierten Bevölkerung ist überwiegend republikanisch, während man in den großen Städten mehrheitlich demokratisch zu wählen pflegt. Das bedeutet eine gewisse Ausgewogenheit innerhalb des einzelnen Staates mit insgesamt einer meist schmalen Mehrheit für die Republikanische Partei. Bei vielen Bewohnern des Mittelwestens läßt sich eine Antipathie gegen alles Fremde feststellen, so daß der Mittelwesten im Hinblick auf die amerikanische Außenpolitik stets den Standpunkt des Isolationismus unterstützt hat.

Der Mittelwesten ist bei weitem keine homogene Region, obwohl weite Teile flach bzw. hügelig sind und er größtenteils den Inneren Ebenen, den Prärien und Plains, zuzurechnen ist. Auch wenn aus heutiger Sicht der Manufacturing Belt der USA bis St. Paul/Minneapolis am Mississippi reicht, ist doch der Ostteil mit dem Zentrum Detroit deutlich stärker industrialisiert als der großenteils agrarwirtschaftlich orientierte Westteil, wo die Industriekonzentrationen (u.a. Weiterverarbeitung von Agrarprodukten und Landwirtschaftsmaschinen) weiter voneinander entfernt liegen. Ebenso deutlich sind Unterschiede zwischen dem Norden und dem Süden festzustellen, allein schon innerhalb der nördlichen Große-Seen-Staaten und erst recht unter Einbeziehung der sehr viel stärker agrarwirtschaftlich ausgerichteten Staaten des zentralen Mittelwestens.

FRANZÖSISCHE GRÜNDUNGEN. Französische Missionare und Pelzhändler waren die ersten Europäer, die von ihrem Siedlungsraum am St.-Lorenz-Strom an die Ufer der Großen Seen gelangten. Sie arbeiteten sich etappenweise westwärts vor und kamen zuerst nach Michigan. Die Indianer nannten das Gebiet michi gami, was soviel wie »großes Wasser« bedeutet. 1622 erblickte Étienne Brulé das Ufer des Oberen Sees. Der Jesuitenpater Jacques Marquette (* 1637, † 1675) gründete 1668 eine Mission an der Stelle, wo heute Sault Sainte Marie liegt. 1701 legte Antoine de la Mothe Cadillac (* um 1656, † 1730) den Grundstein für die spätere Stadt Detroit. Die Namen dieser französischen Entdecker finden sich nicht nur in den Orts- und Straßennamen des Gebiets wieder, sondern auch in den Automarken der im Großraum Detroit etablierten Automobilfirmen.

Inzwischen waren die Franzosen auch schon weiter nach Westen in das Gebiet der späteren Staaten Wisconsin und Minnesota vorgedrungen. 1634 entsandte Samuel de Champlain, der Gouverneur von Neufrankreich, Jean Nicolet (* 1598, † 1642) auf die Suche nach der Nordwestpassage, mit deren Auffindung während des 17. und 18. Jahrhunderts zahlreiche Entdeckungsreisende betraut waren. Nicolet durchfuhr die Straße von Makkinac und gelangte als erster Weißer über den Michigansee zur Green Bay, wo er den Pelzhandel mit den Winnebago-Indianern begann. Kaum 10 km oberhalb von Green Bay legten zwei Patres an den Stromschnellen des Fox River, den Rapides des Pères, eine Siedlung an, die den Namen De Pere erhielt.

Der in die Green Bay entwässernde Fox nähert sich weiter südwestlich bis auf knapp 2 km dem Wisconsin, der in den Mississippi mündet. Über diese kurzen Wegstrecken zwischen den Flüssen trugen die Franzosen nach indianischer Sitte ihre Boote; bedeutsam waren diese sog. Portagen, nach denen auch die kleine Stadt Portage nahe dem 1828 errichteten Fort Winnebago benannt ist, bis zum Bau von Kanälen, Straßen und Eisenbahnen. 1682 erschloß Sieur de la Salle unter Nutzung der Portage zwischen Fox und Wisconsin den Franzosen die Mississippi-Linie. Den Namen für den Fluß und den späteren Staat Wisconsin übernahmen sie von den Indianern, in deren Sprache »Ouisconsing« etwa »Sammelstelle der Wasser« bedeutete.

In das Minnesota-Gebiet gelangten die Franzosen um 1660. Sieur Du Luth legte 1679 ein Fort am Oberen See an, wo die 1856 gegründete Stadt Duluth seinen Namen trägt.

GEBIETSABTRETUNGEN UND LANGJÄHRIGE UNRUHEN. 1763 kam das ganze Gebiet mit Ausnahme des Westteils des heutigen Staates Minnesota an die Engländer; der westliche Teil gehörte zum großen französischen Louisiana-Territorium, das erst 1803 mit dem Louisiana Purchase an die Vereinigten Staaten überging. In der Zwischenzeit waren die Franzosen noch am Mississippi aktiv, wo 1788 Julien Dubuque den nach ihm benannten Ort anlegte, der heute zu Iowa gehört. Die Bleivorkommen im Dreiländereck von Iowa, Illinois und Wisconsin – die ersten Minen wurden 1823 eröffnet – zogen Bergleute aus Irland, Wales und Cornwall an. Wie die Dachse gruben sie sich in die Erde dieses Gebiets, was Wisconsin seinen Spitznamen »Badger State« eingetragen hat.

Die politischen Regelungen von 1763 und 1803 brachten dem Raum aber noch keine endgültige Festigung der politischen Lage. Zum einen blieben die westlichen Teile noch eine Zeitlang unter dem Einfluß der britischen North West Company, zum anderen drangen die Briten im Krieg 1812–14 aus dem kanadischen Gebiet südwärts vor und besetzten u.a. Detroit und Mackinac. Erst als der Krieg offiziell längst beendet war, räumten sie 1815 diese Orte. Auf Drummond Island blieb eine britische Garnison bis 1828 bestehen; im Red-River-Gebiet wurde ein Landaustausch zwischen Briten und Amerikanern mit dem 49. Breitenkreis als Grenzlinie erst 1818 vereinbart.

In diesem Raum gab es auch noch viele Jahre lang indianische Aufstände. Im Zuge von Häuptling Pontiacs Krieg 1763/64 besetzten die Ottawa, die zu den unter Pontiac vorübergehend vereinigten Stämmen gehörten, für mehrere Monate Detroit. In Wisconsin kam es in den 1830er Jahren zu Unruhen, die in einem kurzen Krieg gipfelten, dem Black Hawk War. Der Sac-Indianer Black Hawk (* 1767, † 1838) führte die Sac und Fox, die sich in mehreren Verträgen zum Rückzug in das Gebiet westlich des Mississippi bereit erklärt hatten, über den Fluß ostwärts nach Wisconsin hinein, da er die von einem anderen Häuptling geschlossenen Verträge nicht anerkannte. Mit dem Sieg der US-Truppen und der Gefangennahme Black Hawks endeten die Unruhen. Im nördlichen Waldgebiet von Minnesota hatten sich die Chippewa, im südlichen Hügel- und Präriegebiet die Sioux ausgebreitet, die sich beide ihre Gebiete gegenseitig streitig machten. Hier kam es erst zwischen 1838 und 1855 zu Vertragsabschlüssen zwischen den Indianern und den USA.

DIE ZEIT DER STAATWERDUNGEN. Inzwischen hatte es im Osten schon einen wirtschaftlichen Aufschwung gegeben. 1818 befuhr das erste Dampfschiff die Großen Seen, 1825 wurde der Eriekanal eröffnet, der die Verbindung nach New York auf dem Wasserweg gewährleistete. Wegen eines lange währenden Grenzstreits mit Ohio verzögerte sich die Staatwerdung von Michigan bis 1837; die Hauptstadt wurde 1847 von Detroit nach Lansing verlegt.

In Wisconsin hatte die Erschließung der Bleiregion im Süd-westen zu einer starken Bevölkerungszunahme geführt, so daß Wisconsin 1836 zum Territorium und 1848 zum 30. Staat der USA erklärt wurde.

Die bis 1855 mit den Indianern geschlossenen Verträge bildeten die Grundlage dafür, daß Minnesota 1858 als 32. Staat in die Union aufgenommen wurde. Der Frieden war jedoch trügerisch: 1862 erhoben sich die Sioux zu einer Revolte. Erst nachdem sie am Wood Lake geschlagen und über den Minnesota-Fluß abgedrängt worden waren, konnte das Gebiet als befriedet gelten.

Entgegen der ursprünglichen Vorstellung Thomas Jeffersons, im Nordwestterritorium eine größere Zahl kleiner Staaten zu schaffen, wurden somit aus dessen nördlichem Teil drei relativ große Stücke mit Abmessungen zwischen 145 000 km² und 218 000 km² herausgeschnitten und zu Staaten gemacht.

DIE GROSSEN SEEN. Das gesamte Gebiet wird von den Gro-ßen Seen geprägt. So besteht der Staat Michigan aus zwei gro-ßen Halbinseln, der Lower Peninsula und der Upper Peninsula. Erstere wird von den Seen Erie, Huron und Michigan umgeben, letztere von den Seen Michigan, Huron und Superior (Oberer See). Bis auf Minnesota, das nur geringen Anteil an der Küste des Oberen Sees hat, greift dieser große Wasserkörper mit sei-nen zahlreichen Buchten tief ins Land ein und gliedert es in viele Halbinseln und Inseln.

An der Straße von Mackinac, der Verbindung zwischen Hu-ron- und Michigansee, nähern sich die Lower und Upper Penin-sula auf ca. 7 km an und sind durch eine große Hängebrücke verbunden. Die nicht weit von der Mackinac-Straße entfernten Inseln Mackinac (seit 1895 State Park) und Beaver sind beliebte Urlaubsziele. Von der Insel Mackinac (ca. 15 km²) nahm die be-rühmte Pelzfirma American Fur Company ihren Ausgang, deren Besitzer John Jacob Astor (* 1763, † 1848) Astoria an der Co-lumbia-Mündung gründete. Die Verbindung von Oberem See und Huronsee stellt die Enge bei Sault Sainte Marie her. Seit dem Schleusenbau von 1853 bis 1855 wurden diese Schleusen, die Soo Locks, mehrfach vergrößert und erweitert. Die Isle Royale im Oberen See, die zum Nationalpark erklärt wurde, liegt dem kanadischen Ufer näher als dem amerikanischen.

SPUREN DER EISZEITEN. In ihrer heutigen Gestalt sind die Großen Seen von Eiszungen ausgeformte Zungenbecken. Aber fast der gesamte Raum ist von den Eiszeiten geprägt und weist alle aus dem Norddeutschen Tiefland bekannten Formen der glazialen Serie auf: End- und Grundmoränen, Oser, Drumlins, Sander, vor allem aber einen unglaublichen Gewässerreichtum. So besitzt Michigan ca. 11 000, Wisconsin 14 000, Minnesota 12 000 Seen − alle drei Staaten insgesamt also 37 000 Seen. Hinzu kommt ein Netz von Flüssen, die teils zu den Großen Seen hin, aber schon in geringer Entfernung von diesen in den Mississippi entwässern. Viele haben ein unausgeglichenes Ge-fälle, da sich in der geologisch kurzen postglazialen Periode das Gewässernetz noch nicht endgültig formen konnte. Besonders schöne und für den Tourismus attraktive Flußstrecken bilden der Wisconsin bei den Wisconsin Dells und der St. Croix bei St. Croix Falls. Größter See Wisconsins ist der Winnebagosee, größter See Minnesotas der Lake of the Woods, durch den die Grenzen zu Ontario und Manitoba so verlaufen, daß ein Land-zipfel mit der kanadischen Provinz Manitoba zusammenhängt und vom übrigen Minnesota abgetrennt ist. Wo das Land beson-ders flach ist, dehnen sich Sümpfe aus; im zentralen Wisconsin wird ein Sumpfgebiet für den Anbau von Preiselbeeren genutzt.

Ganz im Norden Minnesotas, westlich vom Oberen See, liegt der Itascasee (445 m ü. N. N.). Dem Reisenden Henry R. Schoolcraft wird das Verdienst zugeschrieben, diesen See 1832 als Quelle des Mississippi identifiziert zu haben.

Aus der allgemein flachen Landoberfläche heben sich einzelne Geländeformen heraus. So gibt es vor allem an verschiedenen Küstenabschnitten des Michigansees bis zu 200 m aufragende Dünen. Die Küsten des Oberen Sees werden streckenweise von markanten Kliffs begleitet. Von den Endmoränenzügen ist vor allem die Kettle Moraine im Südosten der Fond du Lac County von Wisconsin kräftig ausgebildet. Im Südwestsektor Wiscon-sins liegt die sog. Driftless Area, ein Gebiet, das von den sich hier teilenden Eiszungen umgangen wurde. Es blieb daher un-vergletschert und zeigt kräftigere Reliefunterschiede.

BODENSCHÄTZE UND VIEL WALD. Der Norden der Region gehört geologisch zum Kanadischen Schild und besteht aus kri-stallinen und metamorphen Gesteinen. Die kleinen Bergketten wie die Marquette Range, Gogebic Range, Menominee Range, Mesabi Range, Cuyuna Range und Vermilion Range enthielten große Mengen an Eisen- und Kupfererzen. Neben dem Felsenge-birgsraum ist das Große-Seen-Gebiet der zweitgrößte Kupfererz-erzeuger der USA. Die bedeutendste der eisenerzführenden Berg-ketten am Oberen See ist die Mesabi Range. 1889 wurde das Erz entdeckt, 1891 eröffnete Leonidas Merritt mit seinen Brüdern die erste Mine. Nach Erschöpfung der zu über 60% Fe-haltigen Hämatite um 1950 werden seit den 60er Jahren die noch in gro-ßer Menge vorhandenen zu 25% Fe-haltigen Takonite gewon-nen, die aber in kostspieligen Aufbereitungsverfahren angerei-chert werden müssen. Die größten Tagebaue befinden sich bei den Orten Hibbing und Virginia.

Ursprünglich waren über drei Viertel der Flächen Michigans und Wisconsins sowie die halbe Fläche Minnesotas bewaldet. Nachdem große Teile dieses »Empire in pine« abgeholzt waren und holzwirtschaftlich weniger nutzbare Sekundärwälder nach-gewachsen sind, bilden die Kombination von Wald und Wasser im Sommer und die kalte, schneereiche Wintersaison ein hohes touristisches Potential.

WIRTSCHAFTLICHE ENTWICKLUNG. Die Große-Seen-Staaten haben mehrere Wirtschaftsperioden durchlaufen. Der zuerst von den französischen coureurs de bois betriebene Pelzhandel wurde von der britischen North West Company und von Astors American Fur Company weitergeführt. Danach erlebte Wisconsin mit den Bleifunden in seiner Südwestecke von den 1820er Jahren ab eine frühe Bergbauperiode.

Von 1860 bis 1900 gab es in den Große-Seen-Staaten eine Periode der Holzwirtschaft, die mit gewaltigem Raubbau an den Kiefernbeständen verbunden war. Der ganze Norden der drei Staaten ging aus ihr als »Cutover Region« hervor. An die Stelle der ursprünglichen Wälder traten von Laubbäumen dominierte Sekundärwälder. Die eigentliche Inbesitznahme dieses Raumes hatte nach der Staatwerdung (1837–58) begonnen. Zu dieser Zeit bestand in den Oststaaten, deren Wälder bereits stark dezimiert waren, wegen Industrialisierung und Städtewachstum eine hohe Nachfrage nach Holz; zugleich war die Besiedlung in die weitgehend baumlosen Plainsstaaten vorgedrungen. Dieser Bedarf im Osten und im Westen beflügelte die Aktivitäten der Unternehmen, die zwischen 1860 und 1895 Michigan, zwischen 1896 und 1904 Wisconsin an die Spitze der holzerzeugenden US-Staaten brachten, bis 1905 der pazifische Küstenstaat Washington dem Mittelwesten die Führung abnahm.

Auch die übrige Industriewirtschaft orientierte sich an der Holzfällerei, deren an den Flüssen aufwärts vordringenden Sägemühlen ausgerüstet werden mußten. Die vor allem in Wisconsin noch heute zahlreichen Werkzeugmaschinenfabriken gehen auf die Herstellung von Sägeblättern zurück. Mit dem Niedergang der Holzwirtschaft im 20. Jahrhundert mußten sich diese Unternehmen umorientieren und stellen heute Bohr-, Drill- und Fräsmaschinen her.

Die Zahl der holzverarbeitenden Betriebe ist geringer geworden. Die noch verbliebenen Möbelfabriken fertigen heute moderne Büromöbel; es gibt Zellstoff- und Papierfabriken mit Spezialisierung auf Hand- und Taschentücher, Servietten und Toilettenpapier. Schon vor langer Zeit stellte die Johnson Wax Company ihre Fabrikation um: Statt Parkettfußböden stellt sie heute deren Pflegemittel her. Der Stammsitz dieser global arbeitenden Firma ist noch immer Racine (Wisconsin). Die holzverarbeitenden Betriebe erhalten mittlerweile einen großen Teil der Hölzer aus dem Pazifischen Nordwesten und aus Kanada. Neue technische Verfahren ermöglichen es, größere Anteile von Harthölzern aus den Sekundärwäldern für die Zellstoff- und Papierherstellung zu nutzen.

Die Betriebe der Bekleidungsindustrie, die einst die Holzfäller (lumberjacks) mit Pullovern und Strümpfen aus der Wolle der dort gehaltenen Schafe versorgten, sind fortgezogen oder haben sich auf die Herstellung von Overalls und von Trikotagen aus Kunstfasern umgestellt. In Wisconsin kommen Landmaschinen- und Motorenbau als wichtige Branchen hinzu.

MEHR ALS AUTOS, BIER UND KÄSE. Insgesamt ist die Palette der Industrien viel umfangreicher. Michigan ist bekannt für seine Erzeugnisse der Fördertechnik, für Kühlschränke, Sportgeräte, Eisen- und Stahlwaren, Autoreifen und chemische Produkte (insbesondere Pharmazeutika). Der Name Michigan verbindet sich für den Fremden in erster Linie mit den beiden Städten Battle Creek und Detroit, erstere als Sitz der Kellogg Company, Amerikas größtem Hersteller von Frühstückskost aus Getreide, letztere als Zentrum des amerikanischen Automobilbaus. Auch Städte im weiteren Umkreis von Detroit wie Pontiac, Lansing und Flint sind Standorte von Autofirmen. Im benachbarten Ontario haben sich viele Zulieferer von Autoteilen etabliert, die seit dem Auto Pact 1965 zollfrei aus Kanada eingeführt werden können. Da die Autobranche sehr konjunkturanfällig ist, schwankte die Jahresproduktion von 1970 bis 1990 zwischen 5 Mio. und 9 Mio. Stück, weshalb Entlassungen oder Werksschließungen nicht ausblieben. So mußte z. B. Chrysler 1980 die in seiner Regie arbeitenden Dodge-Werke in Hamtramck bei Detroit mit 3000 Beschäftigten dichtmachen.

In Wisconsin spielt die Nahrungsmittelbranche eine herausragende Rolle. Der Staat, der jährlich über 15 Mrd. kg Milch hervorbringt, allerdings nur einen beschränkten lokalen Absatzmarkt für Frischmilch hat, steht an der Spitze aller Staaten in der Herstellung von Molkereiprodukten (Butter, Käse, Speiseeis, Kondens- und Trockenmilch), was ihm den Spitznamen »America's Dairyland« (Dairy = Milchwirtschaft) eingetragen hat. Während beim Aufbau des Molkereiwesens skandinavische und schweizerische Einwanderer Pate gestanden haben, wurden die großen Brauereien in Milwaukee (Blatz, Pabst oder Schlitz) von Deutschen gegründet. Weitere Brauereien gibt es in Chippewa Falls, Eau Claire, La Crosse, Monroe und Stevens Point.

Minnesotas Industrien waren lange Zeit mit der Holzwirtschaft des Nordostens sowie mit dem Getreideanbau und der Viehhaltung des Südwestens verknüpft. Holzverarbeitung und Papierfabrikation spielen noch heute eine große Rolle. Die an den St.-Anthony-Fällen gebauten Kraftwerke begründeten die Mühlenindustrie von Minneapolis. Die »Mühlenstadt Amerikas« hat diese Bedeutung weitgehend verloren, seit Getreide größtenteils nach Buffalo verschifft und dort verarbeitet wird. Wichtig sind nach wie vor die Fleischfabriken und Molkereibetriebe. Minnesota belegt in der Milchviehhaltung hinter Wisconsin den zweiten Platz. Sportkleidung, Maschinenbau, Elektrotechnik und Elektronik sind weitere wichtige Branchen; für letztere ist die Minnesota Mining and Manufacturing Corporation (»3 M«) ein herausragender Vertreter.

BERGBAU UND MILCHWIRTSCHAFT. Die Bergwirtschaft basiert auf den erzführenden Ketten im Norden. In der Eisenerzförderung der USA steht Minnesota mit seinen Vorkommen in der Mesabi Range an erster Stelle, gefolgt von Michigan. Dieser Staat und Wisconsin liefern auch Kupfer, jedoch in bescheidenen Mengen im Vergleich zum Felsengebirgsraum. Erwähnenswert sind Granite und andere Baustoffe sowie die Torfgewinnung in Michigan.

Agrarwirtschaftlich gehören die drei Staaten zum Milchwirtschaftsgürtel der USA. In der Milchviehhaltung belegt Wisconsin den ersten, Minnesota den zweiten Platz. Die Schweizer Gründung New Glarus mit den umlaufenden Balkonen im Obergeschoß der Häuser erinnert genauso an die Heimat der ersten Siedler wie die berühmte Holzkirche von Little Norway. Die fünfmal ab- und wieder aufgebaute Kirche wurde schon auf den Weltausstellungen in Paris und Chicago gezeigt.

Die Landwirtschaftsfakultät der Universität von Wisconsin ist bekannt für ihre Arbeiten zur Entwicklung und Verfeinerung von Molkereiprodukten. In allen drei nördlichen Große-Seen-Staaten stehen diese an erster Stelle des Farmeinkommens, gefolgt von Rindvieh an zweiter und Mais an dritter Stelle. Platz vier wird in Michigan und Minnesota von Sojabohnen, in Wisconsin von der Schweinemast belegt.

VIELFÄLTIGE ANBAUPRODUKTE. Daneben bringt die Landwirtschaft dieser Region eine Vielzahl anderer Produkte hervor. Aus Wisconsin kommen 25% des amerikanischen Zuckermaises. Die Nachkommen der schwedischen Siedler von Kalamazoo (Michigan) haben sich auf Sellerie- und Pfefferminzanbau und die Zucht von Stiefmütterchen spezialisiert. In bevorzugten Lagen an den Seeufern werden Wein, Kirschen und Äpfel gezogen. Nahe der Menominee-Reservation von Wisconsin liegt ein größeres Gurken- und Kürbisanbaugebiet. Auf sumpfigem Gelände zwischen Wisconsin Rapids und Marshfield werden die großen Preiselbeeren (cranberries) angebaut; auch Brathähnchen und Truthähne kommen aus Wisconsin. In Minnesota, das den kanadischen Prärieprovinzen ähnelt, werden Öl- und Faserpflanzen (vor allem Sonnenblumen und Flachs) angepflanzt.

Die Indianerstämme in Wisconsin und Minnesota gewinnen den amerikanischen Wildreis (Zizania aquatica), der neuerdings auch auf Naßreisfeldern gezogen wird und damit eigentlich kein echter Wildreis mehr ist. Er gedeiht auf sumpfigem Gelände, weshalb er auch Wasserreis genannt wird. Seine länglichen, dunklen »Körner« sind schmaler als die des asiatischen Reises. Die Blätter der bis zu 3 m hohen Pflanze werden 30–45 cm lang und etwa 5 cm breit; mit Ahornsirup zubereitet, ergibt Wildreis eine wohlschmeckende Mahlzeit. Die Wälder des Nordens gehören zu den wichtigsten Weihnachtsbaumlieferanten in den USA. In Wisconsin gibt es eine Anzahl von Nerzfarmen.

TOURISMUS UND WISSENSCHAFTLICHE INSTITUTIONEN. Die Kombination von Wald und Wasser sowie eine lange, schneereiche Wintersaison sind das Potential des mehr und mehr expandierenden Tourismus. In den Nationalforsten wurden zahlreiche Campingplätze eingerichtet; die Staaten und viele einzelne Gemeinden haben Recreation Areas ausgewiesen und mit entsprechender Infrastruktur versehen. In Wisconsin hängen etwa 13% aller Beschäftigten von der Tourismusbranche ab; sie erwirtschaftet jährlich über 6 Mrd. US-$, was einem Sechstel der Industrieproduktion des Staates entspricht.

Einen hohen Standard innerhalb der USA halten die Universitäten des nördlichen Mittelwestens: Die University of Michigan in Ann Arbor, die University of Wisconsin in Madison und in Milwaukee sowie die University of Minnesota in Minneapolis. Letztere verwaltet die 1919 ins Leben gerufene Mayo Association, die medizinische Forschungen fördert. Die Brüder William James Mayo (* 1861, † 1939) und Charles Horace Mayo (* 1865, † 1939) haben die von ihrem Vater 1889 in Rochester (Minnesota) gegründete Mayo-Klinik zu einem der renommiertesten Krankenhäuser der USA ausgebaut; auch das Mayo Institute of Experimental Medicine (gegr. 1924) und andere medizinische Einrichtungen gehen auf ihre Initiative zurück.

AUTOSTADT DER USA. Detroit (1,082 Mio. Einw.), Michigans größte Stadt, wurde 1701 vom Sieur de la Mothe Cadillac als Fort Pontchartrain du Détroit gegründet. Der Name – étroit bedeutet Wasserstraße – verweist auf die Lage am Detroit-Fluß, der St.-Clair-See und Eriesee verbindet. Detroit entwickelte sich zum wichtigen Hafen und zur Autostadt der USA. Neben Bierbrauerei und Ofenherstellung gehörten die Herstellung von Kutschen und Fahrrädern zu den wichtigen frühen Gewerben, die später Ford, Chrysler, General Motors und andere Automobilbauer anzog. Später wurde Detroit neben Pittsburgh und Chicago auch zum bedeutenden Stahlzentrum, als Hütten- und

Walzwerke an die Autohersteller, ihre Großabnehmer, heranrückten. Andere wichtige Zweige der Stadt sind Gummiwaren, Pharmazeutika, Farben, Büromaschinen und Fernsehgeräte.

Das Stadtzentrum wird wie in Chicago als Loop bezeichnet. Die Woodward Avenue teilt den Grand Circus Park und den CBD (Central Business District), von dem mehrere radiale Straßen ausgehen, die von einem Gitternetz überlagert sind. Vor allem am Detroit-Ufer wurden seit 1950 umfangreiche Sanierungsarbeiten durchgeführt; dort entstanden das Civic Center und das benachbarte Renaissance Center. Zum Civic Center gehören Cobo Hall und Arena, ein kombiniertes Ausstellungs-, Messe- und Kongreßzentrum, das auch für Konzert- und Sportveranstaltungen genutzt wird, sowie die Phillip Hart Plaza, das Veterans' Memorial Building und das Henry and Edsel Ford Memorial Auditorium. Die heutige Skyline wird von den fünf Glashochhäusern des Renaissance Center mit seinen Büros, Läden, Restaurants, Theatern und einem Hotel bestimmt.

Um den CBD legt sich ein Kranz von Minoritätenvierteln. In Delroy im Südwesten leben viele Ungarn, um die Michigan Avenue bildete sich eines von zwei Polenvierteln heraus. Der Bereich um die Davison Avenue im Nordwesten wird von den Juden geprägt. Westlich der Woodward Avenue liegt an der Cass und der Petersboro Avenue die kleine Chinatown. Östlich der Woodward Avenue dehnt sich Detroits Black Belt aus, an den sich in der selbständigen Gemeinde Hamtramck abermals ein Polenviertel anschließt. In nordöstlicher Richtung gibt es ein Gebiet vorwiegend italienischer Bevölkerung, dem nach außen Wohngebiete von Deutschen folgen. Im Südosten an der Monroe Avenue zwischen den Straßen St. Antoine und Beaubien liegt die Greektown, das Griechenviertel.

Im Detroit-Fluß befindet sich der Belle Isle Park auf der gleichnamigen Insel. Die Ambassador Bridge, zwei Tunnel und drei Autofähren verbinden die Stadt mit Windsor, das auf dem Gegenufer im kanadischen Ontario liegt; von Detroit aus fährt man in südliche Richtung, um nach Kanada zu gelangen.

Detroit gehört zu jenen Großstädten, deren Kern in besonderem Maße durch das Vorortwachstum gelitten hat. Schon Anfang der 50er Jahre entstand das Northland Shopping Center. In den 80er Jahren lagerten sich moderne Bürohauskomplexe an solche Einkaufszentren an, so daß Southfield heute bereits mehr Bürofläche aufweist als die Kernstadt Detroit.

»THE GERMAN ATHENS OF AMERICA«. Größte Stadt Wisconsins ist Milwaukee (628 000 Einw.), das am Zusammenfluß von Milwaukee, Menomonee und Kinnickinnic an einer Bucht des Michigansees liegt. Auf längeren Strecken fällt das Ufer bis zu 45 m zum See ab; vor allem auf der Nordseite haben wohlhabende Einwohner in den Vororten Shorewood, Whitefish Bay, River Hills und Fox Point ihre Häuser gebaut.

Um 1795 entstand hier ein Pelzhandelsposten; bis 1845 entwickelte sich aus drei separaten Siedlungen (Juneautown, Kilbourntown und Walker's Point) die Stadt Milwaukee, die nach 1865 einen großen Aufschwung mit dem Zuzug von Polen, Serben, Iren, Skandinaviern, Armeniern und vor allem Deutschen nahm. Schon der Zuzug im Zusammenhang mit der Revolution von 1848 war beträchtlich; später kamen so viele Deutsche, daß sich die Stadt die Bezeichnung »The German Athens of America« erwarb. Die deutschen Brauereigründungen Blatz, Pabst oder Schlitz gelangten zu Berühmtheit. Allerdings ging der Einfluß der Deutschen nach dem Ersten Weltkrieg zurück. Zu den bedeutenden kulturellen Einrichtungen der Stadt gehören das im flämischen Stil der 1890er Jahre errichtete Pabst-Theater und die große Freilichtbühne des Emil Blatz Temple of Music im Washington Park, in dem auch der zoologische Garten liegt, einer der größten in den USA.

In den 1880er Jahren erlebte die Stadt Arbeiterunruhen im Zusammenhang mit der Gewerkschaftsbewegung. Eine hier ins Leben gerufene sozialistische Partei erlangte landesweit in den USA zwar nie Bedeutung, war aber 1910 in Milwaukee so stark, daß sie den Bürgermeister stellte. 1892 wurden weite Teile der Innenstadt durch ein Großfeuer zerstört.

Der Menomonee teilt Milwaukee in einen nördlichen Sektor, in dem sich die Downtown entwickelt hat, und einen südlichen, wo sich die Industrien lokalisiert haben. Zum breiten Branchenspektrum gehören das Brauerei- und das Druckereigewerbe sowie die Herstellung von Landmaschinen, Baggern, Motoren, Turbinen, Pumpen, elektrischen Maschinen und Apparaten.

Das Seeufer befindet sich zum großen Teil in kommunalem Eigentum und konnte entsprechend planerisch gestaltet werden, wovon vor allem der Lake Park Zeugnis ablegt. Seit Jahrzehnten bemüht sich die Stadtverwaltung, dem Verfall der Innenstadt Einhalt zu gebieten. Auch in Milwaukee hatte die Downtown durch die modernen Shopping-Center in den Außenbezirken starke Einbußen zu verzeichnen. Eines von sieben großen Zentren innerhalb der metropolitanen Region ist das weit im Norden gelegene Northridge Center mit seinen vier Warenhausfilialen. Die Stadt Milwaukee startete einen Erneuerungsversuch, indem die zentral in der Downtown gelegene Franklin Street überbaut und zur zweigeschossigen Franklin Street Galleria gestaltet wurde. Dieses moderne Downtown-Einkaufszentrum wurde mit den umliegenden Büro- und Geschäftsbauten durch ein in Höhe des ersten Obergeschosses verlaufendes Skyway-System verbunden, um die Bewohner der Stadtregion zur Nutzung der dortigen Einkaufs- und Dienstleistungseinrichtungen zu animieren.

ST. PAUL UND MINNEAPOLIS. St. Paul-Minneapolis, Minnesotas größte Stadtregion, wird in den USA stets als Twin Cities (Zwillingsstädte) bezeichnet. Nachdem der im Regierungsauftrag reisende Leutnant Zebulon Pike den Sioux etwa 20 km unterhalb der St.-Anthony-Fälle des Mississippi ein Stück Land abgekauft und darauf das Fort Snelling errichtet hatte, baute Pater Lucien Galtier 1841 eine dem heiligen Paul gewidmete Kapelle; er überredete die wenigen Siedler, ihren Ort ebenso zu

nennen. Näher an den Fällen hatte der belgische Pater Louis Hennepin 1820 das kleine Fort St. Anthony errichtet. 1838 entstand hier eine Siedlung, etwas nördlicher eine andere, die 1867 Stadtrecht erhielt und sich 1872 mit St. Anthony zur Stadt Minneapolis zusammenschloß.

Die Doppelsiedlung erlangte Bedeutung als Endpunkt der Dampfschiffahrt auf dem Mississippi. Sie wurde zum Handels- und Versorgungszentrum mit einem bis nach Nebraska, Wyoming und Montana reichenden Hinterland. Die Bedeutung von Minneapolis als Mühlenstadt basiert auf den St.-Anthony-Fällen, deren Wasserkraft seit den 1860er Jahren genutzt wird. Noch 1960, als die Stadt 70 Großsilos an den Bahnen besaß, lag die Tageskapazität bei 3,2 Mio. kg Mehl. Trotz eines Rückgangs in diesem Bereich, konnte die Stadt durch andere Branchen wie Großmolkereien, Leinsaat- und Sojabohnenverarbeitung, Maschinenbau und Druckereigewerbe ihre Rolle als westlichstes Industriezentrum des Manufacturing Belt behaupten.

Die Zwillingsstädte sind das kulturelle Zentrum des Mittelwestens. Bekannt sind das Minnesota-Symphonieorchester, die Metropolitan Opera Company und Minnesota Theater Company sowie das Gebäude des Guthrie Theater and Orchestra Hall. St. Paul hat ein Kammerorchester und zwei Opernensembles.

Beide Städte unternahmen große Anstrengungen für die Stadterneuerung. In Minneapolis (368 000 Einw.) arbeitete sich das Gateway Center Renewal Project vom Fluß her auf die Downtown vor, wo 17 Baublöcke abgerissen und neu gestaltet wurden. Um die Nicollet Mall entstanden Geschäfts- und Bürohochhäuser, die mit Skyways verbunden sind; am Nordostende der Nicollet Avenue stehen mehrere Hotelneubauten.

Etwa halbwegs in der Mitte zwischen den beiden Stadtkernen liegt das Midway Center, ein seit den 60er Jahren ausgebauter Komplex von Industrie- und Bürobauten.

St. Paul (272 000 Einw.) besitzt eine terrassenartige Anlage mit Bahn- und Industrieanlagen auf dem tiefsten, Geschäfts- und Wohnvierteln auf dem höheren Niveau. Imposant sind die von großen Grünflächen umgebenen Bauten des Capitol und der Ministerien für den Staat Minnesota. In den 80er Jahren begann der sog. Capitol Approach Development, der die Umgestaltung von etwa 80 ha um das Capitol herum vorsieht. Auf einer Fläche von zwölf Blöcken entstand das Capitol Center mit durch Skyways verbundenen Bürobauten. Mit solchen Projekten gelang es den Zwillingsstädten, ihre Kerngebiete so weit zu erhalten, daß sich das heutige Büroflächenangebot jeweils etwa zur Hälfte auf die Kernstädte und die Vorortgemeinden verteilt.

St. Paul, die Hauptstadt von Minnesota, ist die Zwillingsstadt von Minneapolis
am oberen Mississippi. Die Kathedrale der Stadt ist dem Petersdom in Rom
nachempfunden.

Das zu Beginn der 80er Jahre errichtete St. Paul Center stellt als gelungene
Kombination von Geschäften und Vergnügungseinrichtungen eine Belebung der
Downtown dar.

St. Paul/Minneapolis war der nördliche Endpunkt für die alten Schaufelraddampfer, die auf dem Mississippi verkehrten. Flußaufwärts ist am rechten Ufer
die Downtown von Minneapolis zu erkennen.

Minneapolis (Minnesota) ist noch schneller gewachsen als die Schwesterstadt
St. Paul und hat in ihrer modernen Downtown viele durch Skyways verbundene Wolkenkratzer mit klimatisierten Lichthöfen.

Beim Blick auf Minneapolis fallen die am Mississippi-Ufer gebauten großen
Getreidemühlen auf, denn die Stadt ist immer noch ein bedeutendes Mühlen-
zentrum mit Firmen wie Nabisco, Pillsbury und General Mills.

Im Südwesten Minnesotas liegt das Pipestone National Monument. Schnitzvor-
führungen sowie eine Ausstellung von Friedenspfeifen und anderen zeremoniellen Gegenständen informieren über das Leben der Indianer.

State Capitol von Madison: Als Madison 1836 zur Hauptstadt von Wisconsin erwählt wurde, existierte es nur auf einem Plan. Heute ist der auf einem Isthmus zwischen mehreren Seen gelegene Ort eine lebendige Universitätsstadt.

Wyalusing State Park Wisconsin nahe Prairie du Chien: Hier trafen die französischen Entdeckungsreisenden Marquette und Joliet erstmals auf den Mississippi.
In dieser Region gibt es viele Orte mit französischen Namen.

1845 gründeten 118 Schweizer Einwanderer New Glarus (Wisconsin). Milch-
und Käseprodukte, Spitzen und Stickereien locken Touristen an, ebenso das
jährliche Heidi Festival und der Wilhelm-Tell-Umzug.

Am Memorial Day, dem amerikanischen Heldengedenktag Ende Mai, finden
Paraden und Umzüge statt. Dieser Tag wird, wie hier in Jamesville (Wisconsin), in fast allen Nordstaaten feierlich begangen.

Holland (Michigan) am Ostufer des Michigansees wurde 1847 von holländischen Siedlern gegründet. An die holländische Tradition erinnert u. a. die
200 Jahre alte Windmühle »De Zwaan«, die noch in Betrieb ist.

Der riesige Autoreifen ist Wahrzeichen von Detroit (Michigan), weltweit eines
der größten Zentren der Automobilherstellung. Der Name Henry Fords und
seine Erfindung des Fließbands sind untrennbar mit der Stadt verbunden.

Das Renaissance Center in Detroit (Michigan) mit der beliebten »World of
Shops«: Skyways, klimatisierte Fußgängerbrücken, verbinden im Niveau der
ersten Etage die Büros und Geschäfte vieler Häuserblöcke.

In Marshall (Michigan) sind viele historische Häuser erhalten. Das Honolulu House wurde von einem US-Konsul als Nachbau seiner hawaiianischen Residenz errichtet und dient jetzt als Museum.

Sleeping Bear Dunes National Lake Shore (Michigan): Im Norden des Staates liegt eine in der Eiszeit geschaffene Dünenlandschaft mit »Geisterbäumen«, die von den Wanderdünen freigegeben wurden.

Eagle Lake bei Augusta (Michigan): Die über 11 000 Seen auf der Halbinsel
bieten ideale Voraussetzungen für Wassersport jeglicher Art. Angler wissen den
Fischreichtum zu schätzen.

DER ZENTRALE MITTELWESTEN

Zum Kernraum des sehr unterschiedlich gebrauchten Begriffs »Mittelwesten« gehören neben den Große-Seen-Staaten die südlich an sie grenzenden vier Staaten Ohio, Indiana, Illinois und Iowa. Indianas Spitzname lautet »Hoosier State«; ein »Hoosier« ist nichts anderes als der bereits im Kapitel »Nördliche Große-Seen-Staaten« (S. 259) charakterisierte Mittelwestler, der davon ausgeht, der typische Repräsentant all dessen zu sein, was amerikanisch genannt wird.

KULTUR DER MOUNDBUILDERS. Der hier behandelte Teil des Mittelwestens wies früher die höchsten Konzentrationen von Indianern auf. Die Archäologen differenzieren zwischen mehreren Gruppen und sprechen von der Adena-, der Hopewell- sowie der St.-Ancient- oder Mississippi-Kultur. Diese Indianervölker lebten vor allem in der Südhälfte des heutigen Staates Ohio, in Indiana bei Anderson und Evansville und im Südwesten von Illinois. Sie trieben mit anderen Stämmen Handel über den Scioto und den Miami, die von Norden her dem Ohio zufließen, und im Gebiet von Mississippi und Illinois-Fluß. Sie betrieben Ackerbau (u. a. Mais und Squash), schnitzten kunstvolle Pfeifen und bauten auffallende, meist sehr geometrische Begräbnisplätze und Kultstätten. Diese Erdbauten (»mounds«) haben den alten Indianervölkern den Sammelnamen »Moundbuilders« eingetragen.

Die Moundbuilders haben diesen Raum etwa zwischen 800 v. Chr. und 1500 n. Chr. bewohnt. Über ihre Zahl und die Gründe für ihren Niedergang gibt es nur Vermutungen. In der größten Siedlung Cahokia (etwas östlich von St. Louis) haben Schätzungen zufolge 15 000 Menschen gelebt, in benachbarten Ansiedlungen noch einmal so viele, weshalb man Cahokia durchaus als Stadt bezeichnen kann. Für ihren Niedergang werden das Schwinden der erreichbaren Baumbestände infolge hohen Holz- bzw. Holzkohleverbrauchs sowie die abnehmende Fruchtbarkeit des Bodens verantwortlich gemacht. Dies sind jedoch nur Vermutungen; fest steht, daß diese Indianer um 1500 aus dem Gebiet verschwunden waren. Beim Zusammentreffen mit den weißen Siedlern lebten hier Stämme wie Shawnee, Miami und Wyandot sowie die aus dem Osten verdrängten Delaware.

Eine der größten Begräbnisstätten der Hopewell-Kultur ist Mound City mit 23 Gräbern. Das Gebiet am Scioto-Fluß nahe Chillicothe in Ohio wurde zum Mound City Group National Monument erklärt. Besonders imposant sind die etwa zur Hälfte erhalten gebliebenen 120 mounds von Cahokia, die in erster Linie für kultische Zwecke benutzt wurden. Sie sind teils terrassenartig ansteigende Plattformen, von denen die größte, Monks Mound, etwa 5,6 ha groß ist und in vier Terrassen bis 30 m ansteigt. Gefunden wurden auch mehrere Sonnenkalender aus Zedernstämmen, die ähnlich den Steinen des englischen Stone-

IOWA
gegr. 1846
145 752 km²
2 787 424
Des Moines

ILLINOIS
gegr. 1818
149 885 km²
11 466 682 Einw.
Springfield

INDIANA
gegr. 1816
94 309 km²
5 564 228 Einw.
Indianapolis

OHIO
gegr. 1803
115 998 km²
10 887 325 Einw.
Columbus

henge kreisförmig angeordnet sind und daher von den Archäologen als »Woodhenges« bezeichnet werden. Neben den Woodhenges verweisen die geometrischen Maße von Siedlungen und Mounds auf mathematisches und astronomisches Verständnis ihrer Erbauer. 1989 erhielt das Cahokia Mounds Interpretive Center ein neues Museum.

FRANZÖSISCHE EXPEDITIONEN UND GRÜNDUNGEN.

Das Gebiet der vier Staaten war vor 1763 von französischen Missionaren und Pelzhändlern aufgesucht worden, die mit den Indianern Handel trieben und vereinzelte Missionsstationen und Forts errichteten. Eines der ältesten Forts auf dem Boden des heutigen Indiana war Fort Miami, das später den Namen Fort Wayne und als Siedlung (gegr. 1732) den Namen Vincennes erhielt. Der Ort wurde später Verwaltungssitz des großen Indiana-Territoriums.

Das Gebiet der heutigen Staaten Illinois und Iowa war den Franzosen schon früher bekannt, da bereits Expeditionen über Huron- und Michigansee hierher gelangt waren: 1673 waren Marquette und Joliet gekommen, 1680 hatte Hennepin diese Region erkundet. Die daraus abgeleiteten französischen Gebietsansprüche führten zur Konfrontation mit den Spaniern, die zeitweise das große Louisiana-Gebiet kontrollierten, zu dem auch das Land am oberen Mississippi gehörte. Die Spanier gaben jedoch dem aus kanadischem Gebiet gekommenen Julien Dubuque 1788 ein Stück Land, auf dem die nach ihm benannte Stadt am Mississippi entstand. Bevor der Sieur de la Salle 1682 seine große Reise den Mississippi abwärts bis fast zu seiner Mündung unternahm, erkundete er den Bereich des heutigen Illinois und legte das Fort Crevecœur an, in dessen Nähe später die Stadt Peoria entstand.

BRITISCHE BESITZNAHME UND STAATSWERDUNG.

1763 ging das Land östlich des Mississippi an die Engländer über. Das Gebiet zwischen Ohio und Mississippi wurde 1787 zum Nordwest-Territorium zusammengefaßt. Verwaltungssitz des ersten Gouverneurs, General St. Clair, wurden die im späteren Staat Ohio gelegenen Städte Marietta (ab 1788) und Cincinnati (ab 1790). Zwischenzeitlich war der Raum des heutigen Indiana von Virginia beansprucht worden, das am Beginn des Unabhängigkeitskrieges amerikanische Truppen unter Führung George Roger Clarks dorthin entsandte. Virginia verzichtete später wie andere Gründerstaaten der Union auf seine Gebietsansprüche. Clark nahm 1778 auch Fort Crevecœur ein, dessen französische Bewohner zur britischen Krone hielten und von der Unabhängigkeit der Kolonien nichts wissen wollten.

1800 wurde das Nordwest-Territorium erstmals geteilt. 1803 wurde Ohio 17. Staat; Hauptstadt ist seit 1816 Columbus. Aus dem Gebiet der späteren Staaten Indiana, Illinois, Michigan und Wisconsin, das zunächst als Indiana-Territorium organisiert war, wurde 1816 Indiana als Staat herausgetrennt; Hauptstadt ist Indianapolis (seit 1825). Illinois erhielt 1809 den Status eines eigenständigen Territoriums und 1818 den eines Staates; im selben Jahr wurde Springfield Hauptstadt.

INDIANERUNRUHEN UND SEZESSIONSKRIEG.

Die Indianerunruhen dauerten jedoch noch weiter an. Der Sac-Indianer Black Hawk (* 1767, † 1838) wehrte sich gegen die 1804, 1816 und 1830 mit den USA geschlossenen Verträge, in denen Sacs und Fox zum Rückzug auf das Westufer des Mississippi ver-

pflichtet wurden. Mit Gefangennahme des Häuptlings war der sog. Black-Hawk-Krieg (1831/32) beendet und der Widerstand der Indianer gebrochen.

Ohio als Anrainer des Eriesees hatte 1812/13 in der kriegerischen Auseinandersetzung zwischen Amerikanern und Briten eine wichtige strategische Stellung. Erst mit dem Tod des Shawnee-Häuptlings Tecumseh (* 1768, † 1813) schwand der von den Indianern den Briten gegebene Rückhalt, was deren Position entscheidend schwächte. Auch im Sezessionskrieg spielte das Gebiet eine Rolle, da die Konföderierten mit Kontrolle dieser Region eine Möglichkeit besaßen, aus dem Süden über die Mississippi-Ohio-Linie zu den Großen Seen zu gelangen. So konnten sie die zur Union haltenden Staaten des Nordostens in einem Bogen umgehen und sie aus dem Nordwesten angreifen. Mehrere tausend Soldaten der Konföderierten wurden über den Ohio nach Norden geschleust, wo ihnen allerdings die Unionstruppen erfolgreich widerstehen konnten. Sie hinderten ein großes Kontingent der Konföderierten am Rückzug südwärts über den Ohio und brachten es derart in Bedrängnis, daß sich diese Truppen ergeben mußten.

Ohio war aber nicht nur militärisch, sondern auch handelspolitisch bedeutsam aufgrund seiner vorteilhaften Position zwischen dem Ohio im Osten und Süden sowie dem Eriesee im Norden. Der Staat wußte seine Stellung zu nutzen, indem er durch Kanalbauten wichtige Verbindungen für die Binnenschiffahrt schuf, die in der Zeit vor dem großen Eisenbahnbau (bis etwa 1850) eine bedeutende Rolle spielten. Der Bau des Ohio and Erie Canal verband quer durch den Staat die Hafenstadt Cleveland am Eriesee mit dem Binnenhafen Portsmouth am Ohio; der Miami and Erie Canal führte von Dayton nach Cincinnati.

SIEDLUNGSGEBIET VON SEKTEN.

Auffällig hinsichtlich der Besiedlung dieses Raumes sind die zahlreichen Versuche religiöser und weltanschaulicher Gruppen, Gemeinschaftssiedlungen zu gründen. Ohio und Indiana waren Ziel mehrerer Gruppen von Amish, die hier immer noch in traditioneller Weise leben und Landwirtschaft betreiben. Am Wabash-Fluß nordwestlich von Evansville in Indiana gründete George Rapp 1814 die Siedlung Harmony. 1824 verkaufte er sie an Robert Owen, der sie unter dem Namen New Harmony weiterführte. Sie wurde zum Sitz des 1839 gegründeten U. S. Geological Survey gewählt.

In Illinois erwarben im selben Jahr aus New York vertriebene Mormonen am Mississippi nördlich von Quincy die Siedlung Commerce, die sie in Nauvoo umbenannten. Nach Verfolgungen und Ausschreitungen, die in der Ermordung des Mormonenführers Joseph Smith (* 1805, † 1844) und seines Bruders gipfelten, verließen die Mormonen Illinois. Der Ort Nauvoo ging an die französischen Ikarier über, die ihn als Gruppensiedlung weiterführten, bevor er später von deutschen Siedlern aufgesucht wurde. Einige alte Gebäude sind bis heute erhalten und eine Wallfahrtsstätte für Mormonen. Die Amana Society, eine 1842 in die USA gekommene Pietistengruppe, siedelte zuerst bei Buffalo (New York) und ging dann nach Iowa, wo ihre Nachfahren noch heute leben.

In Iowa begann die eigentliche Besiedlung etwa drei Jahrzehnte nach dem Louisiana Purchase von 1803. Zwar hatten sich bereits illegale Siedler, sog. Squatter, ansässig gemacht, aber offiziell wurde das Gebiet erst 1833 zur Besiedlung freigegeben. Neben dem schon 1788 entstandenen Dubuque gehören Burlington, Davenport und Fort Madison zu den ältesten Ortschaften. Erst 1846 wurde Iowa als 29. Staat in die Union aufgenommen. Die Hauptstadt war zunächst Burlington; sie wurde nach Iowa City und endgültig 1857 nach Des Moines verlegt.

DER NATURRAUM. Ein großer Teil dieses zu den Inneren Ebenen Nordamerikas gehörenden Gebietes ist extrem flach, was eine der Voraussetzungen für deren intensive agrarwirtschaftliche Nutzung ist. In Iowa sind dies 95% des Staatsgebietes, der höchste Anteil von allen Staaten der USA.

Als zweiter wichtiger Faktor kam die Bodenfruchtbarkeit hinzu. Große Teile dieses Raumes wurden glazial überformt. In Indiana findet sich der Übergang von den östlichen Laubwäldern (vor allem Buche und Ahorn) zu offenen, von Grasflächen durchsetzten Wäldern aus Esche und Hickory. Denen schließt sich die Prärie an, die dem Staat Illinois seinen Spitznamen »Prairie State« einbrachte. In diesem Gebiet sind Bäume wie Eiche, Hickory, Ahorn und Pappel auf die Galeriewälder entlang den Flußufern beschränkt.

Das Gras als oft einjähriges Gewächs mit tiefen Wurzeln liefert dem Boden ständig große Mengen organischen Materials. Da der Wasserhaushalt im Übergangsbereich vom humiden zum ariden Klima ausgeglichen ist, wird dieses Material nicht in eine tiefere Bodenschicht hinuntergeschwemmt, sondern im Oberboden angereichert, wo aus dem Humus die fruchtbaren Schwarzerden entstehen. Von der natürlichen Prärie ist allerdings nicht mehr viel erhalten, da Kulturpflanzen an die Stelle der Gräser getreten sind. Vom natürlichen Grasland, das einst den gesamten zentralen Teil Iowas einnahm, blieben im Naturzustand nur noch bescheidene Flecken in der Nähe von Madison, Okoboji, Lehigh, Lime Springs und Guthrie Center übrig.

Wie in vielen Teilen der USA gibt es auch im zentralen Mittelwesten Abweichungen von den langjährigen Durchschnittswerten des Klimas. So wurde z. B. im Frühjahr 1991 Iowa von anhaltenden heftigen Niederschlägen heimgesucht, die weite Ackerflächen unter Wasser setzten und einen großen Teil der Ernte bedrohten.

Das besonders tiefgelegene Gebiet am Südufer des Eriesees (Ohio) war teilweise versumpft; es bedurfte umfangreicher Drainagearbeiten, um es kultivieren zu können. Nach Süden wird das Seeufer von einer kaum merkbaren, sehr niedrigen Wasserscheide begrenzt, jenseits der das überwiegende Staatsgebiet zum Mississippi hin entwässert. Außerordentlich flach ist auch die Südspitze von Illinois, das Dreieck zwischen Mississippi und Ohio. Es wurde mit dem Nildelta verglichen und »Little Egypt« genannt, weshalb man hier auch auf Ortsnamen wie Cairo, Thebes oder Karnak trifft. Der Landesteil Indianas südlich von Bloomington ist zum großen Teil aus Kalken aufgebaut, so daß hier wie im südlich anschließenden Kentucky zahlreiche Karsterscheinungen auftreten.

Lediglich die äußersten Ränder dieses Vier-Staaten-Gebietes zeigen ein etwas bewegteres Relief. So sind der teilweise unvergletschert gebliebene Südosten Ohios sowie der Süden Indianas bergig und noch heute zum Teil bewaldet. In Illinois drang das Eis bis zur Linie Carbondale–Shawneetown vor, wo sich ein niedriger Ausläufer der Ozarks bis in den Süden Illinois hineinschiebt und den erwähnten Zipfel Little Egypt vom übrigen Staatsgebiet abtrennt. Innerhalb Iowas vollzieht sich ein sachter Anstieg des Geländes vom Mississippi zum Missouri und Big Sioux im Westen. Diese Flüsse sind meist von Hochufern begleitet, womit sie sich vom allgemein flachen Gelände abheben.

LANDWIRTSCHAFTLICHE NUTZFLÄCHEN. Die vier Staaten des zentralen Mittelwestens haben bei einer Fläche von 500 000 km² eine Einwohnerzahl von 30 Millionen erreicht; für die USA ist das eine verhältnismäßig hohe Bevölkerungsdichte. Vergleicht man sie jedoch mit dem deutschen Kaiserreich, das bei annähernd gleicher Fläche die doppelte Einwohnerzahl hatte, wird ersichtlich, daß die vier Staaten dennoch erhebliche offene Flächen aufweisen. Einer nicht geringen Zahl von industriewirtschaftlich bedeutenden Mittel- und Großstädten stehen weite landwirtschaftlich genutzte Gebiete mit verstreut liegenden Einzelfarmen gegenüber. In diesem Raum ist es zu einer dualen Wirtschaftsstruktur gekommen, die eine gewisse Ausgewogenheit zwischen Landwirtschaft und Industrie kennzeichnet. Der zentrale Mittelwesten darf zugleich dem Agrarwirtschaftsgürtel, der nicht ganz zu Recht als Maisgürtel bezeichnet wurde, als auch dem westlichen Manufacturing Belt zugerechnet werden.

Die landwirtschaftlich genutzte Fläche schwankt zwischen 50% in Ohio und 95% in Iowa. Nach Größe der Fläche, die Hauptanbauprodukte wie Mais und Sojabohnen einnehmen, belegen Iowa und Illinois die beiden ersten Plätze unter den US-Staaten. Sie sind auch führend in der Schweinehaltung sowie bezüglich Farmsubventionen seitens der Regierung. Nach dem in Farmen investierten Kapital halten hinter Texas und Kalifornien die Staaten Illinois und Iowa den 3. und 4. Platz.

Nach Anzahl der Farmen nimmt Iowa hinter Texas und Missouri Platz drei ein, Ohio und Illinois belegen die Plätze sieben und acht. Die durchschnittliche Farmgröße steigt von Osten nach Westen an: Von 71 ha in Ohio über 84 ha in Indiana auf 113 ha in Iowa und 117 ha in Illinois. Damit bleibt der gesamte zentrale Mittelwesten deutlich unter dem US-Durchschnitt von 176 ha. Maschinenparks, Silos und andere Anlagen erfordern beträchtlichen Kapitaleinsatz, weshalb viele Farmer hoch überschuldet sind und nur relativ geringe Gewinne erwirtschaften. Zwischen 1988 und 1991 mußten in Iowa, wo noch die Familienfarm vorherrscht, 25 000 Farmen wegen Überschuldung aufgegeben werden.

MAIS, SOJABOHNEN UND SCHWEINEMAST. In allen vier Staaten des zentralen Mittelwestens belegen die vordersten Plätze im Farmeinkommen Mais, Sojabohnen und Schweinemast, wobei die Rangfolge unterschiedlich ist. Rund 20% der gesamten US-amerikanischen Maisernte stammen aus Iowa, das damit vor Illinois größter Maiserzeuger ist. Bei Sojabohnen ist Illinois führend, gefolgt von Iowa mit der Stadt Decator, die sich stolz die »Soybean capital of the world« nennt. Auch im Farmeinkommen Ohios und Indianas stehen Sojabohnen und Mais ganz vorn: In Ohio liegt die Sojabohne an erster und Mais an zweiter Stelle, in Indiana ist es umgekehrt. Damit bilden diese vier Staaten den Kernraum des amerikanischen Mais- und Sojabohnenanbaus.

Da Mais viel Stickstoff braucht und in dieser Hinsicht den Boden stark beansprucht, führte man schon frühzeitig als ausgesprochenen »Stickstoffsammler« die Sojabohne ein, die mit ähnlich wirkenden Kulturpflanzen zur Regenerierung des Bodens in die Fruchtfolge aufgenommen wurde. Diese Region ist auch das Kerngebiet des Hybridenmais, der sich von hier aus ab Mitte der 30er Jahre über die gesamte Osthälfte der Vereinigten Staaten ausbreitete. Wenn auch im Bemühen um bodenkonservierende Maßnahmen seit den 30er Jahren Rotationen mit Sojabohnenbau und anderen Feldfrüchten eingeführt und Fruchtfolgen wie Mais-Hafer-Heu üblich wurden, haben die Regierungsprogramme zur Preisstützung von Mais immer wieder daraufhin gewirkt, daß möglichst langjährige Rotationen angewendet werden, bei denen erst nach vier oder gar nach neun Jahren statt Mais eine andere Frucht angebaut wird.

Ein Großteil des Maises wird bereits im Erntegebiet an das Vieh verfüttert. Etwa 20% der Schweine und 25% der Rinder in den USA nehmen ihren Weg über die Viehmärkte von Iowa, in dessen Farmeinkommen Schweine und Rinder die beiden vordersten Plätze einnehmen, gefolgt von Mais und Sojabohnen. Umgekehrt ist es in Illinois und Indiana, wo Schweine und Rinder hinter Mais und Sojabohne auf Platz drei und vier liegen.

Der Schwerpunkt der Schweinehaltung hat sich im Laufe der Zeit ein wenig nach Westen in die Staaten Indiana und Illinois und vor allem nach Iowa hinein verlagert, während sie früher in Ohio bedeutender war: Cincinnati bezeichnete sich als die »Porkopolis« (pork = Schweinefleisch). In Ohio stehen Molkereiprodukte mittlerweile auf Platz drei, womit sich seine Übergangsstellung zu den östlich und nördlich angrenzenden Staaten des Milchwirtschaftsgürtels dokumentiert.

Die Landwirtschaft des zentralen Mittelwestens bringt noch manch andere Produkte hervor, so z. B. Tabak und Geflügel in Indiana. In klimatisch sehr bevorzugten Gebieten wie der Marblehead-Halbinsel am Eriesee in Ohio werden Wein und Obst angebaut. Die Apfelsorte Golden Delicious wurde ab 1872 in Iowa gezüchtet.

GÜNSTIGE VERKEHRSLAGE UND BODENSCHÄTZE. Die Industrie verteilt sich auf eine größere Anzahl von Mittel- und Großstädten, von denen einige wegen ihrer günstigen Verkehrslage und der damit verbundenen Handelsfunktion von besonderer Wichtigkeit sind. In Ohio sind es zum einen die Hafenstädte am Eriesee, allen voran Cleveland und Toledo, sowie einige Binnenhäfen an der Ohio-Route. Mit rund 80 Mio. t Güterdurchgang jährlich bewältigt der Ohio etwas mehr als z. B. die halbe Schiffsfracht des Panamakanals.

Eine andere Grundlage der Industrie sind Bodenschätze wie Kohle und in kleinen Mengen Erdöl und Erdgas. Das trifft auf den Ostteil Ohios zu, der noch an den Appalachen-Ausläufern teilhat, aber mehr noch auf den Südwesten Indianas und den Süden von Illinois, wo sich das dritte große Kohlenfeld der USA befindet; die beiden anderen liegen in den Appalachen und in den Rocky Mountains. Die Förderung im Mittelwesten beträgt jedoch nur ein knappes Viertel der gesamten US-amerikanischen Kohleförderung. Dies hängt damit zusammen, daß die Kohle des Mittelwest-Feldes schwefelhaltiger ist und die Lagerstätten marktferner zu den größten Konsumenten des östlichen Manufacturing Belt liegen, weshalb nur der Konsum in der eigenen Region eine Rolle spielt.

WICHTIGSTE INDUSTRIESTANDORTE. Das Hinterland mit Kohle, Öl und Gas sowie die Anbindung an die Schiffahrtsroute der Großen Seen waren Grundlage für die Entwicklung der Calumet Region – ihren Namen erhielt sie von der Bezeichnung für die Friedenspfeife der Indianer – zu einem der bedeutendsten Industriegebiete der USA. Der Städtekomplex Chicago/Whiting/East Chicago/Hammond/Gary beiderseits der Grenze Illinois/Indiana bildet einen riesigen Industriestandort. Hüttenindustrie und Ölraffinerie sind Ausgangsbasis von zahlreichen

Folgeindustrien (vor allem Schwermaschinenbau und chemische Industrie). Als größtes Versorgungszentrum des weiten agraren Mittelwestens produziert Chicago Landmaschinen. Hier haben die John-Deere-Werke ihren Stammsitz. Lastkraftwagen, Bootsbau, Wohnwagen, Möbel und Elektroartikel sind weitere wichtige Branchen des Großraums.

Moderne Verfahren der Energiegewinnung aus Kohle machten in jüngerer Zeit einzelne Standorte in Indiana und Ohio für die energieaufwendige Aluminiumindustrie interessant, die sich in Clarington (Ohio) und Evansville (Indiana) ansässig gemacht hat. Mit East St. Louis, das zur Stadtregion St. Louis gehört, aber auf dem Ostufer des Mississippi liegt, besitzt Illinois ein weiteres Hüttenindustriezentrum. Ohios wichtigste Standorte mit breitem Branchenspektrum sind Akron, Canton, Cincinnati, Cleveland, Columbus, Dayton, Lorain, Toledo und Youngstown. Hervorgehoben seien nur die Reifenherstellung in Akron und der Sitz der National Cash Register in Dayton.

Wie im östlichen Manufacturing Belt bereiten auch in dieser Region die sog. »alten« Industrien Probleme. Als z. B. 1977 die Campbell-Stahlwerke von Youngstown geschlossen wurden, verloren 10000 Menschen ihren Arbeitsplatz. Im Gegensatz dazu gibt es auch manche moderne Entwicklung, die solche rückläufigen Trends wettmacht. So entstehen auf der Westseite von Chicago im Bereich Downers Grove, Lisle und Naperville zunehmend Leichtindustrie- und Dienstleistungsbetriebe sowie Shopping Center, Hotels und Mietwohnhäuser. Diese Entwicklung begünstigen eine niedrige Gewerbesteuer sowie die Nähe zum East-West Tollway und zum Chicagoer Flughafen. Eher isolierte Standorte, in denen moderne Forschungs- und Entwicklungsbetriebe (research and development) ihren Sitz haben, sind Dayton (Ohio) und Lafayette (Indiana).

Längs des Illinois-Wasserweges hat sich eine Industriegasse herausgebildet mit Städten wie Peoria, die Hüttenindustrie, Ölraffinerien, petrochemische Produktion und Nahrungsmittelindustrien an sich gezogen haben. Wie Chicago hat auch Peoria seine einstige Vorrangstellung als Stadt der Schlachthöfe an regionale Zentren in den Weststaaten verloren; nur wenige Fleischfabriken sind noch in Betrieb. Peoria ist Sitz der großen Traktorenfabrik Caterpillar. Landmaschinen werden außerdem in Moline und Rock Island gebaut. Der Staat Illinois ist weltweit der größte Produzent von Landmaschinen.

Der Mississippi bildet die Westgrenze des Manufacturing Belt; weiter nach Westen hin verlieren sich die Industriestandorte in einem noch deutlich agrarwirtschaftlich orientierten Raum. Iowa besitzt dennoch insgesamt mehr als 4000 Industriebetriebe, von denen viele entweder Agrarprodukte verarbeiten oder für den Bedarf der Landwirtschaft produzieren.

In Newton (Iowa) wurde 1911 die erste elektrische Waschmaschine entwickelt. Die im vorigen Jahrhundert von Deutschen gegründeten Amana Colonies westlich von Iowa City, die zunächst zahlreiche Gegenstände in Heimarbeit fertigten und sich später zu einer Aktiengesellschaft umorganisierten, produzieren heute neben Wein, Rauchfleisch und Wollwaren auch Kühlaggregate, Gefriertruhen, Öfen und Möbel. Iowas Hauptstadt Des Moines hat sich als Sitz von mehr als 50 Hauptverwaltungen von Versicherungsgesellschaften zum überregionalen Dienstleistungszentrum entwickelt.

Die geschilderte Wirtschaftsstruktur deutet auf eine einigermaßen solide und vielseitige, agrar- und industriewirtschaftlich ziemlich ausgewogene Wirtschaftsbasis hin, zeigt aber auch, daß der zentrale Mittelwesten nicht gerade zu den führenden Regionen der USA gehört. Die Einkommensverhältnisse bestätigen diese Beobachtung: Gemessen am Pro-Kopf-Einkommen von 1988 liegen die Staaten Ohio (15 545 US-$), Indiana (14 862 US-$) und Iowa (14 662 US-$) deutlich unter dem amerikanischen Durchschnittseinkommen (16 490 US-$); nur Illinois (17 586 US-$) übertrifft diesen Wert, was nicht zuletzt auf den ökonomisch sehr hohen Stellenwert des Großraums Chicago zurückzuführen ist.

DIE GROSSEN STÄDTE. Von den 37 Millionen-Metropolen der USA entfallen fünf auf den zentralen Mittelwesten: Chicago/Gary/Lake County (8,18 Mio. Einw.), eine nach Indiana und Wisconsin hineinreichende Stadtregion (drittgrößte der USA hinter New York und Los Angeles); auf dem 12. Platz Cleveland/Akron/Loraine in Ohio (2,79 Mio. Einw.); auf dem 23. Platz Cincinnati/Hamilton (1,73 Mio. Einw.); auf dem 29. Platz Columbus (1,34 Mio. Einw.; Ohio) und auf dem 32. Platz Indianapolis (1,24 Mio. Einw.; Indiana).

CHICAGO. Das verkehrsgünstig am Südwestzipfel des Michigansees gelegene Chicago (2,784 Mio. Einw.) verdankt seine Bedeutung der transkontinentalen Route, die von New York her am Südrand der Großen Seen bis zur Pazifikküste hin verläuft und die Stadt früh zu einem der wichtigsten Eisenbahnknoten der USA machte. Chicago liegt nur wenige Meter über dem Niveau des Michigansees auf einer von den Flüssen Chicago und Calumet gebildeten Alluvialebene. Das Seeufer im Stadtbereich mißt rund 40 km. Hafeneinfahrt und Hafen haben eine Wassertiefe von 6,4 m. Durch eine Schleuse vom See getrennt, wurde der Chicago als Chicago Sanitary and Ship Canal nach Süden umgeleitet; er bildet das nördlichste Glied des 1933 gebauten Illinois-Wasserweges. Die von der Eröffnung des St.-Lorenz-Seeweges 1959 erhoffte Belebung der Seenroute blieb allerdings hinter den Erwartungen zurück. Neben der Rolle als Binnenhafen (Güterumschlag 80 Mio. t) und Eisenbahnknoten besitzt Chicago im O'Hare Field den geschäftigsten Flughafen der USA mit einem Aufkommen von 58,8 Mio. Fluggästen (1987).

Der Name Chicago soll aus der Ojibwa-Sprache kommen und dem eines indianischen Platzes namens She kag ong (»Wildzwiebel«) nachgebildet sein, wo 1803 das Fort Dearborn entstand. Nach seiner Zerstörung in den Kämpfen zwischen Briten und Amerikanern (1812–14) wurde es wiederaufgebaut. 1833 erhielt der Ort eine Town-Charter, 1837 das volle Stadtrecht als City. Obwohl 1871 ein Feuer die Stadt nahezu vollständig zerstörte und weit über 100 Todesopfer forderte, erholte sich Chicago rasch von dieser Katastrophe und wuchs von 300 000 Einw. (1871) auf 1,7 Mio. Einw. (1900) an. Internationale Bedeutung gewann die Stadt mit der Weltausstellung 1893, aus der u. a. das Museum of Science and Industry hervorging, und mit der zweiten Weltausstellung (Centenary of Progress Exhibition) 1933/34 zum 100. Geburtstag der Charter-Verleihung.

STADTWERDUNG. 1909 wurde die Chicago Plan Commission eingesetzt, auf deren Initiative der amerikanische Architekt Daniel H. Burnham einen Bebauungsplan für die Stadt entwarf. Sein gemeinsam mit J. W. Root betriebenes Architekturbüro konzipierte einige der bekanntesten Gebäude Chicagos: Das Monadnock Building, das Montauk Building, den Freimaurertempel und das Kaufhaus Marshall Field.

Das Herz der Stadt, der Loop, ist etwa eine Quadratmeile groß und fast völlig gewerblich genutzt. Das Bankenzentrum liegt um LaSalle Street; an der Kreuzung mit Jackson Street steht das Board-of-Trade-Gebäude mit der Ceres-Statue, dem Wahrzeichen der US-amerikanischen Getreidebörse. Zwischen Loop und Michigansee erstreckt sich der mit einer Freilichtbühne ausgestattete Grant Park, an den sich südlich das Natural History Museum mit seiner umfangreichen Indianerabteilung und das Soldier Field anschließen, ein großes Stadion, wo auch Festveranstaltungen stattfinden.

Nahe dem Chicago-Fluß stehen das Wrigley Building und der Chicago Tribune Tower. Das Prudential Building am Nordrand des Grant Park war in den 50er Jahren mit 47 Stockwerken Chicagos höchstes Gebäude; in den 60er Jahren wurde es von den 62geschossigen Marina City Towers abgelöst, in den 70er Jahren vom 100geschossigen John Hancock Center an der Michigan Avenue sowie vom 110geschossigen Sears Tower.

Der 443 m hohe, 1974 vom Architekturbüro Skidmore, Owings und Merill (SOM) erbaute Sears Tower ist das höchste Gebäude der USA und nach dem Warschauer Funkturm (646 m) und dem CN Tower (555 m) in Toronto das dritthöchste der Welt. Die Konstruktion besteht aus neun Senkkästen von je 22×22 m, auf denen neun Säulen ruhen, von denen zwei bis zum 50., zwei bis zum 67., drei bis zum 90. und zwei bis zum 110. Obergeschoß reichen. In dem Gebäude, das 7000 Telefonanschlüsse hat, arbeiten 16 000 Menschen. Als geistiges Zentrum des Mittelwestens besitzt Chicago eine Reihe von Universitäten: Die University of Chicago, einen Zweig der Northwestern University von Evanston, die University of Illinois, die katholischen Universitäten De Paul und Loyola, das Illinois Institute of Technology sowie mehrere Lehrerbildungsstätten.

In den inneren Wohnvierteln leben großenteils ethnische Minderheiten. Auf der West- und auf der Südseite bildeten sich Black Belts, die auf der Südseite bis weit in die Vorortzone hinaus reichen. Albany Park ist das polnische, Bridgeport das irische und Pilsen das lateinamerikanische Stadtviertel; an der Archer Avenue und 40. Street West liegt das Litauerviertel.

Bereits seit den 50er Jahren gibt es Bemühungen um Sanierung der Slums und Verbesserung der innerstädtischen Verkehrswege. In diesem Zusammenhang entstand ein System von kreuzungsfreien Expressways. Eisenhower und Southwest Expressway führen in die südwestlichen Vororte, der Don Ryan Expressway in die südöstlichen und der John F. Kennedy Expressway in die nördlichen Außenbezirke. Weit außerhalb des Stadtkerns sind sie durch den Tri-State Tollway miteinander verbunden, der von Wisconsin her über Illinois bis nach Indiana führt. Die nach Desplains Avenue verlaufende Schnellbahn wurde in die Mitte der mehrbahnigen Straße gelegt. Entlang dem Seeufer verläuft der Lake Shore Drive, dessen Spuren mittels versenkbarer Leitplanken in verschiedener Richtung freigegeben werden können.

CLEVELAND. Ohios größte Stadt ist das an der Mündung des Cuyahoga-Flusses in den Eriesee gelegene Cleveland (506 000 Einw.). Die Hafenstadt zwischen dem Eisenrevier von Minnesota/Wisconsin und dem Kohlerevier von Pennsylvania/Ohio ist Ankerplatz des überwiegenden Teils der auf den Großen Seen verkehrenden Kohle- und Erzflotte. Nach Umfang der Löschungen besitzt Cleveland hinter Chicago den zweitgrößten Hafen an den Großen Seen.

1796 vermaß General Moses Cleveland im Auftrag der Connecticut Land Company ein Geländestück, auf dem die nach ihm benannte Stadt entstand. Bei der Übertragung seiner Landansprüche bis zum Mississippi an die Union 1786 hatte sich Connecticut zunächst 1,2 Mio. ha vorbehalten, die sog. Western Reserve, die 1800 in das Ohio-Territorium überführt wurde.

1828 begann die Eisen- und Stahlerzeugung, 1870 wurde die Standard Oil Company of Ohio gegründet. Sie ist eng mit den Geschäften John D. Rockefellers (* 1839, † 1937) verbunden, der 1853 von New York nach Cleveland gezogen und 1863 ins Ölgeschäft eingestiegen war. Sein 1881 gebildeter Standard Oil Trust kontrollierte fast den gesamten amerikanischen Erdölmarkt. 1892 wurde der Trust, 1911 eine daraus entstandene Holdinggesellschaft aufgelöst. Mit Gründung der Rockefeller Foundation (1913) machte sich der Industrielle auch als Förderer der Wissenschaften einen Namen. Der Rockefeller Park im Nordosten Clevelands besitzt ein tropisches Gewächshaus.

Cleveland war die erste US-amerikanische Großstadt, in der ein Schwarzer zum Bürgermeister (1967) gewählt wurde. Neben ihrer wirtschaftlichen Bedeutung machte sich die Stadt auch als Kulturzentrum des Mittelwestens einen Namen. Bekannte kulturelle Einrichtungen sind u. a. das Cleveland Play House von 1916, eines der ältesten Theaterensembles der USA, das Cleveland Orchestra und das Cleveland Museum of Art mit einer großen Ägypten-Sammlung sowie Werken von Monet, Picasso, Renoir, van Gogh und Velasquez.

CINCINNATI. Ohios zweitgrößte Stadt, Cincinnati, entstand auf Terrassen am Nordufer des Ohio. Der 1788 gegründete Ort hieß zuerst Losantiville, das ein Jahr später entstandene Fort erhielt den Namen Washington. Ihren heutigen Namen trägt die Stadt (364 000 Einw.) nach der Cincinnati Society, einem 1783 entstandenen Offiziersorden. Cincinnati erhielt zwischen 1840 und 1880 einen starken deutschen und irischen Zustrom. Unter der Bezeichnung »Porkopolis« war die Stadt einst Zentrum der Schlachthöfe, bis ihr Chicago den Rang ablief. Wegen ihres raschen Wachstums im Zusammenhang mit der Ohio-Schiffahrt wurde sie auch die »Queen of the West« genannt.

Von Cincinnati, dessen Uferpartien Bauten wie das Riverfront Stadium und das Coliseum prägen, werden mehrtägige Dampferfahrten auf dem Ohio und dem Mississippi angeboten. Der Central Parkway auf der Nordwestseite der Downtown wurde über einem Bachbett angelegt, das eine Geländesenke in nördlicher Richtung auf den Eriesee zu markiert. Jenseits des Parkway liegt das Viertel Over-the-Rhine, das vor dem Ersten Weltkrieg von Deutschen geprägt war und noch etwas von seiner deutschen Tradition erhalten hat.

Mehrere Brücken, von denen die erste 1867 gebaut wurde, verbinden Cincinnati mit dem Gegenufer in Kentucky. Die zahlreichen Industriebranchen umfassen u. a. Werkzeugmaschinenbau, Herstellung von Waschmaschinen, Büromaschinen und Büromöbeln, Seifenfabrikation, Fleischverarbeitung und Druckereigewerbe.

Indianapolis (Indiana): Die Hallen des City Market in der Downtown zwischen
vielen restaurierten Gebäuden des 19. Jahrhunderts bieten eine große Auswahl
von importierten Waren und ethnischen Spezialitäten.

New Harmony (Indiana) wurde von einem amerikanischen Philanthropen zur
utopischen kommunalen Gemeinde gestaltet. Die »Roofless Church« basiert auf
dem Gedanken, der Himmel sei ein großes Dach für die gläubige Menschheit.

Die Harmonie Society wurde 1805 in Harmony (Pennsylvania) von dem Deutschen George Rapp gegründet und 1814 nach Indiana verlegt. Das 1978 von
Richard Meier erbaute Atheneum ist das neue Informationszentrum der Sekte.

Lincoln City (Indiana): Südlich der Stadt ist ein Gelände (Lincol Boyhood
National Monument) unter Denkmalschutz gestellt; dort lebte Abraham Lincoln von 1816 bis 1830 auf einer Farm.

In Springfield (Illinois) erinnern viele Einrichtungen an Abraham Lincoln, der hier 23 Jahre lebte und vor seinen Präsidentenjahren als Rechtsanwalt praktizierte. Er wurde hier nach seiner Ermordung 1865 beigesetzt.

Blick über das nördliche Chicago: Deutlich hebt sich die Downtown mit ihren Wolkenkratzern von den flachen Vorortsiedlungen im Hintergrund ab. Am linken Bildrand ist das Ufer des Michigansees zu erkennen.

Chicago (Illinois): 1897 wurde der Hochbahnring gebaut, nach dem der Stadtkern »Loop« genannt wird. Der erste Wolkenkratzer entstand in Chicago, wo
auch der Sears Tower steht, das höchste Gebäude der USA.

Chicago: Die wie mit Muscheln besetzten, 60geschossigen runden Wohntürme
der Marina City Towers am Nordufer des Chicago River haben in den unteren
Geschossen Parkplätze, Läden und einen Bootshafen.

Ausgehend vom Buckingham-Brunnen im Grant Park reihen sich nach Norden
die Hochhäuser der Chicagoer Innenstadt auf, in der Mitte das Standard Oil
Building, dahinter das John Hancock Center.

Das State of Illinois Center in Chicago ist eines der jüngsten Bauwerke der
Stadt. Die von Helmut Jahn entworfene Eingangshalle führt in ein 17geschos-
siges Atrium mit gläsernen Fahrstuhltürmen.

Chicago: Das Adler Planetarium auf Northerly Island besitzt ein Solarteleskop, Teleskopwerkstätten und historische astronomische Instrumente. Die Vorführungen sind einen Besuch wert.

Der O'Hare International Airport in Chicago hat das größte Fluggastaufkommen aller Flughäfen der Welt. Wegen der weiten Distanzen gewann der Luftverkehr in den USA schon früh große Bedeutung.

Chicago: An der Michigan Avenue erhebt sich mit 100 Geschossen das John
Hancock Center, das eine x-förmige Stahlrahmenkonstruktion kennzeichnet.
Im 94. Geschoß gibt es eine Aussichtsplattform.

Beim abendlichen Blick über das Wasser des Lake Michigan, der eher einem
Meer als einem See gleicht, erscheint am Horizont die Skyline von Chicago
wie eine Fata Morgana.

Columbus (Ohio): Blick über den Scioto River auf die Town Street Bridge mit
der City, die nicht nur Verwaltungsmittelpunkt, sondern auch ein bedeutendes
Banken- und Wirtschaftszentrum ist.

Bei Guttenberg (Iowa) begleiten hohe Bluffs den Mississippi im Westen. Die
kleinen Inseln sind z. T. bewohnt; seit dem Bau von Staudämmen im Abstand
von 40 bis 50 km ist die Überschwemmungsgefahr gemindert.

Der General Store der »Living History Farms« in Des Moines (Iowa): Dieses
Freilandmuseum besteht aus einer Pionierfarm von 1840, einer Pferdekraft-
Farm von 1900 sowie einer Farm von heute und einer der Zukunft.

Trotz genormter Hamburger geht es bei McDonalds abwechslungsreich zu: Die
beliebte Fast-Food-Kette ist hier in Iowa City (Iowa) im Stil der 50er Jahre mit
Schallplatten und Autositzecken dekoriert.

DIE PLAINSSTAATEN

Die Great Plains sind eine Übergangszone zwischen dem ursprünglich waldbestandenen Osten der Vereinigten Staaten, der großenteils als humider Klimabereich zu bezeichnen ist, und dem Felsengebirge im Westen. In dessen Regenschatten erstreckt sich diese Vegetationszone der Kurzgrassteppen meridional von den nördlich anschließenden kanadischen Prärieprovinzen bis nach Texas im Süden. Da Texas (S. 207) gesondert behandelt wird, geht es in diesem Kapitel um die fünf Plainsstaaten North Dakota, South Dakota, Nebraska, Kansas und Oklahoma.

ÜBERGANGSZONE UND DURCHZUGSGEBIET. Dem naturgeographischen Übergangscharakter entspricht auch ihr anthropogeographischer Charakter als Durchgangsgebiet. Die Plainsindianer, überwiegend Stämme der großen Gruppen der Sioux, Algonkin, Schoschone und Athabaska, waren nomadisierende Völker, deren gesamte materielle Kultur von ihren Behausungen über Kleidung, Nahrung, Waffen bis hin zu Schmuck auf der Jagd des in riesigen Herden lebenden Bisons basierte.

Nichts an diesem Raum lockte die ersten weißen Entdecker zum Bleiben. Der Spanier Coronado war 1541 bis ins heutige Kansas nach Norden gelangt, da aber kein Edelmetall gefunden wurde, unterließen die Spanier weitere Unternehmungen. Die französischen Brüder de Verendrye berührten um 1740 das Gebiet der beiden heutigen Dakotas, aber auch ihnen folgten zunächst nur vereinzelte Trapper. Ein gewisses Interesse zeigten Engländer und Amerikaner nach 1810 im Norden, doch es blieb bei einzelnen isolierten Handelsposten und Forts. Von den 1830er Jahren an benutzten Missionare den Trail nach Oregon, dem ab etwa 1840 Tausende von Siedlern nach Westen folgten. 1847 zogen die Mormonen durch die Plains ins Tal des Großen Salzsees nach Utah, und ab 1848 waren es Goldsucher auf ihrem Weg nach Kalifornien. Dem Oregon Trail und dem Mormon Trail folgten nach 1860 die Trassen der Transkontinentalbahn und nach 1950 die Interstate Highways. Eine besondere Rolle spielte dabei der Korridor, durch den die Flüsse Platte und North Platte führen.

Das Plainsgebiet ist immer dünn besiedelt geblieben – teilweise hat es sogar eine rückläufige Bevölkerung und Wirtschaftsentwicklung erlebt. Es ist bezeichnend für diesen menschenarmen Raum, daß selbst seine größten städtischen Siedlungen kaum eine halbe Million Einwohner erreicht haben: Oklahoma City zählt wenig über 400 000, Omaha (Nebraska) etwas über 300 000 und Kansas City (Kansas) weniger als 200 000 Einwohner. Die großen Städte wie Denver, St. Paul/Minneapolis, Dallas und San Antonio, die erhebliche Teile der Plainsstaaten als Oberzentren bedienen, liegen völlig peripher oder sogar außerhalb des eigentlichen Gebiets der Plains, das sie mit Gütern aller Art versorgen.

Im 19. Jahrhundert war es heftig umstritten, ob sich die Great Plains zur Besiedlung eigneten. Da hier im Bereich der Trockengrenze trockene und feuchte Jahre in unregelmäßiger

Abfolge mit entsprechenden Auswirkungen auf die Vegetation wechseln, hatten die ersten Reisenden sehr unterschiedliche Impressionen von diesem Raum und gelangten zu stark abweichenden Aussagen über seine wirtschaftliche Tragfähigkeit.

NORTH DAKOTA
gegr. 1889
183 117 km²
641 364 Einw.
Bismarck

SOUTH DAKOTA
gegr. 1889
199 730 km²
699 999 Einw.
Pierre

NEBRASKA
gegr. 1867
200 349 km²
1 584 617 Einw.
Lincoln

KANSAS
gegr. 1861
213 096 km²
2 485 600 Einw.
Topeka

OKLAHOMA
gegr. 1907
181 185 km²
3 157 604 Einw.
Oklahoma City

Der fast zum Schlagwort geratene Begriff der »Great American Desert« mag übertrieben gewesen sein; es ist aber nicht zu leugnen, daß technische Vorkehrungen wie die Erfindung des Stacheldrahts, des Windrads zur Hebung von Grundwasser und des streifenartigen Dry-farming notwendig waren, um diesen Raum für Bewirtschaftung und dauerhafte Besiedlung zu erschließen. Trotz dieser technischen Errungenschaften gab es Rückschläge wie in den 30er Jahren, als gewaltige Staubstürme einem Gebiet mit Kern in Oklahoma die Bezeichnung »Dust Bowl« eintrugen. So sind Teile dieses Raums schon recht bald nach ihrer Inbesitznahme wieder verlassen worden, womit der Charakter der Plains als Durchzugsgebiet sich über die Jahrzehnte hinweg erhalten hat.

HOHER INDIANERANTEIL. Indianische Spuren, die bis ins 9. Jahrhundert zurückreichen, finden sich von den sog. moundbuilders sowohl in South Dakota im Norden als auch in Oklahoma im Süden. Diese beiden Staaten gehören zu den US-Staaten mit dem größten indianischen Bevölkerungsanteil, da die einst aus Iowa und Minnesota westwärts vertriebenen Sioux sich auf dem Gebiet Süd-Dakotas eingefunden hatten und aufgrund des Indian Removal Act von 1830 die systematische Umsiedlung etlicher Stämme ins heutige Oklahoma erfolgt war. Dieses Gesetz schuf das Neue Indianerterritorium, in das zunächst größere Teile der fünf »Civilized Tribes« (Cherokee, Chikasaw, Choctaw, Creek und Seminolen) sowie später weitere Stämme übersiedelt wurden.

Weite Teile der Plains, die vorher nur vereinzelte Reisende und Trapper aufgesucht hatten, wurden erst durch die Expedition unter Lewis und Clark kurz nach 1800 bekannt, aber es kam kaum zu einer festen Ansiedlung. Am frühesten bildeten sich punktuell feste Siedlungen im Gebiet des heutigen North Dakota heraus, wo sich 1812 die Engländer bei Pembina festsetzten und 1829 die American Fur Company des Kaufmanns John Jacob Astor am Zusammenfluß von Yellowstone und Missouri das Fort Union anlegte.

ZUWACHS DURCH HOMESTEAD LAW UND EISENBAHN. Einige Siedler, die über den Oregon Trail (ab 1840) und über den Mormon Trail (ab 1847) nach Utah und Kalifornien unterwegs waren, blieben in Nebraska, das 1854 zum Territorium erklärt wurde. Gleichzeitig entstanden am Missouri einige Orte: Omaha, die Hauptstadt des Territoriums, Brownsville, Plattsmouth, Nebraska City und Florence. Wie auch in den Dakotas brachten das Heimstättengesetz von 1862 und der Eisenbahnbau erstmals etwas größere Siedlerzahlen; Omaha profitierte vor allem vom 1863 begonnenen Bau der ersten Transkontinentalbahn.

Schon vor dem Erlaß des Heimstättengesetzes bestand in Nebraska die Möglichkeit, eine Section von 256 ha zu erwerben, allerdings verbunden mit der Auflage, das Land binnen drei Jahren in Bewässerungswirtschaft zu überführen. Da dies unter den Gegebenheiten unrealistisch war, nutzten viele Bewerber um eine Heimstätte das Land nur vorübergehend als Weide.

Die Eisenbahngesellschaften traten als Agenten für die Anwerbung von Siedlern auf, denn sie verfügten in Nebraska und in den Dakotas über umfangreiche eigene Ländereien. Während die Landschenkungen der US-amerikanischen Regierung bis dahin bescheiden geblieben waren, erhielt die Union Pacific zwischen Omaha (Nebraska) und Ogden (Utah) 5 Mio. ha, die Nor-thern Pacific 4 Mio. ha Land in alternierenden Sections beiderseits ihrer Trassen.

STAATEN BILDEN SICH HERAUS. 1867 wurde Nebraska als Staat in die Union aufgenommen; zu seiner Hauptstadt wurde Lincoln bestimmt. Trotz noch immer aufflackernder Indianerunruhen gab es während der Jahrzehnte von 1860 bis 1890 beträchtlichen Zuzug von Skandinaviern, Deutschen, Böhmen und Iren. Das seit 1937 bestehende politische System ist einmalig in den ganzen Vereinigten Staaten: Im Gegensatz zu den üblichen Zweikammersystemen hat Nebraska ein Einkammersystem aus 49 nicht parteigebundenen Abgeordneten.

Im Gebiet des heutigen South Dakota war Yankton (gegr. 1859) die erste weiße Dauersiedlung. 1861 wurde South Dakota als Territorium eingerichtet. Das Heimstättengesetz brachte einige Siedler ins Land, wesentlich mehr kamen aber in den 1870er Jahren mit dem Eisenbahnbau der Northern Pacific und der Great Northern.

Ins nördliche Dakota zogen vor allem viele Siedler aus Kanada, Rußland, Norwegen und Deutschland. Während der 70er und 80er Jahre kam es zu gewaltigen Unruhen, da nach Goldfunden 1874 in den Black Hills die hereinströmenden Goldsucher auch heilige Stätten der Indianer verwüsteten. In den Aufstand griff die US-Kavallerie unter General George Custer (* 1839, † 1876) ein, der zwei Jahre später am Little Big Horn in Montana von den Sioux unter ihrem Häuptling Sitting Bull vernichtend geschlagen wurde. Custers Namen tragen eine kleine Stadt, eine County und ein State Park im Black-Hills-Gebiet. Da die Indianerunruhen anhielten, wurden weitere Strafexpeditionen durchgeführt, die im Dezember 1890 in einem Massaker bei Wounded Knee gipfelten, wo über 200 Sioux (vor allem Frauen und Kinder) ihr Leben lassen mußten.

Aber nicht nur zwischen Indianern und Weißen kam es zu Auseinandersetzungen, sondern auch zwischen den Weißen untereinander. Umstritten war der künftige Sitz der Hauptstadt von Dakota, die von Yankton verlegt werden sollte; konkurrierende Bewerber waren Huron, Bismarck, Mitchell, Pierre und Chamberlain. Da keine Verständigung möglich erschien, entschied die Regierung in Washington, daß eine dauerhafte Lösung für das Dakota-Territorium nur durch seine Aufteilung erreichbar sei. 1889 wurden gleichzeitig zwei Staaten geschaffen und in die Union aufgenommen: North Dakota mit der Hauptstadt Bismarck und South Dakota mit der Hauptstadt Pierre.

Im selben Jahr (1854) wie Nebraska wurde auch Kansas ein Territorium, das wegen seiner südlichen Lage ebenso wie das noch weiter südlich gelegene Oklahoma in die Auseinandersetzungen um die Sklavenfrage geriet. Der Missouri-Kompromiß, wonach mit Ausnahme von Missouri alles Land nördlich von 35° 30' Breite sklavenfrei sein sollte, wurde durch den Kansas Nebraska Act widerrufen, der das Kansas-Territorium schuf. Die Regelung der Sklavenfrage wurde den einzelnen Territorien anheimgestellt. Damit wurde das Kansas-Territorium zum Schauplatz für politisch motivierte Aktivitäten einschließlich mehrerer Morde und vorübergehender Besetzung durch Unionstruppen. Überstürzt wurden Anhänger wie Gegner der Sklaverei ins Territorium eingeschleust. Erstere gründeten Orte wie Lawrence und Topeka, letztere Atchison und Leavenworth. Die Gegner der Sklavenhaltung behielten die Oberhand; 1861 wurde Kansas als sklavenfreier Staat in die Union aufgenommen, womit allerdings der Nord-Süd-Gegensatz noch nicht beseitigt war. Viele Bürger von Kansas zogen auf der Seite der Unionstruppen in den Sezessionskrieg, während kurzfristig, vor allem in Lawrence, Truppen der Konföderierten wüteten.

Als sich die Wogen nach dem Sezessionskrieg geglättet hatten, kamen wiederum Siedlergruppen nach Kansas. So gründeten z. B. Kolonisten aus Schweden zwischen Dodge City und Abilene den Ort Lindsborg, dessen heutige 3200 Einwohner noch großenteils deren Nachkommen sind. Davon zeugt auch die skandinavische Architektur dieses Ortes.

In den Jahrzehnten von 1870 bis 1890 wurden große Rinderherden zu den jeweiligen Endpunkten der Eisenbahnen getrieben. Die Tiere kamen überwiegend aus Texas; sie wurden an den Bahnstationen verladen und zum Markt im Osten transportiert. »Cow towns« hat man solche Orte genannt, die vorübergehend eine derartige Bedeutung erlangten. Die wichtigsten waren Abilene, Newton, Wichita und Dodge City.

OKLAHOMA, DER »SOONER STATE«. Die Geschichte des Staates Oklahoma ist eng mit seiner zeitweiligen Funktion als Neues Indianerterritorium verbunden, das aufgrund des Indian Removal Act (1830) entstanden war. Ein Teil der zunächst aus dem Osten hierher umgesiedelten Indianer brachte es bald zu einigem Wohlstand und hielt nach dem Vorbild der weißen Südstaatler Sklaven, weshalb die indianische Bevölkerung des Gebiets weitgehend auf seiten der Konföderation stand. Ein Cherokee-Indianer stand in der Armee der Konföderierten sogar im Range eines Brigadegenerals.

Nach dem Sezessionskrieg wurde der Westteil des Indianerterritoriums den Vereinigten Staaten einverleibt, womit das Indianerland eine beträchtliche Reduzierung erfuhr. Der Bau einer Eisenbahn, verbunden mit Landschenkungen an die Bahngesellschaft, lockte zahlreiche weiße Siedler herbei. 1890 organisierte die US-Regierung den westlichen Teil als eigenständiges Territorium und gab ihm den offiziellen Namen Oklahoma, was in der Sprache der Choctaw-Indianer »rote Menschen« bedeutet.

Der östliche Teil blieb auf dem Papier weiterhin Indianerland, aber die weißen Siedler drängten auf Neuland. Manche okkupierten einfach Grundstücke, noch ehe die Regierung sie dazu autorisiert hatte. Diese Vorgehensweise der Siedler trug dem Staat seinen Spitznamen »Sooner State« (»Früher Staat«) ein. Am 22. April 1889 öffnete die Regierung das Indianerterritorium offiziell den hineinströmenden weißen Siedlern. Über Nacht entstanden Zeltstädte, unter ihnen Oklahoma City.

Beide Landesteile, der schon etwas eher besiedelte westliche Teil und der eben neu von den Weißen vereinnahmte östliche Teil, erstrebten Eigenstaatlichkeit und Aufnahme in die Union. Die Regierung lehnte jedoch ab; als die Einwohner erkannten, daß sie keine Aussichten auf Erfolg hatten, vereinigten sich die beiden Teile und wurden 1907 gemeinsam als Staat Oklahoma aufgenommen. 1910 wurde die Hauptstadt von Guthrie nach Oklahoma City verlegt.

ERDÖLFUNDE UND DÜRREKATASTROPHE. Verglichen mit den nördlichen Plainsstaaten hat Oklahoma in der Folgezeit eine aufregendere Entwicklung erfahren. Zum einen wurde 1897 bei Bartlesville Erdöl gefunden. 1904 stieß man in und um Oklahoma City auf Erdöl; bis heute stehen mitten in der Stadt Fördertürme. 1905 wurde weiter nordöstlich das Glenn-Ölfeld erschlossen, das Tulsa zur »oil capital of the world« und Oklahoma zum viertwichtigsten Ölerzeugerstaat der USA machte.

Zum anderen gab es einen herben Rückschlag auf dem agrarwirtschaftlichen Sektor. Die Nachfrage nach Nahrungsmitteln zur Zeit des Ersten Weltkriegs hatte manchen Siedler dazu verleitet, mit ackerbaulicher Nutzung zu weit westwärts in die dürregefährdeten Teile der Plains vorzudringen. Die Natur rächte sich. Mehrere fast niederschlagslose Jahre (1934, 1936 und 1937) brachten eine Dürrekatastrophe mit verheerenden Erosionsschäden und Staubstürmen. Die »black blizzards« verdunkelten mit ihrer Fracht zeitweise sogar an der Atlantikküste den Himmel. Die Flucht der »Okies« aus dieser Dust Bowl und ihre Arbeitssuche auf kalifornischen Farmen hat der Nobelpreisträger John Steinbeck (* 1902, † 1968) eindrucksvoll in seinem Roman »Früchte des Zorns« geschildert.

DER NATURRAUM. Die Great Plains tragen in besonderem Maße zum Eindruck der unendlichen Weite bei, den der Reisende bei einer Ost-West-Durchquerung der Vereinigten Staaten gewinnt. Obwohl die Plains großräumlich betrachtet eine weite, unmerklich vom Felsengebirgsrand bis zum Mississippi geneigte Ebene bilden, die großenteils mit Gräsern oder Kulturpflanzen (vor allem Getreide) bedeckt ist, sind sie doch nicht ganz so einförmig, sondern setzen sich aus einer Anzahl verschiedenartig gestalteter Teillandschaften zusammen. Hierzu beigetragen haben die Eiszeiten mit ihrer Hinterlassenschaft an Wasserkörpern, die Flüsse mit ihrer Erosionstätigkeit und nicht zuletzt der sich aus seiner Umgebung heraushebende Granitstock der bewaldeten Black Hills, ein Ausläufer des Felsengebirgskörpers in South Dakota.

BLACK HILLS UND BADLANDS. Der Missouri-Fluß wird in South Dakota vom Coteau du Missouri begleitet. Die Black Hills an der Grenze von South Dakota nach Wyoming erhielten ihren Namen von den dunkel wirkenden Wäldern, die hauptsächlich aus Gelbkiefern bestehen. Das Gebirge wirkt wie ein Fremdkörper in der flachen und nahezu baumlosen Weite der Plains. Große Granitfelsen mit typischer Wollsackverwitterung, die »sackartig« geformte Blöcke entstehen ließ, Wasserkörper wie der Sylvan Lake, die Waldvegetation und das abschüssige Gelände heben die Black Hills als etwas völlig Andersartiges aus ihrer Umgebung heraus. Ein 511 ha großes Gebiet in den Black Hills wurde 1925 als Gedenkstätte ausgewiesen und 1929 zum Mount Rushmore National Memorial erklärt. Von 1927 bis 1941 meißelte Gutzon Borglum aus dem Granit die etwa 18 m hohen Köpfe von vier US-Präsidenten: Washington (Gründer der Union), Jefferson (Verfasser der Unabhängigkeitserklärung), Lincoln (Retter der nationalen Einheit) und Theodore Roosevelt (Konservator der Naturreserven). Weitere Touristenattraktionen sind eine im Custer State Park lebende Bisonherde und die Bedrock City, ein Vergnügungspark mit Figuren der Fernsehserie »Familie Feuerstein«, nahe dem Ort Custer. Südlich der Black Hills ist im Windcave-Nationalpark eine Population von Präriehunden heimisch gemacht worden. In den Plains ist der schwarzschwänzige Präriehund beheimatet, der etwas kleinere weißschwänzige lebt in der Gebirgsregion.

Weiter östlich hat sich der Cheyenne-Fluß in vornehmlich oligozäne Tone von grüngrauer und rotgoldener Färbung eingeschnitten. Wind und Wasser schufen ein Labyrinth von kleinen Tälern und mit Runsen überzogenen Hängen. Die ersten französischen Trapper und Pelzhändler bezeichneten das Gebiet nicht zu Unrecht als »terre mauvaise à traverser« (»schlecht zu durchquerendes Land«); die Amerikaner haben »terre mauvaise« mit »badlands« übersetzt. Der eindrucksvollste Teil dieser Erosionslandschaft ist das Badlands National Monument.

SAND-HILLS-REGION UND ANDERE LANDSCHAFTEN. Im Zentrum von Nebraska wird etwa ein Viertel des Staatsgebiets von der Sand-Hills-Region eingenommen, einer von Dünenzügen gekennzeichneten Landschaft. Sie ist aber durchaus nicht vegetationslos, sondern in weiten Teilen von einer Grasvegetation überzogen und von vielen kleinen Seen durchsetzt. Durch den westlichsten Teil des Staates ziehen sich zwei kiefernbestandene Bergketten hindurch: Im Nordwesten bei Crawford die Pine Ridge und im Südwesten bei Scottsbluff die Wild Cat Hills. Diese etwa 270 m hohe Schichtstufe, die den North-Platte-Fluß begleitet, war ein markantes Landschaftselement am Oregon Trail. Ein Museum im Besucherzentrum des Scotts Bluff National Monument ist der Geschichte des Oregon Trail gewidmet, der bedeutenden Überlandroute in den Pazifischen Nordwesten der Vereinigten Staaten.

Das Staatsgebiet von Kansas ist von mehreren Flußtälern und Höhenzügen bestimmt. Im Zentrum erheben sich die aus Sandstein bestehenden Smoky Hills, im Süden zur Grenze nach Oklahoma hin läßt sich deutlich im Gelände die Schichtstufe der Cimarron Breaks ausmachen. Oklahoma ist dadurch abwechslungsreich, daß es im Nordosten Anteil am Ozarks-Plateau und im Südosten Anteil an den Ouachita Mountains hat, die großenteils mit Kiefern- und Eichenwäldern bestanden sind und Höhen bis zu 1000 m erreichen. Den Süden durchziehen zwei niedrige Bergrücken, die Arbuckles und Wichitas.

FLÜSSE UND SEEN. Der Nordosten North Dakotas wird in seiner gesamten Länge bis zur Grenze des Staates mit der kanadischen Provinz Manitoba vom nordwärts sich zunehmend verbreiternden Tal des Red River of the North eingenommen, das einen Rest des großen glazialen Agassiz-Sees darstellt und sich wegen seiner fruchtbaren Schwarzerdeböden zu ertragreicher landwirtschaftlicher Nutzung eignet.

Die beiden Dakotas durchzieht von Nordwesten nach Südosten bis zur Grenze von South Dakota und Nebraska der Missouri-Fluß. Er wurde fast auf der gesamten Strecke im Bereich der Dakotas aufgestaut und besteht heute praktisch aus einer Kette von langgestreckten Stauseen. Im Nordwesten von North Dakota staut der Garrison-Damm den 146 000 ha großen Sakakawea-See auf. Oberhalb von Pierre entstand durch den Oahe-Damm das über die Staatsgrenze hinweg reichende Oahe-Reservoir. Weiter südöstlich liegen der Lake Sharp hinter dem Big-Bend-Damm, der Lake Francis Case hinter dem Fort-Randall-Damm und das kleine Reservoir Gavins-Point-Damms.

In Nebraska ist der North Platte wichtigster Zufluß des Missouri, der die Ostgrenze des Staates bildet. In der Osthälfte von Oklahoma ist das Flußnetz des Arkansas und des Verdigris samt Nebenflüssen wie Cimarron und Canadian River mit mehreren großen und vielverzweigten Stauseen im Rahmen des Arkansas-Verdigris Navigation System als Seeweg zum Golf ausgebaut worden. Es stellt ein, wenn auch deutlich bescheideneres, Pendant zum St.-Lorenz-Seeweg dar. Auch in den gewässerreichen Ozarks und Ouachita Mountains wurden schon frühzeitig strombautechnische Arbeiten durchgeführt. Ältester der zahlreichen Stauseen ist der 1932 gebaute Lake O'the Cherokees oder Grand Lake am Westfuß der Ozarks.

DIE WIRTSCHAFT. Das Pro-Kopf-Einkommen der Bevölkerung in den Plainsstaaten gehört zu den niedrigsten in den USA. Mit einer Spanne von 12 754 US-$ in South Dakota bis 15 740 US-$ in Kansas (1988) liegt es in allen fünf Staaten unter dem US-amerikanischen Durchschnitt von 16 490 US-$. Das ist vielleicht etwas überraschend, angesichts der ausgedehnten Landwirtschaft und vielseitigen Industrie in Kansas, des umfangreichen Tourismus in South Dakota mit seinen naturgeographischen Attraktionen oder der Rolle Oklahomas als viertgrößten Erdölproduzenten der Vereinigten Staaten. Die Einkommensverhältnisse zeigen aber letztlich den Gesamtcharakter des Plains-Gebiets als relativ strukturschwachen Raum.

DIE LANDWIRTSCHAFT. Diese Durchgangszone weist bei einträglichen Wirtschaftszweigen nur punkthafte Entwicklungen auf und ist noch relativ stark auf die Landwirtschaft ausgerichtet, die in diesem Gebiet an ihre Grenzen stößt. So ist z. B. in South Dakota die Agrarproduktion vor dem Tourismus die wichtigste Einnahmequelle. Dieser Staat besitzt die höchste Agrarerwerbsquote von allen US-Staaten, d. h. er hat den höchsten Anteil von in der Landwirtschaft Erwerbstätigen. Gemessen an der Größe des gesamten Farmlands nehmen Kansas und Nebraska den dritten und vierten Platz ein (hinter Texas und Montana); die Dakotas belegen den sechsten und siebenten Platz. Daran zeigt sich, daß erhebliche Flächen der Plainsstaaten in landwirtschaftliche Nutzung überführt worden sind.

STRUKTUR DER FARMEN. Aufgrund des Klimas sind die Farmen recht groß. Wenn auch die zahlreichen Staudämme und Reservoirs zu einiger Bewässerungslandwirtschaft geführt haben, wird der weitaus größte Teil des Farmlands durch extensives Trockenfarmen (Dry-farming) oder als Weideland genutzt. Mit abnehmenden Niederschlägen von Osten nach Westen geht der zunächst dominierende Ackerbau in gemischtwirtschaftliche Betriebe und schließlich zu reinen Viehranchen über; gleichzeitig nehmen die Betriebsgrößen zu. Die durchschnittliche Farmgröße in Oklahoma entspricht etwa dem US-Durchschnitt (176 ha), liegt aber in Kansas (257 ha), in Nebraska (298 ha), in North Dakota (442 ha) und in South Dakota (472 ha) beträchtlich darüber. In der Sand-Hills-Region von Nebraska gibt es Ranches von 30 000 bis 40 000 ha.

WEIDELAND UND WEIZENGÜRTEL. Das traditionelle Gürtelkonzept wies die Plainsstaaten zwar als Weizengürtel der USA aus, aber von Anbeginn der weißen Besiedlung waren sie in erster Linie Weideland mit großen Rinderherden. Teilweise wurde das Gebiet auch für die Schafhaltung genutzt und lieferte Futter für die Schweinemast. Betrachtet man das Farmeinkommen, stehen Verkäufe von Rindvieh in den Staaten South Dakota, Nebraska, Kansas und Oklahoma an erster Stelle; nur in North Dakota hat der Weizenbau die Rinderverkäufe auf den zweiten Platz verwiesen. Bei der Rinderzahl liegen Kansas (5,9 Mio.; 1989) und Nebraska (5,4 Mio.) in einigem Abstand hinter Texas (13,7 Mio.) auf den Plätzen zwei und drei.

Der Erlös aus Viehverkäufen steht in Kansas an der Spitze des Farmeinkommens, darüber hinaus ist Kansas der größte Weizenexporteur unter den Staaten der USA, was ihm den Spitznamen »Wheat State« eingetragen hat. Ebenso wie in Kansas steht Weizen in South Dakota und Oklahoma an zweiter Stelle im Farmeinkommen.

VIELFÄLTIGE ANBAUPRODUKTE. Die Palette der landwirtschaftlichen Produkte ist groß. So steht z.B. in Nebraska, dem »Cornhusker State«, der Maisbau an zweiter Stelle hinter der Rinderhaltung. Mais wird auch in Umgebung der Kleinstadt Mitchell (South Dakota) angebaut, deren Sehenswürdigkeit der Corn Palace ist. Teile der Außen- und Innenwände dieses im maurischen Stil errichteten Gebäudes werden jährlich neu mit Tausenden von Maiskolben sowie verschiedenfarbigen Maisstauden und Gräsern dekoriert.

Im Ackerbau der Plainsstaaten nehmen Getreide und ölproduzierende Pflanzen eine herausragende Stellung ein. Neben Weizen werden in geringerem Umfang Gerste, Hafer und Roggen angebaut, ferner Flachs und Sojabohnen. Sonnenblumen, die in den nördlichen Staaten zu finden sind, belegen im Verkaufserlös der Farmen North Dakotas nach Weizen und Rindern den dritten Platz. Weitere Anbauprodukte sind Kartoffeln (besonders in North Dakota), Futterpflanzen wie Alfalfa, Klee und Sorghum sowie Zuckerrüben; in Oklahoma wird auch Baumwolle vornehmlich auf Bewässerungsland geerntet. Im Platte-Tal von Nebraska und in Kansas nehmen die Zuckerrüben heute im Bewässerungsfeldbau eine bedeutende Stellung ein.

FUTTERPFLANZEN UND RINDERMAST. In Kansas und Oklahoma hat sich der Anbau von Sorghum auf der Basis von Hybriden ausgebreitet. Es war in erster Linie diese Sorghumproduktion, die in den Plainsstaaten, nicht zuletzt auch im Plains-Anteil von Colorado, die Umstellung der Rinderhaltung auf Mastbetriebe (feedlots) ermöglichte. Wurden die Tiere bis dahin per Bahn auf den östlichen Markt transportiert, werden sie nun vor Ort gemästet und geschlachtet. Regionale Zentren dieser Art sind Dodge City in Kansas oder Sioux Falls und Rapid City in South Dakota. Auf dem Viehmarkt von Oklahoma City werden jährlich mehr als 1 Mio. Tiere verkauft.

BEWÄSSERUNGSWIRTSCHAFT. Strombautechnische Arbeiten, die vom Missouri-System im Norden über den Platte-Fluß in der Mitte bis zum Arkansas-Verdigris-System im Süden reichen, haben der Bewässerungswirtschaft zum hohen Stellenwert verholfen. Von rund 19,6 Mio. ha bewässerten Landes in den Vereinigten Staaten entfallen auf die fünf Plainsstaaten etwa 19%, davon allein 12% auf Nebraska und 5% auf Kansas. Die seit den 40er Jahren kräftig angewachsene Bewässerungsfläche hat sehr zur Diversifizierung der Landwirtschaft beigetragen.

Die zunehmende Umstellung von der Bewässerung im engeren Sinne zur Berieselung hat bei Anwendung der zentrierten Drehbewässerung (center pivot irrigation) mittels eines sich um einen zentralen Punkt drehenden Rohrgestänges zu großen, runden Bewässerungsflächen geführt, die mit den Grenzen und Wegen des quadratischen Landvermessungsmusters kontrastieren.

SUITCASE FARMER UND KONTRAKTARBEITER. Der hochmechanisierte Ackerbau der Plainsstaaten hat zwei auffällige Varianten mobiler Lebensweise hervorgebracht, so den Suitcase Farmer. Er lebt nicht bei seinem Farmland, sondern in einer der kleinen bis mittelgroßen Städte. Während der kurzen Zeiten, in denen Arbeit auf den Weizenfeldern anfällt, fährt er mit dem Wohnwagen zu seinem Landsitz, wo er dann »aus dem Koffer« lebt. Die Erscheinung des Suitcase Farmer führte zur Entleerung mancher ländlicher Gebiete und zu weiterer Konzentration der an sich schon geringen Bevölkerung auf die Städte.

Die andere Variante, die damit einhergeht, ist die Kontraktarbeit bei der Ernte. Viele Farmer führen z.B. die Weizenernte nicht selbst durch, sondern schließen einen Kontrakt mit einer Firma, die eine Anzahl von Mähdreschern besitzt. Die mit der Ernte beauftragten Firmen, die meist ausländische Saisonarbeiter beschäftigen, ziehen über Monate von einer Farm zur anderen, ausgehend von Texas im Süden bis zur kanadischen Grenze im Norden. Nach Mather (1972) durchqueren auf diese Weise 45 000 Mähdrescher von Juni bis September die Plains.

INDUSTRIELLER SEKTOR. In der Industriewirtschaft spielen die Verarbeitung landwirtschaftlicher Erzeugnisse und die Deckung des Bedarfs der Farmen und Ranches eine große Rolle. Die Nahrungsmittelindustrie ist mit Fleischfabriken, Molkereibetrieben, Zuckerraffinerien und der Herstellung pflanzlicher Öle vertreten. Die Seifenfabrikation ist ein wichtiger Zweig in Kansas City. In mehreren Städten gibt es Fabriken, die Landmaschinen herstellen; innerhalb der chemischen Industrie ist die Düngemittelfabrikation hervorzuheben. Die Holzverarbeitung in South Dakota bezieht ihre Rohstoffe aus den Black Hills, die in Oklahoma aus dem Ouachita-Nationalforst. In Kansas werden Wohnwagen hergestellt.

Der Bergbau und die Verarbeitung seiner Produkte sind an bestimmte Ressourcen gebunden. Die Homestake Mine bei Lead in den Black Hills ist eine der größten Goldminen der Vereinigten Staaten. Bei Custer wird Beryllium gefunden. Erwähnenswert sind ferner Steinsalz bei Hutchinson (Kansas) sowie Blei, Zink und Gips in Oklahoma.

Besondere Bedeutung haben die Primärenergieträger. In North Dakota und im südöstlichen Kansas wurde Kohle gefunden. Die an einem Dutzend Stellen in North Dakota gewonnene Braunkohle ist verhältnismäßig geringwertig. Sie bildet u.a. die Grundlage für das erste Great Plains Coal Gasification Project in Beulah, einem kleinen Ort nordwestlich von Bismarck. Erdöl und Erdgas werden in North Dakota, Nebraska, im südlichen Kansas und in Oklahoma gefördert. North Dakota, das an neunter Stelle in der Erdölproduktion steht, besitzt drei Ölraffinerien und zwölf Anlagen zur Gasaufbereitung.

In Oklahoma sind Erdöl- und Erdgasvorkommen zwar über das gesamte Staatsgebiet verteilt, aber ein eindeutiges Schwergewicht besitzt seit 1905 der Raum um Tulsa. Die Stadt ist Zentrum der Förderung und zugleich Verwaltungssitz bedeutender Ölfirmen. Unter den Staaten der USA steht Oklahoma bezüglich der Erdölproduktion an vierter und in der Erdgasproduktion an dritter Stelle.

In Tulsa sind auch andere Industriebranchen (z.B. Luft- und Raumfahrttechnik) ansässig. Ein bedeutender Standort des Flugzeugbaus ist Wichita (Kansas) mit der Beech Aircraft Corporation, der Cessna Aircraft Corporation, der Gates Lear Jet Company und der Boeing Military Airplanes. Die auf Wichita bezogene Bezeichnung »air capital of the world« dürfte allerdings etwas übertrieben sein. Die Stadt Hutchinson (Kansas) besitzt ein Raumfahrtmuseum.

WENIGE GROSSE STÄDTE. Wie eingangs herausgestellt, haben sich in den fünf Plainsstaaten keine wirklich großen Städte entwickeln können. Nur Kansas City (Kansas) mit 150 000 Einwohnern gehört zu einer Millionen-Metropole, deren weitaus bedeutenderer Teil jedoch jenseits des Missouri-Flusses im Staat Missouri liegt.

Einschließlich der völlig peripher gelegenen Städte Kansas City und Omaha gibt es sieben Großstädte oberhalb der statistischen Grenze von 100 000 Einwohnern. Zu ihnen gehören die drei Hauptstädte Lincoln (Nebraska), Topeka (Kansas) und Oklahoma City (Oklahoma) sowie Wichita und Tulsa. Weitere sechs Städte fallen in die Größenklasse zwischen 50 000 und 100 000 Einwohnern: Fargo in North Dakota, Sioux Falls in South Dakota, Lawrence in Kansas, Enid, Lawton und Norman in Oklahoma. Die Hauptstädte der beiden Dakotas, Pierre und Bismarck, zählen noch weniger Einwohner.

OMAHA, KANSAS CITY UND WICHITA. Omaha (336 000 Einw.) und Kansas City haben als Flußübergangsorte eine wichtige Rolle für die Erschließung des Westens gespielt; Omaha wurde deshalb als »crossroads of the nation« bezeichnet. Am Nordrand der heutigen Stadt verlief einst der Mormon Trail; hier hatte der erste große Mormonentreck auf seinem Weg ins Salzseetal 1846/47 sein Winterlager aufgeschlagen.

1863 begann die Bautätigkeit der Union-Pacific-Gesellschaft. 1868 wurde Fort Omaha errichtet, das als Ausgangs- und Stützpunkt für die erste Transkontinentalbahn dienen sollte. Die Union Pacific richtete hier ihre Hauptverwaltung ein. Im 1931 im Art-deco-Stil errichteten Bahnhofsgebäude, der Union Station, befindet sich heute das Western Heritage Museum.

Omahas wachsende Bedeutung als Verkehrsknotenpunkt im Zentrum der Vereinigten Staaten zeigte sich darin, daß die Stadt außer ihrer Funktion als Binnenschiffahrtshafen der Kreuzungspunkt von acht Strecken verschiedener Eisenbahngesellschaften geworden ist. Omaha besitzt aber auch ein breites Branchenspektrum von Industrien und mehrere Stätten des tertiären Bildungswesens (u. a. University of Omaha).

Kansas City (Kansas) entstand 1854 auf dem Gegenufer seiner um etliches größeren Schwesterstadt als Flußübergangsort am Missouri. Die Gründung geschah auf Initiative eines Mannes hin, der von 1854 bis 1869 den Bau der Atchison, Topeka & Santa Fé Railway (AT & SF) betrieb. Die Hauptstrecke, Chicago–Kansas City–La Junta (Colorado)–Albuquerque (New Mexico)–Los Angeles, ist rund 3570 km lang; 1881 wurde die AT

& SF, deren gesamtes Netz ca. 21 000 km umfaßt, an die Southern Pacific angeschlossen; Kansas City beherbergt bis heute die Ausbesserungswerke der AT & SF. Wegen der Nahrungsmittelindustrie und der Funktion als regionaler Viehmarkt hat die Stadt eine wichtige Rolle für das große agrare Hinterland.

Wichita (304 000 Einw.) entstand 1865 als Handelsposten an einer Route, über die von Texas nach Norden große Rinderherden zu den Endpunkten der Eisenbahn getrieben wurden. Nach dem Händler Jesse Chisholm (* 1806?, † 1868), der diesen Weg 1864 erkundet hatte, wurde diese Viehroute Chisholm Trail genannt. Wichita ist heute Zentrum für einen großen landwirtschaftlichen Einzugsbereich und Standort verschiedener Industrien (vor allem Flugzeugbau).

OKLAHOMA CITY UND TULSA. Oklahoma City (445 000 Einw.) und Tulsa (367 000 Einw.) sind die beiden großen Erdölstädte im Staat Oklahoma. Erstere entstand spontan, als das Indianerterritorium 1889 für die weiße Besiedlung geöffnet wurde und sozusagen über Nacht 10 000 Menschen eine Zeltstadt aus dem Boden stampften. Oklahoma City wuchs vor allem kurz nach der Jahrhundertwende mit den Erdölfunden. Mehr als 2000 Ölquellen befinden sich innerhalb des Großstadtraums, wo sogar unmittelbar benachbart dem Capitol Fördertürme stehen. Die Stadt ist zugleich ein Zentrum der Fliegerei und umgeben von mehreren Flugbasen der US-Luftwaffe.

In jüngerer Zeit hat Oklahoma City eine Touristenattraktion bekommen. Das National Cowboy Hall of Fame and Western Heritage Center, wo auch Western-Stücke aufgeführt werden, bietet Exponate zur Geschichte des »Wilden Westens«.

In Tulsa sind über 800 Firmen ansässig, die direkt oder indirekt mit Erdölförderung zu tun haben. Beispiele des hier oft angewendeten Art-deco-Stils sind das Phythian Building, die 1930 erbaute Philcade und das ein Jahr jüngere Union Depot, das Bahnhofsgebäude. Neben dem großen Ausstellungs- und Messegelände ist als Dauerausstellung die International Petroleum Exposition zu sehen. Im Discoveryland-Amphitheater wird werktags von Anfang Juni bis Ende August das Musical »Oklahoma« von Richard Rodgers (* 1902, † 1979) gespielt.

Chimney Rock am Südufer des North Platte River (Nebraska) signalisierte den
westwärtsfahrenden Trecks auf dem Oregon Trail das Ende der Prärie und den
Beginn des Gebirges.

In North Platte (Nebraska) lebte Colonel William Cody, genannt Buffalo Bill,
der mit seiner »Wildwestschau« auch in Europa berühmt wurde. Sein Anwesen
im Buffalo Bill Historical State Park ist heute ein Museum.

Der Missouri River bei Bellevue, der ältesten dauerhaften Siedlung in Nebraska: Von hier aus kann man mit einem Schaufelraddampfer Fahrten auf dem
Missouri unternehmen.

Auto Monument in Nebraska: An verschiedenen Stellen im Land haben die
Amerikaner Denkmäler gesetzt, die ihrem wichtigsten Statussymbol, dem
Automobil, gewidmet sind.

Große Leuchtreklamen weisen dem Autofahrer bei nächtlicher Ankunft den
Weg zu Motels und Tankstellen, die häufig aneinandergereiht an einem
Commercial Strip liegen.

Der Corn Palace in Mitchell (South Dakota), einem Handelszentrum für
Getreide, Mais und Vieh, ist in maurischer Architektur gebaut und wird
jährlich mit neuen Motiven aus Maiskolben und Gräsern dekoriert.

Badlands N. P. (South Dakota): Die stark erodierten und von Runsen überzogenen Sedimentgesteine erscheinen je nach Art der Beimischung als Schichten verschiedenster Färbung von Grauweiß über Gelb und Rosa bis Lila.

Das Crazy Horse Memorial (vorn das Modell) soll wie Mt. Rushmore aus dem Granit der Black Hills (South Dakota) geschnitten werden. Häuptling Crazy Horse bezwang 1876 General Custer am Little Big Horn.

Bisonherde in den Badlands von South Dakota: Nachdem der weiße Mann die Bisons ihrer Häute wegen abgeschlachtet und fast ausgerottet hatte, war auch das Schicksal der Indianer besiegelt.

Für diese Bar in einem kleinen Ort in South Dakota haben die alten Western
Saloons Pate gestanden: Die Faszination für das rauhe Leben in der Pionierzeit
ist bis heute ungebrochen.

Präriehund im Theodore Roosevelt National Park (North Dakota): Die Tiere
leben in Kolonien (»prairie dog towns«) mit weitverzweigten Gängen und dicht
an die Oberfläche reichenden Notausgängen.

Diese Baumstämme haben Biber abgenagt. Neben anderen Kleintieren (u. a.
Coyoten und Stachelschweine) beherbergt der Theodore Roosevelt N. P.
(North Dakota) auch Großwild wie Büffel, Gabelböcke und Hirsche.

Im Theodore Roosevelt National Park im Westen North Dakotas grasen große
Bisonherden. Das Gebiet ist ähnlich den Badlands durch Erosion in Tafelberge
aus farbigen Schichten zerschnitten.

Wandmalereien an einem Gebäude eines der vielen fleischverarbeitenden
Betriebe in Dodge City: Für die abgebildeten Indianer waren die Bisons die
wichtigsten Fleischlieferanten.

Die Abbildung eines Texas Longhorns in Dodge City (Kansas) steht für die
Zehntausende von Rindern, die von Cowboys nach Norden bis zu den Eisen-
bahnendpunkten Abilene, Dodge City, Newton und Wichita getrieben wurden.

Dodge City (Kansas), »Hölle der Plains«, besaß auf 50 Einwohner einen Saloon.
Berühmt war die Front Street, deren Saloons mit Eintreffen der Viehtrecks von
den ausgezahlten Cowboys gestürmt wurden.

Mastbetriebe (feed yards) in Dodge City (Kansas): Obwohl die Zeiten der großen Herdentriebe vorbei sind, ist Dodge City immer noch ein bedeutendes
Zentrum der Viehmast und Fleischverarbeitung.

Blick in den City Drugstore im Boot Hill Museum von Dodge City (Kansas):
Boot Hill und Front Street zeigen als Nachbau das Gefängnis, den historischen
Friedhof und die Front Street Saloons wie um 1870.

Im Old Cow Town Museum von Wichita (Kansas) stehen restaurierte Gebäude
aus den Tagen der großen Viehtrecks; heute bilden Weizenfelder, Ölquellen
und Flugzeugbau die wirtschaftliche Basis der Stadt.

Wie Dodge City hat jede US-amerikanische Stadt ihre Drive-in-Einrichtungen,
die der autofahrende Gast benutzen kann, ohne sein Auto verlassen zu müssen.
Die meisten Drive-ins finden sich entlang den Ausfallstraßen.

Rinderherde vor der Kulisse der Monument Rocks in Kansas, wo neben dem
Weizenverkauf der hauptsächliche Erlös der Farmer aus dem Verkauf von Rindern stammt.

Riesige Reklamen zeigen dem autofahrenden Kunden schon von weitem den
Weg zu einer Imbißstube oder einem Motel. Viele Drive-in-Einrichtungen sind
rund um die Uhr geöffnet.

Der Gebetsturm der Oral Roberts University von Tulsa (Oklahoma), eine Konstruktion aus Stahl und Glas, bietet auf einer 70 m hohen Plattform einen Blick
auf den Campus mit der in Form eines Diamanten gebauten Bibliothek.

Oklahoma City (Oklahoma) steht auf einem großen Ölfeld. Über 2000 Brunnen
befinden sich innerhalb oder nahe der Stadtgrenze; sie rahmen sogar das Capitol ein, weil die Lagerstätte bei seinem Bau noch nicht bekannt war.

American Indians Hall of Fame in Anadarko (Oklahoma): Auf einem großen
Gelände sind die Bronzestatuen von berühmten Indianern zur Schau gestellt;
das Bild zeigt Hiawatha, einen Medizinmann der Mohawks.

TEXAS

Texas, fast doppelt so groß wie Deutschland, ist mit rund 700 000 km² der bei weitem größte Staat unter den 48 zusammenhängenden Staaten und wird nur noch von Alaska übertroffen. Außer seiner Flächenausdehnung hebt sich Texas auch wegen seiner bewegten Geschichte gegenüber anderen Staaten der Union heraus. In Arlington zwischen Dallas und Fort Worth liegt ein großer Vergnügungspark, dessen Bezeichnung Six Flags over Texas Amusement Park auf die mehrfachen politischen Veränderungen im Laufe des 19. Jahrhunderts hinweist.

Bewegte Geschichte. Das dem spanischen Kolonialreich zugehörige Gebiet wurde nach der Loslösung vom Mutterland zunächst ein Teil Mexikos. Im Gefolge US-amerikanischer Unterwanderung und zunehmender separatistischer Bestrebungen, die u. a. daraus resultierten, daß in Mexiko die Sklavenhaltung bereits verboten war, die Farmer aber auf ihr beharrten, löste sich Texas von Mexiko und war von 1836 bis 1845 eigenständige Republik, deren Flagge einen großen Stern zeigte. Dieser Stern ziert noch heute das texanische Staatswappen und trug dem US-Staat den Spitznamen »Lone Star State« ein.

1845 wurde Texas von den Vereinigten Staaten annektiert. Weder die Republik noch die Annexion erkannte Mexiko an, und 1848 kam es zwischen beiden Staaten zum Krieg. Nach ihrem Sieg kauften die USA 1850 den Mexikanern nachträglich das Gebiet ab. Texas, das seit 1845 Staat der Union war, trat 1861 der Konföderation bei; nach dem Bürgerkrieg gelangte es 1870 abermals in die Union.

Spanische Missionsstationen und Presidios. Die Spanier, die im Osten Florida und im Westen, von Chihuahua her kommend, den oberen Rio Grande kontrollierten, waren mit dem sich breit nach Norden auffächernden Kontinent kon-

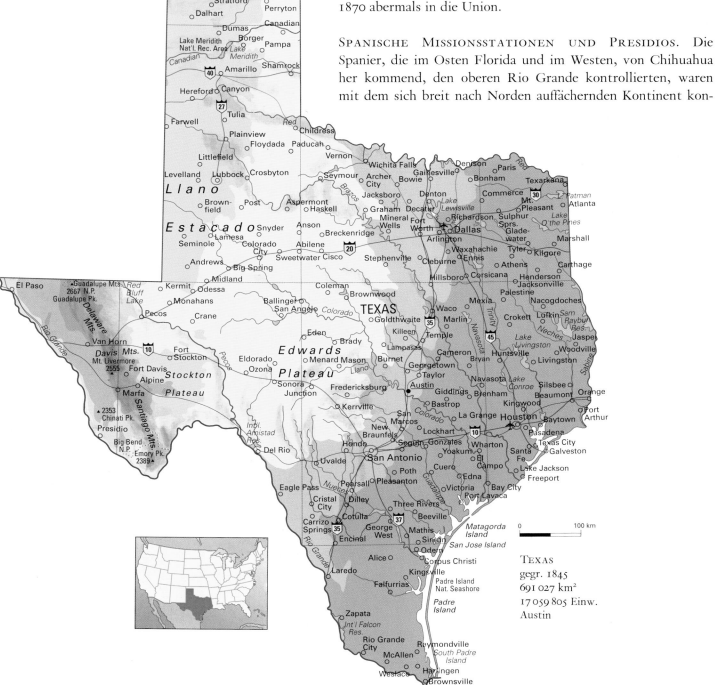

TEXAS
gegr. 1845
691 027 km²
17 059 805 Einw.
Austin

frontiert. Im weiten Raum zwischen Florida und New Mexico kam es im Laufe des 16. Jahrhunderts nur zu einzelnen Expeditionen auf der Suche nach Gold. Die spanischen Aktivitäten im Gebiet des späteren Staates Texas begannen erst Ende des 17. Jahrhunderts und waren Reaktionen auf die Expansion der Franzosen in ihrem damaligen Louisiana-Gebiet. Als Antwort auf die Errichtung eines vom Mississippi-Unterlauf her vorgeschobenen französischen Außenpostens an der Lavaca-Bucht des Golfes von Mexiko stießen die Spanier von 1685 bis 1690 ins östliche Texas vor und gründeten am Neches-Fluß die Missionsstation San Francisco de los Tejas, von der sich später der Staatsname ableitete. »Tejas« war die Bezeichnung für eine Vereinigung mehrerer lokaler Indianerstämme und bedeutete soviel wie »freundlich«, was sich aber im Hinblick auf das Verhalten dieser Stämme den Spaniern gegenüber sehr bald als trügerische Einschätzung erweisen sollte.

In den ersten beiden Jahrzehnten des 18. Jahrhunderts gründeten die Spanier auf texanischem Gebiet sechs Missionsstationen und zwei Presidios, u. a. 1718 San Antonio mit dem Alamo. Diese 1744 erbaute Franziskanerkirche und Festungsanlage sollte später in den mexikanisch-amerikanischen Auseinandersetzungen eine geschichtsträchtige Rolle spielen.

LANDVERGABE AN EMPRESARIOS. Entlang dem Rio Grande del Norte wurden von 1748 bis 1755 im Abschnitt westlich des Nueces-Flußes sog. Porciones vermessen und an Siedler vergeben. Diese flußhufenartigen Langstreifen, deren Querseite zum Flußufer liegt, ähneln den französischen Fluren am St.-Lorenz-Strom in Kanada. Darüber hinaus blieb das große texanische Gebiet aber weitgehend unbesiedelt.

Nachdem sie 1821 die spanische Oberhoheit abgeschüttelt hatten, bemühten sich die Mexikaner um Kolonisierung des nur sporadisch besiedelten Landes, das damals schätzungsweise 3500 Menschen oder noch weniger zählte. Von 1821 bis 1833 vergaben sie großzügig Eigentumstitel für Ländereien an sog. Empresarios, die als Mittler zwischen der Regierung und den anzusiedelnden Familien fungierten. Die Empresarios erhielten für diese Tätigkeit selbst ein Stück Land sowie von den Siedlern Gebühren für die Vermessung und andere Dienstleistungen. Der erste Empresario Grant wurde an Moses Austin aus Missouri vergeben, auf dessen Sohn Stephen F. Austin (* 1793, † 1836) er nach dessen Tode überging. In kurzer Zeit siedelte er auf dem ihm übereigneten Land 300 amerikanische Familien an. Die Hauptstadt des Staates Texas trägt seinen Namen.

Binnen 15 Jahren strömten so viele Amerikaner in das Gebiet, daß sie die vierfache Zahl der mexikanischen Einwohner ausmachten. Dieser Umstand sowie restriktive Maßnahmen der mexikanischen Regierung u. a. in der Sklavenfrage führten zu wachsenden Auseinandersetzungen, die bald in offene Rebellion mündeten.

DEUTSCHE IN TEXAS. Vor diesem Hintergrund muß auch die deutsche Einwanderung nach Texas gesehen werden. Nach dem Hambacher Fest 1832 entstand in deutschen Landen der Gedanke an einen eigenen deutschen Staat auf amerikanischem Boden, der im politisch labilen Bereich zwischen den USA im Norden und Mexiko im Süden liegen sollte. Deutsche hatten in Nordamerika seit 1683 gesiedelt, zuerst in Pennsylvania, dann vor allem in Wisconsin und Missouri; die deutsche Einwanderung nach Texas begann aber erst 1831. Diese Siedlungsbemü-

hungen litten von Anfang an unter den politisch wechselvollen Verhältnissen sowie den häufigen und kurzfristigen Veränderungen der Gesetzgebung. In dieser Situation kam es zu einer bemerkenswerten Initiative mehrerer deutscher Grafen und Fürsten, die sich 1842 in Biebrich bei Mainz trafen und zwecks Förderung von deutschen Ansiedlungen in Texas einen Verein gründeten, der ab 1844 den Namen »Verein zum Schutze deutscher Auswanderer in Texas« trug. Er wurde meist kurz »Mainzer Adelsverein« genannt.

Obwohl der Verein nicht sonderlich erfolgreich war und sich wegen der Schwierigkeiten in Texas einerseits und der zu großen Siedlerzahl andererseits schon nach elf Jahren seines Bestehens bankrott erklären mußte, ist doch das deutsche Siedlerelement in Texas beachtlich. Einige texanische Städte sind bis heute deutschsprachig, insbesondere das nach dem Fürsten Solms-Braunfels benannte New Braunfels sowie Fredericksburg mit seiner achteckigen Vereinskirche, die von den Amerikanern »coffeemill church« genannt wird. Deutscher Abstammung war der aus Fredericksburg gebürtige Flottenadmiral Chester W. Nimitz (* 1885, † 1966), der von 1941 bis 1945 Oberkommandierender der US-amerikanischen Pazifikflotte war.

Eine Eigenart von Fredericksburg sind die kleinen Sunday Houses, die sich deutsche Farmer der Umgebung gebaut hatten, um in der Stadt das Wochenende zu verbringen. Es ist schon amüsant, im Schaufenster eines Geschäftes an der Fredericksburger Hauptstraße ein Schild zu finden mit der Ankündigung »English also spoken«.

»REMEMBER THE ALAMO!« Die ersten größeren Unruhen in Texas waren schon 1828 aufgetreten, bevor 1836 die Unabhängigkeitserklärung gegenüber Mexiko folgte. Von den daraufhin ausbrechenden Kämpfen ist besonders die Schlacht von San Antonio berühmt geworden. Als ein rund 5000 Mann starkes Kontingent unter General Antonio Lopez de Santa Anna (* 1795, † 1876) den von 187 Männern verteidigten Alamo erstürmte, wurden diese zwar bis auf den letzten Mann aufgerieben, die Eroberer erlitten aber einen fast zehnfachen Verlust an Soldaten. Der Alamo ist seither für die Amerikaner eine Art Wallfahrtsstätte, der Ruf »Remember the Alamo!« hält die Erinnerung an dieses (auch verfilmte) Ereignis im Jahr 1836 in der texanischen Geschichte wach.

Der ehemalige Gouverneur von Tennessee, Samuel Houston (* 1793, † 1863), war 1832 nach Texas gekommen, wo er mit dem Oberbefehl über die texanische Armee betraut wurde. Im Frühjahr 1836 unterzeichnete er die Unabhängigkeitserklärung, und im April desselben Jahres gelang es ihm, General Santa Anna in der Schlacht von San Jacinto zu schlagen. Von 1836 bis 1844 war Houston Präsident der Republik Texas und von 1846 bis 1859 einer der beiden Senatoren des Staates Texas im US-Senat. Nach einem Zwischenspiel als Mitglied der südstaatlichen Konföderation gehörte Texas ab 1870 endgültig der Union an.

DER NATURRAUM. Das Staatsgebiet von Texas zeichnet sich durch deutliche landschaftliche Gegensätze aus. Es erstreckt sich über eine Länge von etwa 1200 km zwischen der Küste des Golfes von Mexiko und den südlichsten Ketten der Rocky Mountains, vom feucht-warmen Sumpf- und Waldland bis zur Vollwüste im Grenzbereich zum westlichen Nachbarstaat New Mexico. Eine Grobgliederung erlaubt die Unterscheidung zwischen vier Regionen.

TRANS-PECOS-GEBIET. Texas' westlichste Region ist das Trans-Pecos-Gebiet westlich des dem Rio Grande zufließenden Pecos River. Es besteht aus den südlichsten Ausläufern des Felsengebirges, den im Grenzbereich von New Mexico und Texas gelegenen Guadalupe Mountains, den Davis Mountains und den Santiago Mountains. Zu Nationalparks erklärt wurden Teile der Guadalupe Mountains und der südlichste Teil der Santiago Mountains, die von einer großen Schleife des Rio Grande eingefaßt werden (Big Bend). Diesen Gebirgszügen zum Pecos hin vorgelagert ist das Stockton Plateau. Das Gelände variiert in der Höhe von etwa 900 m im Bereich dieses Plateaus bis zu 2667 m im Guadalupe Peak des gleichnamigen Gebirgszuges.

Die höheren Partien dieser Gebirge sind bewaldet, wobei vor allem die Douglasie (Pseudotsuga) und die Ponderosa-Kiefer sowie in etwas tieferen Lagen Pinyon-Kiefer und Wacholder bestandsbildend sind. Das Gebiet ist nur bedingt agrarwirtschaftlich nutzbar, nämlich durch extensive Viehhaltung (Rinder, Schafe und Ziegen) auf jahreszeitlich bestockungsfähigen Weiden. Texas ist ein Lieferant von Wolle und Mohair.

HIGH PLAINS UND EDWARDSPLATEAU. Relativ trocken ist auch die zweite Region, der Anteil von Texas an den Great Plains einschließlich der Panhandle, dem Gebietsstreifen, der sich weit nach Norden zwischen New Mexico und Oklahoma erstreckt und dessen Zentrum Amarillo bildet. Das größte Teilgebiet des Staates wird im Westen vom Pecos River begrenzt. Im Südosten und Osten bildet die Grenze zum Tiefland das Balcones Escarpment, eine deutliche, an ihren Rändern stark zerschnittene Landstufe. Dieser Landstufe, die teils Schichtstufen-, teils Bruchstufencharakter aufweist, folgt die Städtereihe Fort Worth – Waco – Austin – San Antonio – Del Rio.

Die Plains steigen sacht von Ost nach West von etwa 700 m auf maximal 1400 m Höhe an. Sie haben ein kontinentales Klima mit warmen Sommern und kühlen Wintern, in denen, bedingt durch das Vordringen von Northers (winterlichen Kaltlufteinbrüchen) bis in den Golfküstensaum hinein, Frost auftreten kann. Die geringen Niederschläge (350–450 mm) reichen nicht aus, um den Oberläufen von Canadian, Red River, Brazos und Colorado einen beständigen Wasserdurchfluß zu garantieren.

Der Plainsanteil von Texas wird konventionell in zwei Landschaftsräume untergliedert: Die nördlichen Texas High Plains und das südlich anschließende Edwards Plateau. Die High Plains wurden von den Spaniern nach den über weite Flächen verteilten Yucca-Stämmen auch als Llano Estacado und von den US-Amerikanern entsprechend als Staked Plains bezeichnet. Sie umfassen die Panhandle und das südlich anschließende Gebiet der nördlichen Plains. Das noch weiter südlich gelegene Edwards Plateau mit zahlreichen Karsterscheinungen hat bei vornehmlich sommerlichen Niederschlägen unter 500 mm und einer Julimitteltemperatur von 29 °C nur schüttere Kraut- und Strauchvegetation, zu der auch der aus dem Süden bis hierher vorgedrungene Mesquitebusch gehört. Das Gebiet wird zu extensiver Viehhaltung genutzt; nur in seinem östlichsten Teil wird etwas Ackerbau (Alfalfa, Baumwolle, Sorghum und Weizen) betrieben.

CENTRAL LOWLANDS UND GOLFKÜSTENEBENE. Den Osten und Süden des großen texanischen Staatsgebiets zwischen Balcones Escarpment und dem Golf von Mexiko nehmen die etwa 300 km breiten, hügeligen und sehr fruchtbaren Cen-

tral Lowlands sowie die eigentliche Golfküstenebene ein. Das ganze Gebiet steht unter klimatischem Einfluß der warm-feuchten Golfluft, kann aber durchaus von kalten Northers heimgesucht werden. Während das Zentrale Tiefland landwirtschaftlich intensiver genutzt wird, ist die Küstenebene in weiten Teilen ein bevölkerungs-, städte- und industriereicher Raum. Die Niederschläge erreichen hier annähernd 1300 mm.

Die Küstenebene ist vor allem ganz im Osten des Staates dicht bewaldet, wo nahe dem Sabine River, dem Grenzfluß zu Louisiana, Kiefern, Zypressen und Eichen wachsen. Diese Wälder bilden die Grundlage für eine bedeutende holzverarbeitende Industrie.

Fast die gesamte texanische Küste von der Bucht von Galveston im Nordosten bis zur mexikanischen Grenze bei Brownsville weist langgestreckte Nehrungen und Lagunen auf. Zu den größten gehören Padre Island bzw. Laguna Madre; dieses Gebiet mit seinen weiten Stränden wurde zur Padre Island National Seashore erklärt. Die Lagunen wurden großenteils für den Golfabschnitt des Küstenwasserweges der USA herangezogen, der im Gegensatz zum atlantischen Abschnitt größere Bedeutung für den Binnenschifftransport hat. Auf diesem Weg wird der Öltransport aus dem Golfküstenraum über den Mississippi und Illinois-Wasserweg in den Nordosten der USA abgewickelt.

AGRARWIRTSCHAFTLICHE NUTZUNG. Obwohl Llano Estacado und Edwards Plateau die südlichsten Ausläufer der sich durch einen großen Teil des Kontinents meridional hindurchziehenden Great Plains darstellen, kann Texas nicht pauschal zu den Plainsstaaten gezählt werden; ebenso fragwürdig ist eine agrarwirtschaftliche Zuordnung zum sog. Weizengürtel.

Nur 17% des gesamten Staatsgebiets, davon ein hoher Anteil in den Central Lowlands und in der Küstenebene, werden intensiv agrarwirtschaftlich genutzt. Im Hinblick auf den Umfang des Farmlandes steht Texas wegen seiner Größe dennoch an erster Stelle aller US-Staaten und liegt mit 52,8 Mio. ha (1989; USA 399,6 Mio. ha) weit vor Montana (24,3 Mio. ha). Auch bei der Anzahl der Farmen ist Texas mit 156 000 führend (USA 2,16 Mio.; Missouri 113 000), ebenso im Hinblick auf den Gesamtwert der landwirtschaftlichen Immobilien mit 62 Mrd. US-$ (USA 563 Mrd.; Kalifornien 44 Mrd.).

EXTENSIVE VIEHHALTUNG. Schon seit den Anfängen weißer Besiedlung war Texas ein Gebiet der Rinderhaltung. Das texanische Longhorn und der amerikanische Cowboy waren nahezu Synonyme für Texas. Auch gegenwärtig steht nach dem Anteil am Verkaufserlös landwirtschaftlicher Produkte Rindvieh an vorderster Stelle, gefolgt von Baumwolle, Weizen und Sorghum. Abilene im Herzen des texanischen Plainsgebietes wurde 1881 Bahnstation an der Strecke der Texas & Pacific Railroad. Dies war ein entscheidender Schritt in der wirtschaftlichen Entwicklung dieses Gebietes, da das Vieh nun den östlichen Absatzmarkt per Bahn erreichen konnte.

Texas steht an vorderster Stelle in bezug auf die Zahl der Rinder und Kälber mit 13,7 Mio. (USA 99,5 Mio; Kansas 5,9 Mio.). Ebenfalls führend ist es bei Lämmern und Schafen mit 1,9 Mio. (USA 10,8 Mio.; Kalifornien 940 000).

ERFOLGREICHE RINDERZUCHT. Die Viehhaltung hat sich im Laufe eines Jahrhunderts grundlegend verändert. Das wenig wärmeresistente Longhorn wurde zunächst durch die Rassen

Hereford – eine kleine Stadt in der Panhandle unweit Amarillo trägt den Namen dieser Rinderrasse – und Aberdeen Angus ersetzt, später folgten Kreuzungen mit dem an warme Klimate besser angepaßten indischen Zebu: Diese Brahmanen machen heute einen großen Teil des texanischen Rinderbestandes aus.

Nur zum Teil werden Rinder gegenwärtig noch auf großen Ranches in extensivem Weidebetrieb gehalten. Die größte Ranch, die King Ranch mit der auf ihrem Gebiet entstandenen Siedlung Kingsville, hat nach Reduzierung ihrer Fläche noch immer 330 000 ha. Sie umfaßt zwei Counties und Teile von zwei weiteren Counties. Hier in den südlichen Lowlands im Hinterland von Corpus Christi wurden Kreuzungen zwischen Shorthorns und Brahmanen durchgeführt, aus denen die Santa-Gertrudis-Rasse entstand. Sie trägt ihren Namen nach dem ursprünglichen spanischen Besitztitel Santa Gertrudis, den sein Erwerber Richard King später umbenannte.

Solche großen Ranches werden aber seltener, und wo immer möglich, stellt sich die Wirtschaft auf Mastbetriebe (feedlots) um, deren Basis der Futterpflanzenbau von Alfalfa oder Sorghum auf Bewässerungsland bildet. Das ist besonders auffällig im Llano Estacado zwischen Lubbock und Amarillo, wo nach Blume (1979) bereits Ende der 70er Jahre 80 Rindermastbetriebe existierten, von denen die Hälfte jeweils mehr als 20 000 Stück Vieh besaß.

BAUMWOLLE, WEIZEN UND SORGHUM. Das zweitwichtigste Agrarprodukt ist die Baumwolle. Mit 4,7 Mio. Ballen (1987) nimmt Texas weit vor Kalifornien und Mississippi den ersten Platz unter den US-Staaten ein. Das westwärtige Wachstum des sog. Baumwollgürtels (Cotton Belt) von der Atlantikküste her hatte bis zur Jahrhundertwende den Osten von Texas erreicht, womit dort auch die Plantagenwirtschaft Eingang fand. In Waco wurde beim alljährlichen Cotton Festival die Figur King Cotton auf einem aus Baumwollballen gebauten Tor errichtet. Zur Zeit der maximalen Ausdehnung des Baumwollgürtels um 1930 hatte der Baumwollbau auch den Llano Estacado bis hin zur Grenze nach New Mexico erfaßt.

Die zahlreichen Veränderungen in der Baumwollwirtschaft brachten innerhalb des Staatsgebiets von Texas eine Schrumpfung der Anbauflächen und eine räumliche Konzentration auf drei Teilräume: Die Red Prairie von Texas und Oklahoma, wo sich der Anbau von einem Schwerpunkt von Lubbock nordwärts bis nach Oklahoma hineinzieht, die Black Prairie of Texas im Westteil des Tieflandes südlich von Dallas und die südliche Küstenebene nahe der mexikanischen Grenze. Ein großer Teil der heutigen texanischen Baumwolle wird auf Bewässerungsland angebaut. Die hauptsächlichen Nachfolgekulturen auf den Flächen, die aus der Baumwollproduktion herausgenommen wurden, sind Milchvieh- und Fleischrinderhaltung sowie Brathähnchenproduktion.

Weizen und Sorghum nehmen nach dem Farmerlös den dritten und vierten Platz ein. Sie werden vor allem auf bewässerten Flächen des Llano Estacado angebaut. Sorghum gehört neben Mais zu den Futterpflanzen, deren Hybridisierung zu erheblichen Ertragssteigerungen geführt hat. Sie hat im Plainsgebiet entscheidend dazu beigetragen, daß die Tiere nicht wie in früheren Zeiten zur Mast über weite Entfernungen nach Nordosten transportiert werden müssen, sondern in der Region selbst bis zur Schlachtreife gezüchtet und verarbeitet werden können. Daher spielt heute für Texas die Nahrungsmittelindustrie eine große Rolle, insbesondere die Fleischindustrie, ebenso die Lederwarenherstellung. Andere Zweige sind die Baumwollsamenverarbeitung und die Mühlenindustrie.

Neben diesen Hauptproduktionsrichtungen gibt es noch andere nennenswerte Anbauprodukte, die aber auf jeweils kleinere Gebiete beschränkt sind. Reis wird vor allem bei Beaumont wie auch im östlich angrenzenden Louisiana angebaut; Pecannüsse kommen aus den Counties des zentralen Tieflandes. Über einen großen Teil der Osthälfte des Staates verstreut liegen kleinere Anbauflächen von Erdnüssen. Hauptsächlich aus dem Pecos-Gebiet kommen Melonen. In einigen Abschnitten des Rio-Grande-Tales werden in größeren Mengen Orangen, Grapefruits und Gemüse angebaut.

VOM DRY-FARMING ZUR BEWÄSSERUNGSWIRTSCHAFT. Bemerkenswert für die Entwicklung des Ackerbaus in Texas ist der im Laufe des 20. Jahrhunderts zu beobachtende Wandel vom Trockenfarmen (Dry-farming) zur teilweise risikobehafteten Bewässerungswirtschaft. Seit etwa 1910 breitete sich die Methode des Dry-farming über den Llano Estacado aus, womit der Ackerbau aber in einen bereits sehr dürregefährdeten Teilraum der Great Plains hinein vordrang. Zusammen mit der Panhandle von Oklahoma und angrenzenden Teilen von Kansas und Colorado bildete die Panhandle von Texas den Kern der Dust Bowl, aus der in den 30er Jahren die Farmer nach Dürren und Bodenerosion fortziehen mußten. Rücknahme der Beackerung und die Anlage von Waldschutzstreifen konnten das Gebiet vorübergehend wieder sanieren.

Die sich ab den 50er Jahren ausbreitende Bewässerungswirtschaft basiert auf dem sog. Ogallala-Aquifer, einem umfangreichen Grundwasserreservoir. Es ist an die pliozäne Ogallala-Formation gebunden, die sich von der Grenze South Dakota–Nebraska bis südwärts in den Llano Estacado hinein erstreckt. Bis 1980 wurden in den texanischen High Plains rund 2 Mio. ha Land bewässert. Die langjährige Wasserentnahme hat den Grundwasserspiegel ständig sinken lassen, was nicht nur erhöhte Förderkosten und Wasserpreise zur Folge hat, sondern auch die Gefahr einer baldigen Aufzehrung der fossilen Wasservorräte birgt. Diese werden im texanischen Anteil des Aquifers nach Schätzungen im Jahr 2020 zu 70% aufgebraucht sein, weshalb eine erneute Veränderung der agrarwirtschaftlichen Situation abzusehen ist.

ERDÖL UND PETROCHEMIE. Bergwirtschaft und Industrie sind in Texas lange Zeit recht einseitig auf Gewinnung und Verarbeitung von Erdöl und Erdgas ausgerichtet gewesen. Das erste Erdöl in Texas wurde 1867 in der Nacogdoches County im äußersten Osten des Staates aufgefunden. Die erste kommerzielle Bohrung ging 1895 bei Corsicana (80 km südlich von Dallas) in Produktion.

Anfang der 30er Jahre begründeten die reichhaltigen Quellen von Gladewater und Kilgore den Ruf des East-Texas-Ölfeldes. Kilgore und das benachbarte Longview wurden als »the world's richest acre« bezeichnet. Die Ölraffinerien spielen auch in Tyler eine Rolle, das zudem Versorgungsort einer vielseitig produzierenden Agrarregion ist. Zu deren Besonderheiten gehört die Rosenzucht, von der das bekannte Lied über die »Yellow rose of Texas« herrührt. Ein weiteres Erdölgebiet ist das ausgedehnte Midcontinent-Ölfeld, dessen Zentrum im Staat Oklahoma liegt und das sich von Kansas bis nach Texas hineinzieht.

INDUSTRIEGÜRTEL IM GOLFBEREICH. Das für Texas bedeutendste Ölfeld ist das Gulf Coast Field, das einen etwa 150 km tiefen Küstenstreifen und den vorgelagerten Schelf umfaßt. Da es an zahlreiche Salzdome gebunden ist, liefert es außer Erdöl und Erdgas auch Salz und Schwefel. Geologisch gesehen umschließt das Ölfeld außer dem Küstenstreifen ein etwa doppelt so breites Meeresgebiet, das noch erheblich über den Schelf hinausreicht.

Mit Entdeckung des Spindletop Dome bei Beaumont 1901 begann im Gulf Coast Field die Erforschung der Lagerstätten. 1938 setzte die Off-shore-Gewinnung ein, die mit hohen Investitionen verbunden ist. Auch die Schwefelgewinnung verlagerte sich in den Schelfbereich. Dabei wird Meerwasser auf 150 °C erhitzt und in das Schwefellager gepreßt. Der geschmolzene Schwefel wird dann hochgepumpt und auf Tankschiffe verladen.

Während das Midcontinent Field einen großen Teil seiner Gas- und Ölerzeugung über Leitungen in den Nordosten der USA liefert, ist der Golfküstenraum durch eine hohe Raffineriekapazität und einen hohen Grad der Weiterverarbeitung gekennzeichnet. Innerhalb des Küstenraumes haben sich drei Schwerpunkte der petrochemischen Industrie herausgebildet: Der östlichste ist der Grenzraum Texas—Louisiana mit den Städten Lake Charles (Louisiana), Orange, Beaumont und Port Arthur, der zweite umfaßt die Städte Houston, Baytown, Galveston und Freeport, der dritte bildete sich um Corpus Christi.

Der Raum um die Städte Lake Charles, Orange, Beaumont und Port Arthur steht hinsichtlich seiner Raffineriekapazität hinter dem von Houston an zweiter Stelle. Im vorigen Jahrhundert lag die industriewirtschaftliche Bedeutung von Beaumont und Lake Charles in Reisverarbeitung und Holzindustrie, aber die Petrochemie hat diese Städte stark verändert. Beaumont ist wie Houston durch seine Binnenlage vor den Hurricanes und ihren Flutwellen geschützt und über einen Tiefseekanal mit dem Golf verbunden.

Der Raum um Houston, Baytown, Galveston und Freeport besitzt von allen texanischen Standortgruppen die größte Raffineriekapazität. Noch im vergangenen Jahrhundert war Houston der Mittelpunkt eines landwirtschaftlichen Gebiets, das vor allem Rindvieh und Baumwolle, später auch Reis hervorbrachte. Daher hat die Nahrungsmittelindustrie eine lange Tradition. Der Beginn der Erdölförderung direkt nach der Jahrhundertwende und die 1914 erfolgte Eröffnung des Houston Ship Channel veränderten das Gesicht der Stadt. Rasch entwickelte sich der Abschnitt entlang dem Schiffskanal zwischen Houston und Baytown zu einem einzigen langen Industriegürtel. Die Ausmaße der Betriebe sind beeindruckend: So nimmt z. B. das Betriebsgelände der Dow Chemical USA bei Freeport eine Fläche von 18 km² ein. Unter den weiterverarbeitenden Industrien ist vor allem die Herstellung von synthetischem Gummi in Baytown und Texas City wichtig.

Der kleine Standortbereich von Corpus Christi liegt relativ isoliert, aber seine abseitige Lage wird weitgehend kompensiert durch gute Verkehrsverbindungen über den Küstenwasserweg, eine günstige Arbeitsmarktlage und die gute Rohstoffversorgung. 1933 wurde in Corpus Christi eine Fabrikationsanlage für Natronlauge und Soda in Betrieb genommen.

FOLGEINDUSTRIEN. Im Unterschied zum Chemical Strip in Louisiana hat der texanische Teil des Golfküstengebiets eine gewisse industrielle Diversifizierung erfahren. Zahlreiche Firmen wurden ansässig, die den vielfältigen Bedarf der Erdölgesellschaften decken. In Baytown und Houston hat die Stahlindustrie einen Abnehmer in jenen Betrieben gefunden, die Bohrausrüstungen an die Ölfirmen liefern. Spezialausrüstungen für die Bohrtätigkeit auf dem Schelf umfassen u. a. amphibische und seetüchtige Bohrfahrzeuge, Pumpeinrichtungen, die ferngesteuert oder unter Wasser arbeiten, sowie Kunststoff-Rohrleitungen, die auf dem Meeresboden verlegt werden. In Port Arthur und Texas City gibt es Zinnschmelzen. Seit Mitte der 50er Jahre hat sich auf Basis von günstig aus Erdgas gewonnener Energie die stark energieverbrauchende Aluminiumverhüttung angesiedelt, vor allem bei Point Comfort und Port Lavaca. In Corpus Christi gibt es außer petrochemischen Produktionsstätten u. a. eine auf importiertem Erz basierende Zinkschmelze, ein Zementwerk sowie etliche Unternehmen der Nahrungsmittelbranche, der Textil- und Bekleidungsherstellung und der Elektroindustrie.

Auch die Industriewirtschaft der dem Midcontinent Field zuzurechnenden Städte Amarillo und Lubbock steht zumindest auf zwei Beinen und besitzt neben der Erdölbranche Betriebe der Nahrungsmittelindustrie (vor allem Baumwollsamenöl-Herstellung und Fleischverarbeitung).

RAUMFAHRT UND MILITÄR. Bedeutungsvoll für die texanische Wirtschaft sind auch zwei andere Bereiche: Raumfahrt und Militär (vor allem Luftwaffe). Die Arbeiten für das Manned Spacecraft Center, das 35 km südöstlich der Downtown von Houston in Clear Lake entstand und heute den Namen des aus Texas stammenden US-Präsidenten Lyndon B. Johnson trägt, begannen 1961 mit einer Zuweisung von 240 Mio. US-$ seitens der Regierung. Das Raumfahrtmuseum von Clear Lake informiert über die hier durchgeführten Raumfahrtprogramme Mercury, Gemini und Apollo.

Texas besitzt eine Reihe von Flugbasen der US-amerikanischen Luftwaffe, die besonders im Raum Fort Worth konzentriert sind. In Fort Worth, Sitz der General Dynamics und der Bell Helicopter Company, werden Flugzeuge und Helikopter gebaut. Günstiges Wetter für Testflüge, unproblematische Kraftstoffversorgung aus der nahen Umgebung, Regierungskontrakte, Steuervergünstigungen und ein guter lokaler Arbeitskräftemarkt haben diese Entwicklung gefördert.

DIE GRÖSSTEN STÄDTE. Von den 37 Millionen-Metropolen der USA besitzt Texas drei: Auf Platz 8 rangiert die Metropole Dallas-Fort Worth, auf Platz 16 Houston/Galveston/Brazoria und auf Platz 30 San Antonio. Hinzu kommt die Hauptstadt Austin, die sich der Millionengrenze nähert und zu den zehn Großstädten der USA gehört, die gegenwärtig den größten Zuwachs verzeichnen.

FORT WORTH UND DALLAS. Fort Worth, die westliche Hälfte der heute als Doppelstadt bezeichneten Metropole Dallas-Fort Worth, geht auf einen kurzlebigen Militärposten von 1849 zurück. Nach dessen Aufgabe entstand ein Trading Post, der Handel mit den Indianern betrieb. Fort Worth wurde wie auch Dodge City, Ellsworth, Ogallala und Wichita eine »cowtown«; nach dem Eisenbahnanschluß 1876 entwickelte es sich mit wachsender Zahl der Schlachthöfe zum größten Viehhandels- und Fleischverarbeitungszentrum des Südwestens, dem zweitgrößten der USA hinter Chicago. In den 1890er Jahren etablierte sich die Fort Worth Dressed Meat and Packing Plant und ab 1902 die Armour and Swift Company. Im Livestock Exchange Building gibt es noch heute Vieh-Auktionen. Der Fort Worth Stockyards Historical District mit der Viehbörse und anderen historischen Bauten lohnt einen Besuch.

Trotz ihrer heutigen Größe ist die Stadt als Handels- und Verarbeitungszentrum landwirtschaftlicher Produkte weiterhin auf den westlichen Raum orientiert. Das zeigt sich auch im Kunstsektor, denn Fort Worth beherbergt das Amon Carter Museum of Western Art mit einer Sammlung der Gemälde von Frederic Remington (* 1861, † 1909) und Charles Russel.

Dallas wurde 1841 gegründet und entwickelte sich sehr bald zum Handelsplatz für Baumwolle und Weizen sowie für Schafe, Rinder, Wolle und Felle. Die Orientierung der Stadt ging eher nach Osten, was vor allem mit der Erdölexploration im East-Texas-Ölfeld seit den 30er Jahren zusammenhing. Dallas wurde zu einem der bedeutendsten Standorte von Erdölfirmen und ist immer noch ein Zentrum der Petrochemie, vor allem aber Großhandels- und Bankenplatz. Dallas besitzt mehrere Kunstmuseen; das Symphonieorchester ist über die Stadtgrenzen bekannt. Anfang der 70er Jahre entstand ein moderner Kongreß- und Messe-Komplex. Ein schwarzer Fleck in der Stadtgeschichte ist die Ermordung von Präsident Kennedy 1963, woran das nahe dem Tatort errichtete John F. Kennedy Memorial erinnert. Der internationale Flughafen von Dallas-Fort Worth ist der flächengrößte der Vereinigten Staaten; er ist so groß wie die Halbinsel Manhattan.

HOUSTON. Die metropolitane Region Houston/ Galveston/Brazoria, die kaum weniger Einwohner als Dallas-Fort Worth zählt, ist einer der bedeutendsten Industriestandorte im Süden der USA. Die 1836 gegründete größte Stadt dieses Dreibundes wurde nach Samuel Houston benannt, dem von 1836 bis 1844 amtierenden Präsidenten der damaligen Republik Texas. Houston war zunächst Versorgungsort für ein agrarisches Umland mit Rindviehhaltung, Baumwoll- und später Reisanbau. Um die Jahrhundertwende rückte das Erdöl in den Mittelpunkt. 1914 entstand die Schiffsverbindung mit der 30 km entfernten, bis dahin größeren Küstenstadt Galveston.

Die Erdölförderung zog die Petrochemie und andere Industrien nach sich, doch heute überwiegen Handels- und Dienstleistungsfunktionen. Houston hat sich als Sitz zahlreicher Ölgesellschaften und als Bankenplatz einen Namen gemacht. Die in der Stadt und in suburbanen sog. Business Parks angebotene Bürofläche verdoppelte sich von 1970 bis 1976 von 2 Mio. m² auf 4,3 Mio. m². Anziehungspunkte sind neben dem 300 m hohen Transco Tower das Lyndon B. Johnson Space Center, bedeutende Einrichtungen auf dem Kunstsektor und das Texas Medical Center. Dieser riesige Komplex umfaßt zwölf Krankenhäuser mit rund 52 000 Angestellten, die jährlich etwa 2 Mio. Patienten betreuen. Ähnlich wie in Los Angeles beherrschen Automobil und Autobahn das Stadtbild, das Züge ungeregelten Wachstums trägt. Houston war bis in die 80er Jahre die einzige Großstadt der USA ohne Bauleitplanung.

SAN ANTONIO. In der frühen spanischen Zeit bildete San Antonio den Mittelpunkt eines Gebiets mit zehn Missionsstationen und zwei Presidios, die aber um 1720 bis auf San Antonio selbst wieder aufgegeben wurden. In mexikanischer Zeit war die Stadt Verwaltungsmittelpunkt der texanischen Grenzregion. Neben Tourismus und Handel entwickelte sich eine vielfältige Industrie (Erdölraffinierung, Elektro-, Fahrzeug- und Maschinenbau, Metall- und Nahrungsmittelverarbeitung). In den 80er Jahren kam die High-Tech-Branche mit Gründung des etwa 15 km nordwestlich des Stadtkerns gelegenen West Plex Business Park hinzu, dem 1988 der Vergnügungspark Sea World Theme Park angegliedert wurde.

Zu den Sehenswürdigkeiten der Stadt gehört u. a. das 1968 anläßlich der Weltausstellung auf der Hemis Fair Plaza eröffnete Institute of Texan Cultures, in dem Material zum historischen Erbe der vielen Volksgruppen zusammengetragen wurde, die Texas geprägt haben. Der 2 km lange Paseo del Rio (=River Walk) ist eine Promenade, die unterhalb des Straßenniveaus im Zentrum am San-Antonio-Fluß entlangführt. Sie wird von Gartenrestaurants gesäumt und ist Ausgangspunkt von Bootsfahrten, die vorbei am ebenfalls 1968 erbauten Hilton-Hotel über einen Stichkanal bis zum modernen Kongreß-Ausstellungskomplex führen, dessen Arena 10 000 Personen faßt.

Der River Walk berührt auch das Ameson River Theater. Zu den Eigenheiten dieses Freilichttheaters gehört es, daß die Zuschauer die Aufführung vom gegenüberliegenden Ufer verfolgen, während auf dem Fluß Boote vorbeifahren. Oberhalb der Bühne liegt La Villita, das »kleine Dorf«. Diese originalgetreu nachgebaute ursprüngliche Ansiedlung um die Missionsstation San Antonio de Valero prägen Kunstgewerbeläden, Galerien und kleine Museen. Als jüngste Attraktion am River Walk kam das River Center hinzu, ein hohen Ansprüchen genügendes Einkaufszentrum. Die nahe La Villita gelegene King William Area ist ein von Deutschen während der Kaiserzeit angelegtes Villenviertel, das wie La Villita unter Denkmalschutz steht.

AUSTIN. Die texanische Hauptstadt Austin, deren Einwohnerzahl sich der Millionengrenze nähert, gehört zu den am raschesten wachsenden Städten der USA. Sie ist benannt nach Stephen F. Austin, dem Sohn des Initiators der amerikanischen Siedlungstätigkeit in Texas. Die Siedlung wurde 1839 als Hauptstadt der damaligen Republik Texas gegründet. Austin ist Sitz der University of Texas, die sich mit Lateinamerikastudien einen Namen gemacht hat.

Durch die günstige Lage vor dem Balcones Escarpment an der Stelle, wo der Colorado aus dem Edwardsplateau heraustritt, war Austin von Anbeginn ein wichtiger Verkehrsknotenpunkt und spielte auch als Versorgungszentrum für die Landwirtschaftsbetriebe der umgebenden fruchtbaren Black Prairie eine Rolle.

Das Branchenspektrum der Industrie ist nicht breit; der Zuzug von z. T. aus Kalifornien ausgelagerten High-Tech-Unternehmen verursachte einen starken Anstieg des jungen Bevölkerungsanteils. Ein Teil der im Laufe der Zeit etablierten Betriebe geht nach Glasmeier (1990) auf Forschungen der 30er Jahre zurück, als an der University of Texas zwei Physikprofessoren einen Gravitationsmeter zur Messung der Tiefe von Ölquellen im Off-shore-Bereich konstruierten. Diese frühe Erfindung hat wohl die spezielle Ausrichtung der High-Tech-Betriebe in Austin auf den Instrumentenbau gefördert. Der jüngste Wachstumsschub Ende der 80er Jahre basiert auf der Halbleiterherstellung.

Hochhausturm der First Interstate Bank Dallas: Durch frühzeitig begonnene
Stadtplanung wurde ein Kontrast von glasspiegelnden Bürohochhäusern,
Parks und schönen Wohngegenden erreicht.

Die architektonisch eindrucksvolle Skyline von Dallas: Früher vorwiegend
Handelsplatz für Baumwolle, Weizen und Vieh, bekam die texanische Metropole in den 30er Jahren durch den Erdölboom ein neues Gesicht.

330

The joy and excitement of John Fitzgerald Kennedy's life belonged to all men. So did the pain and sorrow of his death. When he died on November 22, 1963, shock and agony touched human conscience throughout the world. In Dallas, Texas, there was a special sorrow. The young President died in Dallas. The death bullets were fired 200 yards west of this site. This memorial, designed by Philip Johnson, was erected by the people of Dallas. Thousands of citizens contributed support, money and effort. It is not a memorial to the pain and sorrow of death, but stands as a permanent tribute to the joy and excitement of one man's life. John Fitzgerald Kennedy's life.

Das John F. Kennedy Memorial, ein weißes Betonmonument, wurde von den Bürgern der Stadt Dallas für den am 22. November 1963 hier ermordeten Präsidenten der USA errichtet.

Hyatt Regency Hotel in Dallas: Der Ölreichtum der Umgebung bescherte der
Stadt zahlreiche moderne Wolkenkratzer, denen sich die Bauweise der großen
Hotelneubauten anschließt.

Während das Vieh früher über weite Strecken getrieben und dann per Bahn auf
den östlichen Markt verfrachtet wurde, übernehmen heute Lastkraftwagen mit
Kühlaggregaten den Transport von Fleisch.

333

Mexikaner und Menschen mexikanischer Abstammung leben vor allem im südlichen Texas im Grenzgebiet zu Mexiko. Nach der Loslösung von Mexiko war
Texas von 1836 bis 1845 eine eigenständige Republik.

Blühender Kaktus in der texanischen Wüstenlandschaft: Manchmal dauert es
mehrere Jahre oder Jahrzehnte, bis die den extremen klimatischen Bedingungen
angepaßten Kakteen ihre Blütenpracht entfalten.

187 Männer verteidigten 1836 den Alamo im texanischen Unabhängigkeitskrieg
gegen eine mexikanische Armee. Alle 187 starben, unter ihnen Davy Crockett
und Colonel Bowie. Seitdem ist das ehemalige Kloster ein Nationalheiligtum.

Im wüstenhaften Teil des südwestlichen Texas gedeihen zahlreiche Kakteen-
arten. Die Früchte einiger Arten des Feigenkaktus (Opuntie) und das getrock-
nete Fruchfleisch des Riesenkaktus (Saguaro) sind eßbar.

Die Gewässer und Wälder im östlichen Texas laden zu Camping und Picknick ein. Der »Lone Star State« bietet ein breites Spektrum unterschiedlicher Landschaften von Sumpf- und Waldland bis zur Vollwüste.

Amarillo in der Panhandle von Texas ist ein Zentrum der Erdöl- und Erdgasindustrie. Die »Cadillac Ranch« ist eine Hommage von Amarillos Kunstmäzen Stanley Marsh III. an die Pop-art.

Der Big Bend National Park in Texas bietet eine spektakuläre Wüsten- und
Gebirgsszenerie, die der Tourist zu Pferde erleben kann; angeboten werden
auch Touren mit Packtieren und Führer.

Am großen Bogen des Rio Grande liegt die grandiose Fels- und Wüstenszenerie
des Big Bend National Park. Nach Apachenglauben hat der Große Geist bei
Erschaffung der Erde hier alles nicht gebrauchte Gestein deponiert.

Der Rio Grande hat im Bereich des Big Bend National Park drei tiefe Canyons
in die Chisos Mountains geschnitten: Mariscal, Boquillas und Santa Elena
Canyon, letzterer mit bis zu 500 m hohen Steilwänden.

Ein Offizier der Grenzkontrollorgane an der US-amerikanisch-mexikanischen
Grenze. Die zunehmende illegale Einwanderung von Arbeitsuchenden aus
Mexiko macht schärfere Kontrollen nötig.

In vielen Städten der Vereinigten Staaten wird wie hier in Woodville (nordöstlich von Houston) alljährlich mit Paraden und Umzügen in historischen
Kostümen der Pionierzeit gedacht.

Die Industrie El Pasos besteht vor allem aus Erdöl- und Kupferraffinerien, aber
der Tourismus wird mit mehr als einer Million Übernachtungen pro Jahr
immer wichtiger für El Paso und seine mexikanische Schwesterstadt Juarez.

Es ist vor allem der Staat Texas mit seinen riesigen Rinderherden, der mit dem
Begriff des amerikanischen Cowboys identifiziert wird. Sattel, Stiefel und Spo-
ren und ein breitkrempiger Hut sind seine Attribute.

DIE FELSENGEBIRGSREGION

Der größte Teil der Rocky Mountains liegt im Bereich von Idaho, Montana, Wyoming und Colorado; diese vier Staaten sind allerdings mit der Ausdehnung des Gebirgskörpers nicht voll zur Deckung zu bringen. Einerseits hat auch Utah mit seiner ganzen Osthälfte am Felsengebirge Anteil, muß aber wegen seiner von den Mormonen geprägten kulturellen Eigenart gesondert betrachtet werden (S. 369). Andererseits gehören erhebliche Teile Montanas, Wyomings und Colorados noch zu den Great Plains. Der Westen Idahos reicht schon in die Großlandschaft der intermontanen Becken hinein, der Südwesten Colorados ist mit seinem Plateaucharakter und seinen zahlreichen Zeugnissen indianischer Kultur eher dem Südwesten zuzurechnen. Dennoch erlaubt der Hochgebirgscharakter als bestimmendes Element bei Besiedlung und Wirtschaft eine Zusammenfassung dieser vier Staaten.

INDIANISCHE ZEUGNISSE UND ERSTE ERKUNDUNGEN. Der Mesa Verde, ein von Wacholder und Kiefern bestandener Tafelberg (24×32 km), erhebt sich 600–700 m über dem Canyon des Mancos River im südwestlichen Colorado. Hier finden sich wichtige Zeugnisse der präkolumbischen Kultur, die größten und besterhaltenen Cliff Dwellings des Südwestens. Während von 500 bis 750 n. Chr. die Indianer an dieser Stelle Gruben- und Steinhäuser gebaut hatten, legten sie im 13. Jahrhundert im Schutz der steilen Felsenwände die Cliff Dwellings an, von denen Balcony House und Cliff Palace am bekanntesten sind. Offenbar haben viele Jahre anhaltende Dürren die Indianer dazu bewogen, nach 1300 dieses Gebiet aufzugeben.

Zu den frühesten Begegnungen von Weißen mit dieser Gebirgsregion gehört die Expedition des Paters Escalante 1776/77, der auf der Suche nach einer nördlichen Route zwischen Santa Fé und dem kalifornischen Monterey die Rocky Mountains in Colorado durchquerte. Er erreichte das Große Becken in der geographischen Breite des Utah Lake, gelangte jedoch nicht bis Kalifornien; in der Folgezeit benutzten die Spanier weiter südlich verlaufende Routen zur kalifornischen Küste.

Die Amerikaner wurden aktiv, unmittelbar nachdem sie den Franzosen 1803 das Louisiana-Territorium abgekauft hatten, womit fortan die Plains und der östliche Gebirgsraum unter ihrer Oberhoheit standen. Bereits 1806 führte Oberst Zebulon Pike (* 1779, † 1813) eine Expedition in die Berge nördlich und westlich des heutigen Colorado Springs, wo der Pikes Peak (4303 m) nach ihm benannt ist. Bezwungen wurde dieser Berg allerdings erst 1820 von Major Stephen H. Long, dem Leiter eines späteren Erkundungstrupps. In den 1830er Jahren tauchten die ersten Pelzhändler auf, zwischen 1842 und 1853 führte Leutnant John C. Fremont (* 1813, † 1890) mehrere Expeditionen über das Gebirge nach Utah bis zum Tal des Großen Salzsees, das 1847 von der ersten großen Siedlergruppe der Mormonen in Besitz genommen wurde.

DURCHZUGSGEBIET DER TRECKS. Die ersten Siedler hatten den sog. Mormon Trail erprobt, der entlang den Flüssen Platte in Nebraska und Sweetwater im südlichen Wyoming führte. Zwischen der Front Range im Süden und den Big Horn Mountains und der Wind River Range im Norden tut sich eine Lücke im Felsengebirge auf, die den Reisenden bis an die Grenze von

IDAHO
gegr. 1890
216 430 km²
1 011 986 Einw.
Boise

MONTANA
gegr. 1889
380 847 km²
803 655 Einw.
Helena

WYOMING
gegr. 1890
253 324 km²
455 975 Einw.
Cheyenne

COLORADO
gegr. 1876
269 594 km²
3 307 912 Einw.
Denver

343

Wyoming und Utah gelangen läßt, ohne daß er bis dahin richtig im Gebirge gewesen wäre. Diese Passage bildet auch die Grenze zwischen den nördlichen Rocky Mountains mit Inlandvereisung während des Pleistozäns und den südlichen Rocky Mountains mit nur lokalen Vergletscherungen.

Beim Fort Bridger in Süd-Wyoming zweigte vom Mormon Trail in nordwestlicher Richtung der Oregon Trail ab, der über Soda Springs in Süd-Idaho zum Snake River und dann weiter zum Columbia führte; über diese Route zogen ab etwa 1840 immer mehr Siedler ins spätere Oregon. 1846 wurden im Pazifischen Nordwesten die Grenzen zwischen den USA und dem heutigen Kanada festgelegt, womit die Voraussetzung für die dichtere Besiedlung des Nordwestens geschaffen wurde.

ZUWANDERUNG NACH GOLDFUNDEN. Während Kalifornien schon ab 1848 großen Zuwachs erhielt, blieb der Gebirgsraum selbst Durchgangsgebiet, bis 1858 in der Front Range in Colorado der erste Goldfund gemacht wurde. Er erwies sich als wenig ergiebig, weshalb mancher Goldsucher bald umkehrte, aber schon 1859 wurde ein großes Vorkommen entdeckt. Da die Besiedlung der Nachbarstaaten Nebraska und Kansas bereits begonnen hatte und nicht nur Routen durch die Rocky Mountains führten, sondern die Eisenbahnen auch über den Mississippi westwärts vorgedrungen waren, setzte die Nachricht von 1859 sofort einen Menschenstrom in Bewegung.

Noch 1859 entstand am Fuße der Front Range der Ort Denver, der im Jahr darauf mit dem benachbarten Aurora vereinigt wurde. Eine dauerhafte Besiedlung kam jedoch erst mit dem Eisenbahnanschluß nach 1870. Inzwischen war man auch auf Silber- (bei Georgetown) und auf Bleivorkommen gestoßen. Colorado erwarb sich den Spitznamen »Silver State«, Montana wurde »Treasure State« und Idaho »Gem State« genannt. Naturreichtümer ganz anderer Art besaßen Colorado Springs und Ouray, deren heiße Quellen wegen ihrer Heilkraft zahlreiche Fremde aus gesundheitlichen Gründen anzogen.

Denvers Wachstum wurde von den Metall- und Kohlefunden im Gebirge sowie von der Entwicklung der Viehranches und der Bewässerungswirtschaft auf dem Piedmont gefördert. Sein Einflußgebiet reichte bald nach Norden bis an die Grenzen des späteren Staates Colorado, nach Westen bis zum Green-River-Gebiet, das eine Zäsur gegen das westlich gelegene Mormonenland bildete, und nach Süden bis zum Colorado-Plateau; nur im Osten blieb sein Einfluß auf einen relativ schmalen Streifen intensiverer Landwirtschaft beschränkt. 1876 wurde Colorado in die Union aufgenommen.

Durch Goldfunde 1860 bei Pierre sowie durch Siedler, die auf dem Weg nach Oregon hier Station machten und nicht weiterzogen, kamen so viele Menschen nach Idaho, daß dieses 1863 zum Territorium wurde. Im Süden siedelten von Utah her die Mormonen, Silber- und Bleifunde brachten weitere Zuwanderung. 1862 wurde Boise gegründet, seit 1865 Hauptstadt des Territoriums und späteren Staates (ab 1890) Idaho.

WEIDEKRIEG IN WYOMING. In Wyoming traten noch bis 1868 Indianerunruhen auf. In den 70er und 80er Jahren wurden große Rinderherden aus den überlasteten texanischen Weidegebieten hierher getrieben, bis auch Wyomings Weiden überfüllt waren, im strengen Winter 1886/87 verendeten fast 20% der Herden. Das Vorrücken der Farmer-Frontier führte zunächst zu heftigen, oftmals blutigen Auseinandersetzungen zwischen Ranchern und Farmern, bis schließlich die Armee in die sog. Range Wars eingriff. Erst nachdem diese die Lage unter Kontrolle hatte, konnte sich die weitere Besiedlung in geregelten Bahnen vollziehen. Wyoming wurde 1890 als Staat in die Union aufgenommen. Bis heute aber ist Wyoming – vor allem wegen seiner geringen agrarwirtschaftlichen Ressourcen – dünn besiedelt geblieben und bildet, gemessen an der Bevölkerung, mit weniger als 500 000 Einwohnern das Schlußlicht der 50 US-Staaten.

SCHLACHT AM LITTLE BIG HORN. Montanas Goldrausch begann 1858 mit dem großen Fund am Gold Creek. Andere Funde folgten bei Bannack, Virginia City und Helena. Nacheinander erhielten diese drei Orte auch die Hauptstadtfunktion für das Montana-Territorium; die weitere Geschichte verlief ähnlich der Wyomings. Mehr und mehr Rinder kamen auf die Weiden, was zu Problemen mit den Indianern führte. 1876 kam es zur Schlacht am Little Big Horn, in der General George Armstrong Custers Truppe einer Übermacht von Sioux und Cheyenne unterlag. Das Custer Battlefield National Monument wurde laut Kongreßbeschluß von 1991 in Little Big Horn National Monument umbenannt und zu einer Gedenkstätte für die dort gefallenen Indianer. In den 1880er Jahren erreichte die Eisenbahn Montana; 1883 wurde die Northern-Pacific-Transkontinentalbahn fertiggestellt. Die Tage des Wilden Westens mit Viehdiebstählen und Selbstjustiz waren gezählt. 1889 wurde Montana der 41. Staat der USA.

DIE ROCKY MOUNTAINS. Der Gebirgskörper der Rocky Mountains ist aus einer Reihe einzelner Ketten zusammengesetzt. Sie reichen im Süden bis nach New Mexico (Sangre de Cristo Range, San Juan Mountains) und wurden durch tektonische Hebungsvorgänge (Uplifts) zu ihrer heutigen Höhe emporgehoben. Im größeren Teil Colorados steigt die Front Range abrupt gegen die in Schichtkämmen, den sog. Hogbacks (»Schweinerücken«), auslaufenden mesozoischen Schichten der Great Plains auf. Im Vergleich zur 1600 m hoch gelegenen und daher als »mile high city« bezeichneten Stadt Denver am Gebirgsfuß werden im nur 150 km südwestlich gelegenen Mount Elbert 4399 m Höhe erreicht. Die Gebirge Sangre de Cristo Range, San Juan Mountains und Front Range besitzen zusammen mehr als 50 Viertausender.

Im 106 000 ha großen Rocky Mountain National Park erreichen fast 80 Gipfel Höhen von mehr als 3700 m. Über die höchsten Erhebungen hinweg zieht sich die Kontinentalwasserscheide zwischen der riesigen atlantischen und der sehr viel kleineren pazifischen Abdachung. Der Ostabfall ist außerordentlich schroff. In den höchsten Partien gibt es Kare, von denen manche kleine Gletscher enthalten. Am Alpine Visitor Center beginnt die baumlose Tundrenzone mit kärglicher Krautvegetation, ewigem Schnee und Minustemperaturen auch im Hochsommer. Auf der Westseite liegt der Skisportort Aspen, wo das Erholungsgebiet Snowmass Village erschlossen wurde. Aspen ist auch durch das Aspen Institute for Humanistic Studies (gegr. 1949) bekannt geworden. Weiter südwestlich, am Nordrand der San Juan Mountains im Uncompahgre-Tal, liegt der nach einem Häuptling der Ute-Indianer benannte Ort Ouray, bekannt als Kurort aufgrund seiner heißen Quellen.

Der Gunnison, der bei Grand Junction (Colorado) in den Colorado mündet, bildet eine bis zu 900 m tiefe Schlucht aus. Er hat sich bis in die Gesteinsschicht des Präkambriums eingeschnitten. Ein etwa 20 km langer Flußabschnitt mit umgebendem Gebiet (5470 ha) wurde zum National Monument erklärt und auf beiden Seiten durch am Rande des Canyons verlaufende Autostraßen mit Aussichtspunkten erschlossen. Die Bezeichnung Black Canyon of the Gunnison rührt von der dunklen Färbung der Granite her.

YELLOWSTONE NATIONAL PARK. Ein Touristenziel ersten Ranges sind im nordwestlichen Wyoming die postvulkanischen Erscheinungen in der Absaroka-Kette. Bereits die ersten französischen Reisenden bemerkten das schwefelhaltige, gelbe Rhiolitgestein, das die Hänge eines tief eingeschnittenen Flusses bildet. Entsprechend der von den Minnetaree-Indianern gebrauchten Bezeichnung, die soviel wie »Gelbsteinfluß« bedeutet, wurde das Gebiet von den Franzosen jaune und von den Amerikanern Yellowstone genannt.

Bestimmte Bereiche des schon 1872 zum Nationalpark erklärten Gebietes sind übersät mit Fumarolen und Solfataren, mit Schlammvulkanen, Heißwasserquellen und Geysiren und den von ihren Ablagerungen gebildeten Sinterterrassen. Überall im Park zischt und brodelt es. Manche Geysire haben einen solchen Wärmehaushalt, daß ihre Dampfspannung in absolut regelmäßigem Abstand die darüberliegende Wassersäule emporschleudert, wie z. B. der Old Faithful, der »Alte Getreue«, nach dessen Eruptionen man die Uhr stellen kann. Von den Sinterterrassen erscheinen die Minerva Terraces im Nordteil des Parks am eindrucksvollsten. Nach Süden schließt sich ein weiterer Nationalpark an, der Grand Teton National Park mit seinen zehn über 3500 m hinausragenden Gipfeln, von denen der Grand Teton die Höhe von 4197 m erreicht.

Der Wapiti (Cervis canadensis), eine Rotwildart, die über größere Teile Nordamerikas verbreitet war, ist heute weitgehend auf das Areal des Yellowstone National Parks beschränkt. Der Wapiti steht von seinem Gewicht her dem Elch nur wenig nach (die Amerikaner nennen den Wapiti elk, den Elch moose) und bildet ein schweres Geweih aus.

NATURRAUM VON MONTANA UND IDAHO. Vom Staatsgebiet Montanas gehören nur die westlichen zwei Fünftel zum Felsengebirge. Die zum Glacier National Park gehörenden Berge wurden mit dem schon in der kanadischen Provinz Alberta gelegenen Waterton Lakes N. P. zum Waterton-Glacier International Peace Park zusammengeschlossen, allerdings bei getrennter Verwaltung beider Teile. Im Südwesten Montanas vereinigen sich Jefferson, Madison und Gallatin zum Missouri, der zunächst nach Norden und in einem großen Bogen weiter nach Osten durch den Plainsanteil des Staates fließt. Die im Zusammenhang mit dem Fort-Peck-Staudamm entstandenen Kraftwerke beziehen große Wassermengen aus den Great Falls. Den gesamten Süden des Staates entwässert der dem Missouri zufließende Yellowstone River.

In Idaho setzen sich die Gebirgsketten vor allem im Norden fort, während der westliche Rand schon zur Great Columbia Plain gehört und der Süden vom Becken des Snake River eingenommen wird. Dieses ist wie das Columbia-Becken mit einer dicken Lavadecke ausgekleidet. Der Snake River hat sanfte, aber auch viele gefällreiche Strecken, die Orten wie American Falls, Idaho Falls oder Twin Falls ihre Namen gaben. Dort, wo er die Grenze zu Oregon bildet, hat er sich besonders tief eingeschnitten; durch den Hells Canyon, einer der strömungsreich-

sten Flußstrecken, werden Wildwasserfahrten angeboten. Am Clearwater, einem Nebenfluß des Columbia, entstand Anfang der 70er Jahre der Dworshak-Stausee.

LANDWIRTSCHAFT. Der Hochgebirgscharakter eines großen Teils der Region und die geringe agrare Tragfähigkeit ihres Anteils an den Great Plains bedeuten eine eingeschränkte wirtschaftliche Eignung. Nach dem Pro-Kopf-Einkommen von 1988 liegen Idaho (12 595 US-$), Montana (12 903 US-$) und Wyoming (13 641 US-$) deutlich unter dem US-Durchschnitt (16 490 US-$), den selbst Colorado (16 459 US-$) noch unterbietet; Idaho weist sogar ein geringeres Einkommen als die Südstaaten Alabama und South Carolina auf.

Mit Ausnahme Idahos, das in einigen Teilen seines Staatsgebiets günstigere Voraussetzungen bietet, ist die agrarwirtschaftliche Nutzung dieses großen Raums weitgehend auf kleinflächigen Bewässerungsanbau und extensive Viehhaltung beschränkt, die im Gebirgsbereich meist mit jahreszeitlichem Weidewechsel verbunden ist.

In allen vier Staaten belegen nach dem Farmeinkommen Rinder und Weizen die beiden vordersten Plätze. Nach der Anzahl der gehaltenen Schafe und Lämmer liegen die Gebirgsstaaten Wyoming und Colorado hinter Texas und Kalifornien auf dem dritten und vierten Platz, Montana folgt auf dem sechsten Platz. In Idaho und Colorado spielt auch die Milchviehhaltung eine Rolle; Molkereiprodukte belegen den vierten Platz im Farmeinkommen. In Montana und Wyoming werden in einigem Umfang Zuckerrüben angebaut; die großen Kartoffeln, die beim amerikanischen Barbecue in Alufolie gebacken zu Steaks verzehrt werden, kommen vor allem aus Idaho.

Neben der Bedeutung der Viehhaltung sind für diese Region die Betriebsgrößen charakteristisch. Idaho liegt mit 225 ha geringfügig über dem US-Durchschnitt (176 ha); deutlich überschreiten ihn aber Colorado (495 ha), Montana (1027 ha) und Wyoming (1512 ha), das nur noch von Arizona (2060 ha) übertroffen wird. Montana besitzt nach Texas die größte landwirtschaftliche Nutzfläche.

BERGBAU UND BODENSCHÄTZE. Neben Viehhaltung, Holzwirtschaft und Tourismus gehört zu den bedeutenden Wirtschaftszweigen der Felsengebirgsregion der Bergbau, der sehr differenziert zu sehen ist. Zwar gibt es eine Fülle von Lagerstätten verschiedenster Bodenschätze, aber die ergiebigsten sind bereits erschöpft. Noch vorhandene umfangreiche Vorkommen können wegen der Marktferne, hoher Förderkosten oder minderer Qualität nicht gewinnbringend erschlossen werden.

Der einstige Silberreichtum des Cœur-d'Alene-Bezirks in der Panhandle von Idaho wurde mit dem der Comstock Lode in Nevada verglichen. Um die Jahrhundertwende wurde auch in den Owyhee Mountains im Südwesten Idahos in großen Mengen Silber abgebaut. Der Bergbauort Silver City zählte vor 1900 über 5000 Menschen, um 1920 nur noch 100. Viele Bergbauorte teilten sein Schicksal und wurden zu Geisterstädten.

Wyoming gilt wegen seiner umfangreichen Kohlereserven bei Gillette, Kemmerer und Rock Springs als kohlenreichster Staat der USA. Aber die marktferne und minderwertige Kohle Wyomings und Montanas wurde bisher nur in sehr bescheidenen Mengen gefördert. Ebenso warten — bis auf einige geringe Ausnahmen — die umfangreichen Ölsande und -schiefer im Grenzbereich Colorado/Utah auf ihre Ausbeutung. Erst in Zukunft, wenn günstigere Lagerstätten erschöpft sind, wird man auf die enormen Ressourcen der Felsengebirgsregion zurückgreifen.

Für einzelne bergwirtschaftliche Erzeugnisse spielt die Region aber gegenwärtig durchaus eine Rolle. So steht Wyoming hinter Texas, Kalifornien, Louisiana und Oklahoma an fünfter Stelle in der Erdölförderung. Über 50% des Erdöls der Felsengebirgsregion kommen aus diesem Staat. Douglas, Casper, Gillette, Rawlins, Riverton und neuerdings auch Evanston sind die wichtigsten Förderorte; Powell, Rock Springs und Worland produzieren Erdgas. Neben Utah und Arizona ist Montana einer der großen Kupferproduzenten; aus dem Butte-Bezirk stammen etwa 20% des jährlich in den USA geförderten Kupfers. In Colorado werden Uran, Kohle, Zinn und Zink, vor allem aber Molybdän gewonnen. Die Molybdän-Lagerstätte bei Climax ist eine der größten der Welt. Phosphate werden bei Montpellier (Idaho) abgebaut; diese Lagerstätten sind die größten neben denen von Florida, weshalb die Düngemittelfabrikation eine der führenden Industriebranchen Idahos ist.

INDUSTRIE UND TERTIÄRER WIRTSCHAFTSSEKTOR. Die Industrien sind im allgemeinen auf die Verarbeitung von Erzeugnissen des Primärsektors orientiert. So zeichnet sich Colorado einerseits durch Baustoff- und Hüttenindustrie, andererseits durch Fleischfabriken, Mühlenbetriebe und Zuckermühlen aus. Im Zuge moderner Entwicklungen entstanden u. a. Unternehmen der Hochtechnologie in Boise (Idaho) und in Denver (Colorado). Im Nordostsektor von Denver hat mit dem Bau eines neuen Flughafens eine kräftige Bautätigkeit mit Zuzug von Industrie- und Dienstleistungsbetrieben eingesetzt.

Die Nationalforste mit ihren Lodgepole-Kiefern, Fichten und Tannen bilden die Grundlage für die holzverarbeitende Industrie in Montana und Wyoming. Weißkiefern bedecken etwa 40% der Fläche Idahos, wo Holzindustrie, Nahrungsmittelbranche und Verarbeitung mineralischer Rohstoffe die wichtigsten Industriezweige sind.

Der tertiäre Wirtschaftssektor ist mit annähernd 80% aller Beschäftigten überdurchschnittlich entwickelt. Das gilt in besonderem Maße für die öffentliche Verwaltung, auf die allein etwa 20% der Gesamtbeschäftigung entfallen. Die Gründe für diese Überrepräsentation des Tertiärsektors sind zum einen der erhebliche Umfang staatlicher Ländereien, nicht zuletzt die großen Naturparks mit ihren Verwaltungen, zum anderen die militärischen und anderen staatlichen Einrichtungen wie z. B. die Air Force Academy in Colorado Springs.

TOURISMUS. Der Felsengebirgsraum bietet eine Reihe touristisch interessanter Ziele, die aber zum Teil wegen der Schneeverhältnisse nur saisonal besucht werden können. Zu den Sehenswürdigkeiten von Idaho gehören der Bezirk Cœur d'Alene mit dem gleichnamigen großen See, der Hells Canyon im Verlauf des Snake-River-Tales und Sun Valley, wo eine Künstlerkolonie, im Chaletstil gebaute Ferienhäuser, mehrere Festivals und die Skisaison (ab November) die Touristen anziehen.

In der Felsengebirgsregion gibt es viele Nationalparks: Im Norden Montanas wurde ein Gebiet mit über 50 Gletschern und 200 Seen als Glacier National Park ausgewiesen. In Höhen über 4000 m führt die Autostraße durch den Rocky Mountain National Park in Colorado. Im Bundesstaat Wyoming sind es der Grand Teton N. P. mit seinen majestätischen Berggipfeln und den klaren Bergseen, von denen der Jackson Lake und der Jenny Lake die schönsten sind, und der benachbarte Yellowstone mit seinen postvulkanischen Erscheinungen, die mehrere Millionen Besucher jährlich anlocken.

DIE METROPOLE DENVER. Aufgrund ihrer Naturausstattung und eingeschränkten wirtschaftlichen Eignung sowie der allgemein geringen Bevölkerungsdichte kennzeichnet die Felsengebirgsregion ein weitmaschiges Netz kleiner und mittelgroßer städtischer Siedlungen. Nur am Ost- und Westfuß des Gebirges haben sich je eine Großstadt herausgebildet: Denver in Colorado und Salt Lake City (S. 373) in Utah. Die einzige von den 37 Millionen-Metropolen der USA in diesem Raum ist Denver-Boulder mit 1,86 Mio. Einwohnern (22. Platz).

Das an der Einmündung des Cherry Creek in den South Platte gelegene Denver wurde im Gefolge der Goldfunde von 1858 angelegt und 1860 mit dem kleinen Nachbarort Aurora vereinigt. Es hieß zuerst Saint Charles und wurde später nach dem Gouverneur des Territoriums, General J. W. Denver, umbenannt. Ab 1867 diente die Stadt dem Territorium, ab 1881 dem Staat Colorado als Hauptstadt. Ein großer Wachstumsimpuls kam vom Eisenbahnanschluß 1870.

Im 20. Jahrhundert entwickelte sich Denver zum bedeutenden Industriestandort und zum Handels- und Versorgungszentrum für ein weites Umland. Die Stadt ist wegen ihrer zentralen Lage innerhalb des Gebiets der 48 zusammenhängenden Staaten ein bedeutender Knotenpunkt von Eisenbahn und Luftfahrt. Durch die Nähe zu den Rocky Mountains besitzt Denver – einmalig unter den Städten der USA – ein eigenes kommunales Netz von 49 Gebirgsparks. Zu ihnen gehören der Lookout Mountain mit dem Grab des als Buffalo Bill bekannt gewordenen William Frederick Cody (* 1846, † 1917), das Red Rocks Amphitheater und der Mount Evans Summit Drive, der bis in eine Höhe von 4346 m hinaufführt.

Die viele Kilometer schnurgerade von Ost nach West verlaufende Colfax Avenue teilt die Stadt in zwei Teile. Südlich liegen in der Nähe des vom Speer Boulevard begleiteten Cherry Creek das Kapitol und das Civic Center, von dem aus in nordwestlicher Richtung sich der CBD mit der breiten Fußgängerzone an der 16th Street gebildet hat. Zwei Blocks westlich liegt der Larimer Square, ein restaurierter Bereich, in dessen alten Häusern traditionelles Handwerk, Galerien und Restaurants angesiedelt sind. Der Sakura Square ist japanisch geprägt. Zu den wichtigsten der zahlreichen Einrichtungen von Wissenschaft (u. a. University of Denver) und Kunst gehören das Colorado Historical Museum und das Denver Art Museum mit seiner wertvollen Sammlung indianischer Kunst.

Die nahe gelegene Stadt Boulder ist Sitz der University of Colorado und mehrerer staatlicher Einrichtungen (u. a. National Center for Atmospheric Research und Joint Institute for Laboratory Astrophysics).

Der Devil's Tower (Wyoming), eine weithin sichtbare Landmarke, erhebt sich
bei Sundance. Die fast senkrechten Säulen vulkanischen Ursprungs geben dem
riesigen Monolithen das Aussehen eines gewaltigen Baumstumpfes.

Der Grand Teton National Park im Westen Wyomings umfaßt den größten Teil
der Teton Range mit über 4000 m hohen Gipfeln und zwölf Gletschern sowie
das Hochtal von Jackson Hole mit mehreren großen Seen.

Grand Teton National Park (Wyoming): An der Oxbow Bend des Snake River
durchwandern Elchkühe den Fluß. Der Elch heißt im Amerikanischen »moose«,
»elk« wird der Wapiti genannt.

Im Yellowstone N. P. im Nordwesten Wyomings durchfließt der Yellowstone
River mit Wasserfällen und Stromschnellen einen mächtigen Canyon, dessen
Wände aus gelblichen Gestein dem Gebiet den Namen gaben.

349

Nach seinem Ausfluß aus dem Yellowstone Lake überwindet der Yellowstone
River zwei große Felsstufen mit imposanten Wasserfällen. Besonders eindrucksvoll ist der Tower Creek Fall.

Der Yellowstone N. P. ist als Tierschutzgebiet sehr erfolgreich, weil sich bei
der Weite des Parks die Tiere ungestört vom Tourismus entwickeln können.
Im Hayden Valley kann man die Tiere am Fluß beobachten.

Neben rund 2000 Büffeln sind im Yellowstone N. P. mehrere Tausend Hirsche
(Wapitis), Rehe, Antilopen, Bergschafe und Elche beheimatet, die oft entlang
der Wanderwege anzutreffen sind.

Der Firehole River im Yellowstone N. P. an einem kühlen Herbstmorgen: Das
warme Wasser trifft auf die kalte Luft, so daß der Fluß und die umliegende
Landschaft in Nebel gehüllt werden.

Der Yellowstone N. P. ist das älteste (seit 1872) unter Naturschutz gestellte
Gebiet der USA. Seine meisten Sehenswürdigkeiten sind auch per Auto über
die Grand Loop Road zu erreichen.

Yellowstone N. P.: Im Sour Lake stehen abgestorbene Bäume als Anzeichen für
wandernden Vulkanismus. Durch Sauerstoffmangel und schwefelhaltige Dämpfe
werden Wälder zu gespenstischen Ruinen.

Minerva Terraces bei Mammoth Hot Springs im Yellowstone N. P.: In heißem
Wasser gelöster Kalk bildet beim Ausfällen Sinterterrassen, die durch tempera-
turempfindliche Algen verschiedene Färbung annehmen.

Starke postvulkanische Tätigkeit im Yellowstone N. P. ist Hauptanziehungs-
punkt für die Touristen. Der Old Faithful Geysir stößt in regelmäßigen Abständen seine heiße Wassersäule bis 60 m hoch in die Luft.

355

Mesa Verde N. P. (Colorado): In bewaldete Hochflächen sind Canyons mit
senkrechten Wänden eingeschnitten. Im Schutz der überhängenden Cliffs sind
die größten und am besten erhaltenen Cliff Dwellings zu sehen.

Der Gunnison-Fluß hat sich bis zu 900 m tief in präkambrische Gesteine von
sehr dunkler Farbe eingeschnitten, weshalb man diese zum National Monument erklärte Partie Black Canyon of the Gunnison nennt.

Great Sand Dunes National Monument (Colorado): Sande, die durch das flache
aride San Luis Valley nach Osten getrieben wurden, haben sich als mächtige
Dünen bis über 200 m hoch am Fuße der Sangre de Cristo Range abgelagert.

Garden of the Gods nahe Colorado Springs ist ein Naturpark mit massiven
Formationen aus rotem Sandstein. Nicht weit entfernt liegen die Tropfstein-
höhle Cave of the Winds und der Pikes Peak.

Mt. Sinopah am Two Medicine Lake: Glacier N. P. (Montana) und Waterton
Lakes N. P. (Kanada) werden zusammen als International Peace Park bezeichnet. Im Park gibt es über 50 Gletscher und 200 Seen.

Der Makoshika State Park in Ost- Montana gehört zu den Badlands genannten
Landschaften. Durch Erosion werden aus den weichen Sedimenten Pilzfelsen
oder sog. »Hoodoos« herauspräpariert.

Landschaft nahe dem St. Mary Mt. in Montana: Die Höhenstufung der Vegetation von noch stark mit Laubhölzern durchsetztem Mischwald über den reinen
Nadelwald bis zur baumlosen alpinen Zone ist gut erkennbar.

Der Yellowstone River (hier nahe Billings in Montana) ist rund 1080 km lang.
Er entspringt im nordwestlichen Wyoming, durchfließt den Yellowstone Lake
und mündet bei Buford in den Missouri.

Lewis and Clark Monument, Great Falls (Montana): Die Great Falls-Strom-
schnellen des Missouri wurden zuerst von Lewis und Clark auf ihrer Expedition
über die Rocky Mountains bis zum Pazifik beschrieben.

Der Bau der Eisenbahn hat entscheidend zur Erschließung des Landes beigetragen und war besonders wichtig für die große Westwärtsbewegung des 19. Jahrhunderts. Heute dienen die Bahnen vorwiegend dem Gütertransport.

364

Red Lodge ist ein Touristenort am Fuße der Bear Tooth Mountains in
Montana. Crow-Indianer, Music Festivals, Rodeos und das Mountain Man
Rendezvous sorgen für Unterhaltung.

Hardin ist ein kleiner Ort, der den Indianern der benachbarten Crow Indian
Reservation als Versorgungszentrum dient. Die Crow gehören zur Sprach-
familie der Sioux-Indianer.

»Big Sky Country« (»Land des großen Himmels«) nennt sich der Bundesstaat
Montana. Der abgebildete Makoshika Mountain State Park besitzt durch
Erosionen entstandene Felsformationen.

Im Malad Gorge State Park (Idaho) durchfließt der Malad eine enge Schlucht.
Die zahlreichen Gebirge und Schluchten in Idaho waren lange Zeit unüber-
windliche Hindernisse für den Ost-West-Verkehr.

Der Lemhi Pass (Idaho) liegt 2247 m hoch in den Beaverhead Mountains. Die beiden Entdeckungsreisenden Meriwether Lewis und William Clark überquerten ihn auf ihrer Expedition (1804–06) zum Pazifik.

Das Craters of the Moon National Monument (Idaho) ist das größte basaltische Gebiet von Festland-USA. Bis vor 2000 Jahren fanden Eruptionen statt und bildeten Aschenkegel und Krater.

Bei Arco (Idaho) kontrastieren weite mit Sagebrush bestandene Lavaflächen
mit Bergketten von über 3000 m Höhe. Der Big und der Little Lost River
verschwinden im losen Lavagestein.

UTAH – DAS MORMONENLAND

Die intensive Siedlungstätigkeit der Mormonen erstreckte sich nicht nur auf den Staat Utah, sondern reichte in das nördliche Arizona und das südliche Idaho hinein, wo es in der Stadt Idaho Falls einen Mormonentempel gibt. Vereinzelte Mormonensiedlungen finden sich noch in Kalifornien (San Bernardino) und in der kanadischen Provinz Alberta (Lethbridge).

DIE MORMONEN UND IHR STAAT. Diese erheblich über den heutigen Staat Utah hinausreichende Verbreitung mormonischer Siedlungen erklärt sich daraus, daß die Mormonen nach ihrer Ankunft im Tal des Großen Salzsees 1847 einen eigenen Staat anstrebten. Diesen nannten sie »Deseret«, was in der biblischen Sprache Honigbiene bedeutet und den Fleiß der Siedler herausstellen sollte. Daher enthält das große Siegel des Staates Utah das Symbol des Bienenkorbs – wie auch andere von der Kirchenführung verwendete Symbole ein Indiz für die Wesensverwandtschaft mit der Freimaurerei – und das Wort »Industry« für Fleiß. Der Traum vom großen Staat Deseret blieb unerfüllt: Die Mormonen wurden rasch von den politischen Ereignissen eingeholt.

VERFOLGUNG UND FLUCHT. Die Mormonenkirche, eigentlich Church of Jesus Christ of Latter-day Saints, kurz LDS-Church genannt, entstand 1830 im Staat New York. Kirchengründer Joseph Smith (* 1805, † 1844) hatte bei Palmyra wiederholt Visionen. 1927 sei ihm der Engel Moroni erschienen und habe ihn auf jene Tafeln aufmerksam gemacht, die schließlich das Book of Mormon ergaben. Dieses Buch berichtet von den Eingeborenenvölkern Amerikas und ist neben der Bibel die Glaubensgrundlage der Kirchengemeinschaft. Nach Schwierigkeiten in New York hatten die Mormonen nacheinander vergeblich versucht, in Ohio, Missouri und Illinois zu siedeln. Sie wurden jedoch überall verfolgt, der Kirchengründer Joseph Smith fiel einem Mordanschlag zum Opfer. Unter seinem Nachfolger Brigham Young (* 1801, † 1877) faßten die Gläubigen den Plan, sich der Verfolgung in den USA zu entziehen und in den mexikanischen Westen zu wandern.

Donald Meinig (1972) beschrieb die Mormonen als »eine Gruppe von Flüchtlingen von ungewöhnlich starkem Zusammenhalt, ursprünglich hervorgegangen aus dem Übertritt Erwachsener zu einem gemeinsamen Glauben, geeint unter einer charismatischen Führerschaft, gestärkt durch Verfolgungen, ausgewählt durch die bitteren Erfahrungen von Vertreibung und Auswanderung, florierend durch den kontinuierlichen Zuzug von Konvertiten und gefestigt durch einen innigen Glauben an sich selbst als das auserwählte Volk Gottes«.

GLAUBE ALS PRÄGENDES ELEMENT. Aus der religiösen Grundhaltung der Mormonen erklären sich einige ihrer Wesenszüge, die bis in die Gegenwart Bestand haben: Die Bevölkerung Utahs ist immer noch charakterisiert durch sehr niedrige Mord-

und Selbstmordraten sowie eine hohe Geburtenrate, wobei der Anteil der unehelichen Kinder außerordentlich gering ist. Weitere Merkmale sind wissenschaftlicher Erfolg und hoher Bildungsstand; bereits 1850 wurde in Salt Lake City die University of Utah als erste Universität in den Weststaaten gegründet, 1875 folgte die Universität in Provo, die den Namen Brigham Youngs trägt. Die Wahlbeteiligung bei politischen Wahlen ist hoch, wobei sich besonders die Kirchenspitze als stark konservatives Element erweist und deutlich zur Republikanischen Partei tendiert. Typisch ist auch die umfangreiche Ausbildung nichtstaatlicher Selbsthilfegruppen. Den Aufbau dieser kirchlichen Organisationen ermöglichen die Einnahme des Zehnten und zahlreiche kircheneigene Wirtschaftsunternehmen, zu denen u. a. die Zion Cooperative Mercantile Institution (ZCMI) gehört, Salt Lake Citys größtes Warenhaus.

STÄNDIGER KONFLIKTSTOFF: POLYGAMIE. Bereits 1848, ein Jahr nach Ankunft der ersten Siedler im Salzseetal, mußte Mexiko nach einem kurzen Krieg das Gebiet an die Vereinigten Staaten abtreten. Mit den amerikanischen Behörden gerieten die Mormonen nicht zuletzt wegen der von ihnen praktizierten Polygamie in Konflikt. Obwohl sie in Utah nur von einer Minderheit ausgeübt wurde und bereits vor dem Zug nach Westen sich eine dieser Praxis abgeneigte Gruppe von der Kirche abge-

UTAH
gegr. 1896
219 887 km²
1 727 784 Einw.
Salt Lake City

spalten hatte und nach Missouri zurückgekehrt war, propagierte die Kirchenführung sie offiziell und stieß damit in den USA auf heftige Ablehnung.

Die Polygamie diente der Regierung als Vorwand, gegen die Mormonen vorzugehen. Salt Lake City wurde von US-Truppen eingenommen und bis zum Ausbruch des Sezessionskrieges 1861 besetzt gehalten. Einen Antrag auf Aufnahme als Staat in die Union lehnte die Regierung ab. Stattdessen schuf sie das Utah-Territorium, das gebietsmäßig nach und nach beim Entstehen der Nachbarstaaten, insbesondere Nevadas, reduziert wurde. Utah selbst wurde erst 1896 als 45. Staat in die Union aufgenommen. Die Mormonen hatten im Jahr zuvor mit einer Verfassung die Voraussetzung dafür geschaffen, indem sie offiziell die Polygamie und kirchliche Kontrolle der öffentlichen Schulen abschafften, Religionsfreiheit garantierten und das Frauenstimmrecht gewährten.

»THIS IS THE RIGHT PLACE«.

Der kürzeste Weg von Osten nach Utah führt durch den Weber Canyon des Wasatch-Gebirges direkt zum heutigen Ort Ogden am Ostufer des Großen Salzsees. Dieser Lage verdankt Ogden seine Rolle als Station an der ersten Transkontinentalbahn der USA (Strecke Chicago-Omaha-Cheyenne-Ogden-San Francisco), die 1869 bei Promontory nördlich des Salzsees vollendet wurde. Die Mormonen besaßen Kenntnisse von diesem Gebiet vor allem durch Reiseberichte des Leutnants John Charles Fremont, hatten aber die Enge des Weber Canyons nicht bedacht, der ihren Planwagen ein unüberwindliches Hindernis bereitete. Sie wurden zu einem südlichen Umweg durch ein breiteres Gebirgstal gezwungen, dem sie den Namen Emigration Canyon gaben. Am Rande des Salzseetals angelangt, sprach Brigham Young mit ausgestrecktem Arm die legendären Worte »This is the right place«. Heute erhebt sich an dieser Stelle das This-is-the-Place-Monument. So wurde nicht Ogden, sondern das etwas weiter südlich gegründete Salt Lake City Sitz der Kirchenverwaltung sowie Hauptstadt des Territoriums und späteren Staates Utah.

Allerdings war der Siedlungsplatz nicht ohne Tücken, wie ein anderes Denkmal auf den Temple Grounds in Salt Lake City bekundet, das Seagull Monument: Als die erste Ernte der Siedler durch Heuschreckenschwärme bedroht war, wurden die Heuschrecken von Seemöwen vernichtet; aus Dankbarkeit errichteten die Mormonen ihnen ein Denkmal. Auch mit den einheimischen Indianerstämmen gab es längere Zeit Schwierigkeiten. Der letzte Indianerüberfall auf eine Mormonensiedlung ereignete sich 1912.

ZUWANDERUNG DER GENTILES.

Die Mormonen blieben nicht lange unter sich. Gentiles, wie sie alle Andersgläubigen nannten, zogen schon ein Jahr nach ihrer Ankunft im Salzseetal wegen des Goldrauschs in Kalifornien durch ihr Siedlungsgebiet. Andere Zuwanderer folgten. Nicht zuletzt aufgrund ihrer aktiven Missionstätigkeit im Ausland erhielten die Mormonen ständigen Zuzug von Konvertiten aus verschiedenen Ländern. Während der zweiten Hälfte des 19. Jahrhunderts kamen viele neu gewonnene Anhänger aus England und Skandinavien, einige auch aus Deutschland und der Schweiz.

Die Zuwanderung im 20. Jahrhundert war nicht mehr so kräftig; dafür kamen andere Volksgruppen. Im Zweiten Weltkrieg wurden in Kalifornien ansässige Japaner aus Sicherheitsgründen ins Landesinnere evakuiert. In Utah waren es Ende der 40er Jahre etwa 4400. Viele dieser Umsiedler fühlten sich bald heimisch und blieben über den Krieg hinaus. Da das Lohnniveau in den Weststaaten lange unter dem US-Durchschnitt lag und manche der in Utah anfallenden Arbeiten bei der ansässigen Bevölkerung wenig gefragt waren, wurden in der zweiten Jahrhunderthälfte viele lateinamerikanische und baskische Arbeitskräfte angeworben. Sie wurden vor allem in den Bergwerken und als Schafhüter auf den jahreszeitlich gepachteten Weideländereien eingesetzt.

So ist die heutige Bevölkerung Utahs durchmischt. Das gilt in besonderem Maße für Salt Lake City, während in der dünn besiedelten Südhälfte des Staates noch rein mormonische Ortschaften existieren. Von der Bevölkerung Utahs gehören rund 70% der LDS-Kirche an; in Salt Lake City sind es ca. 50%.

SPIEGELBILD DES GELOBTEN LANDES.

Die ersten Mormonen erblickten in der Salzseeoase zwischen dem Wasatch-Gebirge im Osten und dem Wüstenhochland im Westen ihr geheiligtes Land, gewissermaßen ein Pendant zu Palästina. Dabei bildete der Große Salzsee das Gegenstück zum Toten Meer; entsprechend nannten sie den vom Süden in den Salzsee mündenden Fluß »Jordan«. Auf alten Karten kann man noch die einstige Bezeichnung »Neu-Jerusalem« für die heutige Stadt Salt Lake City finden. Viele topographische Namen wie z. B. der Ortsname Moab im Anklang an das Moabiterland lassen sich aus der Bibel herleiten, andere gehen auf das Book of Mormon und auf prominente Mitglieder der LDS-Kirche zurück.

DIE BESIEDLUNG.

Von ihrer Hauptstadt Salt Lake City aus begannen die Mormonen eine systematische Besiedlung mit Erkundungsreisen nach Norden, Süden und Osten. Vor allem in der klimabegünstigten Fußhügelzone zwischen Gebirge und Wüstenhochland entstand eine ganze Kette von Siedlungen, die in Abständen von etwa einer Tagesreise mit der Kutsche, später auch in geringeren Abständen angelegt wurden. In diesem schmalen Siedlungsstreifen liegen wie an einer Perlenschnur aufgereiht die größeren Städte Utahs: Logan, Ogden, Salt Lake City und Provo.

Einige der frühen Expeditionen waren von vornherein mit ganz bestimmten Aufgaben betraut worden. So wurde in die im Südwesten Utahs gelegene Iron County 1852 die »Iron Mission« entsandt. Diese vor allem aus Bergleuten zusammengesetzte Gruppe von Siedlern begann nahe dem späteren Ort Cedar City mit der Verhüttung des ersten Eisenerzes jenseits des Mississippi. Eine andere Siedlergruppe wurde als »Cotton Mission« in den Süden, nach »Utah's Dixie«, geschickt, um dort mit dem Baumwollanbau zu beginnen. Diese Gruppe leistete Pionierarbeit auf dem Gebiet der Bewässerungswirtschaft. Nach 1870 wurden auch die Täler in den Uinta Mountains nordöstlich von Salt Lake City und Teile des Colorado-Plateaus im Südosten besiedelt.

Diese Siedlungen waren geschlossene Ortschaften, ganz im Gegensatz zu der sonst in den USA dominierenden Streusiedlung mit Einzelfarmen. Nicht ganz zu Unrecht haben amerikanische Autoren von der »Mormon village« im Sinne von Dörfern gesprochen. Wohngebäude und Farmland lagen voneinander getrennt. Scheunen und Stallungen wurden beim Wohnhaus errichtet. Die Gebäude der einzelnen Siedler lagen aufgereiht an den sich rechtwinklig schneidenden Straßen, die in der Regel so breit waren, daß die mehrspännigen Wagen der Farmer ungehindert wenden konnten. Das außerhalb der Ortschaft gelegene Farmland wurde unter den Siedlern gleichmäßig verteilt, die Parzellen waren meist recht klein.

STADTPLAN DER »CITY-OF-ZION«. Alle Ortsanlagen der Mormonen gingen auf den sog. City-of-Zion-Plan zurück, der bereits 1833 in Kirtland (Ohio) entworfen worden war, versehen mit Instruktionen der drei Mitglieder des Kirchenpräsidiums. Grundlage war ein ausgeprägtes Gemeinschaftsgefühl, das sich aus der geistigen Haltung dieser Menschen und ihrem Wunsch nach Errichtung einer Wohnstätte für den Heiland bei seiner erneuten Ankunft herleitete. Der innere Zusammenhalt der Mormonen wurde in ihrer neuen Heimat noch stärker, da im Salzseetal die Bedrohung seitens der Indianer und die Herausforderungen der rauhen Landesnatur hinzukamen. Entsprechend diesem Plan wurde die Hauptstadt Salt Lake City mit 40 m breiten Straßen und 4 ha großen Wohnblöcken angelegt. Diese sind bei einer Seitenlänge von je 200 m quadratisch angeordnet mit jeweils acht Grundstücken. Das Zentrum bildeten auf zwei Quadraten die Temple Grounds mit dem Mormonentempel sowie die Versammlungshalle und das Tabernakel, in dem jeden Sonntag vormittag der Tabernacle Choir auftritt.

BEWÄSSERUNGSWIRTSCHAFT UND TRANSHUMANCE. Utah ist bis heute stark von der Natur geprägt; nur etwa 3% des Gebietes können landwirtschaftlich genutzt werden. Die Mormonen praktizierten frühzeitig zwei der Landesnatur besonders adäquate Landnutzungsarten: Die Bewässerungswirtschaft und die Wechselweidewirtschaft (Transhumance).

Nach den sehr einfachen Bewässerungsmethoden der indianischen Ackerbaukulturen des Südwestens waren die Mormonen die ersten Weißen, die in diesem Lande künstliche Bewässerung betrieben. Wie die Spanier bzw. Mexikaner bauten auch die Mormonen Getreide (vor allem Weizen) an und machten Versuche mit dem Baumwollanbau, aber ansonsten traten bei ihnen an die Stelle mittelmeerischer Kulturen eher Obst- und Gemüsearten der gemäßigten Klimazone.

Bis in die 60er Jahre war in Utah die Schafhaltung bedeutend. Da die Futtergrundlage der Betriebe in der schmalen Fußhügelzone immer knapp war, kam es zur ausgiebigen Nutzung der open range im Waldgebirge während des Sommers und des Wüstenhochlands während der Wintermonate. Diese Wechselweidewirtschaft begann allerdings erst in den 1870er Jahren, als die Schoschone-Indianer einigermaßen befriedet waren und man das Vieh ohne zu große Gefahr vor Überfällen auch weiter entfernt von den Farmen in der Fußhügelzone weiden lassen konnte.

Nach Organisation der Staatsländereien nahmen die Farmer in großem Umfang Weidelizenzen in Anspruch, die für die sommerlichen Gebirgsweiden der Nationalforste und die winterlichen Weiden der staatlichen Weidebezirke galten, so daß sich eine komplexe Art der Transhumance herausbildete: Das Vieh wurde z. B. im April und Mai bei den Farmen der Fußhügelzone gehalten, von Juni bis Oktober unter Aufsicht angeheuerter Hirten auf den Gebirgsweiden, im November und Dezember wieder bei den Farmen und von Januar bis März auf den Winterweiden der Sagebrush- und Kleinstrauch-Salzsteppenformationen, die das Wüstenhochland kennzeichnen.

Noch heute werden einige Herden in tagelangen Märschen zwischen den verschiedenen jahreszeitlichen Weiden hin- und hergetrieben, zunehmend kommen jedoch beim Viehtransport Lkw und Eisenbahn zum Einsatz. Die Zahl der transhumanten Herden hat im Laufe der letzten Jahrzehnte stark abgenommen, so daß die Wechselweidewirtschaft in Utah heute eher eine untergeordnete Rolle spielt. Die Gründe für den Rückgang liegen u. a. in der abnehmenden Rentabilität unter heutigen Marktverhältnissen und in der sinkenden Nachfrage nach Wolle.

BERGBAU UND BODENSCHÄTZE. Der geologische Aufbau Utahs sorgte für die Blüte zweier anderer Wirtschaftszweige: Bergbau und Tourismus (S. 372). Die Erzgewinnung, die schon kurz nach der Besiedlung in der Iron County begann, spielt seit dem Zweiten Weltkrieg erneut eine Rolle. Fernab von den großen Märkten der Oststaaten und der pazifischen Küste wäre es im Landesinnern kaum zur Stahlerzeugung gekommen, hätte nicht die US-Regierung aus strategischen Erwägungen während des Krieges bei Provo ein Stahlwerk aufgebaut. Die Geneva-Stahlwerke wurden später zu günstigen Bedingungen von der United States Steel Corporation erworben.

Zu Beginn des 20. Jahrhunderts wurden weitere wichtige Funde gemacht. Utah entwickelte sich neben Montana und Arizona zu einem der drei größten Kupferproduzenten der USA. Im Bingham Canyon der Oquirrh Mountains südwestlich von Salt Lake City wird seit 1906 etwa 0,7% kupferhaltiges Erz abgebaut, das zu einem Schmelzwerk am Ufer des Salzsees transportiert und dort verarbeitet wird. Außer Kupfer werden im riesigen Tagebau der Kennecott Copper Company auch geringe Mengen Gold, Silber und Molybdän gefördert.

Bisher wurden über 12 Mio. t Kupfer aus »the richest hole on earth« herausgeholt. Der Tagebau ist rund 800 m tief, mißt an der Oberfläche im Durchmesser 4 km und nimmt eine Fläche von 760 ha ein. Mit Investitionen von 400 Mio. US-$ wurde 1988 der Abbau modernisiert und der Erztransport umgestellt. An die Stelle elektrischer Bahnen, die auf zahlreichen Niveaus operierten, traten Kipplader von je 190 t Tragfähigkeit, die Erzzerkleinerung findet im Bereich des Tagebaus statt.

Eine jüngere Entwicklung erlebte der Südwesten des Staatsgebietes, wo Uran- und Vanadium-Funde zu einem Boom Mitte der 50er Jahre führten. Nach New Mexico wurden für Utah die zweitgrößten Uranvorkommen innerhalb der USA prognostiziert. Bei Monticello hatte ein bescheidener Abbau schon während des Krieges begonnen, aber der eigentliche Boom setzte auch hier ebenso wie bei Moab erst in den 50er Jahren ein. In Moab vervierfachte sich die Einwohnerzahl von 1950 bis 1956 auf 4800 Menschen, was vorübergehend zu Versorgungsproblemen führte. In diesem Teil Utahs wird auch Erdöl gefunden, und es gibt große Vorräte an Erdöl in fester Form, das in Ölschiefer und Teersanden gebunden ist und bisher kaum erschlossen wurde.

Über die kurze Zeit von anderthalb Jahrhunderten sind immer wieder andere mineralische Rohstoffe auf dem Boden Utahs entdeckt und gefördert worden. Manche Fundorte waren wenig ergiebig und mußten bald wieder aufgegeben werden, so daß es auch in diesem Staat wie allgemein in den Gebirgsstaaten der westlichen USA eine Anzahl von Geisterstädten gibt, die zu den touristischen Attraktionen gehören.

DER GROSSE SALZSEE. Der Große Salzsee ist eine der Naturattraktionen der Vereinigten Staaten. Die 1776 von Santa Fé her durch das zentrale Utah führende Expedition des Paters Escalante gelangte zwar nicht direkt an den See, erhielt aber durch Indianer Kenntnis von ihm. Auf der von Niera y Pacheco aufgrund der Expeditionsunterlagen angefertigten Karte werden der südlicher gelegene Utah Lake und der Große Salzsee als zusammenhängender Wasserkörper dargestellt und nach den Timpanogotzis-Indianern als Laguna de los Timpanogos bezeichnet. Diesen Namen tragen heute ein Berg in der Wasatch-Kette und eine Höhle in der Nähe des American Fork. Die kartographische Darstellung Niera y Pachecos muß vor dem Hintergrund damaliger Vorstellungen gesehen werden, die von einem großen Wasserkörper im Binnenland und der Möglichkeit einer Nordwestpassage in dieser geographischen Breite ausgingen.

Der Große Salzsee ist der Überrest eines volumenmäßig etwa fünfzigmal größeren glazialen Süßwassersees, des Lake Bonneville. Er unterliegt wegen seiner geringen Tiefe, die im Sommer 1969 bei maximal 9 m lag, außerordentlichen Schwankungen in Ausdehnung und Salzkonzentration. Von einem Höchststand 1873 gingen Volumen und Größe des Sees zwar unregelmäßig, aber kontinuierlich zurück. In den 1980er Jahren änderte sich dies schlagartig: Mehrere regen- und schneereiche Jahre ließen die Zuflüsse des Salzsees anschwellen, und infolge dieser kräftigen Wasserzufuhr stieg der Spiegel von 1984 bis 1987 um 3 m gegenüber dem sehr niedrigen Stand von 1963; das Volumen vergrößerte sich auf das Zweieinhalbfache. Gleichzeitig sank der Salzgehalt von seinem 1963 erreichten Maximum von 27,3 % auf 5,5 %. Während bisher im Salzsee lediglich eine winzige, kaum 1 cm lange Krabbe (brine shrimp) zu existieren vermochte, zeigten sich mit der starken Abnahme des Salzgehalts erstmals Süßwasserfische.

Die Ausdehnung von Volumen und Seefläche richtete erheblichen Schaden an. Die Salzgewinnungswerke verloren einen Teil ihrer Verdunstungsbecken. Das Badezentrum Saltair stand teilweise unter Wasser und wurde weitgehend zerstört; mit dem Great Salt Lake State Park wurde ein neuer Badestrand eingerichtet. Der benachbarte Interstate Highway war zeitweise überschwemmt und für den Verkehr gesperrt. Die Zufahrtsstraße zum Vogelschutzgebiet auf der Antiloheninsel geriet unter Wasser, so daß ein Fährverkehr eingerichtet werden mußte. Der von der Southern Pacific Railway als Abkürzung über den Salzsee gebaute Damm, der Lucin Cutoff, drohte für den Eisenbahnbetrieb unbenutzbar zu werden.

Um den Schaden einzugrenzen, wurde eine Zeitlang Wasser aus dem Salzsee nach Westen in die Great Salt Lake Desert gepumpt, wo mit dem sog. Newfoundland Evaporation Basin ein benachbarter Salzsee entstand. Hauptsächlich infolge dieser Maßnahme senkte sich der Seespiegel wieder, und zwar von dem 1987 erreichten Höchststand von 4212,5 Fuß (1 Fuß = 0,3048 m) ü. N. N. auf 4202 Fuß (1990). Das Abpumpen wurde eingestellt, soll jedoch wieder aufgenommen werden, sobald der Seespiegel die Höhe von 4205 Fuß ü. N. N. überschreitet.

Westlich vom Großen Salzsee liegen die Bonneville Salt Flats oder Salduro Flats, auf deren etwa 16 km langer Rennstrecke, dem Bonneville Speedway, viele Geschwindigkeitsrekorde aufgestellt wurden.

UTAHS NATIONALPARKS. Eine große landschaftliche Attraktion in Utahs Südosten sind die Canyonlands des Colorado-Plateaus, wo nacheinander fünf National Parks (N. P.) eingerichtet wurden, so viele Parks wie sonst in keinem Staat der USA außer Alaska: Der Zion N. P. 1919, der Bryce Canyon N. P. 1928, der Canyonlands N. P. 1967, der Arches N. P. 1971

und der Capitol Reef N. P. 1971. Mit wachsender touristischer Nachfrage wurden diese Parks und mehrere Utah State Parks ständig weiter erschlossen. Die Straße durch den Capitol Reef N. P. wurde als Projekt der Zweihundertjahrfeier der USA 1976 gepflastert. Im Canyonlands N. P. entstanden in den 80er Jahren Straßen zu verschiedenen Aussichtspunkten.

Der Abwechslungsreichtum der Canyons und der geomorphologischen Kleinformen resultiert daraus, daß die heutige Landoberfläche auf ein schräg gestelltes Schichtpaket vor allem mesozoischer und tertiärer Schichten trifft und sich die Täler, je weiter man von Norden nach Süden kommt, in geologisch immer ältere Gesteinsformationen eingeschnitten haben. Die unterschiedliche Widerstandsfähigkeit gegenüber den abtragenden Kräften ließ die Gesteine faszinierende Formen von großer Vielfalt bilden.

Von den im jurassischen Sandstein gestalteten Naturbrücken des Arches N. P. dürfte der Delicate Arch der prachtvollste sein. Die Hunderte von säulenartigen Gebilden, die im eozänen Wasatch-Kalk des Bryce Canyon N. P. entstanden, wurden in erster Linie von Wind und Schmelzwasser modelliert. Im berühmt gewordenen Monument Valley im Süden – es diente zahlreichen Filmen (vor allem Western) als Kulisse – liegt der Navajo Tribal Park mit Behausungen der Navajo-Indianer.

GUTE BEDINGUNGEN FÜR WINTERSPORT. Während die Nationalparks Ziele des Sommertourismus sind, werden die Wasatch Mountains vor allem im Winter besucht. Der Westhang des Wasatch-Gebirges stellt sich den vorherrschenden Westwinden als Regenfänger entgegen. Da das hiesige Klima eine Art Ausläufer des zentral-kalifornischen Mittelmeerklimas darstellt, hat es die Tendenz zu winterlichem Niederschlagsmaximum, und wegen der hier recht niedrigen winterlichen Temperaturen kommen diese Niederschläge als Schnee. Er bietet eine hervorragende Voraussetzung für den Wintersport.

Alta (etwa 30 km südöstlich von Salt Lake City) ist der älteste Wintersportort in diesem Gebiet. Die anderen Ferienzentren wurden meist erst in der zweiten Jahrhunderthälfte ausgebaut. Außer Beaver Mountain im Norden und ein paar Orten im Süden Utahs liegen die meisten im direkten Hinterland von Salt Lake City (Parkwest, Park City, Deer Valley, Snowbird, Alta, Solitude, Brighton, Sundance) und von Ogden (Powder Mountain, Nordic Valley, Snowbasin).

Der Tourismus ist für Utah zum wichtigen Wirtschaftsfaktor geworden. Um 1980 kamen jährlich etwas über 10 Mio. Besucher, von ihnen fast 90% per Auto, der Rest mit dem Flugzeug. Nach der Herkunft steht Kalifornien mit 25% der Autotouristen an vorderster Stelle, gefolgt von den nördlichen Gebirgsstaaten Idaho, Montana und Wyoming mit zusammen 30%. Aus den gesamten übrigen USA stammen etwa 40%, aus dem Ausland etwa 5%. Die Einnahmen aus dem Tourismus betrugen schon 1980 über 450 Mio. US-$.

DIE GROSSEN STÄDTE. Bevorzugtes Siedlungsgebiet ist bis heute der nördliche Teil der Fußhügelzone, wo sich die Gebirgsrandstädte Logan, Ogden, Salt Lake City und Provo zu einer Siedlungskette vereinigen. Die Einwohnerzahlen von Salt Lake City und Ogden waren in neuerer Zeit leicht rückläufig. Dagegen hat Logan von 1960 bis Mitte der 80er Jahre seine Einwohnerzahl um 50% vergrößert, Provo konnte die seine sogar mehr als verdoppeln.

Logan, dessen Straßen von Bewässerungskanälen gesäumt sind, war ab 1888 Sitz der Landwirtschaftshochschule, dem Vorläufer der heutigen Utah State University of Agriculture. Die Stadt ist Austragungsort des Festival of the American West (jährlich Ende Juli bis Anfang August), das u. a. Einblicke in die Lebensweise der Indianerstämme des amerikanischen Westens gewährt.

Provo besitzt mit der Brigham Young University die größte Universität des Staates und eine Anzahl indirekt mit ihr zusammenhängender kultureller Einrichtungen (vor allem Museen mit indianischen und mormonischen Exponaten).

Den Kern der Hauptstadt Salt Lake City (160 000 Einw.) bilden die Temple Grounds mit Tempel, Versammlungshalle und Tabernakel sowie zwei Besucherzentren. Direkt benachbart stehen das einstige Hotel Utah, das moderne 28geschossige Verwaltungsgebäude der LDS-Kirche und mehrere historische Häuser. Zu ihnen gehört das Löwenhaus, das den Ehefrauen von Brigham Young als Unterkunft diente. Nahe des Adlertors, das zu Youngs Besitz führte, liegen die großen Grundstücke weiterer Kirchenführer; in einigem Abstand folgen die Grundstücke der anderen Siedler. Südlich an die Temple Grounds schließen sich Blöcke mit kircheneigenen Bauten an, u. a. das ZCMI-Kaufhaus, eine große kirchliche Buchhandlung und das alte Theater, in dem allabendlich von der Kirche organisierte Aufführungen stattfinden.

Watson (1979) hat darauf hingewiesen, daß die Mormonen schon in den ersten Jahren ihrer Anwesenheit eine erstaunlich hohe Zahl wissenschaftlicher und künstlerischer Einrichtungen gegründet haben, die bis heute fortbestehen. Zu ihnen gehören u. a. die Deseret Literary and Musical Society, die Deseret Horticultural Society, das Deseret Mechanical Institut und die Polyphilosophical Society. Salt Lake City war somit nicht nur im naturgeographischen Sinne Mittelpunkt einer Siedlungsoase zwischen Wüste und Felsengebirge, sondern auch eine geistige Oase in einem weiten, noch fast unbesiedelten Raum.

Das Stadtgebiet war in Sprengel (wards) um jeweils eine Kirche untergliedert. Die Bebauung zieht sich heute auf die Hänge der Fußhügel hinauf, wo u. a. das Capitol des Staates Utah und der Campus der University of Utah liegen. Utahs erstes Parlamentsgebäude stand in Fillmore; erst nach 1856 wurde die gesetzgebende Versammlung des damaligen Territoriums nach Salt Lake City verlegt.

An der 7th Street auf der Ostseite der Stadt befand sich der Betriebsbahnhof der Nahverkehrsbetriebe. Nachdem der Betrieb mit Oberleitungsbussen aufgegeben worden war, sollte das Depot abgerissen werden. 1970 entschloß man sich aber zum Umbau in ein Einkaufs- und Unterhaltungszentrum mit zahlreichen Geschäften, Restaurants und Kinos und damit zur Rettung dieses Industriedenkmals. Heute gehört der Trolley Square zu den Attraktionen der Stadt.

Gegenwärtig bietet die Downtown den Eindruck baulicher Zerrissenheit. Bereits in den 80er Jahren entstanden neue Geschäfts- und Bürohochhäuser. Neben mehreren anderen Baustellen befindet sich ein ganzer Baublock auf der Südseite zwischen State Street und Main Street im Umbau. Die rasante Neubautätigkeit, die der Innenstadt von Salt Lake City in Zukunft ein verändertes Aussehen verleihen wird, steht im Zusammenhang mit der Hundertjahrfeier des Staates Utah im Jahr 1996.

Wind und Schmelzwasser formten aus eozänem Wasatch-Kalk die bizarren Säulen des Bryce Canyon N. P., deren rötliche Färbung besonders bei tiefstehender Sonne zur Geltung kommt.

Auf Wegen kann der Besucher die Formationen des Bryce Canyon N. P. erkunden. Ebenezer Bryce, einer der frühen mormonischen Siedler, beschrieb dieses
Gebiet so: »Ein höllischer Platz, um dort eine Kuh zu verlieren.«

Wie das Gestein hat auch die spärliche Vegetation im 1971 entstandenen
Arches N. P. skurrile Formen hervorgebracht. Ideale Besuchszeit für den Park
ist das späte Frühjahr; im Sommer übersteigen die Temperaturen oft 40 °C.

Bryce Canyon N. P.: »Hoodoos« werden diese Verwitterungsformen genannt.
Die verschiedenen Gesteinsfarben ergeben sich durch Beimischung von Eisen-
oxiden und Mangan im Kalk.

Der Entrada-Sandstein im Arches N. P. ist besonders hart und stark geklüftet,
so daß vielfach Scheiben (»fins«) zustandekommen, in denen sich durch Verwit-
terung Bögen (»arches«) herausbilden können.

377

Über 350 gut erhaltene Felszeichnungen der Indianer von prähistorischer Zeit
bis zur Neuzeit finden sich auf dem Newspaper Rock, einem State Historical
Monument im Canyonlands National Park.

Das Pioneer Monument liegt am Ausgang des Emigration Canyons, wo der
Mormonenführer Brigham Young 1847 auf dem Treck nach Westen zum ersten
Mal das Salzseetal erblickte.

Die Salduro oder Bonneville Flats westlich des Großen Salzsees bilden riesige
Salzschluffflächen, auf denen Hochgeschwindigkeitstests für Rennwagen durchgeführt werden.

Der Große Salzsee schwankt stark im Salzgehalt und in der Wasserspiegelhöhe.
So liegt Saltair, das Badevergnügungszentrum von Salt Lake City, zur Zeit auf
dem Trockenen und verfällt.

Erst weit am Horizont begrenzen Hügelketten den Blick über die mit
Sagebrush bestandene Ebene der Great Salt Lake Desert im westlichen Utah.
Sie ist ein Überrest des ehemaligen riesigen Binnenmeeres Lake Bonneville.

Zentrum des Temple Square in Salt Lake City ist der Mormonentempel,
gekrönt von dem goldenen Engel Moroni. Das Gebäude gilt als Heiligtum
der Kirche und ist für die Öffentlichkeit nicht zugänglich.

Das Informations- und Besucherzentrum auf dem Tempelgelände bietet Aus-
stellungen zur Kirchengeschichte. Mitarbeiter erläutern die Glaubensfragen der
Church of Jesus Christ of Latter-day Saints.

Eine der landwirtschaftlichen Säulen in Utah ist die Viehzucht, oft in Verbindung mit Wechselweidewirtschaft. Das Vieh wird je nach Jahreszeit zwischen
Bergweiden und Ebenen getrieben oder per Lkw oder Bahn transportiert.

Big Sagebrush (Artemisia tridentata) im Dinosaur National Monument, einem
800 km² großen Gebiet im Grenzbereich von Colorado und Utah. Das grünlich-
grau bis gelb blühende Beifußgewächs wird in der Regel 1,80 m hoch.

DER SÜDWESTEN

Einen Kulturraum »Südwesten« so zu definieren, daß er jeglicher Argumentation standhält, dürfte unmöglich sein. Wegen ihrer ausgedehnten Wüstenanteile werden die vier Staaten New Mexico, Arizona, Nevada und Utah häufig als »desert states« bezeichnet, aber unter diesem naturgeographischen Aspekt müßten auch der Westen von Texas und der Südosten von Kalifornien zu einer solchen Region gerechnet werden. Da sich die Gliederung in diesem Buch an einzelstaatliche Grenzen hält und die Staaten Utah, Texas und Kalifornien wegen ihres besonderen Gewichts bzw. ihrer speziellen Eigenheiten jeweils ein eigenes Kapitel erhalten, werden unter dem Stichwort Südwesten die drei Staaten New Mexico, Arizona und Nevada behandelt. Ihre Wesenszüge sind daher mit Teilen der Nachbarstaaten identisch.

WESENSZÜGE DES SÜDWESTENS. Abgesehen von einem kleinen Zipfel im Westen, mit dem der Südwesten noch Anteil am Gebirgszug der Sierra Nevada hat, gehören von den Oberflächenformen her fast gesamt Nevada, aber auch der Süden Arizonas und der Südwesten New Mexicos zur physiogeographischen Basin-and-Range-Provinz. Ihr Kennzeichen ist der ständige Wechsel zwischen kleinen Beckenlandschaften und kleinen Bergketten. Während erstere minimale Niederschläge und wüstenhaften Charakter aufweisen, wirken die oft nur wenige 100 m hohen Bergketten als Regenfänger und sind daher mit lichtem Wald bestanden. Der kürzere, vergleichsweise steile Ostabfall und die sachtere Neigung des Westhangs weisen sie als Pultschollen aus. Die Becken haben an der Gesamtfläche einen erheblich höheren Anteil als die Bergketten. Die im allgemeinen nordnordöstlich-südsüdwestliche Streichrichtung der Gebirge bestimmt den Verlauf der Becken, an die sich die kurzen, abflußlosen Flüsse halten. Sie führen nur zeitweise Wasser und enden in Playas.

Während der Norden Arizonas und der anschließende Nordwesten New Mexicos zum Colorado-Plateau gehören, wird die Basin-and-Range-Provinz mit Ausnahme der kleinen Bergketten von Wüsten eingenommen, wobei allerdings der Anteil der vegetationslosen Vollwüste gering ist. Hinsichtlich ihrer Pflanzen- und Tierwelt werden vier Landschaften unterschieden: Die als Great Basin bezeichnete Wüste bedeckt das Staatsgebiet von Nevada bis auf den südlichen Zipfel; dieser und ein kleiner angrenzender Streifen von Arizona werden zur weit nach Kalifornien hineinreichenden Mojave-Wüste gerechnet; den Südwesten Arizonas bildet die von Mexiko hinaufreichende Sonora-Wüste, während der Süden New Mexicos von der Chihuahua-Wüste eingenommen wird.

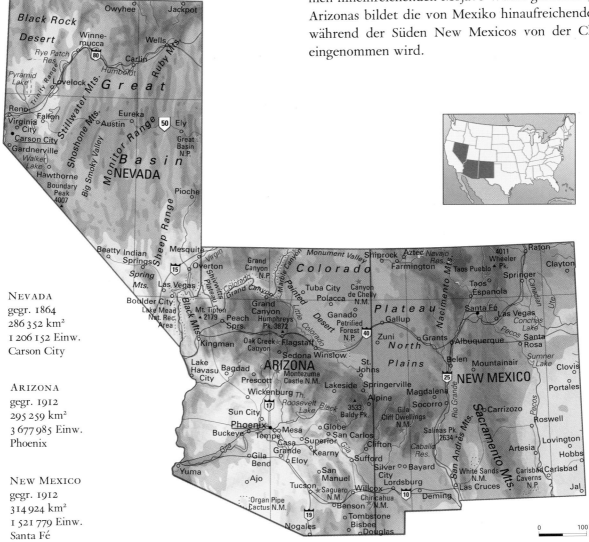

NEVADA
gegr. 1864
286 352 km²
1 206 152 Einw.
Carson City

ARIZONA
gegr. 1912
295 259 km²
3 677 985 Einw.
Phoenix

NEW MEXICO
gegr. 1912
314 924 km²
1 521 779 Einw.
Santa Fé

Mit dem wüstenhaften Charakter weiter Teile der drei Staaten sind zahlreiche Wesensmerkmale des Südwestens verbunden: Eine äußerst geringe Bevölkerungsdichte, relativ weit voneinander isoliert gelegene Siedlungskerne, Ruinen vergangener Indianerkulturen, umfangreiche Flächen der Public Domain und ein äußerst weitmaschiges Verkehrsnetz mit wenigen Bahnlinien und Autostraßen. »The loneliest road in America« steht auf einem Schild am Highway 50, der über Ely durch Nevada führt. Einige Orte bekamen in jüngerer Zeit angesichts der Aridität Probleme mit der Wasserversorgung. Der Zuzug von Industriebetrieben und Ruheständlern sowie der anwachsende Tourismus und die für ihn geschaffene Infrastruktur haben zu dieser Entwicklung beigetragen.

Bis zur Gegenwart sind große Teile der Staatsflächen (85% Nevadas, 73% Arizonas und 45% New Mexicos) Eigentum der öffentlichen Hand. Darunter sind große Gebiete staatlichen Weidelands, das seit 1934 in Grazing Districts organisiert ist. In Nevada und New Mexico kommen große Flächen von militärischem Testgelände hinzu, u. a. in New Mexico die White Sands Missile Range bei Alamogordo; schließlich befinden sich im Südwesten die größten Indianerreservationen.

INDIANISCHE KULTUREN. Der Südwesten der USA zeichnet sich durch besonders hohe Anteile von Indianern und Hispanos aus. Für die verhältnismäßig hohe Konzentration der indianischen Bevölkerung auf diesem Raum gibt es mehrere Gründe. Ein Teil der hier lebenden Stämme hatte in vorkolumbischer Zeit ein relativ hohes kulturelles Niveau erreicht. Er wird nach der Klassifikation der amerikanischen Kulturanthropologen zu den »Agriculturists« gerechnet, die von Ackerbau lebten, oder zumindest zu den »Ranchería«-Völkern, die Ackerbau neben Sammeln und Jagen betrieben. Zu ersteren gehören die Pueblo-Indianer; der bekannteste von diesen Stämmen sind die Hopi, die in geschlossenen Ortschaften lebten. Sie konnten den europäischen Eroberern erfolgreicher Widerstand leisten als die nomadisierenden Stämme in anderen Regionen.

Diese Indianer besaßen an den von den Spaniern vorgefundenen Siedlungsplätzen eine viele Jahrhunderte alte Tradition. Die auf Mesas gelegenen Pueblos der Hopi, insbesondere Oraibi in Arizona, sowie Acoma in New Mexico, das seiner Berglage wegen als »Sky City« bezeichnet wurde, gehen mit Sicherheit auf das 13. Jahrhundert zurück. Sie sind aber vermutlich mehrere hundert Jahre älter, so daß sie als die Gebiete mit der ältesten kontinuierlichen Besiedlung auf dem amerikanischen Kontinent gelten. Erhalten geblieben sind noch Reste der Häuser und Kanäle für die Feldbewässerung, die von früheren Kulturen stammen. Die Vorgänger der heutigen Indianer des Südwestens waren die Anasazi im Grenzraum Arizona/Utah, die Hohokam im Tal des Gila-Flusses und die Salado im Tal des oberen Salt River. Nach Baldwin (1973) lebten zur Zeit des ersten Kontakts mit den Spaniern um 1540 im Südwesten rund 100 000 Indianer, davon rund 30 000 in 80 Pueblos.

Zum bis heute hohen Indianeranteil hat auch das Auftreten der Spanier beigetragen, die sich teilweise moderater verhielten als die Engländer und Franzosen im Osten, die etliche Indianerstämme wiederholt in ihren kriegerischen Auseinandersetzungen für sich kämpfen ließen, sie aber auch aus ihren angestammten Wohngebieten vertrieben, was sich später mit den systematischen Umsiedlungsaktionen ins Neue Indianerterritorium fortsetzte. Die Spanier dagegen begnügten sich in der Regel mit Missionierungsversuchen und der Anlage eigener Siedlungen, die neben denen der Indianer entstanden.

Schließlich blieben die heimischen Indianer nicht nur weitgehend von Vertreibungen verschont, sondern erhielten auch Zuwachs weiterer Stämme, die nach den Kämpfen weiter östlich hier ansässig gemacht wurden. Der Südwesten wurde auch Heimat der Navajo, des größten aller nordamerikanischen Stämme. Ihre Reservation wurde im Laufe der Zeit mehrfach vergrößert und reicht heute aus Arizona über die Grenzen nach New Mexico und Utah hinein.

SPANISCH-MEXIKANISCHER EINFLUSS. Nicht nur das indianische, sondern auch das spanisch-mexikanische Element prägen den Südwesten. Von ihrem zentralamerikanischen Zentrum Chihuahua her gingen die Spanier schon früh über El Paso den Rio Grande del Norte aufwärts, wo sie etwas abseits des Flusses 1609 die Siedlung Santa Fé gründeten. Sie gehört neben dem floridanischen St. Augustine zu den ältesten dauerhaft bewohnten Städten auf US-amerikanischem Boden. Santa Fé spielte nicht nur während der Kolonialzeit eine Rolle, sondern ist bis heute als Hauptstadt des US-Staates New Mexico von Bedeutung. Wie die Städte tragen viele Flüsse und Gebirge des Südwestens spanische Namen.

Die Städte sind von der spanischen Architektur geprägt; bis heute hat sich vor allem in New Mexico das Flachdach-Haus aus Adobe (luftgetrocknete Lehmziegel) gegenüber dem US-amerikanischen Holzhaus mit Satteldach behauptet. Viele Gebäude wurden vor allem in den ersten drei Jahrzehnten dieses Jahrhunderts in Stilen erbaut, die man als spanischen Kolonial- oder Missionsstil und als Pueblo-Revival-Stil bezeichnet hat. Ersterer weist barocke Elemente auf, ist aber in der Gestaltung von Fassaden und Dächern deutlich von der indianischen Kultur beeinflußt. Zu den auffallenden Stilelementen gehören die großen, glatten, fensterlosen Mauern, die aus Adobe oder ähnlichem Material gestaltet sind. Weitere Charakteristika sind die Flachdächer mit den Vigas, den aus der Außenwand herausragenden Holzbalken, sowie oftmals zurückversetzte Obergeschosse.

Zum spanischen Erbe kam in den letzten Jahrzehnten der kräftige Zuzug aus dem benachbarten Mexiko. Es gibt Counties im Südwesten, in denen die Mehrheit der Bevölkerung spanische Nachnamen trägt und sehr viele Menschen Spanisch sprechen, so daß in New Mexico Spanisch neben Englisch als zweite Amtssprache zugelassen wurde.

DIE WIRTSCHAFT. Die Kargheit der Natur, die kaum Landwirtschaft zuläßt, und die Schwierigkeiten der Wasserversorgung für eine größere Zahl von Menschen sind die eine Seite des Südwestens; dem gegenüber stehen reiche Bodenschätze und großartige Landschaften als Grundlage von Bergbau und Tourismus. Ein altes Schlagwort besagt, daß Arizonas Wirtschaft auf vier »C's« beruhe: Cotton, Cattle, Copper, Climate, also Baumwolle, Rindvieh, Kupfer und Klima.

LANDWIRTSCHAFT. Intensivere Landwirtschaft ist auf geringe Flächen beschränkt. In Nevada reduziert sie sich auf 1% des Staatsgebiets: Nur ein schmaler Streifen am Fuße der Sierra Nevada kann überhaupt ackerbaulich genutzt werden.

Es gibt drei Arten der landwirtschaftlichen Nutzung: Sehr extensive Rinder- und Schafhaltung auf großen Weideflächen von geringer Tragfähigkeit, Trockenfarmen (Dry-farming) bei alternierenden Brachflächen (vor allem Getreide) und regional eng begrenzter, intensiver Bewässerungsfeldbau (u. a. Baumwolle, Gemüse sowie Luzerne und andere Futterpflanzen). In Arizona werden auch Orangen, Grapefruits und Zitronen angepflanzt, besonders im Bewässerungsgebiet um Yuma am Gila-Fluß; in den Bewässerungsgebieten New Mexicos an Rio Grande, Pecos und Canadian gedeihen auch Äpfel und Pfirsiche sowie in geringen Mengen Weizen, Mais und Hackfrüchte.

Die Baumwolle nimmt bei den Bewässerungskulturen den ersten Platz ein. Dies ist eine Folge der Verlagerung des traditionellen Baumwollanbaus von den Plantagen des Alten Südens auf die Bewässerungsflächen des Südwestens, wobei unter Verwendung von Hybriden Ertragssteigerungen von über 50% erzielt werden. Mit mehr als 1 Mio. Ballen (1987) steht Arizona hinter Texas, Kalifornien und Mississippi an vierter Stelle der baumwollerzeugenden US-Staaten.

Obwohl flächenmäßig die Viehhaltung überwiegt, spielt sie doch für den Südwesten im Gesamtrahmen der USA eine bescheidenere Rolle im Vergleich etwa zu den großen viehwirtschaftlich orientierten Plainsstaaten. Nach dem Erlös aus Viehverkäufen ist keiner der Südweststaaten auf den vordersten acht Plätzen zu finden. Andererseits sind die Farmgrößen extrem, weil bei der geringen Tragfähigkeit der Weiden große Flächen benötigt werden. Die durchschnittliche Farmgröße von Arizona (2060 ha) ist die größte aller US-Staaten, Nevada (1470 ha) und New Mexico (1400 ha) folgen hinter Wyoming (1512 ha) an dritter und vierter Stelle.

Fast so extrem ist auch die Stellung des Südwestens bezüglich seiner Bewässerungswirtschaft. In Nevada werden über 96% der gesamten Anbaufläche bewässert, womit dieser Staat die einsame Spitzenposition hält, gefolgt von Kalifornien (75%) und Arizona (74%). Wegen etwas günstigerer Anbauverhältnisse in der Osthälfte New Mexicos beträgt der Anteil der Bewässerungsfläche in diesem Staat nur 36%.

Aber diese Bewässerungslandwirtschaft ist in Gefahr, denn der sehr limitierte Wasserhaushalt des Südwestens wird über Maßen beansprucht durch Zuzug von Industrie- und Dienstleistungsbetrieben sowie der wachsenden Stadtbevölkerung. Während von 1959 bis 1988 die Bewässerungsfläche in Nevada von 217 000 auf 224 000 ha noch leicht angestiegen ist, ging diejenige Arizonas bereits von 462 000 auf 428 000 ha zurück.

Die Wasserfrage hat besonders in Arizona schon zu Streit zwischen Weißen und Indianern geführt. Die Indianer haben zwar über die Hälfte ihres Bewässerungslandes auf Reservationsgebiet an weiße Farmer verpachtet, dennoch gibt es zwischen Reservationsindianern und weißen Kommunen bzw. Interessenten über hundert Prozesse um Wasser. Streitgegenstand vieler Verfahren ist das Salt-River-Projekt, das die Wassergrundlage für die Großstadt Phoenix bildet.

BERGBAU. Die wirtschaftliche Stärke der Südweststaaten liegt zweifellos auf anderen Gebieten. Anstöße zu Siedlungsansätzen gab in vielen Fällen der Bergbau. Da diese Siedlungen sehr vereinzelt, weit verstreut über ein großes Areal und klein blieben, verwundert es nicht, daß die Südweststaaten lange auf Aufnahme in die Union warten mußten. Während die Differenzen zwischen Nevada und Utah um ihre Grenze noch vor der Jahrhundertwende gelöst werden konnten, mußten Arizona und New Mexico bis 1912 warten. Sie wurden als letzte der 48 zusammenhängenden Staaten in die Union aufgenommen.

Nachdem der Südwesten nach dem Krieg mit Mexiko 1848 an die USA gefallen war, bestimmte der Bergbau die Geschichte dieses Gebiets; dies gilt in besonderem Maße für Nevada. 1850 wurde am Ausgang des Gold Canyon Gold gefunden. Nur zehn Jahre später entdeckte man, daß der bläuliche Abraum aus Silbererz bestand. Damit war der Ruf der Comstock Lode am Fuß der Sierra Nevada begründet, die in den drei folgenden Jahrzehnten neben 214 000 kg Gold die unvorstellbare Menge von 4,8 Mio. kg Silber lieferte. Das trug dem 1861 von Utah abgetrennten und in die Union aufgenommenen Nevada den Spitznamen »Silver State« ein. Die Erhebung zum Staat war auch bedeutsam für die Abstimmung im US-amerikanischen Senat gegen die Sklaverei; Nevada trug erheblich zur Finanzierung des Sezessionskriegs bei.

Der Höhepunkt der Edelmetallförderung lag zwischen 1873 und 1878. Dieser »Big Bonanza« folgte ein Niedergang, den vor allem die fehlgeschlagene Bekämpfung des Grundwassers in den wichtigsten Schächten hervorgerufen hatte. Ungeachtet dieser Rückschläge hat der Bergbau zum raschen Aufstieg von Städten wie Virginia City und Reno beigetragen.

Mittlerweile sind die Silbervorräte der Comstock Lode zwar weitgehend erschöpft, Gold wird jedoch noch immer gewonnen. Nevada steht in der Goldförderung weit vorn in der Rangliste der US-Staaten. Gold wurde auch bei Tonopah und seit 1902 südlich davon bei Goldfield gefunden, das zu seiner Blütezeit einmal über 20 000 Einwohner zählte. Heute wird hier nur noch Abraum aufbereitet.

Gold stand auch am Anfang mancher anderen bergbaulichen Aktivität. Das gilt z. B. für Tombstone im äußersten Südosten Arizonas, wo vor allem Silber abgebaut wurde. Seinen Namen erhielt der Ort 1877 vom ersten Prospektor in dieser Gegend, dem man prophezeit hatte, er würde dort eher seinen Grabstein als irgendwelches Edelmetall finden. Tombstone, »the town too tough to die«, konnte sich mit etwa 1700 Einwohnern als Touristenort und National Historic Site am Leben halten, während so manch anderer Bergbauort zur Geisterstadt wurde.

Globe (östlich von Phoenix) wurde zunächst durch das Auffinden von Silber bekannt; als in großer Menge Kupfer entdeckt wurde, entwickelte sich die Stadt neben Bingham in Utah und Butte in Montana zu einem der drei größten Kupferproduzenten der USA. Da Kupfererz u. a. auch bei Prescott, Bisbee, Ajo und Tucson gefördert wird, steht Arizona in der Kupfererzeugung an erster Stelle aller US-Staaten. In der Regel werden neben Kupfer auch andere Erze in kombinierten Lagerstätten aufgefunden, vor allem Molybdän, Blei und Zink. In kleinen Mengen kommt Kupfer auch in Nevada vor, nahe Reno im Westen und bei Ely im Osten, wo es auch sehr viel Eisenerz gibt.

Uran wird an mehreren Stellen vor allem im Staat New Mexico gefunden. Mit der Entdeckung einer Uranlagerstätte war die Entwicklung der Stadt Farmington im Nordwesten an der Grenze zur Navajo-Reservation verbunden, für die sie als Versorgungsort eine Rolle spielt. Farmington erlebte von 1950 bis 1960 ein Bevölkerungswachstum um über 550% auf 24 000 Einwohner. Eine der größten offenen Uranerzminen liegt in der Laguna-Reservation westlich von Albuquerque.

Die Erzgewinnung hat selbst vor den Nationalparks nicht haltgemacht. Die im 1919 eingerichteten Grand Canyon National Park gelegene Lost Orphan Mine, in der man bereits ab 1883 Kupfererz gewonnen hatte, wurde aufgrund von Uranfunden reaktiviert und stand zwischen 1951 und 1969 erneut in der

Produktion; die ursprünglichen Fördereinrichtungen können heute besichtigt werden.

VERKEHRSERSCHLIESSUNG UND TOURISMUS. Der in seiner Bedeutung zurückgegangene Bergbau ist längst vom Tourismus als wichtigstem Wirtschaftsfaktor abgelöst worden. Die Amerikaner haben erst im Laufe dieses Jahrhunderts ihr Herz für die Wüste entdeckt, deren trockenes Klima, landschaftliche Schönheiten sowie Weite und Ruhe sie zu schätzen lernten. Technische Errungenschaften wie Klimaanlagen liefern ihnen den gewünschten Komfort bis in die entlegensten Winkel. Oft wurden kleine Hotels und Motels, auch Wochenendhäuser, auf 2 ha großen, von der Regierung als »jack rabbit homesteads« vergebenen Grundstücken errichtet, wo sie Ansätze zu neuen Dauersiedlungen bildeten. Auf »dude ranches« können sich Touristen Pferde zum Ausritt mieten; organisiert werden Touren zu Indianerreservationen, Nationalparks, Frontier Days und Rodeos sowie Jahrmärkten und Paraden. Ganze Pensionärsstädte wie Sun City (S. 388) sind in den letzten Jahrzehnten entstanden.

Wichtige Voraussetzung für diese Entwicklung war die ausreichende Verkehrserschließung. Die heutigen Bahnlinien und Autostraßen folgen häufig den alten Indianerpfaden sowie späteren Postkutschen- und Handelsrouten. So orientiert sich z. B. der Highway 50, der durch Nevada über Ely, Eureka, Austin, Fallon und Carson City führt, annähernd an der Route des berühmten Pony Express (1860/61). Dessen Reiter beförderten die Post über die fast 2900 km lange Strecke zwischen St. Joseph (Missouri) und Sacramento (Kalifornien) in zehn Tagen. Knapp zwei Jahre nach seiner Einrichtung wurde der Pony Express vom Überlandtelegraphen abgelöst.

Ein Knotenpunkt mehrerer bedeutender Überlandrouten war Santa Fé, wo sich der von Süden herkommende El Camino Real, der von Osten kommende Santa Fé Trail und der nach Westen führende Old Spanish Trail trafen. Der El Camino Real führte aus dem zentralamerikanischen Zentrum der Spanier, der heutigen mexikanischen Provinzhauptstadt Chihuahua, über El Paso nach Santa Fé; er war zunächst für die Versorgung der Missionsstationen im Norden und für Regierungskuriere gedacht. Bald aber trieben die Kaufleute von Chihuahua über diese Route einen lebhaften Handel: Nach Süden wurden Schafe, Häute, Decken und wohl auch indianische Zwangsarbeiter transportiert, nach Norden Tabak, Kakao, Zucker und andere Waren.

Der rund 1300 km lange Santa Fé Trail führte von Independence bzw. von Westport Landing, dem Vorläufer von Kansas City, über Bent's Fort (Colorado) und den Raton Pass nach dem am Fuße der Sangre de Cristo Range gelegenen Las Vegas (New Mexico) und endete schließlich in Santa Fé. Er wurde ab 1822 benutzt; ab 1850 verkehrte auf ihm ein monatlicher Stagecoach-Dienst, der ab 1879 etappenweise von der neu eröffneten Atchison, Topeka and Santa Fé Railway ersetzt wurde.

Gewissermaßen als westliche Fortsetzung des Santa Fé Trail wurde seit der Expedition, die Pater Escalante 1776 durch das zentrale Utah geleitet hatte, der etwa 1900 km lange Old Spanish Trail benutzt, der von Santa Fé aus über die späteren Orte Durango und Dolores in Colorado und Moab (Utah) weiter über Las Vegas (Nevada) nach San Bernardino und bis nach Los Angeles in Kalifornien führte. Da er anfänglich nicht mit Planwagen befahren werden konnte, mußten Maultierkarawanen den Warentransport durchführen. Erst ab 1813 wurde der Old Spanish Trail als Postroute benutzt.

Kurzlebig und erfolglos war eine 1856 eingerichtete Postroute aus dem texanischen San Antonio über El Paso und Las Cruzes in New Mexico, weiter nach Tucson und Yuma in Arizona bis nach San Diego im südlichsten Kalifornien. Mit Beginn des Sezessionskriegs (1861) wurde dieser Postdienst eingestellt.

LAS VEGAS. Besonders rasch vollzog sich der Wandel vom zeitweise stark rückläufigen Bergbau zum Tourismus in Nevada. Es mag als Ironie der Geschichte angesehen werden, daß ein kleines Camp am Old Spanish Trail, das die Mormonen 1855 einrichteten und das den Namen Las Vegas erhielt, am schnellsten und kräftigsten von der Legalisierung des Glücksspiels Gebrauch machte, die 1931 während der Wirtschaftsdepression erfolgt war. Im selben Jahr begannen auch die Arbeiten am Hoover-Damm des Colorado-Flusses, so daß große Bautrupps in die Gegend kamen. Flankiert wurde die Genehmigung für Glücksspiele durch freizügige Heirats- und Scheidungsgesetze (die Eheschließung ist eine Sache von Minuten), so daß sich in Nevadas Städten neben den Reklamen für die Spielcasinos häufig auch solche für Wedding Chapels finden.

Las Vegas erleuchten nachts Millionen von Glühbirnen. Die Spielcasinos häufen sich besonders entlang der Fremont Street, der Hauptstraße im Stadtkern, und entlang dem von ihr nach Südwesten abzweigenden, mehrere Kilometer langen Las Vegas Boulevard, der auch einfach »The Strip« genannt wird; ständig wachsen neue und immer phantasievollere Casinos aus dem Boden. Die hedonistische Siedlung wirbt erfolgreich mit dem Schlagwort »Daytime sun – nighttime fun«.

DIE NATIONALPARKS. Zu den größten Attraktionen gehören die zahlreichen Schutzgebiete des National Park Service, die wie in Utah und Kalifornien in besonders großer Vielfalt vorhanden sind. Dazu gehören sowohl archäologische Fundstätten früherer Indianerkulturen als auch die Besonderheiten der Flora und der geologisch-morphologischen Phänomene.

Unter den archäologischen Sehenswürdigkeiten müssen die vielen Ruinen der Cliff Dwellers hervorgehoben werden: Bandelier National Monument im Frijoles Canyon und Chaco Culture National Historical Park in New Mexico, die Ruinen von Betatakin im Navajo National Monument, Canyon de Chelly National Monument in der Navajo-Reservation und das Montezuma Castle National Monument in Arizona. Sie sind neben Mesa Verde (S. 343) in Colorado die bemerkenswertesten Ruinen der vergangenen Indianerkulturen Nordamerikas.

Die Eigenart der Vegetation des ariden Arizona präsentiert sich vor allem im Organ Pipe Cactus National Monument, im Saguaro National Monument und entlang dem Joshua Tree Highway zwischen Phoenix und Las Vegas. Benannt wurde diese Straße nach den gleichnamigen, den Yuccas zugehörigen Bäumen. Ein völlig anderes Element der natürlichen Vegetation findet sich im Wheeler-Peak-Gebiet des Great Basin National Parks: Die Bristlecone Pine (Pinus longaeva), die zu den ältesten Lebewesen auf der Erde gehört. Die ältesten, mehrtausendjährigen Exemplare finden sich in 3200 bis 3700 m Höhe, während die in geringeren Höhen wachsenden Exemplare nur mehrere hundert Jahre alt werden. In den höheren Lagen dauert die Vegetationsperiode nur drei Monate; die Böden sind karg, das Wasser ist viele Monate gefroren. Sehr trockenen Jahren paßt sich die Bristlecone Pine, deren Holz außerordentlich fest ist, durch Rückbildung ihres Gewebes an.

Überwiegend wegen ihrer einzigartigen Gesteinsformationen werden folgende National Parks aufgesucht: Der Grand Canyon N. P. (eingerichtet 1919), der Petrified Forest N. P. (1906) mit seinen Vorkommen von verkieseltem Holz, das White Sands National Monument mit seinen von Gips herrührenden weißen Dünen, auf denen stellenweise kleine Yuccas wachsen, und der Carlsbad Caverns N. P. (1930) in New Mexico mit seinen Höhlen. Der Valley of Fire State Park in Nevada unweit Las Vegas besitzt neben eigenartigen Felsformationen, die z. T. aus verfestigten Dünensanden entstanden sind, auch altindianische Petroglyphen (Felszeichnungen).

Der Grand Canyon entstand im Verlauf des Colorado, der sich in Nord-Arizona tief ins Kaibab-Plateau eingeschnitten hat. Er ist etwa 350 km lang und variiert in der Breite zwischen 6 und 29 km. Am Yavapai Point liegt der Boden (760 m ü. N. N.) 1370 m unterhalb des Südrandes bzw. 1740 m unterhalb des Nordrandes. Der Kaibab-Kalk dieses Randes ist permisch, die innere Schlucht reicht bis in die Schichten des Archaikum.

1869 wurde der Grand Canyon von Major John W. Powell (* 1834, † 1902) erforscht, nach dem der nordöstlich gelegene Lake Powell benannt ist. Er entstand nach dem Bau des Glen Canyon Dam (1960–63) und ist mit 33,3 Mrd. m³ hinter dem Lake Mead weiter flußabwärts der zweitgrößte Stausee der USA. Der Lake Powell ist bis zu 173 m tief; mit 3150 km weist er mehr Küstenlinie auf als die drei Pazifikranierstaaten Kalifornien, Oregon und Washington.

DIE »RENTNERSTADT« SUN CITY. Der Südwesten gehört neben Florida und Kalifornien zu den Gebieten, in denen sich in jüngerer Zeit große Rentnerstädte herausgebildet haben. In Arizona sind es vor allem die im Großraum Phoenix entstandenen Städte Sun City und Sun City West.

Sun City, das mit 48 000 Einwohnern die Grenze der baulichen Erschließung erreicht hat, wurde 1959 von Delbert Webb als Rentnerstadt konzipiert. Haushalte, die dort ihren Wohnsitz nehmen wollen, müssen daher ein Mitglied aufweisen, das mindestens 55 Jahre alt ist. Außer mehreren Golfplätzen sind sieben Recreation Centers (Rec Centers) über das Stadtgebiet verteilt, die alle Möglichkeiten für sportliche, kunstgewerbliche, musische und wissenschaftliche Betätigungen bieten, oft unter professioneller Anleitung durch pensionierte und hier ebenfalls ansässige Fachkräfte. Diese Leistungen können mit einem Jahresmitgliedsbeitrag von nur 100 Dollar und minimalen Kursgebühren beansprucht werden. Mitten in der Stadt befindet sich ein Kulturzentrum mit einem großen Saal für Veranstaltungen. An der Grenze zu Sun City West, das ab 1978 entstand, liegen an einem künstlichen See mit Gartenanlagen besonders begehrte Wassergrundstücke.

Vollmar (1990) beschreibt Sun City West als eine suburbane Senioren-Enklave, »in der die relative soziale Homogenität der Ruhestandsgesellschaft nach Alter, Hautfarbe, Familienstand, Einkommen und Lebensstil ihre weitgehende Entsprechung in der Grundrißgestaltung und den architektonischen Wohn- und Serviceeinrichtungen gefunden hat. Die Beziehungen der Menschen dieser Kommune zu ihrer Umwelt scheinen die eines erstrebten Sicherheitsgewinnes gegenüber der unüberschaubaren Megagesellschaft und der Wüstennatur zu sein. Wir können dieses Verhalten als einen Rückzug aus der weltlichen Wirklichkeit interpretieren, bei dem gleichzeitig alle Erwartungen, die mit Freizeit verbunden werden, in Erfüllung gehen.«

WÜSTENOASE PHOENIX. Einzige Millionen-Metropole im Südwesten ist Phoenix, das auf der Rangliste der US-amerikanischen Agglomerationen den 20. Platz einnimmt. Vergleichbar dem aus der Asche emporgestiegenen ägyptischen Sagenvogel entstand Phoenix aus den Ruinen einer Siedlung der prähistorischen Hohokam-Indianer. Die Stadt liegt in der etwa 65 km langen und 30 km breiten Bewässerungsoase des Salt River. Unmittelbar an die nordöstliche Nachbarstadt Scottsdale grenzt das Bewässerungsland der Salt-River-Indianerreservation an.

Um 1864 fanden sich die ersten weißen Siedler ein, die die Pferde des etwa 50 km entfernt gelegenen Armeeforts McDowell mit Heu versorgten. Bis zur Jahrhundertwende blieb Phoenix eine Frontier-Stadt. Größere Wachstumsschübe kamen erst im 20. Jahrhundert: 1911 mit dem Bau des Roosevelt-Staudammes, mit dessen Fertigstellung die großflächige Bewässerungswirtschaft in der Umgebung begann, 1926 mit dem Anschluß an die Southern Pacific Railroad, später mit der Erfindung der Klimaanlagen und der Wasserversorgung durch die Aquädukte des Central Arizona Project. In den letzten Jahrzehnten ist Phoenix mit dem Zuzug von expandierenden Branchen wie Elektronik und Raumfahrttechnik sowie Dienstleistungsbetrieben eine der am raschesten wachsenden Großstädte der USA geworden. Die Bevölkerungszahl der Stadt selbst stieg zwischen 1940 und 1988 von 65 414 auf 983 000.

In Phoenix mischen sich spanischer Kolonialstil und indianische Puebloarchitektur mit modernen Bürohäusern; auffallend ist die gewaltige Ausdehnung der Einfamilienhaus-Wohnvororte. Neben dem Capitol und anderen Institutionen der Hauptstadt Arizonas besitzt die Stadt einen modernen Komplex für Kongresse, wo auch künstlerische und sportliche Veranstaltungen stattfinden. Das Kongreßbüro wirbt mit dem Schlagwort »It's hot – so what?«. Unter den Museen ist das Heard Museum mit seiner sicher einmaligen Kachina-Sammlung hervorzuheben. Kachinas nennen die Puebloindianer die Seelen der Ahnen, die durch Masken und Puppen symbolisiert werden.

Zu den bedeutendsten Sehenswürdigkeiten gehört der etwa 60 ha große Desert Botanical Garden mit unzähligen Kakteen und anderen Pflanzen der Wüstenvegetation. Ihm angeschlossen ist eine wissenschaftliche Bibliothek und ein Herbarium.

Erwähnenswerte Nachbarstädte im Großraum Phoenix sind die Rentnerstadt Sun City, die Gemeinde Scottsdale mit ihrer Künstlerkolonie und zahlreichen Galerien sowie Tempe, Sitz der Arizona State University.

TUCSON. Das im Süden Arizonas gelegene Tucson (405 000 Einwohner) war bis 1920 größer als Phoenix. Die günstige Lage im Tal des Santa Cruz River, allseitig umgeben von Bergketten, wußten bereits die Indianer zu schätzen, die hier einen Siedlungsplatz anlegten. In dessen Nähe gründete 1700 der Jesuitenpater Kino die prachtvolle Mission San Xavier, heute eine der größten touristischen Attraktionen in Arizona. Nahe der Mission entstand eine spanische Garnison, die 1776 in den neuen Presidio verlegt wurde, aus dem die Siedlung Tucson hervorgegangen ist. 1857 wurde sie Stagecoach-Station an der Route San Antonio—San Diego, von 1867 bis 1877 war sie die Hauptstadt des damaligen Territoriums, 1880 wurde sie an das Bahnnetz der Southern Pacific Railroad angeschlossen; 1885 wurde in Tucson die University of Arizona gegründet.

In dieser Stadt stehen sich Altes und Neues gegenüber: Die spanische Altstadt mit ihren verschiedenen Quartieren wie Barrio histórico (früher auch Barrio libre genannt), Barrio Hoyo und Barrio Convento, in denen umfangreiche Restaurierungsarbeiten für die Erhaltung des Baubestands aus der spanischen Zeit gesorgt haben, kontrastiert mit dem Community Center, einem großen Komplex von Mehrzweckbauten, eingebettet in einem Gelände mit Grünanlagen und zahlreichen Brunnen. Dagegen ist Old Tucson eine die Zeit um 1800 repräsentierende Kulisse für Westernfilme.

Vergleichbar der kalifornischen Situation mit der Stanford University in Palo Alto am Rande des Silicon Valley hat die Universität in jüngster Zeit ebenfalls als Katalysator für High-Tech-Branchen gewirkt. In Richtung Norden, auf den vornehmen Wohnvorort Oro Valley am Highway 89 zu, siedeln sich in einem Korridor verstärkt Betriebe verschiedener High-Tech-Branchen an, vor allem um den Garett Research Park und den benachbarten Foothills Business Park. Die dadurch herangezogenen Arbeitskräfte haben mit zum raschen Bevölkerungswachstum Tucsons beigetragen.

Nahe Tucson entstand ein 165 m langes, 28 m hohes »Terrarium« aus Verbundglas, das mit 2000 Sensoren ausgestattet ist, die über Computer kontrolliert werden. »Biosphere II« enthält Komplexe von Regenwald, Savanne, Wüste, Salzmarsch, einen Mini-Ozean sowie einen Agrarbereich für Kulturpflanzen und kleine Haustiere. Zu den 3800 Tier- und Pflanzenarten gesellten sich am 26. September 1991 acht Bionauten, die abgeschlossen von der Außenwelt das Zusammenwirken eines künstlichen, geschlossenen Ökosystems untersuchen. Privater Geldgeber dieses zweijährigen Großversuchs ist Space Biosphere Ventures.

SANTA FÉ UND ALBUQUERQUE. Die wichtigsten Städte in New Mexico sind das traditionsreiche Santa Fé und die Großstadt Albuquerque. 1609 gründete der Gouverneur Don Pedro de Peralta am Austritt des kleinen Santa-Fé-Flusses aus der Sangre de Cristo Range eine Siedlung mit Namen La Villa Real de Santa Fé de San Francisco de Asis. Sein Palast an der zentralen Plaza ist noch erhalten, wie überhaupt in der Altstadt die spanische Tradition besonders stark fortlebt. Die Architektur hält sich weitgehend an den Pueblo-Revival-Stil, in dem u. a. das La-Fonda-Hotel erbaut wurde. Die Stadt ist relativ klein geblieben, hat sich aber seit der Zeit Peraltas die Hauptstadtfunktion mit Regierungssitz für den Staat New Mexico erhalten.

Etwas südlicher liegt am Rio Grande Albuquerque, dessen Anfänge auf die Zeit vor dem Indianeraufstand von 1680 zurückreichen. 1706 gab es einen Neubeginn mit einer Siedlergruppe, die den Ort nach dem Grafen von Alburquerque benannte, dem damaligen Vizekönig von Neuspanien. Das erste »r« in seinem Namen wurde später fallengelassen. Die alte spanische Siedlung, »Old Town Albuquerque«, heute im Flächennutzungsplan als geschützte »historic zone« ausgewiesen, ist einer der Anziehungspunkte in der Stadt. 1846 besetzte die US-Armee Albuquerque, wo sie eine Garnison einrichtete. Im Sezessionskrieg war die Stadt 1862 zwei Monate lang von Truppen der Konföderation besetzt. Albuquerque (385 000 Einw.) hat wirtschaftlich längst das ältere Santa Fé überrundet. Die Stadt ist Sitz der University of New Mexico, die mit zahlreichen Instituten in der Erforschung der Indianerkulturen des Südwestens hervorgetreten ist.

Las Vegas im Südwesten Nevadas zieht jährlich 12 Mio. Besucher an. Von einer kleinen Wüstenoase und Mormonensiedlung entwickelte es sich durch das konzessionierte Glücksspiel zu einer Unterhaltungsmetropole.

Der Hoover-Damm, vor 1947 Boulder-Damm genannt, staut seit 1936 den
Colorado-Fluß bei Boulder City zum Lake Mead, einem der größten Stauseen
der Vereinigten Staaten.

Oberhalb des Grand Canyon wird der Colorado durch den Glen Canyon Dam
zum Lake Powell (Arizona) aufgestaut. Die Uferlinie des Sees ist so lang wie
die pazifische Westküste der USA.

Virginia City (Nevada) besaß einst über 30 000 Einwohner und 100 Saloons. Es
war »die« Goldbergwerkstadt des Westens. Durch Restaurierung und Museen
wurde es zur vielbesuchten Touristenstadt.

Der Pyramid Lake nördlich von Reno, der größte natürliche See Nevadas, ist
ein Überrest des einst viel größeren glazialen Lahontan-Sees. Er liegt inmitten
einer bizarren Felsenlandschaft.

Blick über den Lake Powell, der durch den Aufstau des Colorado-Flusses hinter dem Glen Canyon Dam entstand, auf das Ufer der Arizona-Seite mit der Elephant Butte, einem heiligen Berg der Navajo.

Monument Valley ist Teil der in Arizona und Utah gelegenen Navajo Indian Reservation. Das wüstenhafte Gebiet mit Dünen und Tafelbergen aus rotem Sandstein ist beliebte Kulisse für Westernfilme.

Der rd. 2300 m hohe Massai Point im Chiricahua National Monument in Arizona: In diesem einst von Chiricahua-Apachen bewohnten Gebiet bilden stark
erodierte vulkanische Gesteine eigenartige Felsformen.

Blick vom John W. Powell Memorial auf den Grand Canyon: In bis zu 16 km
Breite hat sich der Colorado 1600 m tief bis in archaische Gesteinsschichten
eingeschnitten und damit eine einmalige geologische Zeittafel offengelegt.

Oak Creek Canyon bei Sedona in Arizona: Der etwa 25 km lange und bis zu
1,5 km breite Canyon ist von weißen, gelben und roten Felspartien begleitet
und eines der schönsten Erholungsgebiete des Staates.

Blick vom South Rim Drive auf den winterlichen Grand Canyon: Der Canyon
kann auch per Schlauchboot auf dem Colorado oder weniger abenteuerlich mit
kleinen Flugzeugen erkundet werden.

Aus dem Colorado Plateau erheben sich einzelne Höhenzüge wie die San Francisco Mountains nördlich von Flagstaff in Arizona. Der Humphreys Peak steigt
bis zu 3872 m Höhe auf.

Schnurgerade zieht sich der Highway 50 bis zum Horizont durch die menschenleere Landschaft Nevadas und macht seinem Beinamen »The loneliest road in America« (»Einsamste Straße in Amerika«) alle Ehre.

Phoenix, hervorgegangen aus der Salt-River-Oase, ist die größte Stadt Arizonas und eine der gegenwärtig am raschesten wachsenden Städte der USA. Im Sommer liegt die durchschnittliche Tagestemperatur bei 39° C.

Tucson Mountain Park (Arizona). Der Saguaro ist eine der Charakterpflanzen im südlichen Teil des Staates; hunderte dieser eindrucksvollen Kakteen bedek-ken ganze Berghänge.

In den Reservationen spielten Trading Posts seit den Tagen der Frontier eine
große Rolle. Außer indianischem Kunsthandwerk wie Teppichen und Töpfer-
waren sind meist auch Lebensmittel und Benzin erhältlich.

Yuma bietet den Anblick einer typischen kleinen Wüstenstadt. Der Ort liegt
an der Grenze zwischen Arizona und Kalifornien am Zusammenfluß des Colorado und Gila River.

Die gut erhaltenen Cliff Dwellings (Höhlenwohnungen) von Montezuma Castle
(New Mexico, Arizona) stammen aus dem 12. und 13. Jahrhundert. In fünf
Stockwerken gab es 20 nur mit Leitern erreichbare Räume.

Shiprock (New Mexiko), in der Nähe von Town of Shiprock, ist der heraus-
erodierte Kern eines alten Vulkans, der seine Umgebung um mehrere hundert
Meter überragt. Der den Navajo heilige Berg darf nicht bestiegen werden.

Rippelmarken in den White Sands (New Mexico): Reiner kristalliner Gips
wurde durch Winde vom austrocknenden Lake Lucero herangetragen und
zu großen Dünen aufgetürmt.

Die Carlsbad Caverns im Süden New Mexicos sind eines der größten Höhlensysteme der Welt. In Jahrmillionen wurde im Kalkstein durch Lösung ein Labyrinth von verschiedenfarbigen Stalagtiten und Stalagmiten gebildet.

Mission San Xavier del Bac, heute Hauptkirche und Schule der Papago-India-
ner, wurde 1700 vom Jesuitenpater Kino gegründet. Die »Weiße Taube der
Wüste« ist bestes Beispiel spanischer Missionsarchitektur.

Vor dem Gouverneurspalast in Santa Fé, der Hauptstadt des Staates New
Mexico, bieten indianische Straßenhändler ihren selbstgefertigten Silber-
schmuck zum Verkauf an.

Pueblo Bonito im Chaco Canyon (New Mexico): Der Chaco Culture National Historical Park enthält 13 große indianische Häusergruppen und zahlreiche kleinere Ruinen. Die größeren wie Pueblo Bonito können besichtigt werden.

Die malerische Missionskirche von Ranchos de Taos (New Mexico) ist aus luft-
getrockneten Ziegeln (Adobe) erbaut. Dicke Wände, schwere Strebepfeiler und
zwei Türme sind charakteristisch für spanische Missionskirchen.

Taos Pueblo (New Mexico), im Adobe-Stil gebaut, ist das größte Indianer-
pueblo im Südwesten der USA. Zu bestimmten Feiertagen mit zeremoniellen
Tänzen der Taos-Indianer ist die Anwesenheit der Touristen erlaubt.

KALIFORNIEN

Trotz ihrer starken Präsenz im benachbarten Mexiko entzog sich den Spaniern der nordamerikanische Kontinent wegen seiner breiten Ausfächerung nach Norden weitgehend ihrer Kontrolle; sie waren nur linienhaft in Florida, in Texas über El Paso hinaus und in New Mexico entlang dem Rio Grande vorgedrungen. Der Bereich an der Pazifikküste bereitete ihnen zusätzliche Schwierigkeiten, da ihre Schiffe gegen den Nordostpassat kreuzen mußten. Ein halbes Jahrhundert vor der Loslösung Mexikos vom Mutterland (1821) versuchten die Spanier dennoch, diesen Küstenraum unter ihre Kontrolle zu bringen, um den zunehmenden Aktivitäten ihrer Konkurrenten (Engländer, Franzosen und Russen) Einhalt zu gebieten.

ENGLISCHE UND RUSSISCHE AKTIVITÄTEN.

Noch um 1830 wurde auf Landkarten das Gebiet nördlich von San Francisco als »New Albion« (»Neues England«) bezeichnet. Die britische Admiralität hatte 1776 Kapitän James Cook den Auftrag erteilt, die bis dahin vom Atlantik aus gesuchte Nordwestpassage von der pazifischen Seite her ausfindig zu machen. Cook landete im März 1778 an der nordamerikanischen Pazifikküste, jedoch erheblich weiter südlich unterhalb des von der Admiralität angegebenen 65° nördlicher Breite. Die Russen wagten sich 1811 bis 12 km nördlich von San Francisco vor, wo sie das Fort Rossija (Rußland) anlegten, das heutige Fort Ross. Ein Fluß in der Küstenkette trägt den Namen Russian River.

SPANISCHE MISSIONSSTATIONEN.

1769 entsandten die Spanier Franziskanermönche unter Leitung des Bruders Junípero Serra (* 1713, † 1784). Sie legten bis 1823 im Hinterland der kalifornischen Küste von der Grenze des noch heute mexikanischen Baja California bis nördlich über San Francisco hinaus in Abständen von etwa einer Tagesreise 21 Missionsstationen und eine Hilfsmission an. Diese entlang dem sogenannten Camino Real wie Perlen aufgereihten Missionen erhielten wohlklingende Namen wie Basilica San Diego de Alcalá (Kern der heutigen Stadt San Diego), San Carlos Borromeo del Rio Carmelo (Kern von Carmel) oder San Francisco de Asís (Kern von San Francisco). Vom Namen Pueblo de Nuestra Señora la Reyna de los Angeles erhielten sich nur die beiden letzten Wörter: Los Angeles. Selbst sie werden noch zu L. A. verkürzt.

Die Missionen und die ihnen benachbarten Presidios konnten nur wenige Indianer an sich binden. Manche Stationen wurden später verlassen, andere dienen bis heute geistlichen Aktivitäten. Die besterhaltene und eine der schönsten ist die von Santa Barbara (120 km nördlich von Los Angeles).

War auch insgesamt die Anlage dieser Missionen wenig erfolgreich, hatte sie dennoch eine nachhaltige Wirkung: Die Missionskette begründete eine Reihe von − in mehreren Fällen bis zu Millionenstädten gewachsenen − Siedlungen und damit das bevölkerungsmäßige Ungleichgewicht innerhalb des späteren Staates zugunsten − angesichts des Wasserversorgungsproblems eher zu Lasten − des Südwestteils.

ANSCHLUSS AN DIE EISENBAHN.

Zwischen Anlage der ersten spanischen Missionen und einem merkbaren, beständigen Bevölkerungswachstum lag allerdings ein volles Jahrhundert. Kalifornien besaß zwar schon 1850 genügend Einwohner, um als Staat in die Union aufgenommen zu werden, tat dies aber nur unter einer Bedingung: Da es durch weite menschenarme Territorien von den Unionsstaaten des Ostens und Mittelwestens getrennt war, bestand Kalifornien darauf, so bald wie möglich über eine Transkontinentalbahn mit jenen Staaten verbunden zu werden. Diese Bahn wurde 1862 durch ein Gesetz vorbereitet und bereits 1869 fertiggestellt.

Die Bahn erwies sich als lebenswichtig für diesen isolierten Staat, denn der kurze Goldrausch von 1848/49 und die Auswirkungen der Silberfunde in der Comstock Lode schufen keine Grundlage für eine größere dauerhafte Besiedlung. Ab Ende der 1860er Jahre bildete sich, propagiert durch Ärzte und Institutionen, im südlichen Kalifornien der sog. Sanatorium Belt. Dieser Bereich erstreckt sich entlang dem Fuß der südlichen San-Gabriel-Berge von Pasadena und Monrovia auf der Nordostseite der heutigen Agglomeration Los Angeles bis nach San Bernardino und Riverside im Osten. Inzwischen begann sich die Landwirtschaft zur tragenden Säule der kalifornischen Wirtschaft zu entwickeln.

CALIFORNIA
gegr. 1850
411 047 km²
29 839 250 Einw.
Sacramento

BEVÖLKERUNGSREICHSTER BUNDESSTAAT. Kalifornien ist seit Mitte der 60er Jahre der bevölkerungsreichste US-Staat. Seit 1910, als es 2,4 Mio. Menschen zählte, hat sich seine Bevölkerung mehr als verzehnfacht. 1965 überrundete Kalifornien mit 18,8 Mio. Einwohnern den bis dahin führenden Staat New York (18,1 Mio. Einw.), den es heute mit fast 30 Mio. Einwohnern (New York 18 Mio. Einw.) weit hinter sich läßt.

Kalifornien gehört zu den vorrangigen Zielen der Binnenwanderung innerhalb der Vereinigten Staaten. Im Bundesstaat selbst besteht ein enormes Ungleichgewicht mit hohen Bevölkerungskonzentrationen in den Küstenstädten. Beide Tatsachen, die außerordentlich hohe Bevölkerungszahl wie auch ihre sehr ungleiche Verteilung über das Staatsgebiet, hatten sowohl positive als auch negative Folgen.

WIRTSCHAFTLICHE ENTWICKLUNG. Von seiner Einwohnerzahl her bildet Kalifornien einen regionalen Markt von ungefährer Größe der Benelux-Staaten. Dieser Markt und die weite Entfernung zum industrialisierten Nordosten der USA haben zum Aufbau einer weitgehend autarken Wirtschaft geführt. Anfänglich war Kaliforniens Industrie auf wenige Branchen spezialisiert gewesen. Die Wetterverhältnisse begünstigten frühzeitige Ansiedlungen des Flugzeugbaus (u. a. sind seit 1906 die Lockheed-Werke im Raum San Diego/Los Angeles ansässig) und der Filmindustrie, die ab 1913 in Hollywood, Burbank und Culver City entstand. Auch die Verarbeitung landwirtschaftlicher Produkte (u. a. Konservenherstellung) setzte früh ein. Doch mit stark wachsender Bevölkerung und Nachfrage verbreitete sich das Branchenspektrum zusehends.

Die Nahrungsmittelbranche ist weiterhin einer der führenden Zweige der kalifornischen Industriewirtschaft, innerhalb der aber auch die Bekleidungsindustrie als typisch absatzorientierte Branche eine gewisse Bedeutung erlangen konnte. Schon seit den 1930er Jahren gibt es Stahlerzeugung in den Großräumen Los Angeles und San Francisco. Während des Zweiten Weltkriegs entstanden östlich von Los Angeles die integrierten Stahlwerke von Fortuna, die vor allem mit dem Schiffsbau in Zusammenhang stehen; San Diego ist als bedeutender Marinestützpunkt ein wichtiger Auftraggeber. Überhaupt haben die Verteidigungsaufträge der Regierung einen erheblichen Anteil an der kalifornischen Industrie.

Eine große Rolle spielt in diesem Staat mit dem höchsten Motorisierungsgrad der Automobilbau mit seinen Zulieferbetrieben. Größtenteils handelt es sich um Montagewerke, die Autoteile aus entfernten Regionen geliefert bekommen.

An der Küste bei Long Beach und im Südteil des Großen Kalifornischen Längstals wurde schon gegen Ende des 19. Jahrhunderts Erdöl gefördert. Die Produktion stieg Anfang des 20. Jahrhunderts rasch an und brachte Kalifornien an die Spitze der erdölproduzierenden Staaten. In den 30er Jahren wurde es dann von Texas und Louisiana überrundet und auf den dritten Platz verwiesen. Mit der Aufbereitung von Erdöl – in der Bucht von Monterey arbeitet eine Großraffinerie – erlangte auch die chemische Industrie eine gewisse Bedeutung.

SILICON VALLEY. Das Santa-Clara-Tal südlich von San Francisco wurde als Silicon Valley zum Synonym für die modernen High-Tech-Branchen. Großen Anteil an dieser Entwicklung hatten Verteidigungsaufträge der Regierung und die Stanford-Universität, deren Forschungseinrichtungen im Nordwesten der

Santa Clara County in Palo Alto liegen. Seit 1955 eine Halbleiterfirma Palo Alto als Standort wählte, gab es einen raschen und kräftigen Zuzug einschlägiger Firmen. In den 60er Jahren wuchs die Zahl der Arbeitsplätze dieser County um 240 000. Die Bevölkerung der Santa Clara County stieg von 1940 bis 1970 von 175 000 auf 1,066 Mio. Um 1980 war ein Drittel aller Beschäftigten in der Elektronikindustrie tätig.

Die negativen Folgen dieser rasanten Entwicklung waren übermäßiger Anstieg der Bodenpreise, hohe Verkehrsbelastung und deutliche Beeinträchtigung der Umwelt. Da die schnelle Mikrochip-Entwicklung hohe Investitionen und erhöhten Wettbewerb mit sich brachte, kam es häufig zu Betriebsfusionen. Die neu entstandenen größeren Unternehmen verlagerten im Rahmen einer standörtlichen Umorientierung zumindest Teile ihrer Betriebsstätten aus dem Silicon Valley heraus. Von dieser jungen Entwicklung profitierten vor allem einige neue Standorte in den Staaten Arizona, Utah, Colorado und Texas.

Auch die Streichungen von Rüstungsaufträgen haben negative Folgen für bestimmte Standorte. So waren die Regierungsaufträge für die »defense-oriented industries« z. B. lange Zeit die wichtigste Einnahmequelle für das im Großraum von Los Angeles gelegene Palmdale, das Ende der 80er Jahre nach Kürzungen empfindliche Einbußen verzeichnen mußte.

PROBLEMATISCHE WASSERVERSORGUNG. Die Bevölkerungs- und Wirtschaftskonzentration im Südwestteil des Staates hat nachteilige Auswirkungen auf die Wasserversorgung. Um vor allem dem Wasserdefizit im südlichen Kalifornien zu begegnen, wurde von zwei Möglichkeiten Gebrauch gemacht. Zum einen wurden aufwendige Aquädukte gebaut, um Wasser aus den niederschlagsreicheren Teilen des Staates herzuleiten, zum anderen entstanden an der Küste Anlagen zur Entsalzung von Meerwasser.

Los Angeles z. B. erhält einen Teil seines Wassers über den aus dem Owens-River-Tal von der Ostseite der Sierra Nevada herkommenden Los Angeles Aqueduct. Gemeinden im Umkreis von Los Angeles, die an diesem Projekt teilhaben wollten, mußten sich zur Eingemeindung bereit finden. Gemeinden, die das ablehnten, blieben eigenständig und sind heute manchmal vollständig vom Stadtgebiet Los Angeles umschlossen.

Los Angeles und San Diego sind auch über ein Netz von Aquädukten indirekt oder direkt (über den Colorado River Aqueduct) an den Colorado-Fluß angeschlossen; das sind jedoch allesamt nur Teillösungen. Ob es jemals zur Ausführung des NAWAPA-Plans (North American Water and Power Alliance Project) kommen wird, der die Überleitung von Wasser aus Kanada mittels eines kontinentweiten Fluß- und Kanalsystems vorsieht, muß dahingestellt bleiben. Nur seine Verwirklichung würde eine endgültige Lösung des Problems bringen, das zum Jahresende 1990 erneut eine Zuspitzung erfuhr, als nach drei relativ trockenen Jahren die Wasserreservoirs kaum mehr zu einem Drittel gefüllt waren.

Die andere, bisher nur in geringem Umfang wahrgenommene Möglichkeit ist die Gewinnung von Trinkwasser aus dem Meer durch Entsalzungsanlagen in Kombination mit Atomkraft. Schon lange geplant sind derartige Großprojekte in der Orange County und in der San Luis Obispo County. Hoher Stromverbrauch, wachsende Atomkraftgegnerschaft und der California Coastal Plan, der die Küstenzone schützen soll, haben bisher ihre Realisierung verhindert.

ANBAUPRODUKTE AUS DEM MITTELMEERRAUM. Auch Kaliforniens Landwirtschaft hängt in erheblichem Maße von zusätzlicher Wasserzufuhr ab. Ein Teil Zentralkaliforniens ist in seiner Lage dem südeuropäischen Mittelmeergebiet vergleichbar und zeichnet sich durch sommerliche Trockenheit und winterliche Niederschläge aus. Die Pflanzenwelt muß sich dem zeitlichen Auseinanderklaffen von höchsten Temperaturen (im Sommer) und höchsten Niederschlägen (im Winter) anpassen, weshalb die natürliche Vegetation Parallelen zu den Mittelmeerländern aufweist: Der nordamerikanische Chaparral, vom spanischen Wort chaparra (immergrüne Eiche) abgeleitet, entspricht mit seinen über 50 Arten von meist immergrünen Hartlaubgewächsen der südeuropäischen Macchia. Deshalb lag der Anbau von Kulturpflanzen aus dem Mittelmeerraum nahe.

Nach dem Erlös aus landwirtschaftlichen Produkten steht Kalifornien vor Florida und Illinois an der Spitze aller US-Staaten. Kalifornien erwirtschaftete nach Klohn (1990) auf 3,2% des US-Farmlandes über 10% seiner agrarischen Wertschöpfung, was auf die hohe Intensität der kalifornischen Landwirtschaft hinweist. Hinzu kommt die große Vielfalt der Produkte und eine gewisse Ausrichtung auf Produktionszweige, die sonst nirgendwo in den USA zu finden sind. So ist Kalifornien fast bzw. gänzlich ausschließlicher Erzeuger von Datteln, Feigen, Granatäpfeln, Kiwis, Mandeln, Nektarinen, Oliven, Pistazien und Walnüssen sowie von Avocados, Artischocken, Aprikosen, Blumenkohl, Brokkoli und Erdbeeren zur Frischvermarktung. Auch der Weinbau spielt eine herausragende Rolle.

HOHE ERTRÄGE DURCH BEWÄSSERUNGSWIRTSCHAFT. Um im Süden des kalifornischen Längstals schon in Anbau genommene Flächen vor Dürregefahr zu bewahren, wurden umfangreiche Arbeiten zur Bewässerung durchgeführt, u. a. das Central Valley Project (CVP) und das California State Water Project (SWP). Im Rahmen des CVP wurde von 1938 bis 1951 ein Netz aus Flüssen, Kanälen und Reservoirs ausgebaut, mittels dessen Wasser aus dem niederschlagsreichen nordkalifornischen Sacramento-Gebiet im Delta-Cross-Kanal über ein etwa 560 km langes Kanalsystem nach Süden geleitet wird. Dort wird es im Mendota Pool gespeichert und je nach Bedarf dem San-Joaquin-Fluß zugeführt, der an vielen Stellen zur Feldbewässerung angezapft werden kann. So konnten 330 000 ha vor Dürren gesichert und 170 000 ha neue Anbaufläche gewonnen werden.

Das in den 50er Jahren ausgeführte SWP umfaßt den über 700 km langen California Aqueduct mit 200 km Seitenkanälen und 20 Reservoirs. Während zwei Drittel des über den Aquädukt geleiteten Wassers für die Versorgung von Los Angeles verbraucht werden, wird ein Drittel für die Feldbewässerung auf der Westseite der südlichen Kern County genutzt. Da die Kosten für das Wasser hoch sind, haben sich überwiegend kapitalkräftige Großbetriebe (die meisten über 4000 ha) angesiedelt. Angebaut werden vor allem einträgliche Kulturen wie Mandel- und Pistazienbäume, Wein und Baumwolle. Die Ausweitung der Bewässerungsfläche hat dazu geführt, daß Kalifornien heute in der Baumwollerzeugung den zweiten Platz hinter Texas einnimmt, noch vor dem traditionellen Anbaustaat Mississippi.

3,38 Mio. ha oder etwas mehr als 75% der gesamten landwirtschaftlichen Nutzfläche des Staates werden künstlich bewässert. Nur Nevadas Anteil an Bewässerungsland ist noch höher. Da dessen Landwirtschaftsfläche jedoch viel kleiner ist, besitzt Kalifornien die größte Bewässerungsfläche aller Einzelstaaten.

DREI BEREICHE DER LANDWIRTSCHAFT. Eine räumliche Differenzierung ergibt eine Grobgliederung in drei Bereiche: Das Große Kalifornische Längstal, die Gebirge und die landwirtschaftlich genutzten Gebiete um die Städteagglomerationen. Am produktivsten ist das Große Kalifornische Längstal mit relativ fruchtbaren Böden, warmem Klima und ausreichenden Niederschlägen in seinem Nordteil; im Südteil wird mit umfangreicher Wasserzufuhr nachgeholfen. Im Norden überwiegen Früchte, Nüsse und Beeren, Tomaten, Reis und gebietsweise Wein, im Südteil Baumwolle, Pflaumen und Pfirsiche sowie ebenfalls Tomaten und Wein.

Der Winter 1990/91 hat mit ungewöhnlich tiefen Temperaturen der kalifornischen Landwirtschaft großen Schaden zugefügt. Bei einem starken Kaltlufteinbruch Ende Dezember 1990 hingen noch etwa 80% der Orangen am Strauch. Der überwiegende Teil der Orangenernte, aber auch andere Kulturen wie Avocados und Erdbeeren erlitten Frostschäden.

Die Erzeugung von Weintrauben steht nach dem Farmeinkommen hinter Molkereiprodukten und Rindvieh an dritter Stelle der agrarischen Produktion. Der Weinbau hat in neuerer Zeit in Kalifornien entscheidende Veränderungen erlebt. Noch bis Beginn der 70er Jahre galten viele kalifornische Weine als qualitativ minderwertig. Kenner bevorzugten die europäischen Importweine, obwohl diese sehr viel teurer waren. Der Wandel setzte ein, als die Winzer Rebsorten auswählten, die den naturgeographischen Gegebenheiten am besten entsprachen. Zugleich versuchten sie, die einzelne Rebsorte mit den jeweils unterschiedlichen Standortbedingungen der verschiedenen Weinbauareale in Einklang zu bringen. Dieses selektive Vorgehen führte zu Qualitätsverbesserungen, die den kalifornischen Weinen inzwischen einen guten Ruf eingetragen haben. Bekannt für seine hervorragenden Weine ist das Napa Valley nördlich von San Francisco.

Einen zweiten Bereich landwirtschaftlicher Produktion bilden die gebirgigen Anteile des Staates und die nicht in Bewässerungswirtschaft zu überführenden Gebiete, wo in erster Linie Viehhaltung betrieben wird. Hinzu kommen die Gebiete mit Rindermast in sog. feedlots, die jedoch hauptsächlich im Längstal zu finden sind. Gemessen am Verkaufserlös liegt Rindvieh vor Wein an zweiter Stelle.

Ein dritter Bereich sind die landwirtschaftlich genutzten Gebiete um die Städteagglomerationen, wo Milchviehhaltung und Gemüseanbau vorherrschen. Nach dem Farmerlös rangieren Molkereiprodukte vor Rindern und Wein an erster Stelle. Ein Schwerpunkt des Gemüsebaus ist das Salinas Valley, die »Salatschüssel der USA«, ein anderer das Imperial Valley im äußersten Süden des Staates, wo der Gemüseanbau wegen der sehr hohen Sommertemperaturen einerseits und der ausreichenden Wintertemperaturen andererseits im Winterhalbjahr erfolgt.

STRUKTUR DER FARMEN. Nach dem Wert der landwirtschaftlichen Immobilien nimmt Kalifornien hinter Texas den zweiten Platz unter den US-Staaten ein, weist allerdings eine gänzlich andere Farmenstruktur auf. Mit einer durchschnittlichen Farmgröße von 156 ha liegt Kalifornien etwas unter dem US-Durchschnitt von 176 ha und ungefähr in der Größenordnung der Mittelweststaaten, während in den Nachbarstaaten des Südwestens erheblich größere Abmessungen üblich sind. Der Durchschnittswert von Kalifornien besagt jedoch sehr wenig, da in hohem Maße die Tendenz zu flächenhaften Korporationen und zum genossenschaftlichen Zusammenschluß kleinerer Betriebe besteht. Fast 80% der Farmen sind kleiner als 70 ha, während 11% über 200 ha groß, zum Teil noch sehr viel größer sind. Derartige Megafarmen findet man vor allem auf dem Bewässerungsland der westlichen Kern County.

Trotz generell starker Mechanisierung weist Kaliforniens Landwirtschaft in manchen Produktionszweigen (vor allem Gemüse- und Zitrusfruchtbau) eine hohe Arbeitsintensität auf. Besonders für das personalaufwendige Einbringen der Ernte werden Wanderarbeiter vornehmlich aus Mexiko angeheuert.

Wie auch in New Mexico bestanden vor allem entlang des Camino Real und im Sacramento Valley Eigentumsrechte (land grants) aus spanischer und mexikanischer Zeit. Diese Ländereien (Ranchos) besaßen im Gegensatz zum späteren quadratischen Vermessungssystem unregelmäßige Formen mit an Naturelemente angelehnten Grenzen. Nach der Übernahme des gesamten Südwestens durch die Vereinigten Staaten 1848 kam es nach Beck/Haase (1989) auch zu Betrügereien, indem Eigentumsrechte auf Areale geltend gemacht wurden, die zu spanisch-mexikanischer Zeit überhaupt nicht bestanden hatten. So beanspruchte z. B. ein französischer Einwanderer einen Teil von San Francisco und Umgebung; jedoch ohne Erfolg, da ihm die Behörden die Fälschung von Dokumenten nachweisen konnten. Nach Dürren und Überflutungen Ende der 1860er Jahre im südlichen Kalifornien ging eine Reihe von Ranchos bankrott und wurde in kleinere Heimstätten aufgeteilt.

GOLDFUNDE UND ERDBEBEN. Zwei geologisch-tektonische Gegebenheiten haben die Geschichte Kaliforniens nachhaltig beeinflußt: Die Goldvorkommen und die Erdbeben. Teile des östlichen Staatsgebiets gehören der Basin-and-Range-Provinz an. Von Norden nach Süden ziehen sich durch den Staat die Sierra Nevada und das Große Kalifornische Längstal. Den Küstensaum nimmt die Pacific-Border-Provinz mit ihren im Vergleich zur Sierra Nevada niedrigen Bergketten ein. Die von den Höhenverhältnissen abhängige sog. Reliefenergie innerhalb des kalifornischen Staatsgebietes ist beträchtlich. Der in der südlichen Sierra Nevada gelegene Mount Whitney ist mit 4418 m die höchste Erhebung auf dem Gebiet der zusammenhängenden 48 Staaten. Etwa 120 km östlich findet sich im Tal des Todes (Death Valley) mit 86 m u. N. N. die tiefste Depression der USA. Eine weitere Depression (72 m u. N. N.) liegt in der südlicheren Salton Sea im Bereich der nördlichen Fortsetzung des Golfs von Kalifornien.

An der Mündung des American in den Sacramento hatte der Schweizer Einwanderer Johann August Sutter (* 1803, † 1880) von der mexikanischen Regierung 1839 einen 40 000 ha großen Grundbesitz erworben, auf dem er ein Fort und die kleine Kolonie New Helvetia anlegte. Ab 1848 entstand hier die Stadt Sacramento. Als im selben Jahr ein Angestellter auf Sutters Besitz Gold fand, mißlangen alle Bemühungen, den Fund geheimzuhalten. Die hereinströmenden Goldsucher überrannten Sutters Besitz und zerstörten sein Lebenswerk.

Schon bald nach Beginn des kalifornischen Goldrausches, der Kalifornien den Spitznamen »Golden State« eingetragen hat, war die Herkunft des Goldes in Sacramento entdeckt: Die an Quarzgänge gebundenen Vorkommen lagen in der sich entlang der Westabdachung der Sierra Nevada über rund 180 km erstreckenden Mother Lode. Zunächst wurde auch hier in den angeschwemmten Flußsanden Goldwäscherei betrieben: Von der

Goldwäscherschüssel (placer) erhielt ein Ort, der zuerst Old Dry Diggin's und später wegen häufiger Gesetzesübertretungen und Todesstrafen Hangtown genannt worden war, seinen heutigen Namen Placerville. Zwischen Placerville und Mariposa entstanden in der Hauptperiode des Goldbergbaus (1848–53) zahlreiche Bergbauorte. Manche schrumpften rasch wieder und sanken zu Geisterstädten herab. In bescheidenem Maße werden im Bereich der Mother Lode noch bis heute Blei-, Zink- und Kupfererze gewonnen.

Kalifornien ist ein tektonisches Unruhegebiet, wo zwei die Erdkruste bildende Platten aufeinandertreffen: Die in südöstlicher Richtung wandernde Festlandplatte und die in nordwestlicher Richtung ziehende Pazifische Platte. Die an ihrer Grenze auftretende San-Andreas-Verwerfung ist nur eine von zahlreichen tektonischen Störungslinien, die den Südwestteil des Staates in einzelne Erdschollen zerlegen. Dieser Teil Kaliforniens gehört zu den aktivsten Erdbebenzonen der Welt.

1906 zerstörte ein Erdbeben mit einer sich in den Holzhäusern rasch ausbreitenden Feuersbrunst fast ganz San Francisco. Während der Großraum Los Angeles jedes Jahr von etlichen kleineren Beben betroffen ist, trat das jüngste große Erdbeben 1989 wiederum in San Francisco auf.

NATIONALPARKS. Rund 45% des kalifornischen Staatsgebiets sind niemals privatisiert worden und gehören bis heute zur Public Domain. Das betrifft vor allem den Südosten, der zum großen Teil von der Mojave-Wüste eingenommen wird, und die Sierra Nevada, die als Nationalforste und in ihren landschaftlich schönsten Teilen als Nationalparks organisiert ist.

Die Sierra Nevada ist eine gewaltige Pultscholle, die nach Osten zur Basin-and-Range-Provinz hin steil abfällt und zum Kalifornischen Längstal hin einen sanften Westhang besitzt. Sie ist aus Graniten und metamorphen Gesteinen aufgebaut, Vergletscherungen der Eiszeiten haben deutliche Spuren hinterlassen. Eindrucksvoll ist das zu einem U-Tal ausgeformte Yosemite-Tal, das den von Westen kommenden Besucher mit dem gewaltigen Granitmonolithen El Capitan (2307 m) empfängt. Ausgedehnte, durch Blitzschlag erzeugte und durch Winde über längere Zeit hinweg in Gang gehaltene Waldbrände zwangen im August 1990 zur kurzfristigen Evakuierung von etwa 15 000 Menschen mit Hubschraubern und zu vorübergehender Sperrung des Nationalparks mitten in der Hochsaison.

MAMMUTBÄUME UND REDWOODS. Die Vegetation weist eine besondere Sehenswürdigkeit auf: Die Sequoia. Diese Bäume gehören zu den höchsten und den ältesten (nach der Bristlecone Pine im Great Basin National Park, S. 387) auf der Erde. Sie treten in zwei Varietäten auf, die sich in Ausbildung des Stammes, der Holzfärbung und der Zapfengröße voneinander unterscheiden. Die relativ größere Varietät ist die in der Sierra Nevada bestandsbildende Sierra-Sequoie (Sequoiadendron giganteum), die man auch als Mammutbaum bezeichnet hat. Sie findet sich vor allem in dem als Sequoia National Park ausgewiesenen Teil der Sierra Nevada, kommt aber auch im Mariposa Grove des Yosemite Park vor.

Die andere Art, die Küsten-Sequoie (Sequoia sempervirens), wird wegen ihres rötlichen Holzes auch Redwood genannt. Sie findet sich in den kalifornischen Küstenketten und hat der Stadt Redwood City südlich von San Francisco ihren Namen gegeben. Der Stammdurchmesser eines tausendjährigen Mammut-

baumes beträgt 9 bis 10 m, der eines tausendjährigen Rotholz-
baumes 4 bis 6 m. Der bislang größte vorgefundene Basisdurch-
messer ist 12,3 m. Holzfirmen haben die Küstensequoia erheblich dezimiert. Ein größerer Bestand konnte mit dem 1968
geschaffenen Redwood National Park (40 000 ha) vor dem
Abholzen gerettet werden.

TOURISTEN, KÜNSTLER UND HIPPIES. Von diesen Natur-
schönheiten profitiert der Tourismus: Schon 1980 besuchten
den Yosemite Park rund 3 Mio. Menschen jährlich, etwa genauso viele wie den Grand Canyon (S. 388). Dabei ist die Zusammensetzung der Besucher in beiden Fällen grundverschie-
den: Während der Grand Canyon weltweit bekannter ist und
Kalifornier an seiner Besucherzahl nur mit 20% beteiligt sind,
liegt das Verhältnis beim Yosemite Park genau umgekehrt: 80%
seiner Besucher sind Kalifornier, der Rest kommt aus anderen
US-Staaten und dem Ausland.

Auch die Ferienorte am Lake Tahoe werden stark von Kali-
forniern frequentiert. Neben Ausflügen in die schöne Seen- und
Berglandschaft besteht die Möglichkeit, die unmittelbar hinter
der Grenze in Nevada gelegenen Spielcasinos aufzusuchen. Die
Staatsgrenze von Kalifornien und Nevada ist auch eine deutliche kulturgeographische Grenze: Nur durch eine Straße voneinander getrennt sind die unüberschaubare Anzahl von Motels
im kalifornischen South Lake Tahoe und die vielgeschossigen
Hotel-Casinos auf dem Boden Nevadas.

Ab den späten 50er Jahren fühlten sich nicht nur Touristen,
sondern auch Angehörige von Randgruppen nach Kalifornien
hingezogen. Mögliche Ursachen für diese Entwicklung waren
u. a. das allgemein milde Klima vor allem in den Wintermonaten, die Filmindustrie und die bis zur Gegenwart erhaltene, relative Unberührtheit einzelner Landstriche. Vance (1972)
spricht in diesem Zusammenhang von »sozialer Gelöstheit« und
einem »Kult der Wildnis«.

Im Zuge der Beatnik-Bewegung kamen Künstler aller Art
und deren Anhänger, zumeist Jugendliche der weißen Mittelschicht, die in bewußter Abkehr von konventionellen Formen
und Verhaltensweisen die traditionelle Gesellschaft provozieren
wollten. Sie faßten zunächst im Gebiet der Bucht von San Francisco Fuß und verlagerten sich ab Mitte der 60er Jahre nach Berkeley, von dessen Universität Ende jenes Jahrzehnts die amerikanische Studentenbewegung ausging.

Relativ früh siedelten sich Künstler wie Henry Miller
(* 1891, † 1980) im Küstengebiet von Big Sur, Monterey und
Carmel an. Etwas später entdeckten sie auch die Küstengebirge,
in denen sie sich in fast unzugänglicher Umgebung ihre Häuser
bauten, sowie die Fußhügelzone der Sierra Nevada. Die ethnischen Minoritäten zugehörigen Jugendlichen blieben mangels
anderer Möglichkeiten weitgehend innerhalb der städtischen
Agglomerationen. 1966 entstand in Oakland die Bewegung der
Black Panther und kurz darauf die La-Raza-Bewegung der
jugendlichen Hispanos.

DIE GROSSEN STÄDTE. Von den 37 Millionen-Metropolen der
USA liegen vier in Kalifornien. Die Agglomeration Los Angeles/
Riverside (3,3 Mio. Einw.) nimmt mit 13,8 Mio. Einw. im
Großraum hinter New York den zweiten Platz ein. Die Metropole San Francisco/Oakland/San Jose belegt mit 6,04 Mio. Einw.
in der Stadtregion den vierten Platz (das eigentliche Stadtgebiet
von San Francisco zählt nur 724 000 Einw.). San Diego (1,111

Mio. Einw.) steht mit einer Agglomeration von 2,37 Mio. Einw.
auf dem 17. Platz, die Hauptstadt Sacramento (369 000 Einw.)
mit 1,39 Mio. Einw. auf dem 27. Platz. Weitere Großstädte in
der Küstenregion sind San Bernardino (105 000 Einw.), Oxnard-
Ventura (71 000 Einw.), Santa Barbara (75 000 Einw.), Seaside-
Monterey (28 000 Einw.) und im Längstal Fresno (354 000
Einw.), Bakersfield (175 000 Einw.), Stockton (150 000 Einw.)
und Modesto (62 000 Einw.).

LOS ANGELES. Mit seinen Vororten bedeckt Los Angeles ungefähr die anderthalbfache Fläche von Berlin. Da die Stadt bisher
keine U-Bahn besitzt, haben im Nahverkehr der Bus und vor allem das Auto eine große Bedeutung für diesen Großstadtraum,
der ein dichtes Netz von 1100 km Stadtautobahnen aufweist.
Los Angeles erhielt immer wieder Wachstumsschübe: 1885
durch den Eisenbahnanschluß und durch Erdölfunde im Bereich
von Long Beach, ab 1908 durch die Filmindustrie und 1955 mit
der Eröffnung von Disneyland im benachbarten Anaheim.

Dieser Vergnügungspark ist in sieben Themenbereiche (u. a.
Adventure-, Fantasia- und Frontierland) unterteilt und zählt
mit den Standorten der Filmindustrie zu den hauptsächlichen
Sehenswürdigkeiten. Die Universal Studios in Hollywood bieten u. a. Stunt Shows, am Mann's Chinese Theater haben sich
viele Filmstars mit Hand- und Fußabdrücken verewigt.

Am Civic Center zwischen Sunset Boulevard, Grand Avenue,
First Street und San Pedro Street liegen zahlreiche Verwaltungsgebäude. Im Nordwesten am Rande der Santa Monica
Mountains befindet sich das über 160 ha große Gelände der University of California, Los Angeles (UCLA) mit rund 35 000 Stu-
dierenden; der hohe kulturelle Stellenwert der Stadt zeigt sich
in zahlreichen Einrichtungen auf dem Kunstsektor (u. a. 35 Museen, mehrere Konzert- und Opernhäuser und viele Theaterbüh-
nen). Im neu gebauten Music Center, das drei Theaterbauten
umfaßt, spielt das Los Angeles Philharmonic Orchestra; in diesem Komplex findet die jährliche Oscar-Verleihung statt.

SAN FRANCISCO. Ab 1848 erlebte San Francisco durch die
Goldfunde in der Umgebung innerhalb von drei Jahren einen
Bevölkerungsanstieg von 900 auf 56 000 Menschen. Das Golden
Gate, das seit 1937 von der Golden Gate Bridge überspannt
wird, ist ein 1500 bis 3000 m breiter Engpaß zwischen zwei
Halbinseln und bildet die Einfahrt zur San Francisco Bay. Die
Golden Gate Bridge (Kosten 35 Mio. US-$), über die in sechs
Spuren der US-Highway 101 führt, ist mit 1280 m Spannweite
eine der längsten Hängebrücken der Welt. Die beiden Türme,
an denen die Seile aufgehängt sind, ragen 227 m aus dem Wasser; bei einer Durchfahrtshöhe von 67 m können auch die größten Schiffe ungehindert passieren.

Das gesamte Gebiet um die Bucht ist stark erdbebengefähr-
det, was sich u. a. 1906 zeigte, als ein Beben über 500 Todesopfer forderte und 250 000 Menschen obdachlos machte. Da ein
Großteil der Schäden durch Brand der Holzhäuser entstanden
war, ist seitdem feste Bauweise vorgeschrieben. Beim jüngsten
größeren Erdbeben 1989 gab es etwas über 200 Tote. Die meisten davon kamen beim Einsturz einer über Pfeiler geführten
Stadtautobahn ums Leben.

San Franciscos Straßen folgen strikt, auch über Hügel hinweg, dem geradlinigen, quadratischen Vermessungssystem. Auf
einigen dieser Straßen verkehrt seit 1873 die von Endloskabeln
gezogene Cable Car. Ihre Wagen sind durch einen Greifer mit

einem über Rollen laufenden Stahlkabel verbunden, das von einem Maschinenhaus aus bewegt wird; bei einem Halt wird der Greifer gelöst. Mit der Powell-and-Market-Linie erreicht man Chinatown, in deren 16 Blöcken mehr Chinesen (ca. 80 000) als in jeder anderen Stadt außerhalb Asiens leben, und Fisherman's Wharf, ein Touristenzentrum an der Bucht mit zahlreichen Fischrestaurants und Geschäften. Nahebei befinden sich viele erst später hinzugekommene Attraktionen: Cannery und Ghirardelli Square sind zwei stillgelegte Fabriken, die in Freizeitzentren mit Läden und Gartenrestaurants umgewandelt wurden. Auch der rekonstruierte Pier 39 ist mittlerweile ein Touristenzentrum. Der in der Bucht gelegene Felsen von Alcatraz diente bis 1963 als Gefängnis, seitdem ist es ein Museum; hier saßen so berühmte Gefangene wie Al Capone ein.

Vom Telegraph Hill kann der Besucher einen großen Teil der Stadt und der Bucht überblicken: Im Westen der Halbinsel liegen der 412 ha große Golden Gate Park mit dem Japanese Tea Garden, im Osten überspannt die 13 km lange San Francisco Oakland Bay Bridge die Bucht. Sie führt nach Oakland und Berkeley, das vor allem wegen seiner Universität mit dem 300 ha großen Campus bekannt ist. Die 1776 gegründete Missionsstation Dolores befindet sich im Südwesten im Mission District, wo hauptsächlich Hispanos leben. Das direkt nördlich anschließende Viertel Haight Ashbury war 1967 Ausgangspunkt der Hippiebewegung.

SAN DIEGO UND SACRAMENTO. Auf seiner Fahrt, die ihn die Halbinsel Baja California hinauf bis nach San Francisco führte, entdeckte Juan Rodríguez Cabrillo (†1543) 1542 die Bucht von San Diego; an ihn erinnert ein Denkmal auf dem Point Loma im 1913 eingerichteten Cabrillo National Monument. Teile der Bucht dienen der US-amerikanischen Pazifikflotte als Heimathafen, der größte Teil von North Island ist Stützpunkt der Marineflieger. Da Los Angeles Endpunkt der südlichsten Transkontinentalbahn wurde, konnte San Diego als Handelshafen nicht die erhoffte Bedeutung erlangen. Zu den Industrien der Stadt gehören Rüstungs- und Raumfahrttechnik. In jüngster Zeit haben sich Betriebe dieser Branchen vor allem auf der Nordseite angesiedelt, im sog. Golden Triangle zwischen der Überlandstraße 52 und den Interstate Highways 5 und 805. Wie im Falle des Silicon Valley haben die Universitäten sowie das renommierte Scripps Institute of Oceanography als Katalysatoren gewirkt.

Der Balboa Park ist ein über 460 ha großes Freizeit- und Kulturzentrum; ihm angeschlossen ist der San Diego Zoo, einer der größten zoologischen Gärten der Welt (in dem übrigens erfolgreich der australische Koala gehalten wird), und ein Komplex von sieben Museen (Museum of Photographic Arts, Natural History Museum, San Diego Model Railroad Museum, San Diego Automotive Museum, San Diego Museum of Art, San Diego Museum of Man und das Science Center). Im Nordwesten der Stadt, an der Mission Bay, liegt der 54 ha große Sea World Park mit großen Becken und Aquarien, in denen u. a. Killerwale, Delphine, Seelöwen und Seeotter beobachtet werden können.

Kaliforniens Hauptstadt Sacramento entstand 1848 im Jahr des Goldrauschs. Sie liegt auf dem ehemaligen Besitz von Johann August Sutter (S. 414), dessen 1839 erbautes Fort besichtigt werden kann. Nach einem Brand 1852 wurde Sacramento neu aufgebaut und 1854 Hauptstadt des jungen Staates. 1860/61 war der Ort Endpunkt des Pony Express, der von St. Joseph (Missouri) hierher führte; 1869 wurde Sacramento an die erste Transkontinentalbahn der USA angeschlossen.

Das rund 11 km lange Yosemitetal, ein von Gletschern ausgestaltetes U-Tal
in der Sierra Nevada, wird vom Merced River durchflossen, in dem sich die
steilen Granitfelsen spiegeln.

Sanddünen im Death Valley (»Tal des Todes«): Östlich der Sierra Nevada liegt
dieses wüstenhafte Gebiet bis 86 m unter N. N. mit Dünen, Vulkankratern und
riesigen Salz- und Boraxflächen.

Der Mono Lake an der Ostflanke der Sierra Nevada ist stark mit Mineralien
angereichert. Die Tufas sind unterseeische Bildungen von Kalziumkarbonat,
die durch Absenkung des Seespiegels an die Oberfläche kamen.

Am Osthang der Sierra Nevada bei Mammoth Lakes liegt Devil's Postpile
National Monument mit einer senkrechten Wand von 20 m hohen symme-
trischen Basaltsäulen.

Im Yosemite-Nationalpark der Sierra Nevada weist das von Gletschern in U-Form ausgeschürfte Haupttal mit dem El Capitan, einem großen Granit-monolithen, eine senkrechte Höhe von über 1000 m auf.

Brücke über den Merced River, der das gletscherüberformte Yosemitetal der
Sierra Nevada zum Großen Kalifornischen Längstal hin entwässert. Dort mündet er in den San Joaquin.

Im Lassen Volcanic National Park im Nordosten Kaliforniens treffen Sierra
Nevada und Kaskadengebirge zusammen. Das Gebiet von Bum Pass Hell hat
heiße Quellen, Geysire und Schlammvulkane.

Die gigantischen Mammutbäume findet man im Sequoia N. P., im Kings Canyon N. P. und im Humboldt Redwood S. P. Der General Sherman Tree ist mit 82 m Höhe und 31 m Umfang der größte Baum der Erde.

Ein großer Teil des kalifornischen Südens wird als Wüste bezeichnet, obwohl schüttere Vegetation auf weiten Flächen vorhanden ist. Umfangreiche Wasserzufuhr ermöglicht auch in Südkalifornien Landwirtschaft.

San Francisco bei Nacht, gesehen von Treasure Island: Die Wolkenkratzer des
Financial District werden von der Pyramidenspitze des Transamerica Building
(260 m) überragt.

Die Golden Gate Bridge, die San Francisco mit der Marine County verbindet, ist eine der längsten Hängebrücken der Welt. Sie überspannt die Einfahrt zur Bucht von San Francisco, das Golden Gate.

Vor dem National Maritime Museum (San Francisco) können am Pier viele
Schiffe aus dem 19. Jahrhundert besichtigt werden. Im Hintergrund der Telegraph Hill mit einem Denkmal für die Freiwillige Feuerwehr.

Chinatown (San Francisco), großer Touristenanziehungspunkt mit vielen
Restaurants und exotischen Läden, ist die größte Ansiedlung chinesischer
Menschen außerhalb Asiens. Das Viertel umfaßt 16 große Baublocks.

Blick über das Häusermeer der Wohngebiete auf die Downtown von San Francisco: Die Oakland Bay Bridge (rechts im Hintergrund) führt über die Bucht
von San Francisco.

Die ehemalige Zuchthausinsel Alcatraz liegt in der Bucht von San Francisco. In
dem Hochsicherheitsgefängnis, das 1963 geschlossen wurde, saß u. a. der Gang-
sterboß Al Capone ein.

Die quadratische Landvermessung ging rigoros über die Hügel hinweg, so daß
die 1873 eingerichtete Cable Car recht steile Hänge in den Straßen von San
Francisco zu überwinden hat.

Neonreklamen eines Restaurants in San Diego bei Nacht: Die Stadt liegt an
einer Bucht, die 1542 von dem in spanischen Diensten fahrenden Portugiesen
Juan Rodríguez Cabrillo entdeckt wurde.

Blick über die Downtown von San Diego: Hinter den Sport- und Ausflugsboo-
ten in der Marina erheben sich die Bürohochhäuser der Banken und Versicherungsgesellschaften.

Die Missionsstation von San Carlos Borromeo von Carmel wurde 1770 von
Pater Serra errichtet. Carmel Village ist ein beliebter Künstlerort, 1904 von
Schriftstellern und Malern als Refugium gegründet.

Diese Häuserfront gehört zu einem vier Baublocks umfassenden Gebiet in Old
Sacramento, das seinen historischen Charakter aus den Tagen des Goldrausches
bewahrt hat.

Hearst Castle State Historic Monument: Auf einem Hügel über San Simeon
errichtete der Pressemogul William Randolph Hearst das Schloß im spanisch-
maurischen Stil mit phantastischen Gartenanlagen, Springbrunnen und Statuen.

Mission Santa Barbara (1786) nordwestlich von Los Angeles ist eine der schönsten Franziskanermissionen am Camino Real. Die Stationen waren Kerne der
ersten Dauerbesiedlung in Kalifornien.

Kalifornien bietet vor allem auf den zur Bewässerung geeigneten Flächen (hier ein Kürbisfeld) Möglichkeiten zum Anbau von Gemüse (Melonen und Artischocken), Obst (besonders Zitrusfrüchte), Wein und Baumwolle.

Der Finanzdistrikt von Los Angeles beherrscht mit seinen Hochhäusern die
Downtown. Zwischen den in Form und Farbe verschiedenen Wolkenkratzern
bleibt genug Raum für sonnige Straßen und Plätze.

In der Downtown von Los Angeles liegt nicht nur das moderne Civic Center,
sondern auch der historische Teil, die Plaza. Mit den Vororten ist Los Angeles
ungefähr anderthalb mal so groß wie Berlin.

Am Hollywood Boulevard in Los Angeles sind die Stars mit Hand- und Fußabdrücken, als in Pflaster eingelassener Stern oder als Fassadenbilder verewigt.
Das erste Filmstudio Hollywoods wurde 1911 gegründet.

Beverly Hills ist eine der reichsten und elegantesten Gemeinden in Süd-Kalifornien. Zwischen Palmen und gepflegten Rasenflächen leben die Großen von Film, Theater und Fernsehen.

Die zerklüftete Pazifikküste zwischen Monterey und San Simeon wird Big Sur
genannt. Der Highway 1, der sog. Pacific Coast Highway, folgt auf weiter
Strecke dem Verlauf der Küste.

DER PAZIFISCHE NORDWESTEN

Zu den US-amerikanischen Anrainerstaaten des Pazifischen Ozeans gehören Washington, Oregon und auch Kalifornien, das man aber meist zum Südwesten der USA rechnet oder wegen seiner Stellung als bevölkerungsreichster Einzelstaat gesondert (S. 411) behandelt. Häufig werden zum Pazifischen Nordwesten auch der östliche Nachbarstaat Idaho und sogar der Gebirgsanteil Montanas gezählt; diese Gebiete sind im Kapitel über die Felsengebirgsregion (S. 343) zu finden. Der westliche Teil Idahos wird unter dem Gesichtspunkt seines Anteils an der Great Columbia Plain im folgenden aber mit berücksichtigt.

ERSTE ERKUNDUNGEN. Der Pazifische Nordwesten war lange Zeit zwischen den Briten und den Vereinigten Staaten umstritten. Zwar zeigten auch Franzosen, Spanier und Russen im ausgehenden 18. Jahrhundert mit wiederholten Schiffsexpeditionen Interesse am pazifischen Küstenstreifen, aber besonders bemühten sich Briten um das gesamte Gebiet bis südlich zum 43. Breitengrad. Diese Aktivitäten standen nicht zuletzt im Zusammenhang mit der Suche nach der Nordwestpassage, die man auch von der Westseite des Kontinents aus zu finden hoffte.

Mit diesem Auftrag war auch Kapitän Cook unterwegs, als er auf seiner letzten großen Reise die Westküste Nordamerikas berührte, ohne allerdings die Juan-de-Fuca-Straße zu finden, die der gleichnamige spanische Seefahrer bereits 1592 entdeckt hatte; erst 1788 wurde sie wiedergefunden und nach Juan de Fuca benannt. Die Vereinigten Staaten bekundeten ihren Anspruch mit der Fahrt des Kapitäns Robert Gray, der 1792 mit seinem Schiff »Columbia« die Mündung des großen nach diesem benannten Stromes erreichte. Im Jahr nach Erwerb des riesigen Louisiana-Territoriums entsandte US-Präsident Thomas Jefferson 1804 eine Expedition unter Lewis und Clark, die im November 1805 an die Mündung des Columbia gelangte. Wenige Jahre danach (1811) gründete dort der aus New York stammende Kaufmann John Jacob Astor (* 1763, † 1848) einen befestigten Pelzhandelsposten, der zuerst Fort Astor, bald darauf Astoria genannt wurde.

PELZHANDELSPOSTEN UND MISSIONEN. Die Briten waren inzwischen nicht untätig geblieben. 1807 führte David Thompson im Auftrag der britischen North West Company eine Expedition vom North-Saskatchewan-Fluß durch die kanadischen Rocky Mountains ins Columbia-Becken. Die Expedition errichtete vier Pelzhandelsposten; aus einem von ihnen, der 1810 angelegt wurde, ging später die Stadt Spokane hervor.

Der Krieg mit den Briten 1812 band die US-amerikanischen Kräfte so stark im Osten, daß die Vereinigten Staaten auf der pazifischen Seite des Kontinents ihre Interessen zunächst zurückstecken mußten. So sah sich auch Astor schon kurz nach Gründung seiner Pelzhandelsstation gezwungen, diese an die North West Company abzutreten, die ihrerseits 1821 von ihrem starken Rivalen, der Hudson's Bay Company, gekauft wurde.

Die Hudson's Bay Company beherrschte den gesamten Raum bis zur Klärung der Souveränitätsfrage im Jahr 1846. Sie baute ein weitmaschiges Netz von Handelsstationen auf. Diese waren untereinander mit Überlandrouten verbunden, die aber ihres schlechten Zustands wegen im allgemeinen nicht mit Planwagen befahren werden konnten.

Ab 1834 kamen auch Missionare ins Land, vor allem aus Neuengland. Sie waren anfänglich nicht besonders erfolgreich, da sich die Indianer gegen ihre strengen puritanischen Vorschriften hartnäckig zur Wehr setzten. Auch hatten sie einen schweren Stand gegenüber der stark von Frankokanadiern durchsetzten Hudson's Bay Company und den von dieser unterstützten katholischen Missionen.

THE DALLES – EINFALLSTOR FÜR DIE BESIEDLUNG. An der Stelle, wo der Columbia-Fluß in seinem Unterlauf auf der Ostseite des Kaskadengebirges in eine Talenge eintritt und Stromschnellen bildet, entstand 1838 eine Methodistenmission, die allerdings nur bis 1847 bestand. Doch wenige Jahre später wurde der alte Siedlungsplatz wiederbelebt und als Fort Dalles 1852 zur Stadt erhoben. Der Name wurde in Dalles City und schließlich zum heutigen The Dalles geändert, nach dem französischen Wort »les dalles« für Steinplatte oder Trog. Der Ort bildete bald das Einfallstor für die Besiedlung des Columbia-

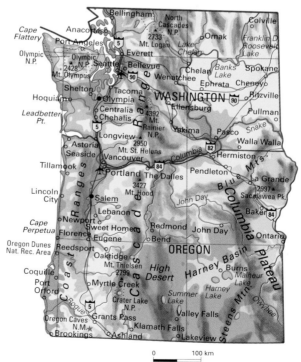

WASHINGTON
gegr. 1889
176 479 km²
4 887 941 Einw.
Olympia

OREGON
gegr. 1859
251 418 km²
2 853 733 Einw.
Salem

Beckens, die aus Richtung Westen über den Seeweg oder vom Willamette-Tal her erfolgte.

Die Route spaltete sich dann nach Osten auf: In einen nördlichen Zweig, der ins Yakima-Tal nach North Yakima führte, und in einen östlichen Zweig, der den Columbia aufwärts und dann nach Osten abseits vom Hauptstrom nach Walla Walla führte. North Yakima, Walla Walla und Spokane sind die drei bedeutenden Städte, die von der Peripherie aus die Great Columbia Plain versorgen.

ERSCHLIESSUNG DES OREGON TRAIL. 1824 erschloß der Trapper und Pelzhändler Jedediah S. Smith (* 1798, † 1831) zusammen mit Thomas Fitzpatrick eine Route, die über den South Pass durch die Rocky Mountains zum Green River Valley führte. Dieser sog. Oregon Trail war in seinem ersten Abschnitt mit dem nach Utah führenden Mormon Trail identisch, zweigte dann aber von ihm in nordwestliche Richtung ab, indem er sich an die Flußläufe von Missouri, Platte und Snake River (Schlangenfluß) hielt und schließlich zum Columbia führte. Mit Eröffnung dieser Überlandroute kam nach 1840 erstmals eine etwas größere Anzahl von Menschen in den Nordwesten. Von 1840 bis 1850 waren es rund 15 000 Neuankömmlinge, von denen neun Zehntel bis ins Willamette-Tal zogen. Mit steigenden Siedlerzahlen wurde eine endgültige Entscheidung über die Souveränitätsfrage im Nordwesten unaufschiebbar.

VERHÄLTNIS ZU BRITEN UND INDIANERN. 1846 kamen die USA und Großbritannien überein, daß das Land südlich des 49. Breitengrades, wie schon weiter östlich gehandhabt, den USA gehören sollte. Von diesem 1849 als Oregon-Territorium organisierten Gebiet wurde 1853 das Washington-Territorium abgetrennt. Die Grenzführung im Küstengebiet blieb jedoch weiterhin umstritten. Aus einem nichtigen Anlaß auf der San-Juan-Insel, die nahe der Stadt Victoria (auf der zu British Columbia gehörenden Insel Vancouver) liegt, wäre es 1859 fast nochmals zum Krieg zwischen beiden Staaten gekommen. Erst 1872 wurde die Grenze endgültig so festgelegt, daß die Insel San Juan den USA auf Dauer verblieb.

Ebenfalls lange Zeit ungelöst blieb die Frage, was mit den Indianern geschehen sollte, die hier im Gegensatz zu vielen Stämmen des Südwestens vom Jagen und Sammeln sowie an der Küste vom Fischfang lebten. Zwar erklärte General Harney, der dem Militärdepartment von Oregon und Washington vorstand, drei Jahre nach der Niederwerfung eines großen Aufstands 1858 die Indianer dieses Raumes für endgültig befriedet, aber noch waren die ihnen zugewiesenen Reservationen in den festgesetzten Grenzen nicht vom Kongreß bestätigt worden. Auch gab es Probleme mit einzelnen Reservationen, z. B. in der Warm-Springs-Reservation, in der sich, bedingt durch die vorangegangenen Kampfhandlungen, drei untereinander fremde Stämme zusammenfanden, die Wasco, die Paiute und die den Walla Walla zugehörigen Warm Springs. Symbolhaft ist diese Situation in ihrem Wappen durch drei Teepees dargestellt. 1859 wurde Oregon dann doch als Staat in die Union aufgenommen; Washington mußte darauf noch bis 1889 warten.

GOLDRAUSCH UND EISENBAHNANSCHLUSS. 1860 wurde am Columbia Gold entdeckt, was einen Goldrausch auslöste, der zwar im Vergleich zu dem späteren von Klondike eher bescheiden ausfiel, aber dennoch zahlreiche Menschen in den Nordwe-

sten lockte. An der Einmündung des Clearwater in den Schlangenfluß kam es zu wilder Siedlungstätigkeit, die zunächst verhindert werden sollte. Die Behörden gaben schließlich nach und gestatteten den Grundstückserwerb an einem Siedlungsplatz, aus dem die Stadt Lewiston hervorging, die noch auf der zu Idaho gehörenden Seite des Flusses liegt; am Gegenufer entstand Clarkston. Die beiden Namen der Doppelstadt erinnern an die Leiter der großen Expedition (1804–06).

Zur Versorgung der Bergleute kamen schnell Viehhaltung und umfangreicher Getreideanbau in Gang. Vorrangiges Anbauprodukt war Weizen, aber auch Hafer als Futter für die in den Minen und Holzfällercamps arbeitenden Pferde und Gerste zum Bierbrauen wurden angepflanzt.

Den nächsten größeren Impuls brachten die Eisenbahnen, auf die der Nordwesten allerdings deutlich länger warten mußte als Kalifornien, das schon 1869 seine Transkontinentalbahn bekommen hatte. Erst 1883 war die Northern Pacific Railroad fertiggestellt, 1884 die Union Pacific Railroad, 1893 die Great Northern Railroad und schließlich 1909 die Chicago, Milwaukee, St. Paul & Pacific Railroad. Mit den Bahnen kamen vergleichsweise viele Menschen in den Nordwesten: Allein von 1887 bis 1889 mehr als in den davorliegenden 25 Jahren zusammen. Diese Neuankömmlinge zog es im Gegensatz zu den frühen Siedlern eher in die Städte.

AUFSCHWUNG DURCH NEW DEAL. Nach dieser Periode des Bahnbaus kamen wieder ruhigere Zeiten, bis zu Beginn des Jahrhunderts vor allem Seattle im Gefolge des Goldrauschs am Klondike und in Alaska prosperierte. Die Depression zu Beginn der 30er Jahre machte der bis dahin relativ einseitig auf Fischerei, Holzverarbeitung und Bergbau orientierten Wirtschaft des Nordwestens sehr zu schaffen. Aber auch diese Region profitierte von der Politik des New Deal, als umfangreiche strombautechnische Arbeiten am Columbia-Fluß durchgeführt wurden. 1937 war der Bonneville-Damm und 1941 der Grand-Coulee-Damm fertiggestellt, der den Columbia rund 120 km westlich von Spokane aufstaut. Mit 168 m Höhe und 916 m Länge am Boden bzw. 1311 m an der Krone gehört er zu den größten Staudämmen der Welt. Der von ihm aufgestaute Franklin D. Roosevelt Lake (benannt nach dem Initiator des New Deal) hat eine Länge von 242 km und reicht bis nach British Columbia hinein. Durch solche Maßnahmen erhielt in dieser Region nicht nur die Industriewirtschaft eine neue Grundlage, auch die Bewässerungswirtschaft konnte ausgeweitet werden. Dazu brachte der Zweite Weltkrieg noch Aufträge des Militärs (vor allem der Marine).

Die nun günstig angebotene Wasserenergie führte zu einer kontinentweiten Standortumorientierung der Aluminiumindustrie, die sich u. a. in The Dalles, Troutdale, Vancouver und Longview am Columbia sowie in Tacoma, Wenatchee, Bellingham ansiedelte und den Flugzeugbau nach sich zog. Die Boeing-Werke mit Betriebsstätten in Seattle, Everett, Renton und Auburn gehören zu den bedeutendsten Arbeitgebern der Region.

DER NATURRAUM. Naturgeographisch läßt sich der Pazifische Nordwesten in fünf Landschaftsräume untergliedern: In die Küstengebirgsketten (Coast Ranges), die Willamette-Puget-Senke, das Kaskadengebirge (Cascade Range), das Inland Empire des Columbia-Plateaus und den allerdings kleinen Anteil des Staates Washington am Felsengebirge.

Küstengebirgsketten. Die den Pazifischen Ozean begleitenden Küstenketten bleiben im allgemeinen unter 100 km Breite und haben Höhenlagen zwischen 600 m und 1500 m. Im Mt. Olympus der Olympic Mountains auf der gleichnamigen Halbinsel werden ausnahmsweise 2428 m Höhe erreicht. In den Küstenketten fällt viel Regen. So werden überall mehr als 2000 mm, stellenweise gar über 4000 mm Niederschlag erreicht. Dabei besteht eine deutliche Tendenz zu einem winterlichen Maximum, denn die Region kann klimageographisch gesehen als nördliche Fortsetzung des zentralkalifornischen Winterregengebiets gelten. Auch treten in den Sommermonaten häufig Nebel auf, die durch das Zusammentreffen warmer Luft mit dem kühlen Meerwasser des Kalifornienstroms entstehen. Die Winter sind mild, die Sommer kühl, die Vegetationsperiode umfaßt mehr als 250 Tage.

Der temperierte Regenwald mit überwiegend immergrünen Baumarten (vor allem Koniferen), oft kräftigem Unterwuchs (z. B. dichte Rhododendronbestände im Olympic National Forest) und dem Reichtum an Moosen und Farnen gehört zu den wuchskräftigsten Wäldern der kühlgemäßigten Klimazone. Zu den hier heimischen Koniferen gehören Douglasie (vor allem Pseudotsuga taxifolia), Schierlingstanne (Western hemlock), Rotzeder sowie Groß-, Sitka- und Engelmannfichte. Häufig sind den Koniferenbeständen Ahornarten, Birken, Eichen und Eschen beigemischt. Nicht zuletzt wegen dieser reichen Vegetation wurde der Olympic National Park eingerichtet.

Willamette-Puget-Senke. Auf der Ostseite der Küstenketten erstreckt sich eine tektonisch angelegte Senke, die in Oregon vom Willamette-Fluß, im Grenzbereich der Staaten Oregon und Washington vom Unterlauf des Columbia und in Washington vom Puget-Sund eingenommen wird. Der von vielen Inseln durchsetzte Puget-Sund ist eine etwa 160 km lange und 8 bis 15 km breite Bucht im Grenzbereich zwischen Washington und der kanadischen Provinz British Columbia. In ihn münden viele Küstenflüsse, u. a. Nisqually, Puyallup und Snohomish.

Diese Willamette-Puget-Senke ist gewissermaßen die nördliche Fortsetzung des Großen Kalifornischen Längstals und von diesem durch die Klamath Mountains getrennt. Die Senke ist von tertiärem und pleistozänem Material sowie umfangreichen Alluvionen erfüllt. Im Windschatten der Küstenketten empfängt sie Niederschläge zwischen 800 und 1000 mm, hat aber durch die geschützte Lage zwischen den Küstenketten im Westen und dem Kaskadengebirge (Cascade Range) im Osten ein mildes Klima und eine zwischen 200 und 250 Tage dauernde Vegetationsperiode. Durch die ebenfalls günstigen Bodenverhältnisse ist die Senke prädestiniert für umfangreichen Anbau von Sonderkulturen. Vor allem das Willamette-Tal gehört zu den bedeutendsten obst- und gemüseerzeugenden Gebieten der USA. Da das Niederschlagsmaximum im Winter liegt, werden im niederschlagsarmen Sommer Beregnungsanlagen eingesetzt.

Kaskadengebirge. Das Kaskadengebirge bildet die Klimascheide zwischen den niederschlagsreichen Westteilen der Staaten Oregon und Washington und den semiariden Ostteilen. Das Gebirge selbst empfängt zwischen 1200 und 1500 mm Niederschlag, der sich zum Südosten hin auf 1800 mm steigert. Ihren Namen erhielt die Cascade Range von den Kaskaden, die der Columbia-Fluß in seinem Durchbruchstal bildet. Das auf

der Westflanke vor allem von Douglasie und Sitkafichte, auf der Ostflanke mehr von Gelbkiefer und verschiedenen Fichten- und Tannenarten bestandene Gebirge ist aus einer reichen marinen Schichtenfolge des Mesozoikums und mächtigen Intrusionen der postjurassischen Hauptfaltung aufgebaut.

Der tertiäre Vulkanismus manifestiert sich in einer ganzen Serie von Vulkankegeln, angefangen im Norden mit dem Mt. Baker über den Glacier Peak, den nicht weit von Seattle entfernt gelegenen Mt. Rainier (4392 m), den Mt. Adams (3751 m), den westlich von ihm gelegenen Mt. St. Helens, den Mt. Hood bei Portland (Oregon), den Mt. Jefferson, den Diamond Peak, den Mt. Scott und den Mt. McLoughlin.

Der Mt. Rainier, dessen letzter Ausbruch 1870 stattfand, ist einer der größten gletscherbedeckten Einzelberge der Erde. Seine Gipfelpartie ist mit einer Eiskappe überzogen, von der sich 26 Gletscherzungen hangabwärts in die Täler bewegen. 1899 wurde der Mount Rainier National Park ausgewiesen und 1931 zu seinem jetzigen Areal von 96 500 ha vergrößert. Innerhalb der Parkgrenzen liegen noch vier weitere Gipfel mit über 1800 m Höhe.

Der Mt. St. Helens rückte in den Blickpunkt der Öffentlichkeit, als er nach 123jähriger Inaktivität nach einigen Vorbeben am 18. Mai 1980 ausbrach. Bei dieser gewaltigen Eruption wurden 400 m des Vulkangipfels weggesprengt und die Masse von 2,7 Kubikkilometer Gestein in Bewegung gesetzt. Ein Gebiet von 44 000 ha wurde daraufhin als Mt. St. Helens National Volcanic Monument unter Naturschutz gestellt.

Die Kaskaden weisen aber noch viele andere Erscheinungen früherer tektonischer Unruhe und vulkanischer Tätigkeit auf. So kann man am Ostfuß bei Prineville in großer Zahl Geoden finden. Im Deschutes-Nationalforst wurden die Lava Lands mit dem Lava Lands Visitor Center und Wanderwegen dem Tourismus erschlossen. Im Zuge der vom Highway 97 begleiteten Newberry-Verwerfung finden sich der Lava-Butte-Krater und der Newberry-Krater mit dem Paulina-See und dem East-See; das im Obsidian Flow anstehende Obsidian-Vorkommen dürfte eines der größten auf der Welt sein. Weiter südlich nahe dem Mt. Scott liegt der bekannte Crater Lake, der wassergefüllte Krater des erloschenen Vulkans Mt. Mazama. Der fast runde See mißt knapp 10 km im Durchmesser und ist bis zu 608 m tief. Das dunkelblaue Wasser, die verschiedenfarbigen Laven, die Wälder der Umgebung und gute Wintersportmöglichkeiten ziehen viele Touristen an. 1902 wurde ein Gebiet von rund 64 000 ha zum Crater Lake National Park erklärt.

Columbia- und Harneybecken. Den größten Teil des Ostens der beiden Staaten nehmen das Columbia Basin (im Bereich Washington) und das Harney Basin (im Bereich Oregon) ein. Das auch »Inland Empire« genannte Columbia Basin wird durch die Kette der Blue Mountains vom Harney Basin getrennt. Den Charakter dieser in einer mittleren Höhenlage um 1100 m gelegenen semiariden bis ariden intermontanen Becken bestimmen Lavadecken, die sich über etwa 500 000 km² erstrekken. Sie wurden von einer miozän- bis pliozänzeitlichen dünnflüssigen Lava gebildet, die in einer Stärke bis maximal 1800 m ein unruhiges tertiäres Relief überzogen hat. Junge Verwerfungen haben diese Lavadecken in einzelne Schollen zerhackt. Im östlichsten Washington haben glaziale Schmelzwasser diese Schollen abgerundet und zu einer buckligen Oberfläche verformt, die als Channelled Scablands bezeichnet wird.

Geologisch ist das Harney Basin dem Columbia Basin ähnlich, zeigt aber topographisch-hydrographisch eine enge Verwandtschaft mit dem südlich in Utah und Nevada anschließenden Basin and Range Country. Wie dieses wird es von einzelnen niedrigen Bergketten durchzogen, die im wesentlichen nordsüdliche Streichrichtung aufweisen und als nach Osten gekippte Pultschollen gedeutet werden können. Die dazwischen gelegenen Beckenlandschaften sind wie das Great Basin abflußlos und von nur episodisch fließenden, in Salzseen oder Salzpfannen endenden Flüßchen durchzogen.

Die Niederschläge in diesem Ostteil der beiden Staaten sind mit 250 mm bis 400 mm gering; wo ackerbauliche Nutzung betrieben wird, muß Bewässerungswirtschaft oder zumindest das niederschlagskonservierende Dry-farming angewendet werden. Die Palouse Hills im äußersten Osten des Columbia Basin in Washington, die mit fruchtbarem Löß bedeckt sind, werden zu umfangreichem Weizenanbau genutzt.

In seinem nördlichen Drittel hat der Osten Washingtons noch Anteil an den Selkirk Mountains des Felsengebirgssystems.

HOLZ ALS WIRTSCHAFTSFAKTOR. Nach der bis ins 17. Jahrhundert zurückreichenden Dezimierung der Wälder im Nordosten der USA und den riesigen Kahlschlägen des ausgehenden 19. Jahrhunderts im nördlichen Mittelwesten waren die Wälder der Felsengebirgsketten sowie der Gebirge Oregons und Washingtons die letzten großen Holzreserven in den Vereinigten Staaten. Während noch 1890 Michigan und 1900 Wisconsin die führenden holzproduzierenden Staaten waren, traten schon 1905 Washington und 1938 Oregon an ihre Stelle.

In Oregon (251 000 km²) sind noch heute rund 118 000 km², d. h. 47% der Staatsfläche, bewaldet. Daher befinden sich auch fast 49% des Staatsgebiets im Eigentum der öffentlichen Hand, großenteils in der Form von Nationalforsten. In Washington (176 000 km²) sind es 92 000 km² oder 52% der Staatsfläche, die als Waldland ausgewiesen sind. In Oregon gehört fast die Hälfte aller Industriebetriebe der holzverarbeitenden Branche an. Allein die Firma Weyerhaeuser unterhält über 30 Sägewerke und erzeugte 1983 1,3 Mio. m³ Schnittholz.

In neuerer Zeit ist eine deutliche Schwerpunktverlagerung von der Bauholzproduktion auf die Herstellung von Furnier- und Sperrholz sowie Papier zu beobachten. Die in Tacoma und anderen Orten am Puget-Sund ansässigen Fabriken belasten die Umwelt. Während die Holzindustrie in Oregon mit etwa 80 000 Beschäftigten führende Industriebranche ist, steht sie in Washington in der Wertschöpfung erst an vierter Stelle.

LANDWIRTSCHAFT UND NAHRUNGSMITTELINDUSTRIE. In beiden Staaten spielen die Landwirtschaft und die mit ihr verbundene Nahrungsmittelindustrie eine bedeutende Rolle. In Washington nimmt die landwirtschaftliche Nutzfläche etwa 40% des Staatsgebiets ein, wobei die großen naturgeographischen Unterschiede zwischen dem West- und dem Ostteil deutlich zum Tragen kommen. Weite Flächen im Osten dienen dem Weizenanbau (zum Teil unter Anwendung der Bewässerungswirtschaft) und der Haltung von Rind- und Milchvieh. Nach dem Farmeinkommen nimmt in Washington der Weizen den ersten, in Oregon den zweiten Platz ein. Bezüglich des Verkaufserlöses aus der Rinderhaltung ist es umgekehrt: Sie steht in Oregon an erster, in Washington an zweiter Stelle; den jeweils dritten Platz nehmen Molkereiprodukte ein.

Die westlichen Anteile der beiden Staaten, in erster Linie die Willamette-Puget-Senke und das Yakimatal, bringen wegen des günstigen Klimas viele Agrarprodukte hervor, u. a. Gemüse (Bohnen, Erbsen, Karotten, Rüben, Spargel, Kohl, Rettiche, Gurken, Kürbisse, Tomaten, Zwiebeln, Mais und Kartoffeln), Obst (Melonen, Äpfel, Birnen, Kirschen, Pflaumen und Pfirsiche) und Nüsse, diverse Beerensorten (Erdbeeren, Brombeeren, Himbeeren, Blaubeeren und Preiselbeeren), Wein, Hopfen sowie Saatgut (Gras- und Kleesamen).

Ebenso bedeutend wie die Herstellung von Konserven aus Obst und Gemüsen ist die Verarbeitung von Fisch und Meeresfrüchten. Washington ist der wichtigste Erzeuger von Meeresfrüchten in den USA. Bedeutendster Fluß für den Lachsfang ist der Columbia. Der pazifische Lachs Nordamerikas, der von Kennern mehr geschätzt wird als der atlantische, gehört zur Gattung Oncorhynchus; er ist zwischen Alaska und San Francisco in fünf Arten anzutreffen: Königslachs (Chinook salmon), Roter Lachs, Ketalachs, Buckellachs und Silberlachs. Wenn die im Meer lebenden Jungtiere ausgewachsen sind, ziehen sie zum Laichen stromaufwärts, weshalb beim Bau der Staudämme Fischtreppen angelegt wurden; bei diesen Wanderungen werden die Lachse sorgfältig gezählt. Hauptsächliche Verarbeitungszentren sind Astoria und Newport. In Bellingham und Seattle wird auch vor der Küste Alaskas gefangener Heilbutt verarbeitet.

ALUMINIUMERZEUGUNG UND FLUGZEUGBAU. Die mit Bau der Stauanlagen und Kraftwerke am Columbia angebotene billige Wasserenergie veranlaßte die bedeutenden Unternehmen der Aluminiumindustrie, Zweigniederlassungen in diesem Raum zu eröffnen. Ungeachtet jüngerer Neugründungen von Betriebsstätten in anderen Teilen der USA, vor allem im Golfküstenraum auf der Basis der seit den 50er Jahren verstärkten Erdgasgewinnung, ist Washington bis zur Gegenwart führender Aluminiumproduzent der USA. In Washington sind etwa 8000 Menschen in dieser Branche tätig; zu den wichtigsten Standorten in Oregon gehören Portland und The Dalles.

Die Aluminiumerzeugung wiederum zog den Flugzeugbau nach sich; die Boeing-Werke mit ihren über etliche Städte des Küstenstreifens um Seattle verteilten Betriebsstätten sind ein bedeutender Arbeitgeber. Washington erzielte 1987 aus dem Flugzeugbau einen Erlös von 5,6 Mrd. US-$, genau doppelt soviel wie aus dem Verkauf landwirtschaftlicher Produkte. Allerdings ist die Konjunkturanfälligkeit der Branche hoch. In Zeiten der Rezession, bei schlechter Auftragslage, haben die Boeing-Werke ihre Belegschaft drastisch verringern müssen.

Der Schiffsbau, der zur Zeit der beiden Weltkriege noch von den großen Aufträgen der Marine profitierte, spielt als stark rückläufige Branche nur noch eine untergeordnete Rolle. Die Werften von Portland, Seattle und Bremerton sind zwar zum Teil noch in Betrieb, haben aber gesamtwirtschaftlich gesehen für den Nordwesten keine Bedeutung mehr.

Die Firmen der Metallverarbeitung und des Maschinenbaus sind an die erwähnten Produktionseinrichtungen gekoppelt; sie liefern die Ausrüstungen für Sägewerke und holzverarbeitende Betriebe sowie für Schiffs- und Flugzeugbau, stellen aber auch Dosen für die Konservenfabriken her.

Die Errichtung der Plutoniumwerke durch die US-Atomenergiekommission in Hanford nahe der Einmündung des Yakima-Flusses in den Columbia verhalf dieser Stadt wie auch den Nachbarorten Pasco und Kennewick zu raschem Wachstum.

MERKMALE DES STÄDTEBAUS. Der Pazifische Nordwesten besitzt wenige Großstädte, von denen nur zwei zu den 37 Millionen-Metropolen der USA gehören: Die Metropolitan Areas von Seattle-Tacoma (2,42 Mio. Einw.) am Puget-Sund und von Portland-Vancouver (1,41 Mio. Einw.); letztere liegt beiderseits der Grenze Washington/Oregon im Bereich der Einmündung des Willamette in den Columbia. In diesen Metropolen und den anderen Städten der Willamette-Puget-Senke leben über 75% der Stadtbevölkerung von Washington und Oregon.

Die Städte der Willamette-Puget-Senke weisen gewisse Gemeinsamkeiten auf. Die von Norden nach Süden verlaufende Leitlinie der Senke begünstigt eine meridionale Ausdehnung des Stadtgebiets und eine ebensolche Verkehrsführung. Der Ost-West-Verkehr wird durch zahlreiche Wasserkörper und Bergketten erschwert, die kostspielige und platzbeanspruchende Brücken- und Tunnelbauten notwendig machten. Während der Kern Seattles zwischen Elliott-Bucht und Lake Washington eingezwängt liegt, haben erst die beiden Pontonbrücken, Evergreen Point und Mercer Island Floating Bridge über den Lake Washington, die Ausdehnung der Metropolitan Area von Seattle nach Osten gefördert.

Im Zusammenhang mit einer ähnlichen Situation steht in Portland die rasche Entwicklung des nur etwa 2,5 km vom Central Business District (CBD) entfernt gelegenen Lloyd Center, das die auf dem Ostufer des Willamette-Flusses liegenden Ortsteile versorgt und den Handel des CBD auf dem Westufer erheblich beeinträchtigt. Großräumlich betrachtet bleibt allerdings der Unterschied, daß Seattle von seinem Hinterland weitgehend abgeschnitten ist, während sich Portland mit der Lage am Columbia-Fluß ein weites Gebiet handelsmäßig erschließen konnte.

Der Holzreichtum und die Holzverarbeitung im Pazifischen Nordwesten haben zu zwei weiteren Eigenheiten dieser Region beigetragen. Zum einen ist der Anteil der Holzhäuser besonders hoch; in Tacoma beispielsweise sind es über 95%. Wegen des im Vergleich zu steinernen Bauten geringen Lebensalters von Holzhäusern waren die Verfallserscheinungen in diesen Städten besonders groß, weshalb man in den vergangenen Jahrzehnten entsprechend umfassende Sanierungsvorhaben durchgeführt hat. Zum anderen gehören zum Branchenspektrum der Städte der Willamette-Puget-Senke meist Papiermühlen und Zellstofffabriken, die eine starke Beeinträchtigung der Luft- und Wasserqualität mit sich gebracht haben.

RELIKTE DER PIONIERGESELLSCHAFT. Die deutliche Rohstofforientierung der Industriewirtschaft dürfte der Hauptgrund dafür sein, daß in Teilen des Nordwestens ein leichter Männerüberschuß besteht, womit sich noch ein kleines Merkmal der traditionellen Pioniergesellschaft bis in die Gegenwart hinein erhalten hat. Damit hängt wahrscheinlich auch zusammen, daß sich in einzelnen eng begrenzten Stadtteilen – unter Umständen nur in einer ganz bestimmten Straße – viele ältere, alleinstehende Männer zusammenfinden. Eine solche sog. »Skid Row« ist z.B. die 1st Avenue in Seattle mit ihren billigen alten Hotels, Tavernen, Leihhäusern, Gebrauchtwarengeschäften und Vergnügungsstätten. Ganz Seattle ist auch als »Skid Road« bezeichnet worden nach den Wegen, die früher die Holzstämme zu den Sägemühlen bergab hinunterglitten; skid bedeutet »gleiten«, aber auch im übertragenen Sinne »gesellschaftlich abrutschen, an Prestige verlieren«.

»JET-CITY« SEATTLE. Die größte Stadt Washingtons ist Seattle (516 000 Einw.), das 1851 von Siedlern aus Illinois angelegt wurde und zunächst nur geringe Arbeitsmöglichkeiten in der früh entstandenen Holzbranche bot. Auch erlitt es Rückschläge in seiner Entwicklung mit den gegen die chinesischen Einwanderer gerichteten Kampagnen während der 1880er Jahre und durch ein Großfeuer 1889, das die Innenstadt weitgehend vernichtete. 1893 erhielt die Stadt Anschluß an die Eisenbahn. Während die von Goldfunden im Frasertal begleitete Aufschwung von 1858 bescheiden geblieben war, wirkte sich der Alaska-Goldrausch ab 1897 um so nachhaltiger aus. Während des ersten Jahrzehnts dieses Jahrhunderts wuchs Seattles Einwohnerzahl auf das Dreifache von 80 000 auf 237 000, womit Seattle das 1845 gegründete Portland überrundete.

Den Höhepunkt dieser Entwicklung bildete die Weltausstellung von 1909, die Alaska Yukon Pacific Exhibition, auf deren Ausstellungsgelände später die University of Washington entstand. 1962 fand abermals eine Weltausstellung in Seattle statt, die Century 21 Exposition, die von zahlreichen Projekten zur Stadtentwicklung begleitet war. In diesem Rahmen entstanden moderne Bauten wie die Space Needle, das Seattle Center und das Coliseum, zugleich wurden aber auch umfangreiche denkmalpflegerische Arbeiten durchgeführt, insbesondere im Bereich des Pioneer Square, der zum Pioneer Square Historic District erklärt wurde, und im Bereich des Pike Place Market.

Die an der Elliott-Bucht des Puget-Sunds gelegene Metropole, die von Wasserkörpern wie dem Lake Washington und dem Lake Washington Ship Canal mit seinen Marinas durchzogen wird und sich über Halbinseln und Inseln wie Mercer Island erstreckt, wird auch »Emerald City« (Smaragd-Stadt) genannt. Als hauptsächliche Betriebsstätte der Boeing-Werke trägt sie zudem den Spitznamen »Jet City«.

Von überragender Bedeutung für die Stadt ist ihre Hafenfunktion, da zum einen auch nach Bau des Alaska Highway (1942) die Schiffsroute von Seattle zu den alaskischen Häfen eine große Rolle spielt. Ein beträchtlicher Teil des alaskischen Güterumschlags wird über Seattle abgewickelt, ein Teil des vor Alaskas Küste gefangenen Fischs wird auf von Seattle aus operierenden Fabrikschiffen verarbeitet. Daher wird Seattle häufig als heimliche Hauptstadt Alaskas bezeichnet.

Zum anderen ist Seattle der dem Fernen Osten am nächsten gelegene Hafen des amerikanischen Festlandes. Zum Hafenumschlag gehören für Japan bestimmte Exporte (Agrarprodukte, Holz, Erzeugnisse des Maschinen-und Fahrzeugbaus) sowie japanische Importe (Automobile, elektronische Geräte). Auch der Handel mit Kanada ist bedeutend, wobei Importe von Holz und Erdgas besonders wichtig sind.

PORTLAND. Die mit 437 000 Einwohnern größte Stadt Oregons wurde 1845 in verkehrsgünstiger Lage an der Einmündung des Willamette in den Columbia gegründet. Damit wurde ein Binnenland erschlossen, das sich nach Süden in die Willamette-Senke erstreckte und nach Osten über den Columbia erreichbar war. Zwar mußte Portland anfänglich mit dem weiter flußabwärts 1824 von der Hudson's Bay Company angelegten Vancouver (Washington) und auch mit Oregon City konkurrieren, der weiter flußaufwärts gelegenen ersten Hauptstadt des Oregon-Territoriums, vermochte sich aber bald gegen beide durchzusetzen. Dazu trug in erster Linie der 1877 abgeschlossene Ausbau des unteren Columbia bei, der Seeschiffen die Benutzung des

Hafens von Portland ermöglichte. So konnte sich die Stadt früh zum bedeutenden Handelsplatz und zum Standort vieler Industriebranchen entwickeln; bis kurz über die Jahrhundertwende hinaus konnte Portland seinen Bevölkerungsvorsprung gegenüber Seattle behaupten.

Nach wie vor ist die Stadt ein wirtschaftlicher Schwerpunkt im Pazifischen Nordwesten. Sie ist u. a. Sitz der Bonneville Power Administration, der für die Energiewirtschaft im Zusammenhang mit den Stauanlagen und Wasserkraftwerken des Columbia-Flußsystems zuständigen Behörde. Portland ist zwar ein bedeutender Bürostandort, hat aber rechtzeitig verordnet, daß die Bergkulisse mit dem »Hausberg« Mt. Hood nicht verbaut werden darf; die Wolkenkratzer sind auf 40 Geschosse begrenzt.

TACOMA UND WEITERE STÄDTE. Für Tacoma (177 000 Einw.), benannt nach »Tahoma«, dem indianischen Namen des Mt. Rainier, war das von einem schwedischen Einwanderer 1852 gegründete Sägewerk der erste Ansatz einer Dauersiedlung. Die Stadt erlebte mehrere Konjunkturbelebungen und -rückschläge. Vorübergehend größere Beschäftigung brachten der Eisenbahnbau und im Ersten Weltkrieg der Schiffsbau; nach Einbußen während der Depression erlebte Tacoma zur Zeit des Zweiten Weltkriegs einen weiteren Aufwärtstrend. In der zwei-

ten Jahrhunderthälfte gesellten sich zu den traditionellen Branchen (Holzwirtschaft und Schiffsbau) andere Industrien, so daß die wirtschaftliche Basis breiter und gesünder geworden ist.

Relativ bescheiden nehmen sich die beiden Hauptstädte Salem (108 000 Einw.) in Oregon und Olympia (27 000 Einw.) in Washington aus. Zu den bedeutenderen städtischen Zentren des Willamette-Tales gehören außer Salem noch Eugene (113 000 Einw.) als Sitz der University of Oregon und Corvallis (35 000 Einw.), das »Herz des Tales« — so die wörtliche Übersetzung des lateinischen Ortsnamens — mit der Oregon State University.

Die drei Zentren des Inland Empire sind Spokane, Walla Walla und Yakima. Spokane (171 000 Einw.) hat sich vom kleinen Pelzhandelsposten des Jahres 1810 zum ökonomischen und kulturellen Mittelpunkt des Inland Empire entwickelt, das wirtschaftlich besonders durch seine Schlachthöfe als großer regionaler Viehmarkt wichtig ist. Das recht klein gebliebene Walla Walla fungiert als Versorgungszentrum eines Teils des Inland Empire. Yakima am gleichnamigen Fluß ist Mittelpunkt eines Gebiets mit ausgedehnter Bewässerungswirtschaft und dementsprechenden Verarbeitungsindustrien (u. a. Obst- und Gemüsekonserven); die Stadt beherbergt das Central Washington Agricultural Museum.

Der aus Kanada kommende Columbia River, der sich in riesigen Schleifen
durch das Columbia-Becken windet und das Kaskadengebirge durchbricht, ist
die Lebensader des Pazifischen Nordwestens.

Mt. Rainier N. P. (Washington): An den Hängen des über 4000 m hohen eisbedeckten Vulkans fließen 26 Gletscher hinab. Wanderwege oberhalb der Baum-
grenze führen über alpine Wiesen bis an die Eishöhlen der Gletschertore.

Mt. St. Helens (Washington) im Kaskadengebirge war ein schneebedeckter
schlafender Vulkan. Im Mai 1980 riß eine gewaltige Eruption den Gipfel weg
und setzte eine riesige Mure aus Schlamm, Steinen und Bäumen in Bewegung.

Der Durchbruch des Columbia River durch das Kaskadengebirge wird von
Straße, Autobahn und Eisenbahn als Leitlinie benutzt. Steile Kliffs und großartige Wasserfälle bieten ein beeindruckendes Bild.

447

Die malerischen Palouse Falls im Südosten Washingtons: Der Palouse River
gehört über den Snake River zum Einzugsgebiet des Columbia, der bei Astoria
(Oregon) in den Pazifik mündet.

»She who watches« im Horsethief Lake State Park am Columbia River im
Süden Washingtons. Der Park ist durch besonders viele und gut erhaltene
indianische Felszeichnungen bekannt.

Im Hoh Rain Forest des Olympic N. P. (Washington) bildet sich durch hohe
Luftfeuchtigkeit und starke Niederschläge ein Regenwald von moosbehangenen
Laubbäumen und Koniferen (Sitkafichte, Douglasie, Western Red Cedar).

Seattle am Puget-Sund ist mit 516 000 Einwohnern die größte Stadt Washingtons. Die Space Needle im Seattle Center, dem Weltausstellungsgelände von 1962, wurde zum Wahrzeichen der Stadt.

Der Columbia River bei Maryhill (Washington): Durch Staustufen im Unterlauf steht genügend Wasser zur Verfügung, um bei dem trockenwarmen Klima
östlich des Kaskadengebirges Bewässerungsanbau zu betreiben.

Blick über den Columbia River nach Oregon: Der Fluß hat sich in die über
weite Teile des Beckens verbreiteten Lavadecken eingeschnitten. Der Getrei-
despeicher besitzt eine Anlegestelle für Schiffe.

Felsengruppe am Columbia River nahe der Stadt Pasco (Washington) im
Grenzgebiet von Oregon und Washington: Deutlich sichtbar ist der semiaride
Charakter des Columbia-Beckens.

Die Painted Hills im John Day Fossil Bed N. M. (Oregon) zeigen in ihrem
Gestein wie die Badlands eine Farbskala von Weiß über Gold, Rot und Braun
bis Schwarz. In den Schichten sind viele Fossilien eingeschlossen.

Der Crooked River, der seinem Namen mit vielen Windungen gerecht wird,
hat sich tief ins Gestein des zentralen Plateaus von Oregon eingeschnitten und
Felsenpartien herausgebildet wie hier im Smith Rock State Park.

Smith Rock State Park (Oregon): Das Gebiet um Prineville ist wegen seiner seltenen geologischen Formationen, farbigen Kliffs und Geoden bei Fotografen und Gesteinssammlern gleichermaßen beliebt.

Die Triple Falls in der Columbia River Gorge National Scenic Area: Am Durchbruch des Columbia River durch das Kaskadengebirge erreichen seine Nebenflüsse in elf Wasserfällen die Talsohle.

Bei ihrem Durchbruch durch das Kaskadengebirge haben sich die Flüsse tief ins
Gestein eingeschnitten und wie hier im Gebiet der Oneonta Gorge (Oregon)
schmale Schluchten und Wasserfälle gebildet.

459

Nahe der Staatsgrenze Washington-Oregon, die hier vom Columbia gebildet
wird, liegt Oregons höchster Berg, der Mt. Hood (3427 m). Gletscher, Wasserfälle und über 160 Seen kennzeichnen seine attraktive Umgebung.

Wizard Island im Crater Lake N. P. (Oregon): Der Crater Lake ist ein See in
einem explodierten und in sich zusammengestürzten Vulkan. Die Caldera ragt
bis zu 650 m über dem Seespiegel auf.

An der Küste bei Florence (Oregon) gibt es die einzige ganzjährig besetzte See-
löwenkolonie der USA außerhalb Alaskas. Hunderte von Seelöwen lagern in
enger Nachbarschaft mit Kormoranen auf felsigem Ufer.

Die Küste Oregons mit dem berühmten Highway 101 bietet mit Buchten, steilen Kliffs und treibholzbedeckten Sandstränden malerische Ausblicke; das Wasser ist jedoch zum Baden zu kalt.

ALASKA

Als die Vereinigten Staaten 1867 den Russen für 7,2 Mio. US-$ Alaska abkauften, griffen sie zum ersten Mal auf ein Gebiet außerhalb der zusammenhängenden 48 Staaten über. Niemand ahnte damals, welche Reichtümer dieses Land im Nordwesten des nordamerikanischen Kontinents birgt. Aufgrund des von Außenminister W. H. Seward mit der russischen Regierung ausgehandelten Vertrags nannte man es spöttisch »Seward's Icebox« oder auch »Seward's Folly« (Sewards Torheit), aber spätestens mit den Goldfunden um die Jahrhundertwende mußte diese Meinung revidiert werden.

Trotz seiner Bodenschätze blieb Alaska bis zum Zweiten Weltkrieg isoliert. Vom Gebiet der 48 Staaten aus war es auf dem Landweg überhaupt nicht, sondern nur per Schiff oder Flugzeug zu erreichen; damit war Alaska auch leicht verwundbar, was sich 1942 bei der vorübergehenden Besetzung der äußersten Aleuteninseln durch die Japaner zeigen sollte.

Von der heutigen Bevölkerung Alaskas sind 17% Indianer, Inuit und Aleuten. Letztere Volksgruppe, die bei Eintreffen der Russen 1741 schätzungsweise 25000 Menschen zählte, wurde auf gegenwärtig etwa 6000 dezimiert.

GRÖSSTER STAAT DER USA. Der dem Land von den Aleuten, den Ureinwohnern der Alaska vorgelagerten Inselkette, gegebene Name Alaska bedeutet »großes Land«. Tatsächlich erreicht Alaska mit seinen 1,53 Mio. km² ein Fünftel des Staatsgebiets der 48 zusammenhängenden Staaten bzw. die

zweieinhalbfache Größe von Texas. Würde Alaska seine scherzhafte Drohung wahrmachen und sich in zwei Staaten aufteilen, würde Texas vom zweiten auf den dritten Platz der Größenskala verdrängt werden. Alaska besitzt eine Küstenlänge von 53000 km. Mit Alaska sind die USA 9,36 Mio. km² groß und kommen damit fast auf die Größe von Kanada (9,97 Mio. km²).

Durch seine polnahe Lage und seinen in weiten Teilen gebirgigen Charakter nimmt Alaska innerhalb des Staatsverbands der USA eine Sonderstellung ein. Die Bergwelt Alaskas weist 19 Gipfel mit Höhen über 4000 m auf. Der Mt. McKinley, der von den Einheimischen Denali genannt wird, ist mit 6193 m die höchste Erhebung des nordamerikanischen Kontinents. Entsprechend der nördlichen Lage sind die Gebirgszüge stark vergletschert; Alaska besitzt mehr als die Hälfte aller Gletscher der Erde. Am bekanntesten ist der nach dem in spanischen Diensten gefahrenen Italiener Alessandro Malaspina (* 1754, † 1810) benannte Gletscher, mit 3900 km² größter Gletscher Nordamerikas. Malaspina leitete von 1789 bis 1794 eine Expedition, die von Patagonien bis Alaska die Westküste Amerikas befuhr und anschließend den Pazifik überquerte.

Die niedrigen Landesteile Alaskas sind ähnlich dem benachbarten nördlichen Kanada mit vielen Seen und Flüssen überzogen und weitflächig versumpft. Etwas nördlich von Fairbanks, bei dem Ort Fort Yukon an der Einmündung des Porcupine-Flusses in den Yukon, verläuft der Polarkreis. Der Ort Barrow am Arktischen Meer erlebt vom frühen Mai bis Anfang August

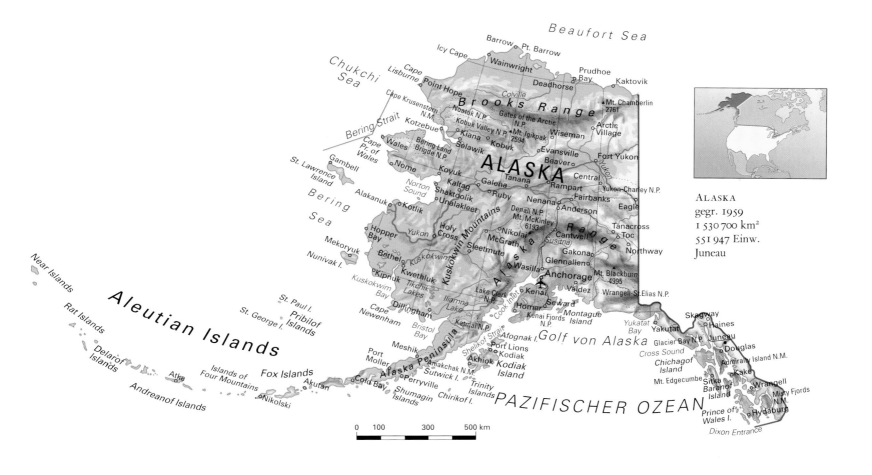

ALASKA
gegr. 1959
1 530 700 km²
551 947 Einw.
Juneau

82 Tage ohne Sonnenuntergang und von November bis Januar 51 Tage ohne Sonnenaufgang.

Wegen seiner weit westlichen Lage zwischen etwa 140° und 165° westlicher Länge gehört Alaska einer Zeitzone an, die gegenüber der Pacific Standard Time der westlichen USA um eine Stunde verschoben ist.

RUSSISCHE GRÜNDUNGEN. Als die Amerikaner den Russen Alaska abkauften, waren den Europäern nur einzelne Küstenabschnitte des großen Landes bekannt. 1741 war eine russische Expedition unter Leitung des Dänen Vitus Bering, nach dem die Amerika und Asien trennende Meeresstraße benannt worden ist, und Alexej Tschirikow an die nordamerikanische Westküste gelangt und nahm das Land offiziell für den russischen Zaren in Besitz. 16 Jahre nach der ersten Ansiedlung Three Saints Bay auf der Insel Kodiak gründete die russische Regierung 1799 die Russian American Company. Die sich an wenigen Punkten niederlassende Gesellschaft hatte das Ziel, statt der in Rußland allgemein üblichen Zobelpelze die mehr und mehr begehrten Robben- und Seeotterpelze zu beschaffen. Seeotterfelle ließen sich auch in China gewinnbringend verkaufen. Alexander Baranow, erster Präsident der Russian American Company, machte 1799 das heutige Sitka, das an einer Bucht der Insel Baranof liegt, zum Verwaltungssitz von Russisch-Nordamerika. Die russischen Handelsstationen Sitka, Kodiak und Wrangell haben sich über die russische Zeit hinaus erhalten.

Von Südosten drangen die Engländer bis nach Alaska vor. Die Hudson's Bay Company faßte an der Küste bei Wrangell Fuß und gründete im Landesinnern beim Indianerdorf Fort Yukon 1847 einen Handelsposten. 1848 fand man Gold auf der Kenai-Halbinsel, jedoch in so geringer Menge, daß sich die Anstrengungen zur kommerziellen Gewinnung nicht zu lohnen schienen. Die Russen entfalteten Aktivitäten bis nach Kalifornien hinein, wo sie 1811 etwa 120 km nördlich von San Francisco das Fort Rossija (heute Fort Ross) anlegten. Es diente als Stützpunkt für den Handel mit Getreide, das sie in ihrer Besitzung weit im Norden benötigten. Aber während der gesamten Zeit blieb die Bevölkerung des alaskischen Küstensaumes verschwindend gering; um 1860 wohnten dort weniger als 1000 Russen. Das durch den Krimkrieg (1853–56) geschwächte Rußland verlor allmählich das Interesse an seiner weit abgelegenen Besitzung und verkaufte sie 1867 an die USA.

BOOM DURCH GOLDRAUSCH. Fast bis zur Jahrhundertwende blieb Alaska von den Amerikanern weitgehend unbeachtet, erlebte dann aber drei kräftige Wachstumsschübe. Der erste kam mit den Goldfunden am Yukon, im Tanana-Tal westlich von Fairbanks und bei Nome in den Jahren 1897 bis 1904. Schon mit den früheren Funden um 1880 war Juneau entstanden. 1897 wurde Skagway zum wichtigen Hafen für Alaskas Versorgung aus dem Süden. Das Hereinströmen von Goldsuchern und von zahlreichen Händlern und Gewerbetreibenden, die sie mit Lebensmitteln und anderen Gütern belieferten, veranlaßte die US-Regierung erstmals zum Handeln, indem durch Gesetzgebung für Alaska die Grundlagen der Justiz und der Landvergabe geschaffen wurden. Ab 1906 durfte Alaska einen Abgeordneten ohne Stimmrecht ins amerikanische Repräsentantenhaus entsenden; 1912 wurde dem Gebiet der Territorial-Status zuerkannt. Die seit 1916 während Bemühungen, als Staat in die Union aufgenommen zu werden, wurden allerdings erst 1959 honoriert, als Alaska als 49. Staat gleichzeitig mit den Hawaii-Inseln als 50. Staat aufgenommen wurde.

STATIONIERUNG VON MILITÄR. Ein erneutes plötzliches Interesse an Alaska kam im Zweiten Weltkrieg auf, als die Japaner Pearl Harbor auf der Hawaii-Insel Oahu bombardierten und auf den Aleuten-Inseln landeten. Es war ein Schock für die Amerikaner, daß der Feind in einem Gebiet Fuß gefaßt hatte, das auf dem Landweg nicht erreichbar war. In unvorstellbar kurzer Zeit von März bis Oktober 1942 bauten das US-amerikanische und kanadische Militär eine 2430 km lange Allwetterstraße von Dawson Creek im nördlichen British Columbia bis nach Fairbanks. Dieser Alaska Highway oder Alcan Highway wurde zunächst ausschließlich für militärische Zwecke benutzt, entwickelte sich aber seit Ende des Zweiten Weltkriegs immer mehr zur beliebten Touristenroute, die mit zahlreichen Raststätten und Tankstellen ausgestattet ist. Immer mehr Urlauber, Jäger und Angler fahren über diese Straße nach Norden.

Seit 1942 ist ständig in erheblichem Umfang Militär in Alaska stationiert. In den letzten Jahren des Weltkriegs spielte der große bei Fairbanks gebaute Luftwaffenstützpunkt eine entscheidende Rolle für das amerikanische Land-Lease-Programm, das Waffenlieferungen an die Sowjetunion ermöglichte. Zu den militärischen Einrichtungen gehören nicht zuletzt die im Rahmen des Distant Early Warning System, der sog. DEW-Line, in und um Fairbanks unterhaltenen Verteidigungsanlagen. Die für die USA und Kanada strategische Schlüsselstellung Alaskas erhellt sich aus der Tatsache, daß die zu den USA gehörende Insel Little Dionede und die zur Sowjetunion (heute GUS) gehörende Insel Big Dionede nur knappe 4 km voneinander entfernt liegen. Gegenwärtig sind etwa 11% der Bevölkerung Alaskas Militärangehörige.

FUNDE VON ERDÖL UND ERDGAS. Der jüngste größere Wachstumsimpuls kam mit Erschließung der Erdöl- und Erdgaslagerstätten. Schon ab 1957 wurden Erdöl und Erdgas um den Cook Inlet herum an der Südküste gefördert, als die Prospektion im Gebiet der Prudhoe Bay an der Nordküste die Kenntnis von sehr viel größeren Vorräten erbrachte. Ab 1969 wurden hier Konzessionen vergeben, von 1974 bis 1977 wurde die stark umstrittene, fast 1300 km lange Pipeline nach Valdez über Gebirgspässe der Brooks-, Alaska- und Chugach-Berge gebaut. Mit ihr kamen viele Arbeitskräfte nach Alaska, die nach Beendigung der Bauarbeiten allerdings teilweise auch wieder fortzogen. Kurzfristig entfielen 20 000 Arbeitsplätze, was erhebliche Arbeitslosigkeit verursachte.

SCHUTZ FÜR NATUR UND UREINWOHNER. Die ökonomischen und mehr noch die ökologischen Probleme Alaskas begannen verstärkt die Regierung in Washington zu beschäftigen. 1980 unterzeichnete Präsident Jimmy Carter den Alaska National Interest Lands Conservation Act, mit dem Ländereien in der Größenordnung von 42 Mio. ha zu Schutzgebieten (preserves) erklärt und vor unerwünschten Nutzungen bewahrt wurden. Zu ihnen gehören Nationalparks, Wildrefugien, Flußläufe (National Wild and Scenic Rivers) und Erholungsgebiete. Vorausgegangen war diesem Gesetz der Alaska Native Claims Settlement Act 1971, der einerseits dem Staat Alaska die Verfügung über einen größeren Teil der unionsstaatlichen Public Domain (etwa ein knappes Drittel der Gesamtfläche des Staatsgebiets) zusprach und zum anderen den Ansprüchen der Indianer und Inuit gerecht werden wollte. Nach Blume (1979) wurden in Alaska zwölf sog. Native Regional Corporations (NRC) gebildet, die als Grundlage für eine von Indianern und Inuit selbstbestimmte Verwaltung und Wirtschaft dienen sollte. Da aber Teile dieser NRC-Gebiete bereits anders genutzt wurden, vor allem als Militärgelände und in Form des die Öl-Pipeline begleitenden Pipeline Corridor, zahlte die Regierung ihnen gleichzeitig einen Betrag von rund 1 Mrd. US-$.

Mit dem Alaska Native Claims Settlement Act 1971 waren 162 000 km² in das Eigentum der Ureinwohner übergegangen. Im Rahmen dieser Entscheidung der Regierung kam es ein Jahr später (1972) zu einer grundlegenden administrativen Veränderung im Gebiet des North Slope. Den etwa 4000 Inuit gelang es gegen die Intentionen von Regierung und Ölgesellschaften, das 228 000 km² umfassende Gebiet der Arctic Slope Regional Corporation in die administrative Einheit North Slope Borough umzuwandeln. Diese besitzt weitergehende Rechte als eine normale County, was sich vor allem in den Einkünften aus den Steuern der Ölgesellschaften niederschlägt. Ihre Millioneneinnahmen haben die Inuit zur Schaffung von Arbeitsplätzen eingesetzt. Sie müssen nicht mehr bei den Ölgesellschaften arbeiten, sind aber doch mittelbar von ihnen und damit von der weiteren Entwicklung der Ölförderung abhängig (Treude 1991).

VERBESSERUNG DER VERKEHRSSTRUKTUR. Erst in jüngerer Zeit wurde auch eine umfangreichere Verkehrsinfrastruktur innerhalb des Staatsgebiets selbst geschaffen. Von Fairbanks, der größten Stadt im Binnenland, zum Pazifikhafen Valdez an der Südküste hatte es lange Zeit nur einen Pferdeschlitten-Trail gegeben, der lediglich während der Wintermonate benutzbar war. Heute sind beide Städte über den Richardson Highway, eine Allwetterstraße, verbunden. Anfang der 70er Jahre wurde der George Parks Highway als Verbindungsstraße von Fairbanks nach Anchorage eröffnet. Der Richardson Highway wird von einer Überlandstraße (Glenn Highway und Tok Cutoff) gekreuzt, die von Anchorage nach Tok am Alaska Highway führt; sie findet ihre Fortsetzung im Taylor Highway nach Dawson City im kanadischen Yukon-Territorium. In nordöstlicher Richtung gibt es noch den Steese Highway von Fairbanks nach Circle City am Yukon.

Die übrigen drei Viertel des Staatsgebiets sind auf den Flug- und Schiffsverkehr angewiesen. Besonders wichtig ist die Schiffsroute von Seattle (Washington) zu den Häfen an der alaskischen Pazifikküste; über diese Route werden mehr als zwei Drittel des Güterverkehrs mit Alaska abgewickelt. Aufgrund seiner Schlüsselstellung für den alaskischen Großhandel wird Seattle sogar als die heimliche Hauptstadt Alaskas bezeichnet. Weit hinter Seattle rangiert San Francisco als zweiter Warenumschlagplatz für Alaska.

Blume (1979) hat darauf hingewiesen, daß die Binnenschifffahrt auf dem Yukon mit Heckraddampfern von geringem Tiefgang bis zur Eröffnung der Alaska Railroad (1923) eine große Rolle gespielt hatte, dann aber zum Erliegen kam. Eine Wiederbelebung erfuhr sie in den 70er Jahren, als während des Baus der Trans-Alaska-Pipeline Material mittels Luftkissenfähren transportiert wurde.

Alaska besitzt etwas über 1000 Flugplätze. Orte wie Nome haben heute tägliche Flugverbindung mit Anchorage und Fairbanks. Diese Flughäfen sind auch für den inneramerikanischen Verkehr mit den 48 Staaten wichtig. Darüber hinaus gewann der Flughafen von Anchorage Bedeutung mit Nutzung der Polarroute auf den interkontinentalen Flügen zwischen Europa und Ostasien. Das Fluggastaufkommen in Anchorage überstieg schon Anfang der 80er Jahre die Millionengrenze.

DER NORTH SLOPE. Das Staatsgebiet von Alaska läßt sich in fünf Großlandschaften untergliedern. Im Norden liegt zwischen dem Arktischen Meer und der Brooks Range der sog. North Slope, das arktische Alaska. Dieses Land jenseits des Polarkreises ist weitgehend baumlos und kann mit der Tundra verglichen werden. Es hat Permafrostboden, d. h. der Unterboden ist das ganze Jahr über gefroren; nur die oberste Schicht taut für etwa anderthalb Monate im Sommer bis zu etwa 60 cm Tiefe auf. Die Seen tragen lange Zeit eine Eisdecke, die im Küstensaum für nur etwa 90 Tage, in der Breitenlage der Brooks Range für 120 bis 150 Tage auftaut. So erfolgt auch die Erdölförderung an der Prudhoe Bay unter Permafrostbedingungen. Die Alaska-Pipeline, deren Bau 8 Mrd. US-$ gekostet hat, mußte deshalb großenteils auf Stelzen gebaut werden.

Die Niederschläge sind gering und liegen bei etwa 125 mm im Jahr. Bis auf die in der Erdölexploration beschäftigten Weißen besteht die spärliche Bevölkerung fast nur aus Inuit. Auf dem North Slope leben die meisten der rund 25 000 Rentiere Alaskas, sie sind fast ausschließlich im Eigentum der Inuit.

DER BEREICH DES YUKON-SYSTEMS. An den North Slope schließen sich nach Süden zwischen der Brooks Range und der Alaska Range die Tiefländer und Plateaus des Yukon-Flußsystems an. Dieses Gebiet kennzeichnen starke Temperaturgegensätze mit sommerlichen Höchstwerten, die über 40° C liegen können, und winterlichen Minimalwerten bis unter −60°. Die Niederschläge sind mit etwa 375 mm dreimal so hoch wie auf dem North Slope. Die Vegetationsperiode dauert 80 bis 90 Tage, ein marginaler Wert für manche Kulturpflanzen. Ihr Wachstum wird aber durch die lange Sonnenscheindauer während der Sommermonate unterstützt, weshalb z. B. im Tanana-Tal westlich von Fairbanks Ackerbau möglich ist. Fairbanks, das »goldene Herz Alaskas«, ist das wirtschaftliche Zentrum dieses Raumes, der seit 1942 über den Alaska Highway an Kanada und das Gebiet der 48 Staaten angeschlossen ist.

DER KÜSTENRAUM. Die dritte Großlandschaft ist Küsten-Alaska zwischen der Alaska Range und dem Golf von Alaska. Der eigentliche Küstensaum kennt gar keinen, das nördlich anschließende Gebiet nur sporadischen Permafrost. Die Vegetationsperiode beträgt etwa 150 Tage, so daß vor allem im Matanuska-Tal, aber auch am Copper River und auf der Kenai-Halbinsel recht günstige Voraussetzungen für landwirtschaftliche Nutzung gegeben sind. Hinzu kommen die reichen Fischgründe, die vor allem Kabeljau, Heilbutt, Hering und viele andere Meeresfrüchte wie Kammuscheln und Garnelen hervorbringen; auch der Lachsfang ist von Bedeutung. In allen diesen Vorzügen macht sich der Einfluß des warmen Kuroschio-Stroms bemerkbar, der auch der Südküste die eisfreien Häfen beschert. Der Küstensaum ist durch den Alaska Marine Highway erschlossen, ein System von Passagier- und Autofähren. Sie verkehren zwischen Bellingham (Washington) bzw. Prince Rupert (British Columbia) und Juneau, Haines und Skagway sowie im Gebiet von Cook Inlet, Kodiak und Prince-William-Sund. Das

Bevölkerungs- und Wirtschaftszentrum dieses Raums ist Anchorage, das mit 226 000 Einwohnern über die Hälfte der Gesamtbevölkerung Alaskas auf sich vereinigt.

DAS GEBIET DES PFANNENSTIELS. Nach Südosten schließt sich der sog. Pfannenstiel (Panhandle) an. Er ist ein jahrzehntelanges Ärgernis in den US-amerikanisch-kanadischen Beziehungen gewesen, da die Häfen Skagway, Haines, Juneau, Wrangell und Ketchican durch die Grenze von ihrem kanadischen Hinterland abgeschnitten sind. Zustande gekommen ist diese merkwürdige Grenzziehung durch die Pelzhändler der Russian American Company, die entlang der Küste relativ weit nach Süden vorgedrungen waren. 1825 hatten sich die Engländer und Russen auf diese Grenze verständigt. 1896 kam es aber mit dem Klondike-Goldrausch zur Auseinandersetzung zwischen den mittlerweile dort etablierten Staaten Kanada und USA, die sich über die Definition des »küstenparallelen Verlaufs« der Grenze nicht einigen konnten. Während die USA die tatsächliche Küstenkonfiguration zugrunde legen, fordert Kanada eine Verbindungslinie zwischen den Kaps, wodurch die Grenze meerwärts verlagert würde und Kanada einen Teil der Panhandle bekäme.

Das Gebiet des Pfannenstiels besitzt ein gemäßigtes Klima und empfängt sehr hohe Niederschläge, die bei Ketchican 4050 mm erreichen; damit kann die südlichste Stadt Alaskas als regenreichster Ort auf dem nordamerikanischen Kontinent gelten. Die Niederschläge weisen ein zum Oktober hin verschobenes Niederschlagsmaximum auf, da das Gebiet einen äußersten Ausläufer des zentralkalifornischen mittelmeerischen Klimatyps darstellt. Die genannten Hafenstädte, die großenteils aus russischen Pelzhandelsstationen und Militärposten hervorgingen, z. T. aber auch auf die Goldfunde um die Jahrhundertwende zurückgehen, weisen auf die wirtschaftlichen Aktivitäten des Gebiets hin. Hier findet sich auch, in sehr exzentrischer Lage zum gesamten Staatsgebiet Alaskas, die Hauptstadt Juneau.

DIE ALEUTEN-INSELN. Die fünfte Region bildet die 1600 km lange Kette der etwa 150 Aleuten-Inseln, die bis auf sieben zur National Wildlife Refuge erklärt wurden. Die Bewohner waren lange Zeit fast nur die kulturell den Inuit nahestehenden Aleuten. Seit dem Zweiten Weltkrieg erkannten die Amerikaner aber die strategische Bedeutung der Inselkette und richteten Militärstützpunkte ein. In der Folgezeit wurden auch Zivilpersonen aus den übrigen USA ansässig, die in der Anzahl die Aleutenbevölkerung schon 1950 um das Neunfache übertrafen.

Das Klima der Inseln ist von häufigem Nebel bestimmt, der durch das Aufeinandertreffen der Luft über dem warmen Kuroschio-Strom mit polarer Kaltluft entsteht. Damit hängen auch die kräftigen, vor allem im Winter häufigen Winde zusammen. Die Inselkette wird von der Aleuten-Rinne begleitet, die eine maximale Tiefe von 7500 m erreicht; die höchste Erhebung auf den Inseln ist mit 2861 m der Shishaldin auf Unimak. Aus dieser Reliefenergie von über 10 000 m auf geringe horizontale Entfernung werden die tektonische Unruhe und der vulkanische Charakter der Inselkette offensichtlich. Über 50 Gipfel dürften vulkanischen Ursprungs sein; der Shishaldin gehört zu den bis in die Gegenwart aktiven Vulkanen.

DIE WIRTSCHAFT. Die wirtschaftlichen Grundlagen Alaskas sind mittlerweile in der Reihenfolge des Ertrags der Tourismus, die Fischereiwirtschaft und die Holzwirtschaft. Nach der Beschäftigtenzahl nehmen Regierung, Dienstleistungen und Handel die führenden Positionen ein, was für relativ hohe Gehälter gesorgt hat. 1988 betrug das Pro-Kopf-Einkommen der alaskischen Bevölkerung 19 050 US-$. Abgesehen von einigen Staaten der mittelatlantischen Region und Neuenglands lag es damit höher als dasjenige der restlichen US-Staaten.

JAGD UND HANDEL MIT PELZTIEREN. Am Beginn standen Pelztierjagd und Pelzhandel; bereits die Russen hatten sich deshalb an der nordamerikanischen Westküste festgesetzt. Die US-Regierung versuchte schon 1925, den Pelzhandel durch Erlaß des Alaska Game Law einzuschränken, was aber nur zum Teil gelang. Fort Yukon ist nach wie vor ein Pelzhandelsplatz; die Inuit und Indianer blieben weiterhin von der Pelztierjagd abhängig. Der Pelztierhandel der Weißen wurde dagegen weitgehend auf Pelztierzucht (vor allem Blaufuchs und Nerz) umgestellt. So spielt der Pelzhandel nach wie vor für Alaska eine gewisse Rolle und steuerte 1966 zu den Einkünften des Staates 7 Mio. US-$ bei.

Die Zusammenfassung von Inuit und Indianern in Zentralsiedlungen, die ihnen zeitgerechte Lebensbedingungen ermöglichen sollten, hat sich als problematisch erwiesen. Denn damit wuchs die Entfernung zu den angestammten Jagdgebieten, die allenfalls noch mit Motorbooten oder Motorschlitten erreicht werden können. Hinzu kommen zwei andere Umstände, die sich negativ auf die Ureinwohner Alaskas auswirkten. Die in den Industrieländern durchgeführten Kampagnen gegen den Kauf von Robbenfellen verschlossen ihnen diesen Absatzmarkt, und die in den 80er Jahren besonders starke Vermehrung der Karibu- und Wildrenbestände brachte einen verstärkten Druck auf das Weideland, das für die Haltung der gegenwärtig etwa 25 000 Rentiere benötigt wird (Treude 1991).

GOLD UND ERDÖL. Historisch betrachtet folgte auf den Pelzhandel zunächst die Goldgewinnung, die mit bescheidenen Funden im Gebiet des Pfannenstiels bei Juneau begann. Skagway wurde der Nachschubhafen für die Ausrüstung der Goldsucher des 1897 beginnenden Booms, der in der Klondike-Region seinen Anfang nahm, dann 1900 bei Nome einsetzte und 1903 auf das Tanana-Tal übergriff, womit Fairbanks seinen ersten Aufschwung erlebte; dieser Goldrausch war jedoch kurzlebig. Ab Mitte der 20er Jahre wurden die Tanana-Goldfelder durch die Fairbanks Exploration Company mittels Schwimmbaggern wiederaufbereitet. Entscheidend für diese zweite Phase der Goldgewinnung war die 1923 zur Südküste fertiggestellte Alaska Railroad, die den Transport des schweren Geräts ins Zentrum Alaskas ermöglichte.

Das Gold wurde später in seiner Bedeutung für die alaskische Wirtschaft vom Erdöl abgelöst, das ab 1957 auf Feldern um den Cook Inlet und auf der Kenai-Halbinsel gefördert wurde. 1968 wurde die Atlantic Richfield Corporation an der Prudhoe Bay im Norden fündig. Die dortigen Vorräte wurden um 1980 auf 1,4 Mrd. t geschätzt; die Produktionsleistung der einzelnen Förderstelle beträgt ein Vielfaches von derjenigen in Erdölfeldern der 48 zusammenhängenden Staaten.

Die Grundausstattung zur Erschließung der Prudhoe Bay wurde mit Frachtschiffen übers Beringmeer herangebracht; der zum Unterhalt und zur Weiterentwicklung benötigte Nachschub wird eingeflogen. Ende der 70er Jahre wurden weitere Lagerstätten bei Barrow und Kotzebue entdeckt.

SCHWIERIGER ERDÖLTRANSPORT. Der Bau der Trans-Alaska-Pipeline nach Valdez, dem eisfreien Hafen an der Südküste, wurde von 1968 bis 1973 vorbereitet und von 1974 bis 1977 durchgeführt. Die Pipeline ist für eine tägliche Durchsatzkapazität von 300 000 t angelegt. Sie war ökologisch heftig umstritten, bot jedoch die einzige ökonomische Möglichkeit zum Abtransport, da sich die Benutzung der Nordwestpassage als unrealistisch erwiesen hatte. Damit war das Problem jedoch nicht endgültig gelöst, wie der tragische Großtankerunfall vom März 1989 zeigt. Millionen Liter von Öl ergossen sich in den Prince-William-Sund und kontaminierten eine Küstenstrecke von etwa 1100 km Länge. Zwar wurden umfangreiche Sanierungsarbeiten durchgeführt, aber die Schädigungen der Tier- und Pflanzenwelt sind kaum zu ermessen.

Als weiteres Glied in der Transportkette für das Alaska-Öl wurde 1982 eine 130 km lange Pipeline in Panama zwischen Puerto Armuelles und Chiriqui Grande mit einer jährlichen Durchsatzkapazität von 200 Mio. Barrel eröffnet.

ENTWICKLUNG DES TOURISMUS. Weit vorn in der Bedeutung der Wirtschaftszweige steht mittlerweile der Tourismus, für den die nach Millionen Hektar zählenden Nationalparks, Wildreservate und sonstigen staatlichen Ländereien unendliche Möglichkeiten bieten. Viele Urlauber kommen in den Norden zum Fischen und Jagen. Große Gebiete sind nur per Boot oder Flugzeug erreichbar; es gibt ein vielfältiges Angebot von »Buschpiloten«, das Tagestouren und längere Exkursionen für Sightseeing oder Jagd beinhaltet. Vergeben werden Lizenzen für die Jagd auf Bären, Karibus, Elche, Moschusochsen, Bisons, Wölfe, Bergschafe und Ziegen. Beste Möglichkeiten gibt es auch für die verschiedensten Wintersportarten: Eislauf, Skilauf, Hundeschlittenfahrt und Snowmobile-Rennen.

1975 hatte die Zahl der Touristen 230 000 erreicht, von denen knapp die Hälfte per Flugzeug kam, der Rest reiste per Auto über den Alaska Highway oder mit Fähr- und Kreuzfahrtschiff an. Bis 1988 hatte sich die Touristenzahl mit 743 000 mehr als verdreifacht.

FISCHFANG UND HOLZVERARBEITUNG. Fischfang bildete neben Holznutzung die Grundlage der materiellen Kultur der einheimischen Volksgruppen, die sich den pazifischen Küstensaum als Lebensraum teilten. Dort lebten von Ost nach West die Indianervölker der Tlinkiten, Haida und Tsimpschian, die Inuitvölker der Chugachmiut und Kaniagmiut sowie die Aleuten. Der Ort Ketchican ist berühmt für seine kunstvoll geschnitzten Totempfähle.

Für die gegenwärtige Wirtschaft spielen vor allem der saisonale Lachsfang und – bei rückläufiger Tendenz – die Verarbeitung in Konservenfabriken eine Rolle sowie der ganzjährig betriebene Fang von Königskrabben, Heilbutt und Garnelen nebst deren Verarbeitung in entsprechenden Anlagen. Alljährlich werden am Memorial Day in Ketchican ein Salmon Derby und in Kodiak ein Crab Festival durchgeführt. Ein Teil des Fanges wird bereits auf Fabrikschiffen aufbereitet, die von Seattle aus operieren. Chinook- und Silberlachse werden inzwischen auch in großen Fischzuchtanstalten gezogen, von denen eine der größten die Deer Mountain Fish Hatchery in Ketchican ist.

Die holzverarbeitende Industrie basiert in erster Linie auf den Feuchtwäldern der Chugach- und Tongass-Nationalforste der pazifischen Küstenregion, wo Hemlocktanne und Sitka-fichte bestandsbildend sind. Standorte der Holzverarbeitung sind Ketchican, Sitka, Wrangell und Juneau. Die auf den Export nach Japan ausgerichtete Zellstoffproduktion in Ketchican wird seit 1954 von der teilweise mit japanischem Kapital ausgestatteten Ketchican Pulp Company betrieben.

LANDWIRTSCHAFT UNTER WIDRIGEN UMSTÄNDEN. Die Landwirtschaft findet in Alaska nur beschränkte Voraussetzungen. Selbst im zentralen Tanana-Tal umfaßt die Vegetationsperiode nur maximal 90 Tage, insgesamt gelten nur 400 000 ha als potentielle Anbaufläche für Kulturpflanzen. Die Viehhaltung hat ein leichtes Übergewicht; etwa 60% des Produktionswertes der Landwirtschaft bestreiten Futtergetreide, Heu und Milchwirtschaft. Im Tanana-Tal ist der Kartoffelanbau bedeutend, im südalaskischen Matanuska-Tal die Milchviehhaltung und auf der Kenai-Halbinsel die Hühnerzucht. Im Norden ist die Rentierhaltung der Inuit, die auch Fleisch in das übrige Alaska liefern, zu erwähnen. Mit Prägermination (Vorkeimung) und erdgasbeheizten Gewächshäusern konnte der Gemüseanbau intensiviert werden. Als Fernziel wird in der Nahrungsmittelerzeugung eine Autarkie von 50% angestrebt.

Einer Ausweitung und Diversifizierung der Landwirtschaft stehen in Alaska nicht allein die in dieser nördlichen Breitenlage naturgegebenen Beschränkungen entgegen, sondern auch die hohen Produktionskosten und die damit verbundene mangelnde Konkurrenzfähigkeit gegenüber den 48 Staaten, die selbst unter Einrechnung beachtlicher Transportkosten billiger produzieren können. Nach Blume (1988) hatte z. B. eine Regierungsmaßnahme, wonach das in Alaska stationierte Militär anstelle von Substituten Frischmilch zu verwenden habe, zwar eine gewisse Steigerung der alaskischen Milcherzeugung, aber eine noch größere Steigerung des Milchimports aus dem Süden bewirkt, da sich sogar der Milchtransport per Flugzeug günstiger stellte als die heimische Produktion.

ANCHORAGE. Das Netz der städtischen Siedlungen Alaskas ist extrem weitmaschig und spiegelt die außerordentlich ungleiche Bevölkerungsverteilung über dieses große Staatsgebiet.

Anchorage, das 1914 als Basislager für den Bau der Alaska Railroad entstand, ist mit 226 000 Einwohnern (1990) rund zehnmal so groß wie die auf dem zweiten Platz folgende Stadt Fairbanks im Landesinnern und beherbergt in der Großstadtregion rund die Hälfte der Gesamtbevölkerung. Die beiden entscheidenden Pluspunkte dieser Stadt sind ihre Rolle als »der« Verkehrsknoten für den gesamten Staat und ihr außerordentlicher Freizeitwert. Die umgebenden Berge, die ausgezeichnete Erholungs- und Wintersportmöglichkeiten bieten, schützen die auf dem Hochufer des Cook Inlet gelegene Stadt vor widriger Witterung und verleihen dem Ort im Zusammenwirken mit dem Einfluß des Meeres ein angenehmes Klima, das im Sommer demjenigen von San Francisco und im Winter demjenigen von Denver ähnelt. Daher spielt der Tourismus eine bedeutende Rolle. Auf die Funktion von Hafen und Flughafen wurde schon hingewiesen. Der Eisenbahnbau brachte den ersten Wachstumsschub. Ein zweiter Anstoß ging 1935 vom staatlichen Matanuska-Kolonisationsprojekt aus, das die moderne Farmwirtschaft in diesem Tal begründete. Der dritte Wachstumsschub kam mit dem Ausbau militärischer Einrichtungen seit dem Zweiten Weltkrieg. Die Entwicklung zum Handels-, Verkehrs- und militärischen Zentrum eines weiten Einzugsgebiets brachte in jüngerer Zeit auch die zunehmende Bindung so weit entlegener Orte wie Kotzebue und Nome, die früher auf Fairbanks orientiert gewesen waren.

Ein Ereignis besonderer Art ist das alljährliche Hundeschlittenrennen zwischen Anchorage und Nome, das aus einer Notsituation entstanden war: Als 1923 in Nome die Diphtherie auftrat, mußten die Medikamente aus Anchorage mit Schlitten herbeigeschafft werden. Je nach Kondition der Tiere und Lenker sind die Gespanne zwei bis vier Wochen unterwegs.

FAIRBANKS. Alaskas zweitgrößte und zweitwichtigste Stadt ist eine typische Boomstadt mit mehrfachen Wachstums- und Schrumpfungsphasen. Nach dem ersten Goldrausch in der Klondike-Region und bei Nome wurde in der Nähe von Fairbanks Gold entdeckt, so daß der Ort ab 1903 ein Goldgräberzentrum war. Ein Händler französischer Herkunft operierte geschickt gegen das etwas ältere, konkurrierende Chena City an der Einmündung des Chena-Flusses in den Tanana. Das Jahrzehnt 1915–25 brachte den Wegzug eines Teils der Bevölkerung und den ersten merkbaren Rückschlag.

Die Eröffnung der Alaska Railroad von Anchorage nach Fairbanks bedeutete einen zweiten Wachstumsimpuls. Diese Bahnverbindung war auch die Voraussetzung dafür, daß die Fairbanks Exploration Company die Aufarbeitung der Tanana-Goldfelder mit Schwimmbaggern durchführen konnte. 1942 kam der dritte Impuls mit der Landesverteidigung und dem Bau des Alaska Highway. Von da ab spielte das Militär für Fairbanks auch als Arbeitgeber und als Konsument eine Rolle.

Ab 1968 wurde die Stadt zum Basislager für die Aktivitäten im Zusammenhang mit der Trans-Alaska-Pipeline und erlebte den Zuzug einer größeren Anzahl jüngerer, vor allem männlicher Arbeitskräfte. In dieser Epoche blühte das städtische Baugewerbe. Doch schon kurz vor Beendigung des Pipelinebaus kam wieder der Rückschlag, womit erneut öffentlicher Dienst und Militär die Hauptarbeitgeber wurden. Diese aber werden nach Gabriel (1989) genauso wie die Bergwirtschaft der Umgebung aus der Ferne gesteuert, so daß weitgehend auswärtige Kräfte das Auf und Ab der Stadtentwicklung von Fairbanks bestimmen. Zur Gegenwart ist der Trend zum wiederholten Male rückläufig, der Zentralitätsverlust zugunsten von Anchorage läßt sich nicht übersehen. Auch die Universität fristet nur ein bescheidenes Dasein, während der eigentliche Standort tertiärer Bildung für Alaska die auch als Handelsplatz dominierende Großstadt Seattle (Washington) ist.

JUNEAU UND WEITERE STÄDTE. Die Rolle Juneaus als Hauptstadt Alaskas ist längst angefochten, nicht zuletzt wegen der sehr exzentrischen Lage. Die Stadt trägt den Namen eines der beiden Männer, die 1880 hier Gold entdeckten und den ersten, allerdings recht bescheidenen Goldrausch auslösten. 1944 wurde die Goldgewinnung der beiden Bergwerke im Raum Juneau eingestellt. Als Hauptstadt beherbergt die Stadt das Capitol und das Staatsmuseum von Alaska.

In der nächst tieferen Größenklasse folgen die Städte Kenai, Ketchican, Kodiak und Sitka mit je über 7000 Einwohnern. Alle anderen Orte sind deutlich kleiner mit Einwohnerzahlen zwischen 1000 und 4000 Menschen. In den einstigen russischen Niederlassungen wie Kodiak oder Sitka ist das architektonische Erbe jener Epoche noch erhalten und kann in Form von mehreren russisch-orthodoxen Kirchen besichtigt werden.

Der Mt. McKinley, mit 6193 m höchster Berg Alaskas und Nordamerikas, hüllt
sich meist in Wolken. Nach seinem indianischen Namen Denali (»der Hohe«),
wurde der umliegende Park zum Denali N. P. erklärt.

468

Alaska Highway Mile 1260: Im Zweiten Weltkrieg bauten US-amerikanische
und kanadische Armeeingenieure in acht Monaten 1942 die Landverbindung
nach Alaska; sie führt von Dawson Creek (British Columbia) nach Fairbanks.

Der Matanuska River kommt aus den Chugach Mountains. Auf seinem kurzen
Weg zum Meer transportiert er riesige Schuttmassen, die zum Teil als große
Sandbänke bei Niedrigwasser zu sehen sind.

Nachdem 1968 an der arktischen Küste Alaskas Erdöl entdeckt wurde, wurde
die fast 1300 km lange Pipeline von der Prudhoe Bay bis zum eisfreien Hafen
Valdez an der Südküste gebaut.

Offizielles Ende des Alaska Highway in Big Delta: Nach 1422 Meilen, davon
1221 in Kanada, trifft der Alaska Highway hier auf den Richardson Highway
und führt weiter nach Fairbanks.

Blick auf Anchorage am Cook Inlet an der Südküste: Alaskas größte Stadt hat
durch den Schutz hoher Berge gegen Norden ein mildes Klima. Mehr als die
Hälfte aller Bürger Alaskas leben hier.

Am Hatcher Pass zwischen Palmer und Willow kommt man durch ein Gebiet,
das früher reich an Gold und anderen Mineralien war. Die verfallene Independence Mine ist ein Relikt dieser Zeit.

Im Denali N. P., der früher in kleinerer Abmessung Mt. McKinley N. P. hieß,
bietet eine 140 km lange Straße herrliche Ausblicke und gute Möglichkeiten
zur Tierbeobachtung (u. a. Grizzlies, Eisbären, Elche, Wölfe und Bergschafe).

Moschusochsenfarm bei Palmer im fruchtbaren Matanuska-Tal: Die in Herden
lebenden Tiere erhielten ihren Namen von dem moschusartigen Geruch, den
sie während der Brunstzeit verströmen.

Braunbären sind in Alaska häufig anzutreffen. Sie leben bevorzugt in Küstennähe an Flüssen mit reichen Fischgründen, ernähren sich aber weitgehend von
Beeren und Wurzeln.

Portage Glacier am Seward Highway: Einer der vielen Gletscher auf der Kenai-
Halbinsel. Von Seward aus kann per Schiff oder Flugzeug auch das imposante
Harding Icefield bewundert werden.

Das an der Inlandpassage gelegene Juneau ist die einzige Hauptstadt der Welt,
die nur per Flugzeug oder Schiff erreichbar ist. Die einzige Straße endet nach
70 km im Nichts.

Die St. Michael's Cathedral in Sitka ist ein gutes Beispiel russisch-orthodoxen
Kirchenbaus in Alaska. Im Innern ist orthodoxe Kunst (u. a. Ikonen, Hochzeits-
kronen, Porzellan und Meßgewänder) zu sehen.

Sitka auf Baranof Island war einst als Neu-Archangelsk Hauptstadt von Russisch-Amerika. Der betriebsame Hafenort zählte 3000 Einwohner, als San Francisco noch ein Missionsposten war.

Zur Goldrauschzeit 1897/98 hatte Skagway über 15 000 Einwohner (jetzt unter 1000). In Eagle's Hall bietet eine Show mit Cancan und Songs aus den Goldrauschtagen die alte Saloon-Atmosphäre.

Junge kostümierte Chilkat-Indianer führen im Chilkat Theater von Haines ihre traditionellen Tänze auf. Haines ist über den Haines Highway mit dem Alaska Highway verbunden.

Gold Rush Cemetry in Skagway: Auf diesem Friedhof liegen auch die beiden
Outlaws Frank Wright und »Soapy« Smith, die bei einem Shoot-down ums
Leben kamen.

Die einsamen, weitverzweigten Küsten bieten mit ihrem Fischreichtum ideale
Jagdgründe für Haarrobben, Walrosse, Seelöwen und Seehunde. Häufig können
auch verschiedene Walarten beobachtet werden.

Im Sitka National Historical Park, wo 1804 der letzte Aufstand alaskischer
Indianer stattfand, befindet sich eine wertvolle Sammlung von 28 Totem-
pfählen, von denen einige über hundert Jahre alt sind.

HAWAII

Hawaii, korrekt ausgesprochen Hawa-ih mit deutlicher Betonung des doppelten i am Ende, ist seit 1900 Territorium und seit 1959 jüngster der 50 Staaten der Union. Wie Alaska liegt es abseits der zusammenhängenden 48 Staaten, ist aber nicht dem nordamerikanischen Festland zugehörig, sondern der einzige Inselstaat.

INSELSTAAT MIT STRATEGISCHER BEDEUTUNG. Der gesamte Archipel erstreckt sich über mehr als 3000 km und besteht aus rund 130 verschiedenen Inseln und Riffen, von denen allerdings nur acht, die sog. High Islands, für die Besiedlung eine Rolle gespielt haben. Sie nehmen 99% der Gesamtfläche (16 642 km²) ein. Der Inselstaat ist aber bei weitem nicht der kleinste US-Staat, sondern rangiert noch vor Rhode Island, Connecticut und Delaware. Allein die größte Insel Hawaii, auch als Big Island bezeichnet, nimmt mehr als die dreifache Fläche des kleinsten Staates Rhode Island ein.

Trotz seiner isolierten Lage mitten im nördlichen Pazifik ist der Inselstaat von großer strategischer Bedeutung für die Vereinigten Staaten. Die Insel Hawaii liegt auf etwa 20° nördlicher Breite und 155° westlicher Länge. Sie ist rund 3850 km weit von der kalifornischen Küste und genauso weit von den Marquesas-Inseln entfernt, die zusammen mit den Gesellschaftsinseln (Tahiti) die Herkunftsgebiete der frühesten polynesischen Bewohner der Hawaii-Inseln waren. Die Entfernung zu Japan beträgt 6200 km, die zu den Philippinen 8500 km.

Hawaiis Rolle für die Landesverteidigung zeigt sich zum einen im Marinestützpunkt Pearl Harbor auf der Hauptinsel Oahu und zum anderen daran, daß nicht weniger als 26% der Fläche dieser Insel Militärgelände sind. Das Militär ist ein wichtiger Arbeitgeber für den Inselstaat.

VULKANE UND SEISMISCHE TÄTIGKEIT. Beherrschendes Element der Landesnatur ist der Vulkanismus, mit dem auch Erdbeben und Tsunamis (durch seismische Tätigkeit ausgelöste Meereswellen) zusammenhängen. Die Hawaiianer erklären die feuerspuckenden Vulkane mit dem Zorn der Feuergöttin Pele.

Die Inseln sind einem untermeerischen Gebirgszug (Hawaiian Ridge) aufgesetzt, der auf seiner Nordseite von einem Tiefseegraben (Hawaiian Deep) begleitet wird. Das Land erreicht auf der Insel Hawaii im Vulkankegel des Mauna Kea (»Weißer Berg«) eine Höhe von 4205 m, während der nur 130 km entfernt gelegene Tiefseegraben eine maximale Tiefe von 5569 m aufweist. Damit gibt es auf dieser kurzen Entfernung einen Höhenunterschied von annähernd 9800 m.

Hinzu kommt, daß sich quer zur Streichrichtung des untermeerischen Gebirges eine Störungszone im Bereich der Insel Molokai hindurchzieht, die sog. Molokai Fracture Zone. Nach den Kenntnissen von der Plattentektonik bewegt sich in diesem Bereich die Pazifische Platte in etwa nordwestlicher Richtung über einen Hot spot. Dieser befindet sich gegenwärtig unter der Insel Hawaii, weshalb die vulkanische Aktivität von Nordwe-

sten nach Südosten, also von Kauai über Oahu, Molokai und Maui bis zur Hawaii-Insel hin zunimmt. Während auf den erstgenannten Inseln vom Vulkanismus eigentlich nichts mehr zu spüren ist, hatte der auf der Insel Maui gelegene Haleakala (»Haus der Sonne«) 1790 einen schweren Ausbruch: Ein Lavastrom von 27 Mio. m³ ergoß sich über eine Fläche von 5,7 km² und formte den größten Teil der heutigen Insel.

Die spektakulären Aktivitäten im Bereich des Kilauea (auf Hawaii) mit seinem Lavasee Halema'uma'u, einem Nebenkrater des Mauna Loa (»Langer Berg«), reichen bis in die Gegenwart. Der vorletzte Lavastrom geht auf das Jahr 1982, der jüngste auf das Jahr 1990 zurück. Der Puu Oo war von 1983 bis 1986 tätig, der Kupaianaha ist es seit 1986. Die gewaltigsten Lavaströme des Mauna Loa von jeweils mehr als 450 Mio. m³ ergossen sich 1859 und 1950 auf jeweils etwa 90 km² Fläche.

Seit 1925 gab es elf Beben, die mehr als 5,3 auf der Richterskala verzeichneten. Das stärkste von Weißen miterlebte Beben fand 1868 statt und hatte wahrscheinlich die Stärke 8,0. Größere Seebebenwellen hatten nur 1868 und 1975 ihren Ursprung auf den Hawaii-Inseln, während die meisten von den Aleuten sowie den Küsten Südamerikas und Asiens herrühren.

ERSTE BESIEDLUNG DURCH POLYNESIER. Die früheste Besiedlung der Hawaii-Inseln erfolgte um 750, ausgehend von den Marquesas-Inseln und Tahiti im südlichen Pazifik. Mundart, Redensarten und Mythen der Hawaiianer zeigen noch heute die Verwandtschaft.

Diese Polynesier lebten in Grashütten und gingen in ihren Kanus auf Fischfang. Sie ernährten sich zudem von Taro (eine Art Blattwurz), Früchten und angebautem Gemüse. Auf den einzelnen Inseln bildete sich eine Art feudaler Organisation unter jeweils eigenem Stammeshäuptling. Das war auch noch so, als Kapitän James Cook (* 1728, † 1779) auf seiner letzten Reise

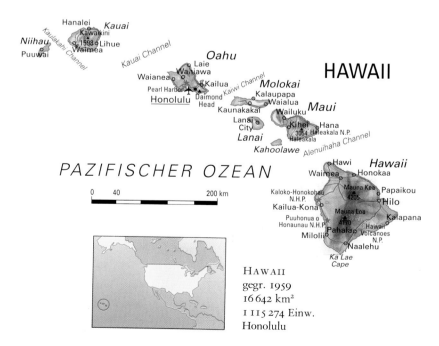

HAWAII
gegr. 1959
16 642 km²
1 115 274 Einw.
Honolulu

1778 auf der Insel Kauai landete. Er nannte die Inseln, deren damalige Bevölkerung auf 300 000 geschätzt wurde, nach dem ihm wohlgesinnten englischen Grafen Sandwich-Inseln. 1779 wurde Cook bei Auseinandersetzungen mit den Eingeborenen getötet.

1782 begann der auf Hawaii regierende Kamehameha I. (* 1753, † 1819) mit der Eroberung der anderen Inseln. Sein Königtum fand aber bald Rivalen in den amerikanischen und britischen Missionaren, Walfängern und Händlern, die sich auf den Inseln niederließen. Auch die Russen hatten Fuß gefaßt: Auf Kauai bestand von 1821 bis 1864 ihr Fort Elisawetha, dessen Überreste man noch besichtigen kann.

ZUNEHMENDER US-AMERIKANISCHER EINFLUSS. Kamehameha III. führte 1839 eine Verfassung ein; 1842 erkannten die USA Hawaii als Staat an. Aber mit verstärkter amerikanischer Zuwanderung und wachsender Bedeutung der Inselgruppe als Zuckerrohrproduzent mehrten sich in den USA die Stimmen nach Annexion. Nachdem Ende der 1860er Jahre Kamehameha V. gestorben war, ohne einen männlichen Nachkommen zu hinterlassen, wurde ein Wahlkönigtum eingerichtet. 1887 erhielten die USA das Recht, in Pearl Harbor einen Marinestützpunkt einzurichten. Nach mehreren Rebellionen zu Beginn der 90er Jahre landete 1892 ein kleines US-amerikanisches Expeditionscorps. 1894 wurde der in Honolulu gebürtige Jurist Sanford B. Dole Präsident der neu ausgerufenen Republik Hawaii, die jedoch nicht lange Bestand hatte. Während des Amerikanisch-Spanischen Kriegs wurde die Inselgruppe 1898 von den Amerikanern annektiert und erhielt mit dem Organic Act von 1900 den Status eines US-amerikanischen Territoriums.

BEVÖLKERUNGSENTWICKLUNG IM 20. JAHRHUNDERT. Etwa ab 1880 veränderte sich die Zusammensetzung der Bevölkerung erheblich. Waren die Einwohner bis dahin fast ausschließlich von den Inseln selbst gebürtig gewesen, kamen nun immer mehr Plantagenarbeiter, vor allem aus China, Japan, den Philippinen und Portugal. Schon drei Jahrzehnte später, beim Zensus von 1910, stellten die Einheimischen nur noch ein Drittel der Bevölkerung. Zwei Drittel waren Zugewanderte, von ihnen kamen sieben Achtel aus den genannten Ländern und ein Achtel vom US-amerikanischen Festland. Ab 1930 verstärkte sich die Zuwanderung aus den übrigen Vereinigten Staaten. 1960 waren zwei Drittel der Bevölkerung auf den Inseln geboren, etwa 20% in den übrigen USA und der Rest im Ausland. Die amerikanische Zuwanderung stieg weiter an, aus dem Ausland kamen vor allem Filipinos, Koreaner, Vietnamesen und Japaner. Andererseits lebten etwa 250 000 von den Hawaii-Inseln gebürtige Menschen in den festländischen USA.

Demographische Daten sind für die Hawaii-Inseln insofern schwierig zu erheben, da unterschieden werden muß zwischen der Zivilbevölkerung und den Militärs mit ihren Angehörigen, die oftmals nur für wenige Jahre auf den Inseln stationiert sind. Sie gehören überwiegend zu jenen jüngeren Jahrgängen, die für einen beträchtlichen Anteil der Geburten verantwortlich sind, nach kurzem Aufenthalt jedoch mit ihren Kleinkindern den Inselstaat wieder verlassen. Von den 964 691 Menschen des 1980er Zensus gehörten 121 079 (13%) zu diesem Personenkreis. Während des Jahrzehnts 1970–80 waren insgesamt über 400 000 Militärs einschließlich Angehörige zugezogen und großenteils auch wieder fortgezogen (und mit ihnen etwa 23% aller im Inselstaat in diesem Zeitraum geborenen Kleinkinder).

Obwohl der Tourismus wichtigste Einnahmequelle ist, sind im Gegensatz zu Florida oder den Südweststaaten kaum Rentner auf die Inseln gezogen, um dort ihren Lebensabend zu verbringen. Eher haben sich sogar umgekehrt ältere Hawaiianer nach Kalifornien und anderen Teilen der festländischen USA begeben. Der Zuzug besteht hauptsächlich aus jüngeren Altersgruppen und Menschen mit relativ gutem Bildungsniveau, die in dem Inselstaat eine Stellung antreten wollen.

Die Bevölkerung ist sehr ungleich über den Archipel verteilt: Rund 80% leben relativ zusammengedrängt auf der nur 1574 km² großen Hauptinsel Oahu (»Versammlungsplatz«), rund 365 000 allein in der Hauptstadt Honolulu (»Guter Himmel« oder »Geschützter Hafen«) mit ihrem berühmten Badestrand Waikiki (»Spritzendes Wasser«). Auf dem internationalen Flughafen von Honolulu landen jährlich rund 4 Mio. Inselbesucher, allein Oahu verfügt über mehr als 75 000 Gästebetten. Dagegen leben auf Lanai nur 2092 Menschen. Auf dieser Ananas-Insel — sie ist Privatbesitz der Firma Castle & Cooke — finden sich nur zur Erntezeit zahlreiche, meist jugendliche Saisonarbeiter ein.

ENTWICKLUNG UND BEDEUTUNG DES TOURISMUS. Der Tourismus ist der wichtigste Erwerbszweig vor dem öffentlichen Dienst und der Landwirtschaft. Seine Anfänge gehen auf die zweite Hälfte des 19. Jahrhunderts zurück: 1867 nahm die erste Dampfschiffahrtslinie vom amerikanischen Kontinent den Betrieb auf, 1872 wurde in Honolulu das erste Luxushotel eröffnet. Ein halbes Jahrhundert später (1929) wurde der interamerikanische Flugverkehr aufgenommen, 1936 begannen die Transpazifikflüge.

Der Touristikboom hat aber erst seit den 50er Jahren die Inseln erfaßt. Von 1951 bis 1981 stieg die Zahl der jährlichen Besucher von 52 000 auf 3,9 Mio. an. Während 1951 noch fast 44% mit dem Schiff die Inseln erreichten, waren die Touristen 1981 fast ausnahmslos Flugreisende. Die meisten Besucher kommen in den Monaten Juni bis August. Rund 100 000 Fremde halten sich ständig auf den Inseln auf, die durchschnittliche Aufenthaltsdauer liegt bei elf Tagen. Etwa 70% der Besucher übernachten in Hotels. Zwei Drittel nutzen die Möglichkeit des sog. island hopping; diesem Trend kommen die Reisebüros mit preisgünstigen Packagetouren entgegen, die Flüge zwischen den Inseln, Übernachtungen sowie Mietautos beinhalten. Beliebt sind auch die Inselkreuzfahrten der »Hawaiian Princess«. Die geschätzten Ausgaben der Touristen stiegen von 16,4 Mio. US-$ (1951) auf 3,2 Mrd. US-$ (1981).

Das Gros der Besucher kommt vom US-amerikanischen Festland, vor allem aus den Küstenstaaten Washington, Oregon und Kalifornien sowie in zweiter Linie aus den Felsengebirgsstaaten (Idaho, Montana, Wyoming, Colorado und Utah). Die Herkunftsländer der ausländischen Besucher sind in zahlenmäßiger Rangfolge Japan, Kanada, Australien, Großbritannien sowie die anderen Länder des Fernen Ostens und Europas. Auch die Inselbewohner sind recht reiselustig: Über ein Drittel der erwachsenen Hawaiianer verlebt den Jahresurlaub außerhalb des US-amerikanischen Inselstaates.

WASSERSPORT UND SIGHTSEEING. Die Möglichkeiten der Freizeitgestaltung sind vielfältig. Die acht sog. High Islands besitzen Badestrände von insgesamt 250 km Länge. Das Freizeitangebot umfaßt u. a. Surfen, Windsurfen, Tauchen mit Sauerstoffgeräten, Bootsfahrten und Rennen mit Auslegerkanus. Zu den am meisten auf der Hauptinsel Oahu aufgesuchten touristischen Zielen gehört u. a. der National Memorial Cemetery of the Pacific. Er liegt auf dem Punchbowl-Krater, von dessen höchstem Punkt man nicht nur diesen eindrucksvollen Friedhof, sondern auch Honolulu überschauen kann. An die japanische Bombardierung Pearl Harbors (Geschichte, S. 39) erinnert das über dem gesunkenen Schlachtschiff U.S.S. Arizona errichtete Arizona Memorial. Oahu bietet mit dem Castle Park auch ein riesiges Vergnügungszentrum. Das Polynesian Cultural Center gibt einen Überblick über Alltagskultur und Kunst der pazifischen Inselwelt. Diesem Kulturzentrum benachbart liegt eine Zweigniederlassung der mormonischen Brigham Young University aus Utah, deren ausländische Studenten sich z. T. durch Nebentätigkeit im Polynesischen Zentrum ihren Unterhalt verdienen. Beliebte Ausflugsziele sind auch Wirtschaftsbetriebe wie z. B. die Ananas-Firma Dole.

EINZIGARTIGE NATURDENKMÄLER. Ganz andere touristische Möglichkeiten bieten die Inseln Kauai, Maui und Hawaii. Auf Kauai liegt der dem Grand Canyon von Arizona nicht unähnliche, wenn auch in seinen Abmessungen weitaus bescheidenere Waimea (»Rötliches Wasser«) Canyon. Auf der Ostseite der Insel erhebt sich der 1569 m hohe Waialeale, der mit einem Jahresniederschlag von 11 455 mm einer der regenreichsten Orte der Erde ist. Durch den Luv-Lee-Effekt lädt der Nordostpassat seine Feuchtigkeit auf der ihm zugewandten Gebirgsseite ab, während ein Teil der Inseln im Regenschatten liegt und weit weniger Niederschläge empfängt. So erhält Honolulu im Windschatten der Koolau-Berge lediglich 600 mm Niederschlag, etwa soviel wie Berlin.

Auf den Inseln Maui und Hawaii wurden die Gebiete um die großen Schildvulkane zu Nationalparks erklärt. Auf Maui liegt der Haleakala National Park, der außer dem erloschenen Vulkan einige Besonderheiten der Fauna und Flora aufweist: Die unter Schutz gestellte Hawaiianische Gans (»Nene«) und die vom Aussterben bedrohte Proteaceenart Silberschwert (Argyroxiphium sandwicense). Der botanische Name weist auf die einstige Bezeichnung der Inseln als Sandwich-Inseln hin. Der Haleakala gehört mit seinem Krater von 12 km Länge, 4 km Breite und 900 m Tiefe zu den größten ruhenden Vulkanen der Erde.

Auf Big Island (Hawaii) liegt u. a. der Hawaii Volcanoes National Park mit dem aktiven Mauna Loa und seinem ebenfalls aktiven Nebenkrater Kilauea. Vom Hawaiian Volcanoes Observatory aus, das 1987 sein 75jähriges Bestehen feierte, kann der Besucher den Lavasee Halema'uma'u überblicken, aus dem, wenn er nicht gerade aktiv ist, nur an einzelnen Stellen schwefelhaltige Dämpfe aufsteigen. Die mit Jahreszahlen gekennzeichneten Lavaströme der jüngsten Ausbrüche und die von Beben herrührenden Spalten im Lavagestein geben einen Einblick in vulkanische Vorgänge.

Die touristische Infrastruktur wurde seit der Jahrhundertmitte kräftig ausgebaut, wobei in jüngerer Zeit auch das Ausland zunehmend investiert hat, vor allem Japan, Kanada, Hongkong, einige arabische Staaten und Australien. Um 1980 wurden die Auslandsinvestitionen bereits auf 1 Mrd. US-$ geschätzt.

LANDWIRTSCHAFT: ANANAS UND ZUCKERROHR. Nach dem Tourismus und der öffentlichen Verwaltung ist die Landwirtschaft die drittgrößte Erwerbsquelle für den Inselstaat. Wichtigste Erzeugnisse neben der Rinderhaltung sind Ananas,

Zuckerrohr, Orangen, Macadamianüsse und Kaffee. Alle diese Kulturpflanzen wurden eingeführt, auch viele Elemente der heutigen Vegetation stammen von außerhalb. Die ursprüngliche Pflanzenwelt der hawaiianischen Inseln zeichnete sich durch einen hohen Grad von Endemismus aus (Entwicklung einer gebietsspezifischen Vegetation), wie er für die isolierten ozeanischen Inseln typisch ist.

Der Anbau von Ananas ist auf den Hawaii-Inseln bis zurück auf das Jahr 1813 dokumentiert, spielte allerdings im 19. Jahrhundert noch keine nennenswerte Rolle. Erst 1886 wurde die wohlschmeckende Sorte Smooth Cayenne aus Jamaica eingeführt, Grundlage der späteren Großproduktion.

Mit dem Territorialstatus fielen 1900 die US-amerikanischen Zollschranken für Ananaskonserven aus Hawaii. Daraufhin entstanden zwei bedeutende Unternehmen, 1901 die von James D. Dole gegründete Hawaiian Pineapple Company, die heute Castle & Cooke heißt, aber ihre Produkte weiterhin unter dem Namen Dole vermarktet, und 1906 die von W. Eames gegründete Hawaiian Island Packing Company, die später mit einem kalifornischen Unternehmen zur heutigen Del Monte Corporation fusionierte. 1922 erwarb Dole die Insel Lanai, die auch »Pineapple Island« genannt wird und auf der 7200 ha Ananasplantagen bewirtschaftet werden. Ananas wird auch auf den Inseln Maui, Molokai und Oahu angebaut.

Rund zwei Drittel der jährlichen Ananasproduktion der USA stammen von den Hawaii-Inseln. Forschungen zur Qualitätssteigerung betreiben das Pineapple Research Institute (PRI), das College of Tropical Agriculture der Universität von Hawaii und die Pineapple Growers Association of Hawaii. Der Ananasproduktion stehen allerdings drastische Veränderungen bevor. Wegen des hohen Lohn- und Preisniveaus sind die Vereinigten Staaten auf dem Weltmarkt nicht mehr konkurrenzfähig, so daß es kurzfristig zu einer deutlichen Einschränkung des Ananasanbaus kommen wird.

Der Anbau von Zuckerrohr fällt für den landwirtschaftlichen Gesamtertrag noch mehr ins Gewicht. Sowohl die Anbaufläche als auch der Verkaufserlös sind jeweils etwa fünfmal so groß wie bei Ananas. Beträchtliche Ausdehnung hat der Zuckerrohranbau auf den Inseln Kauai, Oahu, Maui und Hawaii. Auf Maui nimmt er nahezu den gesamten Bereich zwischen den beiden die Insel aufbauenden Vulkanen ein. Während der beiden ersten Nachkriegsjahrzehnte wuchs die Zuckerrohrfläche deutlich an, ist aber seit 1970 aufgrund von Marktproblemen wieder rückläufig. Der Ernteertrag pro Flächeneinheit hat sich im Laufe des 20. Jahrhunderts mehr als verdoppelt, nämlich von 12,5 t auf 27,5 t je ha.

Während die Produktion von Kona-Kaffee im Kona-Bezirk der Insel Hawaii deutlich geringer ist als in den 70er Jahren, stieg die Erzeugung von verschiedenen Gemüse- und Obstsorten an. Zu ihnen gehören Tomaten, Salat und Gurken, Avocados, Bananen, Guaven, Passionsfrüchte, Orangen und Tangerinen sowie Macadamianüsse.

WICHTIGSTE INDUSTRIEZWEIGE. Die Industrien sind stark an die Erzeugnisse der Primärwirtschaft angelehnt, weshalb Nahrungsmittelbranche (50% der in der Industrie Beschäftigten) und Fischereiwirtschaft eine bedeutende Rolle spielen. Erwähnenswert sind aber auch Bekleidungs- und Filmindustrie.

Neben der Seefischerei und der Gewinnung von Meeresfrüchten wie Austern und Krabben hat die Aquakultur Bedeutung, die bereits die einheimische polynesische Bevölkerung in großem Umfang betrieben hatte. Schätzungen zufolge gab es zu Kapitän Cooks Zeit auf den Inseln fast 400 Fischteiche. Einem Niedergang, bewirkt sowohl durch Natureinflüsse als auch durch menschliche Eingriffe wie Aufschüttungen und Veränderungen an den Küstensäumen, folgte Ende der 60er Jahre eine Wiederbelebung mit der Zucht der Frischwassergarnele Macrobrachium rosenbergii. Im Hinblick auf die dabei verwendeten technischen Einrichtungen nimmt Hawaii die Spitzenposition in der Welt ein.

Traditionelle Industriebranchen waren bis zur Jahrhundertwende die Verarbeitung von Zuckerrohr und Ananas. Seitdem ist eine Diversifizierung eingetreten. Diese älteren Zweige der Nahrungsmittelbranche sind am gesamten industriewirtschaftlichen Erlös nur noch mit etwa 30% beteiligt, der Rest entfällt auf andere, meist erst nach 1950 etablierte Zweige. Diese späte Entwicklung anderer Branchen ist auf die Standortnachteile der Inselsituation zurückzuführen (beschränkter Einzugsbereich von Rohstoffen und Abnehmern, hohe Energie- und Transportkosten). Erdölraffinierung und die Herstellung von Erdölderivaten wurden zum bedeutendsten Industriezweig nach der Verarbeitung landwirtschaftlicher Produkte, da sie von der Insellage profitierten: Die Schiffahrt auf den Pazifikrouten, der transozeanische Flugverkehr und Hawaiis Rolle als Militärstützpunkt führten zum Aufschwung der Branche.

Weiterhin zu nennen ist die Bekleidungsindustrie, die mit dem Tourismus gewachsen ist, aber auch für den Export auf das amerikanische Festland produziert.

Im Zeitalter weit entwickelter Telekommunikation erweist sich der Inselstaat mit seiner hohen Lebensqualität als günstiger Platz für standortunabhängige Branchen, zu denen die Elektronik und die Herstellung von Druckerzeugnissen gehören.

HAUPTSTADT HONOLULU. In der einzigen großen Stadt auf den Inseln lebt rund ein Drittel der Gesamtbevölkerung. Seit 1843 Kamehameha III. seinen Herrschersitz hierher verlegte, ist Honolulu die Hauptstadt des Inselreichs. Sie bildet mit dem County of Honolulu eine die gesamte Insel Oahu umfassende Verwaltungseinheit. Das eigentliche Stadtgebiet nimmt nur 220 km² zwischen Pearl Harbor und dem inaktiven Vulkankrater Diamond Head ein, dem südöstlichen Ende von Waikiki.

Im Nordwesten dieses Küstensaumes liegt Pearl Harbor, wo sich das gemeinsam vom National Park Service und der US-Marine betriebene Besucherzentrum für das Arizona Memorial befindet. Östlich davon beginnt das große Gelände der Hickam Air Force Base und des internationalen Zivilflughafens. Die anschließende Vorortzone nehmen Industrien ein, u. a. die Dole Company und die Bekleidungsfirma Hilo Hattie. Sie ist der größte Hersteller von sog. Aloha Wear: Blusen und Hemden mit großflächigen farbenkräftigen Mustern.

Sehenswürdigkeiten der Altstadt sind der Iolani-Palast der einstigen Könige, die Statue Kamehamehas und der gegenüberliegende Justizpalast, mehrere Missionshäuser und das Capitol des Staates Hawaii.

Auf der Hauptgeschäftsstraße Kalakaua Avenue in Waikiki herrscht bis in die späte Nacht hinein reges Treiben. Im International Market Place befinden sich zahlreiche Läden (vor allem Korallenschmuck), das viergeschossige Royal Hawaiian Shopping Center sowie diverse Restaurants, in denen u. a. auch Saimin serviert wird, das hawaiianische Nationalgericht aus Nudeln mit Tanggeschmack. Kurz vor dem Diamond Head liegt der Kapiolani-Park, wo regelmäßig Hula-Shows stattfinden. Dort – wie überall auf den Inseln – erhalten die Besucher Blumenkränze (Leis) zum Umhängen; begrüßt und verabschiedet werden sie mit dem hawaiianischen Allzweckwort »Aloha«.

Eine tahitianische Tänzerin führt im Polynesian Cultural Center in Laie
(Oahu), das der Mormonenkirche gehört, Tänze ihrer Heimat auf. Das Kulturzentrum repräsentiert alle wichtigen Südseeinselgruppen.

Hanauma Bay im Südosten der Insel Oahu: Die Bucht gehört zum Hanauma
Bay State Underwater Park. Die acht Hauptinseln Hawaiis besitzen Badestrände von rund 250 km Länge.

Honolulu auf Oahu ist mit 365 000 Einwohnern Hauptstadt und zugleich die
größte Stadt des Hawaii-Archipels. Vom Rand des Punchbowl-Kraters hat man
einen besonders schönen Blick über die Stadt bis nach Waikiki.

Waikiki Beach auf der Insel Oahu ist ein bekannter und beliebter Badeort mit großen internationalen Hotels; die Brandung macht den Strand zu einem Paradies für Surfer.

Statue des Königs Kamehameha I., der von Hawaii aus bis auf Kauai alle anderen Inseln des Archipels eroberte und sein Land in fester politischer Struktur mit Frieden und Wohlstand organisierte.

493

Statue im Pu'uhonua O Honaunau National Historical Park, einem heiligen Ort
aus dem 15. Jahrhundert, der Religionsabtrünnigen, besiegten Kriegern, Frauen
und Kindern Zuflucht bot. Statuen und Gebäude sind Repliken.

Auf Hawaii, auch Big Island genannt, sind die vulkanischen Vorgänge noch am
aktivsten. Im Volcanoes N. P. mit dem Kilauea, dem Mauna Loa und dem
Lavasee Halemaumau können Eruptionen und Lavaergüsse beobachtet werden.

Die Lava des Hawaii-Vulkantyps ist leichtfließend und tendiert zu breiten
glatten Flächen, die bei oberflächlicher Abkühlung einreißen und oft noch
geschmolzenes Gestein unter sich bergen.

Der Krater des Haleakala auf Maui ist mit 12 km Länge und 4 km Breite einer
der größten der Welt. In ihm haben sich mehrere kleine »cinder cones«
(Aschenkegel) bis 230 m hoch gebildet.

Im fruchtbaren Hanaley Valley auf Kauai werden außer den für die Inselgruppe
typischen landwirtschaftlichen Produkten wie Zuckerrohr, Kaffee und Ananas
noch Macadamianüsse und Taro (eine Art Blattwurz) angebaut.

Ein Maultierritt führt zu der Leprakolonie Kalaupapa auf Molokai, die nur über steiles Gelände oder vom Meer her erreichbar ist. Die verbliebenen Bewohner haben Dauerwohnrecht im jetzigen National Historical Park.

Die Farngrotte auf Kauai, beliebt für exotische Hochzeitszeremonien, ist nur mit Boot den Wailua aufwärts erreichbar. Von der Höhlendecke hängen am Eingang dichte Farnbüschel herab.

Akaka Falls State Park auf Big Island beherbergt zwei der vielen Wasserfälle,
die typisch sind für erdzeitlich junge Landschaften mit noch unausgeglichenem
Gefälle; die tropische Vegetation ist üppig.

Die Brandung hat ins Meer geflossene und erstarrte Lava zu feinem Sand ver-
rieben. Malerische schwarze Sandstrände mit Palmen wie der Kaimu Black Sand
Beach umgeben Big Island.

Oahu: Von Waikiki aus gibt es am Abend die beliebten Katamaran-Ausflüge
zum »sunset dinner«. Der Tourismus (vor allem aus den USA) bildet die wichtigste Einnahmequelle der Hawaii-Inseln.

DIE ÜBERSEEISCHEN BESITZUNGEN

Überblick

Einschließlich der Hawaii-Inseln haben die Amerikaner in zwei Richtungen über das nordamerikanische Festland hinausgegriffen und eine Anzahl von Inseln und Inselgruppen unter ihre Oberhoheit gebracht. Zwei dieser Gebiete, Puerto Rico und die Jungferninseln (Virgin Islands), liegen in der Karibik östlich von Hispaniola, alle übrigen befinden sich im Pazifik, hauptsächlich im südlichen Pazifik. Einen dritten Bereich bildet die Panamakanalzone, die aufgrund eines 1977 geschlossenen Vertrages im Jahr 2000 in die Souveränität Panamas zurückgegeben wird.

Während Puerto Rico am Ende des kurzen Spanisch-Amerikanischen Kriegs 1898 an die USA fiel und die Jungferninseln 1917 den Dänen abgekauft wurden, sind die Gebiete im pazifischen Raum auf unterschiedliche Weise unter Oberhoheit der USA gekommen. So wurden z. B. die Samoa-Inseln 1899 zwischen den USA und dem Deutschen Reich aufgeteilt, während die Karolinen und Marianen eine Zeitlang als Schutzgebiete zu den überseeischen Besitzungen des Deutschen Reichs gehörten. Danach waren sie vorübergehend japanische Mandatsgebiete des Völkerbundes, 1945 bzw. 1947 wurden sie in die Treuhandschaft der USA gegeben, welche ihnen inzwischen eine Form der Selbstverwaltung zugestanden haben.

Die Vulkan- und Koralleninseln im Pazifischen Ozean sind allein schon wegen ihrer geringen Größe kaum lebensfähig und wirtschaftlich von Subventionen aus den USA abhängig. Ihr Wert für die USA besteht in ihrer strategischen Bedeutung und ihrer Rolle im transpazifischen Verkehr. Sie ermöglichen Zwischenlandungen auf Flügen zwischen dem nordamerikanischen Kontinent und asiatischen Ländern oder auch anderen, noch entfernter gelegenen Inseln; als Stützpunkte der US-amerikanischen Marine und Luftwaffe haben sie ihren wichtigen Stellenwert vor allem während des Zweiten Weltkriegs unter Beweis gestellt.

Allen diesen Gebieten ist gemeinsam, daß sie – unterschiedlich stark – in ihrer Souveränität beschränkt sind, ihre Bevölkerung nicht an den unionsstaatlichen Wahlen teilnimmt und ihre Gesetzgebung mit der Verfassung und den Gesetzen der USA in Einklang stehen muß.

Puerto Rico

Auf seiner zweiten Reise landete Kolumbus 1493 auf Puerto Rico, einer Insel, die er nach Johannes dem Täufer San Juan Baptista nannte. Dieser Name verblieb der Hauptstadt, während die Insel bald von jedermann Puerto Rico genannt wurde.

Bis die USA die Insel im Spanisch-Amerikanischen Krieg 1898 eroberten und in Besitz nahmen, war sie runde vier Jahrhunderte eine zurückgebliebene spanische Kolonie, deren Bewohner in primitiver Weise dem Anbau von Zuckerrohr, Kaffee und Tabak nachgingen. Auch die USA taten nicht viel für die Entwicklung der Insel. In erster Linie diente sie ihnen als militärischer Stützpunkt in der Karibik. Die einzige Errungenschaft während der ersten Jahrhunderthälfte war eine deutliche Verbesserung des Gesundheitswesens, so daß es auf der Insel zu einem raschen Bevölkerungswachstum kam. Lebten auf Puerto Rico zum Zeitpunkt der Inbesitznahme durch die USA knapp 900 000 Menschen, stieg die Bevölkerungszahl auf 3,3 Mio. zum Ende der 80er Jahre. Viele Menschen verließen die Insel, so daß heute weitere 2 Mio. Puertoricaner in New York und anderen Städten auf dem Festland leben.

OPERATION BOOTSTRAP. Nach 54 Jahren US-amerikanischer Oberhoheit wurde Puerto Rico der politische Status eines Commonwealth verliehen. Das einstige Territorium nennt sich jetzt »Commonwealth of Puerto Rico«. Maßgeblichen Anteil an dieser Entwicklung hatte der Gouverneur Luiz Muñoz Marin (1948–65), der nach dem Zweiten Weltkrieg ein Industrialisierungsprogramm unter der Bezeichnung »Operation Bootstrap« einleitete. Bootstrap ist die Bezeichnung für die Schlaufe am Stiefel, die beim Anziehen hilft, oder für den Start eines Computerprogramms; dieser Name sollte den Aufbau einer leistungsfähigen Industriewirtschaft signalisieren. 1950 wurde eine Economic Development Administration geschaffen; auf der Insel wird sie allgemein nur »Fomento« genannt, was soviel wie Förderung bedeutet. Ihre Aufgabe ist es, die Akquisition amerikanischer Firmen zu betreiben und die Voraussetzungen für ihre Ansiedlung auf der Insel zu schaffen.

Innerhalb kurzer Zeit gelang es, mehrere hundert Fabriken zu gründen, Tausende von Arbeitsplätzen zu schaffen und amerikanische Investoren anzulocken. Vor allem um diese wirtschaftlichen Bemühungen politisch zu stabilisieren, betrieb Gouverneur Muñoz Marin erfolgreich die Ablösung des Territorial- durch den Commonwealthstatus.

ZWISCHEN INTEGRATION UND AUTONOMIE. Dieser Status bedeutet die demokratische Selbstregierung mit einem Gouverneur an der Spitze und einem Mehrparteiensystem, in dem neben ein paar Splitterparteien die Partido Popular Democrático (PPD), die Partido Nuevo Progresista (PNP) und die Partido Independentista Puertoriqueño (PIP) eine Rolle spielen. Puerto Rico steht in freiwilliger Assoziation mit den Vereinigten Staaten, in deren Zuständigkeit nur noch die Landesverteidigung, das Zollwesen, die Währungspolitik und die Postverwaltung verbleiben. Amtssprachen sind Spanisch und Englisch. Schon seit 1917 besitzen die Puertoricaner die US-Staatsbürgerschaft und damit uneingeschränkte Reisefreiheit in den USA, vollen Zugang zum amerikanischen Binnenmarkt und Gleichberechtigung bei Sozial- und anderen Subventionsprogrammen der US-Regierung; gleichzeitig sind sie aber im Genuß der Steuerfreiheit. Rund ein Drittel des puertoricanischen Bruttosozialprodukts stammt von Regierungshilfen. Die Integration in die US-Wirtschaft bei gleichzeitiger Freistellung von Steuern bot in den 80er Jahren auch Anreiz für Investitionen anderer Länder, vor allem asiatischer.

Eine Zeitlang hatte es den Anschein, als sei eine große Mehrheit der puertoricanischen Bevölkerung mit dem Commonwealthstatus zufrieden. Doch es gibt auch Stimmen, die eine volle Integration als 51. Staat fordern oder die völlige Unabhängigkeit und Eigenstaatlichkeit anstreben. Diese widerstreitenden Interessen spiegeln sich in der Parteienlandschaft der Insel. Die PPD, die lange Zeit die Regierung gestellt hat, ist der hauptsächliche Vertreter einer begrenzten Autonomie, die sie weiter ausbauen und vor allem in Richtung auf Zollhoheit und Entscheidungsfreiheit in Außenhandelsfragen ausdehnen will. Ihre Gegner werfen ihr vor, alle Vorteile eines US-Staates zu beanspruchen, ohne die entsprechenden Pflichten übernehmen zu wollen. Seit 1986 stellt die PPD wie schon von 1940 bis 1968 die Regierung.

Die PND, die von 1976 bis 1984 an der Macht war, konnte zunächst keine dauerhafte Mehrheit für die Aufnahme als Staat in die Union hinter sich bringen. Allerdings zeigte sich in den Argumentationen ihrer Vertreter bereits das, was den Kongreß der USA seinerseits bisher vor diesem Schritt zurückschrecken ließ, nämlich daß sowohl die Attraktion für amerikanisches Privatkapital als auch die Sozialleistungen für die Arbeitslosen und Armen der Insel auf die Dauer nur mit dem Status als Staat der USA zu erreichen seien.

Die PIP schließlich, die sich 1946 von der PPD abgespalten hatte, tritt für die Unabhängigkeit Puerto Ricos ein. Nachdem sie noch bei den Wahlen von 1952 fast 20% der Stimmen erlangt hatte, verlor sie stark an Zuspruch; nach 1986 ist sie nur noch mit einem einzigen Abgeordneten im puertoricanischen Parlament vertreten. Das deutet auf eine geschwundene und heute sehr geringe Resonanz für die Unabhängigkeit bei der Inselbevölkerung hin.

Die volle Eingliederung in die USA steht dagegen weiterhin als Alternative zum Ausbau der Autonomie zur Diskussion. Gegenwärtig dürfte es aber nicht mehr die Mehrheit der Puertoricaner selbst sein, die eine solche grundlegende Veränderung im Status der Insel blockiert, sondern es besteht vor allem in der Republikanischen Partei der USA erheblicher Widerstand gegen Puerto Ricos Aufnahme als Staat in die Union.

Zweifellos spielt Puerto Rico eine wichtige Rolle als Bindeglied zwischen den USA und Lateinamerika. Die gemeinsame iberische Tradition mit der Mehrzahl der lateinamerikanischen Länder kam im begeisterten Empfang für Spaniens König Juan Carlos anläßlich eines Besuchs der Insel Ende der 80er Jahre zum Ausdruck. Außerordentlich umfangreich sind seit Mitte der 80er Jahre die außenpolitischen Aktivitäten des puertoricanischen Gouverneurs, der vor allem die karibischen und einige festländische Nachbarländer bereiste und mit ihnen Kooperationsprojekte vereinbarte. Auf der Suche nach Investoren unternahm er sogar Reisen nach Japan und Großbritannien.

NATURRAUM UND KLIMA. Puerto Rico ist das östlichste Glied in der Kette der Großen Antillen. Die Insel besitzt eine fast rechteckige Form von rund 180 km Ost-West-Erstreckung und knapp 60 km Nord-Süd-Ausdehnung mit einer etwas verkürzten Südostecke. Ihr landschaftlicher Aufbau ist annähernd symmetrisch. Das Zentrum wird von der Cordillera Central eingenommen, die sich als Fortsetzung der zentralen Kordillere der Dominikanischen Republik von Westen nach Osten quer durch die ganze Insel hindurchzieht. Dieses Rumpfgebirge, das im Cerro de Punta eine maximale Höhe von 1338 m erreicht, weist vor allem auf seiner Nordseite viele Täler auf. Bis 400 m Meereshöhe wächst tropischer Regenwald, in den höheren Partien Bergwald aus Palmen, Baumfarnen und Bromeliaceen; wie in den Golfküstenstaaten sind die Bäume vielfach mit Spanish Moss behangen. Die Niederschläge erreichen hier 3000 mm. Die Besiedlung ist auch in unwegsame Teile des Gebirges vorgedrungen. Über 85% der gesamten Inselfläche befinden sich in landwirtschaftlicher Nutzung, so daß von den ursprünglichen Wäldern nicht mehr viel übriggeblieben ist. Ein größeres zusammenhängendes Areal besteht nur noch im Waldschutzgebiet El Yunque der Sierra de Luquillo, das nach einem indianischen Schutzgeist benannt wurde; tatsächlich fanden hier die Indianer lange Zeit Zuflucht vor ihren spanischen Verfolgern.

Nach Norden und Süden schließen sich zunächst Bergländer und dann die Küstenebenen an. Da die Hauptwasserscheide nicht durch die Mitte der Insel, sondern versetzt nach Süden verläuft, ist die nördliche Abdachung größer als die südliche. Klimatisch bedeutet das in Anbetracht der Lage im Passatwindbereich, daß der von den regenreichen Winden beeinflußte Teil der Insel größer ist als die schmalere, in Lee gelegene Südseite. Das aus mesozoischen Sedimenten aufgebaute Bergland zeigt vor allem auf der Nordseite wegen weiter Verbreitung von Kalken den Charakter einer Kegelkarst- und Schichtstufenlandschaft. Umrahmt wird die Insel von einem schmalen Küstensaum, der im Osten und Westen, wo das Gebirgsland teilweise bis ans Meer heranreicht, streckenweise unterbrochen ist.

Die nördliche Abdachung erhält von den Passatwinden Niederschläge, die meist über 2000 mm hinausgehen. Hier findet die tropische Landwirtschaft günstige Voraussetzungen. Auf der trockeneren Südseite, wo nicht mehr als 1000 mm erreicht werden, bestand die natürliche Vegetation aus Trockenwald, Dornbusch- und Sukkulentensavanne. Mittels Tunnelbauten wurde Wasser aus dem nach Norden entwässernden Gebirgsanteil in den Süden zur Feldbewässerung umgeleitet. Mit Aufkommen der Bewässerungslandwirtschaft ging auch die Bildung von größeren Betriebseinheiten einher, die von den Agrarreformen unberührt blieben.

BEVÖLKERUNG. Die Landschaftsgliederung hat die Bevölkerungsverteilung und Gestaltung des Verkehrsnetzes beeinflußt. Der Nordosten der Insel und eine Anzahl von Küstenbezirken (municipal governments) in anderen Teilen sind am dichtesten besiedelt. Insgesamt hat Puerto Rico vor allem durch das enorme Wachstum der letzten Jahrzehnte eine hohe Bevölkerungsdichte erreicht, die heute mit 370 Einw./km² noch über der von Haïti und Jamaica liegt. Ein großer Teil dieser Bevölkerung lebt in den Städten der Küstenzone. Zur Jahrhundertwende betrug der Verstädterungsgrad 15%. Bis 1965 war er auf 40% gestiegen, heute liegt er bei über 50%.

Die bedeutendsten Konzentrationen sind die Hafenstädte San Juan und Arecibo an der Nordküste, Mayaguez an der Westküste und Ponce an der Südküste, das seinen Namen von dem ersten spanischen Gouverneur Juan Ponce de León erhielt. Diese Hafenstädte sind durch eine die Insel umlaufende Allwetterstraße miteinander verbunden. Hinzu kommen zwei wichtige Verbindungen der Nord- und Südküste durch das Gebirge: Arecibo-Ponce und San Juan-Caguas-Ponce.

Die Inselbevölkerung ist zu etwa 80% von weißer Hautfarbe. Im Gegensatz zu den englischen und französischen Besitzungen in der Karibik hatte sich auf Puerto Rico bis zum 19. Jahrhundert keine Plantagenwirtschaft entwickelt. Es gab daher kaum Sklavenhandel, so daß die heutigen Anteile von Schwarzen und Mulatten gering sind. Die Bevölkerung bestand überwiegend aus Kleinbauern. Erst nachdem eine veränderte spanische Gesetzgebung die Grundlage für einen Exporthandel geschaffen hatte, kam es im Laufe des 19. Jahrhunderts besonders in Teilen der Küstenzonen zur Herausbildung von Großgrundbesitz, auf dem vorwiegend arme weiße Landarbeiter beschäftigt wurden. Die Probleme Puerto Ricos sind weiterhin groß. Das Einkommen ist nach wie vor überwiegend niedrig, wenn auch günstig im Vergleich zu den anderen Karibikinseln. Etwa die Hälfte der Bevölkerung lebt unterhalb der Armutsgrenze, knapp 20% sind arbeitslos. Das Bevölkerungswachstum ist zwar nicht mehr so rasant wie vor einigen Jahrzehnten, als 1947 die Geburtenrate ein Maximum von 44‰ erreicht hatte bei einer Sterberate von nur 10‰. Zur weiterhin kräftigen Geburtenrate hinzu kommt die Rückwanderung von ehemals auf das Festland Abgewanderten, die seit 1962 in manchen Jahren sogar die Abwandererzahl überstiegen hat.

WIRTSCHAFTLICHE ENTWICKLUNG. Die Exportwirtschaft spezialisierte sich in den Küstenzonen auf Zuckerrohr, in neuerer Zeit auch auf Ananas und Milchviehhaltung; im westlichen Gebirgsland dominiert Kaffee, im östlichen Tabak. Neben Zukker, der heute mittels moderner Anlagen als Schüttgut über wenige Häfen mit entsprechender Ausstattung verfrachtet wird, werden große Mengen von Melasse und Rum (87 Mio. Liter; 1986) exportiert. Steigende Produktionskosten und zum Teil auch Schwierigkeiten bei der Beschaffung von Arbeitskräften führten dazu, daß Puerto Rico seine Zuckerexportquote nicht immer voll ausnutzen konnte. Die zunehmende Bedeutung der Milchviehhaltung ist auf die Anpassung an den wachsenden städtischen Markt für Frischmilch zurückzuführen. Der größte Teil der agrarwirtschaftlichen Produktion ist aber wie seit 150 Jahren noch immer auf die genannten Exportprodukte eingestellt, so daß die Insel etwa 50% der benötigten Nahrungsmittel einführen muß.

Vor allem im Gefolge wirtschaftlicher Veränderungen der Nachkriegszeit hat sich innerhalb der Gesamtwirtschaft eine deutliche Gewichtsverschiebung ergeben. 1956 lag die Industrie gemessen am Produktionswert erstmals höher als die agrarwirtschaftliche. Heute spielt die Agrarwirtschaft mit noch etwa 2% des Bruttoinlandsprodukts und 2,5% aller Beschäftigten eine untergeordnete Rolle. Das produzierende Gewerbe trägt 39% zum BIP bei. Mit Recht hat Blume schon 1968 Puerto Rico als den einzigen Industriestaat des karibischen Raums bezeichnet. Dazu haben die erwähnten Bemühungen des »Fomento« nicht unwesentlich beigetragen. In einzelnen Jahren kam es zu über 200 Neugründungen von Firmen; die heutige Zahl der Industrieunternehmen liegt bei rund 3000. Beschäftigungsmäßig stehen die Bekleidungs-, Nahrungsmittel- und Elektroindustrie, die chemische Industrie (vor allem Pharmazeutika), der Instrumenten- und Maschinenbau sowie die Erdölbranche im Vordergrund. Der Hochtechnologiebereich hat zwischen 1970 und 1985 einen Zuwachs von 32 000 Arbeitsplätzen gebracht.

ROLLE DES TOURISMUS. Zunehmend wichtiger als Einnahmequelle wird der Tourismus. Jährlich besuchen mehr als 2 Mio. Besucher Puerto Rico. Sehr viele Amerikaner begrüßen den Umstand, auf einer tropischen Insel Urlaub zu machen, ohne daß sie die Vereinigten Staaten verlassen müssen.

Die starken Bindungen zum amerikanischen Festland infolge der umfangreichen Emigration (eigentlich Binnenwanderung) nach New York und anderen Städten haben dazu geführt, daß fast die Hälfte aller Touristen keine offiziellen Einrichtungen des Fremdenverkehrs in Anspruch nimmt, sondern bei Verwandten oder Freunden oder auch in über diese gemieteten Privatquartieren Unterkunft findet. Ein weiteres Viertel der jährlichen Besucher nimmt ebenfalls keine Übernachtungseinrichtungen auf der Insel in Anspruch, da sie als Teilnehmer an Kreuzfahrten bei ihren Kurzaufenthalten auf dem Schiff übernachten. Während der winterlichen Hauptsaison machen bis zu drei Kreuzfahrtschiffe täglich im alten Hafen von San Juan fest. Nach Schätzungen war der Tourismus Ende der 80er Jahre mit 5% am puertoricanischen Nationalprodukt beteiligt.

Von touristischem Reiz sind die Strände an der Südküste, in geringerem Maße die an der Nordküste, und die Vielfalt der Landschaften. Paradores, ländliche Gästehäuser, sind zum Teil auf Kaffee-Haciendas eingerichtet. Zu den wichtigsten künstlerischen Veranstaltungen Amerikas gehört das seit 1957 durchgeführte sommerliche Casals-Festival in San Juan. Die Ehefrau des berühmten spanischen Cellisten Pablo Casals (* 1876, † 1973) hatte ihren Mann zur Organisation eines solchen Musikfestes überredet, das seither die bekanntesten Musiker, Sänger und Dirigenten nach San Juan zieht.

SAN JUAN. Puerto Ricos Hauptstadt San Juan wurde 1521 gegründet. Sie war Verwaltungssitz von Anbeginn der spanischen Besetzung und entwickelte sich zum bedeutendsten Hafen und Industriestandort sowie zum kulturellen und touristischen Zentrum der Insel. Mit den Vororten zählt die Stadt rund 1 Mio. Einwohner.

Die auf einer kleinen Insel angelegte Altstadt San Juan Antiguo umgibt noch zum großen Teil die aus dem 16. und 17. Jahrhundert stammende Befestigungsanlage mit dem Fort El Morro an der Hafeneinfahrt. Die Altstadt besitzt ein recht regelmäßiges Raster enger und zum Teil ansteigender Straßen. Funktionaler Mittelpunkt ist die Plaza de Armas mit dem Rathaus. Hier stehen noch viele Bauten aus der spanischen Kolonialzeit, u. a. die Kirche San José. Im Osten wird die Altstadt von Fort San Cristobal und Muñoz-Rivera-Park begrenzt, an den sich das Touristenviertel mit seinen großen Hotelbauten anschließt.

Die in jüngerer Zeit entstandenen Viertel und das große Industriegebiet gruppieren sich in weitem Bogen um die San-Juan-Bucht, wobei von der Altstadtinsel aus der sehr volkreiche Stadtteil Santurce über zwei Brücken zu erreichen ist. Die Verbindung zu den anderen Stadtteilen wie Catano auf dem gegenüberliegenden Ufer der Bucht halten Fährschiffe aufrecht. Die Stadtverwaltung hat seit den 40er Jahren mit geregelter baulicher Gestaltung und Verkehrsplanung einschließlich des Baus von Stadtautobahnen für eine vorteilhafte Entwicklung der Stadtregion gesorgt.

Die Jungferninseln

Die östlich anschließende Gruppe der Jungferninseln stellt den Anfang der zu den Kleinen Antillen gehörenden Inseln über dem Winde dar, die südwärts bis Trinidad reichen. Die Inselgruppe wurde teils von Dänemark, teils von Großbritannien verwaltet, nachdem sie zeitweise auch zu den Niederlanden, Frankreich und Spanien gehört hatte und sogar im Besitz des Malteserordens gewesen war. Nach 50jährigen Verhandlungen kauften die USA 1917 Dänemark die Inseln St. Thomas, St. John und St. Croix für 25 Mio. US-$ ab. Seitdem sind die drei Virgin Islands US-amerikanisches Territorium.

Geologisch sind die Inseln die gebirgige Fortsetzung der Großen Antillen und erreichen auf St. Thomas 465 m ü. N. N., während das von den übrigen Jungferninseln etwas abgelegene St. Croix von diesen durch einen 4500 m Tiefe erreichenden Graben getrennt wird. Die drei Inseln von zusammen 344 km² sind flächenmäßig rund doppelt so groß wie die britischen Jungferninseln (174 km²).

ZUCKERROHR PRÄGT GESCHICHTE. Die Inseln haben eine andere Geschichte als Puerto Rico. Trotz des bergigen Charakters und hoher Niederschläge blühte einst der Anbau von Zuckerrohr, das vor allem über den Naturhafen der Hauptstadt Charlotte Amalie auf St. Thomas verschifft wurde. 1764 wurde Charlotte Amalie zum Freihafen erklärt. Von der Sklavenarbeit auf den Zuckerrohrplantagen zeugt die Bevölkerung, die zu zwei Dritteln schwarz ist. Nachdem man 1848 alle Sklaven in die Freiheit entlassen und die zunehmende Konkurrenz des Rübenzuckers auf dem Weltmarkt während der zweiten Hälfte des 19. Jahrhunderts zu Absatzschwierigkeiten geführt hatte, kam es zum Niedergang. Allein auf St. Croix gab es einstmals 150 Zuckermühlen. Mitte der 60er Jahre wurde die letzte Mühle stillgelegt. Das Alkoholverbot in den USA, das unter dem Druck der Wirtschaftskrise 1932 aufgehoben wurde, überlebten bis zur Gegenwart nur zwei Brennereien. Die Melasse wird heute importiert, das mit Regenwasser bereitete Destillat vier Jahre in Eichenfässern gelagert. Bis 1920 nahm die Bevölkerung durch Auswanderung auf andere Inseln und auf das amerikanische Festland ständig ab.

Aus der Zuckerrohrepoche haben sich alte Bräuche hinübergerettet, so der nach Einfahren des Zuckerrohrs als eine Art Erntedankfest veranstaltete Karneval. Der Karnevalszug bewegt sich unendlich langsam sechs Stunden lang durch die Hauptstraße der kleinen Stadt Christiansted auf St. Croix, wobei die maskierten Stelzentänzer, deren Aufgabe die Vertreibung der bösen Geister ist, und die zahlreichen Steelbands mit ihren Calypsomelodien die wichtigsten Teilnehmer sind.

Die Straßen von Christiansted und Charlotte Amalie mit ihren von Rosa über Gelb bis Grün getünchten Häusern tragen noch heute ihre alten dänischen Namen. Golfplätze und ein Unterwasser-Nationalpark gehören zu den touristischen Attraktionen. Für Passagiere von Kreuzfahrtschiffen, die nur einen Tag bleiben, ist der zollfreie Einkauf von Schmuck und Uhren, Fotoartikeln und Unterhaltungselektronik, Parfüm und Whiskey in Charlotte Amalie verlockend. Die kleine Insel St. John dagegen erlebte 1733 einen Sklavenaufstand, der die Plantagenwirtschaft zum Erliegen und die Rückkehr der natürlichen Tropenwaldvegetation brachte, so daß der Urlauber hier im Hotel der Caneel Bay Plantation die Natur genießen kann.

Der Erwerb der Jungferninseln durch die USA hatte wie bei etlichen pazifischen Inseln einen strategischen Hintergrund. So war wenige Tage nach Ausbruch des Ersten Weltkriegs am 15. August 1914 der Panamakanal eröffnet worden. Unter dem Eindruck der U-Boot-Gefahr waren die USA bestrebt, mit dem Erwerb dieser Inseln eine bessere Kontrolle über die Zufahrt zum Kanal zu gewinnen.

Wirtschaftlich leben die Inseln heute weitgehend vom Tourismus, der die Größenordnung von 2 Mio. Besuchern jährlich erreicht hat, von denen die meisten mit Kreuzfahrtschiffen eintreffen. Im Hafen der Hauptstadt Charlotte Amalie liegen an einem Tag bis zu sechs Schiffe mit Touristen vor Anker. Von industriewirtschaftlicher Bedeutung ist die einzige Ölraffinerie auf der Insel St. Croix.

Die pazifischen Besitzungen

Die Assoziierten Republiken Federated States of Micronesia, Marshall-Inseln und Palau als die größte der Karolinen haben eigene Verfassung, eigenes Parlament und eigene Regierung nach US-amerikanischem Vorbild. Über die für Puerto Rico erwähnten Kompetenzen hinaus betreiben sie eine eigenständige Außenpolitik (mit Ausnahme der Landesverteidigung), erhalten aber trotz dieser weitgehenden Selbständigkeit weiterhin Wirtschaftshilfe von den USA.

Die drei Assoziierten Republiken hatten eine ähnliche Geschichte. Die Marshall-Inseln waren Schutzgebiet des Deutschen Reichs von 1885 bis nach Ende des Ersten Weltkriegs. Mikronesien, praktisch identisch mit der Gruppe der Karolinen-Inseln außer Palau, einem Archipel von rund 700 Inseln mit den Hauptgruppen Yap-, Truk- und Ponape-Inseln, kam 1899 zum Deutschen Reich. Die Palau-Inseln, eigentlich die westlichsten der Karolinen, waren 1686 von den Spaniern in Besitz genommen worden, die sich auf den nur 800 km entfernten Philippinen festgesetzt hatten. 1899 wurden auch die Palau-Inseln an das Deutsche Reich verkauft. Alle drei deutschen Schutzgebiete wurden 1920 vom Völkerbund den Japanern als Mandatsgebiete übertragen. Nach dem Zweiten Weltkrieg gingen Palau (1945) sowie Mikronesien und die Marshall-Inseln (beide 1947) in die Treuhandschaft der USA über und erhielten später einen weitgehend autonomen Status.

Die Inseln sind im allgemeinen vulkanischen Ursprungs und von Korallenriffen umsäumt bzw. kleine Atolle. Der Fremdenverkehr ist eine wichtige Einnahmequelle; darüber hinaus haben sie strategische Bedeutung. Obwohl es gegen die Auflagen des Völkerbundes verstieß, bauten die Japaner während ihrer Mandatszeit in den 30er Jahren auf den Marshall-Inseln militärische Anlagen; die Amerikaner benutzten mehrere Atolle für ihre Atombombenversuche. Die Palau-Republik besteht aus über 200 Inseln, von denen jedoch nur elf so groß sind, daß Menschen auf ihnen leben. In der Hauptsache sind es Mikronesier, die sich vom Fischfang und vom Anbau weniger Pflanzen wie Banane, Zuckerrohr und Kokospalme ernähren. Auch hier sind die wichtigsten Funktionen der Tourismus und der Militärstützpunkt der USA.

ORGANISIERTE TERRITORIEN. Die sog. organisierten Territorien (Organized Territory), zu denen die Jungferninseln sowie Guam und die nördlichen Marianen gehören, haben ebenfalls eigene Verfassungen, Parlamente und Regierungen, aber in außenpolitischer Hinsicht keine Kompetenzen vergleichbar denen der Assoziierten Republiken. Guam ist in erster Linie Militärstützpunkt und lebt ansonsten vom Tourismus, für den lange Sandstrände und Korallenriffe gute Voraussetzungen bieten. Etwa 20% der Bevölkerung sind Militärangehörige, die große Mehrzahl sind Mikronesier oder aus Mischehen zwischen ihnen und Spaniern bzw. Filipinos hervorgegangene Chamorros. Fast die gesamte zivile Bevölkerung ist auf den Bereich der Stadt Agana konzentriert.

Die Guam benachbart gelegenen Nördlichen Marianen sind 14 vulkanische Inseln mit Korallenriffen; sie liegen nahe des über 10 000 m tiefen Marianen-Grabens. Militär und Fremdenverkehr sind die hauptsächlichen Einnahmequellen für die großenteils aus Chamorros bestehende Bevölkerung.

UNORGANISIERTE TERRITORIEN. Zu den unorganisierten Territorien (Unorganized Territories) gehören die Inseln bzw. Inselgruppen Howland, Baker und Jarvis, Johnston-Atoll, Mid-

way, Palmyra, Amerikanische Samoa-Inseln und Wake. Sie werden direkt vom US-amerikanischen Innen- oder Verteidigungsministerium verwaltet, mit Ausnahme der Samoa-Inseln. Diese besitzen eine Selbstverwaltung, stehen jedoch unter Kontrolle des US-amerikanischen Senats. Dieser Zwischenstatus beruht wohl darauf, daß eine Vereinigung mit den britischen Samoa-Inseln nicht ausgeschlossen wird.

Die Inseln Howland, Baker und Jarvis und die beiden das Johnston-Atoll bildenden Inseln sind niedrige Koralleninseln. Sie waren wegen des Guanos für die USA interessant und wurden von ihnen schon 1858 beansprucht. Trotz der Guanogewinnung blieben die Inseln unbewohnt, bis sie in den 1930er Jahren mit dem transozeanischen Flugverkehr größere Bedeutung erlangten und 1935 bzw. das Johnston-Atoll 1934 offiziell in Besitz genommen wurden. Auf dem Johnston-Atoll entstanden ein Flugfeld und eine Marinebasis, auf den anderen Inseln werden Flugfelder und Wetterstationen unterhalten.

Nach den Vereinbarungen zwischen den USA und der ehemaligen Sowjetunion über die Reduzierung von Waffen ist das Johnston-Atoll 1991 in die internationale Diskussion geraten. Hier sollen in den Jahren 1992 bis 1995 mehrere hunderttausend Chemiewaffen vernichtet werden, was bei den Staaten des pazifischen Raumes zu Besorgnis und Protesten an die Adresse der US-Regierung geführt hat.

Midway oder Brooks Island besteht aus zwei flachen Atollen, die westlich der Hawaii-Inseln liegen, jedoch nicht zum Staat Hawaii gehören. 1867 kamen sie zu den USA, seit 1935 waren sie Zwischenstation auf der Flugroute nach den Philippinen. Die 1942 heftig zwischen Japanern und Amerikanern umkämpften Atolle dienen dem amerikanischen Militär als Unterseeboot- und Flugbasis.

Palmyra gehört zu den Line-Inseln und stellt eine Gruppe von Atollen dar, die 1802 von dem amerikanischen Schiff »Palmyra« entdeckt und 1862 vom damaligen Königreich Hawaii annektiert wurde. Bei der Annexion der Hawaii-Inseln beanspruchten die USA Palmyra. Sie wurde dann von einem Privatmann erworben, dessen Eigentumstitel der Oberste Gerichtshof 1947 bestätigte, nachdem die Insel während des Zweiten Weltkriegs als Marinefliegerbasis gedient hatte.

Das 25 km² große Wake-Atoll wurde von den USA 1898 annektiert. Es wurde 1935 Kabelstation für ein Pazifikkabel, diente der Fluggesellschaft Pan American als Zwischenlandestation auf ihrer Route nach Guam und war im Zweiten Weltkrieg wichtige Militärflugbasis im pazifischen Raum.

Von den Samoa-Inseln gehören die sieben östlichen zu den USA. Etwa die Hälfte der Erwerbstätigen auf den Inseln findet Beschäftigung im Zusammenhang mit der amerikanischen Marinebasis. Der Tourismus ist bisher erst schwach entwickelt. Im Dezember 1991 wurden die Samoa-Inseln vom Hurricane »Val« heimgesucht, der so schwere Schäden verursachte, daß sie vom Präsidenten der USA zum Notstandsgebiet erklärt wurden.

QUELLEN

AHNERT, F.: Washington D. C. Entwicklung und Gegenwartsbild der amerikanischen Hauptstadt, in: Erdkunde 1958.

ALLEN, J. P.: Migration fields of French Canadian immigrants to Southern Maine, in: Geographic Review 1972.

BALDWIN, G. C.: Indians of the Southwest, New York 1973.

BATHELT, H.: Industrieller Wandel in der Region Boston, in: Geographische Zeitschrift 1990.

BECK, W. A. UND HAASE, Y. D.: Historical Atlas of the American West, Norman/London 1989.

BIGELOW, B.: Changing spatial endogamy of Polish Americans, in: Discuss. Paper Series Department of Geography University Syracuse 19., Syracuse 1976.

BLUME, H.: Die Westindischen Inseln, Braunschweig 1968.

BLUME, H.: USA, Bd. 1 Der Großraum in strukturellem Wandel, Darmstadt 3. Aufl. 1987.

BLUME, H.: USA, Bd. 2 Die Regionen der USA, Darmstadt 2. Aufl. 1988.

BREUER, H.: Freie und geplante Entwicklungen von Ersatzindustrien. Untersuchungen zum industriellen Strukturwandel mit besonderem Bereich der südlichen Neuengland-Staaten der USA und von Niederländisch Südlimburg, in: Information und Material zur Geographie der Euregio Maas-Rhein, Beiheft Nr. 1, Aachen 1984.

BREUER, H.: »Sunbelt – Frostbelt« – und was man unter industriellen Standortkriterien davon halten soll, in: Vechtaer Arbeiten zu Geographie und Regionalwissenschaft Bd. 2, Vechta 1986.

CURTIN, P. D.: The Atlantic slave trade: A census, Madison/Milwaukee/London 1969.

DAHRENDORF, R.: Die angewandte Aufklärung. Gesellschaft und Soziologie in Amerika, Frankfurt 1968.

DENEVAN, W. M. (Hrsg.): The native population of the Americas 1492, Madison 1976.

ESTALL, R. C.: New England. A study in industrial adjustment, London 1966.

FRANTZ, K.: Counting the uncountable? Bevölkerungsstatistische Fragen im Zusammenhang mit den US-amerikanischen Indianern, in: Vechtaer Arbeiten zu Geographie und Regionalwissenschaft Bd. 10, Vechta 1990.

FRANTZ, K.: Die Indianerreservationen in den USA: Aspekte der territorialen Entwicklung und des sozio-ökonomischen Wandels. Habilitationsschrift Innsbruck. In Vorbereitung für die Reihe Erdkundliches Wissen, Stuttgart.

FRIESE, H. W.: Florida. Bevölkerungswachstum, Wirtschaftsentwicklung, Umweltprobleme, in: Geographische Rundschau 1990.

GABRIEL, M.: Boomstädte. Ein prozessualer Stadttyp erörtert an den Beispielen Fairbanks (Alaska), Whitehorse (Yukon) und Yellowknife (Nordwestterritorium), in: Bamberger Geographische Schriften 9. Bamberg 1991.

GRUBER, G.: Mobile Homes – Wohnform der Zukunft? (Aspekte ihrer Ausbreitung in den U. S. A. zwischen 1960 und 1980), in: Vechtaer Arbeiten zu Geographie und Regionalwissenschaft Bd. 2, Vechta 1986.

GUGGISBERG, H. R.: Geschichte der USA, 2 Bde, Stuttgart etc. 1975.

HART, J. F.: The Middle West, in: Annual Association of American Geography 1972.

HENNING, I.: Neue Darstellung einer Klimaklassifikation. Beispiel Nordamerika, in: Geographische Rundschau 1978.

HERDEN, W.: Neue Aspekte des Suburbanisierungsprozesses in den U. S. A., in: Vechtaer Arbeiten zu Geographie und Regionalwissenschaft Bd. 2, Vechta 1986.

HERRE, F.: Die amerikanische Revolution. Geburt einer Weltmacht, Köln 1976.

HESSELTINE, W. B.: The South in American history, Englewood Cliffs 2. Aufl. 1960.

HOLZNER, L.: Stadtland USA – Zur Auflösung und Neuordnung der US-amerikanischen Stadt, in: Geographische Zeitschrift 1985.

KALTEFLEITER, W.: Das politische System, in: Die Vereinigten Staaten von Amerika. Geschichte, Probleme, Perspektiven, Würzburg 1976.

KLOHN, W.: Die Farmer-Genossenschaften in den USA, Berichte über Landwirtschaft 1988.

KLOHN, W.: Die Farmer-Genossenschaften in den USA – Eine agrargeographische Untersuchung, in: Vechtaer Arbeiten zu Geographie und Regionalwissenschaft Bd. 9, Vechta 1990.

KNOX, P. L., BARTELS, E. H., BOHLAND, J. R., HOLCOMB, B., JOHNSTON, R. J.: The United States. A contemporary human geography, New York 1988.

KROEBER, A. L.: Cultural and natural areas of native North America, University of California Publishings in Archaeology and Ethnology 38, Berkeley 1939.

LEWIS, G. K.: Population change in Northern New England, in: Annual Association of American Geography 1972.

MATHER, E. C.: The American Great Plains, in: Annual Association of American Geography 1972.

MEINIG, D. W.: American Wests: Preface to a geographical interpretation, in: Annual Association of American Geography 1972.

MEINIG, D. W.: The shaping of America. Geographical perspectives and 500 years of history, Vol. 1 Atlantic America 1492–1800, New Haven 1986.

MELAMID, A.: New York. Problemräume der Welt 5, Köln 1985.

RECKORD, W.: Die Neger-Intellektuellen und der soziale Wandel in den Vereinigten Staaten von Amerika, in: Sociologus 1956.

REPS, J. W.: The making of urban America. A history of city planning in the United States, Princeton 1965.

SAUER, C. O.: Terra firma: Orbis novus, in: Hermann v. Wissmann-Festschrift, Tübingen 1962.

SCHLESINGER, A. M.: Der Aufstieg der USA, 1865-1951, Salzburg 1954.

SILBERSCHMIDT, M.: Amerikas industrielle Entwicklung von der Zeit der Pioniere zur Ära von Big Business, Bern 1958.

SPICER, E. H.: Cycles of conquest. The impact of Spain, Mexico, and the United States on Indians of the Southwest, 1533–1960, Phoenix 1962.

VANCE JR., J. E.: California and the search for the ideal, in: Annual Association of American Geography 1972.

VOLLMAR, R.: Weltanschauung und Siedlungsplan: Theorie und Beispiele religiös-kommunitärer und säkulärer deutscher Siedlungen in den USA, in: Vechtaer Arbeiten zu Geographie und Regionalwissenschaft Bd. 10, Vechta 1990.

WASSER, H.: Die USA – der unbekannte Partner, Paderborn 1983.

WATSON, J. W.: Social geography of the United States, London 1979.

ZELINSKY, W.: A cultural geography of the United States, Englewood Cliffs 1973.

LITERATURVERZEICHNIS

ADAMS, W. P. et al (Hrsg.): Länderbericht USA. Bd. 1 Geographie, Geschichte, Politische Kultur, Politisches System, Wirtschaft. Bonn 1992.

ADAMS, W. P. et al (Hrsg.): Länderbericht USA. Bd. 2 Außenpolitik, Gesellschaft, Kultur, Religion, Erziehung. Bonn 1992.

BLUME, H.: USA. Bd. 1 Der Großraum in strukturellem Wandel. Darmstadt, 3. Aufl. 1987.

BLUME, H.: USA. Bd. 2 Die Regionen der USA. Darmstadt, 2. Aufl. 1988.

BRUNN, S. D.: Geography and politics in America. New York 1974.

BRYSON, R. A., HARE, F. K. (Hrsg.): Climates of North America. New York 1974.

CONZEN, M. P.: The making of the American landscape. London 1994.

ELAZAR, D. J.: American federalism. The view from the states. New York, 3. Aufl. 1984.

FEEST, C. F.: Das rote Amerika. Nordamerikas Indianer. Wien 1976.

FITCH, J. M.: Vier Jahrhunderte Bauen in USA. Bauwelt Fundamente 23. Frankfurt/Berlin 1968.

FRANTZ, K.: Die Großstadt Angloamerikas im 18. und 19. Jahrhundert. Erdkundliches Wissen H. 77. Stuttgart 1987.

FRANTZ, K.: Die Indianerreservationen in den USA. Erdkundliches Wissen H. 109. Stuttgart 1993.

GASTIL, R. D.: Cultural regions of the United States. Seattle 1976.

GIBSON, J. R. (Hrsg.): European settlement and development in North America. Essays on geographic change in honour and memory of Andrew Hill-Clark. Toronto 1978.

GRIFFIN, P.F., YOUNG, R.N., CATHAM, R.L.: Anglo-America. A regional geography of the United States and Canada. Palo Alto, 2. Aufl. 1968.

HAHN, R.: USA. Klett Länderprofile. Stuttgart 2. Aufl. 1990.

HART, J. F.: The look of the land. Englewood Cliffs 1975.

HART, J. F.: The land that feeds us. New York 1991.

HECKER, M.: Ethnic America, 1970–1979. Updating the ethnic chronology series. With cumulative index. Dobbs Ferry 1979.

HOFMEISTER, B.: Stadt und Kulturraum: Angloamerika. Braunschweig 1971.

HOFMEISTER, B.: Nordamerika. Fischer Länderkunde Bd. 6. Frankfurt 1988.

HOLTFRERICH, C.-L. (Hrsg.): Wirtschaft USA. Strukturen, Institutionen und Prozesse. München/Wien 1991.

HUDSON, J. C.: Making of the corn belt. Bloomington 1994.

JORDAN, T. G.: German seed in Texas soil. Immigrant farmers in 19th century Texas. Austin 1966.

JORDAN, T. S.: North American cattle-ranching frontier. Albuquerque 1993.

KNAPP, R.: Die Vegetation von Nord- und Mittelamerika. Stuttgart 1965.

KROEBER, A. L.: Cultural and natural areas of native North America. Univ. of Calif. Publ. in Amer. Arch. and Ethn. 38. Berkeley 1939.

KROES, R. (Hrsg.): American immigration. Its variety and lasting imprint. Amsterdam 1979.

LINDIG, W., MÜNZEL, M.: Die Indianer. Kulturen und Geschichte der Indianer Nord-, Mittel- und Südamerikas. München 1976.

LÖSCHE, P.: Amerika in Perspektive. Politik und Gesellschaft der Vereinigten Staaten. Darmstadt 1989.

MARSCHNER, F. J.: Land use and its patterns in the United States. Agriculture Handbook 153. Washington D.C. 1959.

MEINIG, D. W.: The shaping of America. Geographical perspectives and 500 years of history. Vol. 1 Atlantic America 1492–1800. New Haven 1986.

MEINIG, D. W.: The shaping of America. Geographical perspectives and 500 years of history. Vol. 2 Continental America, 1800–67. New Haven 1993.

MOLTMANN, GUENTER (Hrsg.): Die Vereinigten Staaten von Amerika. Geschichte, Probleme, Perspektiven. USA-Ploetz. Würzburg 1976.

MULLER, P. O.: Contemporary suburban America. Englewood Cliffs 1981.

PARILLO, V.: Strangers to these shores. New York, 3. Aufl. 1990.

PARKER, W. H.: Anglo-America. A systematic regional geography. London 1962.

PATERSON, J. H.: North America. A regional geography. New York 9. Aufl. 1994.

REINHARD, W., WALDMANN, P. (Hrsg.): Nord und Süd in Amerika. Gegensätze – Gemeinsamkeiten – Europäischer Hintergrund. 2 Bde., Freiburg 1992.

REPS, J. W.: The making of urban America. A history of city planning in the United States. Princeton 1965.

RICHTER, M.: Zusammenhang und Bau der Gebirge Nord- und Mittelamerikas. Die Erde 1975, 57–77.

RIESE, T. A. (Hrsg.): Vistas of a continent. Concepts of nature in America. Anglistische Forschungen 136. Heidelberg 1979.

ROONEY, J. F. JR., ZELINSKY, W., LOUDER, D. R. (Hrsg.): This remarkable continent. An atlas of United States and Canadian society and culture. College Station, TX 1982.

ROSS, T. E., MOORE, T. G. (Hrsg.): A cultural geography of North American Indians. Boulder 1987.

RUNTE, A.: National Parks: The American experience. Lincoln 1979.

The Smithsonian Guide to Historic America. 12 Bde., New York 1989.

SOUZA, A. R. DE (Hrsg.): Touring North America. 13 Bde., New Brunswick 1992.

STILGOE, J. R.: Common landscape of America, 1580 to 1845. New Haven 1982.

STILGOE, J. R.: Metropolitan corridor: railroads and the American scene. New Haven 1983.

THERNSTROM, S., ORLOV, A., HANDLIN, O.: Harvard Encyclopedia of American ethnic groups. Cambridge 1980.

THOMAN, R. S.: The United States and Canada. Columbus 1978.

THORNBURY, W. D.: Regional geomorphology of the United States. New York 1965.

TUNNARD, C., REED, H. H.: American skyline: the growth and form of our cities and towns. New York 1956.

VANKAT, J. L.: The natural vegetation of North America. New York 1979.

VOLLMAR, R.: Regionalplanung in den USA. Abh. Geogr. Inst. FU Berlin Bd. 25. Berlin 1976.

VOLLMAR, R.: Indianische Karten Nordamerikas. Berlin 1981.

WASSER, H.: Die USA – der unbekannte Partner. Paderborn 1983.

WASSER, H. (Hrsg.): USA. Wirtschaft – Gesellschaft – Politik. Opladen 1991.

WATSON, J. W.: Social geography of the United States. London 1979.

WHITE C. L., FOSCUE, E. J./MCKNIGHT, T. L.: Regional geography of Anglo-America. Englewood Cliffs, 5. Aufl. 1979.

WINDHORST, H.-W.: Die Landwirtschaft der Vereinigten Staaten. Strukturelle und regionale Dynamik. Wiss. Paperbacks Geographie. Wiesbaden 1979.

WINDHORST, H.-W.: Die Forst- und Holzwirtschaft der Vereinigten Staaten. Wiss. Paperbacks Geographie. Wiesbaden 1979.

YEATES, M., GARNER, B. J.: The North American city. New York, 3. Aufl. 1980.

ZELINSKY, W.: The cultural geography of the United States. Englewood Cliffs 1973.

ZELINSKY, W.: Exploring the beloved country. Iowa City 1994

REGISTER

Mit der Legalisierung des Glücksspiels in Nevada 1931 begann für den kleinen Ort Las Vegas ein einzigartiger Aufschwung. Unzählige Spielcasinos und Heiratskirchen reihen sich heute am Las Vegas Boulevard, dem legendären, im Licht tausendfacher Leuchtreklame gleißenden »Strip«, aneinander.